Die gemeinrechtliche Entwickelung des internationalen Privat- und Strafrechts bis Bartolus

Von

Dr. Karl Neumeyer
Universitätsprofessor in München

Unveränderter photomechanischer
Nachdruck 1969

J. Schweitzer Verlag Berlin

Archiv-Nr. 149691

Unveränderter photomechanischer Nachdruck
des 1901 erschienenen ersten Stückes und
des 1916 erschienenen zweiten Stückes
Rotaprint-Druck Werner Hildebrand OHG Berlin

Die gemeinrechtliche Entwickelung des internationalen Privat- und Strafrechts

BIS BARTOLUS.

Erstes Stück:

Die Geltung der Stammesrechte in Italien.

Von

Dr. Karl Neumeyer,

Privatdozent an der Universität. München.

München 1901.

J. Schweitzer Verlag (Arthur Sellier).

Vorwort.

Die Erkenntnis der Notwendigkeit einer geschichtlichen Grundlegung ist heute allen Gebieten der Rechtswissenschaft gemeinsam, und so wenig als andere Rechtszweige kann das internationale Privatrecht der geschichtlichen Grundlagen entraten. Auch hier ist vieles, was gegenwärtig gilt, nur die letzte Erscheinungsform einer lange sich hinziehenden Entwickelung, und die Art, wie es entstanden, zeigt, was es bedeutet — um nicht zu reden von den in Geltung verbliebenen Resten einer vergangenen Zeit, die solcher Untersuchung unmittelbar bedürfen, oder von den Zweifeln über den Bestand gewohnheitsrechtlicher Vorschriften des internationalen Privatrechts, die nur einer geschichtlichen Behandlung zugänglich sind. Noch bedeutsamer aber will es mir scheinen, wenn die geschichtliche Untersuchung uns zwingt, Rechenschaft zu geben, wo und warum sich der gegenwärtige Rechtszustand von dem früherer Zeiten unterscheidet. Die Gegenüberstellung mit dem Recht völlig anders organisierter Gewalten, wo anscheinend gleiche Voraussetzungen verschiedene Wirkungen erzeugen, und gleiche Wirkungen auf scheinbar verschiedenen Voraussetzungen beruhen, muss uns neue Aufschlüsse bringen, Aufschlüsse vor allem auf dem Gebiet der allgemeinen Lehren des internationalen Privatrechts, die heute nach einer gesicherten Grundlegung schreien. Was die Durcharbeitung des gesamten Entwickelungsganges da bringen wird, lässt sich noch nicht absehen. Die eine Meinung aber hat sich dem Verfasser schon bei der Untersuchung seines Zeitabschnittes auf das bestimmteste aufgedrängt: das internationale Privatrecht ist positives Recht und kann nur aus dem Boden einer bestimmten Rechtsordnung heraus begriffen werden.

Dazu kommt ein weiteres. Seit vielen hundert Jahren haben sich auserlesene Geister mit dem Studium unserer Lehren beschäftigt. Sollte es für uns Heutigen so ganz wertlos geworden sein, was sie gesagt haben? Wer es sich nicht reuen lässt, unter dem Staub zu suchen, den die Jahrhunderte auf den verschollenen Bänden gelagert haben, kann manches blitzende Körnlein finden. Und wichtiger noch wird es für uns sein, von den Fehlern der Alten zu lernen. Wir haben auf dem Gebiet des internationalen Privatrechts noch viel zu viel anderes zu schaffen, um uns die Verschwendung erlauben zu können, geleistete Arbeit noch einmal zu thun.

Vielleicht aber kann eine Geschichte des internationalen Privatrechts auch nach aussen wohlthätig wirken, bei den vielen Juristen, die diesen Fragen ferner stehen und mit Misstrauen auf einen jungen Rechtszweig blicken, der ihnen bei dem Mangel gesetzlicher Unterlagen wenig mehr als eine Sammlung luftiger Spekulationen bedeutet. Vielleicht, dass der Nachweis, wie sich unsere Fragen seit Jahrhunderten aufdrängen, wie seit Jahrhunderten ihre Lösung aus dem Rechtsganzen herauswächst, die Rechtsnotwendigkeit dieser Dinge lebhafter vor Augen führt; vielleicht, dass ein Blick in die Kontinuität der Entwickelung auch dem Gesetzgeber zeigt, dass hier kein Tummelplatz für willkürliche Experimente ist.

An geschichtlichen Arbeiten auf unserm Gebiet fehlt es auch bisher nicht vollkommen. Um von anderen zu schweigen, Catellani hat vor wenigen Jahren das Wagnis unternommen, eine Universalgeschichte des internationalen Privatrechts zu schreiben, ein sehr dankenswertes Beginnen, das unsere Kenntnis von der Gesamtentwickelung dieses Rechtsstoffes weit über das frühere Mass hinausführt. Es ist Catellani nicht durchaus gelungen, sich zu der massgebenden Speziallitteratur durchzuarbeiten. Begreiflich genug, handelt es sich dabei doch um eine Reihe von Sondergebieten, die gleichmässig zu beherrschen die Kraft des Einzelnen übersteigt. Dennoch wird man einer Geschichte des internationalen Privatrechts so wenig wie der eines anderen Gebietes die Anforderung ersparen können, die Ergebnisse der Spezialforschung zum Ausgangspunkt der weiteren Untersuchungen zu machen. Und darum bedarf es auch der bescheidenen Kleinarbeit, die sich auf die einzelnen Fragen beschränkt und sie geduldig Stück für Stück der Lösung näher bringt.

Die Einzeluntersuchung wird sich vor allem dem wichtigsten Faktor in der Entwickelung des internationalen Privatrechts zuwenden müssen, seiner Dogmengeschichte. Und auch hier ist eine Vorarbeit in Lainé's introduction au droit international privé gegeben. Ein ausgezeichnetes Werk, das für lange hinaus den zuverlässigen Führer in dem Wechsel der gemeinrechtlichen Anschauungen bilden wird! Lainé zeichnet in grossen Zügen die Entwickelung von sechs Jahrhunderten — es war kaum zu erreichen, dass das einzelne dabei überall zu seinem Recht gelangte. Um den Nutzen einer geschichtlichen Behandlung des internationalen Privatrechts völlig auszuschöpfen, wird man extensiv und intensiv weiter greifen müssen. Es heisst, den ganzen Gang der Entwickelung in allen ihren wichtigeren Aeusserungen zu verfolgen, und es gilt, diese Ergebnisse aus ihrer Vereinsamung zu befreien, sie mit den allgemeinen Lehren von Recht und Staat und mit dem praktischen Rechtsleben derselben Zeit in Verbindung zu bringen.

Dringlicher als irgend ein Zeitabschnitt scheint die erste Ausbildung unserer Lehren einer Aufhellung zu bedürfen. Denn die Späteren arbeiten mit Begriffen, die vor ihnen geprägt worden sind. Ist die Entwickelung seit Bartolus verhältnismässig bekannt, so wissen wir über die ältere Zeit ein paar verstreute Einzelheiten, im übrigen aber liegt über den Anfängen völliges Dunkel. Als der Vater des internationalen Privatrechts gilt im wesentlichen heute noch Bartolus. Das Unrecht der grossen Namen! Hat Bartolus doch das meiste von seinen Vorgängern übernommen. Und wenn wir hier den Gang der Entwickelung bis zu diesem Schriftsteller verfolgen, so geschieht es nicht, weil dessen Thätigkeit einen Wendepunkt in der Geschichte des internationalen Privatrechts bedeutet, sondern einen Höhepunkt, den zu erreichen viele andere vorgearbeitet haben.

Die Aufgabe schien ziemlich einfach, und als wir uns vor langer Zeit an die Arbeit machten, hofften wir sie in zwei oder drei Jahren erledigen zu können — bis die Frage auftauchte: in welchem Zusammenhang stehen die Anfänge der Statutenkollision mit dem System der persönlichen Rechte? Und aus der Antwort, die wir erst auf wenigen Seiten geben zu können glaubten, ist eine Untersuchung geworden, die an Umfang und Schwierigkeit das ursprüngliche Thema weit hinter sich liess. Heute legen wir dem Leser ein Stück dieses ersten Teiles vor, der sich ganz ohne unsere Absicht dem zweiten Teil, der Entwicklung im gemeinen Recht, vorgelagert hat.

Die Sammlung des Materials hat mich an die Güte vieler Stellen verwiesen. Den Bibliotheksverwaltungen des Nationalmuseums zu Prag, der Universität Leipzig, der Stadt Trier und der k. Bibliothek Bamberg bin ich für die liberale Uebersendung von Handschriften, der k. Bibliothek Berlin für die Ueberlassung von Druckwerken Dank schuldig. Archive und Bibliotheken in Venedig, Pisa, Florenz, Rom und Neapel haben mich durch freundliche Aufnahme verpflichtet. Und eine Flut von Wünschen hat sich über die beiden Münchener Bibliotheken ergossen, die in dankbar gewürdigter Hilfsbereitschaft die Arbeit erst möglich gemacht haben. Mit ehrerbietigstem und lebhaftestem Danke habe ich aber auch der Unterstützung von seiten der k. bayerischen und der k. italienischen Staatsregierung zu gedenken, deren Gewogenheit mich in den Stand gesetzt hat, die wichtige Handschrift des Blasius de Morcono zu Neapel in München benützen zu dürfen; und ich darf der k. bayerischen Regierung auch für die Erwirkung des Zutrittes zur Bibliothek des Fürsten Chigi in Rom respektvollsten Dank sagen.

Ueber die Einzelheiten der Darstellung ist hier nur wenig vorauszuschicken: dass die Quellencitate der alten Schriftsteller im Interesse der Lesbarkeit in der heute üblichen Form wiedergegeben sind; dass an Stelle der vielfach willkürlichen Schreibung alter und neuer Ausgaben eine einheitliche Orthographie gesetzt wurde; und dass ich auf Emendationen verdorbener Texte, denen ich keine lange Rechtfertigung beigeben konnte, mit einem * hingewiesen habe.

Und nun mag die Arbeit hinausgehen. Mehr als alle Erwägungen über die Nützlichkeit einer solchen Untersuchung hat mich der unwiderstehliche Reiz an sie gefesselt, bei den Vorerörterungen bekannte Dinge von einer andern Seite zu sehen, im übrigen aber auf fast unbetretenen Wegen zu wandern. Als Internationalist, nicht im Interesse der Rechtsgeschichte, bin ich an die Arbeit herangetreten. Möge mir dieser Umstand vor der Kritik der Historiker nicht zur Entschuldigung dienen müssen.

München, den 14. November 1900.

Dr. Karl Neumeyer.

Inhalt.

I. Teil.

Der Einfluss der Stammesrechte.

Einleitung.

I. Abschnitt.

Die Geltung der Stammesrechte.

1. Kapitel.

Das Landesrecht von Ober- und Mittelitalien.

Seite

2. Kapitel.

Die persönlichen Rechte in Ober- und Mittelitalien.

3. Kapitel.

Der Rechtszustand in Unteritalien.

I. Die Landesrechte.

II. Die persönlichen Rechte.

Berichtigungen.

S. **10** Anm. 1 am Ende ist beizufügen: »Vgl. übrigens auch unten S. **226** ff.«
„ **44** Z. 3 ist die Anmerkungsziffer 1 beizusetzen.
„ **89** Anm. 1 Z. 11 lies »zweite Hälfte« statt »Mitte«.
„ **91** letzte Zeile lies »*langobardorum*« statt »*langobardoruu*«.
„ **95** Anm. 1 Z. 5 lies »die der Sachsen« statt »die Sachsen«.
„ **98** Z. 7 lies »Schwägerin« statt »Nichte«.
„ **107** Z. 22 lies »*si*« statt »*sie*«.
„ **141** Z. 16 lies »denn« statt »dann«.
„ **147** Anm. 1 Z. 4 lies »XVII« statt »XV1I«.

I. Teil.

Der Einfluss der Stammesrechte.

Einleitung.

Statutenkollision und persönliche Rechte.

1. Wie alles Recht ist auch das internationale Privatrecht staatliches Recht und damit der Ausfluss des gerade herrschenden staatlichen Willens. Aber mehr als auf anderen Gebieten hat hier die Doktrin zur Rechtschöpfung beigetragen, eine Doktrin, die als Glied des gemeinen römischen Rechts gross geworden ist und mit diesem zurückführt in das mittelalterliche Italien, in die Hörsäle Bolognas, wo römische Form und neuer Inhalt zu gewaltigem Kulturwerk zusammengeschweisst wurden.

Der lebendige Wechselverkehr der Städte Italiens hatte das Bedürfnis nach einer festen Ordnung wachgerufen, nach der sich die Grenzen der einzelnen Gewalten in Recht und Gericht und Verwaltung bestimmten, und er hatte sie zu einem Zusammenwirken veranlasst, wo die eigene Macht zur Vorkehrung der geeigneten Massregeln versagte. Einiges von diesen Einrichtungen reicht schon zurück in die Zeiten der fränkischen Verfassung, die der Entstehung des Städtewesens vorausging. Doch die lückenlose Aufeinanderfolge der Verfassungsformen ermöglicht es im allgemeinen, ihnen ohne Rücksicht auf den Wechsel der politischen Gewalt bis zu ihrem ersten Auftauchen nachzugehen.

Nur eine dieser Fragen, die der Rechtsverkehr aufgeworfen, und es ist bei weitem die wichtigste unter ihnen, nimmt eine besondere Stellung ein: das Problem der Statutenkollision, die Lehre vom zuständigen Recht und seiner Anwendung. Auch sie hat ihre Wurzeln im italienischen Städteleben des 12. Jahrhunderts. Aber eine eigentümliche Schwierigkeit erhebt sich hier, wenn es gilt, diese Anfänge zurückzuverfolgen. Die Träger des Rechts und der politischen Gewalt fallen auseinander: dort der Stamm und hier die Grafschaft. Und zwischen jenen unstaatlichen Rechtsgemeinschaften, den Stämmen, schafft ein sorgfältig ausgebildetes Kollisionsrecht Ordnung, in dem sich, verglichen mit der Lehre von der Kollision territorialer Rechte, verwandte und fremde Züge mischen: das System der persönlichen Rechte.

Bestehen zwischen beiden Beziehungen? Die Verschiedenheiten im Recht der italienischen Landschaften, durch die die neuen Lehren hervorgerufen wurden, beruhen zu einem guten Teil auf dem Unterschied der herrschenden Stammesrechte, des römischen und des longobardischen Rechts. Die Romanisten von Bologna, die diese Lehren zur Ausbildung gebracht haben, sind in manchen Stücken die Schüler jener Lombardisten zu Pavia, die dem System der persönlichen Rechte zu besonderer Verfeinerung verholfen haben. Und nicht nur allgemeine Erwägungen dieser Art sind es, die zu einer Untersuchung des Zusammenhanges beider Systeme drängen. Es war im dritten Viertel des 12. Jahrhunderts, da hat zuerst Magister Aldricus die folgenreiche Frage aufgeworfen: *sed quaeritur, si homines diversarum provinciarum, quae diversas habent consuetudines, sub uno eodemque iudici litigant, utram earum iudex qui iudicandum suscepit, sequi debeat?* Und wenige Jahre darnach frägt der unbekannte Kanonist von Bologna: *quid enim dicemus, si diversae sunt consuetudines actoris et rei?* Ein halbes Jahrhundert später aber, um 1215, bringt Karolus de Tocco, selbst ein angesehener Lehrer des römischen Rechts, in seiner Lombardaglosse sorglich ausgearbeitete Erörterungen über die Kollision der persönlichen Rechte, und noch tief im 14. Jahrhundert werden diese Probleme von Blasius de Morcono behandelt, dicht neben Bemerkungen über Statutenkollision. Die Urkunden mit Professionen römischen und longobardischen Rechts reichen in Oberitalien ins 15. Jahrhundert, die Reste persönlichen longobardischen und fränkischen Rechts in den beiden Sizilien bis herein ins 19. Eine Untersuchung über das gegenseitige Verhältnis der beiden Systeme wird damit zur unerlässlichen Voraussetzung, wenn die Entstehungsgeschichte der Lehren von der Statutenkollision klargestellt werden soll.

Es handelt sich dabei zunächst um die Frage, in welcher Beziehung die ersten Ausführungen über Statutenkollision zu dem System der persönlichen Rechte stehen. Aber mit ihrer Beantwortung ist nur ein Teil der Aufgabe gelöst. Die Lehren von der Statutenkollision bildeten einen Bestandteil des gemeinen römischen Rechts, und wo immer sich die persönlichen Rechte im Bereich des gemeinen Rechts erhalten haben, erhebt sich die Frage nach dem Verhältnis beider von neuem.

In der ersten Richtung beschränkt sich das Problem räumlich auf Italien, speziell auf Oberitalien, den Sitz der ersten Versuche in den neuen Theorieen. Zwar früh schon haben sich Ausländer — Joannes Hispanus, Joannes Teutonicus — an der Ausbildung dieser Lehren beteiligt, aber in ihren Ausgangspunkten sind sie ganz und gar Bologneser. Eine bodenständige Litteratur des Auslands beginnt auf die gemeinrechtliche Theorie der Statutenkollision erst mit Jacobus de Ravanis Einfluss zu üben, zu einer Zeit, da in Frankreich und sonst ausser Italien die persönlichen Rechte längst verschwunden waren.

Für jene andere Seite der Frage, für das Verhältnis der persönlichen Rechte zum gemeinen Recht überhaupt, ist die Möglichkeit eines Zusammentreffens freilich in weiterem Umfang gegeben. Die persönlichen Rechte haben im byzantinischen Italien, also einem Land römischen Rechts, Eingang gefunden, und in Südfrankreich und in England haben sie sich mit den Zeiten einer romanistisch gebildeten Rechtswissenschaft nahe berührt. Aber die Entwickelung im byzantinischen Italien hat nicht von Konstantinopel die Richtung erhalten, sondern in Venedig von Pavia, im Süden von Benevent, und für Frankreich und England muss ich mich mit der Feststellung begnügen, dass ich in den der römischen Rechtskultur angehörigen Quellen nichts gefunden habe, was auf die persönlichen Rechte Bezug hat. Das Verhältnis zwischen Christen und Mauren in

Spanien aber gehört schon aus später zu erörternden Gründen nicht in diesen Zusammenhang, ebenso wie die ähnlich gearteten Beziehungen zwischen Rechtgläubigen und Akatholischen in den Kreuzfahrerstaaten und bei den Griechen. Und noch weniger trifft dies für die Ordnung der Konsulargerichtsbarkeit in den Mittelmeerländern zu. Also auch hier beschränkt sich unsere Aufgabe auf Italien, und vor allem ist es diesmal das Königreich Neapel, das eine Fülle des interessantesten Materials bis weit in die Neuzeit herein bietet.

Die Untersuchung des Verhältnisses der Statutenkollision zu den persönlichen Rechten wird sich nach zwei Richtungen erstrecken müssen: sie wird den Zusammenhang der Kollisionssysteme, und sie wird die Verwandtschaft der Kollisionslösungen zu prüfen haben. Die Beantwortung der ersten und wichtigeren der beiden Fragen bildet den Inhalt des ersten Abschnittes der folgenden Ausführungen.

Aber verschieden haben sich die Verhältnisse im Norden und im Süden der Halbinsel entwickelt. Dort war es die karolingische Eroberung, die die Geltung der Rechtsquellen in entscheidender Weise beeinflusst hat, hier haben sich die longobardischen Rechtsanschauungen frei von fränkischer Einwirkung weitergebildet, bis sie durch die Normannenherrschaft ihr eigentümliches Gepräge erhalten. Es sollen zunächst die Rechtszustände Ober- und Mittelitaliens zur Darstellung gelangen, die Erörterung der Sonderverhältnisse des Südens dagegen dem 3. Kapitel vorbehalten bleiben.[1] Die Grenze beider Rechtsgebiete fällt im allgemeinen mit der Nordgrenze des späteren Königreichs beider Sizilien zusammen, nur dass die Abruzzen bis ins 11. Jahrhundert an der Rechtsentwickelung des Nordens teilgenommen haben.

Träger des Systems der persönlichen Rechte sind in Ober- und Mittelitalien im wesentlichen die Kapitularien und das eng mit ihnen verknüpfte longobardische Recht. Es wird daher der Untersuchung der persönlichen Rechte die Feststellung

---

[1] Doch kommen solche Aeusserungen unteritalienischer Quellen, die mit der Rechtsentwickelung des Nordens im Zusammenhang stehen, schon hier zur Erörterung.

vorausgehen müssen, wie weit hier das longobardische überhaupt als Landesrecht gegolten hat — zugleich eine erwünschte Gelegenheit, das überlieferte Material daraufhin zu sichten, wo das longobardische Recht stammesrechtliche Geltung hat, und wo ihm landesrechtliche Bedeutung zukommt.

Grundbegriffe.

a) Personalität.

2. Bevor jedoch der Darstellung der persönlichen Rechte und ihrer Beziehungen zum territorialen Recht näher getreten werden kann, erscheint es unerlässlich, eine Einigung darüber zu versuchen, was unter dieser Personalität und ihrem Gegenstück, der Territorialität des Rechts, zu verstehen ist. Die Meinungen über das Verhältnis beider stehen sich schroff gegenüber. Die Territorialität wird als ausschliessender Gegensatz der Personalität betrachtet, und sie wird mit ihr gleichzeitig gefunden; der Uebergang vom einen zum andern Prinzip hat unvermittelt stattgehabt, und er ist unmerklich geschehen; das System der persönlichen Rechte gilt als das internationale Privatrecht der fränkischen Zeit, und es wird beiden auch nur die Aehnlichkeit abgesprochen; das moderne Personalstatut erscheint als die Fortsetzung der alten persönlichen Rechte, und es soll ihnen jeder Zusammenhang fehlen.

Der Wirrwar der Meinungen beruht zu einem guten Teil auf der Unklarheit der verglichenen Begriffe, und wenn es gelänge, über sie zu einem Einverständnis zu kommen, so wäre die Frage nach dem Verhältnis beider Systeme damit ihrer Lösung erheblich näher gerückt.

Spricht man von der Geltung der Stammesrechte, so versteht man darunter zunächst eine bestimmte geschichtliche Erscheinung. Durch die Ereignisse der Völkerwanderung sind mehrfach Stämme verschiedenen Rechts unter einer einheitlichen Herrschaft in der Weise vereinigt worden, dass jedem der Teile sein angestammtes Recht verblieb; insbesondere geschah das in der fränkischen Monarchie. Der Grundsatz hat insoweit politischen Inhalt. Und entsprechend seiner Entstehung gilt er nur zu Gunsten derjenigen Stämme, denen ein solches

Vorrecht eingeräumt wurde, keineswegs für alle Fremden im Lande.

Die Geltung der Stammesrechte in den Staaten der Völkerwanderung bietet der Beobachtung noch eine zweite Eigentümlichkeit. Die blosse Gewährleistung eigenen Rechts lässt an sich die Frage offen, in welchem Umfang es Anwendung finden konnte. Jene Rechte aber haben persönlich gegolten. Auch dort, wo die Stämme ihr eigenes Gebiet bewohnten, gab es keine räumliche Beziehung, die zu einer Anwendung des Stammesrechts geführt hätte. Der Salier, der in Mailand ein Grundstück veräusserte, nahm diese Veräusserung nicht nach dem longobardischen Ortsrecht vor, sondern nach dem Recht seines Stammes, dem salischen Recht. Und wo Personen verschiedenen Rechts an einem Verhältnis beteiligt waren, z. B. ein Alamanne wollte eine bairische Frau ehelichen, da konnte es sich nur fragen, welche der Personen dabei ihr Recht zur Anwendung brachte, aber nicht, ob irgend eine räumliche Beziehung, etwa der Eheschliessungsort, für die Bestimmung des massgebenden Rechts den Ausschlag gab. Im modernen Recht ist es bald eine persönliche Beziehung wie die Staatsangehörigkeit des Erblassers, bald eine räumliche Anknüpfung wie der Ort, an dem ein Vertrag zu erfüllen, der für die Bestimmung des anzuwendenden Rechts von Bedeutung ist. Die Eigentümlichkeit im Geltungsbereich der Stammesrechte ist eine negative: sie beruht in dem Fehlen eines räumlichen Unterwerfungsgrundes unter das Recht. Insoweit hat der Grundsatz dogmatischen Inhalt, und man bezeichnet ihn nach dieser Richtung zweckmässig mit dem Ausdruck: System der persönlichen Rechte.

Die Ansichten schwanken, ob die Besonderheit des Systems in der personalen Geltung des einzelnen Stammesrechts begründet sei, oder ob sein Schwerpunkt in der gemeinschaftlichen Geltung der verschiedenen Rechte liege. Seine Eigentümlichkeit zeigt sich in der That schon dort, wo nur Angehörige desselben Stammes an einem Rechtsverhältnis beteiligt sind.[1]

---

[1] Gaupp, die germanischen Ansiedelungen und Landteilungen in den Provinzen des römischen Westreiches 230 findet das Prinzip »in seiner Reinheit« nur in solchem Fall durchgeführt.

Befindet sich ein Stammesgenosse ausserhalb des Stammlandes, so verbleibt er unter heimatlichem Recht ohne Rücksicht auf das konkurrierende Recht seines Aufenthaltsortes. Umfasst das Verhältnis Personen verschiedenen Stammes, so tritt die weitere Frage hinzu, welche von ihnen bei der Auswahl des Rechts den Vorzug hat; aber auch hier ist die Wahl auf die Rechte bestimmter Personen beschränkt, die räumlichen Beziehungen des Falles bleiben unberücksichtigt.[1]

Der Beweis, dass die Stammesrechte als solche thatsächlich in keinem Fall auf Grund der räumlichen Beziehungen eines Thatbestands zur Anwendung gekommen sind, wird im Verlauf dieser Abhandlung zu erbringen sein. Aber natürlich erstreckt der Satz von dem Fehlen räumlicher Anknüpfungen an die Stammesrechte seine Geltung nur so weit, als überhaupt die Stammesrechte gelten. Andere Rechtsquellen, die gleichzeitig in Kraft sind, mögen auch unter solchen Voraussetzungen Anwendung finden. Im Jahr 772 verpachtet ein Einwohner von Chiusi seinen Grundbesitz in Roselle, und er verspricht dem Pächter für den Fall einer Ueberforderung, *ut det vobis de ris (res) movile secundum usu loci istius Rosell.*,[2]

[1] Nach der andern Seite geht es zu weit, wenn Zeumer, Neues Archiv der Gesellschaft für ältere deutsche Geschichtskunde XXIII 471 einen Rechtszustand, wie er bei Goten oder Burgundern war, bei dem der Sieger und der besiegte Stamm ihr Recht behielten, auf gemischte Beziehungen aber das Recht des herrschenden Volkes Anwendung fand, aus dem Begriff der Personalität ausschliesst. Auch hier sind die historischen Voraussetzungen des Systems gegeben, es handelt sich um Stämme der Völkerwanderung, und konstruktiv gelten ihre Rechte persönlich, nur dass in gemischten Fällen nicht das Recht der Person, die für den Inhalt des Rechtsverhältnisses wichtiger ist, sondern das der politisch bevorzugten Person zur Anwendung kam. Solche Bevorzugung ist mit dem Begriff einer Kollisionsordnung so wenig unvereinbar, dass sogar das internationale Privatrecht des bürgerlichen Gesetzbuchs mehrfach ohne Rücksicht auf die Natur des Rechtsverhältnisses deutsches Recht für massgebend erklärt, weil Deutsche daran beteiligt sind. — Ein anderes System ist natürlich in Frage, wo das Recht des herrschenden Stammes als Landesrecht auch für das Verhältnis der Unterworfenen zu einander Geltung beansprucht.

[2] Troya, codice diplomatico longobardo V 2 n. 951, 952.

also nach dem Recht der belegenen Sache; aber es ist nicht das Stammesrecht der Longobarden oder Römer, das zu jener Zeit sonst in Tuscien gegolten hat, sondern das Ortsrecht von Roselle, das hier räumlich für alle Grundstücke des Bezirkes Geltung aufweist.

Die herrschende Meinung pflegt die Eigentümlichkeit des Systems der persönlichen Rechte in anderen Umständen zu suchen. Eine Ansicht, der Laurent und besonders Lainé zahlreiche Freunde geworben haben, erklärt das System der persönlichen Rechte für eine rein innerstaatliche Angelegenheit, bei der es sich um die Anwendung des Rechts verschiedener Stämme innerhalb desselben Landes handle; wo dagegen im modernen internationalen Privatrecht das persönliche Recht jemands zur Anerkennung gelange, da werde territoriales (einheitlich im Staat geltendes) Recht ins Ausland getragen.[1] Aber es geht nicht an, bei der Betrachtung des internationalen Privatrechts der neueren Zeit die einzelnen Länder zum Ausgangspunkt zu nehmen, deren Rechte miteinander konkurrieren, bei den persönlichen Rechten dagegen die Zentralgewalt, die für den Geltungsbereich der verschiedenen Stammesrechte Ordnung schafft. Das Gegenstück der Rechte Deutschlands, Frankreichs, Italiens bei der modernen Statutenkollision ist nicht in dem Recht der fränkischen Gesamtmonarchie, sondern in den Leges der Salier, Baiern, Alamannen enthalten. Wie jene Staaten sind auch die Stämme die autonomen Träger ihres Rechts. Und die Verwandtschaft beider geht noch weiter. Auch die einzelnen Stämme bewohnen ihr bestimmtes Gebiet, in dem die Anwendung des Stammesrechts die Regel ist, und seine

---

[1] Laurent, droit civil international I 235 f.; Martens-Bergbohm, Völkerrecht II 277; Lainé im Journal du droit international privé XII 135, 140 f. und introduction au droit int. privé I 58, 65 ff.; Weiss, traité élémentaire du droit int. privé[2] 265[5]; Castañeda, historia y critica de la antigua doctrina de los estatutos 35 f.; Despagnet, précis du droit int. privé[3] 144 f.; Surville et Arthuys, cours élémentaire du droit int. privé[2] 17; Bustamante, tratado de derecho internacional privado I 263, 285, 413; Catellani, storia del diritto internazionale privato 218, 264 f.. Vgl. übrigens schon Gaupp, Ansiedelungen 219, und Mancini, Revue de droit international VII 330.

Geltung unterscheidet sich von derjenigen des staatlichen Rechts der Gegenwart nur eben darin, dass keinerlei räumliche Beziehung zu dem Stammland seine Anwendung herbeiführen kann. Verwickelter wird die Lage dort, wo zwei Stämme in demselben Gebiet wohnen, wie die Römer und Longobarden in Italien. Aber auch hier hat jeder Teil sein Stammland, nur dass es zugleich das des anderen Teiles ist, so dass möglicherweise zweierlei Recht landesüblich ist.[1] Lainé glaubt die Verschiedenheit der beiden Systeme durch den Hinweis auf Algier bekräftigen zu können, wo nach innen neben dem französischen die persönlichen Rechte der Araber und Kabylen gelten, nach aussen dagegen das einheitliche französische Recht nach den Grundsätzen des internationalen Privatrechts in Wettbewerb mit den Rechten anderer europäischer Staaten trete. Aber der Gegensatz von aussen und innen führt irre. Wie das spanische oder italienische neben dem französischen Landesrecht steht, so konkurrieren die eingeborenen Rechte mit dem französischen Stammesrecht, und sie unterscheiden sich nur, wie sich territoriales und persönliches Recht auch sonst unterscheiden.[2]

Es ist nur ein anderer Ausdruck des Gedankens von der innerstaatlichen Geltung der persönlichen Rechte, wenn man

---

[1] Solche Duplizität des persönlichen Rechts im gleichen Gebiet ist auch im neueren Recht nicht ohne Gegenstück. Beispiele sind der Gegensatz des Privatfürstenrechts zum gemeinen Recht oder die Verschiedenheit des Eherechts für Katholiken, Protestanten und Juden.

[2] Wenn Catellani (vgl. S. 202, 205, 241, 249, 264) das System nur dort verwirklicht findet, wo Stämme verschiedenen Rechts in demselben Gebiet ansässig sind, so thut auch hier die unrichtige Wahl des Ausgangspunktes empfindlichen Schaden. Und Catellani vermag sich mit jenen einfachen Fällen, wo Angehörige solcher Stämme zu einander in Beziehung treten, die geschlossen wohnen, nur dadurch abzufinden, dass er sie aus dem Begriff der persönlichen Rechte ausscheidet — L. Rib. tit. 31 wird ausdrücklich genannt — und für modernes internationales Privatrecht erklärt. Namen sind vereinbarte Bezeichnungen für bestimmte Erscheinungen; wo einer überkommenen Bezeichnung einseitig ein anderer Inhalt gegeben wird, hört die Möglichkeit wissenschaftlicher Auseinandersetzung auf.

hervorhebt, das System beruhe auf dem Willen einer übergeordneten Gewalt. Thatsächlich freilich scheint sich ein geordnetes Kollisionssystem zwischen unabhängigen Stämmen kaum entwickelt zu haben.[1] Aber es ist willkürlich, wenn solche Fälle vorgekommen sein sollten, sie aus dem Begriff der persönlichen Rechte auszuschliessen.[2]

Die gleiche Vorstellung hat denn auch dazu geführt, die Unstaatlichkeit der Stammesrechte im Gegensatz zu der staatlichen Geltung des modernen Rechts zum Begriffsmerkmal des Systems zu erheben.[3] Dem stehen freilich schon Bedenken auf Seiten des modernen Rechts entgegen. Nicht überall gilt heute ein einziges Gesetzbuch für den ganzen Staat wie in Belgien und Frankreich; Bayern hat noch vor wenigen Monaten 49 Rechte nebeneinander besessen. Ein verwertbarer Gedanke ist in dem Erfordernis staatlicher Geltung des Rechts allerdings enthalten: alles Recht beruht auf dem Willen eines öffentlichen Verbandes. Einer jeden Rechtsordnung muss eine Gemeinschaft entsprechen, deren Wille in ihren Rechtsnormen wirksam wird, auch das Partikularrecht eines öffentlichrechtlich sonst indifferenten Landesteiles hat die Gesamtheit der ihm Unterworfenen zum Träger. Welche Gemeinschaften Träger des Rechts sein können, ist eine Frage des Staatsrechts, aber der Staat selbst ist nicht die einzig mögliche Quelle des Rechts. Ganz demselben Erfordernis genügen aber auch die Stammesrechte. Das Stammesrecht ist der Ausfluss des Stammes-

---

[1] Als sich 530 die befreundeten Stämme der Ost- und Westgoten trennten, bestand kein Rechtssatz für die Bestimmung der Staatsangehörigkeit bei Wechselheiraten; Prokopius, Gotenkrieg I 13 ed. Dindorf 70. Und als der Longobardenkönig Ratchis 744 eine Römerin heiratete und auf Verlangen der Römer den Ehevertrag nach römischem Recht schloss, empörten sich die Longobarden wegen der Verletzung ihres heimischen Rechts; Benedictus de Monte Soracte, chronicon c. 16 Monumenta Germaniae (»MG.«) Scriptores III 702.

[2] So Gaupp a. a. O. 20.

[3] Laurent a. a. O. 248; Lainé, Journal 135 und introduction 58; Meili, Zeitschrift für internationales Privat- und Strafrecht I 140; Stouff, étude sur le principe de la personnalité des lois 2. Ueber Gierke unten.

verbands, und die Zentralgewalt gewährleistet seine Wirksamkeit; schon die zeitgenössische Theorie hat es vielfältig betont, dass das Stammesrecht eine Machtäusserung des Stammes bedeutet.[1] Die rechtliche Wirksamkeit des Stammes geht sogar noch um ein geringes weiter. Die Partikularrechtsgemeinschaft der Gegenwart erschöpft ihre Thätigkeit in der Darbietung von Rechtssätzen; der Stamm nimmt auch an der Entstehung der konkreten Rechtsverhältnisse teil. Soweit die rechtliche Notwendigkeit besteht, Richter und Notare, Prozesszeugen und Eideshelfer vom Stamme der Parteien beizuziehen, insbesondere bei dem Erfordernis von Geschäftszeugen aus dem Stamm der Beteiligten, handelt es sich gleichfalls um eine Machtäusserung des Stammes: der Schuldner kann ohne Mitwirkung seines Stammes nicht gültig verpflichtet werden.

Zu Unrecht aber wird behauptet, dass in der Aburteilung durch Richter gleichen Rechts ein Begriffsmerkmal des Systems der persönlichen Rechte enthalten sei.[2] Ein Blick in die Urkunden zeigt die thatsächliche Unrichtigkeit der Meinung. Und es bedeutet gerade kollisionsrechtlich einen erheblichen Unterschied, ob der Mehrheit von Rechten auch eine Verschiedenheit des Gerichts entsprach. Wo ein Gericht über Angehörige verschiedener Rechte entscheidet, da wird nach dem zuständigen Recht gefragt; wo dagegen jeder Teil sein eigenes Gericht besitzt, geht die erste Frage nach dem zuständigen Gericht, und da sich die Zuständigkeitsgründe für Recht und Gericht zum Teil decken, so wird, wenn die Zuständigkeit des Gerichts erst einmal feststeht, die Frage nach dem anzuwendenden Recht bei einfacheren Rechtszuständen gar nicht mehr aufgeworfen. Darum gehören die oben erwähnten Beziehungen zwischen Christen und Mauren in Spanien, die der Franken und Syrer und Armenier im Orient nicht in diesen Zusammenhang. Und noch weniger kann die mittelalterliche Konsulargerichtsbarkeit mit dem System der persönlichen Rechte in Verbindung

---

[1] Vgl. unten S. 56 f., 62 f., 143 f.

[2] Maurer, Geschichte der Städteverfassung in Deutschland IV 23; Dahn, die Könige der Germanen VIII 2, 50; VIII 4, 11. Vgl. auch Waitz, deutsche Verfassungsgeschichte[2] IV 403.

gebracht werden.[1] Nicht nur das eigene Gericht unterscheidet sie von jenem, es gibt auch räumliche Unterwerfungsgründe unter das Recht des Konsulargerichts. Der Pisaner, der in Florenz einen Vertrag schliesst, wird nach Florentiner Recht beurteilt, kontrahiert er in Tunis, so nach den Gesetzen von Pisa.

Die Stammesrechte haben sich mehrfach in Landrecht und Ortsrecht verwandelt, ohne dabei ihren persönlichen Herrschaftsbereich aufzugeben, und man hat gezweifelt, ob die Geltung derart umgestalteter Quellen noch unter das System der persönlichen Rechte gerechnet werden könne.[2] Wir haben zwei Kennzeichen des Systems der persönlichen Rechte gefunden: es muss sich um historisch bestimmte Rechte handeln, und sie müssen ausschliessend persönlich gelten. So lange die beiden Merkmale gegeben sind, besteht wohl kein Grund, solchen Rechtszustand aus dem Begriff der persönlichen Rechte auszuschliessen. Schon zur Blütezeit des Systems ist neben den reinen Stammesrechten persönlich geltendes Gebietsrecht in Uebung gewesen. Bekannte Stellen beweisen das: das ribuarische Recht gilt *infra pago Ribuario* und lässt dem *advena* die *lex loci ubi natus fuit;* ein aquitanisches Kapitular von 768 bestimmt, *ut omnes homines eorum legis habeant, tam Romani quam et Salici, et si de alia provincia advenerit, secundum legem ipsius patriae vivat.* In Brescia urkundet 807 eine Partei *de finibus Alamanniae,* in Mailand unterschreiben 842 Zeugen *de partibus Franciae.*[3] Es sind da verschiedene Abstufungen in Frage. Oftmals, und gerade in den eben erwähnten Fällen[4] handelt es sich nur um die thatsächliche Vorherrschaft eines Stammesrechts im Stammesgebief, die dazu

---

[1] So Gierke, das deutsche Genossenschaftsrecht II 643 [50]; Pertile, storia del diritto italiano[2] VI 123.

[2] Es ist Territorialrecht in Frage nach Gaupp, Zeitschrift für deutsches Recht und deutsche Rechtswissenschaft XIX 164; Stobbe, Jahrbuch des gemeinen deutschen Rechts VI 38; Bethmann-Hollweg, der Zivilprozess des gemeinen Rechts V 283; Schröder, Lehrbuch der deutschen Rechtsgeschichte[3] 638.

[3] Historiae patriae monumenta (»MHP.«) XIII n. 84, 146.

[4] Vgl. auch unten S. 173 f.

führt, dies Recht als das Recht des Gebiets zu betrachten. Bisweilen liegt schon eine Verschiebung innerhalb des Rechtsbegriffes vor: der Stamm wird zur Bürgerschaft des Stammesgebiets, das Recht zum Besitztum des Landes. Manchmal erstreckt sich die Umgestaltung noch weiter, das Stammesrecht ergreift alle am Ort Wohnenden ohne Rücksicht auf ihre Herkunft. Dann handelt es sich um Schwankungen des Anknüpfungsbegriffes, der verwertet wird, das persönliche Recht zu bestimmen — wie kürzlich im grössten Teil des Deutschen Reiches vom Wohnsitz zur Staatsangehörigkeit als Bestimmungsgrund des persönlichen Rechts übergegangen wurde; die Eigenart des persönlichen Rechts wird durch solchen Wechsel nicht berührt. Es kann darum auch sein, dass für einen Teil der Bevölkerung die Gebietszugehörigkeit, für einen andern gleichzeitig die Abstammung als Anknüpfung für das persönliche Recht benützt wird. In Unteritalien hat zur selben Zeit das longobardische und römische Recht als persönliches Gebietsrecht, das normannische als Stammesrecht gegolten.[1]

---

[1] Die Frage hat sich hauptsächlich bei Gelegenheit der Kontroverse erhoben, welchen Rechtszustand der Sachsenspiegel voraussetzt, und ist besonders von Homeyer, Phil.-hist. Abhandlungen der k. Akademie der Wissenschaften zu Berlin 1852 65 ff., von Gaupp und Stobbe a. a. O. und von Schulz, das Urteil des Königsgerichts unter Friedrich Barbarossa über die Porstendorfer Besitzung des Klosters Pforte 33 ff. erörtert worden. Man wird bei dieser Kontroverse drei Dinge scharf sondern müssen: 1. Bestimmt sich der rechtliche Status einer Person im Sachsenspiegel nach Abstammung oder Wohnsitz, nach angeborenen oder gegenwärtigen persönlichen Beziehungen? Die Antwort wird im allgemeinen zu Gunsten der Abstammung lauten müssen. 2. Wenn Abstammung entscheidet, ist Stammesherkunft oder Landesherkunft in Frage? Wohl die Landesherkunft. (Unterfrage: Wird die Beziehung zu dem Heimatland vermittelt durch die Lage des Stammguts oder durch den Wohnsitz der Vorfahren?) Völlig verschieden davon ist aber die dritte Frage: Ist der persönliche Status im Sachsenspiegel der einzige Bestimmungsgrund des Rechts, oder kennt er auch räumliche Unterwerfungsgründe unter seine Rechtssätze? Und man wird sich mit Rücksicht auf Ssp. I 30 und III 33 für die Territorialität des Sachsenspiegels entscheiden müssen.

b) Territorialität.

3. Schwanken die Meinungen über den Begriff der Personalität, so ist man bei ihrem Gegenstück, der Territorialität des Rechts, nicht einmal über die Erscheinung einig, die mit diesem Namen bezeichnet werden soll.[1] Sehr häufig versteht man unter Territorialität die einheitliche Geltung des Rechts im Gegensatz zu der Verschiedenheit der Stammesrechte.[2] Die Einheitlichkeit als solche ist nun freilich kein besonderes Kennzeichen des Rechtszustandes, der auf die Herrschaft der persönlichen Rechte folgte. Neben dem Commune macht ihre besonderen Statuten die Plebs, die Zünfte schaffen für ihren Bereich Rechtssätze, draussen vor den Thoren hat jedes Dorf sein eigenes Ortsrecht, und schliesslich gilt im forum ecclesiasticum anderes Recht als im forum civile. Von einer Einheitlichkeit des Rechts wird man nur insofern sprechen können, als gerade der Unterschied der Abstammung keine Verschiedenheit des Rechts mehr hervorbrachte. Sagt man also, die Periode der Personalität wurde durch die der Territorialität abgelöst, so heisst das, auf die Zeit, zu welcher die Stammeszugehörigkeit eine Rechtsverschiedenheit bedeutete, folgte eine Zeit, wo das nicht mehr der Fall war, und damit ist nicht eben viel gesagt. Und versteht man unter territorialem Recht einheitliches Recht, so ist es ebenso richtig zu sagen: neben dem persönlichen galt schon territoriales Recht, wie: Personalität und Territorialität sind ausschliessende Gegensätze; nur denkt man im ersten Fall an das Recht neben den Stammesrechten, im zweiten an dasjenige, das sie verdrängt.

Andere fügen diesem negativen Begriff der Territorialität ein positives Merkmal bei: nicht mehr die Abstammung, sondern der Wohnsitz soll seither einheitlich für alle Einwohner

---

[1] Ueber modernen Missbrauch des Ausdrucks Kahn, Jahrbücher für die Dogmatik des heutigen römischen und deutschen Privatrechts XXXIX 80 ff.

[2] Gaupp, Ansiedelungen 250, 262; Mancini a. a. O.; Lainé, introduction I 54; Viollet, histoire du droit civil français 92; Bustamante a. a. O. 287; Catellani 263; Dahn VIII 4, 16.

das massgebende Recht bestimmen.[1] Will damit nur gesagt werden, nunmehr gilt statt der Stammesrechte einheitliches Ortsrecht, so unterscheidet sich die Ansicht in nichts von der eben erwähnten. Es kann damit aber auch eine Aussage über den Geltungsbereich des neuen Rechts verbunden sein: eigenes Ortsrecht für alle hier Ansässigen, fremdes Ortsrecht für die anderwärts Wohnenden; dann ist wiederum ausschliessend persönliches Recht in Frage, nur dass statt des Stammes jetzt der Wohnsitz die Rechtsgenossen zur Einheit zusammenfasst. Dass nun Fälle, in denen die Stammesrechte selbst die Form persönlich geltenden Ortsrechtes angenommen haben, nicht territoriales Recht darstellen, ist oben bemerkt worden. Und will man die anderen Fälle, in denen das Wohnsitzrecht selbstständigen Inhalt hat, wirklich als territoriales Recht bezeichnen, »die« Rechtsform der Territorialität ist darin sicher nicht beschlossen, und — der Nachweis, dass nach dem Untergang der Stammesrechte gerade der Wohnsitz das Gesamtrecht der Person bestimmt hat, lässt sich jedenfalls für Italien nicht erbringen.

Aehnliches gilt für die andere Ansicht, dass die Territorialität einheitlich geltendes Recht bedeutet, das die Anwendung fremden Rechts im Lande völlig ausschliesst.[2] Ob das Ortsrecht nach dem Untergang der persönlichen Rechte wirklich ausnahmslos gegolten hat, wird der weitere Verlauf dieser Abhandlung zeigen. In jedem Fall aber kann eine solche unbedingte Geltung des Inlandsrechtes nur eine Form territorialen Rechts sein, nicht aber die Territorialität selbst.

[1] Pardessus, loi salique 439; Savigny, System des heutigen römischen Rechts VIII 16, 39; Daniels, Handbuch der deutschen Reichs- und Staatenrechtsgeschichte I 110; Salvioli, manuale di storia del diritto italiano 44; Calisse, storia del diritto italiano I 43; Schupfer, manuale di storia del diritto italiano[3] 18; dazu die Litteratur oben S. 12 Anm. 2. Vgl. auch Mitteis, Reichsrecht und Volksrecht in den östlichen Provinzen des römischen Kaiserreiches 76, 102.

[2] Rogge, über das Gerichtswesen der Germanen 58[73]; Laurent 267, 270; Durand, essai de droit int. privé 229; Jitta, la méthode du droit int. privé 24; Audinet, principes élémentaires du droit int. privé 7; Weiss, traité théorique et pratique de droit int. privé II 51, III 134. Doch bleibt es bei einigen der Genannten zweifelhaft, ob sie die ausschliessende Geltung als etwas im Begriff der Territorialität Liegendes betrachten.

Sonach wird das besondere Kennzeichen der Territorialität in einer anderen Richtung zu suchen sein. Und wenn wir das Merkmal des Systems der persönlichen Rechte in seiner ausschliessend persönlichen Geltung gefunden haben, so wird es sich bei der Territorialität des Rechts als ihrem Gegenstück um eine räumliche Geltung des Rechts handeln müssen.

Doch ist dabei zu unterscheiden. Wenn wir sagen, ein Recht »gilt«, so meinen wir ein doppeltes. Jede rechtliche Vorschrift verlangt von allen, die mit dem Machtbereich der rechtserzeugenden Gemeinschaft in Berührung kommen, dass sie diese Vorschrift als Recht gelten lassen, dass sie das *ita ius esto* in ihr anerkennen. In diesem Sinn gilt das bürgerliche Gesetzbuch ausnahmslos im ganzen Deutschen Reich und steht seit dem 1. Januar 1900 durchaus in Geltung, und alle seine Bestimmungen verlangen insoweit von allen, die sich an den deutschen Rechtsschutz wenden, gleiche Beobachtung. Dagegen bildet den Inhalt des einzelnen Rechtssatzes ein Gebot an diejenigen, bei denen die besonderen Voraussetzungen des Rechtssatzes zutreffen, ihr Verhalten entsprechend seiner Vorschrift einzurichten. Die Bestimmungen über den Kauf binden den, der kaufen will, die Bestimmungen über Darlehen den, der ein solches aufzunehmen wünscht. Die Vorschriften des deutschen Gesetzbuchs über Kauf und Darlehen aber finden nur da Anwendung, wo den Thatbestand ein räumliches und zeitliches Band mit dem neuen Gesetzbuch verknüpft: wenn der Vertrag nach dem 1. Januar 1900 abgeschlossen wurde, und wenn er in Deutschland zu erfüllen ist. Nach beiden Richtungen, bezüglich des allgemeinen Anerkennungsgebotes und bezüglich des Geltungsbefehls an die unmittelbar Beteiligten, spricht man von einer Territorialität des Rechts.

Nach der ersten Richtung aber ist auch das System der persönlichen Rechte von dem modernen Recht nicht verschieden. Jenes allgemeine Anerkennungsgebot hat seine praktische Bedeutung für die Rechtsordnung in der Festlegung bestimmter Grundsätze, nach denen sich der Geltungsbereich ihrer einzelnen Vorschriften regelt, ihre Bedeutung für das neue deutsche Recht tritt vor allem in den Bestimmungen des Einführungsgesetzes über örtliche und zeitliche Geltung des Gesetzbuchs zu Tage. Aber auch der Richter der Völkerwanderungsstaaten hat seine einheitliche lex fori, die ihm sagt, welches Recht er anzuwenden habe. Ob in Kapitularien oder im longobardischen Recht oder in ungeschriebenem Ortsbrauch enthalten, notwendig muss eine einheitliche Ordnung für die Bestimmung des anzuwendenden Rechts bestehen, die für alle, die zu dem Rechtsschutz dieses Orts in Beziehung treten, verbindlich ist. Territorial in diesem Sinn ist also auch das System der persönlichen Rechte. Und so muss der Unterschied der beiden Systeme in dem Geltungsbereich der einzelnen Rechtssätze gesucht werden: zur Anwendung der Stammesrechte konnten nur persönliche Anknüpfungspunkte führen, Abstammung, Aufnahme in den Stamm und ähnliches, das moderne Recht kann auch kraft räumlicher Beziehungen wirksam werden, das Verbrechen wird nach dem Recht des Thatorts bestraft, die Sache wechselt den Eigentümer nach dem Recht ihres Aufenthaltsorts — das Gebiet, in dem eine Rechtsordnung gilt, erlangt selbständige rechtliche Bedeutung. Neben diesen räumlichen Anknüpfungen können aber nach wie vor auch persönliche Beziehungen die Geltung einer Rechtsordnung begründen, der Erblasser wird nach dem Recht seiner Staatsangehörigkeit beerbt, der Heimatlose nach Wohnsitzrecht. Und diese personale Geltung des modernen Rechts unterscheidet sich von jener innerhalb des Systems der persönlichen Rechte dogmatisch nur darin, dass sie einem System angehört, das für andere Thatbestände auch räumliche Geltung beansprucht. Daher auch die beträchtliche Schwierigkeit, den Uebergang vom persönlichen zum territorialen Recht in den einzelnen Rechtsquellen festzustellen. Wo räumliche Unterwerfung unter ein Recht begegnet, ist es freilich zweifellos, dass die Zuständigkeitsentscheidung hier auf territorialer Grundlage erfolgt ist, wo aber ein einzelner Rechtssatz in persönlicher Begrenzung Anwendung findet, kann über das System, dem er angehört, nur die — keineswegs immer ausführbare — Prüfung Auskunft geben, ob dieselbe Rechtsquelle nicht in anderer Beziehung räumliche Geltung in Anspruch nimmt.

Noch nach einer dritten Richtung können räumliche Momente bei einem Rechtssatz von Bedeutung sein: sein besonderer

Inhalt kann sich mit Verhältnissen beschäftigen, die mit Rücksicht auf örtliche Beziehungen irgend welcher Art eine eigene Regelung verlangen. Z. B. die Zustellung des deutschen Rechts hat verschiedene Formen, je nachdem sie im Inland oder Ausland geschehen soll. Der persönliche oder räumliche Geltungsbereich eines Rechtssatzes gehört zu seinem allgemeinen Thatbestand und ist notwendig mit ihm verbunden; räumlicher Rechtsinhalt gehört zum speziellen Thatbestand eines Rechtssatzes und kann vorhanden sein oder fehlen. Ein Unterschied gegenüber dem System der persönlichen Rechte besteht in dieser Hinsicht nicht; räumliche Thatbestandsmerkmale sind auch mit der Geltung der Stammesrechte vereinbar. So bestraft beispielsweise die Expositio zu Roth. 272 den Immunitätsbruch innerhalb der Eigenkirche eines Longobarden longobardisch mit 40 Solidi, wenn in einer anderen Kirche verübt, nach römischem Recht.

Das räumlich geltende Recht ist verschieden vom blossen Ortsrecht. Die *lex loci*, die in den Quellen der fränkischen Zeit vielfach begegnet, ist eine rechtlich indifferente Bezeichnung. Sie kann Stammesrecht und in engeren Kreisen entstandenes Recht zum Inhalt haben, sie kann persönlich oder räumlich begrenzte Anwendung finden. Es wird darauf noch öfter zurückzukommen sein.

Zu unterscheiden ist das räumliche Recht auch von der allgemeinen Geltung der *lex fori*, der Gesetze des Orts, an dem eine Rechtsfrage entschieden werden soll. Die Anwendung der lex fori bedeutet keinen einheitlichen Grundsatz. Sie kann auf der grundsätzlichen Weigerung beruhen, fremdes Recht als verbindlich anzuerkennen; dann steht sie im Gegensatz sowohl zum System der persönlichen Rechte als zu modernem internationalem Privatrecht. Der Fall des Königs Ratchis, von dem oben die Rede war,[1] dürfte ein Beispiel sein. Und noch viel häufiger wurde dasselbe Ergebnis herbeigeführt durch die Unkenntnis, dass ein anderes Recht den Anspruch erhebe, denselben Fall seinerseits zu entscheiden. Die Anwendung der lex fori kann aber auch zum Inhalt haben: Ortsrecht des

---

[1] S. 10 Anm. 1.

eigenen Gerichts für Fragen, die hier verhandelt werden, Ortsrecht des fremden Richters für Angelegenheiten, die dort zur Entscheidung gelangen. So die italienischen Staatsverträge des 12. Jahrhunderts. Dann handelt es sich um eine Form räumlichen Rechts, und ihre Besonderheit besteht nur darin, dass nicht die Natur des ursprünglichen Rechtsverhältnisses, sondern der nachträgliche Rechtsstreit durch seine örtlichen Beziehungen das massgebende Recht bestimmt.

Das räumliche Recht ist insbesondere auch verschieden vom »verdinglichten« Recht. Es ist besonders Gierke, der ausgeführt hat,[1] wie sich im deutschen Mittelalter Rechte und Pflichten in weitestem Umfang an Grundstücke geknüpft haben, so dass sich das ganze Rechtsleben in zwei Gruppen schied, den Rechtskreis der Personen und den Rechtskreis der Grundstücke. Die Fähigkeit der Grundstücke, Träger subjektiver Rechte und Pflichten zu sein, ist nun aber nur eine Seite der Erscheinung, dass das objektive Recht seine Gebote nicht nur für Menschen, sondern auch unmittelbar für Grundstücke erlässt. Und sie ist keine Besonderheit, die nur für Grundstücke gilt, sondern eine Fähigkeit, die diese mit anderen Rechtsobjekten teilen. Gierke selbst hat gezeigt,[2] wie dieselbe Erscheinung dem römischen und dem modernen Recht bekannt ist, und gerade für die Geschichte des internationalen Privatrechts ist sie wichtig geworden, insofern die Zuständigkeit des Rechts davon abhängig gemacht wurde, ob sich eine Vorschrift mehr auf eine Person oder auf eine Sache beziehe, ob sie Personalstatut oder Realstatut sei. Dann wird sich die Meinung aber schwer aufrecht erhalten lassen, dass die doppelten Rechtskreise des Personenrechts und des Grundstückrechts einen Dualismus bedeuten, der durch die moderne Territorialität oder Staatlichkeit des Rechts versöhnt worden sei. Es handelt sich um Strömungen in der Rechtstheorie, die innerhalb derselben Rechtsquelle wirksam sein können und die Staatlichkeit des Rechts unberührt lassen. Nicht, dass Grundstücke subjektive

---

[1] Genossenschaftsrecht Bd. I und II passim, insbesondere I 13 f., II 114 ff., 130, 457, 636 ff. vgl. auch 75 ff. und 583 ff.; deutsches Privatrecht I 211.

[2] II 65 ff.

Rechte haben können, sondern dass sich diese — wie auch die Rechte natürlicher Personen — vielfach zu selbständigen Gerechtsamen gegenüber der Zentralgewalt steigern, macht das ältere Recht unstaatlich. — Nun spricht Gierke freilich von einer »räumlich-dinglichen Rechtssphäre«,[1] die dem Rechtskreis der Personen gegenüberstehen soll. Aber die Dinglichkeit des Rechts geht mit seiner räumlichen Geltung so wenig parallel als die sie ergänzende »Personalität« mit der personal begrenzten Geltung einer Rechtsquelle. Es gibt räumlich geltendes Recht, das nicht dinglich ist, z. B. in Strafsachen entscheidet das Recht des Thatorts, und es gibt verdinglichtes Recht, das nicht räumlich gilt, z. B. die Haftung des Schiffes als selbständigen Rechtsträgers nach dem Recht der Flagge. Eine Verdinglichung des Rechts ist darum auch innerhalb des Systems der persönlichen Rechte möglich. In Unteritalien finden sich Lehen fränkischen und longobardischen Rechts. Auch dort, wo diese Eigenschaft von dem Vassallen auf das Gut übergegangen ist, bleibt es ein Gegensatz von Stammesrechten, nur dass die Stammeszugehörigkeit statt durch Menschen durch ein Grundstück vermittelt wird. Freilich, Grundstücke sind räumliche Grössen, und insofern erhalten die an Grund und Boden geknüpften Rechte in der That eine räumliche Begrenzung. Aber Veranlassung zu dieser Verknüpfung gibt nicht die Eigenschaft der Grundstücke, einen bestimmten Raum auszufüllen, sondern ihre Fähigkeit, als Rechtsobjekt, als Sache, einem Subjekt Rechte und Pflichten zu übermitteln. Bei der Dinglichkeit des Rechts handelt es sich um den Rechtsinhalt, bei der Räumlichkeit um die Rechtsgeltung. Ob ein Grundstück den Inhaber hörig macht, ist eine Frage zwischen dem Herrn und dem Besitzer; wenn auf ihm besondere Busssätze für Feldfrevel hergebracht sind, bindet das jeden Dritten. — An einer Stelle scheint allerdings eine Brücke von der Dinglichkeit zur Räumlichkeit des Rechts zu führen: das objektive Recht selbst gilt als ein Besitztum seiner Genossen, und wie andere Besitztümer wird auch die ganze Rechtsordnung einer Verdinglichung unterworfen: das Recht verlegt seine Grundlagen in den Boden, es

---

[1] II 75, 79, 92, 111 u. s. w.

gehört nicht mehr dem Stamme, sondern dem Lande. Aber auch das bedeutet nicht die räumliche Geltung dieses Rechts. Das Stammesrecht hat sich in persönliches Gebietsrecht verwandelt, und wo sich daraus räumliches Recht wirklich entwickelt hat, bedarf es noch eigener Gründe, die diese Veränderung erklären.[1] Die Dinglichkeit ist also kein Prinzip für den Geltungsbereich der Gesetze parallel ihrer persönlichen Geltung,[2] und sie kann darum auch aus diesem Grunde nicht, so wenig wie wegen ihrer Unstaatlichkeit in Gegensatz zu der späteren Territorialität des Rechts gebracht werden, unter der Gierke die räumlich-persönliche Geltung des einheitlichen Staatswillens versteht.[3]

Die Frage, wie sich das System der persönlichen Rechte und die Statutenkollision auf territorialer Grundlage begrifflich zu einander verhalten, ist damit erledigt: dort gibt es nur persönliche Unterwerfungsgründe unter ein Recht, hier auch räumliche. Dass sich das System der persönlichen Rechte, wie es uns hier beschäftigt, auf historisch bestimmte Rechte bezieht, ist für den begrifflichen Gegensatz bedeutungslos. Denn der Begriff der Statutenkollision ist unabhängig von den einzelnen Rechtsordnungen, die ihr gerade unterliegen. Wie aber die beiden Systeme im Verlauf der geschichtlichen Entwickelung thatsächlich ineinandergegriffen haben, wird den Gegenstand der folgenden Ausführungen bilden.

---

[1] Vgl. oben S. 13.

[2] So Privatrecht I 211. — Wo aber ein Recht Anwendung verlangt auf alle Thatbestände einer Art, die sich in seinem Bereich ereignen, da gilt es räumlich, nicht dinglich, auch wenn es sich um Rechte an Grundstücken handelt; dinglich daran ist nicht der Geltungsbereich des Rechtssatzes, sondern das Motiv, das den Gesetzgeber veranlasst hat, auf die Lage des Grundstücks mehr Gewicht zu legen als auf die Herkunft des Erwerbers. Dies gegen Gierkes Annahme a. a. O., im Sachsenspiegel I 30 handle es sich um dingliches, aber nicht um territoriales Recht.

[3] Genossenschaftsrecht II 115, 644; Privatrecht a. a. O.

I. Abschnitt.

Die Geltung der Stammesrechte.

1. Kapitel.

Das Landesrecht von Ober- und Mittelitalien.

Das longobardische als herrschendes Recht.

4. Als die Longobardenherrschaft über Italien nach zweihundertjährigem Bestand 774 ihr Ende fand, hatte das longobardische Recht feste Wurzeln geschlagen. Es war die *lex apertissima ac paene omnibus nota*, wie es König Liutprand genannt hatte, die Norm für Verfassung und Verwaltung des Landes, die Richtschnur der Rechtspflege in Strafrecht und Privatrecht, und nur in unsicherer Begrenzung galten daneben einige Sätze des römischen Rechts.[1] Die fränkische Eroberung

---

[1] Die massgebende Ausgabe des Edikts, herausgegeben von Bluhme, in den Monumenta Germaniae Leges (»MGL.«) IV. Die Kapitularien, herausgegeben von Boretius und Krause, MG. Capitularia I und II, die späteren Kaisergesetze MG. Constitutiones I ed. Weiland. Der Liber Papiensis und seine Litteratur findet sich, herausgegeben von Boretius, wieder MGL. IV, ebenda ein Schema der systematischen Lombarda von Bluhme. Wir citieren nach der jeweils in Geltung befindlichen Quelle, wobei die öfter abweichende Zählung der Königsgesetze im Liber Papiensis zu beachten ist. Die Glosse des Karolus de Tocco wird nach den Ziffern der ed. princeps von 1537, die Einschiebungen des Vacella nach den Ziffern der Ausgaben seit 1562 angeführt, die Zählung nach Bluhme dabei in Klammern vermerkt. Die römischen und kanonischen Quellen nach den Ausgaben von Mommsen-Krüger-Schöll und Friedberg, das Lehenrecht nach Lehmann, das langobardische Lehenrecht. Bei abweichender Zählung von Kommentaren u. dgl. werden die Ziffern dieser Ausgaben gleichfalls in Klammern angegeben.

hat an diesem Uebergewicht des longobardischen Rechts nur wenig geändert. Wie die Kapitularien in der Form als Zusätze zum Edikt auftreten,[1] so schliessen sich auch inhaltlich die Gesetze der neuen Herrscher vielfach an das alte Recht an, seine Vorschriften bestätigend, ergänzend und abändernd,[2] Bestimmungen, die zumeist schon nach ihrem Gegenstand notwendig auch für die nicht longobardische Bevölkerung Italiens Geltung haben mussten.[3] So hat das longobardische Recht für lange Jahrhunderte hinaus die Grundfarbe in dem bunten Bild des italienischen Rechtslebens gegeben. Es war ein frisches, lebenskräftiges Recht, sinnfällig, mit Achtung für die persönliche Freiheit, durchgreifend in der Reaktion, den einfachen Verhältnissen einer rauhen Kultur trefflich angepasst, und als der wachsende Verkehr eine verfeinerte Rechtsordnung verlangte, hat es die Praxis verstanden, unter Ausscheidung abgestorbener Altertümlichkeiten den neuen Bedürfnissen Rechnung zu tragen. Hat doch ein modernes Institut wie die Inhaberpapiere an der longobardischen Munt seine Ausbildung erfahren.

Die Spuren des longobardischen Rechts begegnen in den Rechtsdenkmälern jener Zeit in überreicher Fülle. Um nur wenige Beispiele herauszugreifen: Da wird 806 in Viterbo ein Erbschaftsstreit entschieden, *sicuti edicti paginam capitulationum domini haistulphi regis continet Ut si quis langubardus* etc. (folgt ein Stück von Aist. 12).[4] In einer Kaiserurkunde von

---

[1] Unten S. 33.

[2] Karls notitia italica 776/81; Kapitularien Pippins von 782/86 c. 5, 9; um 790 c. 9, 11, 17; Kapitular Lothars von 822/23 c. 3; mem. comitibus data 822/23 c. 3, 13, 18; concessio gen. 823? c. 1, 2, 4; Kapitulare 825 c. 1, 7, 12, 13, 14; ein solches von Ludwig II. 856 c. 2, 5; von Wido 891 c. 8 Cap. I 188, 192, 193, 201, 317, 318, 319, 320, 321, 329, 330, 331; II 90, 91, 109. Vgl. auch Lib. Pap. Lud. P. 55.

[3] So heisst es im Kapitular von 782/86: *de servis et ancillis fugacibus unusquisque iudex studium ponat ad perquirendum iuxta ut edictum* (Liut. 44) *continet.* Oder im Kapitular von 823?: *concedere volumus cunctis liberis personis, ut nullus iudex publicus eas contra legem* (Roth. 251) *audeant pignerare in bovibus.*

[4] Il Regesto di Farfa di Gregorio di Catino edd. Giorgi e Balzani II n. CC.

1014 wird berichtet: *scrutata et inventa est lex longobardorum quae ita iubet Si quis contra animam regis cogitaverit* u. s. w. (Roth. 1).[1] Zu Mailand (?) verfügt 1033 eine Nonne über ihr freies Drittel, *quoniam ordo legis deposcit, ut si qua mulier langobarda* — (folgt Liut. 101).[2] Eine Schenkung von 1060 in Casauria beansprucht Giltigkeit, *quia in loca sanctorum nec thinx nec launegild impedire debet, eo quod homo pro anima sua fecit* — mit den Worten von Liut. 72.[3] In Valva wird 1083 Kirchengut vertauscht, *quia sic aistulfus rex iudicauit et in edicti continetur pagina, ut si quis langobardus* — nach Aist. 16.[4]

Das longobardische Recht ist das Landesrecht Italiens, die *lex italica*, die *consuetudo istius regni*, wie es Urkunden nennen.[5] Darum beruft sich Bischof Atto von Vercelli auf ein Kapitel Liutprands als des *rex huius in qua degimus patriae*,[6]

---

[1] MHP. I n. 238.

[2] Giulini, memorie spettanti alla storia di Milano ne' secoli bassi III 243.

[3] Du Cange, glossarium ad scriptores mediae et infimae latinitatis v° thinx.

[4] Reg. di Farfa V n. MLXXII. — Andere Beispiele ausdrücklicher Verweisung auf das longobardische Edikt finden sich Reg. di Farfa II n. CLXX, CCXVI; III n. CCCCLIX; IV n. DCXXXVII, DCXCII, DCCL, DCCLII, DCCLX bis DCCLXIV, DCCCX, DCCCCXC von 791—1069. Tiraboschi, storia dell'augusta badia di Nonantola II n. 20 von 813. Zacharia, anecdotorum medii aevi maximam partem ex archivis Pistoriensibus collectio n. 8 von 978. Catalanus, de ecclesia Firmana commentarius n. 2, 15 von 995 und 1086. MHP. I n. 239 von 1014. Memorie e documenti per servire all'istoria del ducato di Lucca V 3 n. 1785, 1825, 1826 von 1030, 1177, 1178. Ficker, Forschungen zur Reichs- und Rechtsgeschichte Italiens IV n. 79 von 1078. Muratori, antiquitates italicae III 647 von 1098. Vgl. auch die allgemeineren Verweisungen Reg. di Farfa III n. DXXV von 1014. Campagnola, liber iuris civilis urbis Veronae p. XVI von 1140. Codex diplomaticus civitatis et ecclesiae Bergomatis ed. Lupus II 1171 von 1160. Muratori, delle antichità estensi ed italiane I 396, 397 von 1212.

[5] Nachweise in meinen Notizen zur Litteraturgeschichte des longobardischen Rechts, Zeitschrift der Savignystiftung für Rechtsgeschichte germ. Abt. XX 249.

[6] Ep. 5 (Mitte des 10. Jh.), ed. D'Achery, spicilegium [2] I 435.

und selbst der Papst stützt sich in einem Schreiben an die Königin von Frankreich auf die *lex vulgaris* und citiert eine Stelle des Edikts.[1] Es ist das gemeinsame Recht, dem jeder im Land unterworfen ist, den nicht besondere Verhältnisse seiner Herrschaft entziehen. Ein getaufter Sarazene testiert 1030 in Lucca unter Anrufung von Liut. 19,[2] und noch eine Glosse des 12. Jahrhunderts erklärt die Vorschrift Rothari's Lomb. III 15, 1, derzufolge Fremde nach longobardischem Recht leben sollen, bei Zugereisten für fortdauernd anwendbar.[3] Es stimmt damit überein, wenn die Lombardisten des 12. Jahrhunderts erklären, ein Römer dürfe zum herrschenden longobardischen Recht übergehen, das Gegenteil aber sei nicht gestattet,[4] und es ist sehr bezeichnend, dass sich in den Agrarverträgen römischen Ursprungs zwar eine Berücksichtigung longobardischen Personalrechts durchgerungen hat, bei den Verträgen longobardischer Herkunft dagegen eine Berücksichtigung römischen Personalrechts nicht stattfindet.[5] Das römische Recht selbst erhält longobardisches Gepräge; die Vermögensnachteile der Eigenmacht werden von den Papiensern zu Bussen, die Zeugen zu Eideshelfern umgestaltet.[6] Und wo das vordrängende Recht Justinians in Widerspruch mit den alten Satzungen gerät, findet es mancherorts heftigen Widerstand.[7] Noch um 1200 erhält der kaiserliche

---

[1] Jaffé, regesta pontificum [2] n. 3890 = C. 12 q. 2 c. 8. Die Datierung 998 (das 948 ed. Friedberg ist wohl nur Druckfehler) ist unvereinbar mit dem sonst bekannten Rechtszustand Roms zur selben Zeit. Gegen die Zuschreibung an Gregor V. übrigens auch Jaffé.

[2] Mem. di Lucca V 3 n. 1785.

[3] Zu Lomb. II 56, 2 Pip. 27: *hic rumpitur »omnes guaregangi«. sed non rumpitur ex illa de adventiciis hominibus.* Handschrift der Bibl. Laurentiana Florenz plut. 77 n. 10 (»Ms. Flor. 1«).

[4] S. unten S. 156.

[5] Anselminus de Orto, super contractibus emphyteosis et precarii et libelli atque investiturae (etwa 1160) ed. Jacobi p. 15, 18.

[6] Näheres im II. Abschnitt.

[7] Placitum 1098 Muratori ant. it. III 647. Ein Kloster in Reggio beansprucht Grundbesitz . . *et insuper causidici abbatis ostenderunt legem serenissimi imperatoris Justiniani . . et alias multas optimas ostenderunt allegationes. quas praedicti iudices omnino respuerunt et dixerunt nullo modo facturos nisi quod facerent pugnam.*

Vikar von Asola den Auftrag *iustitiam reddendi quibuscunque secundum mores et leges Italiae vel Langobardorum.*[1]

Seine Macht war gross genug, sogar auf den Inhalt der kaiserlichen Gewalt Einfluss zu nehmen. Frauen Muntwälte zu geben oder sie in die königliche Munt aufzunehmen, Witwen zu verheiraten oder sie unter die Munt der alten Familie zu stellen, die Veräusserungen der Frauen und der Minderjährigen zu prüfen — alles Amtshandlungen, die das Edikt für erforderlich erklärt — ist seit dem 11. Jahrhundert zu kaiserlichen Reservatrechten geworden. *Et Pisana civitas habeat .. potestatem faciendi mundualdos et alia quae iudex ordinarius vel quilibet potestate praeditus ab imperatore habere debet,* heisst es in einem kaiserlichen Privileg von 1162.[2] Noch die Kanzleiformeln Albrechts I. enthalten ein Formular für die Ermächtigung eines Königsboten, Veräusserungen von Frauen und Minderjährigen zu untersuchen,[3] und noch 1364 verleiht der Kaiser dem Erzbischof von Florenz das Recht, Muntwälte aufzustellen.[4]

Dieser Bedeutung des longobardischen Rechts entsprach die wissenschaftliche Pflege, die es gefunden hat. Von den bescheidenen Anfängen zu Beginn des 11. Jahrhunderts, in denen sich die ersten Regungen des neu erwachten Geisteslebens kundgaben, hat sich die Litteratur zum Liber Papiensis bis zu der Höhe der Expositio (gegen 1070) emporgeschwungen, und als Richter des Königsgerichts haben die Papienser ihre Kenntnisse weit über das Land verbreitet. Dann hat die systematische Lombarda eine zweite Blüte der longobardischen Rechtskunde hervorgerufen, die sich in Glossen, Summen und Vorlesungen äussert und im Apparat des Karolus de Tocco (um 1215)

---

[1] Odorici, storie Bresciane IV 82. Das Datum 951 ist natürlich falsch. Doch macht die Urkunde selbst den Eindruck der Echtheit.

[2] MG. Constitutiones I 282.

[3] ed. Chmel, Archiv für Kunde österreichischer Geschichtsquellen II 290.

[4] Ughelli, Italia sacra [2] III 151. — Sorgfältige Untersuchung dieser Verhältnisse mit zahlreichen Nachweisen bei Ficker, Forschungen I 284 ff., II 41 f., 56 ff., 83 ff., 93 f., III 412 f., 424 f. Vgl. auch Rosin, die Formvorschriften für Veräusserungsgeschäfte der Frauen nach longobardischem Recht 113 ff. Gaudenzi im Archivio storico per le provincie napoletane XIII 107 f., 118.

ihren Höhepunkt erreicht. War der Mittelpunkt dieser Studien in der ersten Periode Pavia, so rückt ihr Schwerpunkt jetzt nach Bologna, demselben Bologna, das damals mit seiner Pflege des römischen Rechts die Augen der Welt auf sich zieht. Ugo der Glossator hat eine Schule des longobardischen Rechts durchgemacht.[1] Albertus und Karolus haben in Bologna über die Lombarda gelesen,[2] und Karolus war selbst ein Romanist von Ruf. Welche Bedeutung dem longobardischen Recht damals bei den römisch Gebildeten zukam, dafür gibt besonders die Dekretistenlitteratur jener Zeit Zeugnis.

Entsprechend seiner landesrechtlichen Geltung ist das longobardische Recht denn die *lex* schlechtweg geblieben, in der Sprache der Einheimischen,[3] wie in den Gesetzen der Franken. Testamentarische Freilassung aller Knechte, heisst es in einem Kapitular Pippins, schadet dem Erben nicht, *quia contra legem esse videtur*, oder bei Lothar: *videtur nobis de aldionibus, ut sicut lex habet ita fiat*,[4] und mancherlei Stellen der Kapitularien bedienen sich derselben Wendung.[5] Die *lex* rufen die kaiserlichen Verträge mit Venedig von 840, 880, 888 an,[6] und das, obwohl Venedig dem römischen Rechtskreis angehört. Der Bischof von Ascoli stellt 1069 ein *scriptum convenientiae* aus, *sicut in nostra lege scriptum videtur*,[7] bei Reggio verwahrt sich 1098 der Kläger gegen Zaubertrug beim Zweikampf, *quod omnino leges vetant atque mulctant.*[8] Und es ist ein sehr

---

[1] Summula de pugna (Mitte des 12. Jh.) ed. Palmerius, Bibliotheca iuridica medii aevi I 6: *adhuc scire debemus quasdam leges loquentes de pugnis Gualcosianas esse, quas didicimus nullas habere vires.*

[2] S. meine Notizen zur Litteraturgeschichte 255.

[3] Pisa 796 (Ficker, Forschungen IV n. 3): die Beklagten sollen *iuxta legem* (Aist. 22) beweisen. Eid *iuxta legem* Lucca 840 Mem. di Lucca V 2 n. 564.

[4] Cap. I 201 und 331.

[5] Die Mehrzahl der oben S. 23 Anm. 2 aufgeführten Stücke. S. auch unten S. 33.

[6] In c. 23 Cap. II 134, 140, 146. Vgl. auch den Vertrag Karls mit Commacchio von 787, Muratori ant. it. II 23.

[7] Reg. di Farfa IV n. DCCCCXC. — Ein Beispiel von 1033 oben S. 24.

[8] Muratori ant. it. III 647.

bezeichnender Gegensatz, wenn ein Genueser Weistum von 1130 den Ehen, die *ad secundum usum et consuetudinem huius terre* zu römischem Recht geschlossen wurden, solche gegenüberstellt, *si femina se maritaverit secundum legem.*[1] In manchen Fällen ist die Verweisung auf die *leges* fester Bestandteil des Urkundenformulars geworden, und es zählen die Tauschverträge nach vielen Hunderten, in denen eine Kirche kontrahiert, *ut legis auctoritas habet,*[2] oder die Veräusserungen, bei denen Frauen *iuxta legem* befragt werden.[3] Sehr bemerkenswert ist dieser Sprachgebrauch in der lehenrechtlichen Litteratur. Ein Stück vom Anfang des 12. Jahrhunderts spricht von der Erbfolge, wie sie *legibus* stattfindet und von ihrer Aenderung bei der Lehensfolge aus Gründen des longobardischen Rechts; der Brief, den Ubertus de Orto nach 1136 geschrieben, berichtet den Gerichtsspruch: *quod de feudis agitur, illud legibus nostris contrarium* — *legibus nostris* im Gegensatz zu den *leges Romanae,* und beide Stellen sind in das gemeine Lehenrecht übergegangen.[4] In Bologna wird noch tief im 13. Jahrhundert der Mann bei der Eheschliessung gefragt, ob er eine Morgengabe gelobe, *sicut dicit ius,*[5] eine Kaiserurkunde von 1221 spricht von Muntwälten, deren Recht *iure* erloschen ist,[6] und noch das Formular aus der Kanzlei Albrechts I., von dem oben S. 26 die Rede war, nennt es *iure introductum*, dass Prüfung des Königsboten

---

[1] MHP. VII n. 25.

[2] Die letzten Fälle, die ich kenne, von Piove bei Padua 1149; Verona 1154; Lodi 1186. Codice diplomatico Padovano dall'anno 1101 alla pace di Costanza ed. Gloria (»Cod. dipl. Pad. II«) 1 n. 518; Kohler, Urkunden aus den antichi archivi der biblioteca comunale von Verona I n. 9; Cod. dipl. Laudense II n. 115.

[3] Die letzten Fälle, von denen ich weiss, stammen aus dem Mailändischen von 1194, 1198, 1243 MHP. XVI 898b, 939a; Sala, documenti per la storia della diocesi di Milano n. 12. Vgl. auch die Florentiner Urkunden von 1193, 1216, 1220 in Documenti dell'antica costituzione del comune di Firenze ed. Santini parte III n. 4, 6, 17.

[4] Consuetudines feudorum Compilatio Antiqua I 2 und VIII 1 = Vulg. I 1 § 2 und II 1 ed. Lehmann 85, 114.

[5] Odofredus, in primam Codicis partem praelectiones (1259/60) C. 5, 3, 20 n. 3.

[6] Winckelmann, acta imperii inedita saeculi XIII. n. 207.

erforderlich sei, um Verträge von Frauen und Minderjährigen *legitime* abzuschliessen.

Die Quellen bieten kein völlig einheitliches Bild von der übergeordneten Stellung des longobardischen Rechts. Zum Teil erscheint es kraft Rechtens verbindlich für jeden im Lande, andere Stellen zeigen nur sein thatsächliches Ueberwiegen. Alle unsere Quellen aber stimmen darin überein, dass sie im longobardischen das herrschende Recht des Landes erblicken.

Die gemeinrechtliche Geltung der Kapitularien.

5. Neben das Edikt der longobardischen Könige traten mit der fränkischen Eroberung als neue Quelle des Landesrechts die Kapitularien. Waren die gemeinfränkischen Kapitularien schon ihrer Herkunft nach für alle Bewohner Italiens verbindlich, soweit sie nicht nach ihrem eigenen Inhalt Sonderrecht für Salier oder Ribuarier enthielten, so galt dasselbe für die capitula italica, die nur für Italien erlassen wurden. Ein italisches Kapitular von 801 handelt von entlaufenen Knechten, wenn der Herr Franke oder Alamanne, Römer oder Longobarde, oder sonst einem Stamm angehört.[1] Italienische Extravaganten der Lex Salica erklären, dass man nach der Lex Salica mit zwölf Eideshelfern schwöre, *nos tamen in Italia propter Hludouuici et Lotharii capitulare cum sua manu septima.*[2] Ein Mailänder Placitum von 896 zeigt eine Verordnung Pippins für das alamannische Kloster Reichenau verbindlich.[3] Die Kaiser aus deutschem Haus halten an dieser Verbindlichkeit für ihre Gesetze fest. *Quacumque lege, sive etiam Romana, in omni regno Italico homo vixerit, haec omnia servare praecipimus,* bestimmt 967 Otto I. in seinen Vorschriften über den gerichtlichen Zweikampf,[4] und Heinrich II. verordnet 1019: *quicumque ex quacumque natione legitimam uxorem accepit*, der soll sie bei kinderloser Ehe beerben.[5]

---

[1] Cap. I 206.
[2] Extrav. B c. 5 ed. Hessels 421.
[3] MHP. XIII n. 370 mit Kap. 782/86 c. 5 Cap. I 192.
[4] MG. Const. I 27.
[5] Const. I 63.

Deshalb nennt eine Handschrift vom Ende des 10. Jahrhunderts die Kapitularien *congruentia omnium legum,*[1] und in dem Stück, das als Kar.M. 143 in den Liber Papiensis aufgenommen wurde, wohl aus derselben Zeit, heisst es nach der Aufzählung einiger Materien, die für Longobarden und Römer unter Stammesrecht stehen: *de ceteris vero causis communi lege vivamus, quam domnus excellentissimus Karolus rex Francorum atque Longobardorum in edicto adiunxit.* Wer einen Römer bestiehlt, sagen die Quaestiones ac monita, wird entsprechend dem Recht des Verletzten nach den Institutionen und zugleich nach Kapitularienrecht bestraft.[2] Und so bringt die Theorie des 11. Jahrhunderts ihre Ueberzeugung von der Allgemeinverbindlichkeit des Kaiserrechts denn auch in den verschiedensten Formen zum Ausdruck. Wo nicht besondere Gründe vorliegen, die ein Kapitel als nur longobardisch, salisch, ribuarisch oder als unanwendbar für Römer, für Longobarden erscheinen lassen, da wird das Gesetz als *generale* oder *commune* bezeichnet, heisst es, *universaliter loquitur,*[3] das Kapitel beziehe sich im römischen Recht auf diese, im longobardischen auf jene Stelle,[4] ändere das longobardische, das römische, das salische oder andere Rechte ab,[5] und mit bezeichnender Ausdrucksweise vermerkt der Expositor Abweichungen des im gleichen Rang stehenden Edikts vom römischen Recht mit Wendungen wie: *a lege Romana dissidet,* Abweichungen der übergeordneten Kapitularien mit: *rumpit Romanam legem.*[6] Es verdient Hervorhebung, dass auch die dürftige romanistische Litteratur jener Zeit auf demselben Boden steht.[7] Denn das neue Recht hat

---

[1] Boretius, die Kapitularien im Langobardenreich 35.

[2] Quaest. ac mon. § 7.

[3] Glossen zu Kar. M. 45; 78; Pip. 7; Lud. P. 7. Expositio Roth. 221, 6; 253, 3; Kar. M. 44, 3; 45, 9; 78, 3; 100, 1; 106, 3; 140, 3; Lud. P. 5, 3; Wid. 5, 7; 6, 17.

[4] Exp. Pip. 5, 1 und 3; Lud. P. 1, 1; 9, 1; Wid. 5, 3.

[5] Exp. Liut. 29, 3; Ast. 7, 3; 9, 2; Kar. M. 92, 1; 100, 1; 142, 2; Lud. P. 1, 1; Loth. 67, 1; 88, 1; 95, 1; 105, 3; Ot. I 1, 6; Ot. III 1.

[6] S. die Stellen bei Conrat, Geschichte der Quellen und Litteratur des römischen Rechts im früheren Mittelalter 405[4].

[7] Glosse zu c. 118 der Epitome Juliani bei Conrat 598[3]: *rumpitur per capitulum Lothari Nulli liceat.*

gleichen Rang mit den Gesetzen der römischen Kaiser. *Licet Justinianus •romani •iuris tenebras in luculentum et compendiosum dissecuit opus* — heisst es in einer Florentiner Urkunde von 1092 — *rem secundum sua tempora stabiliter speculatus, quia tum solus romanus imperator totius mundi retinebat habenas . . tamen visum subsecutis postea regibus ut* u. s. w.[1] Bulgarus verteidigt die Kaisergesetze gegen den Einwand, dass sie nicht in der vom römischen Recht vorgeschriebenen Form erlassen seien: *non enim Theodosius potuit facere legem secuturis imperatoribus.*[2] Und so sagt einmal Albertus von einem Kapitel Karls wie von einer Novelle Justinians: *hoc autenticum corrigit legem Romanam.*[3]

Dass die Lombardaglossen des 12. Jahrhunderts, die auf den Papienser Arbeiten fussen, deren Anschauungen über die Verbindlichkeit des Kaiserrechts teilen, liegt nahe.[4] Aber auch in jüngeren Werken begegnen noch Untersuchungen, ob ein Kapitular nur stammesrechtliche Geltung hat, was voraussetzt, dass es auch allgemein gelten könnte.[5] Weniger Bedeutung hat es, wenn der oder jener Schriftsteller Gesetze als gemeinverbindlich paraphrasiert, deren Wortlaut schon solche Geltung beansprucht.[6]

Mit voller Schärfe aber tritt diese Anschauung zu Tage, wo die Tragweite der Kaisergesetze in Gegensatz zum longo-

---

[1] (Rena e Camici), Serie de' duchi e marchesi di Toscana (III 4) n. 7.

[2] Glosse zu C. 1, 14, 3 (Mitte des 12. Jh.) bei Savigny, Geschichte des römischen Rechts im Mittelalter[2] IV 476.

[3] Sog. Lombardakommentar (gegen 1185) II 31 ed. Anschütz, die Lombardakommentare des Ariprand und Albertus.

[4] Handschrift der Münchener Hof- und Staatsbibliothek 3510 (»Ms. Mon.«) f. 7b zu Lomb. I 9, 27: *haec lex Salica est et postea facta generalis et postea reversa est ad suam formam.* Aehnlich zur selben Stelle Ms. Flor. 1. Ms. Flor. 1 zu I 25, 82: *generaliter incipit, non loquitur de Salicis tantum, ut quidam dicunt.*

[5] Handschrift der Bibl. Laurentiana Florenz plut. 77 n. 1 (»Ms. Flor. 2«) Glossen zu Lomb. II 6, 4; II 9, 4; II 14, 30; II 22. Vgl. auch I 9, 32 und Albertus I 33.

[6] Summa legis Longobardorum (Mitte des 12. Jahrhunderts) ed. Anschütz II 11 (zu Lomb. II 14, 30). Ms. Flor. 2 und Handschrift der Bibl. di San Marco Venedig n. 210 (»Ms. Ven.«) f. 48b zu Lomb. II 55, 42. Ja, noch Blasius de Morcono (um 1335), Handschrift der Bibl. dei Gerolamini Neapel XVII 12 f. 292b zur selben Stelle.

bardischen Stammesrecht gebracht wird. Da berichtet eine Longobardengeschichte aus der Zeit Heinrichs V. von den Königen Rothari, Grimoald, Liutprand, weiter von Ratchis und Aistulf, und alsdann von Kaiser Karl, Pippin, Ludwig, Lothar, Wido, Otto, Heinrich und Konrad und dem zweiten Heinrich, *quorum unusquisque suo tempore promulgavit leges, quarum quaedam habent vires tantummodo inter Longobardos, scilicet quae a regibus constitutae sunt. aliae vero omnes quae imperatores promulgavere, ab omnibus qui sunt Romani imperii, teneri debent.*[1] Oder eine Glosse des Ms. Flor. 2: *leges quandoque regum proprie dicuntur leges Longobardorum, quia reges non habebant potestatem nisi inter Longobardos. constitutiones vero imperatorum non tantum Longobardorum dicuntur, verum etiam Romanorum, quia generalem iurisdictionem habuerunt.*[2] Zumal beim gerichtlichen Zweikampf, dessen Voraussetzungen zum Teil im Edikt, zum Teil von Otto I. festgestellt sind, äussert sich die verschiedene Geltung der beiden Quellen. *Praeterea scire debemus pugnam tantum in Longobardis locum habere nisi ex imperiali auctoritate descendat, tunc enim in omnibus obtinet,* schreibt der Romanist Ugo,[3] und ähnlich Albertus II 55: *ubicumque imperator edixerit pugnam debere fieri, verum hoc est inter omnes homines, si reges, inter Longobardos tantum.*[4]

---

[1] Historia Langobardorum Beneventana MG. Scriptores rerum Langobardicarum 597. — Schon die Genueser Consuetudines vor 1056 haben den interessanten Sprachgebrauch, das Edikt als das Recht der *Longobardi,* die Kapitularien als dasjenige der *forici,* der Auswärtigen überhaupt, zu bezeichnen MHP. VII 3.

[2] Zu Lomb. II 6, 2 Loth. 70; auch bei Boretius MGL. IV p. LXIV. Vgl. auch De adventu, nomine et legibus Langobardorum (nach 1137) MG. Scr. rer. Lang. 597: *hic liber Lex Longobardorum nuncupatur, eo quod leges in hoc libro positae inter Longobardos *tantum ex maxima parte locum habent.*

[3] Summula de pugna, Bibl. iur. med. aevi I 5.

[4] Gleichen Sinn hat ein Zusatz zu Ariprandus ed. Anschütz 188 [148]: *tenet edictum* (Ottos I.) *omnes, tam Romanos scilicet quam Longobardos; sed quando reges praecipiant, illud Longobardi tantum tenent.* Vgl. auch Ms. Flor. 2 II 9, 4 und Ariprandus und Albertus II 9 unten S. 93.

Die Verschmelzung der Kapitularien mit dem longobardischen Recht.

6. Diese schroffe Gegenüberstellung des Kaiser- und des Königsrechts seitens der Theorie des 12. Jahrhunderts war die Opposition gegen eine Entwickelung, die zu jener Zeit ihrem Abschluss schon nahe war: eben der Verschmelzung der Kapitularien mit dem longobardischen Recht. Als die fränkischen Könige ihre Gesetzgebung in Italien begannen, war das longobardische das herrschende Recht im Lande. Haben die gemeinfränkischen Kapitularien, die ausser Landes erlassen wurden, auch keine Rücksicht auf den Rechtszustand Italiens genommen, so waren die praktisch wichtigeren capitula italica schon im Interesse ihrer eigenen Durchführbarkeit darauf angewiesen, an das bestehende Recht anzuknüpfen, und man wird nicht zu weit gehen, wenn man die italienische Gesetzgebung des 9. Jahrhunderts nach Form und Inhalt als Ergänzung des Edikts betrachtet.[1] *Quocirca nos . . ea quae ab antecessoribus nostris regibus Italiae in edictis legis Langobardicae ab ipsis editae praetermissa sunt . . addere curavimus,* heisst es in dem Kapitular Karls von 801, in dem von Franken und Alamannen und Römern die Rede ist.[2] Und Lothar und Ludwig II. nennen ihre Kapitularien *pro lege tenenda, in legem data,*[3] also Ergänzungen der *lex* schlechtweg, des longobardischen Rechts. In der That erzählt Benedict von Soracte, dass Karl der Grosse, Ludwig der Fromme und Wido ihre Kapitularien dem Edikt haben anfügen lassen.[4] Und so spricht auch der Verfasser des Stückes Kar. M. 143 von der *communis lex quam Karolus rex in edicto*

---

[1] Ueber die inhaltliche Anknüpfung an das Edikt oben S. 23 Anm. 2. — Die Meinung, dass sich die italischen Kapitularien an das Edikt anschliessen, wurde schon früher vertreten. Nur hat man damals beiden Teilen stammesrechtliche Geltung zugeschrieben, während hier für beide landesrechtliche Geltung in Anspruch genommen wird. Abweichend z. B. Schröder, Lehrbuch 253.

[2] Cap. I 204.

[3] Kapitularien von 832 c. 14, von 855 pr., 856 c. 1 Cap. II 62, 88, 90.

[4] Chronicon c. 22, 24, 28 MG. Scriptores III 708, 712, 713. S. schon Conrat 52[5].

adiunxit.[1] Mit Otto I. beginnt ein zweiter Abschnitt der italienischen Kaisergesetzgebung, und auch von seinen Gesetzen, von denen der wenig jüngere Verfasser augenscheinlich eigene Kenntnis besitzt, berichtet Benedikt, der Kaiser habe sie dem Edikt beifügen lassen.[2] Es wird dies um so wahrscheinlicher, als sie wenige Jahrzehnte später im Hofgericht in Anwesenheit Kaiser Ottos III. als longobardisches Recht angerufen werden.[3] Noch das letzte Gesetz dieser Gruppe — denn mit Friedrich Barbarossa beginnt ein neuer Abschnitt romanistischer Gesetzgebung — die Lehensverordnung Lothars des Sachsen, ist der Lombarda beigeschrieben worden, man möchte glauben offiziell, da sie Ubertus de Orto ganz kurz nach ihrem Erscheinen als *nova sanctio quae posita est in titulo de beneficiis* anführt.[4]

Die Jurisprudenz hat aus dieser Verknüpfung ihre Folgerungen gezogen. Man hatte die in Italien geltenden Kapitularien zu einer Sammlung, dem *Capitulare Italicum*, zusammengetragen, und nun wurde diese Sammlung mit dem Edikt der longobardischen Könige zu dem einheitlichen Körper des *Liber Papiensis* verbunden.[5] Schon in einer Urkunde von 954 erscheint das Capitulare als Teil des longobardischen Rechts: eine Frau longobardischer Herkunft, an einen Salier verheiratet, macht eine Schenkung *iuxta legem mea in qua nata sum seu justa capitulare ut* — folgt Wid. 8.[6] Die Sammlung heisst

---

[1] S. oben S. 30. Die abweichende Auslegung Dahns, Könige VIII 3, 2 und 20; VIII 4, 26 f. geht von der unbewiesenen Echtheit des Stückes aus; muss unter der *communis lex,* die die gesamten Rechtsverhältnisse des Landes ordnet, ein einzelnes Kapitular verstehen; und lässt den Zusammenhang mit den oben angeführten Quellenaussprüchen ähnlichen Inhalts ausser acht.

[2] Chron. c. 38 p. 718.

[3] Reg. di Farfa III n. CCCCLXX.

[4] Comp. Ant. VIII 15 § 1 = II Feud. 9 pr. ed. Lehmann 126.

[5] Spätestens Mitte des 10. Jh., wie die folgende Urkunde ergibt. Und zwar (gegen Ficker, Sitzungsberichte der kaiserlichen Akademie der Wissenschaften Wien, phil.-hist. Klasse (»Wiener SB.«) LXVII 638 und Brunner, deutsche Rechtsgeschichte I 389) in der auch in der Folge gebräuchlichen Form, die Wid. 8 enthält.

[6] Cod. dipl. Padovano I n. 42.

denn auch das *Capitulare Langobardorum.*[1] Und 999 verlangt eine Partei Zweikampf nach Ot. I 1 *secundum suam langobardorum legem,*[2] 1013 wird das Vermögen eines Schwestermörders eingezogen nach Loth. 59, *legis suae ipsius Longobardae praemonstrante capitulo.*[3] In Fermo zählen die Kapitularien, wie es scheint, sogar zu den *edicta Longobardorum,*[4] und die Genueser Consuetudines vor 1056, eine Urkunde aus den Abruzzen von 1086 citieren Kaisergesetze aus der einen und schlechtweg so genannten *lex.*[5] Ja, die erwähnten Urkunden von 954, 999, 1013 zeigen das Kaiserrecht schon so eng mit dem Edikt verschmolzen, dass es mit diesem zum blossen Stammesrecht der Longobarden geworden ist, im Gegensatz zum Stammesrecht der Salier oder Römer. So weit ist die Theorie des 11. Jahrhunderts nicht gegangen. Und doch zeigt sich selbst bei dem sorgfältig unterscheidenden Expositor die Neigung, auch das Kaiserrecht nur mit Rücksicht auf seine Anwendbarkeit für Longobarden zu betrachten.[6] Man hatte sich allmählig gewöhnt, die beiden Teile des Liber Papiensis auch innerlich als ein Ganzes zu betrachten.[7] Und ihren greifbaren Ausdruck fand diese Anschauung zu Ende des 11. Jahrhunderts, als bei der Abfassung der systematischen Lombarda die einzelnen Stücke nach ihrem Inhalt zusammengestellt und Kaiser- und Königsgesetze bunt durcheinander geschüttelt wurden. Seither ist es die eine Lombarda, aus der

---

[1] Bergamo 988 MHP. XIII n. 844 col. 1478. Pavia 1018 Tiraboschi, mem. modenesi II n. 161. Lodi 1051 Cod. dipl. Laudense I n. 37. *Capitulare legis Longobardicae* auch im Brachylogus (um 1100) IV 4 n. 18 ed. Böcking 131.

[2] Reg. di Farfa III n. CCCCLXX.

[3] Morbio, storie dei municipj italiani [2] I 81.

[4] Catalanus, eccl. Firmana n. 3 (L. Pap. extrav. 38), 6 (Pip. 34), vgl. auch 23 von 1010, 1055, 1116.

[5] MHP. VII n. 1. Muratori, rerum italicarum scriptores II 2, 1002.

[6] Exp. Pip. 5, 3: das Kapitel bezieht sich auf das longobardische wie auf das römische Recht. *hic vero lege Longobardorum dicitur respexisse ad Rachis legem* .. — Henr. I 1, 2: *non tantum per legem Romanam filii pro filiabus dicuntur sed in hac, ut legitur in capitulo Widonis.* — Vgl. auch Wid. 6, 17.

[7] Handschrift von Polirone bei Boretius MGL. IV p. LXXII.

Edikt und Kapitularien citiert werden, und der vereinzelte Widerspruch, dass doch »eigentlich« nur die Königsgesetze longobardisches Recht genannt werden könnten,[1] ist ohne Wirkung geblieben. Die wachsende Unkenntnis über die Herkunft des Gesetzbuches hat den Gegensatz rasch noch weiter verwischt. Bulgarus spricht von der Lombarda, als enthalte sie nur Kaisergesetze.[2] Und für die Kanonisten des 12. Jahrhunderts sind die im Dekret öfter angeführten Kapitularien, ob es im einzelnen Fall zutrifft oder nicht, kurzweg die Lombarda.[3]

Kräftiger als diese inneren Gründe aber wirkte ein Druck von aussen auf die Verschmelzung der beiden Rechtsquellen. In dem Masse, in dem das aufblühende römische Recht erstarkte, musste es sich auch gegen die Ueberordnung der Kapitularien auflehnen, die auf völlig anderen Rechtsgrundlagen beruhten. Im westfränkischen Reich ist schon im 9. Jahrhundert die Meinung durchgedrungen, dass die Geltung des römischen Rechts von den Kapitularien unberührt geblieben sei.[4] Und ist man in Italien zu jener Zeit auch nicht so weit gegangen,

---

[1] Ms. Flor. 2 II 6, 2; vgl. auch De adventu Lang. oben S. 32.

[2] Glosse zu C. 1, 14, 3 s. oben S. 31.

[3] Zu C. 2 q. 3 c. 8 Rufinus, summa Decreti (1156) ed. Schulte 217; Stephanus (1159) ed. Schulte 169; Faventinus (1171), Huguccio (1187), Innsbrucker Glosse bei Maassen, Jahrbuch des gemeinen deutschen Rechts II 234; Glosse der Münchener Handschrift des Decretum 10244 f. 63[b]; Joannes Teutonicus gl. ord. (vor 1215); Archidiaconus, rosarium (1296/1302). — Zu C. 11 q. 1 c. 36 Stephanus p. 213; Faventinus bei Schulte Wiener SB. LVII 593; Summa Lipsiensis (1185/86), Handschrift der Leipziger Universitätsbibliothek 986 f. 146[b]; Jo. Teutonicus; Barth. Brixiensis (um 1230) im casus. — Zu C. 17 q. 4 c. 4 Faventinus bei Maassen, Jahrbuch II 230. — Zu C. 27 q. 2 c. 29 Huguccio bei Maassen a. a. O. 234[41]; Jo. Teutonicus. — Zu C. 33 q. 1 c. 1 Jo. Teutonicus. — Nur die Summa Parisiensis (um 1169) erblickt die Kapitularien in einem *liber Ysidori,* wohl Benedictus Levita, s. Maassen a. a. O. 235. Die Göttinger Summe (gegen 1170) vermittelt: die Kapitularien stünden allerdings in dem Buch des Isidorus, aber die Lombarda sei ein Auszug aus diesem Buche (bei Schulte, Summa Rufini p. LV).

[4] Edictum Pistense 864 c. 20 Cap. II 319: *quia super illam legem vel contra ipsam legem nec antecessores nostri quodcunque capitulum statuerunt nec nos aliquid constituimus.* Gleicher Standpunkt bei Hincmar, rotula Carolo R. porrecta, Harduin, acta conciliorum V 1350.

so zeigen doch die Glossen „*non romanum*", wie sie im Liber Papiensis in grosser Zahl begegnen, die unverkennbare Neigung, die Geltung der Kapitularien für Römer zu beschränken. Nun aber greift die junge Romanistik selbst ein. *Quod si quis forte errabundus, alicuius violentiae successu turgidus legis censuram conetur imitari, velut aves interdum garritu quodam nostra verba simulant, quid hoc legibus valeat auctoritate ni fallor divina subnixis derogare, ne cogitari quidem potest* — so eifert der Verfasser der Questiones de iuris subtilitatibus, und wenn er dann auseinandersetzt, dass jüngere Gesetze den älteren vorgehen, und zweifelt: *hac ratione transalpini quoque reges videntur posse statutis suis abrogare iura Romana, cum et ipsi Romae dudum iam coeperant imperare* — so führt er dagegen ins Feld, dass die tiefste Quelle allen Rechts die Vernunft sei, die dem römischen Recht seine Kraft verleiht und es dauern lässt, so lange es ein römisches Volk gibt; seine Fortbildung sei gewiss nicht ausgeschlossen, aber wie könne jemand etwas verbessern, was er nicht begreift? *reges quidem transalpini potestatem sumpsere, iuris autem legumque scientiam notam habere non poterant: illis enim temporibus non modo studia, sed et ipsi libri legitimae scientiae fere perierant. taceo, quod illi suo more legibus operam dare nollent, etiam si in promptu haberent. incognitum ergo ius emendare non erat eis possibile.*[1]

[1] Questiones tit. I n. 13; IV n. 4—9 ed. Fitting 56, 58 f. Die Urheberschaft des Irnerius scheint mir nicht ausreichend erwiesen, die Entstehung in Rom ausgeschlossen (vgl. unten S. 49 Anm. 2). Nach dem Rechtszustand, den sie voraussetzt, möchte man die Schrift etwa nach Mailand, vielleicht in das 3. Jahrzehnt des 12. Jahrhunderts versetzen. — Der Kampf des Verfassers gegen das bestehende Recht richtet sich I 13 und IV 4—9 gegen die Kaisergesetze, I 15 gegen das longobardische, I 16 gegen die übrigen Stammesrechte (s. unten S. 62 u. 101). Gegen die Annahme von Esmein und Besta, die transalpinen Könige seien die Longobarden, spricht, wie schon Schupfer bemerkt hat, die Angabe, dass sie in Rom regiert haben; ebenso aber auch der sonstige Sprachgebrauch, der unter ihnen die deutschen Kaiser versteht. (Chron. Benedicti c. 34 MG. Script. III 717; Otto Fris. gesta Friderici c. 40 MG. Script. XX 439). Und zwar scheint sich der Zorn des Verfassers, wie auch anderwärts schon vermutet wurde, im besonderen gegen die Kampfgesetze Ottos I. zu kehren. — Aehnlich wendet sich eine dem Irnerius zugeschriebene Institutionensumme

Andere wieder bemängeln die Formulierung der Kaisergesetze, die den Vorschriften des römischen Rechts nicht genüge.[1] Vor allem aber übergehen sie die Glossatoren praktisch so gut wie völlig mit Stillschweigen.[2]

Das hat denn auch auf die neueren Lombardisten zurückgewirkt. Auch hier begegnen nun Versuche, die Geltung des

---

(bei Patetta, Bulletino dell'Istituto di diritto romano VIII 131) gegen die Unvernunft des Brauches, dass Kinder der ärgeren Hand folgen, und entlehnt aus den Questiones den Satz, dass bei seiner Einführung Studien und Gesetzbücher verschollen gewesen, und die transalpinen Könige keine Rechtskenntnis besessen hätten. Der Angriff ist wohl gegen Lud. P. 55 und Loth. 100 gerichtet.

[1] Angabe bei Bulgarus C. 1, 14, 3 oben S. 31.

[2] Hugolinus hat einige Gesetze des 11. Jahrhunderts zusammen mit dem Lehenrecht und neueren Gesetzen in eine *Collatio decima* vereinigt, s. die Nachrichten bei Savigny III 524 c, 521 b, auch 526 a, und in der That enthält eine Venetianer Handschrift (übrigens keine solche der Coll. X.) neben Lehenrecht und Gesetzen Friedrichs I. auch Stücke von Heinrich II. und III. vgl. Merkel bei Savigny VII 88 ff. Aber wie schon Odofredus berichtet, hat sich diese Sammlung nicht eingeführt, und unter den 25 italienischen Handschriften des Lehenrechts, die Lehmann, das longobardische Lehenrecht 30 ff. aufzählt, also den Handschriften, die vorzugsweise als solche der 10. Kollation in Betracht kommen, befindet sich ausser der erwähnten Venetianer (und 3 weiteren, für die nähere Angaben fehlen) keine einzige, die ältere Kaisergesetze beifügt. Auch dem Herausgeber der Kaisergesetze MG. Const. ist keine solche Sammlung bekannt geworden. In der ganzen Glossatorenlitteratur römischen Rechts ist, so viel ich sehe, nur Henr. II 1 Lomb. II 47, 11 als geltendes Recht benützt worden, ein Gesetz, das durch seine Kanonisierung eine besondere Stellung einnimmt, und so citieren es auch die Schriftsteller bunt genug bald als eigenes Gesetz, bald aus der 10. Kollation, aus der Compilatio I. und aus der Lombarda. So die Dissensiones dominorum, Collectio Vetus (Mitte des 12. Jh.) § 83, Rogerius (wenig später) § 86, Hugolinus (1216/34) § 64 ed. Haenel 65, 119, 303; Sammlung des Cod. Chis. E VII 211 (etwa 1200) ed. Scialoja, Studi e documenti di storia e diritto XI 418; Accursius (gegen 1230) C. 2, 58 (59), 2 remitti und Auth. coll. V 11 concedentes; Joannes Faventinus C. 14 q. 1 bei Schulte Wiener SB. LVII 589. Dagegen wird man z. B. nach einer Berücksichtigung von Ot. III 1 Lomb. II 49, 2 in den Glossen zu D. 2, 12, 1 und C. 3, 12, 7, nach einer solchen von Henr. I 1 Lomb. II 14, 30 in den Glossen zu D. 38, 11, 1 und C. 6, 18, 1 vergeblich suchen. S. im übrigen auch unten S. 68 ff.

Kaiserrechts für Römer zu beschränken,[1] die *lex communis* in Kar. M. 143 ist ihnen nicht mehr das Recht der Kapitularien, sondern bald das gemeine römische, bald das herrschende Ortsrecht.[2] Und so sehen wir bei Karolus de Tocco zu Anfang des 13. Jahrhunderts die Entwickelung abgeschlossen: Heinrich II. hatte ein erbrechtliches Gesetz erlassen, *quicumque ex quacumque natione uxorem accepit;* Karolus bemerkt zu „*natione*“: *scilicet Longobardorum, quia in libris Longobardorum scripta est,*[3] und so wird z. B. in der Glosse II 56,1 ein Kaisergesetz[4] als *ius Longobardum* dem römischen Recht entgegengestellt. Schon für Odofredus ist das ganze longobardische Recht ein *ius quod faciebant reges per se.*[5] Die Kapitularien waren selbstständiges, und sie waren formell gemeines Recht gewesen. Seither sind sie longobardisches Recht geblieben und teilen Geltungsbereich und Geltungsgrund des Ediktes.

Die Unterordnung des longobardischen Rechts unter die Stadtrechte.

7. Der Sturz des Stammeskönigtums hatte die Herrschaft des longobardischen Rechts nicht berührt. Die Kaiser, die es hätten abändern können, hatten seinen Fortbestand anerkannt, und so galt das Edikt aus eigener Macht weiter, getragen von der insoweit unabhängig gebliebenen Gemeinschaft seiner Bekenner. Und die unmittelbare Verbindlichkeit der andern Rechtsquelle, des Kaiserrechts, war als Willensäusserung der höchsten Gewalt im Lande ohnehin jedem Zweifel entrückt. Das longobardische Recht hat also originäre Geltung besessen, und diesen Standpunkt vertreten die Lombardisten, so lange es eine selbständige Theorie des longobardischen Rechts gibt. Seinen bezeichnenden Ausdruck erhält er in den Erörterungen

---

[1] Ansichten bei Roffredus, summula de pugna (nach 1215) tit. I ed. Patetta, Bibl. iur. med. aevi II 79.

[2] S. unten S. 57 und 161.

[3] Lomb. II 14, 30 (31).

[4] Lomb. II 51, 2.

[5] C. 5, 3 auth. Dos data n. 1.

zu Pip. 33. Dort war vorgeschrieben, *ut nulla consuetudo superponatur legi.* Man fand darin das Verbot derogierenden Gewohnheitsrechts ausgesprochen und hat an dieser Forderung im 11. und 12. Jahrhundert festgehalten.[1] Erst Karolus de Tocco trägt abweichendem Ortsrecht Rechnung, und nur, so weit es das longobardische Recht selbst gestattet: in den Grenzen, in denen auch abweichende Verträge zulässig sind.[2]

Die Praxis freilich hat sich an diese Schranken so wenig gehalten wie an diejenigen, die ihr die Theorie des römischen Rechts gezogen hatte. Die Aufstellung örtlicher Satzungen war schon in den longobardischen Königsgesetzen zugelassen. Handelte es sich dort zunächst um Bestimmungen agrarrechtlichen Inhalts, so erweiterte sich die Differenzierung des Ortsrechts durch abweichende Fortbildung longobardischer Rechtssätze, durch das römische Recht, dem in verschiedenem Umfang Einfluss gewährt wurde, und durch rechtliche Neubildungen, die für neu auftretende Bedürfnisse Vorsorge trafen. Und so hat schon im 11., spätestens im 12. Jahrhundert wohl jeder Landstrich sein örtliches Recht besessen. Die Rechtsbildung vollzog sich anfänglich in unorganisierten und politisch bedeutungslosen Gemeinschaften, der Stadtbürgerschaft und der Nachbarschaft.[3] Als aber seit dem Ende des 11. Jahrhunderts das *comune* zu fester Organisation gelangte, war es mit der Rechtsprechung auch die Rechtsbildung, die regelmässig Sache der neu gestalteten Gemeinde wurde, und der Begriff der *universitas,* der in der Folge auf sie angewendet wird, und die an ihn geknüpfte Autonomie haben die Stellung der Gemeinde über dem Recht befestigt. Dass die Mehrzahl der für die Rechtsbildung wichtigen Städte auch die politische Gewalt erlangt hat, war nicht Voraussetzung, aber Beförderung dieser Entwickelung. Die neu gewonnene Stellung der Gemeinde aber zeigt sich auch gegenüber dem longobardischen Recht. Die Stadt erlangt die Gewalt,

---

[1] Expositio Roth. 232, 7; Liut. 126, 4; Ot. I 3, 15. Summa legis Longobardorum II 25. Ariprandus und Albertus II 41.

[2] II 41, 1 deest; die lombardistische Formulierung der Statutentheorie des Albericus und Pillius.

[3] Wie weit der Nachbarschaft auch in den Städten Bedeutung zukam, ist noch nicht ausreichend klargelegt.

es abzuändern und aufzuheben: es beginnt die Periode der stadtrechtlichen Geltung des longobardischen Rechts.

Freilich, soweit die Stadt von dieser Befugnis keinen Gebrauch macht, bleibt das longobardische Recht, was es vorher gewesen, das Landesrecht, das, ohne eines besonderen Titels zu bedürfen, unmittelbare Verbindlichkeit besitzt. Damit das longobardische Recht nicht auch in Bologna gelte, erzählt Odofredus bezeichnend,[1] muss der Potestas schwören, das römische Recht zu beobachten. Noch ist es eine formell selbstständige Rechtsquelle, und wo die Schriftsteller von einem longobardischen Rechtssatz sprechen, der in die Statuten übernommen worden ist, da wird seine Geltung nach der Lombarda und seine Geltung nach Stadtrecht sorglich geschieden.[2]

Die Stadtrechte selbst liefern den Beweis seiner fortdauernden Bedeutung in reichem Masse. Da soll in Verona nach dem Stadtrecht von 1228 der Kampfeid *secundum legem* geschworen werden,[3] und das Mailänder Rechtsbuch von 1216[4] übernimmt in c. 20 die Fälle des gerichtlichen Zweikampfs, wie sie die Lombardistenlitteratur festgestellt hat, zwei Fälle ausscheidend,

---

[1] C. 5, 3 auth. Dos data n. 1.

[2] Paucapalea, summa Decreti (1144/50) C. 2 q. 4 c. 22 ed. Schulte 60. Rufinus (ed. Schulte 425) und Spätere C. 32 q. 4. c. 15; dazu Bernardus Parmensis gl. ord. (um 1245) und Neuere X I 18, 8. Accursius C. 8, 33 (34), 3 § 3b recuperare. Jacobus de Ardizone, summa iuris feudorum (um 1240) c. 137. Hostiensis, summa super titulis Decretalium (1250/61) V 14 n. 2. Gandinus, tract. de maleficiis (1299) rubr. de furibus et latronibus n. 2. Albericus de Rosate († 1354), de statutis lib. II q. 102 pr.; q. 107 n. 1.

[3] c. 78 ed. Campagnola 63. Dagegen gehen die *leges* in c. 81 ebenda, anders als Kohler, Studien aus dem Strafrecht II 14 will, wohl auf das römische Recht. Vgl. den Sprachgebrauch der c. 2, 51, 82, 150, 169, 205, 208. Und ebenso in c. 69 der Consuetudines von Como von 1281 MHP. XVI 122; s. deren c. 28 eod. 117, sowie c. 39 der Statuten von 1296 eod. 135, und überhaupt gleichartige Bestimmungen der Stadtrechte von Bergamo und Brescia, über die auch Lattes, il diritto consuetudinario delle città lombarde 137 ff. handelt. Die Statuten von Orrigio 1228 (mir nicht zugänglich) enthalten nach Kohler gleichfalls eine Verweisung auf die *leges* im Sinn von longobardischem Recht.

[4] Ich benütze ed. Porro MHP. XVI. Die jüngere zweite Ausgabe von Berlan ist hyperkritisch, die von Todaro wertlos.

in denen der Kampf *iure legum* Platz greift.[1] c. 5 desselben Stadtrechts[2] zeigt die Geltung des longobardischen als Subsidiarrechts in Strafsachen: der kriminell angeklagte *punitur . . secundum legem municipalem nostrae civitatis vel legem Lombardorum vel lege Romana . . secundum autem ius Romanum . . non aliter puniuntur nisi lege municipali cautum sit, ut debeant secundum legem illam puniri.* Und noch in den Statuten von 1396 wird mit der Aufschrift, *quod ius Lombardum servetur,* bestimmt: *ius Lombardum servetur in poena civili furtoıum.*[3] Como schränkt 1281 seine Geltung ein: *item quod Lombarda non servatur nisi in pugnis et in illis casibus de quibus fit mentio in statutis communis de Cumis.*[4] In Brescia treffen die Statuten von 1277 Anordnung, um die nachteiligen Wirkungen der *lex quae de invasionibus loquitur,* abzuschneiden, und die Consuetudines von 1301 bestimmen: *item lex lombarda quae est ultima in titulo de successionibus in Lombarda . . servetur et servari debeat in totum.*[5] Eine ähnliche Bestätigung enthalten die Statuten von Monza: *lege Lombardorum quae incipit Quicumque veneficio etc. in suo statu remanente,*[6] oder die von Ivrea (14. Jahrhundert) *famosi vero (fures) . . relinquantur puniendi iuri Longobardorum.*[7] Umfassender als irgendwo aber hat sich das longobardische Recht in Bergamo erhalten. Als Subsidiarrecht in Strafsachen erscheint es, wenigstens in beschränktem Umfang, in den Statuten von 1248:[8] *de maleficiis . . cognoscat rector et . . condemnet . . inspecto iure Romano et praetermissis iis omnibus quae in iure Longobardorum dicuntur de compositionibus maleficiorum et iniuriarum, si minus puniunt quam ea quae in iure Romano inveniuntur vel illis contradicunt,* sonst also nach longobardischem Recht. Seine Geltung im 14. Jahrhundert bezeugt Albericus de Rosate zu wiederholten Malen und

---

[1] MHP. XVI 905.
[2] MHP. XVI 871.
[3] MHP. XVI 871c.
[4] Consuetudines c. 28 MHP. XVI 117.
[5] MHP. XVI 1584 (257) und 1795.
[6] Lattes, dir. consuet. 138[22].
[7] MHP. II 1207.
[8] IX 17 MHP. XVI 1937.

berichtet von Prozessen, in denen seine Auslegung zweifelhaft geworden.[1] 1391 wird für künftige Erbfälle ein neues Erbrecht eingeführt mit dem Vorbehalt, dass für die vorher Verstorbenen die alten Statuten und das longobardische Recht gelten sollten wie bisher, und erst jetzt wird allgemein bestimmt: *item quod de cetero . . liber iuris Longobardorum et ipsum ius vacet in totum et servetur ius commune.*[2] Solche Abschaffung ist 1387 auch in Cremona, 1393 in Pavia erfolgt.[3]

Zahllos vollends sind die Stadtrechtsstellen, die longobardische Rechtssätze nach ihrem Inhalt in sich aufnehmen. Dies weiter zu verfolgen, ist hier, wo die formale Geltung des longobardischen Rechts zur Untersuchung steht, nicht unsere Aufgabe. Das Gewohnheitsrecht ist nicht bloss das Besitztum einer einzelnen Stadt, heisst es in einer Glosse des Irnerius.[4] Wie das deutsche Privatrecht die Partikularrechte Deutschlands zu einer inneren Einheit zusammenfasste, so war das longobardische die Grundlage, auf der sich die Stadtrechte seines Gebiets aufbauten. Aber eben darin war es jenem überlegen, dass ein bestimmtes Rechtsbuch die massgebenden Rechtssätze darbot, und dass diesem Rechtsbuch unmittelbare Verbindlichkeit zukam.

Dem entsprach es, dass das longobardische Recht auch jetzt noch auf den Universitäten Pflege fand. Wie der Stationarienkatalog von Bologna, so nennt 1331 auch der von Padua Text und Glosse der Lombarda unter den offiziellen Lehrmitteln der Universität, den Text verlangen auch die Florentiner Universitätsstatuten von 1387.[5] Und dass es nicht bloss das unmittelbare Bedürfnis der Praxis war, das zu solchen Studien führte, beweist in interessantester Weise die

---

[1] lectura super prima parte Codicis C. 5, 10 auth. Hoc locum und C. 5, 12, 29 n. 5. super secunda parte C. 6, 59 auth. Itaque. de statutis III 15 n. 3.

[2] Consuetudines c. 54, 59 ed. Lattes a. a. O. 456, 458.

[3] Lattes 258[106]; mir nicht zugänglich.

[4] Zu D. 1, 3, 32 ed. Besta, l'opera d'Irnerio II 7.

[5] Savigny III 651f. Denifle, Archiv für Litteratur- und Kirchengeschichte des Mittelalters VI 460 f. Gherardi, statuti della università e studio Fiorentino 48.

Stendaler Sachsenspiegelglosse, deren Verfasser sich Mitte des 14. Jahrhunderts eine reiche Kenntnis des longobardischen Rechts in Italien erworben hat.

Römisches Landesrecht.

8. Die Geltung des longobardischen als Landesrechts war örtlich beschränkt: das Edikt galt da, wo die longobardischen Könige geherrscht hatten. Schon Alboin hatte den grössten Teil von Lombardien und Tuscien seiner Herrschaft unterworfen, zu Anfang des 7. Jahrhunderts wurde Padua, Mitte desselben Ligurien besetzt. Die Einnahme des Exarchats von Ravenna und der Pentapolis, die 728 erfolgte, hat nur vorübergehenden Gewinn gebracht, jedoch Bologna mit dem Königreich verbunden, eine neuerliche Eroberung im Jahre 752 war nicht von längerer Dauer. Die Herrschaft über das Herzogtum Perugia endlich schwankte zwischen den beiden Parteien. So bildete einen ungestörten Besitz von Byzanz in Ober- und Mittelitalien nur Venedig und Rom. Und selbst in Rom wurde der longobardische Einfluss zeitweise so mächtig, dass die Gerichtsbarkeit für den longobardischen König ausgeübt wurde.[2]

Das Mass der Geltung des longobardischen Rechts entsprach der Dauer seiner Herrschaft. In frühzeitig angegliederten Gebieten wie Padua oder Genua bleibt zwar das Ortsrecht römisch, die Ueberordnung des Edikts wird jedoch unbedingt anerkannt. Anders in den flüchtig beherrschten Landschaften des Exarchats, in denen, wie in den übrigen Ländern des Imperiums, die Königsgesetze nicht zur Geltung gelangen. Thatsächlich freilich reicht der Einfluss des longobardischen Rechts weiter. War das römische Recht schon zur Kaiserzeit in Italien in tiefen Verfall geraten, so haben die Wirren der Völkerwanderung sein Verständnis völlig erstickt. Die frische longobardische Kultur besass eine gewaltige Werbekraft, und mit ihr ist auch das longobardische Recht in die römischen Gebiete eingezogen, begünstigt von der Verschlingung der

---

[1] ed. Steffenhagen Wiener SB. C 912 ff.

[2] De imperatoria potestate in urbe Roma libellus MG. Script. III 720. Conrat 52[3].

politischen Beziehungen, getragen von einer naturrechtlich wurzellosen Auffassung vom Wesen des Rechts.[1] Aber freilich, es handelt sich dabei nicht um eine originäre Geltung des longobardischen, sondern um eine Rezeption von seiten des römischen Rechts, das Gewohnheitsrecht der römischen Landschaften hatte longobardische Rechtssätze in sich aufgenommen.

Anders verhielt es sich zunächst mit den Kapitularien.[2] Als Glied des fränkischen Reiches stand das Patrimonium auch unter den fränkischen Gesetzen.[3] Und schon der Umstand, dass Kaiser und Papst des öfteren gemeinsam Gericht halten, nötigt, eine Anerkennung des Kaiserrechts durch den Papst anzunehmen. Unzweideutig ergibt sich die Ueberordnung der kaiserlichen Gebote aus den Briefen Leos IV., von denen unten die Rede sein wird. Und so lassen Placita aus Rom 850, aus Tivoli 911 die Anwendung zweier Kapitularien von 805 und 809[4] über den Nacheid der Zeugen ersehen.[5] Doch früher als

---

[1] Beispiele longobardischen Einflusses bieten die römischen Placita von 813 Reg. di Farfa II n. CCXVI; von 942, 966, 983 Il Regesto Sublacense edd. Allodi und Levi n. 155, 118, 185; vgl. auch die Anrufung der *lex vulgaris* durch den Papst oben S. 25. Ueber longobardisches Recht in Venedig Besta im Ateneo Veneto XX 2, 303 ff.

[2] Doch findet sich auch bei diesen ein Vordringen ohne Zusammenhang mit der politischen Gewalt. Ueber Kar. M. 44 in Venedig Chronicon Venetum c. 6 MG. Script. XIV 36. Auf die Kapitularien bezieht sich wohl auch die Bemerkung der Chronik: *de Romana autem sive de Sallica traxerunt legem.*

[3] Voraussetzung und Folge sind freilich bestritten, vgl. zuletzt verneinend Sickel, Historische Zeitschrift LXXXIV 399 f.; bejahend Gundlach, die Entstehung des Kirchenstaats und der curiale Begriff der respublica Romanorum 82 ff. Das Beispiel von 776, das Gundlach beibringt, ist allerdings nicht zwingend.

[4] Cap. I 124, 148 Kar. M. 21 und 50.

[5] Muratori ant. it. VI 389. Reg. Sublacense n. 154. Die von Brunner, Rechtsgeschichte II 324[52] hieher gezogene Stelle — Hincmari opera ed. Sirmondus II 711 — geht auf das römische Recht. Gegen die Annahme Conrats, dass der Brief Nikolaus I. an die Bulgaren Kapitularien benütze, unten S. 46 Anm 3. Ein wichtiges Argument für die Geltung der Kapitularien in Rom gäben die Questiones de iuris subtilitatibus I 13; IV 4 und 9, wenn die Annahme Fittings zuträfe, dass sie in Rom geschrieben sind. Aber eben dies scheint uns sehr unwahrscheinlich. S. unten S. 49 Anm. 2.

auf longobardischem scheint sich auf römischem Boden die Rückbildung der Kapitularien vollzogen zu haben. Es war schon die Rede von den Prozessen, in denen 999 zu Rom, 1013 zu Ravenna die Kaisergesetze als longobardisches Stammesrecht auftreten. Ob dem Zeugenzweikampf nach Lud. P. 15 in einem Prozess von 998[1] eine weitere Bedeutung zukommt, ist zweifelhaft, und wenn 1009 in der Sabina ein Kapitel Karls angerufen wird,[2] so kann das aus dem longobardischen Ortsrecht der erst später erworbenen Sabina erklärt werden.

Denn das Recht Roms ist das römische.[3] Der Papst selbst

[1] Reg. di Farfa III n. CCCCLIX.

[2] Reg. di Farfa IV n. DCXXXVII.

[3] Man hat die Einwirkung des longobardischen Rechts auf den Rechtszustand Roms bisweilen überschätzt. Wenn Conrat 52 die Briefe Leos IV. auf das Vordringen des longobardischen Rechts im allgemeinen bezieht, so fehlen dafür nähere Haltpunkte, während sich die Stellen als Beschwerden gegen die Ueberordnung der Kapitularien (vgl. unten) leichter erklären. Insbesondere scheint uns die Annahme Conrats 17 f. nicht zuzutreffen, dass Papst Nikolaus I. 866 den Bulgaren, die um Unterweisung in den *leges mundanae* gebeten hatten, Edikt und Kapitularien zugeschickt habe. Das stimmt nicht mit dem damaligen Rechtszustand Roms und nicht mit dem Antwortschreiben des Papstes (Mansi, conciliorum collectio XV 401), das keinerlei nähere Beziehungen zum longobardischen, vielfach Anknüpfungen an das römische Recht aufweist: Die Gesetze werden in c. 19, 26, 84 als *venerandae* bezeichnet, ebenso wie in c. 2 von *venerandae Romanae leges* gesprochen wird. Sonst werden sie einfach *leges* genannt, wie in c. 39, wo wörtlich ein Institutionencitat folgt. Es kann sich ferner c. 12 nur auf römisches Recht beziehen, denn nur C. 3, 12 enthält einen Katalog der gerichtlichen Feiertage, nicht auch Kar. M. 136. Dasselbe gilt für c. 20 mit seiner grundsätzlichen Auswanderungsfreiheit (Ausnahme z. B. C. 3, 23), während Roth. 3 auf unerlaubte Auswanderung »nichts als« Todesstrafe setzt. In c. 24, 26 entspricht der Unterscheidung zwischen *parricidium* und Tötung anderer Verwandten genau Inst. 4, 18, 6, während Roth. 163 diese Fälle zusammenfasst. Auch das Verbot des *eunuchizare* c. 52 steht dem Sprachgebrauch von C. 4, 42 näher als dem von Kar. M. 81. Von den Kapiteln, deren Beziehung auf das römische Recht Conrat besonders zweifelhaft erscheint, ist c. 20 bereits besprochen, c. 25 hat überhaupt keine bestimmte Stelle im Auge, c. 31 geht wohl nicht auf Inst. 4, 1, sondern auf Inst. 2, 1, 12—16, die Schwierigkeit in c. 22 und 23 beruht nur in der unbewiesenen Voraussetzung, dass Digesten und Tres libri damals verschollen waren. c. 30 bezieht

hat persönliches römisches Recht.[1] Und dies Recht bekennen Römer, die 868 in Salerno urkunden,[2] ebenso wie die römischen Gegner des Klosters Farfa in Prozessen von 998, 999, 1014[3] als ihr Stammesrecht. Dem Papst unterworfen, haben dieGeistlichen der sonst longobardischen Sabina römisches Recht,[4] und in einem Prozess von 998 wird das longobardische Recht Farfas festgestellt durch den Nachweis, dass das Kloster nicht Eigentum des Papstes ist.[5] Kaiser Lothar hatte 824 die Bevölkerung Roms

sich übrigens nicht auf das römische, sondern auf das kanonische Recht, vielleicht auf dist. 50 c. 49. Die Kenntnis des römischen Asylrechts c. 95 dürfte aus Augustinus, de civitate dei I c. 34 (Migne, patrologia latina XLI 45) stammen. — Pertile, storia III 239[36a] führt zwei römische Urkunden von 1061 an, in denen Frauen unter Munt stünden. Aber die Zustimmung des Vormunds bezieht sich in beiden Fällen nur auf die mitkontrahierenden Kinder. — Endlich gehören die Ausführungen von Boretius MGL. IV p. LXXXVII hieher, die eine Entstehung der Walcausinischen Formeln in Rom für möglich halten. Die Erwähnung Roms in den Formeln zu Roth. 232 und Liut. 34 beweist nicht (und jedenfalls setzt der Begriff des *tertius comitatus* an der ersteren Stelle nicht drei Nachbargrafschaften voraus s. Exp. Ot. I 7, 3). In den Formeln zu Roth. 279 scheint der Verfasser klassische Erinnerungen aufzufrischen; die Sklaven von Aquino, die jemand in Präneste überfallen wollen, hätten in Wirklichkeit einen weiten Weg, und Gabii, wenigstens der bekannte Ort dieses Namens, ist im 11. Jahrhundert längst zerstört. Vielleicht verhält es sich auch mit dem Tusculanum nicht anders, von dem in der Formel zu Roth. 244 und in n. 9 und 24 des Cartularium die Rede ist; im übrigen könnte auch ein anderer Ort dieses Namens gemeint sein, ein Toscolano liegt z. B. (ich weiss freilich nicht, ob schon damals) am Gardasee. Jedenfalls aber beweist Cart. n. 24, dass die Formeln nicht mit Bezug auf den wirklichen Rechtszustand der Stadt Rom geschrieben sein können.

[1] Rom 829: das longobardische Kloster Farfa gegen den Papst; beide Teile stellen Bürgschaft, *uterque secundum suam legem.* Reg. di Farfa II n. CCLXXXV.

[2] Muratori script. II 2, 931.

[3] Reg. di Farfa III n. CCCCLIX, CCCCLXX, DXXV. Vgl. auch die Urkunden unten S. 48 Anm. 6.

[4] Reg. di Farfa III n. CCCCXLII; IV n. DCXXXVII von 994 und 1009.

[5] Reg. di Farfa III n. CCCCLIX mit II n. CCLXXXVII und CCXCVIII.

um ihr persönliches Recht befragen lassen; es entspricht den thatsächlichen Verhältnissen, wenn die Papienser berichten, man habe sich damals allgemein zum römischen Recht bekannt.[1] Als herrschendes Recht zeigen es denn auch die Briefe Leos IV. von 853.[2] Der Kaiser hatte Einwendungen gegen ein Urteil erhoben, das der Papst nach römischem Recht gesprochen, dabei wohl auch für anders verfügende Kapitularien grundsätzlich den Vorrang beansprucht. Darauf der Papst: *vestram flagitamus clementiam, ut sicut hactenus Romana lex viguit absque universis procellis, et quod pro nullius persona hominis reminiscitur esse corrupta, ita nunc suum robur proprium et vigorem obtineat.* Und in einem Schreiben an den Herzog von Spoleto klagt er: *valde indignum est, futuris gentibus etiam contrarium, tam gloriosam legem, quam multi retro custodierunt imperatores, nunc suam vim perdere ac iniuste damnari.* In der That erlässt der Kaiser zwei Jahre später ein Urteil nach römischem Recht, *nolens contra instituta veterum Augustorum peragere Romanorum,*[3] und 868 erbittet der Papst vom Kaiser Boten, um einen Verbrecher *secundum leges Romanas* abzuurteilen.[4] Die bekannte Formel aus der Zeit Ottos III., in der der neu bestallte Richter den *liber codicum* in die Hand bekommt, um nach ihm »Rom und die Leostadt und den ganzen Erdkreis« zu richten,[5] ruht zwar grundsätzlich auf anderen Voraussetzungen, ist aber immerhin für den Rechtszustand Roms bezeichnend. Die römischen Richter haben darum eine so geringe Kenntnis fremden Rechts, dass sie, wo persönliches longobardisches Recht zu berücksichtigen ist, longobardische Richter beiziehen,[6] und 1038 macht ein Gesetz Kaiser Konrads der Anwendung longobardischen Rechts in Rom überhaupt ein

---

[1] Glosse und Exp. Loth. 38; Ms. Mon. II 57, 1 f. 67b.

[2] Jaffé n. 2638, 2639. Vgl. auch Ewald, Neues Archiv der Gesellschaft für ältere deutsche Geschichtskunde V 394.

[3] Liber Pontificalis, Leo IV. c. 112 ed. Duchesne II 134.

[4] Hincmar, Annalen MG. Script. I 477.

[5] MGL. IV 662.

[6] Reg. di Farfa III n. CCCCLIX, CCCCLXX, DXXV; IV n. DCIL, DCLXXXIX, DCXC; s. auch das gleich zu erwähnende Gesetz Konrads. Ficker, Forschungen III 90 ff.

Ende.[1] Dass dann auch die Urkunden und sonstigen Nachrichten eine Anwendung des römischen Rechts auf Schritt und Tritt zeigen, kann nicht wundernehmen.[2]

Was für Rom, gilt auch für Ravenna und seine Gebiete. Für Bologna allerdings nur mit Vorbehalt. Zwar ist auch hier der Grundeinschlag des Rechts römisch,[3] und in ihren Verträgen bekennen sich die Leute der Grafschaft durchaus zu römischem Recht.[4] Aber hart an der Grenze longobardischer Landschaften gelegen, von 728—774 der Longobardenherrschaft unterworfen, das Sammelbecken des Verkehrs zwischen dem longobardischen Oberitalien und dem gleichfalls longobardischen Tuscien,[5] wurde Bologna von deren Recht stärker beeinflusst als die anderen

[1] Vergl. unten S. 160 und 165.

[2] So im 8. u. 9. Jh. Liber Pontificalis Hadrianus I. c. 13 ff. ed. Duchesne I 490 (dazu Sickel, Historische Zeitschrift LXXXIV 397[3]); Annales Laurissenses a. 801 MG. Script. I 188; Vita Hludovici MG. Script. II 619; Muratori ant. it. VI 389; s. auch Sickel a. a. O. 407[1] und die oben erwähnten Beispiele von 855 und 868 (die meisten dieser Zeugnisse schon bei Conrat 15 ff.). Im 10. Jh.: Reg Sublacense n. 123 und 90; Liudprandi legatio c. 5 MG. Script. III 348; Beyer, Urkundenbuch zur Geschichte der mittelrheinischen Territorien I n. 247; Reg. di Farfa III n. CCCCLXX. Im 11.: Reg. di Farfa IV n. DCXCIX; III n. DXXV, DXLIV; V n. MX; Ecclesiae S. Mariae in Via Lata tabularium ed. Hartmann I n. 54, 63; Galletti, del primicero della santa sede 279, 283; Bonizo, Decretum in Patrum nova bibliotheca ed. Mai VII 3, 59. Insbesondere zeigen die römischen Urkundensammlungen die kirchlichen Tauschverträge ohne Schätzleute, Schenkungen ohne Launegild, Frauenveräusserungen ohne Muntwalt und ohne Verwandtenbefragung. — Wir sind dem Rechtszustand Roms mit besonderer Genauigkeit nachgegangen (s. auch oben S. 45 und unten S. 95) mit Rücksicht auf die Questiones de iuris subtilitatibus, deren Entstehungsverhältnisse auch für unsere Untersuchungen von Bedeutung sind. Wir glauben darnach mit Bestimmtheit annehmen zu dürfen, dass die Arbeit nicht in Rom geschrieben worden ist.

[3] Ficker, Forschungen III 136.

[4] Tiraboschi, Nonantola II n. 49, 110, 148, 175, 186, 192 von 888—1085; (Savioli) Annali Bolognesi I 2, 154 von 1114; vielleicht auch Tiraboschi, mem. modenesi III n. 377 von 1144.

[5] Vgl. schon Ficker, Forschungen III 135 ff.; Mitteilungen des Instituts für österreichische Geschichtsforschung Erg.-Bd. II 65 f.

römischen Gebiete.[1] 1106 hat sich die Stadt denn auch gemeinsam mit der übrigen, longobardischen, Emilia von der Metropolitangewalt Ravennas losgelöst.[2]

Deutlich geschieden treten sich sonach die Gebiete römischen Rechts und die Gebiete longobardischen Rechts in Italien gegenüber. Es ist ein Gegensatz, den moderne Forschung aus den Rechtsdenkmälern jener Zeit abstrahiert hat. Aber es fehlt jeder Anhaltspunkt zu der Annahme, dass er den Zeitgenossen zum Bewusstsein gekommen wäre. Es fehlte dafür auch die politische Stütze. Der Gegensatz der *respublica Romanorum* zum *regnum Longobardorum* war mit der fränkischen Eroberung untergegangen, und wenn sich unter den Karolingern auch ein schwankender Begriff der *Romania* herausgebildet hat, so wird er doch sehr bald gegenstandslos durch den Zerfall der päpstlichen Hoheit über diese Gebiete. Im 11. Jahrhundert steht das Exarchat unter der markgräflichen Gewalt des reichsunmittelbar gewordenen Erzbischofs von Ravenna, die Pentapolis unter dem Herzog von Spoleto, Ferrara ist tuscisch. Versuche, die Beziehungen des longobardischen zum römischen Recht im 11. Jahrhundert an diesen Gegensatz örtlicher Rechte zu knüpfen, ruhen auf falschen Voraussetzungen.

Römisches Weltrecht.

9. Aber nicht nur als Ortsrecht ist das römische neben das longobardische Recht getreten. Gleich jenem erhebt es

[1] Brunner, zur Rechtsgeschichte der römischen und germanischen Urkunde 84 f. Azo, apparatus in Codicem (1208/16) 3, 28, 29. Rainerius de Perusio, ars notaria (1214/16) pars I t. 93, 100 ed. Gaudenzi, Bibl. iur. med. aevi II 48, 50. Odofredus, praelectiones in Digestum Novum zu D. 41, 1, 5 § 1 n. 15 und zu l. 55 n. 2; in primam partem Codicis 5, 3, 20 n. 3. Tamassia, Atti e memorie della r. deputazione di storia patria per le provincie di Romagna serie 3 XII 330.

[2] Mansi XX 1209, Ficker, Mitteilungen a. a. O. — Darum spricht die Summa Parisiensis C. 2 q. 6 c. 24 (Schulte, Wiener SB. LXIV 119) von Bologna als der *Lombardia*. Und Bellapertica (✝ 1308) comm. in Digestum Novum D. 45, 1, 49 n. 28 nennt die Bologneser *Lumbardi* (sehr missverstanden von Chiappelli, lo studio bolognese 132 und von Salvioli, Studii giuridici offerti a Schupfer II 39).

den Anspruch gemeines Recht zu sein. Wo immer das römische Recht in Kraft geblieben war, als örtliches Recht, als Stammesrecht, auch nur als das Recht bestimmter Rechtseinrichtungen, da ist es das alte Recht der Imperatoren, das durch äusseren Zwang in seinem Geltungsbereich beschränkt sein mochte, in seinem Innern aber den Anspruch auf Weltherrschaft weiter hegte. *ad directionem humanitatis* zusammengestellt, nennt die Lectio Legum ihre Auszüge aus Institutionen und Novellen, die Gaudenzi'sche Sammlung bezeichnet sich als eine Darlegung justinianischen Rechts, *qualiter toto in orbe distringantur negotia,*[1] und die westfränkischen Quellen stehen auf demselben Boden.[2] *Lex* kurzweg ist auch das römische Recht. 811 wird eine Emphyteuse im longobardischen Modena verliehen, *ut leges censeunt,*[3] gerade wie 957 im römischen Imola;[4] ein Longobarde lässt 870 in seinem Testament Knechte frei unter den Voraussetzungen *que legum auctoritas continet de absolvendis libertatibus.*[5] Respektvoll blickt man auf zu den Gesetzen, die man freilich nicht mehr versteht, von deren Wunderbau aber sich eine dämmerige Vorstellung forterbt. Wie Rom die *sancta respublica* geblieben ist,[6] so sind seine Gesetze Quellen besonderer Art. Die *sacrae leges* rufen zwei tuscische Urkunden von 793 an,[7] *sacratissimarum legum auctoritas* bergamaskische Urkunden von 806, 856, 900,[8] in der letzten erklärt der Aussteller: *legem sacra romana vivo.*[9] Es war ein Stück antiker Kultur, vor dem man sich im römischen

---

[1] Conrat 268, 277.

[2] Benedictus Levita add. IV c. 160 MGL. II 2, 156: *lex Romana quae est omnium humanarum legum mater.* Urkunden von 903 und 960 bei Stouff, Nouvelle revue historique de droit français et étranger XI 281 [1, 2]: *per orbem lex circumquaque diffusa.*

[3] Muratori ant. it. V 955.

[4] Monumenti Ravennati ed. Fantuzzi V 242.

[5] MHP. XIII n. 246.

[6] Briefe Gregors I. von 591, Gregors II. oder III. 726/35 MG. Epistolae I 94, III 702.

[7] Brunetti, codice diplomatico toscano II 1 sez. III n. 36 und 39.

[8] MHP. XIII n. 80, 196, 385.

[9] Dieselben Ausdrücke in westfränkischen Quellen Cap. II 333, 334. Mansi XVI 630, 647; XVII 289, 290. Hincmari opera II 204.

Recht beugte, überliefert als ein Teil der Rhetorik, die sich überhaupt von den Resten der römischen Litteratur kümmerlich nährte. Die karolingische Renaissance hatte den verglimmenden Funken klassischen Geistes zu hellerem Leuchten angefacht. Sie selbst, die neuen Imperatoren, betrachteten sich als die Nachfolger der alten Cäsaren. Die Krönung mit der Krone Constantins brachte das zu sichtbarem Ausdruck,[1] und schon damals bildete sich die Lehre von der *translatio imperii:* das Reich sei von den Griechen auf die Franken übergegangen.[2] Das römische Recht war damit zum Recht ihrer Vorfahren geworden,[3] und es bedeutete nur einen kleinen Schritt weiter, ihm eben darum verbindliche Kraft zuzuschreiben.[4] In Italien war es Otto III., der römertrunkene Schwärmer, der dieser Auffassung Bahn brach. *Cave, ne aliqua occasione Iustiniani sanctissimi antecessoris nostri legem subvertas,* mahnt der Kaiser den neu ernannten Richter und gibt ihm das Gesetzbuch in die Hand: *secundum hunc librum iudica Romam et Leonianam orbemque universum.*[5] Seine eigenen Gesetze, wie die seiner Nachfolger knüpfen denn auch unmittelbar an das römische Recht an.[6] Dazu kam das Bündnis, das die völkerbeherrschende Kirche mit dem römischen Recht geschlossen hatte, und so trat das römische als Weltrecht in das 11. Jahrhundert.

Und nun kam der grosse Aufschwung der Geister. Auch das römische Recht bekam davon seinen Teil ab. Vom Boden eines Gewohnheitsrechts, das in wenig Sätzen praktisch wirksam, im wesentlichen nur durch die Tradition bekannt war, schritt man fort zur Benützung der Quellen, die dürftigen Summen und Auszüge wurden ersetzt und ergänzt durch die

---

[1] Brunner, Rechtsgeschichte II 89 f.

[2] Waitz, Verfassungsgeschichte III 187 ff. Insbesondere bei Anskarius, Vita Willehadi c. 5 MG. Script. II 381.

[3] Capitula Pistensia 869 c. 4 Cap. II 334. Hincmari opera I 637.

[4] *Quas leges ab imperatoribus et regibus nostris videlicet praedecessoribus promulgatas atque decretas nos immutilate et inrefragabiliter convenit conservare.* Hincmari opera II 710 f.

[5] MGL. IV 662.

[6] Gesetze Ottos III. 996/1002, Heinrichs II. und III. 1022 und 1047 MG. Const. I 48, 77, 96.

authentischen Bücher, Novellen, Institutionen und Codex. Eine Jurisprudenz begann Beziehungen zwischen den einzelnen Stellen zu knüpfen, erst tastend und äusserlich, und dann immer sicherer und tiefer grabend, bis die Papienser und gar die Ravennaten zu ansehnlichen Ergebnissen gelangen. Immer grösser wird die Zahl der Sätze, die in der Praxis zur Anwendung gelangen.[1] Das von Papst und Kaiser sanktionierte Konzil von Pavia 1022 nennt sie *humanae leges ex longo factae et receptae*, ja verordnet, dass seine eigenen Satzungen den römischen Gesetzen beigeschrieben werden sollen,[2] und Petrus Crassus schreibt 1084, *legislatoris religionem omnes his sacratissimis legibus subiugasse gentes*, und wenn ein Volk anderes Gewohnheitsrecht habe, so beruhe das auf Duldung seitens des römischen.[3] Unterdessen aber vollzog sich das entscheidende Ereignis, die Wiederentdeckung der Digesten. Geschärft durch die Pflege des longobardischen Rechts, gefördert durch byzantinische Einflüsse, hat sich die Jurisprudenz mit ganzer Kraft auf die Erfassung der römischen Quellen geworfen. Und nun begann der Stern Bolognas aufzusteigen, verknüpft mit dem Namen des Irnerius — die Rezeption des reinen römischen Rechts war vollzogen. Man hat viel von wirtschaftlichen und politischen Ursachen gesprochen, die zur Rezeption bei den Bolognesern geführt hätten, vom Uebergang zur Geldwirtschaft und vom kaiserlichen Absolutismus. All das mag die Ausbreitung des römischen Rechts späterhin gefördert haben. Die Rezeption seitens Bolognas vollzog sich völlig unbewusst, vielmehr sie war schon längst zuvor geschehen. Nur die scharfsinnige Verarbeitung der vollständigen Quellen war

---

[1] Beispiele: Chiusi 1058 Ughelli III 627. Florenz 1061 Ficker Forschungen IV n. 68. Bei Poggibonzi 1076 eod. n. 73. Parma 1081 (*›praeses comitatus‹*) Affò, storia della città di Parma II n. 84. Besonders bezeichnend das Placitum von 1098 oben S. 25 Anm. 7. Zwei Urkunden Arezzo 1109 (Rena-Camici) duchi di Toscana III 4 n. 12 und 14. Streitschrift für Arezzo 1109/25 Troya cod. dipl. longobardo IV n. 660. Fermo 1116 Catalanus eccl. Firmana n. 23. Ueber die Romagna Ficker Forschungen III 110. Für Rom oben S. 49 Anm. 2.

[2] MG. Const. I 75, 76.

[3] Defensio Heinrici IV. Regis c. 6 MG. Libelli I 444, vgl. auch 443.

das besondere Kennzeichen der Bologneser Periode, die sonst noch durch kleinere Schulverschiedenheiten von ihren Vorläufern getrennt war. Es war die Macht der Wahrheit, die dem Siegeszug des römischen Rechts Bahn brach. Man überzeugte sich, dass das römische Recht, dessen Gemeinverbindlichkeit grundsätzlich längst anerkannt war, so beschaffen sei, wie es die Bologneser lehrten, und war man nur erst in der Lage, seine Einwirkungen auf das bestehende Recht im Lande zu übersehen, so zögerte man auch nicht, daraus die Konsequenzen zu ziehen. Die strengen Ansichten über abweichendes Ortsrecht, die man im römischen Recht zu finden glaubte, mochten dabei von besonderem Einfluss sein.

In Bologna wurden gleich zu Anfang des 12. Jahrhunderts die Urkundenformulare dem neuen Recht angepasst,[1] Mitte des Jahrhunderts finden sich dort spezifisch römische Züge.[2] In Padua beispielsweise wird ein Darlehen mit Pfandsicherung 1119 noch als resolutiv bedingter Kauf der Pfandsache gegeben, 1134 ein *mutuum* gegen *pignus*.[3] In Genua ist 1130 das longobardische Recht die *lex*, das römische nur Ortsbrauch, 1162 bestimmt ein kaiserliches Privileg, es seien Streitigkeiten *secundum leges nostras Romanas* und nach Stadtrecht zu entscheiden.[4] Paduaner Urkunden von 1132, 1163, 1181,[5] solche von Pisa aus den Jahren 1171—73[6] zeigen sich völlig durchtränkt von der Art der Bologneser und lesen sich zum Teil wie Ausschnitte aus der nächsten Glossatorenarbeit. Selbst ein Mailänder bäuerliches Weistum von 1170 ruht auf romanistischer Grundlage.[7]

---

[1] Nachweise bei Palmieri, il formularium tabellionum di Irnerio p. LXVI ff.

[2] Erzählung bei Azo apparatus C. 8, 11, 1 (8, 10, 14) n. 2.

[3] Cod. dipl. Padovano II 1 n. 109 und 266.

[4] MHP. VII n. 25 und 236.

[5] Cod. dipl. Pad. II 1 n. 237; II 2 n. 828, 1388—1390.

[6] Bonaini, statuti inediti di Pisa II 40 ff.

[7] Cod. dipl. Laudense II n. 51. — Die Meinung Schröders Rechtsgeschichte 770, dass das wiedergeborene römische Recht im Italien des 12. Jh. ein totes Recht geblieben sei, verträgt sich sonach nicht mit den Thatsachen.

Anerkennung des römischen im longobardischen Recht.

10. Die Stammesrechte traten anfangs selbständig neben das römische Recht. Der Prolog der Lex Baiwariorum erzählt von der Gesetzgebung der römischen Kaiser: *deinde unaquaque gens propriam sibi ex consuetudine elegerunt legem. longa enim consuetudo pro lege habetur.*[1] Das longobardische Recht machte darin keine Ausnahme. Wo das geschriebene Gesetz nicht ausreichte, griff man zum Gewohnheitsrecht. Es war ein geschlossenes Ganzes, das in thesi auf alle Rechtsfragen Antwort bot. Das galt auch für die römischen Sätze, die, mit mancherlei Rechtseinrichtungen verknüpft, in erheblichem Umfang bei den Longobarden Eingang gefunden hatten. Wie es der longobardische Herrschertitel bleibt, auch wenn sich die Könige seit Authari Flavier nennen, so werden die Rechtssätze römischen Ursprungs durch ihre Aufnahme zu longobardischem Recht. Liutprand spricht von einem *cartolas ad legem Langobardorum scribere,* und doch war die Schriftform der Verträge rezipiertes römisches Recht. Noch ein Teil der Papienser steht auf diesem Standpunkt. Eine Glosse zu Roth. 232 erwähnt einen *usus tractus a Romana lege,* nicht anders, als kurz darauf einen solchen *tractus tamen a lege Salica,*[2] und manche Stelle der Expositio zeugt von Kämpfen, bei denen man an einer Auslegung des longobardischen Rechts aus sich heraus hatte festhalten wollen.[3]

Aber je mehr im Lauf der Jahrhunderte die Schöpferkraft des longobardischen Rechts versiegte, um so mehr befestigte sich die Anschauung, das longobardische Recht bestehe in der Summe von Einzelbestimmungen, die bis dahin ihre Ausprägung erhalten hatten. Verglichen mit dem römischen Recht, musste das longobardische nunmehr als dessen Abänderung in bestimmten Punkten erscheinen, und wo eine solche Aenderung

---

[1] MGL. III 257. Hier in ausdrücklicher Abweichung von seiner sonstigen Vorlage, den westgotischen Auszügen aus Isidor.

[2] Aehnlich eine Glosse zu Kar. M. 33. Vgl. dagegen die bezeichnende Umformung dieser Glosse in der Expositio.

[3] Exp. Roth. 359, 4; Ot. I 4, 3; Ot. I 5, 3. Ebenso letzte Formel zu Roth. 232.

nicht getroffen war — da galt eben das römische Recht fort, wie es früher gegolten hatte. Die Expositio zu Roth. 359 handelt in § 4 von dem Reinigungseid des Beklagten: nur da, wo der Eid im Edikt ausdrücklich vorgeschrieben, werde der Zeugenbeweis des Klägers, wie ihn das römische Recht anordnet, ausgeschlossen. *ideoque, quando Rotharis leges componere coepit, qualiter suarum legum placita diffinirentur, non ubique diffinivit, sed secundum legis Romanae diffinitionem dimisit;* man könne nicht einwenden, Rothari habe selbst für die Prozessform seiner Vorschriften gesorgt, gerade so gut könnte man sagen, für die Gesetze der späteren Könige hätten die Prozessvorschriften des Rothari keine Geltung; *quare intelligendum est, ipsos reges suarum legum placita indeterminata relicta iuxta Rotharis dimisisse diffinitionem, et Rotharis secundum Romanae legis diffinitionem suarum legum placita, quae non diffinivit, similiter reliquit.* Das Edikt erscheint als eine Novellensammlung zum römischen Recht für den Machtbereich der longobardischen Könige.[1] Das römische aber war das erdumspannende Recht gewesen, und wo es nicht abgeändert ist, gilt es für die Longobarden so gut wie für alle anderen Völker: es ist die *lex generalis.* Vielfach stellt der Expositor Lücken im longobardischen Recht fest und fährt dann fort: *dicitur quod haec lex nihil inde dicat, eundum est igitur iuxta Romanam legem, quae omnium est generalis,*[2] und schon die Antiqui sind von dieser Auffassung ausgegangen.[3] Zahlreiche Verwendungen des römischen als Subsidiarrechts geben Zeugnis von derselben Anschauung,[4] und

---

[1] Vgl. auch Exp. Roth. 169, 2 und Ast. 13, 1 und schon die Glossen zu Roth. 170 und Kar. M. 33.

[2] Exp. Roth. 1, 4; Roth. 172, 1; Roth. 221, 5; Liut. 86, 6; Wid. 5, 4; Ot. I 4, 3.

[3] Nach Exp. Wid. 5, 4; Ot. I 4, 3. Die Bedenken Fickers, Forschungen III 68 f. gegen die Zuverlässigkeit dieser Mitteilungen scheinen mir nicht begründet.

[4] Sorgfältige Nachweise für die ganze Papienser Litteratur bei Conrat 394 ff. Vgl. schon die Verwendung des Satzes *filii matrem sequuntur* durch die *iudices de palatio* nach der Vorrede der Konzilschlüsse von Pavia 1022 MG. Const. I 72, 74, genau übereinstimmend mit dem, was Exp. Grim. 2, 1 von den *antiquissimi* berichtet.

sie findet ihren schlagenden Ausdruck in der Auslegung, die man seit dem 12. Jahrhundert dem mehrerwähnten Kapitel Kar. M. 143 Lomb. II 56,1 gegeben hat. Eine Glosse des Ms. Flor. 2 erklärt: *de ceteris causis quae in lege Longobardorum expressae non sunt, communi lege vivant id est lege Romana, quae communis est omnibus, et hoc dominus Karolus in hoc edicto per hanc legem adiunxit.*[1] Das römische ist gemeines Recht geworden. Aber noch ist es der Wille des Rothari, der nur diese und nicht andere Bestimmungen zur Abänderung des römischen Rechts getroffen hat, noch ist es die Anordnung Kaiser Karls, die dem römischen Recht fortdauernd Kraft verleiht, noch gilt das longobardische Recht originär, nicht nur gegenüber dem Stadtrecht, sondern auch gegenüber dem römischen Recht.

Zwei Leges nebeneinander.

11. Nun gibt es zwei Leges im Lande. Schon 1116 verspricht der Bischof von Fermo den Leuten des Castellum S. Juliani, wegen ihres Besitzstandes *nullo tempore vobiscum causationem imponere . . neque per capitulum quod in edictis Longobardorum vel in lege Romanorum contineatur.*[2]

Sie werden in ihrem Ineinandergreifen zu Anfang sogar als Einheit behandelt. Der Expositor wendet das Verbot derogierenden Gewohnheitsrechts auf das römische Hilfsrecht so gut an wie auf das longobardische.[3] Und wohl auf beide Rechte bezüglich schreibt Ubertus de Orto in dem späteren Stück II Feud. 1: *strenuus autem legisperitus, sicubi emerserit*

[1] Eine andere Glosse derselben Handschrift sagt ähnlich: *in ceteris vero causis lex communis Romanorum pariter utrosque comprehendat.* So auch Roffredus, libelli IV rubr. de civili actione iniuriarum ex lege Cornelia n. 13: nach longobardischem Recht werden Injurien in den Fällen, von denen die Lombarda handelt, mit festen Bussen bestraft, sonst wie im römischen Recht, *et hoc collige ex Lombarda II 56, 1 (et 2), quia de quibus causis de iure scripto aliquid non cavetur, communi iure id est Romano vivamus.* Vgl. noch Albericus de Rosate C. 6, 59 auth. Itaque.

[2] Catalanus, eccl. Firmana n. 23.

[3] Exp. Roth. 232, 7; Ot. I 3, 15.

quod consuetudine feudi non sit comprehensum, absque calumnia uti poterit lege scripta.[1] Besonders scharf tritt die Zusammenfassung in den tuscischen Städten hervor, die in Gesetzgebung und Rechtsprechung eine weitgehende Scheidung von *Lex* und *Usus* durchführen: zur *Lex* gehören die aufrechterhaltenen Sätze des longobardischen und des römischen Rechts, zum *Usus* das moderne Verkehrsrecht.[2] Und dem entsprechend bezeichnet der Prolog des Pisaner Constitutum Usus von 1160[3] den Rechtszustand „*sub iudicio Legis*" mit *vivendo lege Romana retentis quibusdam de lege Longobarda.*

Hat diese Einheit dem Vordrängen des römischen Rechts nicht standgehalten, so bleiben die beiden Rechte doch noch für geraume Zeit *Leges,* gemeine Rechte, die sich vom Ortsrecht wohl unterscheiden. *Nulla lege Romana vel Lombarda seu consuetudine vel statuto gentis cuiuslibet obviare valente,* verfügen zwei Kaiserurkunden von 1212.[4] Das Mailänder und das Veroneser Stadtrecht verweisen mit den Leges bald auf das eine, bald auf das andere der beiden Rechte,[5] und eine Glosse der Statuten von Novara (1277) hält es für erforderlich, den Textworten „*secundum legem*" beizufügen „*Romanam*".[6] Dies Verhältnis gilt überall dort, wo man zwar theoretisch die Superiorität des römischen Rechts anerkennt, in der Praxis aber an der landesrechtlichen Geltung des longobardischen Rechts festhält. Das ist der Standpunkt der Stadtrechte, die das longobardische als Subsidiarrecht benützen, und in der Litteratur ist eine solche Auffassung etwa aus der Glosse des Jacobus Columbi zu entnehmen.

Aber auch die römische Theorie lässt neben dem eigenen einstweilen das longobardische Recht noch als Lex gelten. Es

---

[1] Ed. Lehmann 115. So auch die Auslegung, die Jac. de Ardizone c. 1 und noch Alvarottus, lectura in usus feudorum (1438) II 1 pr. der Stelle geben.

[2] Longobardisches Recht in dem vorwiegend romanistischen Pisaner Constitutum Legis (ed. Bonaini II) z. B. in c. 29, 31, 38, 39, 49.

[3] Eod. II 813.

[4] Muratori ant. estensi I 396, 397.

[5] S. oben S. 41, 42.

[6] Statuta communitatis Novariae ed. Ceruti 52.

ist eine feine Bemerkung Tamassias,[1] dass der bekannte Schulstreit zwischen Bulgarus und Martinus weniger den Gegensatz von strengem Recht und Billigkeit als die Durchführung reinen römischen Rechts gegenüber einer Mitberücksichtigung des longobardischen zum Inhalt gehabt habe.[2] Und dabei erklärt Bulgarus selbst:[3] *quidam sunt qui . . inferre volunt legem Longobardam non esse legem . . quibus non consentio.* Hugolinus citiert die Lombarda einmal „*in legibus*".[4] Roffredus stellt den *legistae Romani* die *legistae Longobardi* entgegen.[5] Es sind besonders die Kanonisten, die diesen Rechtszustand anerkennen. Für Paucapalea gehören auch die *leges Longobardae* zu den *leges principum,*[6] nach Faventinus bilden das *utrumque ius* die Bestimmungen des römischen und longobardischen Rechts einerseits, die canones auf der andern,[7] bei Petrus Blesensis heisst es einmal:[8] *in his . . et legi Romanae et Lombardae et periculosae consuetudini derogatur per canones.* Und demgemäss hat Hostiensis in einer vielcitierten Stelle ausgesprochen: *et ut breviter comprehendam, in quinquaginta libris Pandectarum, quatuor Institutionum, duodecim Codicis, novem collationibus Authenticorum, Novella, Lombarda et constitutionibus feudorum consistit legalis sapientia.*[9]

Verdrängung des longobardischen Landesrechts.

12. Dies Nebeneinander zweier gemeiner Rechte konnte nicht von Bestand sein. Trafen die beiden Gesetze im einzelnen

---

[1] Atti della dep. di Romagna XII 56.

[2] Eine interessante Bestätigung gibt die ›*ratio bursalis*‹ bei Petrus Jacobi unten S. 66.

[3] Glosse zu C. 1, 14, 3 bei Savigny IV 476.

[4] Summa super usibus feudorum (Anfang des 13. Jh.) tit. I ed. Palmerius, Bibl. iur. med. aevi II 184.

[5] Libelli IV rubr. de act. in factum de his qui deiecerunt vel effuderunt n. 6.

[6] C. 2 q. 4 c. 22 ed. Schulte 60.

[7] C. 14 q. 1 bei Schulte, Wiener SB. LVII 589.

[8] Speculum iuris canonici (um 1180) c. 16 ed. Reimarus 41.

[9] Summa Decretalium prooem. n. 4. Sogar ein westfälischer Schriftsteller des 14. Jh., Hermann von Schildesche, hat den Ausspruch übernommen. Seckel, zur Geschichte der populären Litteratur des römisch-kanonischen Rechts 199.

Fall verschiedene Bestimmungen, so musste notwendig das eine dem andern vorgehen, die originäre Geltung zweier Rechte war unmöglich. War aber die Entscheidung einmal zu Gunsten des römischen Rechts gefallen, so war der Fortgeltung des longobardischen Landesrechts der Boden entzogen. Denn das römische Recht beanspruchte unmittelbare Anwendung und liess daneben nur noch dem Ortsrecht in sehr beschränktem Umfang Raum, und es erstreckte sich nach seinem Inhalt über die meisten Lebensbeziehungen, die rechtlicher Regelung bedurften.

Dass es das römische Recht war, dem schliesslich der Sieg zufiel, konnte nicht zweifelhaft sein. Schon hatte die Anschauung, dass das longobardische Recht nur eine Fortbildung des römischen in bestimmten Punkten darstelle, Bresche gelegt in seine Auffassung als eine einheitliche und ganze Rechtsordnung.[1] Und dass das longobardische unter die Herrschaft des Stadtrechts kam,[2] musste der Strömung, es zum Partikularrecht herunterzudrücken, erheblich Vorschub leisten; denn die Stadtrechte selbst standen als Partikularrechte unter den Beschränkungen des römischen. Vor allem waren es die Schriften der Romanisten, in denen der Feldzug geführt wurde.

Recht ist Vernunft. Manche Einrichtung des longobardischen Rechts konnte der verfeinerten Lebensanschauung des späteren Mittelalters nicht mehr entsprechen, anderes wurde nicht mehr verstanden, und schon die blosse Thatsache eines Abweichens von dem zum Rechtsideal erhobenen Corpus iuris genügte, einen longobardischen Rechtssatz als unvernünftig erscheinen zu lassen. Gottesurteile und Geldbussen für schwere

---

[1] Oben S. 55. Ihren schlagenden Ausdruck findet die Auffassung späterhin in den Differenzensammlungen, die die Abweichungen des longobardischen vom römischen Recht aufzählen. Andreas de Barulo, differentiae inter ius Longobardum et Romanum (nach 1265) prol.: *et quasi superfluum erit in iure Longobardo studere, postquam notaverim casus omnes in quibus dictum ius Longobardum a iure Romano discordat, cum in ceteris aliis tamquam immutatum firmum remaneat ius commune.* Vgl. auch die interessante Aufzählung in den Statuten von Viterbo von 1251 II 11 Cronache e statuti di Viterbo ed. Ciampi 491.

[2] S. oben S. 41.

Verbrechen, Eideshilfe und Geschlechtsvormundschaft und vieles andere erregte den hellen Zorn des echten Romanisten, den die Zähigkeit, mit der sich diese Einrichtungen in der Praxis erhielten, nur um so heftiger entfachen musste. *ferrea ac tenacissima consuetudo* nennt Joannes Bassianus ärgerlich den Brauch der Prozesspfänder,[1] Pillius erklärt die bevorzugte Erbfolge des Mannesstamms für odios,[2] das *odium quartae* spielt im Mailänder Rechtsbuch eine Rolle in bezeichnendem Gegensatz zum römischen *favor dotis.*[3] Roffredus meint die longobardischen Legisten einmal in Schutz nehmen zu müssen: die römischen Legisten sollen sie nicht auslachen, wenn sie einen Erschlagenen in Geld abschätzen, denn das sei doch auch als Strafe und nicht als Wertersatz gemeint;[4] der Zweikampf aber erscheint ihm als eine *impia consuetudo.*[5] Dem Spötter Boncompagno passt die äussere Erscheinung der Lombarda nicht: *posset etiam dici, si natura facultatis grammaticae pateretur, lex siquata, quia fere lex quaelibet inceptionem habet ab hac dictione „si quis“.*[6] Zumal Huguccio, der elegante Grossstädter, der Pisaner, ist auf das Bauernrecht schlecht zu sprechen, es sei *a vulgaribus et laicis rudibus* abgefasst,[7] der lombardischen *faex* gehe die römische *lex* vor. Das Wort war brutal genug, um sein Glück zu machen, und vier Jahrhunderte lang wird es

---

[1] Ordo iudiciarius (1181/91) § 121 edd. Tamassia et Palmerius, Bibl. iur. med. aevi II 223.

[2] Quaestiones sabbatinae (gegen 1180) n. 85.

[3] c. 17 MHP. XVI 895.

[4] Libelli an der oben S. 59 angeführten Stelle.

[5] Libelli canonici VII rubr. quid sit purgatio n. 4. Ebenso Jac. de Ardizone, summa feud. c. 1 — übrigens in Benützung eines Textmissverständnisses.

[6] Rhetorica novissima (1235) lib. I ed. Gaudentius, Bibl. iur. med. aevi II 253.

[7] C. 12 q. 2 c. 8 bei Maassen, Jahrbuch 228[29]; übernommen von Laurentius und dem Archidiacon, rosarium eod. n. 4; Felinus Sandeus, comm. in V libros Decretalium I 3, 2 n. 47 (vor 1498). — Bauernrecht übrigens schon nach Faventinus C. 12 q. 2 c. 8 bei Maassen a. a. O.: *vulgaribus composita verbis et vulgo notata;* übernommen von Huguccio und vielen Späteren. Vgl. auch Odofredus D. 41, 1, 5 § 1 und 15 und D. 41, 1, 55 n. 2.

mit Behagen breitgetreten.[1] Odofredus beeilt sich, von dem *foetidissimum ius Longobardorum* zu sprechen,[2] und einen Nebenbuhler hat das Schlagwort erst erhalten, als man bei Isernia[3] die Wendung *ius asininum* entdeckte. Vernunftwidriges Recht ist kraftlos. Der Brauch der Privatpfändung, meint Hostiensis, ist *irrationabilis* und kann, wenn noch so lange verjährt, nicht gegen das römische Recht aufkommen. Eine Geldbusse für Mord und andere Verbrechen? *dic, non valet,* das hiesse zu ihrer Begehung auffordern.[4]

Recht ist Macht. Woher soll das longobardische Recht seine Kraft schöpfen, da die Longobardenherrschaft doch längst in Trümmer gegangen? Zornig tritt ihm der Verfasser der Questiones de iuris subtilitatibus entgegen:[5] *discreti et loco et imperio populi diverso sub imperio diversa iura sectantur, sicut Athenienses, Lacedaemonii. qui vero nostra loca invadunt, quamdiu possent ipsi iure gentium depelli, tamdiu statuta eorum velut hostium non discutimus. sed si regno eorum, qualecumque fuerit, extincto ipsi nobiscum ducendo invicem seu nubendo coalescunt, quotiens suae gentis vel nomen vel statuta praedicant, non videntur aliud facere nisi vulnus antiqui doloris refricare: statutorum enim vis si qua fuit, una cum suis auctoribus iam tunc expiravit.* Dass die Fortdauer des Königsrechts einer besonderen Begründung bedürfe, begann man nun auch auf lombardistischer Seite zu empfinden. Albertus (prol.) stützt sie auf den Willen Karls des Grossen. Aber freilich, der Wille der alten Kaiser war selbst nahe daran, für wertlos zu gelten.

---

[1] Gleich im 13. Jh. bei Boncompagno a. a. O. mit dem freundlichen Zusatz *quoniam faece turpium vulgarium sordita;* bei Hostiensis u. s. w.

[2] C. 6, 46, 5 pr. — C. 6, 1 auth. Sed novo wird es *ius voluntarium* genannt; ein Willkürrecht?

[3] In usus feudorum comm. (vor 1309) I 10 n. 7; II 57 (58) § si qua investitura n. 2; vgl. auch II 27 § si miles n. 23.

[4] Summa super titulis Decretalium I 4 n. 8; lectura super V libris Decretalium I 4, 11. — Auch Alb. de Rosate, de statutis II q. 102 n. 1 untersucht, ob eine Erbfolge nach Art der longobardischen »giltig« ist. S. überhaupt schon die Lombardaglossen bei Savigny IV 570c, 572g, 573 a.

[5] I n. 15 ed. Fitting 56. Vgl. auch unten S. 143 f.

Rolandinus Passagerii[1] fügt der Erwähnung longobardischen Rechts den Satz bei: *tu autem cum Romae, Romano vivito more.* Und vor allem ist es Baldus, der anknüpfend an eine Stelle des Liber X ausführt: *abolito titulo regis aboletur vigor et titulus suae legis. et ideo leges Longobardorum non sunt in causis allegandae pro legibus, quia gens illa et regnum eorum est abolitum et sublatum et omnia simul corruerunt.*[2] Das stand freilich im Widerspruch mit der Lehre, die sich über das Recht untergegangener Staaten allmählig herausgebildet hatte,[3] und so erheben Felinus und Barbatia Widerspruch: nur das Recht einer Gewaltherrschaft erlösche von selbst wieder, der Einwand des Baldus sei dem longobardischen Recht gegenüber nicht anwendbar.[4] Aber der Angriff hatte bereits seine Schuldigkeit gethan, und er war auch viel zu nützlich, um in der Folge wieder aus der Debatte zu verschwinden.[5]

Aber auch aus seinem letzten Schlupfwinkel bemühte man sich, das longobardische Recht zu vertreiben. Einen Satz *per argumenta* zu begründen, gehörte zum ständigen Rüstzeug der

---

[1] Summa artis notariae (1255) c. 2.

[2] Baldus de Ubaldis († 1400), in Decretalium volumen comm. I 2, 3.

[3] Die ältere Anschauung fand eine Stütze in der streng publizistischen Auffassung vom Wesen des Rechts bei den Glossatoren, und so lässt noch Marinus de Caramanico im Vorwort seiner Glosse zu den Constitutiones Siculae (1265/82) ed. 1771 p. XXXVIII die Geltung des römischen Rechts mit dem Ausscheiden eines Landes aus dem römischen Reich grundsätzlich erlöschen. Anders Andreas de Isernia im Vorwort seiner Vorlesungen über die Konstitutionen (1309/16) eod. p. XXIX: ein solches Land geht samt seinem Recht, wie mit einer Servitut belastet, auf den Nachfolger über. So auch Gulielmus de Cuneo, und Bartolus († 1357) comm. in Digestum Vetus D. 13, 7, 18 § 1 und besonders tract. de fluminibus c. de insula vers. nullius n. 10 hat diese Ansicht unter einigen hier unwesentlichen Einschränkungen zur herrschenden gemacht. Die von Baldus angezogene Dekretale bot keine Veranlassung, davon abzuweichen.

[4] Felinus X I 2, 3 n. 1. Andreas Barbatia, in tit. de constitutionibus comm. (1491) c. 3.

[5] Vgl. die Ausführungen bei Al. Tartagnus, Curtius Junior, Boerius, Diplovatatius u. s. w.

Romanisten. Man verstand darunter die Herleitung eines Rechtssatzes aus analoger Anwendung nicht verbindlicher Quellen, die sich durch gleichartige Voraussetzungen oder überhaupt durch ihre Vernunftmässigkeit empfahlen.[1] Wie das Quellen jeder Art, sogar nichtjuristischen Inhalts sein konnten, so zog man dazu auch aufgehobenes Recht herbei, und die Kanonisten des 13. Jahrhunderts sagen von solchem: *ratio eius durat, licet ius civile destruatur.*[2] Die älteren Romanisten benützen denn auch das longobardische Recht in erheblichem Umfang zu Argumenten. Andreas de Isernia[3] erklärt es für unverbindlich und fügt bei: *ratio autem legis cuiuscunque sit allegari potest . . quia et legis abrogatae ratio remanet.* Und so bemerkt auch Baldus zu der oben erwähnten Stelle, dass das longobardische Recht erloschen sei: *ex naturali ratione* könne es immer noch allegiert werden.[4] Aber freilich, auf den Gesetzesinhalt, der unmittelbar Gegenstand der Aufhebung gewesen war, durfte man dabei nicht mehr zurückgreifen. In diesem Sinn heisst es wohl bei Accursius, *non esse trahendum argumentum ex legibus abrogatis,*[5] und Bartolus[6] bestimmt dies mit Rücksicht auf die formale Geltung des Corpus iuris näher: aufgehobene Gesetze, die im Corpus iuris stehen, bleiben allegabel, andere nicht. Aber diese Unterscheidung hat man weder theoretisch klargestellt noch praktisch durchgeführt. Gerade beim longobardischen Recht ist die argumentweise Benützung zuweilen so weit gegangen, dass sie von seiner Anwendung als unmittelbar verbindliches Recht

---

[1] Litteratur: Accursius D. 36, 1, 76 (74) i. f. Aeliae Sentiae. Jac. de Ardizone, summa feud. c. 1. Joannes Blanchus, epitome iuris feudorum (nach 1250) lib. IV c. 1 n. 157. Jacobus de Belvisio, apparatus in usus feudorum (um 1310) II F. 1.

[2] Bern. Parmensis gl. ord., Innocentius, comm. super libros V Decretalium (1245), Hostiensis apparatus zu X II 1, 13.

[3] Comm. feud. praeludia n. 37.

[4] So auch Paris a Puteo († 1493), de re militari rubr. 2 n. 6: für das Kriegsrecht sei auch das longobardische Recht wichtig, *si non pro auctoritate, saltem pro ratione.* Uebernommen von Jac. de Castillo, de duello (16. Jh.) n. 52.

[5] De Justiniano Codice confirmando, necesse; C. 7, 6, 1 imaginem.

[6] Comm. in Infortiatum D. 37, 8 (9) 1 pr.

kaum mehr zu unterscheiden war. Und eine schwankende Vorstellung, dass dem longobardischen Recht auch nach seiner Aufhebung noch eine besonders zu berücksichtigende Autorität innewohne, hat sich dem zugesellt.[1] Darum setzen auch hier die Angriffe ein. *Longobarda non est lex nec ratio, sed est quoddam ius quod faciebant reges per se*, erklärt Odofredus,[2] ein Satz, der von Baldus,[3] und aus diesem von vielen Neueren übernommen worden ist. Und gegen Isernia wendet sich Alvarottus:[4] die ratio des longobardischen Rechts dürfe man nicht anführen, schon Nikolaus von Neapel habe (im Anschluss an Bartolus) gezeigt, dass aufgehobenes Recht ausserhalb des Corpus iuris nicht angerufen werden könne. Auch dieser Einwand ist communis opinio geworden.[5]

Und endlich berief man sich auf desuetudo. *Praeterea leges Longobardorum per desuetudinem abrogatae sunt et ideo pro legibus non sunt servandae ut in prooemio Inst. § 5 et D. 1, 3, 32*, heisst es bei Belvisio,[6] *recessit ab aula*, schreibt Baldus[7] und nach ihm alle die Neueren.

Der Sieg des römischen Rechts. Das longobardische als Ortsrecht.

13. So war das Ziel erreicht. Das longobardische Recht hatte aufgehört, gemeines Recht zu sein. Schon in den Urkunden des 12. Jahrhunderts beginnt man aus dem sonst unveränderten longobardischen Formular das Wort „*lex*" zu streichen.[8] Eine *lex invalida* nennt es Bartholomaeus

---

[1] Vgl. etwa Baldus II Feud. 27 § Federicus n. 19 und besonders Paris a Puteo und Jac. de Castillo a. a. O.

[2] C. 5, 3 auth. Dos data n. 1.

[3] In IV. et V. Codicis librum praelectiones eod. n. 3. Und das trotz der gegenteiligen Ausführung X I 2, 3.

[4] Lectura in usus feudorum (1438) prooem. vers. Quaero quarto n. 15.

[5] Besonders betont von Barbatia, in tit. de constitutionibus c. 3.

[6] App. feud. II 53 § 2. Darnach bei Baldus, consilium bei Pertile V 41[15] (dort aus Ziletti cons. criminalia; in den allgemeinen Sammlungen des Baldus nicht enthalten).

[7] C. 5, 3 auth. Dos data n. 3.

[8] Kirchliche Tauschverträge Lodi 1186 einerseits, 1192 andererseits. Cod. dipl. Laudense II n. 115, 167.

Brixiensis,[1] *nec lex nec ratio* Odofredus,[2] der longobardischen *faex* stellt Hostiensis die *lex Romana* gegenüber, *quam sequimur.*[3] So ist es heruntergesunken zur blossen consuetudo. Petrus Jacobi schliesst seine Erörterungen über den Zweikampf: *nunc cum satis vel forte nimis locutus sum, dicerem quod legista non intromitteret se de duello quantumcunque fulgeret scientia, quia tales causae non consueverunt tractari per iurisperitos sed per consuetudinarios, qui quadam sua ratione bursali et non legali et suis formulis quibusdam et suo pulchriloquio limitata verba sua fulcire conantur, quae non cadunt in iurista.*[4] Es erscheint als ein Partikularrecht im Sinn von D. 1, 1, 9[5] und wird darnach den Beschränkungen des römischen Rechts unterworfen: man prüft, ob seine einzelnen Bestimmungen überhaupt giltig,[6] es wird seine analoge Anwendung ausgeschlossen.[7] Und schon früh hat man das entscheidende Wort ausgesprochen: das longobardische Recht kann nur als Ortsrecht Geltung haben. Schon Stephanus hatte zur Anrufung eines Kapitulars im Dekret bemerkt: *non multum roborat legem ipsam, cum nec ipsa capitularia Caroli i. e. Lombarda nisi localiter observentur,*[8] und ihm folgend andere Kanonisten.[9] Späterhin ist es vornehmlich Baldus, der den Gedanken scharf formuliert: *de isto iure non est curandum, nisi ubi illa*

---

[1] Casus zu C. 11 q. 1 c. 35. Uebernommen vom Archidiacon und J. A. de S. Georgio eod.

[2] S. oben S. 65.

[3] Apparatus X I 18, 8.

[4] Practica libellorum (1311) rubr. 98 n. 48. Vgl. auch Barth. Caepola († 1477) repetitio in auth. Sed novo iure (Repetitiones Lugd. 1553 VIII) n. 21. Schon die ordentliche Glosse X I 18, 8 spricht von der *Lombarda consuetudo.*

[5] Blasius de Morcono, de differentiis inter ius Longobardum et Romanum (um 1335) praef. Zeitschrift der Savignystiftung für Rechtsgeschichte germ. Abt. XX 267. Alvarottus II Feud. 1 pr. und darnach Spätere. Caepola a. a. O. n. 22. Vgl. auch schon Belvisio II Feud. 1.

[6] S. oben S. 62 Anm. 4.

[7] Baldus, consilia pars I cons. 115 Proponitur.

[8] Summa C. 11 q. 1 dict. ad c. 36 ed. Schulte 213.

[9] Faventinus eod. bei Maassen Jahrbuch II 225. Summa Lipsiensis eod. Ms. f. 146b.

lege utuntur secundum consuetudinem loci; hoc iure utuntur in multis locis per statuta locorum: est sicut lex municipalis et non habet auctoritatem legis generalis; locale est et solum in Lombardia viget.[1] Und die Anschauung ist massgebend geblieben.[2]

Bedenken.
Insbesondere die Kaisergesetze.

14. Dass die Glossen des Corpus iuris das longobardische Recht so vielfach benützten, machte den Späteren bei der gesetzesgleichen Autorität der Glosse allerdings Bedenken, und in den zum gemeinen Recht erhobenen Lehensbüchern fand sich longobardisches Recht sogar im Text angeführt. Aber man behauptete frischweg, das sei nicht *pro decisione* geschehen, sondern nur, *ut ostendantur varietates consuetudinum,*[3] und nur unter etwa die Stellen, die in gemeinrechtlichen Texten unmittelbar sanktioniert seien, sollten *pro generalibus* allegiert werden dürfen.[4] Darüber aber, dass das longobardische Recht

[1] C. 5, 4, 11; C. 8, 55 (56), 6 n. 1; Consilia I 115; I Feud. 1 § Et quia n. 14. Vgl. auch die oben S. 63 citierte Stelle: das longobardische Recht ist mit der Herrschaft der Könige erloschen, *et si aliquando illae leges allegantur, hoc procedit vel ex consuetudine vel ex naturali ratione.*

[2] Hervorzuheben I. A. de S. Georgio, comm. super usibus feudorum (1470/80), praeludia vers. Quaero quarto. Vgl. auch Barbatia in tit. de constit. c. 3. — Wenn die Quellen das longobardische zum blossen Ortsrecht erklären, während andere zur selben Zeit an seiner Geltung als Landesrecht festhalten (vgl. oben S. 58), so betrachten es die ersten von aussen her als das nur da und dort in Geltung verbliebene Recht, die zweiten von innen her als das unmittelbar anwendbare Recht, ohne Rücksicht, ob seine Geltung anderwärts beschränkt worden ist.

[3] Alvarottus lect. feud. prooem. vers. Quaero quarto n. 16. Caepola rep. Sed novo iure n. 23. Darnach I. A. de S. Georgio, Curtius, Diplovatatius. — Die Verweisung in II Feud. 1 versuchte man auch historisch zu erklären: bei Abfassung des Buches hätten noch die longobardischen Könige geherrscht; andere bezogen sie auf das allgemeingiltige Kaiserrecht. Vgl. Fr. Curtius Iunior († 1533) tract. feudorum p. I c. 6 n. 4 und den dort angeführten Martinus Laudensis.

[4] Caepola a. a. O. und darnach die Späteren.

auch von den canones approbiert sei, half man sich mit dem Satz weg, das sei nur erfolgt, so weit daraus der Kirche ein Nutzen erwachse.[1]

Aber ein anderer Zweifel drohte das ganze Gebäude zu stürzen: Dass die Lombarda zum Teil aus Kaisergesetzen bestand, hatte man nie völlig vergessen. Gerade die Romanisten aber lehrten, dass die deutschen Kaiser Erben der römischen geworden und wie diese befugt seien, gesamtverbindliche Gesetze zu erlassen. Hatten sich die Glossatoren über diese Bedenken zu Anfang entschlossen hinweggesetzt und damit die gemeinrechtliche Geltung des älteren Kaiserrechts praktisch beseitigt,[2] so wollten die Zweifel doch nicht zur Ruhe kommen. Von Lomb. II 14, 30 Henr. I 1 behauptete Ubertus de Bobbio († vor 1245), dass es als Kaisergesetz die Vorschriften von C. 6, 18, 1 abändere. *et sic nota*, bemerkt Petrus de Sampsone, der dies berichtet.[3] Hostiensis freilich, der dieselbe Nachricht bringt, fügt bei: *sed contraria est consuetudo*.[4] Besonders folgenreich aber war eine Frage, die Jacobus Columbi in der Glosse zu II Feud. 53 aufwarf:[5] Der Text, ein Gesetz Barbarossas, verlangte, der Diebstahl solle *legitime* bestraft werden. War mit diesen *leges* das römische oder longobardische Recht oder etwa der Landfriede II Feud. 27 gemeint? Das longobardische Recht nicht, antwortet der Glossator; als römischer Kaiser habe Barbarossa doch an das römische Recht gedacht. *sed tamen instabis, nonne et Carolus fuit imperator qui illam legem Si quis latro (75) condidit quae est in Lombarda*

[1] Hostiensis, apparatus III 26, 16. Joannes Andreae, Novella in Decretales (nach 1321) III 26, 16 n. 34. Ant. de Butrio († 1408) comm. in Decretales III 26, 16 n. 52 u. s. w. — In Wirklichkeit bedeutete die Aufnahme eines Satzes in das Dekret noch nicht dessen Erhebung zu verbindlichem Recht, und sonstige Bezugnahmen der canones auf das longobardische Recht hatten natürlich zur Voraussetzung, dass es ohnehin als örtliches Recht galt.

[2] S. oben S. 38.

[3] Summa Decretalium (gegen 1260) III 26, 16 bei Schulte Wiener SB. LXVIII 85.

[4] Apparatus X III 26, 16 v° iure Lombardo.

[5] Glosse (gegen 1240) v° legitime puniatur ed. Mincuccius, de feudis. Uebernommen von Accursius eod.

de furtis et servis fugacibus. (I 25)? Vielleicht war er zwar Kaiser, aber doch kein römischer. Oder er war überhaupt nicht Kaiser, sondern nur König der Franken und Longobarden . . *vel dicas quod stetit rex per multos annos Franciae et Lombardiae antequam Romanum imperium haberet, et tunc fecit legem praedictam* . . Damit hatte unser Glossator zufällig wirklich recht, das citierte Kapitular stammt von 779. Und wenn er sich trotz mancher Bedenken schliesslich für den Landfrieden Barbarossas entscheidet, so beweist das, dass er den Kaisergesetzen grundsätzlich die Wirksamkeit des römischen Rechts zuschreibt. Die Glosse hat die Runde gemacht, Gandinus, Isernia, Belvisio, Baldus und Alvarottus wiederholen sie mit nebensächlichen Abweichungen,[1] und sie mag Isernia den Anstoss gegeben haben, die Frage in ihrer ganzen Tragweite aufzuwerfen: *an leges Longobardae servabuntur ab omnibus gentibus? et quidem de legibus imperatorum Lotharii, Caroli, Ludovici et aliorum idem quod supra dictum,* sie binden, wie das römische Recht, alle Glieder des Reiches. *Luprandus et Rotharis non inveniuntur fuisse imperatores in chronicis . . forte fuerunt reges Longobardiae et sic regno suo tantum potuerunt leges condere C. 1, 1, 1.*[2] Diese Lehre hat die spätere Theorie entscheidend beeinflusst. Zwar fehlt es nicht an Widerspruch. Hatte schon Hostiensis gegen die Fortgeltung des Erbfolgegesetzes Kaiser Heinrichs desuetudo eingewendet, Jacobus Columbi bezüglich des Landfriedens Barbarossas den gleichen Vorbehalt gemacht, so erklären nun auch Belvisio und Baldus in ihrer Erörterung der Diebstahlsstrafe nach II Feud. 53 die longobardischen Gesetze mitsamt den Kapitularien für gewohnheitsrechtlich aufgehoben. Und Caepola greift auf Gründe zurück, wie sie schon Kar. de Tocco gebracht hatte: *leges Longobardorum non sunt generales, quod patet a nomine ipsarum . . nam appellantur leges Lombardorum, ergo non sunt aliorum. et sic patet quod constat etiam de mente imperatorum statuentium, qui*

---

[1] Gandinus, de maleficiis (1299) rubr. de furibus et latronibus n. 10; Baldus in dem S. 65 Anm. 6 citierten consilium; die anderen zu II Feud. 53.

[2] Comm. feud. praeludia n. 37.

voluerunt quod non ligarent nisi homines de Lombardia.[1] Aber die grosse Mehrzahl der Schriftsteller folgte Isernia.[2] Und ihren äusseren Ausdruck fand diese Anschauung, als in zahlreiche Corpus iuris-Ausgaben seit 1562 mit dem Lehenrecht und anderen Kaisergesetzen auch die Lombarda aufgenommen wurde.

Der Untergang des longobardischen Rechts.

15. Der Streit der Romanisten hatte sich von dem Boden gelöst, auf dem sich die Frage nach der Geltung des longobardischen als Landesrechts in der Praxis bewegte. Bei den Zweifeln über seine Geltung als Kaiserrecht, auch schon bei den Bedenken über seine Sanktionierung durch Quellen des gemeinen Rechts, hatte es sich darum gehandelt, ob das longobardische, wie einst die Kapitularien, überall als verbindliches Recht angesprochen werden könne, auch in Rom und Ravenna und in allen anderen Gebieten; in der Praxis war seine landesrechtliche Geltung stets nur innerhalb örtlich bestimmter Grenzen in Frage. Und wenn die Juristen seine Gemeinverbindlichkeit verneinen: es gelte nur, wo die Könige geherrscht haben, nur in den Schranken von D. 2, 1, 20 und C. 1, 1, 1,[3] so war seine Geltung als Landesrecht damit vereinbar. Aber eben

---

[1] Rep. Sed novo iure n. 22.

[2] Alvarottus a. a. O.; Al. Tartagnus († 1477) super prima Infortiati D. 29, 2, 20 § fin. n. 9; J. A. de S. Georgio a. a. O.; J. B. de S. Blasio, rep. in primam rubricam Decreti (1480) vers. Decimosexto quaero; Felinus X I 3, 2 n. 47; Jason († 1519) in secundam Codicis partem comm. C. 6, 42 auth. Hoc amplius n. 12; Boerius in der Vorrede seiner Lombardaausgabe 1512 f. 5 b; Maranta († 1530), disputationes II n. 41; Fr. Curtius Junior a. a. O. Vgl. auch Diplovatatius, de praestantia doctorum (um 1511) ed. Pescatore 99; J. Th. de Marinis, de generibus et qualitate feudorum (1565) tit. XIV n. 14; Intrigliolus, de feudis (vor 1596) q. 6.

[3] Isernia a. a. O. Bonifacius de Vitalinis, tract. de maleficiis (1340/50) rubr. quibus de causis quis possit ad mortem condemnari n. 2 und rubr. de furtis n. 11. Al. Tartagnus a. a. O. Caepola rep. Sed novo iure n. 22. Vgl. auch Baldus I Feud. 1; Ant. de Butrio X I 2 super rubr. n. 9; Paris a Puteo, de re militari rubr. 2 n. 6; Jac. de Castillo, de duello n. 52.

hiegegen hatten sich die Angriffe der Juristen gerichtet, die näher auf die Sache eingingen. Und ein gefährlicherer Feind ist seiner allgemeinen und seiner beschränkten Geltung erwachsen in der Vergessenheit, der das longobardische Recht im Lauf der Jahrhunderte anheimfiel.

Was sich in ihm lebensfähig erhielt, das wurde von den Stadtrechten aufgesaugt. Wo ein Satz mit Berufung auf das longobardische Recht übernommen worden war, da wird nun die Beziehung auf die Quelle gestrichen,[1] und eine Reihe von Städten hat die Lombarda Ende des 14. Jahrhunderts formell ausser Kraft gesetzt.[2] Ist es nicht mehr unmittelbar geltendes Recht, so kann es auch nicht mehr zur Auslegung der Stadtrechte benützt werden, auch dort nicht, wo diese auf longobardischer Grundlage aufgebaut waren.[3] *Ultra Padum servatur ius Lombardorum, et in Tuscia servatur ius Lombardorum,* heisst es noch bei Odofredus;[4] bei Baldus[5] ist schon die Rede von der *lex Lombardorum, quae olim multum viguit in Lombardia et Tuscia Longobardorum.* Es ist nicht möglich, das Verschwinden des longobardischen Rechts aus der Praxis hier anders als in solchen Einzelzügen von allgemeinerer Bedeutung zu verfolgen.

Einen sicheren Anhaltspunkt aber für das Mass, in dem es den Augen der Zeitgenossen entschwindet, bietet der Umfang, in dem ihm die Litteratur Beachtung zuwendet. Ein Ueberblick über die Kenntnis des longobardischen Rechts bei den Romanisten — den Trägern der Anfänge der Statutenkollision — mag das Kapitel beschliessen.

Das Verschwinden des longobardischen Rechts aus der Litteratur.

16. Ihre praktische Thätigkeit als Richter und als Gutachter hat die älteren Legisten mit dem longobardischen Recht

---

[1] So die Statuten von Brescia III 282 in der Redaktion von 1355 ed. Lattes 427 verglichen mit derjenigen von 1313 MHP. XVI 1795.

[2] S. oben S. 43.

[3] Bejahend noch Angelus de Ubaldis. Nein nach Baldus, Jo. de Imola, Lud. Romanus, Al. Tartagnus. Vgl. unten S. 74.

[4] C. 3, 18, 1 n. 2.

[5] II Feud. 27 § Federicus n. 19.

vielfältig in Berührung gebracht, und eine Reihe namhafter Bologneser — Walfredus, Ugo, Kar. de Tocco, Roffredus — hat sich mit dem longobardischen wie mit dem römischen Recht wissenschaftlich beschäftigt. Das Mass der Beachtung, das sie in ihren Schriften römischen Rechts dem longobardischen schenken, ist verschieden.[1] Irnerius, der noch in den Zeiten des Kampfes schreibt, zeigt das offensichtliche Bestreben, seine Werke von fremden Bestandteilen frei zu halten, doch ist seine Kenntnis longobardischen Rechts aus ihnen ersichtlich.[2] Auch Bulgarus und seine Schüler scheinen sich in der Benützung des longobardischen Rechts zurückgehalten zu haben[3] im Gegensatz zu Martinus[4] und den anderen mehr der Praxis zugewandten Juristen wie Pillius.[5] Auch in den Dissensionensammlungen, bei Rolandus de Lucca und Hugolinus finden sich gelegentlich Citate, und Azo, der Richtung des Bulgarus angehörig, verweist mehrfach auf das longobardische Recht. Eine beträchtliche Kenntnis dieses Rechts in allen seinen Teilen zeigt — für sich und

---

[1] Die vorbolognesische Litteratur zeigt sich vom longobardischen Recht mehrfach beeinflusst: Kölner Julianglosse c. 118 bei Conrat 598[3]. Tübinger Rechtsbuch ed. Conrat, Bull. dell'Ist. di dir. romano III c. 27, 31, 47 (Petrus III 47, 45; IV 42). Brachylogus IV 4 n. 18.

[2] Glossen zu D. 11, 5, 5 bei Besta, Irnerio I 110[1]; zu C. 3, 12, 8 bei Pescatore, die Glossen des Irnerius 59[1]. Die Angabe von Besta I 107, dass die y-ähnlichen Zeichen der Handschrift 210 der Marciana (unseres Ms. Ven.) nicht auf Irnerius gehen, kann ich aus eigener Einsicht bestätigen, und dasselbe gilt von gleichartigen Figuren des Ms. Flor 2. Ob es mit den von Gaudenzi gefundenen Irneriusglossen (Patetta, Bull. dell'Ist. di dir. rom. VIII 102[1]) eine andere Bewandtnis hat, lässt sich mangels näherer Angaben nicht feststellen. Die Zuteilung der Summa legis Longobardorum an Irnerius wird sich nicht halten lassen.

[3] S. aber auch die Glosse bei Savigny IV 476.

[4] S. oben S. 59. Auch Accursius C. 2, 58 (59), 2 remitti.

[5] Angaben des Diplovatatius bei Savigny IV 333[m]; de ordine iudiciorum III 8 ed. Bergmann 62. — Nach Conrat 479[5] führt auch Placentinus die Lombarda in seiner Summa Codicis öfter an. Mir ist dort kein Citat begegnet, und jedenfalls sind an den Stellen keine Verweisungen vorhanden, an denen die Codexglosse des Accursius solche hat.

seine Vorgänger — Accursius. Ich habe in seinem Apparat (mit Ausschluss desjenigen zum Lehenrecht) 24 Glossen gesammelt, die auf 31 longobardische leges verweisen. Auch Roffredus macht von ihnen in den Libelli reichlichen Gebrauch, Ubertus de Bobbio, Jacobus de Ardizone, Martinus de Fano nehmen darauf Rücksicht. Und welchen Umfang die quellenmässige Kenntnis des longobardischen Rechts zu dieser Zeit noch erreicht hat, beweist die kleine Summula de tabulariis, die sich in der sog. Summa Azonis befindet.[1] Selbst Nichtjuristen wie Boncompagno ist die Lombarda damals noch durch die Hand gegangen. Wichtig für die Beurteilung der Lage des longobardischen Rechts ist Odofredus. In seinen Vorlesungen sind es vornehmlich die an die Erwähnung longobardischer Rechtssätze geknüpften Urteile, die von Belang sind, während in den kleineren Schriften die unmittelbare Benützung in den Vordergrund tritt. Des Odofredus Sohn Albertus hat 1299 Testament gemacht, worin er dem Erben unter anderem eine Lombarda vermacht, die er ihm schon vorher »zum Gebrauch« überlassen hatte.[2] Ziemlich häufig sind die Citate, die sich zur selben Zeit im Strafrecht des Gandinus finden, wie auch Bonifacius de Vitalinis einige Anführungen beibringt. Und selbst bei Ausländern finden sich bisweilen bemerkenswerte Kenntnisse, bei dem Franzosen Petrus Jacobi und in der Stendaler Sachsenspiegelglosse. Der letzte aber, der dem longobardischen Recht Sorgfalt und Verständnis entgegenbringt, ist Albericus de Rosate; seine Erörterungen kennen den Text und verwerten die Glosse.

Doch schon im 13. Jahrhundert beginnt seine Vernachlässigung. Spärlich benützt von Jacobus de Arena, scheint es von Galeota und Joannes de Deo, von Durantis und Dinus mit Stillschweigen übergangen zu werden. Martinus Sillimani und Cinus haben in ihrer Bibliothek[3] kein Exemplar der Lombarda besessen. Und so ist auch Bartolus, soviel

[1] In den Tres Libri hinter der Summula de decurionibus des Jac. de Ardizone.
[2] Savigny III 603.
[3] Savigny III 603 f.

ich sehe, nirgends auf das longobardische Recht eingegangen. Erst Baldus wendet ihm wieder grössere Aufmerksamkeit zu. Aber es sind die allgemeinen Erörterungen über seine Giltigkeit, die diesen Ausführungen Interesse verleihen; was Baldus an inhaltlichen Angaben über das longobardische Recht bringt, ist wohl durchaus aus Zwischenquellen übernommen. Die Litteratur der Folgezeit zehrt im wesentlichen von Baldus. Es sind nur mehr einzelne Fragen, deren Erörterung sich bei den Schriftstellern forterbt, und die dadurch zu einer Erwähnung des longobardischen Rechts führen. So hatte man in der Lehensglosse gelesen, dass die Tochter des Erschlagenen, weil nicht fehdefähig, nach der Lombarda keinen Anspruch auf die Todschlagsbusse habe, und fragte sich, ob das zur Auslegung von Stadtrechten benützt werden könne, die der Verzeihung des Erben Bedeutung einräumen, wenn eine Frau Erbe ist: Baldus und sein Bruder Angelus († 1407), Joannes de Imola († 1436), Lud. Romanus († 1439) und Al. Tartagnus beschäftigen sich mit der Frage.[1] Tartagnus kommt dabei grundsätzlich auf die Geltung der Lombarda zu sprechen, er handelt von der Unterscheidung in Königsrecht und Kaiserrecht und macht das bezeichnende Geständnis: *vidi illud ius Longobardorum, tamen non sum memor, an ex inspicione appareat quae fuerint edicta ab imperatoribus et quae a regibus.* Bezeichnend ist auch die Auslegung des Statuts von Florenz, das den Frauen Muntwälte vorschreibt, durch Corneus († 1492): noch Baldus hatte mit Bezug auf eben dies Statut erklärt, *Florentiae observatur ius Longobardorum;*[2] Corneus[3] erörtert das Gesetz, als hätte es nie ein longobardisches Recht gegeben. Und so sind aus der grossen Zahl der Legisten nur mehr die ausführlichen Erörterungen über Geltung des longobardischen Rechts von Caepola, die kürzeren von Bertachinus und Jason zu erwähnen, denen im 16. Jahrhundert die umfassenden Materialiensammlungen von Boerius und Diplovatatius folgen.

---

[1] Baldus I Feud. 1 und D. 29, 2, 20; die anderen an der letzteren Stelle.

[2] C. 8, 55 (56), 6 n. 2.

[3] Consilia vol. I cons. 254.

Die Kanonisten bis Gratian stehen unter fränkischem Einfluss. Nur vereinzelt berühren sie das Landesrecht,[1] und wo sie Kapitularien herbeiziehen, citieren sie nicht aus dem Liber Papiensis.[2] Das gilt insbesondere auch für Gratian selbst.[3] Seit Gratian aber hat die Kanonistik in Bologna ihre Heimat gefunden, und nun beginnt der Einfluss des longobardischen Rechts zu wirken, noch stärker als bei den Legisten, die der Kampf um den Vorrang des römischen Rechts zur Zurückhaltung veranlasste. Zahlreich werden dem Dekret longobardische Parallelstellen beigeschrieben,[4] und seit Paucapalea[5] beginnen auch die Bearbeitungen des Dekrets, das longobardische Recht herbeizuziehen. Durch selbständige Verwendung zeichnen sich dabei Rufinus[6] und besonders Stephanus aus, der die Entlehnung eines Textes aus dem Edikt nachweist und bei einer andern angeblich aus der Lombarda entnommenen Stelle zeigt, dass sie dort gar nicht enthalten ist;[7] weiter sind die Göttinger Summe,[8] sowie Simon de

---

[1] Kanonensammlung des Cod. Vat. 1339 10. Jahrhundert nach Theiner, disquisitiones criticae in praecipuas canonum et decretalium collectiones; Conrat 217[4]. Vgl. auch den Brief Attos von Vercelli und den Papstbrief von angeblich 998 oben S. 24 f.

[2] Bonizo, ad amicum (1085) lib. III; Deusdedit, libellus contra invasores (1097) c. 2, 7; Placidus von Nonantula, liber de honore ecclesiae (1111) c. 63. MG. Libelli I 578, II 343, 360, 595. Hieher wohl auch die Invectiva in Romam (um 914) ed. Dümmler, gesta Berengarii Imperatoris 138.

[3] Nachweis der im Dekret benutzten Kapitularien bei Friedberg, corp. iur. can. I col. XL f.

[4] Ueber Handschriften dieser Art s. Maassen, Jahrbuch II 223[10]; Schulte, Denkschriften der Wiener Akademie phil.-hist. Kl. XXI 33 und Geschichte der Quellen und Litteratur des kanonischen Rechts I 107[1].

[5] Summa C. 2 q. 4 c. 22; C. 27 q. 2 c. 10 ed. Schulte 60, 115. — Nichts einschlägiges bringt die Summa des Rolandus.

[6] Summa C. 2 q. 3 c. 8; C. 29 q. 2 c. 7; C. 32 q. 4 c. 15 ed. Schulte 217, 404, 425.

[7] Summa C. 12 q. 2 c. 8; C. 11 q. 1 c. 36 ed. Schulte 215, 213.

[8] Dist. 10 c. 9; dist. 28 c. 5 bei Schulte, Summa Rufini p. LV und Geschichte der Quellen u. s. w. I 107[1].

Bisiniano zu nennen.[1] Häufig kommen aber auch alle die anderen auf das longobardische Recht zu sprechen, die Summa Parisiensis, Faventinus, Sicardus, die Summa Lipsiensis, Huguccio, der als persönliche Note eine lebhafte Abneigung gegen dies Recht beibringt, Joannes Teutonicus und Bartholomaeus Brixiensis.[2] Sie schöpfen im wesentlichen aus ihren Vorgängern, und man kann fast jede neu auftauchende Bemerkung durch die ganze Litteratur zum Dekret verfolgen.[3] Darum begegnen solche Aeusserungen auch noch viel später bei Dekretisten wie dem Archidiacon und J. A. de S. Georgio. Von ihrer Quellenkenntnis erweckt es freilich eine wenig günstige Vorstellung, wenn Aussprüche der Kapitularien und anderer nichtrömischer Quellen ohne weiters der Lombarda zugeschrieben werden.[4]

Ein völlig anderes Bild bieten die Arbeiten über die Dekretalen. Ohne unmittelbare Vorlagen, die in die ältere Zeit zurückreichen, bringt die Litteratur nur da und dort, wo Beziehungen zum Dekret bestehen, die von jenem bekannten Verweisungen,[5] und selbst Stellen solcher Art, wie X II 1, 13, werden mit Stillschweigen übergangen, obwohl sie zu einer

---

[1] Summa (1174/79) C. 12 q. 2 c. 10; C. 22 q. 5 c. 14, wo eine Uebereinstimmung mit der Lombarda festgestellt wird; C. 33 q. 2 c. 6 Handschrift der k. Bibliothek Bamberg D II 20 p. 50, 76, 92.

[2] Aus der nicht dem Dekret zugewendeten Litteratur vgl. etwa Petrus Blesensis speculum c. 16 ed. Reimarus 41. Bernardus Papiensis, summa Decretalium (1191/98) V 12 § 2.

[3] Nur für wenige Verweisungen auf die Lombarda ist mir die Quelle nicht bekannt geworden. So für Faventinus C. 14 q. 1; Huguccio C. 17 q. 4 c. 27 und C. 29 q. 2 c. 7; Bern. Papiensis summa V 12 § 2. Aber sie sind von diesen Schriftstellern gewiss nicht selbständig gefunden. Darnach sind auch die Angaben von Maassen Jahrbuch II 223 und Schulte Wiener SB. LXIV 125 und LXVIII 48 zu berichtigen. Ein Echo des Liber Papiensis klingt bei Faventinus und seinen Nachmännern wider, wenn sie C. 11 q. 1 c. 36 berichten: *de Gallica et Lombarda (pandecta) compilatus est liber iste qui dicitur Lombarda.* Maassen Jahrbuch II 225.

[4] Wegen der Kapitularien vgl. oben S. 36. Die Anführungen in C. 12 q. 2 c. 7 und 10 seit Huguccio.

[5] Zu X I 18, 8; V 37, 2. V 35, 2 nach Bern. Papiensis. Dazu einige landläufige Aeusserungen über den Zweikampf III 20 und V 14.

Auseinandersetzung mit den Dekretisten geradezu herausfordern. Nur ein Kapitel hält das Interesse lebendig, die Dekretale Raynutius X III 26, 16, die mit Rücksicht auf das Ortsrecht der Parteien eine Reihe longobardischer Sätze zur Anwendung bringt und damit den Kanonisten für Jahrhunderte hinaus zu raten gibt. Hat man einige dieser Beziehungen noch im 13. Jahrhundert richtig erfasst, so zeigen doch die Sätze, die man alle bei Erklärung der dort vorkommenden tertia der Lombarda zugemutet hat, dass diese Quelle den Juristen sehr fern gerückt ist. Mehr als seine Zeitgenossen geht Hostiensis auf das longobardische Recht ein; vielleicht besitzt er eigene Quellenkenntnis, jedenfalls einiges Verständnis, wenn er ihm auch innerlich unfreundlich gegenübersteht. Verständig schreibt auch Petrus de Sampsone.[1] Wo sonst vor und nach ihnen longobardisches Recht herbeigezogen wird, von Bernardus Parmensis, Innocenz, Abbas Antiquus,[2] von Joannes Andreae, Antonius de Butrio, Panormitanus oder Barbatia, da handelt es sich um durchaus unselbständige, zum Teil sehr minderwertige Auseinandersetzungen. Joannes de Lignano hat, veranlasst durch Stoff und Vorlagen, in einer Schrift über den Zweikampf sich noch einmal mit dem longobardischen Recht beschäftigt; er kennt die Kampfsumme des Roffredus, doch zeigt seine Arbeit in bezeichnender Weise, wie sehr die Kenntnis der früheren Lombardisten jener Zeit entschwunden war.[3] Die letzten Kommentatoren unter den Kanonisten, die von longobardischem Recht sprechen, begnügen sich wie die Legisten damit, Materialien für die Frage, ob es ein giltiges Recht ist, zusammenzutragen, so J. B. de S. Blasio und besonders Felinus.

---

[1] Die Würdigung seiner Ausführungen X III 26, 16 (bei Schulte Wiener SB. LXVIII 85) hängt von der zweifelhaften Frage ab, ob sie unabhängig von Hostiensis entstanden sind.

[2] Sein Dekretalenapparat beweist nach Schulte Wiener SB. LXVIII 95 genaue Bekanntschaft mit der Lombarda. Es dürften damit die Erörterungen III 26, 16 gemeint sein (Handschrift der Münchener Staatsbibliothek 6349 f. 147 a), die jedoch aus Hostiensis stammen. Vgl. Jo. Andreae, Novella eod. n. 3.

[3] De duello (nach 1360), tract. universi iuris Venet. 1584 XII 283 b.

Aus den Erörterungen von Legisten und Kanonisten ist bisher eine Gruppe von Schriften ausgeschieden worden, die sich mehr als die anderen mit dem longobardischen Recht befassen, die Bearbeitungen des Lehenrechts. Sie bilden die unmittelbare Fortsetzung der Litteratur longobardischen Rechts, und wie die beiden Quellen äusserlich ineinandergreifen, so sind auch die Lombardisten die ersten Erläuterer dieses Gebiets. Dem Text der Consuetudines Feudorum sind die *leges* das longobardische Recht,[1] eine Stelle nennt das römische und das longobardische Recht nebeneinander als verbindlich, und zahlreiche Verweisungen auf die Lombarda sind in ihm enthalten. Die Lehensbücher — ein Stück des gemeinen römischen Rechts geworden — sind denn auch recht eigentlich der treibende Faktor, der dem longobardischen Recht die Beachtung der Romanistik wachhält. Neben einer geringeren Benützung durch Hugolinus sind es die Arbeiten von Jacobus de Ardizone und Jacobus Columbi, die dem longobardischen Recht in reichem Masse Rechnung tragen. Besonders Jacobus Columbi beherrscht die Quellen in weitem Umfang, er kennt den Liber Papiensis und benützt den Apparat des Kar. de Tocco, und so hat seine Glosse die ganze spätere Litteratur mit Lombardacitaten versorgt — sogar eine deutsche Bearbeitung von 1449.[2] Und doch beginnt sich schon hier das mangelnde Verständnis zu zeigen, die Erklärung der tertia und quarta II Feud. 8 will ihnen beiden nicht mehr gelingen — um wie viel weniger erst ihren Nachmännern.[3] Joannes Blanchus schränkt die Benützung des longobardischen Rechts erheblich ein, und die *lex scripta* II F. 1 ist ihm das römische Recht;[4] andere wie Bellapertica übergehen es, so viel ich sehe, bereits völlig mit Schweigen — beide allerdings französische Schriftsteller. Reicher an Verweisungen und Bemerkungen ist der Apparat des Belvisio, und doch erwähnt er II 24 § 4 bei der Erörterung, was unter einer *soror in capillo* zu verstehen, das longobardische Recht mit keinem Worte.

---

[1] S. oben S. 28.
[2] ed. Steffenhagen Wiener SB. CXI 620 ff.
[3] Vgl. unten S. 163.
[4] Ep. feud. IV 1 n. 157.

Der Kommentar des Baldus entspricht dem Bild, das seine übrigen Schriften gewähren: lesenswerte Auseinandersetzungen über seine Geltung, und Mangel einer eigenen Kenntnis; Erwähnung verdient die Wiederholung einer *postilla* über die Kampffälle des longobardischen Rechts, die er in seiner Handschrift gefunden habe.[1] Noch einmal wird dem longobardichen Recht erhöhte Beachtung zugewendet, mehr als bei den anderen Schriftstellern dieser Spätzeit, von Alvarottus. Seine allgemeinen Erörterungen sind, wenn nicht richtig, so doch scharfsinnig, und er besitzt unzweifelhaft einige Quellenkenntnis des longobardischen Rechts.[2] Was nachkommt, die Aeusserungen von Caccialupus, J. A. de S. Georgio, Fr. Curtius Junior, hat nur den Wert von Materialiensammlungen.

So ist das longobardische das Landesrecht der vormals königlichen Teile von Ober- und Mittelitalien gewesen und hat die Kapitularien in sich aufgenommen. Es ist unter die Zügel des Stadtrechts und unter das Joch des römischen Rechts gekommen, bis es aufgehört hat, unmittelbar zu gelten, und zuletzt, in seinen lebensfähigen Teilen vom Ortsrecht aufgesaugt, im übrigen aber verschollen, aus dem Lande verschwunden ist.

---

[1] II Feud. 27 § Federicus n. 20.

[2] Beweis II Feud. 1 pr.; II 53 § Receptatoribus n. 2 und besonders II 26 § Mulier n. 1.

2. Kapitel.

Die persönlichen Rechte in Ober- und Mittelitalien.

Die Einführung der persönlichen Rechte im longobardischen Gebiet.

17. Gegen Ende der longobardischen Königsherrschaft bildeten die Römer einen gesonderten Teil innerhalb des longobardischen Volkes. Die wachsende Verschmelzung beider Stämme hatte sie zu gleichwertigen Staatsgenossen werden lassen und damit auch ihrem Recht, das vordem unbeachtet für sie weitergegolten, die staatliche Anerkennung verschafft. Soweit nicht das longobardische als Landesrecht einheitliche Bestimmungen traf, standen sich nun zwei Stammesrechte gegenüber, deren jedes für die Rechtshandlungen seiner Angehörigen massgeblich war. Die Quellen fliessen zu spärlich, um dies Nebeneinander beider Rechte genauer verfolgen zu können. Aber es scheint ausser Zweifel, dass sich schon hier selbstständig herausgebildet hat, was dann die fränkische Eroberung zur vollkommenen Entwickelung brachte — das System der persönlichen Rechte.

Sichere Zeugnisse sind Liut. 91 — die Schreiber sollen die Urkunden *sive ad legem langobardorum sive ad romanorum* abfassen — und besonders Liut. 127: *si quis romanus homo mulierem langobardam tolerit . . romana effecta est, et filii qui de eo matrimonio nascuntur, secundum legem patris romani fiunt,* und die Erben eines solchen können von dem zweiten Mann der Witwe, die sich gegen ihren Willen wieder verheiratet, so wenig Busse verlangen als von dem Mann einer anderen Römerin. Vielleicht gehört auch Liut. 19 hieher mit seiner Bestimmung: *et in 19. anno sit homini langobardo legitima etas.* Unter den Urkunden ist eine solche von 767 wichtig, in der mehrere Personen einen Fischweiher im Gebiet von Modena schenken; sie schliesst mit einer vorwiegend römischen Bestätigungsklausel, einer der acht Aussteller aber fügt seiner Unterschrift den Zusatz bei: *qui iuxta lege sua Langobardorum recepit launechit manente par uno.*[1] Und auch einige Rechtsgeschäfte, bei denen Frauen ohne Muntwalt handeln,[2] werden wohl auf die Anwendung persönlichen römischen Rechts zurückgehen. Allem weiteren Material dagegen, das in diesem Zusammenhang beigebracht worden ist, scheint mir die Beweiskraft zu fehlen.[3]

Ist die Geltung des Systems in den vordem römischen Gebieten zuweilen die unmittelbare Fortsetzung des Rechtszustandes, dem die germanischen Völker im römischen Reich unterworfen waren,[4] so hat das gleiche Bedürfnis: die staatliche Gemeinschaft mit starken Stämmen, die zu assimilieren das herrschende Volk nicht die Macht oder nicht den Wunsch besass, auch sonst zu einer Anerkennung des Rechtes der Unterworfenen geführt; wie bei den Longobarden, so insbesondere auch im fränkischen Reich.[5] Wo die Stämme gemischt sassen, konnte eine solche Anerkennung nicht anders als in personaler Begrenzung erfolgen. Dass aber den einzelnen Rechten des Frankenreiches auch dort persönliche Geltung beigelegt wurde, wo die Stämme ihr geschlossenes Gebiet bewohnten, hatte seine wesentliche Ursache in der zentralisierten Staatsverfassung, die an die Spitze der örtlichen Gerichte einen

[1] MHP. XIII n. 33.

[2] Troya cod. dipl. longobardo III n. 457; IV n. 659.

[3] Ich habe geglaubt, die abgehetzte Frage nach der rechtlichen Stellung der Römer im longobardischen Reich hier nicht ohne Not noch einmal aufrollen zu sollen, und begnüge mich, die Ergebnisse einer neuerlichen Prüfung des Materials vorzulegen. Auf einige der abgelehnten Zeugnisse wird noch zurückzukommen sein.

[4] Grundlegend Mommsen, Neues Archiv XIV 525 ff.

[5] Dass es sich dabei nur um eine Frage der Politik handelte, die auch anders gelöst werden konnte, beweist — gerade für die Franken — die Erzählung des Agathias, ἱστορίαι I 20 ed. Niebuhr 56, dass die Goten 552 Bedenken trugen, die Franken zu Hilfe zu rufen; sie könnten das zur Unterwerfung der Goten benützen ἄρχοντάς τε αὐτοῖς ἐπιστήσουσι Φράγγους καὶ ἀφαιρήσονται τῶν πατρίων νομίμων αὐτούς, so dass es vorzuziehen, Römer zu werden κινδύνων τε ἀπογενέσθαι καὶ βαρβαρικῶν διαιτημάτων.

Reichsbeamten stellte, dem das Ortsrecht nicht näher stand als das Recht der übrigen Stämme des Landes.[1] Und dass diese Einrichtung dem herrschenden Stamm die Fortdauer seines Rechts auch in den unterworfenen Gebieten gesichert hat[2] wie einst den römischen *consistentes* in den Provinzen, musste die Durchführung des Systems befördern.[3]

Diese Ordnung der Dinge nun haben die Franken auch nach Italien gebracht. Ein für Italien mindestens mitgiltiges Kapitular Karls des Grossen erklärt, *quia omnino voluntas domni regis est, ut unusquisque homo suam legem pleniter habeat conservata,* und gibt den Königsboten Auftrag: *per singulos inquirant quale habeant legem ex nomine.*[4] Und Pippin hat in einem Kapitular, das uns noch mehrfach beschäftigen wird, *de diversis generationibus hominum qui in Italia commanent,* verordnet, dass Fehdesachen nach dem Recht des Verletzten gebüsst werden sollen, Freiheitsprozesse und andere Streitigkeiten aber nach dem Recht des Beklagten zu entscheiden seien.[5] Vielleicht hat auch das Kapitulare Ludwigs des Frommen schon von Anfang an in Italien Geltung besessen, in dem er vorschreibt: *si quis in aliena patria, ubi vel propter beneficium vel propter aliam quamlibet occasionem conversari solet, de qualibet causa fuerit interpellatus, ibi secundum suam legem iustitiam faciat.*[6] Und jedenfalls trifft

---

[1] Es kommt dabei auf die Verbindung des örtlichen Gerichts mit der Zentralgewalt an. Für den einheimischen Richter wäre die ausschliessliche Anwendung des Ortsrechts auf vereinzelte Fremde näher gelegen. Wenn andrerseits im Königsgericht die Stammesrechte nebeneinander Anwendung finden, so verträgt sich das auch mit einer räumlichen Geltung der einzelnen Leges, gerade wie wenn das Reichsgericht bayrisches oder preussisches Recht anwendet.

[2] Brunner, Rechtsgeschichte I 260.

[3] Man pflegt das System der persönlichen Rechte aus der genossenschaftlichen Natur des deutschen Rechtsbegriffes abzuleiten. Sie ergibt meines Erachtens, dass das Recht vom Stamm ausgeht, aber nicht, dass es nur für den Stamm gelten kann, ebenso wie das Landrecht auf dem Gebiet ruht, aber nicht notwendig alle Ereignisse im Gebiet ergreift.

[4] Cap. I 67 c. 5 von 792 oder 786.

[5] Cap. I 201 c. 4 um 790 = L. Pap. Pip. 27.

[6] Cap. I 268 c. 2 von 816 = L. Pap. Lud. P. 1.

dies zu bei dem andern,[1] in dem bestimmt ist, dass, wer *extra comitatum* eine Vergabung vornehmen wolle, *adhibeat sibi de de suis pagensibus vel de aliis qui eadem lege vivant qua ipse vivit, testes idoneos.*

Ein weiteres Gesetz Pippins nimmt Rücksicht auf die beiden herrschenden Völker: fränkische und longobardische Bischöfe, die sich ihren Verpflichtungen entziehen, fränkische und longobardische Grafen, die das Recht weigern, sollen die Folgen tragen.[2] Das neue Stammesrecht der Kirche tritt in Kapitularien Karls zu Tage. Das eine erzählt,[3] wie dem Kaiser bei seinem Eintritt in Italien kirchliche und weltliche Streitigkeiten vorgelegt wurden — *pleraque statim recitata ex Romana seu Langobardica lege competenti sententia terminata sunt;* ein anderes verlangt, dass wirksame Verträge der Kirche fünf bis sieben Zeugen haben müssen, *quia testamento quod Romani faciunt firmum non posset, nisi per quinque aut per septem confirmatur.*[4] Für Römer und Longobarden und die übrigen Stämme schafft ein Kapitel Lothars Ordnung:[5] römische Frauen, die an Longobarden verheiratet waren, sollen nach dem Tod des Mannes zu ihrem Geburtsrecht zurückkehren, *hoc statuentes, ut simili modo servetur in ceterarum natione mulierum.* Und noch eingehender handelt ein Kapitular Karls von dem Anspruch auf flüchtige Sklaven, *si dominus Francus sive Alamannus aut alterius cuiuslibet nationis sit: si vero Longobardus aut Romanus fuerit, ea lege servos suos adquirat vel amittat quae inter eos antiquitus est constituta.*[6]

---

[1] Cap. I 282 c. 6 von 818/19 = L. Pap. Lud. P. 11.

[2] Cap. I 192 c. 6, 7 von 782/86 = L. Pap. Pip. 6 und 7.

[3] Cap. I 204 pr. von 801.

[4] Cap. I 216 c. 4.

[5] Cap. I 319 c. 16 von 822/23 = L. Pap. Loth. 14.

[6] Cap. I 206 c. 8 von 801 = L. Pap. Kar. M. 87. — Die Zahl der in Italien giltigen Kapitularien, die von Stammesrechten handeln (dazu unten S. 94), scheint uns damit erschöpft. Man hat verschiedentlich weiteres Material herbeigezogen, besonders weit geht Werminghoff im Register Cap. II v° lex. Wenn ich recht sehe, bedeutet lex in der Mehrzahl dieser Fälle das Recht in seiner Anwendung auf die Person, zumal deren rechtliche Stellung und ihren Stand, in anderen Stellen das Recht in seiner Anwendung auf einen

Die Umwälzung, die diese Neuerung in dem Rechtszustand Italiens hervorbringen musste, war gross. Eine Reihe neuer Rechte trat mit Anspruch auf gleiche Berücksichtigung neben das longobardische, und seine Stellung als herrschendes Recht erfuhr eine erhebliche Schmälerung. Nicht ohne Kampf ist das longobardische Recht zurückgewichen. Wie es auf anderen Gebieten dem Vordringen fränkischen Rechts noch geraume Zeit Widerstand entgegensetzte,[1] so hat es sich auch der Herrschaft der persönlichen Rechte nicht mit einem Schlag gefügt. Welchem Widerstand das römische Stammesrecht der Kirche begegnete, ist später auszuführen. Vielleicht gehört es in diesen Zusammenhang, wenn eine Kaiserurkunde von 812 zweifelnd berichtet, dass das Vermögen des aufständigen Longobardenherzogs Rotgaudus *in publicum nostrum secundum legem Francorum vel Longobardorum devenerat.*[2] Und vor allem sind es zwei mittelitalienische Urkunden, die das klarstellen. 775 schenkt ein fremder Einwohner von Viterbo, Aimo, wohl ein Franke, sein Vermögen dem Kloster Farfa; 813 wird diese Schenkung von den Erben angefochten, und sie machen vor dem päpstlichen Gericht zu Rom geltend: *guaregangus homo fuit . . et secundum aedicti tenorem filiam suam exhaereditare non potuit.*[3] Noch sind die fremden Rechte nicht als Recht zugelassen, und die Ausländer stehen unter dem longobardischen Landesrecht.

---

bestimmten Fall, speziell die gesetzliche Busse, einmal auch die einfache amtliche Verfügung. Vgl. über einige dieser Stellen im II. Abschnitt.

[1] Der Vertrag Karls III. mit Venedig von 880 c. 32 Cap. II 140 lässt ein auf fränkischer Grundlage ruhendes Kapitular von 856 ausser Anwendung s. Brunner, Rechtsgeschichte II 424, 425. Ueber das zögernde Eindringen der fränkischen Scheidung von Richtern und Urteilern Ficker, Forschungen III 196.

[2] Cappeletti, le chiese d'Italia VIII 107.

[3] Reg. di Farfa II n. CV und CCXVI.

Das Aufkommen der einzelnen Stammesrechte.

a) Die fremden Rechte.

18. Nun aber drängen die fremden Germanen in hellen Haufen nach Italien. Vor allem die Franken, die als Grafen und Bischöfe das Land verwalten und im ganzen Ober- und Mittelitalien den Grundbesitz in weitem Umfang an sich bringen. Es sind hauptsächlich Salier, wie denn unter der Bezeichnung Franken in Italien regelmässig salische Franken verstanden werden.[1] In den Urkunden erscheinen sie in sehr beträchtlichen Mengen.[2] Seltener lassen sich Ribuarier nachweisen.[3] Alamannen dagegen sind ziemlich häufig, zumal in der ersten Zeit nach der Eroberung. Sie sitzen vornehmlich in der späteren Mark Verona, sind aber auch im übrigen Oberitalien vielfach

---

[1] Die Sammlung des Eberhard von Friaul (s. unten S. 87) enthält die *Lex Francorum et Ripuariorum.* Rieti 856: *constat me guerneldem . . ex natione francorum . . donasse . . et uestituram iuxta saligam legem feci;* ähnlich Amiterno 873 und 986 (Reg. di Farfa II n. CCCXV; III n. CCCXXVII und CCCCXXXIV), Asti 960 (MHP. I n. 113 vgl. auch n. 55, 60), Carsoli 1000 (Reg. Sublacense n. 184), sowie L. Pap. Cartularium n. 16. Veltlin 867: *tradedit Gerulfus qui profitebatur salica vivere lege;* Unterschrift *Gerulfus ex genere francorum* (MHP. XIII n. 243). Nonantula 885: Zeugen *ex genere francorum qui vivunt lex salica* (MHP. XIII n. 333). Sabina 920: *constat nos ingebaldum ex gente francorum . . et theodorandam coniugem . . de urbe Roma quae modo professa est uiuere in lege salicha . . donasse* (Reg. di Farfa III n. CCCC). Ebenso die Papienser s. die Glosse Kar. M. 45; die Expositio eod. § 9 *(sunt qui aiunt capitulum istud esse Salichum eo quod dicit »Francorum«)* und Pip. 7, 4. Ms. Mon. I 25, 79 f. 22a. Uebrigens fand man diesen Sprachgebrauch schon in fränkischen Quellen wie Lud. P. 2.

[2] Unter den einschlägigen Urkunden, die ich notiert habe, treten in 216 Fällen Franken oder Salier, in 10 Urkunden Ribuarier, 40mal Alamannen, 5mal Baiern, 3mal Burgunder auf. — Franken begegnen in Italien übrigens schon in longobardischer Zeit Reg. di Farfa II n. XXII.

[3] Beispiele von 919—1051 MHP. XIII n. 482; 764. (Savioli) Ann. Bolognesi I 2, 61. Ughelli III 45.. Giulini, mem. di Milano III 516. Cod. dipl. Laudense I n. 32; 34; 36; 37 — alle aus der Lombardei und Emilia.

zu finden. Gering ist die Zahl der Baiern, ihr Wohnsitz hauptsächlich das benachbarte Friaul, doch sind sie bis nach Tuscien gekommen.[1] Und noch spärlicher begegnen Burgunder,[2] die ja schon in ihrer eigenen Heimat zu jener Zeit fast aufgehört haben, sich als besonderen Stamm zu betrachten. Dass auch Westgoten bisweilen nach Italien gekommen sind, beweist die Vorsorge, die das Cartularium für ihre Urkunden trifft; doch weiss ich keinen Fall einer praktischen Anwendung gotischen Rechts.[3] Die wenigen Normannen, die als solche bezeichnet werden, stehen, anders als im Süden, unter dem gewöhnlichen

---

[1] Lucca 823 Mem. di Lucca IV 2 app. n. 25. Grafschaft Verona 856 MHP. XIII n. 996. Aquileja 1102 Codice diplomatico istriano ed. Kandler (n. 119). 3 Basilicae (Friaul?) 1106 und Attens 1130 De Rubeis, monumenta ecclesiae Aquilejensis 609, 611. Capasso in der Einleitung zu Brandileone, il diritto romano nelle leggi normanne e sueve del regno di Sicilia p. XV erklärt, bairisches und burgundisches Recht auch in den Fürstentümern Capua oder Spoleto gefunden zu haben; die angeführten Belege ergeben nichts dergleichen.

[2] Mailand 836 und Pavia 929 MHP. XIII n. 127, 534. Susa 1055 MHP. I n. 344. Wegen Capasso s. die vorige Anm.

[3] MHP. XIII n. 38 steht eine Urkunde von 769, in der *Stavile . . legem vivens Gothorum civis brixianus* Grundbesitz verkauft. Gegen die grundlose Annahme Pertile's, dass die Urkunde unecht sei, Schupfer in der Enciclopedia giuridica italiana I 2 sez. I 1167 v° aldi, liti e Romani n. 57. Schupfer selbst, auch Patetta, Archivio giuridico LIII 13 beziehen die Urkunde auf westgotisches Recht, während Brunner Rechtsgeschichte I 271[60], Mommsen Neues Archiv XIV 535, Schröder Historische Zeitschrift LXV 316 und LXXVIII 194 in Stavila einen Ostgoten erblicken. Darüber, dass der Inhalt der Urkunde keine Beziehung zu gotischem Recht aufweist, besteht Einverständnis. Als förmliche professio iuris aber stünde die Wendung in jener Zeit völlig vereinzelt da. Nun bezeichnet man mit *lex Gothorum,* wenigstens im 6. Jh., den gotischen Glauben (Marini, i papiri diplomatici n. 117, 119 und gerade Mommsen a. a. O.) d. h. den Arianismus, der bis Ende des 7. Jhs. auch bei den Longobarden Staatsreligion war. Noch um 740 eifert der Erzbischof von Mailand wider die Arianer, und gerade in Brescia haben sie besonderen Rückhalt gefunden s. Tamassia, Longobardi, Franchi e Chiesa Romana 159[1], 134[1]. Sollte da die ganze Wendung nicht Stavila, den Arianer, bedeuten und, wie sonst Angaben über Herkunft und dergleichen, als Identitätsbezeichnung dienen?

fränkischen Recht.[1] Die anderen Völkerschaften des Karolingerreiches sind in Italien nicht zu rechtlicher Bedeutung gelangt.[2]

Alle diese Stämme, die nach Italien gedrungen sind, haben nun aber ihr Recht mit sich gebracht. Die erste Spur begegnet in Urkunden, in denen Stammesgenossen des Ausstellers als Zeugen erscheinen, so 810 bei der Schenkung eines Alamannen in Turin,[3] und schon 823 testiert ein Ehepaar in der Nähe Mailands *iuxta lege nostra per mancria et fronde seo festuco et cortello.*[4] Ein frühes Zeugnis, wie bunt der Rechtszustand war, der dadurch geschaffen wurde, bietet der *liber legum*, den Graf Eberhard von Friaul 837 in seinem Testament erwähnt und der die Rechte der Franken, Ribuarier, Longobarden, Alamannen und Baiern einschliesst.[5] Dass derartige Sammlungen einem Bedürfnis der Gerichte entsprachen, beweist die Abschrift des Buches in Modena, die vermutlich 991 gemacht wurde, wie auch eine ähnliche Sammlung aus dem 10. Jahrhundert in Ivrea, die noch um das burgundische Recht vermehrt ist.[6]

---

[1] Arqua bei Padua 1040: *Rodulfo Normannus ex Francorum genere* schenkt Grundbesitz mit Scholle, Zweig, Stab, Messer und zwei Handschuhen *iuxta mea Francorum lege* Cod. dipl. Padovano I n. 140. Normannischer Beisitzer Mailand 896 MHP. XIII n. 370.

[2] Zuweilen werden auch die »Deutschen« den Einheimischen gegenübergestellt. So Trient 845 Beisitzer *tam teutisci quam longobardi* (Muratori ant. it. II 971); 909 Zeugen *ex genere francorum, longobardorum, teutonicorum* (MHP. XIII n. 434); Reggio 1136 Beisitzer *teutonici ac latini* (Muratori a. a. O. VI 233). Daher auch Parma 1167 Belehnung *secundum morem Theutonicum* (Ficker, Forschungen IV n. 141); vgl. auch Ioannes Teutonicus C. 32 q. 4 c. 5.

[3] MHP. I n. 15.

[4] MHP. XIII n. 102. — Andere Urkunden aus der ersten Hälfte des 9. Jhs., in denen eine Berücksichtigung nicht-italienischer Rechte hervortritt, sind Mem. di Lucca IV 2 app. n. 25 (Baier 823). MHP. XIII n. 111 (Alamanne 829); 127 (Franke 836); 145 (Alamanne 842); 146 (Alamanne 842); 162 (Alamanne ? 847); 165 (Alamanne 848); 167 (Alamanne 848). Tiraboschi, mem. modenesi I n. 20 (Franke 835); 25 (Franke 850). MHP. I n. 23 (Franke 841).

[5] Becker, catalogi bibliothecarum antiqui 29.

[6] Vgl. z. B. Merkel MGL. III 3 und 6.

b) Römisches Recht.

19. In der Sammlung Eberhards fehlt bezeichnender Weise das römische Recht. *Rex Francorum et Longobardorum* lautet der Königstitel Karls. Die »fränkischen und longobardischen« Bischöfe und Grafen sollen nach den Kapitularien ihre Pflicht thun, *homines quilibet sint, Franci aut Longobardi* sollen als Gemeindezeugen vereidigt werden.[1] Und so werden in Urkunden des 9. und 10. Jahrhunderts »Franken und Longobarden« als Umstand oder *boni homines* genannt,[2] ein andermal »Deutsche und Longobarden« oder auch »Franken, Alamannen und Longobarden«[3] — von den Römern als selbstständigem Stamm ist nirgends die Rede. Und wenn einige Kapitularien die Römer und ihr Recht in einer Reihe mit den Longobarden und anderen Stämmen nennen,[4] so beziehen sich diese Gesetze auch auf die vormals römischen Gebiete, in denen die Römer unzweifelhaft als selbständiges Volk betrachtet werden, gestatten also keinen Rückschluss auf die Verhältnisse des longobardischen Italiens: die Römer des Königreichs sind staatsrechtlich Longobarden.

Aber allerdings, das Bewusstsein ihrer Abstammung war noch nicht erloschen, und ein wenn auch geringer Gebrauch eigenen Rechts hat dies Bewusstsein lebendig erhalten. Nun hatten sich die fremden Rechte in Italien niedergelassen und waren zusammen mit dem longobardischen — zumal durch die später zu besprechenden Professionen — in ihrer Anwendung zu einiger Organisation gelangt. Und dieser Organisation wurde nunmehr auch das römische Recht angeschlossen. Die früheste Spur des selbständig werdenden Römertums begegnet in den *scauinus romani*, die neben anderen Schöffen 879 einem Placitum in Turin beiwohnen,[5] das erste sichere Zeugnis einer gleichberechtigten Anwendung

---

[1] Cap. I 192 c. 6—8 von 782/86.

[2] Siena 833 Muratori ant. it. V 923. Veltlin 867 MHP. XIII n. 243. Bei Novara 919 ebenda n. 485. Formel von Ivrea 10 Jh. MGL. IV 650.

[3] Muratori ant. it. II 971. MHP. XIII n. 232.

[4] Es sind Cap. I 206 und 319 oben S. 83.

[5] MHP. I n. 37 col. 63.

des römischen Rechts stammt von 884, aus Cremona: *ego Adam qui professus sum ex nacione mea lege vivere Romana.*[1] Doch heisst dabei *natio* entsprechend dem Sprachgebrauch der Zeit[2] nicht Nation, sondern Geburt. Bald finden sich weitere Beispiele, aus Nonantula von 885 und 888, aus Bergamo von 900, aus Asti von 926, doch lassen sie sich gerade in Gebieten mit starker römischer Bevölkerung, wie Padua oder Genua, erst verhältnismässig spät, seit 950 und 965, nachweisen.[3]

Und jetzt gestattet die Erwähnung der Römer in den Urkunden auch, ihre Verteilung im longobardischen Italien zu übersehen. Sie sitzen in grösseren Massen vornehmlich in den Grenzgebieten, zumal dort, wo ihnen ein rein römisches Hinterland Stütze gewährt, so im südlichen Tuscien mit Rom, in

---

[1] MHP. XIII n. 324. Allerdings findet sich ebenda n. 106 eine gleichartige Urkunde aus Brescia schon von 824. Doch legt nicht nur die singuläre stammesrechtliche Behandlung des römischen Rechts, sondern auch die in jener Zeit ungebräuchliche Form der Profession den Gedanken an eine irrige Datierung nahe. — Ferner enthält das Urkundenbuch der Abtei St. Gallen ed. Wartmann II 399 ein Bruchstück italienischen Gepräges, das in die Zeit Karls des Grossen oder Ludwigs des Frommen versetzt wird, und Aussteller und Zeugen römischen Rechts aufweist. Aber die in der Urkunde genannten Personen sind identisch mit den MHP. XIII n. 750 und 758 vorkommenden, so dass das Fragment der Mitte des 10. Jh. angehört. — Ueber früheres Vorkommen römischen Stammesrechts der Kirche im II. Abschnitt.

[2] Roth. 374: *componatur pro liberum hominem aut secundum nationem suam;* ebenso Roth. 198. Die Biographien des Liber Pontificalis (MG. Gesta Pontificum), die noch in die Longobardenzeit zurückreichen, haben die typische Formel *natione Romanus-Campanus-Tuscus.* Summa Decreti Coloniensis (um 1170) dist. 1 Handschrift der k. Bibliothek Bamberg D II 17 p. 25: *fiunt (municipes) tribus modis: natione, manumissione, adoptione.* Aehnlichen Sprachgebrauch haben Sichardus (1179/81) und Jo. Hispanus de Petesella (1236) bei Schulte, Wiener SB. LXIII 341 und LXVIII 62. S. auch Du Cange, glossarium h. v.

[3] MHP. XIII n. 333. Tiraboschi Nonantola II n. 49. MHP. XIII n. 385. MHP. I n. 75. Cod. dipl. Padovano I n. 40. Cartario Genovese ed. Belgrani, Atti della società Ligure di storia patria II 1 n. 6.

Modena mit dem Exarchat, in Padua mit Venedig, in Ligurien mit der Provence im Rücken. Auch in der Grafschaft Trient scheint sich ein versprengter Teil geschlossen erhalten zu haben. Sonst sind es mehr die Städte, in denen sie als Handwerker und Kaufleute arbeiten, als das flache Land, wo sie wohnen.[1] Und in manchen Städten im Herzen des Landes wie Lodi ist ihre Zahl sehr gering. Doch werden sie nicht leicht in einer Grafschaft Oberitaliens völlig gefehlt haben, während allerdings in Tuscien und Spoleto mancherorts jede Spur von ihnen mangelt.

Bethmann-Hollweg[2] glaubt, dass das Römertum in den longobardischen Gebieten noch unter der Königsherrschaft erloschen sei, und dass es sich um Einwohner römischer Gebiete oder doch um Einwanderer aus solchen handle, wenn in der Folgezeit longobardische Gerichte auf Römer deren Recht anwenden. Dass nun unter diesen Römern nicht nur vorübergehend Anwesende zu verstehen sind, beweisen die zahlreichen Urkunden, in denen Römer mit longobardischem Wohnsitz vorkommen; dass es sich aber auch um landesangehörige Familien handelt, die Fälle, in denen schon die Eltern der Aussteller als ortsansässig erscheinen.[3] Solche Urkunden enthalten zwar keinen zwingenden Beweis gegen die Möglichkeit, dass dann die entfernteren Vorfahren Einwanderer gewesen sein könnten. Allein, wenn man den kurzen Zeitraum von 767 bis 879 bedenkt, für den im longobardischen Italien Römer nicht bezeugt sind, wenn man ihr überaus zahlreiches

---

[1] Vgl. z. B. für Cremona Astegiano MHP. XXII 256. Für Padua Gloria, cod. dipl. Padovano I p. LXVIII und Memorie del r. Istituto Veneto XXII 333.

[2] Der Zivilprozess des gemeinen Rechts V 282 f.

[3] Monza 956: *P. et A. pater et filius habitatoribus loco Modicia qui professi sunt lege romana vivere testis* (MHP. XIII n. 615). Bellagio 994: A. Sohn des P. *de loco Tremecio qui visit lege romana* (MHP. XIII n. 895). Grafschaft Modena 1031: *nos s. filius q. rodulfi de loco solaria* (Modena) *et e. jugalibus filia q. redulfi de loco qui dicitur bibo* (Modena) *qui professi sumus ambo ex nacione nostra lege vivere romana* (Tiraboschi, Nonantola II n. 133). Aehnlich Mailand 1034 Ughelli IV 104. Piacenza 1159 Ficker, Forschungen IV n. 126. Vgl. auch Padua 950 Cod. dipl. Padovano I n. 40.

Vorkommen in späterer Zeit betrachtet, ohne dass die geschichtlichen Ereignisse eine solche nachträgliche Masseneinwanderung irgendwie begreiflich machen, wenn man schliesslich ihre geographische Verteilung überblickt, die sich aus den Begebnissen der Königszeit aufs beste erklären lässt — so wird man die Annahme Bethmann-Hollwegs durchaus ablehnen müssen. Und mit ihr entfallen auch die daran geknüpften Schlussfolgerungen, die den unmittelbaren Gegenstand unserer Untersuchungen betreffen.

c) Longobardisches Recht.

20. Was aber das longobardische Recht anging, so war es schon durch die geringe Anwendung römischen Rechts zur Königszeit im selben Umfang zum nebengeordneten Stammesrecht heruntergedrückt worden, und das Eindringen der anderen Rechte des fränkischen Reiches hat noch mehr dazu beigetragen, ihm solchen Charakter zu verleihen. Es gehört wahrscheinlich schon eine tuscische Urkunde von 783 in diesen Zusammenhang, in der jemand seiner Tochter und deren (fränkischem?) Ehemann Grundbesitz schenkt, *et adcepi a te launichildi legibus meis Langubardorum,*[1] vielleicht auch eine ähnliche Paveser Urkunde von 792,[2] bestimmt eine solche aus Mailand von 833, in der Guntzo von dem Franken Hunger für eine Schenkung Launegild erhält *iuxta lege quas parentibus meis habuerunt langobardorum.*[3] Und nun beginnt sich für

[1] Muratori ant. it. III 1013. Der Name des Schwiegersohnes Austrifunsus lässt auf fränkische Herkunft schliessen vgl. Förstmann, altdeutsches Namenbuch h. v. Freilich ist Förstmanns einziges Beispiel (MG. Cap. I 378) selbst italienisch.

[2] MHP. XIII n. 66: Walpertus schenkt dem Arifusus Grundbesitz; *et propter consuetudinem gentis nostre Langobardorum et pro vestram ampliorem firmitatem accepi a te launichild.*

[3] MHP. XIII n. 118. — Nicht alle Urkunden, in denen eine Berufung auf longobardisches Recht vorkommt, haben diese stammesrechtliche Bedeutung. Sie setzen natürlich voraus, das dem Abfassenden das Vorhandensein noch anderer Rechte bekannt ist, aber sie gestatten keinen Schluss, dass und wann diesen anderen Rechten im Inland Geltung zukam. Hieher gehören — zum Teil noch

das longobardische zusammen mit den Fremdrechten jene Organisation herauszubilden, in der alle als gleichwertige Stammesrechte erscheinen, und die besonders in dem den Urkunden vorangestellten Rechtsbekenntnis ihren Ausdruck findet. 839 begegnet in Mailand die erste Profession longobardischen Rechts.[1] Andere ähnliche Urkunden folgen, anfangs wenige, dann in steigender Menge. Vor allem aber ist es der bald darauf sich entwickelnde Gegensatz zum römischen Recht, der nun auch dem longobardischen stammesrechtliches Gepräge aufdrückt. Die grosse Masse rechtlicher Gegensätze im Land bewegt sich künftig auf dem Boden des longobardischen und des römischen Rechts, und wenn die Zahl ihrer inhaltlichen Abweichungen zunächst auch nur gering war, so hat dies doch genügt, die Juristen daran zu gewöhnen, dass man das longobardische im Rahmen der Parallelgeltung der Stammesrechte betrachtete und im wesentlichen nur seine Verschiedenheiten vom römischen Recht als longobardisch ansah, die gemeinsamen Bestimmungen aber einem nicht bestimmter vorgestellten Landesgewohnheitsrecht entnahm.

So ist es gekommen, dass die Theorie der Lombardisten ihrem Recht eine ausschliessend stammesrechtliche Geltung zuschrieb: Für Landfremde habe wohl bis Pip. 27 longobardisches Recht gegolten, doch das habe Pippin geändert,[2] und es gilt darum jetzt so wenig für einen Salier wie für Angehörige eines anderen Stammes.[3] Für Römer aber habe das Edikt niemals Geltung besessen. So wird an zahlreichen Orten ausgeführt, dass die Römer unter anderen Gesetzen stehen, und Stellen des Edikts, die auf Römer oder Kirche Bezug haben, werden

---

aus der Longobardenzeit — Troya cod. dipl. longobardo IV n. 669; MHP. XIII n. 22; Muratori ant. it. V 749. Dasselbe gilt umgekehrt für die Anrufung römischen Rechts in römischem Gebiet Reg. di Farfa III n. DXLIV; IV n. DCXCIX.

[1] MHP. XIII n. 135 unten S. 114. MHP. XIII n. 333 ist die Jahrzahl 835 Druckfehler für 885.

[2] Exp. Roth. 368, 1: *in eo quod haec lex eos qui ex alieno regno huc habitare devenerint Longobardos fieri praecipit, a Pipini capitulo* .. (27) *rumpitur.* Aehnlich Glosse und Exp. § 2 eod. Ms. Mon. III 15, 1 f. 76 b. Ms. Flor. 1 II 56, 2.

[3] Glosse Roth. 213. Exp. Grim. 2, 2; Liut. 126, 4; 130, 3.

durch kunstvolle Auslegung mit dieser Ansicht in Einklang gebracht: die Kirche lebte damals noch nicht nach römischem Recht,[1] damals entschied in Strafsachen noch nicht das Recht des Verletzten, so dass eine Bestimmung für den longobardischen Thäter, nicht für den römischen Verletzten vorlag,[2] damals galt noch nicht für jeden Vertragsteil sein eigenes Recht,[3] es hat sich damals noch nicht jeder nach seinem Recht verteidigt.[4] Direkt wird die beschränkte Geltung des longobardischen Rechts zumal in dem Satz ausgesprochen, dass Bussen, die dies Recht verhängt, nur von Longobarden beansprucht werden könnten.[5] Und so heisst es in einer Glosse des Ms. Flor. 2 Lomb. II 6, 4, die Stelle beziehe sich nicht auf ein Gesetz Karls, sondern Liutprands *ideoque Longobarda dicitur;* und noch bezeichnender II 9, 4: *haec lex* (ein Kaisergesetz) *de Longobardis tantum loquitur, cum non sentiat de aliis nisi de his de quibus Rotharis et Liuprandus sanxerunt. ipsi vero sancire nisi de Longobardis non potuerunt, et sic non nocet secundum alias leges viventibus.*[6] Karolus de Tocco[7] will nicht zugeben, dass ein Königsgesetz Bestimmungen für die Kirche enthalten könne: *quod videtur stare non posse, quia ecclesia vivit iure Romano . . cum rex non potuerit leges contra ecclesias condere, quae non sunt suae iurisditioni subditae.* Ihren schärfsten Ausdruck aber findet diese Anschauung dort, wo der stammesrechtlichen Geltung des longobardischen Rechts

---

[1] Glossen Liut. 29; 75; 94; Ast. 7. Exp. Liut 29, 3; 75, 1; Ast. 7, 3; 9, 2.

[2] Exp. Roth. 194, 1; 272, 1. Ms. Mon. I 31, 2 und II 56, 1. Ms. Flor. 1 II 56, 2. Ms. Flor. 2 I 31, 2. Ariprandus und Albertus I 31. Vacella, contraria legis Longobardorum I 31, 2 und II 56, 2 Handschrift der Bibliothek Chigi in Rom E VII 218 f. 65[b], 66[a] und Glosse bei Kar. de Tocco I 31, 2 v[0] solidos 12.

[3] Exp. Ast. 7, 3.

[4] Exp. Ast. 9, 2.

[5] Exp. Liut. 35, 2: *omnes qui iuxta Longobardorum legem compositiones accipiunt, sine dubio Longobardi intelliguntur.* Aehnlich Exp. Roth. 32, 3; Liut. 130, 3. Ms. Mon. II 27, 1 f. 45[a].

[6] Aehnlich Ariprandus und Albertus II 9 zur selben Stelle: Loth. 75 bezieht sich auf Liut. 24; *non ergo secundum quosdam Romana erit lex illa Lotharii, sed ad Longobardos tantum spectat reges.*

[7] II 34 (35), 11 v[0] excludantur.

die Gemeingiltigkeit der Kapitularien gegenübergestellt wird — das ist schon oben bei Erörterung des Geltungsgebietes der Kapitularien behandelt worden.

Jetzt erst findet das Bild von der Geltung des longobardischen Rechts, wie es im 1. Kapitel entworfen wurde, seinen Abschluss. Dort war von seiner Bedeutung als Landesrecht der vormals longobardischen Gebiete, von seiner Stellung als gemeines Recht und von seiner Herabdrückung zum Ortsrecht die Rede. Daneben aber geht seine Rolle als Stammesrecht her, in der Theorie der Lombardisten bezüglich des Edikts ausschliessend, in der Praxis und in der übrigen Litteratur neben seiner Eigenschaft als Landesrecht. Die Schwierigkeit, beide Funktionen zu unterscheiden, ist bisweilen erheblich. Kommt es doch vor, dass dieselbe Quelle das longobardische Recht bald als Landesrecht, bald als Stammesrecht verwertet.[1] Die Ausscheidung der Quellenzeugnisse, die sich auf landesrechtliche Geltung des longobardischen Rechts beziehen, hat im 1. Kapitel stattgefunden.

Die persönlichen Rechte in den Gebieten römischen Rechts.

21. Als Einführung der fränkischen Kaiser hat das System der persönlichen Rechte auch im römischen Italien Geltung erlangt. Ein Kapitulare Lothars von 824 gibt davon unmittelbar Zeugnis: die Einwohner der Stadt Rom sollen befragt werden, nach welchem Recht sie leben wollen, *ut tali (lege) quali professi fuerint vivere velle, vivant.*[2] Doch hat die fränkische Herrschaft hier andere Verhältnisse angetroffen. Eine geschlossene römische Bevölkerung hatte abweichende Rechte nie aufkommen lassen, und wenn in der Folge auch ausserhalb

[1] So der Brief des Ubertus de Orto, später II Feud. 1 (ed. Lehmann 114 f.): *causarum.. aliae dirimuntur quidem iure Romano, aliae vero legibus Longobardorum, aliae autem secundum regionis consuetudinem* (stammesrechtlich) — *quod de feudis agitur, illud legibus nostris contrarium* (landesrechtlich). — Brescia, Statuten von 1313 III 151: *item mulier Lombarda non habeat quartam in.. feudis.* III 282: *item lex Lombarda.. quod maritus succedat uxori ab intestato.. servetur* (ed. Lattes 420 und MHP. XVI 1795).

[2] Cap. I 323 c. 5 = L. Pap. Loth. 38. Vgl. auch die Römer erwähnenden Kapitularien oben S. 88.

der dem Patrimonium angegliederten longobardischen Gebiete Longobarden begegnen, so handelt es sich dabei, von den Grenzbezirken abgesehen, wohl nur um vereinzelte Einwanderung in jüngerer Zeit.[1] Auch Franken lassen sich in diesen Landschaften nur wenig nachweisen.[2] Und eine stammesrechtliche Behandlung des römischen Rechts der Mehrheit ist ohne äussere Veranlassung nur ausnahmsweise zu finden.[3] Wo allerdings

---

[1] Nachweise bei Ficker Forschungen III 92 f.; dazu Catalanus, eccl. Firmana n. 9 (Osimo 1060). Dass die Longobarden in Rom zur Zeit der Karolinger keinen grösseren Teil der Bevölkerung ausmachten, beweist ihre genossenschaftliche Organisierung, nicht anders als die Sachsen oder Friesen s. unten. In der Folgezeit verdienen die Bezeichnungen »*longu*« oder »*longo*« besondere Beachtung, die sich, verbunden mit Eigennamen, zumal bei Zeugen, in Rom und Umgebung vielfach finden. Es ist wenig wahrscheinlich, dass alle diese Personen den Zunamen »der Lange« führen, und der Gedanke liegt nahe, in diesen Angaben eine Abkürzung für *longobardus* zu sehen — um so mehr als sie mit der Abschaffung des longobardischen Rechts in Rom (1038) aufhören. So Ecclesiae S. Mariae in Via Lata tabularium ed. Hartmann I n. 8, 13, 38, 48, 53, 62 von 978—1034. Reg. Sublacense n. 57, 93, 101 von 963—1037. Carte del monastero dei Ss. Cosma e Damiano in Mica Aurea ed. Fedele, Arch. stor. romano XXII n. 20 von 1003. Reg. di Farfa IV n. DCXLV und DCXLVI von 1011. Allerdings heisst es in den beiden letzten Urkunden (vgl. auch Tab. S. Mariae n. 38) *Johannes longus — in praesentia iohannis longi.*

[2] S. Ficker a. a. O. Dazu Synode von Ravenna 898 c. 9 Cap. II 123; Reg. Sublacense n. 209 Subiaco 1060 (jedoch auswärts ansässig). In Rom hat es zur Karolingerzeit *scholae* der Sachsen, Friesen, Franken und Longobarden gegeben vgl. Gregorovius, Geschichte der Stadt Rom im Mittelalter [4] II 412 ff., und es ist nicht unwahrscheinlich, dass innerhalb dieser Genossenschaften heimisches Recht geübt wurde. Wenn aber Gregorovius III 60 annimmt, dass mit der Einführung der persönlichen Rechte alle diese Gesetze zu stammesrechtlicher Anwendung gelangt sind — also auch vor dem römischen Richter — so fehlt es mindestens für das sächsische und friesische Recht nicht nur an urkundlicher Bestätigung, sondern es ist auch wenig glaubhaft, dass so entlegenen Rechten, für deren Anwendung keinerlei Praxis zu Gebote stand, Geltung eingeräumt wurde.

[3] Grafschaft Bologna 1016, 1085, 1114 Tiraboschi, Nonantola II n. 110, 192; Ann. Bolognesi I 2, 154. Osimo 1060 Catalanus a. a. O. Sinigaglia 1155 Mon. Ravennati II 270 und 271.

auswärtige Parteien ihr abweichendes Recht im Prozess geltend machen, da tritt auch das Recht ihres römischen Gegners als Stammesrecht auf.[1] So hat das System für die ansässige Bevölkerung nur geringe Bedeutung erlangt, und sein Schwerpunkt liegt hier in den Fällen, in denen Angehörige longobardischer Gebiete ihr Recht vor die römischen Gerichte bringen.

Zeugnisse des Systems.

a) Landesrecht.

22. So waren das longobardische und das römische Recht im Verein mit den germanischen Fremdrechten die Elemente, aus denen sich in Italien das System der persönlichen Rechte aufbaute. Wie es die fränkischen Herrscher eingeführt haben, so haben es die deutschen Könige anerkannt. *Quacunque lege, sive etiam Romana, in omni regno Italico homo vixerit — quicumque ex quacumque natione legitimam uxorem accepit,* für den sollen Gesetze Ottos I. und Heinrichs II. gelten.[2] Und die Zahl dieser Bestimmungen wurde durch Privataufzeichnungen, die im Lauf der Zeit Gesetzeskraft erlangt haben, noch vermehrt. Ein vielbenütztes Kapitel, das Ludwig dem Frommen zugeschrieben wurde (Lud. P. 53), verlangt, *ut omnis ordo aecclesiarum secundum legem Romanam vivat.* Und vor allem ist es das Stück Kar. M. 143, in dem ausgeführt wird: *sicut consuetudo nostrorum est, ut Longobardus vel Romanus si evenerit quod causam inter se habeant, observamus, ut Romanus populus successionem eorum iuxta suam legem habeant; similiter et omnes conscriptiones iuxta suam legem faciant, et quando iurant, iuxta suam legem iurent, et quando componunt, iuxta legem cui malum fecerint, componant. et Longobardos similiter convenit componere.* Die Staatsgewalt

---

[1] Mon. Ravennati II 5. Reg. di Farfa II n. CCLXXXV; III n. CCCCLIX, CCCCLXX, DXXV.

[2] S. oben S. 29.

selbst wird dem System unterworfen,[1] das Königshaus fügt sich seinen Formen.[2]

b) Urkunden.

23. Die Quellen, die die Anwendung des Systems bezeugen, fliessen überreich. Vor allem sind es die Urkunden,

---

[1] 4. Formel Lud. P. 36: *Petre, te appellat Martinus, quod pars publica, unde tu es advocatus, tulit sibi iniuste investituram de uno suo servo vel caballo .. et si invenitur, reddatur investitura per hanc legem, et offensa emendetur secundum legem illius, cui malum fecit.*

[2] Die Witwe König Bernhards schenkt 835 in fränkischer Form und mit fränkischen Zeugen (Tiraboschi, mem. modenesi I n. 20), Kaiser Ludwig bestellt seiner Braut 850 eine *dos iuxta legem Francorum* (eod. n. 25). Ludwigs Tochter Irmengard, *quae professa sum vivere ex natione mea lege salica,* macht 890 eine Schenkung in der typischen Form, *secundum legem meam salicam in qua manifesta sum vivere* (MHP. XIII n. 345). In einer Schenkung von 919 bekennt Berengar I. longobardisches Recht (MHP. XIII n. 483), ein Sohn Hugos 952, ein Sohn Berengars II. 987 salisches Recht (Muratori ant. it. II 257; Mandelli, il comune di Vercelli nel medio evo II 15[9]). Besonders zahlreich sind die Schenkungen der Kaiserin Adelheid, der Witwe Ottos I., in denen sie erklärt, *ex nacione mea lege vivere salicha,* und den Formen dieses Rechts nachkommt; soweit ausserhalb Italiens ausgestellt, beziehen sie sich doch auf dies Land und sind von italienischen Notaren geschrieben (Atti della soc. Ligure II 1 n. 17, 23, 27 (28); II 2 app. n. 11. MHP. I n. 180. MHP. XIII n. 997). Dass die Urkunden der Könige selbst nicht häufiger sind, beruht auf der regelmässig gewählten Form des *praeceptum,* in der für stammesrechtliche Angaben kein Raum ist. — Besondere Beachtung verdient das salische Recht der Karolinger (vgl. auch oben S. 85 Anm. 1, sowie die Urkunden, Mitteilungen des österreichischen Instituts für Geschichtsforschung XXI 344 und MG. 4° Dipl. I n. 10) gegenüber dem ihnen sonst zugeschriebenen ribuarischen Recht. Die Eheverträge der letzten Hohenstaufen (MGL. II 307 ff. und de Vic et Vaissette, histoire générale de Languedoc[2] VIII n. 498) zeigen sizilisch-normannisches Recht. Einen Fortschritt in der Entwickelung weist eine Glosse des Ms. Flor. 2 Lomb. II 34, 2 auf mit der Frage: *quaeritur de eo qui a rege manumittitur, qua lege vivere debeat, cum rex lege solutus sit, ut divi Severus et Antonius saepissime rescripserunt.* Dem römischen Kaiser aber gibt Jac. Columbi römisches Recht s. unten S. 103, vgl. auch Gregorovius, kleine Schriften zur Geschichte und Kultur I 274. — Auch der Papst hat persönliches römisches Recht; oben S. 47.

voran die *cartae*. Nach Tausenden zählen die Rechtsgeschäfte, deren Urheber sich zu dem oder jenem Recht bekennen, und die in ihrer Vergleichung ein Bild des Rechtslebens jener Zeit gewähren. Zumal dort, wo Personen verschiedenen Stammes in derselben Urkunde erscheinen, tritt die bunte Mischung zu Tage. Im 10. Jahrhundert veräussert einmal ein Römer die Munt über seine longobardische Nichte an einen Salier.[1] Und anschaulich zeigt sich die Rechtsverschiedenheit auch in den Veräusserungen, die von Ehepaaren gemischten Rechts vorgenommen werden, oder auch sonst von gemeinsam Berechtigten, insbesondere von Verwandten, in deren Kreis eine Heirat oder Eintritt in den geistlichen Stand eine Rechtsverschiedenheit bewirkt hat. In einer Urkunde von 1093 machen mehr als 100 Ritter *secundum nostram legem quod (?) professi sumus vivere Langobardorum et Romanorum*, eine Schenkung.[2] Und in einer solchen von 1085 heisst es: *nos Ermiza . . que professa sum ex natione mea lege vivere Romana et Ezilo qui professus sum ex natione mea lege vivere salica et Tiso et Gerardus . . et India . . mater et filii qui professi sumus nos ipsi germani ex natione nostra lege vivere salica et ego ipsa India que professa sum ex natione mea lege vivere longobarda* — alle diese machen eine Schenkung, die Longobardin India im Gegensatz zu Ermiza mit Zustimmung ihres Muntwalts, *insuper nos qui supra viventes lege salica iuxta legem nostram per cultellum, festucum nodatum* u. s. w.[3]

Ihren bezeichnenden Ausdruck findet die Mannigfaltigkeit der Geschäftsurkunden in den Angaben des Papienser Cartularium. Da wird in n. 2 die Anleitung zur Abfassung einer Verkaufsurkunde gegeben — *si est Romanus, similiter dic; sed si est Salichus, si est Roboarius, si est Francus (?), si est Gothus vel Alamannus venditor: pone cartulam in terram et super cartam mitte cultellum . . et in Alamanna wandilanc . . et adde in istorum cartulis et Baioariorum et Gundebadorum — nam in*

[1] St. Gallener Urkundenbuch II 399 mit MHP. XIII n. 750, 758.

[2] Aimé, l'ystoire de li Normant ed. Champollion-Figeac 321. Vgl. über die Urkunde im 3. Kapitel.

[3] Cod. dipl. Padovano I n. 285 und vollständiger Verci, storia degli Ecelini III n. 7.

Baioaria et Gnudebada non ponitur insuper cultellum — pro heredes etc. Und eine Reihe anderer Anweisungen nimmt auf die verschiedenen Stämme Rücksicht.[1]

Wichtiger noch als die Geschäftsurkunden sind indes die das gesamte Rechtsleben umfassenden Gerichtsurkunden, sei es, dass eine Rechtsverschiedenheit der mehreren Beklagten vorliegt, oder dass sich Gegner verschiedenen Rechts gegenüberstehen. Was sich davon erhalten hat, ist freilich überaus wenig. In der Grafschaft Verona streiten 856 ein Baier und ein Alamanne, ohne dass doch eine Berücksichtigung ihres Rechts aus der Urkunde zu entnehmen wäre.[2] Ein Franke, der mit Longobarden angeklagt ist, wird 873 in Casauria nach longobardischem Recht bestraft,[3] ein anderer Franke in Piacenza 911 ohne Rücksicht auf fränkisches Recht verurteilt.[4] An zwei Prozessen in Classe bei Ravenna 967 und 1001[5] scheinen auch Longobarden beteiligt, doch ist aus den Urkunden eine Anwendung ihres Rechts nicht ersichtlich. Und so bleiben als Zeugnisse einer Anwendung der persönlichen Rechte vor Gericht nur ein ravennatisches Placitum von 838[6] und die berühmten Farfaprozesse: 829 in Rom, 994 und 1009 in der Sabina, 998, 999 und 1014 wieder in Rom.[7]

c) Die Lombardisten.

24. Um so reicher sind die Aufschlüsse, die die Litteratur des **11.** Jahrhunderts über alle Teile des Rechts verbreitet. Angefangen von den Quaestiones ac monita sind Glossen, Formeln und Interpolationen voll von Erörterungen über die persönlichen Rechte, ganz besonders aber die Expositio, in der auf Schritt und Tritt eine Fülle der interessantesten Ausführungen begegnet. Als wandernde Königsrichter hatten die Papienser besonders

---

[1] n. 1, 3, 5, 8, 9, 12, 13, 15—18, 24. Vgl. auch n. 4 und 19.
[2] MHP. XIII n. 996.
[3] Muratori, script. II 2, 942.
[4] Ficker, Forschungen IV n. 20.
[5] Mon. Ravennati II 27 und III 13.
[6] Mon. Ravennati II 5.
[7] Reg. di Farfa II n. CCLXXXV; III n. CCCXLII; IV n. DCXXXVII; III n. CCCCLIX, CCCCDLXX, DXXV.

reiche Gelegenheit, den vielgestaltigen Rechtszustand auf sich wirken zu lassen. Die wachsende Kenntnis des römischen Rechts hat die Kollisionen vertieft und vervielfacht, die Durchführung des römischen Stammesrechts der Kirche ihren Kreis noch weiter ausgedehnt. Eine offensichtliche Vorliebe für Fragen dieser Art ist dazu gekommen.[1] Und so hat man auch — Wirkung und neue Ursache dieser Bevorzugung — in mancherlei Textstellen Beziehungen auf die persönlichen Rechte hineingelesen, denen ein solcher Sinn ursprünglich nicht zukam.[2]

Erörterungen dieser Art spielen auch bei den Lombardisten des 12. Jahrhunderts eine erhebliche Rolle, und nicht nur bei denen, die aus Papienser Quellen schöpfen,[3] und Karolus de Tocco widmet ihnen in einer Reihe von Glossen Untersuchungen voll eindringenden Scharfsinns, dass manches davon noch heute sorgfältige Ueberlegung verdiente.[4] Von alle dem wird im II. Abschnitt noch näher zu sprechen sein.

d) Die Romanisten.

25. Aber die Lombardisten sind nicht die einzigen, die dem System der persönlichen Rechte ihre Aufmerksamkeit zuwenden. Ende des 11. Jahrhunderts beginnt die romanistische Litteratur ihre Schwingen zu rühren, und auch hier hat — das verdient bei dem Endziel dieser Untersuchungen die besondere Aufmerksamkeit — das System seine Spuren zurückgelassen.

---

[1] Ms. Mon. II 34, 2 f. 47 b: *si libertus vivens lege Longobarda et Salica et Romana, puta qui a dominis diversis viventibus legibus manumissus sit, decedens relinquat filium filiamque et sororem, quomodo succedant? dicitur filium, quia per Longobardam debet in totum succedere, succedere in tertiam partem, duas vero *inter *filiam *et *filium* (Text sinnlos: in tertiam partem; vgl. aber Quaest. ·ac mon. § 4) *esse aequaliter dividendas.* Da die Stelle in dieser Form in der Expositio fehlt (vgl. Exp. Roth. 226, 2), zugleich ein Beweis, dass es sich bei derartigen Ausführungen nicht bloss um eine persönliche Liebhaberei des Expositors handelt.

[2] Bezeichnende Beispiele sind Roth. 226 oder Liut. 152.

[3] Vgl. z. B. Albertus I 25, I 30, I 31, II 44, II 57 mit Ariprandus eod.

[4] Was die späteren Bearbeiter longobardischen Rechts schreiben, gehört der Geschichte Unteritaliens an.

Gleich unter den ersten Schriften befindet sich ein überaus interessantes Zeugnis. Es sind die Questiones de iuris subtilitatibus, in denen zuvor vom Recht der Longobarden die Rede gewesen war, ihr Recht sei erloschen, ihr Stamm mit den anderen Einwohnern des Landes verschmolzen: *recolunt tamen adhuc quidam huiusmodi suas, ut ipsi dicunt, leges. quorum exemplo et hi quorum maiores casu quolibet aliunde huc delati permanserunt, sua nescio quae frivola nomine legum censentes recitant, ut totidem fere leges habeantur quot domus.*[1] Wer denkt nicht an die berühmte Klage Bischofs Agobards von Lyon,[2] dass von fünf Menschen, die zusammen gehen oder sitzen, gar oft nicht einer dasselbe Recht habe wie der andere? Vielleicht gehört auch die Bemerkung einer Institutionenhandschrift hieher, unter welchen Voraussetzungen *minores Longobardi* veräussern dürfen.[3] Alle die anderen Arbeiten über die römischen Quellen gehen über das System der persönlichen Rechte mit Stillschweigen hinweg, und was dort später noch begegnet, gehört in die Zeiten des Verfalls der Einrichtung.[4]

In den Schriften aber, die sich mit dem praktischen Rechtsleben beschäftigen, tritt auch ausserhalb der unmittelbar dem longobardischen Recht gewidmeten Litteratur die Einwirkung der persönlichen Rechte noch geraume Zeit hervor — Schriften, die dem Kulturkreis des römischen Rechts angehören. Zunächst in den an das longobardische Recht sich anlehnenden Arbeiten über den Zweikampf. Wenn der Glossator Ugo schreibt,[5] *pugnam tantum in Longobardis locum habere nisi ex imperiali auctoritate descendat*, so wird dem longobardischen Recht damit unzweifelhaft persönliche Geltung zugewiesen. Und

---

[1] I n. 16 ed. Fitting 56. Vgl. oben S. 62.

[2] Nunmehr MG. Epistolae V 159.

[3] Conrat 624[9] aus Flach, études critiques sur l'histoire du droit Romain au moyen âge.

[4] Wenn Oldradus cons. 224 von fränkischem Lehenrecht, Joannes Andreae X III 26, 16 n. 9 und Decius cons. 402 von fränkischem Ehegüterrecht handeln, so bezieht sich das auf den Rechtszustand Unteritaliens.

[5] Oben S. 32.

noch bezeichnender heisst es bei Roffredus:[1] *quod diximus de ecclesia ut possit pugnare videtur durum, cum ecclesia iure Romano vivat ut in Lomb. III 1, 38. respondeo, quidam intelligunt, quando ecclesia successit Longobardo et ita agit et se defendit sicut Longobardus tenebatur se defendere* u. s. w. In seiner Abhandlung über die Agrarverträge[2] bemerkt Anselmus de Orto über die Emphyteuse: *succedunt filii et filiae et per eos descendentes, nisi defunctus fuerit Longobardus, tunc enim praeferuntur masculini feminis;* und bald darauf: *in hoc discrepant (investitura et ius emphyteoticum), quod ibi masculi et feminae succedunt communiter, nisi sit Longobardus, sed in isto contractu masculi praeferuntur feminis.* Ganz besonders aber sind es die Arbeiten über Lehenrecht, die auch hier ihre Verwandtschaft mit der Lombardistenlitteratur nicht verleugnen.

Ubertus de Orto schreibt — eben seinem Sohn Anselmus — *causarum quarum cognitio frequenter nobis committitur, aliae dirimuntur quidem iure Romano, aliae vero legibus Longobardorum, aliae autem secundum regionis consuetudinem,*[3] und es kann mit Rücksicht auf den gleichzeitigen Rechtszustand Mailands,[4] wie im Hinblick auf die gleich folgende Stelle kaum zweifelhaft sein, dass diese Rechte dabei als persönlich geltende Stammesrechte gedacht sind. Und eine bemerkenswerte Anwendung erfährt die Lehre im Fortgang des Briefes: das Lehen steht nicht im Eigentum des Vasallen, *et ideo quartae sive tertiae ratione, quae a Longobardis seu Romanis viris uxoribus fieri solet, post mortem viri nihil ad mulierem pertinet;*[5] die Quart ist die Eheschenkung der Longobarden, die Tertia die der Römer, beide sind offenbar als gleichzeitig und am selben Ort möglich vorausgesetzt. Auch in jüngeren Stücken

---

[1] Summula de pugna (nach 1215) tit. I ed. Patetta, Bibl. iur med. aevi II 79.

[2] ed. Jacobi 15, 18.

[3] Comp. Ant. VIII 1, später II Feud. 1 ed. Lehmann 114.

[4] Urkunden bei Giulini, mem. di Milano V 270, 320, 393; MHP. XVI 896 c, 901 d, 937 a; Cod. dipl. Laudense I n. 95, 104, 126; II n. 3. Und mittelbar noch die c. 5, 21, 27 des Stadtrechts.

[5] Comp. Ant. VIII 15 pr. = II Feud. 8 § 2 ed. Lehmann 125.

der Lehensbücher finden sich Spuren. So II Feud. 57 (58) § 1, wo die Beiziehung von pares zur Investitur begründet wird durch einen Hinweis auf die Lombarda, nach der, wer eine Schenkung vornehmen wolle, *adhibeat sibi de pagensibus suis, et per eandem legem vivant, testes.* Insbesondere aber sind es nicht rezipierte Extravaganten, in denen sich Zeugnisse der persönlichen Rechte erhalten haben. In einer dieser Stellen heisst es: *(de novo beneficio investitura) a minore . . 18 annorum non valet, hoc etiam de minoribus annorum 25 asseritur, ut quibusdam placet,*[1] zwei Klassen von Minderjährigen, entsprechend der Volljährigkeitsgrenze des longobardischen und des römischen Rechts. Besonders interessant aber ist eine Erörterung über die Beweislast: Der Vassall ist mit Hinterlassung einer Tochter gestorben, der Herr beansprucht Heimfall eines Grundstücks, weil es Lehen sei, die Tochter Erbfolge, weil Allod. Erst müsse da der Herr die Eigenschaft des Grundstücks als Lehen beweisen; misslingt der Beweis, so treffe die Tochter der Nachweis, dass ein Allod in Frage. *utroque in probatione deficiente dabitur defensio* (der Eid) *domino, et si dominus defendere noluerit, tunc, si filia Lombarda est, defendat se cum 12 et obtineat, sed si Romana, et si non praestiterit, obtineat.*[2]

Auch auf die älteren Erläuterer des Lehenrechts ist davon noch einiges übergegangen. Jacobus Columbi meint (II Feud. 53 § 2), der römische Kaiser müsse gemäss Lomb. II 57, 1 nach römischem Recht leben, ein andermal (eod. § 8), nach Lomb. I 25, 83 (82) muss sich der Franke mit 10 Franken vom Verdacht der Begünstigung frei schwören. Bemerkenswerter ist, was sich bei Jacobus de Ardizone findet. Nach c. 11 kann auch eine Frau Lehen verleihen; *excipitur tamen mulier Longobarda, quae non potest alicui concedere de bonis suis sine voluntate mundualdi.* Dem Minderjährigen ist die Verleihung nach c. 12 verwehrt; *item maior 18 annis, licet minor sit 25 annis, potest de novo investire, si iure Longobardo vivere voluerit, quia tunc in legitima aetate esse dicitur.* Und in c. 152 klingt ein Nachhall von dem Satze, dass in Strafsachen das Recht

[1] Capitula extraordinaria des Jac. de Ardizone n. 19 ed. Lehmann a. a. O. 190.

[2] Zusatz zu II. Feud. 28 ed. Lehmann 202.

des Verletzten entscheidet.[1] Aber das Verständnis für den Sinn der persönlichen Rechte war diesen Schriftstellern nicht mehr erreichbar, und es sind nur zusammenhangslose Bruchstücke, die hier Erhaltung gefunden haben.

Noch einmal aber führt uns ein litterarisches Erzeugnis jener Zeit mitten hinein in das Zusammenleben der Stammesrechte, ein Aretiner Formelbuch von 1240, das den Notaren Anleitung zur Abfassung der Urkunden gibt:[2] Nach longobardischem Recht erhalte die Frau einen Muntwalt, ohne dessen Zustimmung *mulieres lege Longobarda degente(s)* nicht veräussern können (f. 25ª, 40ª). Die Form der Eheschliessung wird ausführlich beschrieben — *et postea quaeratur a sponso, qua lege vivat, et si dixerit Longobarda, faciet sponsae . . donationis instrumentum quartae partis bonorum . . cum sit Romana, tantundem . . quia dos et donatio secundum legem Romanam aequis passibus ambulant . . et tunc pater vel eius legitimus mundualdus extrahet ipsam de suo mundio et potestate et mittat eam in mundium et potestatem viri sui, si ipse confessus fuerit se lege vivere Longobardorum, alias vero non oportet et per mundium ipsa mulier non intromittatur in potestatem viri sui* (f. 35ᵇ). Die Schenkung heisse nach römischem Recht *donatio propter nuptias*, nach longobardischem *morgincaph*, und es folgt nun zunächst das Konzept einer solchen römischen Schenkung: *J. olim Petri confitens vivere lege Romana donavit* (f. 38ª), alsdann die Urkunde selbst: *Ego F. asserens me vivere lege Romana* — (f. 38ᵇ). Schliesslich das Beispiel einer Schenkungsurkunde nach longobardischem Recht: *Ego B. confitens me lege vivere Longobardorum* u. s. w. (f. 38ᵇ).

e) Die Stadtrechte.

26. Die Zeugnisse der Litteratur reichen herein in eine Zeit, in der das Rechtsleben auf neuen Grundlagen sich aufbaut:

---

[1] Vgl. unten S. 163 f.

[2] Handschrift der Bibl. Riccardiana in Florenz n. 918. Dazu Gaudenzi, Arch. stor. napoletano XIII 108[1] und neuerdings Brandileone, Rendiconti del R. Istituto Lombardo di scienze e lettere serie 2 XXXI 1128 ff.; daselbst 1157 ff. ein Abdruck der meisten hier einschlägigen Texte.

es beginnt die Zeit der Stadtrechte. Aber die Stammesverschiedenheit wirkt noch kräftig genug, um sich auch innerhalb des neuen Stadtrechts Geltung zu verschaffen. Die Statuten selbst übernehmen die persönlichen Rechte, und noch für lange spielt die Rechtsverschiedenheit der Bürger innerhalb der Stadt ihre Rolle.

Als sich Pergine 1166 unter die Hoheit Vicenzas stellte, da hat die Gemeinde sich ausdrücklich ausbedungen, *quod potestas permittat ipsos homines et personas vivere suis usibus legibus et consuetudinibus antiquis . . tam ex lege Salica et Longobardica.*[1] Und im Rechtsbuch des Mailänder Richters Petrus und darnach im Stadtrecht von 1216 heisst es: *dictum est de diversis iudiciis quae interdum iure legum Romanarum, interdum legibus Longobardorum vel consuetudine municipali terminantur.*[2] Aber auch manche andere Stelle zeigt, dass man an dem System der persönlichen Rechte grundsätzlich festhielt, gerade auch dort, wo seine Anwendung im einzelnen Fall beseitigt wurde.

Die persönliche Geltung des Strafrechts ist schon früh aus den Stadtrechten verschwunden. So wird 1216 in Mailand (c. 5) bestimmt, der Verbrecher solle nach Stadtrecht gestraft werden, subsidiär nach römischem Recht, wo dies ausdrücklich vorgeschrieben, sonst nach longobardischem Recht,

---

[1] (Bonelli) Notizie istorico-critiche intorno al b. m. Adelpreto vescovo . . di Trento II n. 34. — doch wohl von stammesrechtlicher Geltung zu verstehen.

[2] Das Bruchstück des Petrus (um 1210) bei Lehmann, Juristische Festgaben für Ihering, gewidmet von der Rostocker Juristenfakultät 74 (auch Lehenrecht 203); Stadtrecht c. 27 MHP. XVI 938. Ueber das Verhältnis beider Quellen folge ich im Wesentlichen Lehmann a. a. O. 78 ff. (abweichend neuerdings Lattes 32 ff.). Die Tragweite des Textes ist freilich sehr zweifelhaft, und es ist mit Rücksicht auf das gleich zu erwähnende c. 5 wahrscheinlich, dass dabei auch an die ortsrechtliche Geltung der beiden Quellen gedacht ist. Doch lässt der in c. 5 und 27 festgestellte Fortbestand der persönlichen Rechte, mit Bezug auf Petrus auch die in c. 21 noch erkennbare ältere Fassung vermuten, dass sich der Ausspruch unterschiedslos auf alle Fälle beziehen soll, in denen in Mailand longobardisches oder römisches Recht zur Anwendung kommt. Vgl. auch unten S. 168.

licet is cui maleficium factum iuvenitur, iure Lombardorum vivebat, sicut nonnulli nostrae iurisdictionis vivunt. idemque erit, et si extraneus lege Romana vivens fuerit mortuus vel aliud maleficium passus.[1]

Auch im Prozess hat die Verschiedenheit nicht mehr lange gedauert, und in den Statuten von 1293 wird in Brescia angeordnet:[2] *item ut non compellatur Lombardus vel Romanus . . cum sacramentalibus iurare nisi in causa homicidii vel in causa secundum mores feudi, et par atque aequalis causa probationis recipiatur contra Lombardum et contra Romanum.*[3]

Oefter ist der Stammesunterschied bezüglich der Volljährigkeit hervorgetreten. c. 21 des Mailänder Stadtrechts lässt die ältere Fassung des Petrus noch erkennen: *si aliquis lege Longobardorum vivens super aliquo contractu vel iudicio laesus postulet in integrum restitui, eius perfecta aetas annorum 18 existimatur et non ultra . . at si lege Romana vivit, 25 annorum tempus spectatur.* Die Redaktoren von 1216 fügen freilich bei: *quae aetas tam 25 annorum quam 18 hodie statuta est in annis 20.* Und in c. 27 wird bemerkt, ein Lehen könne man nur neu verleihen, *si maiores fuerint annis viginti secundum novum statutum quacumque lege durante* — aber man beachte dabei den ausdrücklichen Vorbehalt der persönlichen Rechte.[4] In Vercelli zeigen noch 1222 die Urkunden einen Unterschied

---

[1] MHP. XVI 871. Pertile I 72[30] (aber 382[6]?) und Kohler, Zeitschrift für internationales Privat- und Strafrecht IV 226, sowie Studien aus dem Strafrecht II 14 sehen in der Stelle zu Unrecht Entscheidung nach dem persönlichen Recht des Thäters angeordnet; das longobardische und römische Recht finden hier als subsidiäres Ortsrecht Anwendung vgl. oben S. 42. Missverständlich auch Porro MHP. XVI 871[d] und Berlan, le due edizioni delle consuetudini di Milano 65.

[2] MHP. XVI 1584 (250).

[3] Nach Mandelli, Vercelli II 15 haben im 13. Jahrhundert auch in Vercelli *alcune particolarità di forma in occasione di ordalie e duello* je nach der Stammeszugehörigkeit der Parteien gegolten. Doch ist in den einschlägigen Ausführungen von Mandelli II 73 ff. ebensowenig wie in den Statuten MHP. XVI näheres darüber zu finden.

[4] MHP. XVI 911, 942.

des longobardischen und römischen Volljährigkeitstermines,[1] während ein Statut von 1225, ohne der Rechtsverschiedenheit weiter zu gedenken, die einheitliche Altersgrenze von 25 Jahren einführt.[2] Auch Parma verordnet 1255, Darlehen an einen *minor 25 annis* sind nicht klagbar, *sive sit Romanus sive Lombardus.*[3] Und ähnlich bestimmt 1281 Brescia[4] von Haussöhnen und Personen unter 25 Jahren: *item in his omnibus suprascriptis non est distinguendum, an Romanus vel Lombardus sit, licet quorundam interpretatione Lombardus non sit in potestate patris.*

Auch die verschiedene Handlungsfähigkeit der Frauen findet Erwähnung. Schon vor 1056 zeigen die Genueser Consuetudines die Veräusserungsbefugnisse der longobardischen und der römischen Ehefrau gleich geworden:[5] *femina Longobarda vendebat et donabat . . sine interrogatione parentum suorum et sine notitia principis.* Und bezüglich der Geschlechtsvormundschaft wird in Brescia zur Vermeidung von Betrügereien 1252 angeordnet, *quod si aliqua mulier in aliquo contractu confessa fuit se lege vivere Romana, licet Lombarda sit, non possit postea dicere se lege Lombarda vivere, et intelligi debeat ipsam esse Romanam et eodem modo obligetur et obligari possit et refutare ius suum veluti sie esset Romana.* Erst 1355 werden alle Weiterungen abgeschnitten mit der Bestimmung: *quod mulier possit confiteri in quolibet contractu se vivere lege Romana vel Lombarda prout sibi placuerit secundum legem illam qua se vivere confessa fuerit.*[6]

Vor allem reich an Vorschriften über die persönlichen Rechte aber sind die Stadtrechte in Bezug auf das eheliche Güterrecht. Ein Genueser Weistum von 1130 zeigt die Tertia für die einheimischen Römer, die Quart für die Longobarden

---

[1] Mandelli II 18.

[2] MHP. XVI 1151 c. 157.

[3] Statuta communis Parmae ed. Ronchini I 238. Wiederholt in den Statuten von 1266/1304 II 227. Nicht mehr in denen von 1347 III 165.

[4] MHP. XVI 1584 (260). Nach Lattes 177 übrigens wahrscheinlich schon von 1231.

[5] MHP. VII 3.

[6] ed. Lattes 420, 421.

von auswärts in Geltung; doch ist die Tertia hier schon 1143 aufgehoben worden.[1] Und auch in Alessandria sollen seit 1179 Tertia und Quart »bei allen« beruhen.[2] Dagegen erscheint die Tertia kraft longobardischen Rechts noch 1207 in Toscanella, 1251 in Viterbo gebräuchlich.[3] In Cremona ist sie durch die quellenmässige donatio propter nuptias ersetzt worden; und bald hat die römische Eheschenkung die Morgengabe auch für Longobarden verdrängt. Urkunden von 1240, 1241, 1255 geben darüber Aufschluss: die Aussteller bekennen longobardisches Recht und bestellen ihrer Braut das tantundem der Mitgift *propterea quod in statuto comunis Cremone continetur quod Lungobardi equaliter debent tradere cartam donationis propter nuptias ut Romani.* Dann aber hat man das System gewechselt, in einer Urkunde von 1264 beschränkt sich der Bräutigam darauf, der Braut die Rückgabe der Mitgift zu versprechen, *cessante donatione propter nuptias et quarta secundum formam statuti Comunis Cremone,* und das gleiche Versprechen mit derselben Klausel findet sich in einer Urkunde von 1308, in der der Aussteller longobardisches Recht bekennt.[4] In San Geminiano haben die Eheschliessungen nach longobardischem und römischem Recht bis 1252 gedauert. Künftighin aber sollen die Ehen nur mehr *de iure Romano et non aliter* eingegangen werden, doch mit dem Vorbehalt für vorher geschlossene Ehen, *si lis mota fuerit, per eandem legem causa finiatur, per quam probatum fuerit matrimonium fuisse contractum.*[5] Bis zur selben Zeit hat auch in Parma die Verschiedenheit bestanden. Dann bestimmen die Statuten von 1255, und ebenso die von 1266/1304: *maritus habeat potestatem, quacumque lege vivat, iudicandi uxori si voluerit tantum quantum ab ea recepit in dotem et non ultra* — bis die Statuten von 1347 auch hier das System wechseln: *maritus quacumque lege vivat, habeat potestatem iudicandi seu legandi*

---

[1] MHP. VII n. 25 und 79.

[2] Consuetudines c. 2 nach Pertile III 336[40].

[3] Vgl. unten S. 145.

[4] MHP. XXI s. XIII n. 526, 528, 660, 840. XXII s. XIV n. 84.

[5] Zdekauer, Rivista italiana per le scienze giuridiche III 240. Ueber den Rechtszustand vor 1252 auch 235 f.

uxori suae si voluerit 100 libras parm.;[1] bemerkenswert ist dabei wiederum der grundsätzliche Vorbehalt der persönlichen Rechte, obwohl die inhaltliche Aenderung der Vorschriften Gelegenheit zu seiner Beseitigung geboten hätte. Und noch die Statuten von 1494 wiederholen die Bestimmung.[2] Zahlreich sind die Zeugnisse des doppelten Güterrechts für Como. Ein Statut von 1196 verfügt: *si aliquis duxerit uxorem, infra mensem unum ex quo duxerit eam, cartam . . tertiae seu quartae faciat.* 1219 erhält die Frau ein Pfandrecht am Vermögen des Schwiegervaters, wenn er dem Sohn gestattet hat, *ut investiat . . sponsam suam de . . tertia seu quarta ut mos est,* was 1253 auch auf den Grossvater des Mannes ausgedehnt wird. Und nach einem Statut von 1231 entscheidet der Zeitpunkt des Todes des Mannes über die Höhe der Ansprüche einer Frau, *cui olim constituta sit . . tertia portio vel quarta bonorum vel de cetero constituetur.*[3] Welche der beiden Gaben zur Anwendung kam, bestimmte das Stammesrecht des Ausstellers. Wenn sich in einer Urkunde von 1181 die Frau für abgefunden erklärt *de omni iure quod per tertiam aut per quartam . . habebat,* so kann sich die mögliche Vereinigung beider Ansprüche in derselben Person nach alle dem nicht auf eine Wahl des Rechts, sondern nur auf einen Zweifel über das Recht des verstorbenen Mannes beziehen. In Pavia ist die Fortdauer des Systems noch 1295 bezeugt: Handelsguthaben sollen den Vorrang haben vor allen Ansprüchen der Frau *occasione . . tertii seu quarti* — bis es auch hier in Statuten unbekannten Datums und in solchen von 1393 durch einen Zuschlag zur Mitgift für beide Teile ersetzt wird.[4] Dass derselbe Unterschied in Vercelli praktisch war, beweisen Urkunden von 1171 und 1187, in denen ein Salier die Tertia, ein Longobarde die Quart bestellt, und die Statuten von 1241 treffen Bestimmung über die Vererbung dieser „*dos*" bei kinderloser

---

[1] Stat. Parmae I 247; II 246; III 159.

[2] Pertile IV 103[32].

[3] Statuten von 1281 c. 184, 187, 188 MHP. XVI col. 74, 75. Die gleich zu erwähnende Urkunde col. 310.

[4] Lattes 249[75]. Ronchini, Stat. Parmae I p. XIX[2]. Pertile III 336[49].

Ehe: *in nullo tamen matrimonio contracto in quo dos seu tertia vel quarta est constituta, quod ordinatum est supra, praeiudicium debeat generare;* erst die Revision der Statuten von 1341 hat diesen Vorbehalt weggelassen.[1] Auch in Brescia gingen beide Gaben noch lange nebeneinander her. Die Consuetudines von 1225 bestimmen: *item mulier Lombarda non habet quartam in libellis nec in terris fictalitiis nec in feudis* — was die Statuten von 1313 fast wörtlich, diejenigen von 1355 mit geringen Aenderungen wiederholen. In der Konstruktion der beiden Schenkungen aber treffen die Consuetudines von 1301 eine interessante Ausgleichung: *item consuevit servari quod mulieres teneantur restituere quartam, quam lucrantur secundum legem Lombardam, liberis ipsius matrimonii, quemadmodum donationes propter nuptias viventes lege Romana,* auch dies eine Vorschrift, die gleichlautend in den Statuten von 1313 und ähnlich in denen von 1355 wiederkehrt.[2] In den Statuten von 1385 an scheinen die beiden Texte zu fehlen. Und so erhält die Witwe auch in Vigevano seit 1383 einen Zuschlag zur dos *loco tertiae vel quartae antiquitus debitae seu donationis propter nuptias,*[3] in Valenza 1397 eine Summe bis zu 40 Pfund *pro ipsa quarta vel tertia in bonis viri sui.*[4]

Und endlich sind auch im Erbrecht Unterschiede der Stammesrechte noch etliche Zeit wichtig geblieben. Es ist wieder Brescia, wo wahrscheinlich 1257 ein Statut bestimmt, das Vermögen von Friedensbrechern solle eingezogen werden ohne Rücksicht auf güterrechtliche Ansprüche der Frau oder Forderungen der Verwandten, *qui aliquo iure Romano vel Lombardo (venirent) ad eius successionem vel de eis habere possint.* Wiederholt in den Statuten von 1277, ist die Bestimmung in jenen von 1355 durch einen Hinweis auf das gemeine römische Recht ersetzt worden.[5]

---

[1] MHP. XVI 1149. Mandelli II 23 ff.

[2] Consu. 1225 c 28 und Wiederholungen ed. Lattes 420. Consu. 1301 in den Statuten von 1313 III 293 MHP. XVI 1796 und Lattes 429.

[3] Lattes 249[75].

[4] Pertile III 336[49].

[5] MHP. XVI 1584 (128); Lattes 258. Die Tragweite der Stelle ist allerdings unsicher, sie könnte auch auf die vom Stadtrecht zu

f) Die Urkunden der Stadtrechtszeit. (Die Professionen.)

27. Auch die Urkunden der Stadtrechtszeit bezeugen die Fortdauer der persönlichen Rechte. Ihre Würdigung ist jedoch an die Erledigung einer Vorfrage geknüpft: welches ist die Bedeutung der Rechtsbekenntnisse, die an der Spitze dieser Urkunden sich befinden?

---

einheitlicher Geltung übernommenen Sätze des römischen und longobardischen Erbrechts gehen (ein Beispiel örtlich geltenden longobardischen Erbrechts in Brescia oben S. 42). Dass die Beziehung auf das longobardische Recht in den Statuten von 1355 weggefallen ist, beweist kaum für seine persönliche Geltung bis zu dieser Zeit, weil die Aenderung von 1355 auch durch die gleichzeitige Umformung von III 282 veranlasst sein könnte. Immerhin scheint es bei der Häufigkeit, mit der die persönlichen Rechte in Brescia im 13. Jh. zur Anwendung kommen, zumal bei der Gleichstellung der so bezeichneten Erbansprüche mit den personal gestalteten Ansprüchen kraft Güterrechts wahrscheinlicher, dass das Kapitel eine stammesrechtliche Geltung der beiden Rechte voraussetzt. — Dagegen hat es mit den persönlichen Rechten nichts zu thun, wenn c. 89 der Trienter Statuten des 13. Jh. (ed. Tomaschek, die alten Statuten der Stadt und des Bistums Trient 78) die 20jährige Verjährung nur zu gunsten der Einheimischen gelten lässt, *den leyher oder schuldiger .. gleich der porger vnd der entleicher, sindt die gesessen in einem landt, dar in man einen yeglichen ein gleichs recht thut.* Tomaschek Wiener SB. XXXIII 362 ff. glaubt, die Gebiete gleichen Rechts würden hier solchen Teilen des Bistums gegenübergestellt, in denen das Recht noch nicht einheitlich geworden ist. Aber es liegt da eine einfache Reziprozitätsklausel gegenüber auswärtigen Rechten vor, wie wir sie im II. Teil noch öfter antreffen werden. — Ebensowenig können wir mit Pertile I 67[10] und [10a] eine Spur der persönlichen Rechte darin finden, wenn es 1250 in den Statuten von Bologna VI 19 heisst (Statuti di Bologna ed. Frati I 480), dass die Kinder freier Frauen und unfreier Männer unfrei sein sollen, bei Kindern von Kirchenknechten aber *dicimus ius commune esse servandum,* und wenn noch die Genueser Statuten von 1595 anordnen (Statutorum civitatis Genuae libri 6 Genuae 1609 VI 4): *clerici .. super litibus .. contra laicos audiantur, et dictae lites .. cognoscantur et decidantur secundum iura Romana tam in procedendo quam in iudicando et non secundum formam statutorum reipublicae nec alio modo.* Es handelt sich in beiden Fällen um den Ausschluss der Kleriker vom Stadtrecht, wenn auch aus verschiedenen Motiven, und um die subsidiäre Anwendung des römischen als gemeinen Rechts. Auch darüber im II. Teil.

Wo Menschen verschiedener Abstammung zusammenwohnen, drängt es sich von selbst auf, ihre Herkunft zur näheren Bezeichnung der Persönlichkeit zu benützen. Davon hat schon die römische Urkundensprache Gebrauch gemacht,[1] und wie in der longobardischen,[2] hat man dies Hilfsmittel auch in der fränkischen Zeit angewendet. In zahlreichen Urkunden begegnen Personen *ex genere Francorum* oder *Alamannorum*, deren Herkunft für den Inhalt der Urkunde völlig gleichgültig ist. Da verkauft 807 Draco von Brescia an *Veroalchari ex alamannorum genere, filio Autcherio de finibus Alamanniae loco ubi nominatur Lintzicawa*[3] — offensichtlich eine Angabe zur näheren Bestimmung des Käufers ohne weitere rechtliche Bedeutung, und so wird in mancherlei Fällen der Erwerber bei einem Verkauf, der Empfänger bei einer Schenkung durch die Angabe seiner Herkunft näher bezeichnet.[4] Der Urkundszeuge fügt seinem Namen den Stamm bei, gleichviel welcher Herkunft die Partei ist, wie 885 in Nonantula, wo die Schenkung eines Longobarden unterschrieben wird von zwei Zeugen *ex genere langobardorum*, zweien *ex genere francorum qui vivunt lex salica*, zwei weiteren *ex genere romanorum*.[5] Die Herkunftsbezeichnung dient zur Feststellung der Identität. Sind doch Stammesnamen wie *Saxo, Franco, Alamannus, Romanus, Saracenus, Vulgarus, Normannus* direkt zu Eigennamen geworden.[6]

Andererseits ist es schon früh vorgekommen, einem Rechtsakt den Hinweis auf das Recht beizufügen, nach dem er

---

[1] Bruns, fontes iuris romani antiqui[6] n. 105, 107, 135 von 142, 160, 359 (vgl. D. 21, 1, 31 § 21; D. 50, 15, 4 § 5) — wenn auch zum Teil aus besonderen Gründen.

[2] Mailand 725 MHP. XIII n. 4.

[3] MHP. XIII n. 84.

[4] Abstammung des Käufers Mem. di Lucca V 2 n. 344 Lucca 807; MHP. I n. 20 Asti 832; D'Achery, spicilegium III 360 Abruzzen um 885. — Abstammung des Beschenkten Cod. dipl. Padovano I n. 26 Verona 906; MHP. XIII n. 485 Novara 919.

[5] MHP. XIII n. 333. Vgl. auch n. 127, 162, 165, 167, 482 ebenda von 836, 847, 848, 919. Tiraboschi, Nonantola II n. 28 von 827. MHP. I n. 41 von 885 und oben S. 88 Anm. 3.

[6] Sämtlich im Reg. di Farfa zu finden.

vorgenommen wurde, wenn er sich unter einem andern Recht anders gestaltet hätte. Bei Benevent erfolgt 752 eine Freilassung *iuxta ritus gentis Langobardorum*, in Brescia 761 eine Schenkung gegen Reichung von Launegild *secundum legem nostram.*[1] Gebrauchte man solche Hinweise schon dort, wo im einzelnen Fall die Anwendung anderen als des Landesrechts gar nicht in Frage war, so mussten derartige Wendungen besonders nahe liegen, wo sich mehrere Rechte bei demselben Rechtsvorgang gegenübertraten, oder doch ein selten benutztes Recht zur Anwendung gelangte. Noch in longobardischer Zeit begegnet ein Beispiel in der Urkunde von 767, in der einer von acht Schenkern erklärt, dass er *iuxta lege sua Langobardorum* Launegild erhalten habe,[2] und so testiert 823 ein wahrscheinlich fränkisch-alamannisches Ehepaar *iuxta lege nostra* mit Handschuh, Laub und Stab und Messer.[3] Ist in dieser Urkunde zufällig die Herkunft der Aussteller nicht angegeben, so findet sich in anderen beides vereinigt. In einer Urkunde von 841 heisst es: *ego manigardo ex genere francorum . . dono . , iuxta legem meam per cultellum* u. s. w., in einer solchen von 842 schenkt *Alchario ex genere alamannorum . . iuxta legem meam per mota de terra* u. s. w.[4] Solche ausdrückliche Hinweise hat man nicht immer beigefügt. Wurde manchmal überhaupt darauf verzichtet, hervorzuheben, dass in der Urkunde ein besonderes Recht zur Anwendung komme,[5] so hat man anderwärts schon in der Herkunftsbezeichnung des Ausstellers einen ausreichenden Hinweis auf das in der Urkunde befolgte Recht gesehen; beispielsweise 823, wenn *Richilda natio Baiarorum* sich mit Zustimmung ihres Geschlechtsvormundes verpflichtet, 842, wenn *Autchari alamanno per ostium et limen* investiert.[6] Und so hat die Stammesbezeichnung an der Spitze der Urkunde die doppelte

---

[1] Troya, cod. dipl. longobardo IV n. 669; MHP. XIII n. 22.

[2] Oben S. 80; weitere Beispiele oben S. 91.

[3] MHP. XIII n. 102.

[4] MHP. I n. 23. MHP. XIII n. 146.

[5] Tiraboschi, mem. modenesi I n. 20 (Franke 835). MHP. XIII n. 127 (Franke 836) u. s. w.

[6] Mem. di Lucca IV 2 app. n. 25. MHP. XIII n. 145.

Aufgabe erhalten, die Person des Ausstellers näher zu bestimmen und auf das in der Urkunde befolgte Recht hinzuweisen. War man aber einmal dazu gelangt, diese Herkunftsangabe überhaupt rechtlichen Zwecken dienstbar zu machen, so war sie geeignet, noch einem weiteren rechtlichen Bedürfnis zu genügen: das Recht des Ausstellers für den Fall künftiger Streitigkeiten klarzustellen. Wie man mit Rücksicht auf spätere Streitfälle Zeugen gleichen Stammes zu der Errichtung der Urkunde beizog, so hat man nun auch das Stammesrecht der Partei vorsorglich festgelegt. Und dieser Zweck der Erklärung erschien bald als so wichtig, dass ihre anderen Aufgaben darüber in den Hintergrund traten. Sichtbaren Ausdruck erhält die Neuerung, wenn nun an der Spitze der Urkunde nicht mehr auf den Stamm, sondern auf das Recht der Person verwiesen wird, gleichviel, ob die Urkunde durch ihren Inhalt zu einer solchen Verweisung besonderen Anlass bot oder nicht. Schon 839 wird in Mailand ein Testament errichtet mit den Anfangsworten: *ego Teutpald manifestum abeo legibus vivens Langobardorum,*[1] 853 beginnt eine Schenkungsurkunde: *ego Warti legibus vivens Alamannorum .. dono.*[2] Nunmehr frägt der Notar bei der Errichtung der Urkunde nach dem Recht des Ausstellers; dessen Antwort ist wie jede öffentliche Erklärung eine „*professio*". Und so entsteht die typische Formel: *Gaidulfus qui professo sum lege vivere Langubardorum*, wie sie zuerst 882 nachweisbar ist.[3]

---

[1] MHP. XIII n. 135. Ueber die Urkunde des Stavila von 769 oben S. 86 Anm. 3.

[2] Muratori ant. it. II 245 mit Tiraboschi, Nonantola II n. 40.

[3] MHP. XIII n. 315. Mit dem Zusatz »*ex nacione mea*« zuerst 884 ebenda n. 324. »*profiteri*« schon in n. 243 eod. von 867. Uebern. 106 und 333 oben S. 89 Anm. 1, 92 Anm. 1. — Die Quellen sprechen im allgemeinen nur von »*profiteri*«, doch findet sich auch die Substantivform bei einer Erklärung über das Recht angewendet. So Ms. Flor. 2 II 5 in Anlehnung an Lomb. II 57 Loth. 38: *Romanus ex sola professione potest effici Longobardus.* — Die Wendung »*lege vivere*« war schon den Longobarden geläufig — Roth. 204; MHP. XIII n. 38 oben S. 86 Anm. 3 — und ist aus dem römischen Sprachgebrauch übernommen, vgl. Cod. Theod. 2, 1, 10 von 398; Theodoretus ἑλληνικῶν θεραπευτικὴ παθημάτων (5. Jh.) tr. 9 ed. Migne, patr. graeca LXXXIII 1037 (βιοτεύειν κατὰ νόμους); Brief Gregors I. von 597 ep. VIII 3 MG. Ep. II 4. — Ueber die *natio* oben S. 89.

Auf Jahrhunderte hinaus haben diese Professionen den Urkunden Italiens ihre eigentümliche Färbung gegeben, nach wie vor zunächst zur Feststellung des gesamten Rechtszustandes der Person bestimmt,[1] daneben aber auch zur Erklärung rechtlicher Besonderheiten in den Urkunden selbst und zur blossen Identitätsbezeichnung verwertet — nur dass früher der Stamm, jetzt aber in der Regel das daraus fliessende Recht für diesen Zweck angerufen wird. Als Beurkundung des rechtlichen Status aber war die Profession entbehrlich, als Identitätsbezeichnung wertlos, wo die grosse Mehrheit der Bevölkerung demselben Stamm angehörte, und so hat man vielerorts von einer solchen Erklärung bei den Angehörigen des stärker vertretenen Stammes ganz abgesehen oder hat sie hier doch erheblich später eingeführt als in den Urkunden der Minderheit.[2]

Und nun kann auch den Urkunden der Stadtrechtszeit näher getreten werden. Wir lassen die grosse Menge der dem 12. Jahrhundert angehörigen beiseite. Aber auch in den Urkunden seit dem Jahre 1200 lassen sich die persönlichen Rechte noch lange verfolgen. Ein einziger Salier hat sich in das 13. Jahrhundert herübergerettet, und er urkundet 1205 mit der melancholischen Formel: *ex natione sua salicus sicut credebat.*[3] Sonst sind es für das 13. Jahrhundert 31 Urkunden, deren Aussteller sich zu longobardischem Recht bekennen, 19 von Personen römischen Rechts, darunter zwei

---

[1] Ein bezeichnendes Beispiel der Beziehung der Profession auf spätere Streitigkeiten bietet die Urkunde der Walderada unten S. 128. Das salische Recht, das sie bekennt, ist ohne jeden Einfluss auf den Inhalt der Urkunde, aber es wird ausdrücklich für den Fall künftiger Auseinandersetzungen vorbehalten.

[2] In Cremona beginnen die römischen Professionen Mitte des 10., diejenigen der longobardischen Mehrheit erst Mitte des 11. Jh. Astegiano MHP. XXII 255 f. Vgl. auch oben S. 89.

[3] Mandelli, Vercelli II 16[1]. — Die materielle Bedeutung der fremden Rechte zeigt sich zum letztenmal in einer Urkunde von Attens 1130, wo ein Baier in solenner Form Grundbesitz verschenkt (De Rubeis, mon. eccl. Aquilejensis 611) und, besonders beachtenswert, in einer solchen von 1171 aus Vercelli, in der ein Salier seiner Frau die Tertia bestellt (MHP. XVI 1149[40]). Vgl. auch das salische Recht in Pergine 1166 oben S. 105.

Geistliche, die dies Recht kraft Standes haben. Aus dem 14. Jahrhundert weiss ich nur von 6 Urkunden näheres, deren Aussteller sämtlich Longobarden sind. Dagegen haben sich noch longobardische Professionen von 1408, 1420, 1422,[1] solche von Römern aus den Jahren 1408, 1409, 1435 erhalten.[2] Man hat gesagt,[3] die Professionen hatten in der letzten Zeit ihres Bestehens nur mehr die Aufgabe, das Stammesrecht der Minderheit gegenüber dem herrschenden Recht zu schützen. Aber dem widersprechen die Thatsachen. Die Urkunden von Lodi haben in Uebereinstimmung mit dem Ortsrecht durchaus Bekenntnisse zu longobardischem Recht, die Urkunden von Trient entsprechend dem Ortsrecht römische Professionen.

Die Nachweise verteilen sich räumlich über die Gebiete von Mailand, Pavia, Vercelli, Novara und Como, von Lodi, dessen Urkunden besonders zahlreich überliefert sind, von Parma, Mantua und Trient, erstrecken sich hier jedoch nirgends hinaus über das 13. Jahrhundert, und dasselbe gilt für die tuscischen Urkunden. In Crema und Cremona reichen sie bis tief ins 14. Jahrhundert, in den Gebieten von Bergamo, von Padua (?) und Verona in das 15. Doch ist unsere Kenntnis derartiger Urkunden von dem Zufall der Publikation abhängig, und es ist beispielsweise nach den Statuten von Brescia ausser Zweifel, dass sie auch dort mindestens im 14. Jahrhundert noch in Gebrauch waren. Nach ihrem Inhalt sind es 25 Verkaufsurkunden, 14 Eheverträge, 4 Verpachtungen, 3 Testamente, 2 Verzichtleistungen; Schenkung, Cession und Tausch, sowie Feststellung der Volljährigkeit sind je einmal vertreten.

Mit dem Vordringen des gemeinen Rechts hatte man die alten Formulare verlassen und andere an deren Stelle gesetzt, die mit den veralteten Formeln aufräumen. Aber der Brauch der Professionen hat diesen Wechsel überdauert und sich auch

---

[1] Rosa, delle leggi di Bergamo nel medio evo 91 nach Bonsi, introduzione allo studio del diritto di B. 1788. Archivio storico lombardo 1874 I 378 ed. Casanova.

[2] Cipolla, le popolazioni dei XIII Comuni Veronesi 128. Gloria, cod. dipl. Padovano II 1 p. XXIV.

[3] Pertile I 385. Calisse, storia I 107.

in den neuen Formularen Eingang verschafft — ein bezeichnender Umstand für die Lebenskraft, die die persönlichen Rechte damals noch besessen haben.

Die Aufgabe der Professionen ist denn auch jetzt noch dieselbe, um derentwillen sie vordem zur Einführung gelangt waren. Bisweilen dienen sie der blossen Bezeichnung der Persönlichkeit, zumal dort, wo sich ihr Gebrauch auf bestimmte adelige Familien beschränkt hatte[1] und zu einer Art Adelstitel geworden war.[2]

In der Regel aber erfüllen sie rechtliche Zwecke. Und dass sie nicht bloss ein Scheinleben führen, beweisen schon die mannigfachen Urkunden, in denen die Profession eine stammesrechtliche Verschiedenheit in der Urkunde selbst anzeigt. In Mantua hat sich der Brauch, einen Vertrag durch Begebung der Urkunde zu schliessen, mit dem Vordringen des römischen Rechts auf die longobardische Bevölkerung beschränkt, während der Römer sich formlos verpflichtet; und so erklärt der Verkäufer einer Urkunde von 1261, die keine Profession enthält, also von einem Longobarden ausgestellt ist, er habe den Kaufpreis erhalten *et vendidit dictis dominis . . et eis chartam venditionis tradidit,* während in einer solchen von 1264 auf die Quittung folgt: *et pro quo pretio predicta . . O. per se suosque heredes et se lege Romana profitendo vendidit absque cartam vendicionis.*[3] Vornehmlich sind es die Eheverträge, in denen das Recht des Ausstellers zu unmittelbarer Wirksamkeit gelangt. Des Aretiner Formelbuchs ist schon oben S. 104 Erwähnung geschehen, nach dessen Urkunden der Bräutigam entsprechend dem Recht, das er bekannt hat, die Quart oder die donatio propter nuptias bestellt und die Munt über seine Frau erwirbt oder nicht erwirbt. Doch beginnt sich die Verschiedenheit der Eheverträge auf die Ordnung der Güterverhältnisse zu beschränken. In San Geminiano werden Anfang des 13. Jahrhunderts Eheverträge zu römischem und zu longobardischem Recht geschlossen. Das

---

[1] Mandelli, Vercelli II 15. Vgl. auch Pertile I 385[26].

[2] Doch erschöpft sich auch hier ihre Aufgabe nicht immer in dieser formalen Bedeutung; vgl. unten S. 176 f.

[3] D'Arco, storia di Mantova I n. 29, III n. 42.

bezeugen auch zwei Notare, die in einem Prozess von 1223/24 darüber vernommen werden; und auf die Frage, woran er eine Ehe longobardischen Rechts erkenne, antwortet der eine bezeichnend: *quia fiebat quarta, aliter non cognoscit*, während der andere erklärt: *quod pro maiori parte faciebant quartam, sed ex toto iure lombardo ut ius lombardum ditat, non fiebant nisi pauca.*[1] In einem Ehevertrag des Florentiner Landgebietes von 1271, dessen Aussteller römisches Recht bekennt, und in zahlreichen tuscischen Eheverträgen des 13. Jahrhunderts nach longobardischem Recht gibt der Aussteller seiner Profession den Zusatz „*super hoc*“[2] und weist damit noch besonders darauf hin, dass das Rechtsbekenntnis hier unmittelbar auf den Inhalt der Urkunde Bezug nimmt. Aber auch alle die lombardischen Stadtrechte, in denen die Tertia und Quart aufrechterhalten ist, müssen entsprechende Urkunden veranlasst haben, und es gehört wohl noch hieher, wenn 1408 und 1435 in Eheverträgen aus den 13 Comuni der Bräutigam erklärt, nach römischem Recht leben zu wollen.[3] — Es sind ferner Schenkungen, bei denen — wenigstens in Tuscien — der Anspruch auf Launegild immer noch vom Stammesrecht der Partei abhängt.[4] Eine Römerin schenkt 1279 ohne Launegild.[5] Und auch hier finden sich, meist römisch, die bezeichnenden Professionen »*super hoc*«.[6] — In Arona veräussern 1204 fünf

[1] Zdekauer, Riv. it. per le scienze giur. III 236.

[2] Zdekauer a. a. O. 237, 234.

[3] S. oben S. 116 Anm. 2. Auch in Verona 1207 und 1208 (Archivio giuridico IX 88 f. ed. Caumo), in Cremona 1226 (MHP. XXI s. XIII n. 406), in Trient 1269 (Ficker Forschungen IV n. 458) geben Aussteller römischen Rechts die donatio propter nuptias, doch ist es zweifelhaft, ob dort zu jener Zeit für Longobarden abweichendes gegolten hat.

[4] Besonders bezeichnend eine freilich schon 1176 ausgestellte Seneser Urkunde im Vergleich mit gleichzeitigen Florentiner Schenkungen; s. unten S. 174.

[5] Archivio storico italiano, nuova serie VIII 2, 292 ed. Milanese.

[6] Zdekauer a. a. O. 235. Auch bei Verkäufen ist nach Zdekauer die gleiche Formel gebräuchlich. Doch weiss ich den Unterschied der longobardischen und der römischen Kaufverträge ohne Kenntnis des Materials nicht zu erklären.

Geschwister *minores etatis i. e. minores 18 annorum qui professi sunt uiuere lege lombarda*, zur Deckung eines debitum paternum, und der Kaiserbote gestattet den Verkauf[1] -- so dass der longobardische Inhalt der Urkunde zu der Profession geführt haben kann. — Sonst sind es auch nur Incidentpunkte, wie die Volljährigkeit der Partei, die möglicherweise die Profession veranlassen. Eine Vercelleser Urkunde von 1215 besagt: *Petrus Advocatus et Albertus eius filius confitentes ambo predictum Albertum etatem habere 18 annorum et pluris et lege vivere longobarda;* oder 1222: *ipso Petro confitente se habere etatem annorum 20 et plus et lege vivere lombarda.*[2] In Pavia beschwören 1280 zwei Brüder, dass sie nach longobardischem Recht leben und ein Alter von 24 und 23 Jahren besitzen, worauf sie der Konsul für volljährig erklärt.[3] Und wenn die Statuten von Brescia Vorsorge treffen, dass die Frauen die Angabe ihres Rechts nicht zu Täuschungen über ihre Handlungsfähigkeit missbrauchen — longobardische Frauen können sich nur mit Zustimmung des Muntwalts verpflichten — so hat auch hier die Profession unmittelbare Bedeutung. Wo immer die Profession in den letzten Zeiten auf freier Wahl beruhte, da musste sich ihre Wirkung auf das jeweilige Rechtsgeschäft beschränken, musste aber andererseits überhaupt rechtliche Bedeutung nach irgend einer Richtung besitzen, da sie sonst sinnlos gewesen wäre. Die Bedeutung der Profession für die Urkunde kommt denn öfter auch in ihrer Stellung zum Ausdruck, sie befindet sich nicht an der Spitze, sondern geht der Beurkundung einer rechtlichen Besonderheit unmittelbar voraus.[4]

In der Mehrzahl der Fälle aber will die Profession auch jetzt noch den gesamten Rechtszustand der Person mit Rücksicht auf spätere Anfechtungen bezeichnen.[5] Die Urkunden

---

[1] MHP. VI n. 1720.

[2] Mandelli II 15[7], 18.

[3] Vgl. unten S. 157.

[4] So oben Mantua 1264; Siena 1176; Zdekauer a. a. O. 235.

[5] Und das mag selbst bei einigen der vorerwähnten Fälle zutreffen, in denen der Profession zufällig die Anwendung von Stammesrecht nachfolgt.

von Lodi, die einzige Sammlung, die Privatakte aus neuerer Zeit in grösseren Mengen und unverkürzt zum Abdruck bringt, lässt das mit Sicherheit erkennen. Eine eingehende Untersuchung — die hier im einzelnen zu wiederholen zu weit führen würde — zeigt, dass die Verkäufe, Tauschverträge und Testamente, die Schenkungen und Verzichtleistungen von Parteien longobardischen Rechts und solchen, die ihr Recht nicht angeben, soweit das geringe Vergleichsmaterial einen Schluss gestattet, auch die Urkunden römischer Aussteller, durchaus gleich formuliert sind, dass also der Zweck der Profession ausserhalb der Urkunde liegen müsse; und auch dort, wo einer longobardischen Profession die Anwendung longobardischen Rechts auf den Vertrag entspricht — die veräussernde Ehefrau wird befragt, der Verzicht erfolgt um Launegild — da beweist die Anwendung derselben Rechtssätze in Urkunden ohne Rechtsbekenntnis, dass diese Sätze nicht zu der Profession Veranlassung gegeben haben.

Manche Urkunden bringen es denn auch unmittelbar zum Ausdruck, dass die Angabe des Rechts Zwecke ausserhalb des jeweiligen Rechtsgeschäfts verfolgt. Wie in den Stadtrechten da und dort stammesrechtliche Verschiedenheiten beseitigt wurden mit dem ausdrücklichen Vorbehalt *quacumque lege durante,* so verknüpfen auch Urkunden die Anwendung von Rechtssätzen, die einheitlich geworden sind, mit dem Hinweis, dass der Aussteller im übrigen nach Stammesrecht lebe. Es ist der Eheverträge aus Cremona schon gedacht worden, die entsprechend dem Stadtrecht einheitlich römischen Inhalt haben; aber in drei Urkunden steht eine longobardische Profession an der Spitze, und der Aussteller erklärt, dass er, obwohl er nach longobardischem Recht lebe, die römische Gabe bestelle.[1] In einer andern Cremoneser Urkunde von 1258 schliesst jemand, *lege romana et maior 20 annis,* einen Verkauf ab,[2] in Vercelli urkundet 1257 ein Aussteller, *qui Arimannus confessus fuit se habere etatem 25 annorum et plus et lege vivere longobarda,*[3] und mit 18 Jahren gewährt das

[1] Oben S. 108. Vgl. besonders n. 528 (leider nur Regest).
[2] MHP. XXI s. XIII n. 701 (Regest).
[3] Mandelli II 18.

longobardische, mit 25 das römische Recht die Volljährigkeit. Stück für Stück bröckelt ab von dem Bau der persönlichen Rechte. Aber das System als ganzes bleibt für die Zeitgenossen bestehen, unbekümmert darum, wie viel davon noch praktisches Recht sein mochte.[1]

Der Geltungsgrund der persönlichen Rechte.

28. So hat das System der persönlichen Rechte in Italien eine lange Reihe von Jahrhunderten durchmessen, und vielerlei Gewalten haben einander im Laufe dieser Zeit abgelöst. Es konnte nicht ausbleiben, dass dieser Wechsel auch auf die Geltung der persönlichen Rechte Einfluss genommen hat.

Es war der Wille der fränkischen Könige, dass die Stämme des Frankenreiches in Italien unter ihrem ererbten Recht blieben, die deutschen Herrscher haben diesen Rechtszustand sanktioniert, und nicht nur, dass die Stammesrechte fortdauerten, sondern auch, wie sie sich voneinander abgrenzten, beruht zum Teil auf ihren Anordnungen. Zuhöchst über dem Recht stehend, haben sie auch über den Geltungsbereich der verschiedenen Rechte Macht, und wie sie befugt sind, im einzelnen Fall ein Stammesrecht zu verleihen, so kann das Königsgericht als Billigkeitsgerichtshof auch von den üblichen Kollisionsregeln abweichen. Darüber später.

Als kaiserliche Einrichtung betrachten das System auch die Zeitgenossen. *sed hi qui nunc imperant, permittunt eiusmodi fieri,* klagt der Verfasser der Questiones,[2] und es war schon davon die Rede,[3] dass die Papienser in Pip. 27 die Quelle der Neuerung erblicken. An zahlreichen Stellen werden die Kollisionslösungen an ein Kaisergesetz angeknüpft. Sind doch die Kapitularien die einzige übergeordnete Macht, die den voneinander unabhängigen Stammesrechten Grenzen setzen kann. Einen hübschen Ausdruck hat diese Gemeinverbindlichkeit der kaiserlichen Kollisionsnormen gefunden, wenn es in

---

[1] Vgl. unten S. 164.
[2] S. unten S. 144.
[3] Oben S. 92.

einer Glosse des Ms. Flor. 2 II 35, 11 (von der Verjährungseinrede eines Longobarden gegen die Kirche) heisst: *Longobardus enim debet se defendere secundum suam legem, nec rumpitur lex ista occasione illius legis, ut omnis ordo ecclesiarum Romana lege vivat, cum et illa lex sit Romana quae dicit Longobardum se defendere secundum suam legem ut infra II 56, 2* (Pip. 27).

Aber freilich, wenn man die Kapitularien auch noch so weitherzig auslegte, für alle Fragen, welchem von mehreren Stämmen jemand angehöre, welches von mehreren Rechten anzuwenden sei, boten sie keine Antwort. Und so haben die Papienser und alle Späteren den Satz, dass der Sohn das Recht des Vaters, die Frau das Recht des Mannes, der Freigelassene das Recht des Freilassers teile, dem Edikt entnommen,[1] demselben Edikt, dessen bloss nebengeordnete Stellung neben den anderen Rechten so oft betont wurde — das Edikt wurde als Landesrecht in Anspruch genommen. Auch das römische Recht der Kirche hat man bisweilen aus Liut. 152 hergeleitet.[2] Doch verweist die grosse Mehrzahl der Quellenstellen für diesen Satz in bezeichnender Weise nur auf das Kaisergesetz Lud. P. 53. Und es zeigt das Unbehagen des Expositors, auf das Edikt zurückgreifen zu müssen, wenn er das römische Recht des von einem Römer Freigelassenen aus den Institutionen begründet.[3]

Da und dort berief man sich auch auf Gewohnheitsrecht. Kar. M. 143 selbst spricht von der Geltung der Stammesrechte, *sicut consuetudo nostrorum est.* Und als sich 1166 Pergine der Gemeinde Vicenza unterwarf,[4] wurde die Fortgeltung des longobardischen und salischen Rechts im Ort ausbedungen *secundum quod semper ab hominum memoria et in ante, iam sunt centum 200 400 annos, vixerunt.* Auf

---

[1] S. die Litteratur zu Liut. 152; Liut. 126; Roth. 226 (Lomb. II 5, 1; II 7, 1; II 34, 2).

[2] Ausser der Expositio eod. und Albertus II 5 besonders Ms. Flor. 2 II 5, 1: *per hanc legem aperte declaratur quod Longobardus clericus factus Romanus efficitur.*

[3] S. unten S. 125.

[4] Vgl. oben S. 105.

dieselbe Weise sucht sich auch eine Glosse des Ms. Mon.[1] über das Bedenken zu helfen, dass eine Ediktstelle (Liut. 152) Kollisionsnormen enthalten könne: *quare hoc dixit, cum nondum constitutum erat in tempore istius legis clericos sub lege Romana vivere? scilicet quod forsan usu contingebat hoc, ut lege Romana viverent.*

Vor allem merkwürdig aber und für die Zwecke dieser Untersuchung von Interesse ist es, dass man auch das — römische Recht für die Begründung des Systems und seiner Sätze herbeizog. Es ist hauptsächlich Karolus de Tocco, der solche Ausführungen bringt. Zunächst, um die materiellrechtlichen Voraussetzungen festzustellen, die zur Unterwerfung eines Sachverhalts unter die Zuständigkeitsregel führen: Der Sohn lebt nach dem Recht des Vaters. Auch der legitimierte, denn er ist in väterlicher Gewalt nach Inst. 1, 10, 13; der illicitus steht unter dem ortsüblichen Recht, er hat nach C. 5, 5 auth. Ex complexu keine Eltern; der Adoptivsohn folgt dem natürlichen Vater, Adoption gibt nur Erbrecht und lässt die Rechte des Erzeugers ungeschmälert C. 8, 47, 11, ebenso aber auch der Arrogierte gemäss Inst. 1, 15, 3.[2] Oder: Nur die Klosterfrau teilt das römische Recht der Kirche, weil nach C. 1, 2 auth. Ingressi nicht die Tracht, sondern erst der Eintritt ins Kloster zur Nonne macht.[3] Aber auch die Regeln über den Erwerb des Rechtes selbst werden aus den römischen Gesetzen hergeleitet. Die Frau erhält das Recht des Mannes, *nam ex eo tempore sortitur forum mariti D. 2, 1, 19 et D. 50, 1, 38, illustratur enim dignitate mariti ut C. 12, 1, 13 et D. 1, 9, 8,*[4] und ähnlich begründet Blasius de Morcono[5] das väterliche Recht des Sohnes. Die Kirche steht nach Karolus unter römischem Recht gemäss C. 1, 3, 2.[6] Und für den oft erwähnten Satz, dass der von

---

[1] Lomb. II 5, 1 f. 30a.

[2] Lomb. II 5, 1 ante.

[3] I 33, 3 religiosam und II 36 (37), 4 remanserit.

[4] II 7, 1 effecta. So auch Blasius de Morcono II 7 und III 1, 18 Ms. f. 110b, 304b.

[5] II 5 f. 108b.

[6] II 5, 1 ante.

Herren verschiedenen Rechts Freigelassene deren sämtliche Rechte erwerbe, hat unzweifelhaft D. 50, 1, 7 und 27 pr. zum Vorbild gedient. Die Florentiner Glosse ist schon erwähnt worden,[1] die dem König sein Stammesrecht versagt, weil er nach kaiserlichen Reskripten *legibus solutus.* Und auch der Grundsatz, dass das Erbgut unter dem Recht des Erblassers bleibt, wird von Karolus auf diese Art bewiesen — denn auch *iura singularia* des Verstorbenen gehen auf die Erben über *ut C. 2, 52, 5 et D. 49, 14, 6 — nam attenditur privilegium eius cui succeditur, non succedentis ut D. 5, 1, 19,* und Roffredus und Blasius haben die Argumentierung übernommen;[2] wenn daraus für den Erben doppeltes Recht entsteht, so wird dies von Karolus wiederum durch römische Vorbilder gerechtfertigt.[3] Und schliesslich werden auch die Zuständigkeitsregeln dem römischen Recht entnommen. Karolus vertritt die bemerkenswerte These, dass ein Anspruch, um verbindlich zu sein, nicht nur nach dem Recht des Beklagten, sondern auch nach demjenigen des Klägers begründet sein müsse — *quia sine actione nemo experitur D. 26, 7, 9, et D. 3, 5, 5 § 14.*[4] Wenn eine Kollisionsnorm zu jemands gunsten eingeführt wurde, so dürfe sie dieser ablehnen, wenn ihre Anwendung Schaden brächte, siehe C. 1, 14, 6 und C. 4, 21, 19.[5] Und Blasius meint, das Recht des Verletzten mit dem Recht des Thatorts identifizieren zu dürfen, und stützt seine Anwendung in Strafsachen auf C. 3, 15.[6] Ja, das ganze System wird schliesslich auf das römische Recht gegründet, wenn Karolus[7] ausführt, ein longobardischer Beklagter sei an das Verjährungsrecht der Kirche nicht gebunden, *ut in simili: iustitia est constans et perpetua voluntas ius suum cuique*

[1] Oben S. 97 Anm. 2.

[2] Karolus II 18, 7 ad immunitatem; II 56 super rubr. Roffredus, de pugna tit. I; Blasius II 56 f. 293a.

[3] II 7, 1 minime componere und II 56 super rubr.

[4] II 35, 11 excludantur; II 56, 1 cui malum. Uebernommen von Blasius II 56 f. 293a.

[5] Karolus II 35, 11 excludantur; II 56, 1 cui malum.

[6] II 56 f. 293b. — Ms. Ven. f. 48b citiert als Parallelstelle zu Lomb. II 56, 2 — warum, ist mir freilich nicht verständlich — *ff. de universi. l. II.*

[7] II 35, 11 excludantur.

tribuendi; item, iuris praecepta sunt, honeste vivere, alterum non laedere, suum cuique tribuere (D. 1, 1, 10). *cum ergo ius suum cuilibet tribuatur, potest Longobardus iure suo uti contra Romanum!* Doch wird natürlich in allen diesen Fällen das römische Recht nicht als unmittelbare Quelle von Kollisionsnormen, sondern argumentweise benützt.

Wo alle andern Quellen versagen, greift man — wie heute im internationalen Privatrecht — zu Folgerungen aus der Natur und den Zwecken des Rechts; nur dass damals eine naturrechtliche Richtung die Loslösung der Spekulationen vom Boden des positiven Rechts gestattete. So manche jener Kollisionslösungen entbehrt des unmittelbaren gesetzlichen Anhalts; und bisweilen berufen sich die Schriftsteller selbst auf einen solchen Geltungsgrund. *Justum est, ut homo de adulterio natus vivat quali lege voluerit,* heisst es in § 30 der Quaestiones ac monita. Wenn jemand, von Herren verschiedenen Rechts freigelassen, nach drei Rechten lebt, so wird er — meint der Expositor — *quia per litteram tantum ire non possumus,* in der Weise beerbt, dass je ein Drittel des Nachlasses nach einem der Rechte zur Vererbung kommt.[1]

Völlig schwankenden Grund aber betritt die Theorie, wo sie den Boden der einheitlich für alle geltenden Kollisionsnorm verlässt und versucht, jedem einzelnen Recht die Grenzen seiner Anwendbarkeit für seine eigenen Angehörigen zu entnehmen. Roth. 32 setzt Busse auf den nächtlichen Hausfriedensbruch; wenn sich der Eindringling zur Wehr setzt, könne er erschlagen werden. Also wird als Eigentümer ein Longobarde vorausgesetzt, erklärt der Expositor, denn nur einem solchen kann das Edikt Anspruch auf Busse geben; aber auch der Eindringende kann kein Römer sein, *cum lex Romana nullum pro tam levi causa mori faciat.* — In Roth. 226 glaubt man die Anordnung zu finden, dass der Freigelassene nach dem Recht des Freilassers lebt. Dazu die Expositio: *si duo fratres, unus clericus, alter laicus Longobardus communem servum manumiserint, manumissus ex parte patroni Longobardi lege Longobarda vivit iuxta hanc legem; ex parte vero clerici*

[1] Exp. Roth. 226, 4.

iuxta legem Romanam iuxta legem primi libri Institutionum, 5, 3. Auf welchen Titel hin dann der von einem Salier Freigelassene nach salischem Recht lebt, ist freilich nicht gesagt. Ueber verwandte Versuche bei Karolus de Tocco wird unten zu sprechen sein. Folgerichtig durchgeführt, hätte diese Anschauung das System der persönlichen Rechte sprengen müssen.

Doch das sind Einzelheiten, die für die Auffassung des Systems bei den Zeitgenossen von Belang sind, die aber praktisch hinter der Anschauung fast verschwinden, dass die persönlichen Rechte kraft kaiserlichen Willens gelten. Nur freilich, das kaiserliche Recht ist allmählig in das longobardische Recht aufgegangen, und damit erhält auch das System der persönlichen Rechte formell einen anderen Geltungsgrund: es gilt, weil es das longobardische Recht so will, und es gilt so weit, als überhaupt longobardisches Recht gilt. Ein Geistlicher ist nach Kar. de Tocco seinen longobardischen Verwandten nicht zur Eideshilfe verpflichtet, *cum iure Longobardo omnis ordo ecclesiarum iure Romano vivat.* Und wenn Römer und Longobarde ein *nudum pactum* geschlossen haben, so kann der Römer daraus nicht klagen, denn *licet iure Longobardo teneatur Longobardus de nudo pacto . . tamen quia iure Romano actio non oritur, iure Longobardo non potest eum convenire . . quia nemo sine actione experitur.*[1] Die Kirche steht nach der Lombarda unter römischem Recht, bemerkt Roffredus,[2] nach der Lombarda hat der Kaiser römisches

---

[1] II 21, 9 non potest und II 56, 1 cui malum. Die Herleitung der Kollisionsnormen aus dem longobardischen Recht hat regelmässig dessen örtliche Geltung zur Voraussetzung. Anders allerdings bei Karolus selbst, dessen eigentümliche Formulierung durch das theoretische Bedenken veranlasst ist, dass das Kaiserrecht nur longobardisches, das longobardische aber nur Stammesrecht sei. Es handelt sich dabei also wie oben S. 125 f. um den Versuch, die Kollisionsnormen dem gerade zur Anwendung stehenden Stammesrecht zu entnehmen. Wenn die persönlichen Rechte bei Karolus im übrigen losgelöst von der bloss stammesrechtlichen Verbindlichkeit der Kaisergesetze als geltendes Recht erscheinen, so beruht das auf dem besonderen Rechtszustand Unteritaliens.

[2] De pugna tit. I; s. auch libelli IV rubr. de civili actione iniuriarum n. 13.

Recht, muss der Franke mit fränkischen Helfern schwören, schreibt Jac. Columbi.[1] So erscheint auch in Toscanella 1207, in Viterbo 1251 als Geltungsgrund der römischen Tertia das longobardische Recht,[2] und in Pavia ist von der *tertia et quarta debita lege Longobardica* die Rede.[3] Auch die Statuten von Brescia, die 1355 die Wahl des Rechts für Frauenverträge einführen, begründen dies auf Lomb. II 57.[4]

War die Durchführung des Systems der persönlichen Rechte aber abhängig von der Geltung des longobardischen Rechts, so teilt es nun auch dessen Schicksale. Und wie das longobardische Recht unter die Herrschaft der Stadtrechte gekommen ist, so auch das System der persönlichen Rechte. Es ist der Angelpunkt des Verständnisses für die Geschichte der persönlichen Rechte in den letzten Jahrhunderten, dass ihre Geltung im longobardischen als örtlichem Recht wurzelt, und dass dessen Verbindlichkeit von der Zulassung der einzelnen Städte abhängt.

Fortsetzung. Besondere Fälle.

29. Ausserhalb des kaiserlichen Italiens hat die Macht des Kaisers freilich ein Ende. Wenn die persönlichen Rechte trotzdem auch in das byzantinische Venedig eingedrungen sind,[5]

---

[1] Oben S. 103. Vgl. etwa auch die Stellen unten S. 177. — Mit besonderer Schärfe wird die Geltung der persönlichen Rechte kraft longobardischen Rechts dem römischen Recht gegenübergestellt bei Blasius de Morcono und anderen Unteritalienern. Doch ist darauf die Scheidung von Gebieten römischen und longobardischen Rechts in Unteritalien von Einfluss.

[2] S. unten S. 144 f.

[3] Altes Statut rubr. 121 bei Ronchini, stat. Parmae I p. XIX[2]. In den Statuten von 1393 heisst es nach Pertile III 336[49] *tertia et quarta antiquitus debita.* Gleichlautend Vigevano 1383 nach Lattes 249[75].

[4] ed. Lattes 421.

[5] Ficker Forschungen IV n. 29; dazu Andreas Dandulus, chronicon VIII 15, 5 bei Muratori script. XII 212. Cod. dipl. Padovano II 2 n. 1539; II 1 n. 14, 35, 128, 130, 132 vgl. auch n. 58.

so erklärt sich diese Rezeption, soweit nicht überhaupt auswärtige Notare in Frage sind, aus den gleichen Gründen, die auch sonst den Kapitularien wie dem Edikt in Venedig Geltung verschafft haben.[1] Aber gerade in einem einheimisch venetianischen Fall[2] zeigt sich eine merkwürdige fremde Einwirkung auf die Gestaltung der Kollisionsnormen: Die verwitwete Dogaressa soll 976 von dem neuen Dogen abgefunden werden für ihre Ansprüche aus Morgengabe, Mitgift und sonstigen Rechten an dem Vermögen ihres verstorbenen Mannes. *Walderada . . qui lege Salica vivere visa sum*, erklärt sich für befriedigt; sollten aber gewisse Gegenstände aus dem Schlossbrand noch nachträglich geborgen werden, *mihi exinde plenam facias legem secundum vestram et nostram consuetudinem*. Die Formel ist völlig singulär im Bereich der persönlichen Rechte. In Venedig dagegen begegnet sie wenige Monate später wieder in einem Vertrag, worin die Leute von Capodistria den Venetianern für ihre Klagen Recht *secundum consuetudinem nostram et vestram* zusagen.[3] Darf man die Formel darnach als in Venedig heimisch ansprechen, so fällt auf ihre Herkunft ein unerwartetes Licht, wenn man 945 in einem Vertrag zwischen Griechen und Russen liest, Strandraub der Russen solle »nach russischem und griechischem Gesetz« bestraft werden[4] — der Geltungsbereich des salischen ist durch das byzantinische Recht bestimmt worden.[5]

Ein anderes Gebiet, in dem die persönlichen Rechte einer besonderen Sanktion bedurften, war der Rechtskreis der Kirche. Und wo ihre Anwendung kirchlichen Satzungen zuwiderlief, wurde sie reprobiert. Auf dem Konzil zu Trebur kam 895 der

---

[1] Vgl. oben S. 45 Anm. 1 und 2.

[2] Bei Ficker a. a. O.

[3] Tafel und Thomas, Urkunden zur älteren Handels- und Staatsgeschichte der Republik Venedig I 31.

[4] Chronique dite de Nestor c. 27 trad. par Léger 39.

[5] Vielleicht gehören in denselben Zusammenhang auch c. 1 und 5 der Pactiones Gregorii von 933 MGL. IV 215, in denen die Neapler den Leuten von Benevent Rechtsschutz versprechen *secundum legem Romanorum aut Longobardorum*, gleichfalls ein Zeugnis aus byzantinischem Gebiet. Vgl. im übrigen über diese und anscheinend ähnliche Fälle im II. Abschnitt.

Fall zur Erörterung — die Entscheidung ist später in die Compilatio II und die Dekretalensammlung Gregors unter IV 1, 1 aufgenommen worden — dass ein Franke eine sächsische Frau geheiratet und sie später verliess mit der Behauptung, die Ehe sei nichtig, *quod eam non sua id est Francorum lege desponsaverit;* das Konzil erklärt die Ehe für giltig und verpflichtet den *transgressor evangelicae legis* zur Busse, es genüge, dass die Ehe *vel sua vel mulieris lege* mit Zustimmung der Verwandten rechtmässig geschlossen worden sei.[1] Doch nicht die Kollisionsnorm als solche, sondern nur ihr zufälliges Ergebnis war dabei Gegenstand der kirchlichen Einwendungen. Die Kirche steht dem System sonst indifferent gegenüber, und wo es nach Landesrecht begründet ist, wird es auch von kirchlicher Seite anerkannt;[2] die Dekretale Raynutius gibt davon noch Zeugnis. — In der Compilatio I I 10, 1[3] heisst es, Freilassungen zu dem Zweck, den Freigelassenen Geistlichen werden zu lassen, und solche um des Seelenheils willen müssten in der Kirche erfolgen, *quia sic scriptum est in pacto Francorum.* Die Stelle stammt aus Regino[4] und erhält erst dort die zu ihrem Verständnis nötige Ergänzung: denn der Ribuarier lässt in der Kirche zu römischem Recht frei, weil die Kirche nach römischem Recht lebt. Es wird hier also — auch in Italien — auf die Kollisionsnormen des fränkischen Rechts abgestellt, sogar auf solche, die in Italien abweichend geordnet sind. Aber das bedeutet nur eine tote Uebernahme, entsprechend der auch sonst hervortretenden Abhängigkeit der älteren Kanonistik von fränkischen Vorbildern.[5] — Bei dem römischen Recht der Kirche selbst aber handelt es sich, soweit es persönliches Recht ist, nicht um einen kirchlichen Rechtssatz, soweit eine Rezeption durch die Kirche vorliegt, nicht um persönliches Recht. Siehe im II. Abschnitt.

---

[1] Iudicia c. 4; decreta c. 39 (vgl. auch c. 39a) MG. Cap. II 207, 235.

[2] So bei einem fränkischen Kanonisten Anfang des 10. Jh. tract. de sacrilegiis c. 234 ed. Schulte Wiener SB. LVII 187.

[3] Nicht mehr X I 18, 1.

[4] Libri duo de synodalibus causis 906/13 c. 415—417 ed. Wasserschleben 189.

[5] Vgl. z. B. oben S. 75.

Der Umfang der Geltung der persönlichen Rechte.

a) Die ausseritalienischen Rechte.

30. Das Mass der Geltung, das den persönlichen Rechten zukam, war zu verschiedenen Zeiten verschieden. Es bestimmte sich nach der Ausdehnung der Kenntnisse, die man von den einzelnen Rechten hatte, und nach dem Umfang des gemeinsamen Rechts, das für eine Verschiedenheit der Stammesrechte keinen Raum liess.

Die Anwendung der ausseritalienischen Rechte musste zu Anfang naturgemäss auf erhebliche Schwierigkeiten stossen, zumal in der freiwilligen Gerichtsbarkeit, die fast ausschliesslich in den Händen der longobardischen Notare verblieb.[1] Aber auch später haben sie entsprechend der gewaltsamen Art ihrer Verpflanzung nie feste Wurzel zu schlagen vermocht. Zu den ersten Sätzen, die in Italien Eingang fanden, gehört die Geschlechtsvormundschaft, die sich bei Frauen bairischer und (vermutlich) alamannischer Herkunft in Anwendung zeigt; doch hat man daran anscheinend nicht lange festgehalten. Dagegen hat die Art, sich durch Urkunde zu verpflichten, wie sie den sämtlichen fremden Stämmen eigen war, allgemeine Aufnahme gefunden: der Aussteller nimmt die Urkunde samt Tintenfass und Feder von der Erde auf und reicht sie dem Erwerber zur Uebergabe an den Notar hin; sein Versprechen ist ein *„obligare"*, nicht ein *„spondere"*, die Pflicht zur Vertragstreue erstreckt sich auf Erben und *„proheredes"*, schliesst ihre *„contradictio"* und *„repetitio"* aus und wird durch ein besonderes Strafgedinge in Gold und Silber gesichert; nur die Burgunder bedienen sich der römischen Sicherungsklausel. Zu den bezeichnenden Besonderheiten gehört ferner die Form der Uebertragung von Grundbesitz, wohl auch von Knechten. Sie erfolgt durch Ueberreichung von Symbolen, die, anfangs schwankend, sich allmählig zu einer typischen Reihe

---

[1] S. Brunner, zur Rechtsgeschichte der römischen und germanischen Urkunde 108, 109; vgl. auch oben S. 113 f. Ueber den unsicheren Rechtszustand in Rom bis zu dem Gesetz von 824 unten S. 149.

ausgestalten: Messer, Stab, Handschuh, Scholle, Zweig, denen sich bisweilen der *wandilanc* als Besonderheit alamannischer Veräusserungen anschliesst, während Baiern und Burgunder manchmal ohne Symbole tradieren; der Investitur folgt eine rechtsförmliche Auflassung. Eine besondere Qualifizierung hat der Grundbesitz der Freigelassenen. Bei der Eheschliessung und bei Schenkungen, bei Freilassungen und später auch bei Frauenverträgen handeln sie wie die Römer.[1] Damit ist die Zahl der Rechtssätze erschöpft, welche in den Urkunden als stammesrechtliche Besonderheiten der nichtlongobardischen Germanen auftreten.[2] Aber die Urkunden geben kein ausreichendes Bild von dem thatsächlichen Rechtszustand. Schon die Kapitularien zeigen die Einführung fränkischen Strafrechts, die Anwendung des Verjährungsrechts der verschiedenen Stämme,[3] und die Geltung salischen Erbrechts ist aus verschiedenen Erörterungen in der Litteratur zu entnehmen.[4]

Die Lex Salica ist denn auch in Italien Jahrhunderte lang sorgfältig studiert worden. Davon geben schon ihre italienischen Extravaganten Zeugnis, im 10. Jahrhundert wird sie von Bischof Atto von Vercelli angerufen,[5] und die Papienser besitzen eine so genaue Kenntnis des salischen Rechts, dass sein Studium geradezu als ein Teil der lombardistischen Gelehrsamkeit betrachtet werden muss.[6] Dem entspricht der Bestand italienischer Handschriften. Des *Liber Legum* Eberhards von Friaul und seiner Abschriften aus dem 10. Jahrhundert in Modena

---

[1] Die nähere Ausführung im II. Abschnitt.

[2] 871 veräussert der Franke Sisenandus in der typischen fränkischen Form, zwei Jahre später wird er wegen eines Delikts nach longobardischem Landesrecht bestraft. Muratori script. II 2, 932 und 942.

[3] Pip. 7; Kar. M. 87 oben S. 83.

[4] Quaestiones ac monita § 4. Exp. Roth. 226, 4. Ms. Mon. II 34, 2 f. 47b.

[5] D'Achery, spicilegium I 435.

[6] Cartularium n. 16 (dazu Brunner Berliner SB. 1894 S. 1290 f.). Glosse Roth. 245. Exp. Liut. 56, 7; Liut. 87, 2; Kar. M. 27, 1; Kar. M. 70, 1 und 2; Pip. 7, 4; Lud. P. 27, 1. Ms. Mon. II 52, 14 f. 60b. Ferner die Stellen der vorletzten Anm. und zahlreiche allgemeine Erwähnungen. Vgl. freilich auch unten S. 142.

und Ivrea ist schon Erwähnung geschehen,[1] die neben den anderen Leges auch das salische Recht enthalten. Zwei Handschriften des 11. Jahrhunderts fügen dem Liber Papiensis die Lex Salica bei, und Fragmente derselben begegnen noch in einer solchen des 13. oder 14. Jahrhunderts.[2] Karolus de Tocco kennt sie nicht mehr,[3] und wo er auf fränkisches Recht eingeht, ist es das sizilisch-normannische Recht. Und was später über das *matrimonium lege Salica contractum* II Feud. 29 geschrieben worden ist,[4] erweckt gerade kein günstiges Bild von dem, was man sich unter ihr vorgestellt hat. Sonst ist aus den Schriften der Romanisten nur etwa eine Aeusserung des Huguccio zu erwähnen, der als *leges saeculi* neben der lombardischen und gotischen die *Salica et huiusmodi* nennt,[5] natürlich kein Beweis ihrer Kenntnis. Eine öfter ausgeschriebene Glosse des Accursius, dass die *Francigenae* keine väterliche Gewalt kennen,[6] hat mit dem Recht der Franken in Italien nichts zu thun. Und ebensowenig ist

---

[1] Oben S. 87.

[2] Boretius MGL. IV p. LVIII, LX. Pertz Archiv V 209.

[3] Lomb. I 33, 4 legem suam.

[4] Gleich die Pariser und darnach die Göttinger Dekretsumme (Schulte Wiener SB. LXIV 125 und Summa Rufini p. LXV) sprechen von Verbindungen *secundum legem satilicam*. Ob die Verstümmelungen bei Hostiensis summa Decr. III 20 n. 7 oder bei Isernia comm. feud. II 29 auf Rechnung der Verfasser kommen, ist zweifelhaft. Alvarottus II Feud. 26 § Mulier pr.: *appellatur Lex Salica quasi solum primi filii capiant . . de qua lege habetur in Lomb. III 31.* — Dagegen bin ich allerdings der Meinung, dass der Feudist hier, gleichviel ob mit Grund oder nicht, an das Recht der salischen Franken denkt. Es ist doch wohl italienischer Sprachgebrauch, den er im Auge hat, und dem eine Kenntnis des deutschen Wortes *sala* nicht zugemutet werden darf; auch Jac. de Ardizone, summa feud. c. 137, der die Lex Salica quellenmässig kennt, gebraucht die Wendung offenbar im selben Sinn. Anders Schröder, Forschungen zur deutschen Geschichte XIX 149 und — sehr anfechtbar — Thudichum, Sala. Salagau. Lex Salica 75 ff.

[5] C. 12 q. 2 c. 10 bei Maassen Jahrbuch II 229 [81]. Uebernommen von der gl. ord. und Barth. Brixiensis.

[6] Inst. 1, 9 Romanorum. — Z. B. von Blasius de Morcono II 14 Ms. f. 128 [a] als Recht der *Sallici* citiert.

von Bedeutung, was die Litteratur zu X IV 1, 1 über fränkisches Recht beigebracht hat.[1] Völlig vereinzelt unter den Romanisten steht Jacobus de Ardizone da, der in seiner Lehenssumme neben anderen Volksrechten auch die Lex Salica quellenmässig benutzt;[2] wenn er sie ohne nähere Bezeichnung anführt, so muss er immerhin bei den Zeitgenossen noch die Kenntnis vorausgesetzt haben, was unter diesen Rechten zu verstehen sei, aber in praktischer Verwendung waren sie längst nicht mehr.[3]

Nimmt die Lex Salica entsprechend dem Uebergewicht der salischen Franken unter den fremden Rechten eine besondere Stellung ein, so besitzt man doch auch einige Kenntnis der übrigen Rechte. Der *Liber Legum* und seine Abschriften enthalten auch das ribuarische, alamannische und bairische, die eine Sammlung auch das burgundische Recht. Vom ribuarischen Recht ist bei den Papiensern öfter die Rede, und es war ihnen wohl im Text bekannt.[4] Jacobus de Ardizone citiert es nach der Quelle,[5] und aus ihm schöpft Gandinus seine Kenntnisse der „*Lex Niburia*".[6] Auch das alamannische Recht benützt Jacobus mehrfach nach der Handschrift.[7] Und selbst des burgundischen thut er noch Erwähnung;[8] freilich stammt seine Wissenschaft hier nur aus Lomb.

[1] Vgl. etwa Hostiensis lectura eod. und darnach Jo. Andreae n. 3. Abbas Antiquus Ms. f. 161[b] und ihm folgend Bohic oder Ant. de Butrio n. 10. — Auch was dieselben Stellen über sächsisches Recht enthalten, ist hier nicht von Belang.

[2] c. 86, 137, 152. Diese und ein Teil der anderen Anführungen schon bei Savigny V 84[a].

[3] Darum kann auch der Meinung Schröders, Rechtsgeschichte 637 nicht beigestimmt werden, dass die Abschriften der Volksrechte, die man in Deutschland noch im 12. und 13. Jh. anfertigte, für die rechtlichen Bedürfnisse Italiens bestimmt waren.

[4] Glosse Lud. P. 13.

[5] c. 137, 153.

[6] Rubr. de poenis reorum n. 52. — Ueber Comp. I I 10, 1 oben S. 129.

[7] c. 16 zweimal, 62, 138, 142.

[8] c. 142.

II 55, 23, und das Gesetz ist ihm zur *Lex Vandalica* geworden. Das Westgotenrecht wurde in Italien schon in frühester Zeit benützt,[1] ist später jedoch kaum mehr nachweisbar. Erst die Kanonisten nennen es wieder häufiger, veranlasst durch die Synode von Troyes, aber ohne ihm Geltung in Italien zuzuschreiben.[2] Noch einmal hält Alvarottus über die verschiedenen Rechte Heerschau, wenn er im Anschluss an Jac. de Ardizone von der *lex Romana, lex Lombarda, lex Salica, lex Barbara, lex Rubricaria et lex Alemannorum*, von der *lex Vandalica* und nach der Lehensglosse von der *lex Franca* spricht;[3] aber er kennt sie nur aus seinen Gewährsmännern, und sie sind ihm *leges diversorum locorum*. Wo die Stammesrechte später Erwähnung finden, geschieht es nur mehr im geschichtlichen Interesse.[4]

b) Das longobardische und das römische Recht.

31. Ungleich wichtiger für die Beurteilung des Masses, in dem die persönlichen Rechte Anwendung fanden, war das Verhältnis des longobardischen zum römischen Recht.

Das römische Italien wird von römischem Landesrecht beherrscht. Die kleine Zahl der ansässigen Longobarden hat

---

[1] Edikt des Rothari, Zeumer Neues Archiv XXIII 429. Lectio Legum und Gaudenzi'sche Sammlung, Patetta Arch. giur. LIII 3 ff.

[2] Zuerst Jo. Faventinus (bei Maassen Jahrbuch II 229, 225) C. 17 q. 4 c. 4: *sumta sunt enim illa capita quaedam ex pandecta Gothica* (übernommen von der Summa Lipsiensis Ms. f. 192a) und C. 11 q. 1 post c. 36: *cum quatuor fuerint pandectae, Gothica, Gallica .. Longobarda et Romana* (übernommen von der S. Lips. f. 146b; Huguccio bei Maassen 225). Vgl. auch Huguccio C. 12 q. 2 c. 10 und C. 17 q. 4 c. 21 bei Maassen 229 [81]. — Als ein in gewissen Gegenden geltendes Recht nennt das gotische auch Boncompagno, Bibl. iur. med. aevi II 253. Und die romanistischen Erläuterer der Usatici Barchinonae benützen es in weitem Umfang als Ortsrecht.

[3] II Feud. 26 § Mulier n. 1. Die *lex Barbara* stammt aus Jacobus c. 137 und geht auf die edicta Justiniani III epitome Juliani c. 29.

[4] So schon Pellegrino Prisciani, annales civ. Ferrariensis (um 1490) bei Boretius MGL. IV p. LXI.

das System bei den Geschäften des täglichen Verkehrs hier nur zu geringer Bedeutung gelangen lassen, und Landfremde kamen im wesentlichen nur bei Prozessen mit dem Recht dieser Gebiete in Berührung. Aber allerdings, die steigende Rechtskultur, die hier gegen Ende des 10. Jahrhunderts einsetzt, hat den Gegensatz der beiden Rechte eben im Prozessrecht derartig entwickelt, dass die Kollisionsnormen dieses Inhalts in Rom ihre feinste Gliederung erhalten haben.

Im früheren Königreich war das longobardische als das herrschende Recht des Landes, von einzelnem Veralteten abgesehen, in allen seinen Sätzen in Uebung, das römische Recht aber stand ihm noch für Jahrhunderte hinaus in dem verkümmerten Zustand gegenüber, in dem es sich unter den letzten Königen befunden hatte, und wenn sich zu Ende des 9. Jahrhunderts das Band, das die Personen römischen Rechts vereinigt, zu einer Art Stammesgemeinschaft verdichtet, so hat dies doch den Inhalt dieser Gemeinschaft nicht erweitert.

Bis zu Anfang des 11. Jahrhunderts lässt sich im longobardischen Italien eine Abweichung des römischen vom Landesrecht nur in Folgendem nachweisen: Römer verpflichten sich mit einer eigentümlichen Schlussklausel, die die spätere Anfechtung des Rechtsgeschäftes verhindern soll, auch in der Zahl der Urkundenzeugen hat man vorübergehend unterschieden. Die Römerin ist muntfrei, die Ehefrau veräussert, ohne ihre Verwandten oder den Richter zu befragen, ein verschiedener Volljährigkeitstermin hat wahrscheinlich auch damals gegolten. Abweichendes gilt ferner für die Verjährung. Form und Wirkung der Freilassung sind verschieden. Die Schenkung erfolgt ohne Launegild, bei der Eheschliessung tradiert sich die Braut selbst, und sie empfängt als »dos« die Tertia. Verschieden ist endlich die Erbfolge, die Busse wechselt nach dem Recht des Verletzten, im Prozess wird der Eid nach dem Recht des Schwörenden geleistet. Und selbst diese Verschiedenheiten vermochten dem Uebergewicht des longobardischen Rechts nur teilweise zu widerstehen. Die Unterscheidung der Zeugenzahl hat sich überhaupt nicht eingeführt, und das Launegild bei Schenkungen, die Munt der Frauen wurde schon früh auch auf die Römer erstreckt.

Ficker[1] hat vortrefflich dargelegt, welche geringe Bedeutung das nach römischem Recht Leben neben dem longobardischen Landesrecht besass; aber wenn Ficker ausführt, dass es sich dabei im 11. Jahrhundert »nur mehr« um einige Einzelheiten handelte, deren Zahl sich vermindert und herkömmlich festgelegt hat, so steht dies im Widerspruch mit den Thatsachen. Denn die Renaissance des römischen Rechts hat auch dem Gegensatz der Stammesrechte neues Leben zugeführt. Zunächst in der Litteratur. Gewaltig schwillt die Zahl der Rechtssätze, deren Verschiedenheit in beiden Rechten festgestellt wird, und die Erörterungen über die Kollision der Rechte erlangen eine reiche und wechselvolle Gestalt.[2] Vergleichbar der historischen Schule Deutschlands haben die Papienser den Verschmelzungsprozess der beiden Rechte zum Stillstand gebracht und, unbekümmert um gewohnheitsrechtliche Neubildungen, den Geltungsbereich der beiden Rechte in einer Reinheit durchgeführt, wie er auch bei Einführung der persönlichen Rechte niemals bestanden hatte.

Selbst Praktiker, müssen ihre Anschauungen die Praxis ihrer Zeit in weitem Umfang beeinflusst haben, und wenn die Urkunden davon kein treueres Bild geben, so beruht dies auf der Zusammensetzung des erhaltenen Urkundenbestandes, der zumeist aus kirchlichen Archiven schöpft, in denen in der Regel nur die Erwerbstitel des kirchlichen Grundbesitzes aufbewahrt sind. Nur freilich, einen Einfluss von dauernder Bedeutung konnte diese Richtung darum nicht üben, weil ihre

---

[1] Mitteilungen des Instituts für österreichische Geschichtsforschung Erg.-Bd. II 53 ff. Gebilligt von Brunner Rechtsgeschichte I 257[b].

[2] Auch Ficker ist die Zunahme der kollisionsrechtlichen Erörterungen in der Expositio nicht entgangen, und er glaubt sie aus deren Entstehung im Grenzgebiet, in oder bei Bologna, wo der Gegensatz beider Rechte grössere Bedeutung hatte, erklären zu können. Aber, abgesehen von der geringen Wahrscheinlichkeit einer solchen Entstehung der Expositio, berichtet sie selbst derartige Kontroversen aus Pavia, und auch die übrige Papienser Litteratur ist reich an Ausführungen gleicher Art. Ihre Entstehung im zeitlichen Grenzgebiet ist die Ursache des erhöhten Interesses an Kollisionsfragen.

Voraussetzung, die Scheidung der Römer von den Longobarden, wenig später ins Wanken geriet.[1] Wo sich die Stammesverschiedenheit aber bis in die Zeiten der praktischen Rezeption des römischen Rechts lebendig erhielt, da hat sich der Gegensatz der Rechte auch in der Praxis von neuem erweitert.

Wahrscheinlich ist es schon eine Wirkung der neuen Strömung, wenn sich im 11. Jahrhundert der Brauch, *per cartam* zu veräussern, in Tuscien auf Longobarden zurückzieht, während Römer *per vim vocis* schenken, und sicher ist dies der Grund, wenn dasselbe im 13. Jahrhundert zu Mantua statthat.[2] Die Römerin hört auf, unter Munt zu stehen.[3] Und bei der Eheschliessung muss der römische Bräutigam die Munt wohl ablösen, ohne sie aber selbst zu erwerben.[4] Statt der Tertia bestellt der Römer nunmehr eine donatio propter nuptias in der Höhe der Mitgift,[5] und während die longobardische Frau an ihrer Quart Eigentum erwirbt, erhält die Römerin ihre donatio bei bekindeter Ehe nur zu Niessbrauch.[6] Römer stehen in väterlicher Gewalt, nicht aber Longobarden.[7] Und bei Schenkungen gibt wie früher nur der Longobarde ein Launegild.[8]

Die eigentümliche Erscheinung, dass das römische Stammesrecht mancherorts fortdauert bis herein in die Zeiten des gemeinen Rechts, hat ihre Ursache in dem Festhalten des örtlichen Rechts an der Rechtsverschiedenheit der Einwohner je nach ihrer Herkunft und eben damit in dem Ausschluss des römischen als allgemeinverbindlichen Rechts von den vorbehaltenen Materien. Das Verschwinden des römischen Elements im 12. Jahrhundert hat die Bedeutung des römischen Stammesrechts sehr verringert. Aber noch einmal erfährt der

---

[1] S. unten S. 162.

[2] Florenz 1085 (Siena 1036) Davidsohn, Deutsche Zeitschrift für Geschichtswissenschaft VI 31[5]. Mantua 1261 und 1264 oben S. 117.

[3] Cod. dipl. Padovano I n. 276, 285; II 1 n. 87 von 1084, 1085, 1117. Genua 1130 MHP. VII n. 25.

[4] Aretiner Formelbuch Ms. f. 35b.

[5] Vgl. oben S. 104, 107 ff., 117 f. Auch schon bei Verona 1193 Arch. giur. IX 86 ff.

[6] Brescia Consuet. von 1301 oben S. 110.

[7] Brescia bis 1281 oben S. 107.

[8] Siena 1176 unten S. 174.

Gegensatz eine Verschärfung durch das römische Standesrecht der Geistlichkeit, das seit der zweiten Hälfte des 11. Jahrhunderts sich Durchbruch verschafft hatte. Denn nun dienen die römischen Professionen der Geistlichen in Gebieten longobardischen Rechts dazu, ihren Anspruch auf Freiheit vom Ortsrecht geltend zu machen, ein Anspruch, der sich nicht auf die wenigen Punkte beschränkt, in denen sich sonst Longobarden und Römer unterschieden hatten, sondern die Gesamtgeltung des römischen Rechts zum Inhalt hat.

c) Die Intensität der Geltung.

32. Umfassen die persönlichen Rechte nicht den ganzen Rechtsstoff, so haben sie doch dort, wo sie überhaupt in Geltung standen, die ganze Bevölkerung nach Stämmen geschieden. Mancherlei Erscheinungen lassen allerdings das Gegenteil vermuten. In zahlreichen Urkunden unterschreiben als Zeugen Römer, Longobarden und Personen, die ein Stammesrecht nicht angeben;[1] doch es hat wohl entbehrlich geschienen, das Recht aller Zeugen festzustellen, wenn eine ausreichende Zahl von Personen bekannten Rechts bereits vorhanden war. Auf eine Teilung der Bevölkerung in Stammesangehörige und andere Einwohner scheint freilich auch das Mailänder Rechtsbuch hinzuweisen, mit seiner Feststellung in c. 5,[2] dass Römer im Bezirk nicht vorhanden, nach longobardischem Recht aber „*nonnulli nostrae iurisdictionis*“ leben. Auf einen Gegensatz der nach Stadtrecht Lebenden zu denen, die unter Stammesrecht sind, kann das nicht gehen, denn das Mailänder Stadtrecht gilt keineswegs nur subsidiär für diejenigen, die kein anderes Recht haben, und die Mailänder Bevölkerung, die die Professionen aufgegeben hat, besass vordem durchaus longobardisches Recht. Aber die Stelle wird überhaupt nicht eine Verschiedenheit der Personen, sondern eine solche der Orte des Bezirks im Auge haben. Das geht auch aus einer Urkunde von 1208 hervor,[3] in der

---

[1] Auch abgesehen von Richtern und Notaren, die dies herkömmlicherweise unterlassen.

[2] Vgl. oben S. 105.

[3] Frisi, memorie storiche di Monza e sua corte II n. 95.

ein Einwohner der Stadt Mailand zu einer Zeit, da in der Stadt Professionen längst nicht mehr üblich waren, auf dem Land longobardisches Recht bekennt. Und wenn die jüngeren Urkunden von Lodi bald mit longobardischer Profession, bald ohne solche ausgestellt werden, so beruht dies auf der beginnenden Bedeutungslosigkeit der Professionen und hat keine Verschiedenheit in der rechtlichen Beurteilung zum Inhalt.[1] Alle die Stadtrechte, die rechtliche Unterschiede für Longobarden und Römer bewahrt haben, setzen eine erschöpfende Aufteilung der Einwohnerschaft unter die beiden Gruppen voraus. Und wenn in Mailand und (von einigen Geistlichen abgesehen) auch in Lodi von Stammesangehörigen nur mehr Personen longobardischen Rechts vorhanden sind, so ist doch der Gegensatz nach wie vor der alte: der Longobarde steht dem Römer gegenüber; das Rechtsleben beschränkt sich nicht auf die Grafschaft, und es ist ein interessantes Zeugnis dafür, dass man noch in diesen letzten Zeiten das System der persönlichen Rechte als etwas einheitlich Geltendes empfunden hat, wenn sich die longobardischen Professionen mit Rücksicht auf die Römer fremder Gebiete erhalten haben.

Im übrigen wäre es eine irrige Anschauung, sich die Geltung der persönlichen Rechte nach Art moderner Gesetzesbestimmungen vorzustellen, die einem bestimmten Gebiet zur ständigen und ausnahmslosen Anwendung gelangen. Die Intensität, mit der das System in Erscheinung tritt, ist in verschiedenen Gegenden verschieden. Am stärksten in Oberitalien, zumal in der Lombardei, entwickelt, wird seine Bedeutung für das Rechtsleben in Tuscien und Spoleto geringer, und wenn auf dies Bild auch die kleinere Zahl der veröffentlichten Urkunden Mittelitaliens von Einfluss ist, so zeigen doch die Sammlungen von Lucca,[2] Pistoja[3] oder Fermo,[4] die von

---

[1] S. oben S. 119 f.

[2] Mem. di Lucca insbesondere V 3. Unter den Urkunden seit 1000 keine einzige Profession.

[3] Zacharia, anecdotorum coll. Keine Urkunde der Sammlung enthält eine Profession.

[4] Catalanus, eccl. Firmana. Keine Profession unter den Urkünden aus Fermo.

Viterbo[1] und Orvieto[2] oder die einschlägigen Urkunden des Regesto di Farfa, wie sehr die persönlichen Rechte hier in den Hintergrund treten. Und noch geringer ist ihre Bedeutung im Rechtsleben der Gebiete römischen Rechts.[3]

Aber auch dort, wo das System in lebendiger Uebung war, hat seine Anwendung im einzelnen Fall vielfach geschwankt. In Bergamo veräussert 959 ein Franke ohne Beachtung fränkischen Rechts, während Urkunden anderer Franken, die in Bergamo zur selben Zeit errichtet wurden, und anderwärts aufgenommene Urkunden desselben Ausstellers die volle stammesrechtliche Form aufweisen.[4] Und besonders lebhaft treten diese Schwankungen in den zahlreichen Urkunden der Grossgräfin Mathilde von Tuscien zu Tage.[5] Bald urkundet sie staatsrechtlich mit *praeceptum*, bald privatrechtlich durch *carta*. Die *cartae* ihrer Witwenzeit enthalten meist eine salische Profession, vereinzelt eine longobardische (darüben unten), nicht selten gar keine Profession. Meist veräussert sie mit den üblichen Traditionssymbolen, einmal mit dem sonst alamannischen *wandilanc*, mehrmals ohne Uebergabe von Symbolen. Die formgerechte Auflassung wird in der Regel festgestellt, manchmal aber auch nicht erwähnt. Dasselbe gilt von der Verpflichtung der *proheredes* und von der Strafklausel, die sich zwischen einem Höchstmass von 2000 Pfund Gold, 4000 Pfund Silber und dem Mindestbetrag von 3 Unzen Gold, 6 Pfund Silber bewegt; gegen die Regel wird dabei bisweilen die Goldbusse statt in Unzen in Pfund ausgedrückt, und das Verhältnis von 1 : 2 zwischen Goldunzen und Silberpfund verlassen. Meist wird das Pergament mit Tintenfass vom Boden aufgenommen, einmal die Feder beigefügt, ein andermal das blosse Pergament aufgehoben, aber auch die ganze

---

[1] Archivio della Società romana di storia patria XVI und XVII ed. Calisse; ohne jede Profession.

[2] Codice diplomatico della città d'Orvieto ed. Fumi; einzige Profession von 1115 n. 14.

[3] S. oben.

[4] MHP. XIII n. 630 mit n. 604, 728; 639, 757, 758.

[5] Die meisten bei Fiorentini, memorie della gran contessa Matilda[2]. Dazu Overmann, die Besitzungen der Grossgräfin Mathilde von Tuscien.

Förmlichkeit übergangen, wie sie auch in der Regel am Ende, gelegentlich aber auch zu Anfang der Urkunde festgestellt wird. Und unter den Zeugen befinden sich da Salier, dort Salier und Longobarden, in anderen Urkunden wird ihr Recht nicht angegeben. Diese Schwankungen beruhen zu einem guten Teil auf der Achtlosigkeit der Notare; aber auch der Ausstellungsort ist auf die Abfassung der Urkunde von Einfluss, wie denn beispielsweise die Pistojeser Schenkungen der Gräfin entsprechend dem Ortsbrauch keine Berücksichtigung ihres fränkischen Rechts aufweisen.

d) Die gemeinsamen Rechte.

33. Ein Blick auf den Umfang, in dem die einzelnen Rechte innerhalb des Systems der persönlichen Rechte zur Anwendung gelangten, zeigt, dass dem System auch zu Zeiten seiner höchsten Blüte nur beschränkte Bedeutung für das italienische Rechtsleben zukam, wie es dann auch keine Revolution im Rechtsleben, sondern nur ein Ereignis zweiten Ranges bedeutete, als die persönlichen Rechte aus der Praxis verschwanden. Denn die Masse des gemeinsam geltenden Rechtes war zu allen Zeiten gross. Die elementarsten Rechtssätze entnahm man einem unbestimmten Landesgewohnheitsrecht,[1] im übrigen aber galt im vormaligen Königreich das longobardische, im Dukat und Exarchat das römische als Landesrecht, und mancherlei Einsprengungen longobardischen Rechts im Recht dieser letzten Gebiete, vielfache Uebernahmen römischer Einrichtungen in das Recht der longobardischen Landschaften haben die beiden Rechtskreise auch unter sich einander näher gebracht. Die Kapitularien bildeten eine Quelle formell gemeinen Rechts, denen im Lauf der Jahrhunderte das gemeine römische Recht an die Seite trat, und schliesslich hat das neue Stadtrecht innerhalb seines Bereiches mehr als alle anderen Quellen einheitliches Recht geschaffen.

Diese ganze Masse des gemeinsamen Rechts trat insoweit in Gegensatz zu der Geltung der Stammesrechte. Immerhin

[1] Vgl. oben S. 92.

haben auch sie der stammesrechtlichen Gliederung des Rechts noch Raum gegeben. Dass sich die *capitula legibus addenda* den einzelnen Stammesrechten anschliessen, war für Italien von geringer Bedeutung. Aber auch das römische Subsidiarrecht wird in ebenderselben Weise konstruiert. Zumal dort, wo man im einen Recht Bestimmungen findet, von denen man annimmt, dass sie in einem andern fehlen, gelangt das römische Hilfsrecht zu unmittelbarer stammesrechtlicher Anwendung. So heisst es in der Expositio: *haec lex et praedictum Lodoyci capitulum de Longobardis tantum volunt intelligi; Romanus vero vel alterius legis homo . . liber esset septimi Codicis libri capitulo. — rationabilis aetas Longobardi est, habere 18 annos ut in edicto legitur; Romani vero atque Salici est, 25 annos habere. — si Longobardus fuerit, iuxta Liuprandi legem sibi nonum componat, si Romanus vel Salichus in quadruplum* (Inst. 4, 1, 15).[1] Und öfter wird festgestellt, dass ein Rechtsverhältnis zwischen Römern und Longobarden auf grund der allgemeinen Kollisionsregeln zwar nach longobardischem Recht zu entscheiden sei; weil aber das Edikt über diesen Punkt nur Bestimmungen enthalte, deren Anwendung beiderseits Beteiligte longobardischen Stammes voraussetze, so müsse für das fehlende longobardische römisches Recht eintreten.[2]

Zahllos vollends sind die Urkunden, in denen longobardische Aussteller auf das *beneficium divisionis* oder die *epistola divi Adriani* und dergleichen verzichten; sie machen ihren letzten Willen mit Erbeseinsetzung und Kodizillarklausel, ein salisches Testament trifft Bestimmungen über die *Falcidia* der

---

[1] Exp. Grim 2, 2; Kar. M. 37, 1; Kar. M. 125, 2. — Vgl. auch die Uebernahme der römischen Klausel *nec mihi liceat* durch Burgunder MHP. XIII n. 534; die Verpflichtung *per vim vocis* nach römischer Art durch Salier Davidsohn, Deutsche Zeitschrift für Geschichtswissenschaft VI 31[5]; die Ersetzung salischer durch römische Zeugen in Urkunden salischer Aussteller MHP. XIII n. 702.

[2] Exp. Liut. 86, 6: *item si Longobardus Romani servo sine domini notitia mutuo dederit, quandoquidem unusquisque secundum suam legem satisfactionem accipit et Longobardorum lex . . prohibet, nihil inde solvendum est. iuxta tamen . . Institutionum legem contendi potest esse persolvendum, eo quod ipsa generaliter loquitur, haec vero tantum de Longobardi servo excogitata est.* Aehnlich Exp. Liut. 130, 3; Ot. I 4, 3.

Kinder, der unmündige Muntwalt genehmigt eine Veräusserung seiner Mutter mit Zustimmung seines *testamentarius tutor;* das Rechtsbuch des Mailänders Petrus bestimmt die Altersgrenze verschieden für die in integrum restitutio von Longobarden und Römern, die Statuten von Vercelli ordnen die Generalhypothek für Tertia und Quart. Und dass dies gemeinsam geltende Recht nicht bloss als ungegliederte Masse empfunden wurde, die die Stammesrechte verdrängt, beweisen Aeusserungen wie die des Roffredus: kann die Frau »nach longobardischem Recht« die Quart an der Emphyteuse beanspruchen? — *numquid de iure Longobardo sit hodie locus Velleiano?* — *iure Longobardo punitur omnis iniuria sicut in iure Romano, praeterquam quia illae iniuriae de quibus tractatur in Longobarda, puniuntur in certa compositione . . quia de quibus causis de iure scripto aliquid non cavetur, communi iure . . vivamus.*[1]

Dass endlich auch die Stadtrechte ihre gemeinsam geltenden Bestimmungen vielfach in die Form von Abänderungen der einzelnen Stammesrechte kleiden, ergeben die oben gesammelten Beispiele in zahlreichen Fällen.

Der Verfall der persönlichen Rechte.

I. Ursachen.

34. Dann aber kamen die Zeiten des Verfalls.

Es konnte nicht ausbleiben, dass dem System der persönlichen Rechte die Gegnerschaft der römisch gebildeten Theorie entgegentrat. Sie bestritt die Legitimität der einzelnen Rechte, die sich dem römischen innerhalb des Systems an die Seite stellten. Und schon die blosse Vielheit des Rechts erschien verwerflich. Wir haben die Klagen der Questiones de iuris subtilitatibus schon kennen gelernt, dass die Longobarden, obwohl mit der übrigen Bevölkerung längst verschmolzen, immer noch an ihrem Recht festhalten, das doch

[1] libelli pars III rubr. de utili rei vend. quae datur emphyteutae n. 5; p. VII rubr. de S. C. Velleiano n. 2; p. IV rubr. de civili act. iniuriarum ex L. Cornelia n. 13.

längst kraftlos geworden, und dass sich nach ihrem Vorbild auch die Nachkommen der anderen Einwanderer auf ihre unsinnigen Leges berufen, *ut totidem fere leges habeantur quam domus,*[1] und dann fahren sie fort: *sed hi qui nunc imperant, permittunt eiusmodi fieri: unius tamen imperii nomine volunt censeri. non vident, quid ad hoc nomen consequatur. qui enim nomen gerit imperii, gerere debet auctoritate quoque eiusdem qua tuenda sunt eadem iura quae sunt ab ea profecta. horum igitur alterum concedi necesse est: aut unum esse ius, cum unum sit imperium, aut si multa diversaque iura sunt, multa superesse regna. nollent autem principes nostri eos quorum adiuvant leges, vivos sibi conregnare: non ergo patiantur eos mortuos secum imperitare. quorum vero dici volunt successores, eorumdem curent esse imitatores.*[2] Aehnlich zieht später auch Lucas de Penna[3] gegen die Fortdauer der persönlichen Rechte in Unteritalien zu Felde: *in nonnullis civitatibus alii vivunt eo iure, alii vero illud abiiciunt, ecce quanta est absurditas — satis quoque incongruum est unum et idem regnum diverso iure censeri . . magnaque turpitudo in illis est qui sanctissimo Romano iure communique reiecto eligunt iure vivere Longobardo*, und zahlreiche Stellen kirchlichen und weltlichen Rechts, in denen irgend eine Verschiedenheit als unzulässig oder tadelnswert hingestellt wird, sollen seine Behauptung bestätigen.

Gefährlicher als diese Theorieen aber wurde dem System der persönlichen Rechte das thatsächliche Vordringen des römischen Rechts. Wo immer das römische Recht zu praktischer Geltung gelangte, da hat es mit dem andern Ortsrecht auch die Kollisionsnormen beseitigt, auf denen die Geltung der persönlichen Rechte aufgebaut war, und die Geschichte der Verdrängung des longobardischen Landesrechts durch das römische, wie sie im 1. Kapitel gezeichnet wurde, ist damit zugleich die Geschichte der Verdrängung der persönlichen Rechte.

Zwei überaus interessante Zeugnisse aus dem südlichen Tuscien gestatten, einen Einblick in den währenden Prozess

[1] S. oben S. 62, 101.

[2] Questiones I 16 ed. Fitting 56.

[3] Lectura super Tribus Libris Codicis (1370/75) C. 12, 36 (35), 10 11, 72 (71), 1.

dieser Verschiebung zu thun. Nach der Dekretale Raynutius X III 26, 16 von 1207 erfolgen Eheschliessungen in Toscanella *iure Lombardo*, und die Frauen erhalten dort *secundum Tuscanae consuetudinem civitatis* die Tertia bestellt. Und im nahen Viterbo bestimmen die Statuten von 1251 II 11:[1] *omnibus huius statuti capitulis observatis ceterae causae secundum iura Romana tractentur et diffiniantur . . exceptis tertiis mulierum quae maritatae fuerunt iure Lumbardo vel quibus concessa fuit tertia a maritis.* Wo die Tertia vorkommt, hat dies die Geltung zweier Sätze zur Voraussetzung, der Kollisionsnorm: Longobarden stehen unter longobardischem, Römer unter römischem Ehegüterrecht, und der materiellen Bestimmung: die Gabe der Römer beträgt ein Drittel des Mannesguts. Das muss auch in Toscanella und Viterbo Rechtens gewesen sein, nur dass die Tertia bei dem Uebergewicht des römischen Elements hier auch formell zum Ortsrecht geworden ist. Aber der Einfluss der donatio propter nuptias macht sich bereits fühlbar, und die Tertia verwandelt sich unter der Wirkung dieses Gegensatzes aus dem römischen Stammesrecht, das sie nach longobardischem Landesrecht war, selbst zu einem materiellen Satz des longobardischen Landesrechts. In Toscanella scheint das longobardische damals noch das verbindliche Recht gewesen zu sein;[2] in Viterbo aber hat man vor den Statuten von 1251 — für die Zukunft sind nur mehr Ehen römischen Rechts gestattet — neben den longobardischen Ehen auch noch andere, offenbar solche zu reinem römischen Recht gekannt. Ihr Abschluss hat anscheinend auf freier Wahl beruht, und so ergibt sich die merkwürdige Erscheinung, dass eine Wahl hier nicht, wie sonst manchmal, zwischen den verschiedenen Leges innerhalb der persönlichen Rechte stattfindet, sondern dass das Grundrecht selbst, von dem das System abhängt, zur Wahl steht.

Ein anderer Gegner ist dem System im Stadtrecht erwachsen. Die Stadt war zum Mittelpunkt des öffentlichen und privaten Lebens geworden, das Stadtregiment berufen,

[1] Cronache di Viterbo 491.

[2] Die Braut wird bei der Eheschliessung von ihren Muntwälten tradiert; der Ehemann beerbt die kinderlos verstorbene Frau.

diese Interessen wahrzunehmen. Das musste zu einheitlichen Bestimmungen für alle ihre Insassen drängen. Die Stadt aber war die Stelle, die über den Fortbestand der persönlichen Rechte das letzte Wort zu sprechen hatte. Der Ueberblick, den wir oben S. 104 ff. über die Fortdauer des Systems in den Stadtrechten gegeben haben, bedeutet im wesentlichen zugleich die Verlustliste der persönlichen Rechte. Und die Zahl stadtrechtlicher Bestimmungen, die stillschweigend an Stelle stammesrechtlicher Verschiedenheit einheitliche Vorschriften setzen, ist noch viel grösser.

Doch nie hätte der äussere Druck so folgenreich werden können, den römisches Recht und Stadtrecht auf das System der persönlichen Rechte ausübten, wenn nicht das Gebäude selbst schon innerlich morsch gewesen wäre. Das System war aufgebaut auf der politischen Verbindung einer Mehrheit selbständig entwickelter Stämme. Mit dem Wegfall seiner Voraussetzung musste es verfallen. Der Unterschied der Stämme erhielt sich lebendig, so lange ihrer Verschiedenheit eine Verschiedenheit der sozialen Stellung entsprach. Aber längst waren die Einwohner Italiens zu einer Einheit zusammengewachsen. Gleiche Sprache, gleiche Sitte verknüpfte sie seit Jahrhunderten mit ihren Nachbarn, die grosse Masse des Rechts, die in Kapitularien und Landes- und Ortsrecht und später im römischen Recht enthalten war, ist ihnen gemeinsam. Politisch aber sind sie alle die Unterthanen derselben Grafschaft, und als der Grafschaft die junge Gemeindefreiheit entblühte, Genossen des Stadtverbands, dessen überragende Wichtigkeit die Zugehörigkeit zu anderen ihn kreuzenden Gemeinschaften nicht ertrug; nur die Mitgliedschaft in dem einen, die ganze Christenheit umspannenden Imperium Romanum ist daneben getreten. Vielfältige Wechselheiraten hatten die Verbindung noch enger werden lassen. Seit Jahrhunderten waren die Franken und Alamannen ihrer fernen Heimat entfremdet, und Römer und Longobarden, die ein getrenntes Stammland nie besessen, hatte schon die karolingische Eroberung in der Verschmelzung angetroffen. Etwa durch zehn Generationen ist die Erinnerung an die Abstammung lebendig geblieben, und sie hätte sich nicht so lange erhalten können, wenn nicht jede einzelne Urkunde das Andenken an die Herkunft von neuem wachgerufen hätte. Nun aber war der Stammesgedanke endgiltig erloschen, und die Wirkung, die das auf den Gebrauch der persönlichen Rechte hervorrief, hat sich in mancherlei Formen geäussert.

2. Wirkungen.

a) Wahl des Rechts.

35. Da und dort begannen die Beziehungen zwischen Stamm und Recht sich zu lockern. Verschiedenheiten im Recht, die vordem von der Herkunft der Parteien abhängig waren, wurden nunmehr ihrer Wahl anheimgestellt.

Eine mehr oder minder beschränkte Wahl des Rechts hat man freilich schon viel früher zu finden geglaubt, ja, es ist die Behauptung aufgestellt worden, das ganze System der persönlichen Rechte sei von Anfang an auf die freie Wahl der Beteiligten gestellt gewesen. Man hat sich vor allem auf Liut. 91 berufen:[1] *de scrivis hoc prospeximus, ut qui cartolas scribent, sive ad legem langobardorum . . sive ad romanorum, non aliter faciat . . excepto si aliquid inter conlibertos convenerit. et si quiscumque de lege sua subdiscendere voluerit, et pactionis aut conventias inter se fecerent et ambe partes consenserent, isto non inpotetur contra legem . . nam quod ad hereditandum pertinet, per legem scribant.* Wenn hier Urkunden nach longobardischem »oder« römischem Recht zugelassen werden, so bedeutet das: longobardisches Recht für Longobarden, römisches für Römer, entsprechend der stammesrechtlichen Geltung der beiden Rechte, wie sie in der letzten Longobardenzeit zur Ausbildung gekommen ist; allerdings

[1] Lupus, cod. dipl. civ. Bergomatis I 215; Troya, della condizione de'Romani vinti da'Longobardi 153 ff; Gaupp, Zeitschrift für deutsches Recht XIX 163; Bethmann-Hollweg IV 338; Giorgetti, Arch. stor. it. 3. serie XVII 406; Brunner, Rechtsgeschichte der Urkunde 7[1] und deutsche Rechtsgeschichte I 264[25]; Schupfer, Encicl. giur. it. I 2 sez. I 1170; Pertile storia I 70; Stouff, étude sur le principe de la personnalité des lois 50[5]; Catellani, storia del dir. int. privato 234[4]; Astegiano MHP. XXII 256. Im einzelnen gehen die Ansichten weit auseinander.

haben sich auch die Longobarden bei ihren Verträgen in erheblichem Umfang des römischen Rechts bedient, aber es waren Sätze, die durch ihre Rezeption zu longobardischem Recht geworden waren.[1] Die Ausnahme, die für Vereinbarungen *inter conlibertos* getroffen wird, behält abweichendes Ortsrecht gemäss Roth. 344, 346 vor. Das *de lege sua subdiscendere* aber, auf das man in der Regel Gewicht legt, geht auf subjektives, nicht auf objektives Recht.[2] Die Litteratur von den Papienser Antiqui bis zu Blasius de Morcono ist in der Beziehung der Wendung auf die Aufgabe subjektiver Rechte völlig einig,[3] ja die Stelle ist in Urkunden des 11. Jahrhunderts zu einer Eingangsformel verarbeitet worden, die die Zulässigkeit gewöhnlicher Schenkungen und Verzichtleistungen bestätigen soll.[4] In jedem Fall aber hätte eine solche Möglichkeit der Wahl ihr rasches Ende gefunden durch die fränkische Gesetzgebung, die mit ihrer Durchführung des Systems der

---

[1] Vgl. oben S. 55.

[2] Savigny I 155 ff. hat das schon so überzeugend auseinandergesetzt, dass es Wunder nehmen muss, wenn man seither noch anderen Anschauungen begegnet.

[3] Die Glossen 3—5 und § 2 der Expositio zu der Stelle nennen als Beispiele den Verzicht des Verletzten auf die Busse, auf einen privilegierten Gerichtsstand oder auf die gesetzlichen Pfändungsbeschränkungen; zu Liut. 108, wo ein Verzicht auf die Pfändungsbeschränkungen für zulässig erklärt wird, bemerkt die 1. Glosse: *hic subdescendit homo de lege sua*, und ähnlich die 7. Glosse zu den in Liut. 107 geordneten Ansprüchen des Gläubigers aus dem Verzug: *nisi subdescendit homo de lege sua.* Ariprandus und Albertus I 29 und Kar. de Tocco I 29, 2 discedere (vgl. auch II 41, 1 deest) verweisen auf C. 2, 3, 29, und Bl. de Morcono eod. Ms. f. 44b schliesst daran eine längere Erörterung über den Verzicht auf erworbene Rechte mit zahlreichen römischen Beispielen.

[4] Bei Turin 1044 Monumenta Novalicensia vetustiora ed. Cipolla I n. 73: *ego G. . . ut si quiscumque de lege sua subdesendere voluerit et pacionem aut convenienciam inter se fecerint et ambe partes consenserint, isti non imputetur contra lege, et qui ambe parte voluntarie faciunt ei qui talem cartulam scripserit culpabilem non invenetur esse, presens presentibus dixi* .. Ebenso MHP. XXI s. XI n. 111 bei Bergamo 1054 (dass die Formel nicht etwa auf die Wahl eines dem Aussteller nicht zukommenden Stammesrechts geht, beweist n. 110 eod.). Desgleichen Catalanus, eccl. Firmana n. 15 Fermo 1086.

persönlichen Rechte den Stammesrechten gerade auf dem Gebiet des Urkundenwesens Geltung verschafft hat.[1]

Nun hat man freilich auch unter den Kapitularien ein Zeugnis für die Wahl des Rechts zu finden geglaubt. Kaiser Lothar verordnete 824 in Rom:[2] *volumus ut cunctus populus Romanus interrogetur, quali lege vult vivere, ut tali quali professi fuerint vivere velle, vivant; illique denuncietur quod hoc unusquisque sciat . . quodsi in offensione sua contra eandem legem fecerit, eidem legi quam profitetur . . subiacebit.* Und seit Du Cange hat man daraus die Zulässigkeit einer freien Wahl gefolgert. Allein es ist heute kaum mehr zweifelhaft, dass es sich hier um eine einmalige und durch örtliche Verhältnisse bedingte Massregel gehandelt hat. Der Rechtszustand Roms war durch die fränkische Eroberung und das sie begleitende System der persönlichen Rechte in Verwirrung geraten, und die Festlegung des Stammesrechts der einzelnen Bewohner sollte eine sichere Grundlage für die Strafrechtspflege schaffen.[3]

Die Stützen, an die man sich zur Begründung der Wahlfreiheit gehalten hat, versagen somit. Aber schon das ganze System von Kollisionsnormen, das für die Anwendung des einen und des andern Rechts Grenzen zieht, bildet den lebendigen Gegenbeweis gegen ihre willkürliche Verwendung nach Wahl. Und wie die Professionen selbst aus einer Herkunftsbezeichnung hervorgegangen sind, so ist gegen die Behauptung eines Stammesrechts in Urkunden und Prozessen der Nachweis der Unrichtigkeit zugelassen.[4]

Ernsthafter ist die Behauptung zu nehmen, dass die Freiheit der Wahl später, etwa seit der Mitte des 11. Jahrhunderts,

---

[1] Vgl. z. B. als Zeugnis der Praxis Kar. M. 143: *omnes conscriptiones iuxta suam legem faciant.*

[2] Cap. I 323 c. 5 = L. Pap. Loth. 38.

[3] Auch bei den Goten haben 530 verwandte Bedürfnisse zu einer ähnlichen Massregel geführt s. Prokopius an der oben S. 10 Anm. 1 angeführten Stelle.

[4] Von der Wahl des Rechts, die Frauen und Geistlichen offen gestanden sein soll, wie auch von den Fällen, in denen sich das Recht einer Person ausnahmsweise wirklich durch Wahl bestimmte, im II. Abschnitt.

üblich geworden.[1] Wenn freilich Fitting annimmt, eine solche Möglichkeit sei schon in den Questiones I 15, 16 zugelassen,[2] so ist das schwer verständlich. Die Stelle führt aus, dass die Longobarden, trotzdem sie mit der römischen Bevölkerung längst verschmolzen, immer noch an ihrer Stammeszugehörigkeit und ihrem Recht festhalten, und dass nach ihrem Beispiel auch die Nachkommen anderer fremder Eindringlinge sich auf ihre Leges berufen — nirgends auch nur die Andeutung einer Wahl, und es wird den Longobarden gerade zum Vorwurf gemacht, dass sie sich immer noch als *„gens"* betrachten, von den andern berichtet, dass ihre *„maiores"* ins Land verschlagen worden seien; und dass zuletzt der Kaiser aufgefordert wird, diesem Zustand ein Ende zu machen, ist der Wunsch nach einem Gesetz der höchsten Gewalt, sehr verschieden von der Vornahme einer Wahl durch die Partei.[3] Wenn aber Fitting für wahrscheinlich hält, dass die Einführung der Wahl in die Praxis eben auf ihre Zulassung in den Questiones zurückgehe, so ist das doch allzu kühn kombiniert.

Im übrigen kommt hier zunächst eine Gruppe von Urkunden vom Ende des 11. und Anfang des 12. Jahrhunderts

---

[1] Salvioli, Atti delle dep. modenesi e parmensi [3] II 412 f. und storia 47; Zdekauer, Riv. it. per le scienze giur. III 234, 239; Fitting, die Anfänge der Rechtsschule von Bologna 116 c; derselbe, Questiones 38 e und Zeitschrift der Sav.-St. für Rechtsgeschichte, rom. Abt. XVIII 45; Schupfer, storia 225 ff. und Atti della r. accademia dei Lincei [5] cl. delle sc. morali V 1, 74 (!!). Widersprochen haben — nicht immer mit Glück — Liverani, Arch. stor. it. [3] XVIII 254 ff. und Padeletti eod. XX 431 ff.

[2] Questiones 38 e. Die betr. Texte oben S. 62, 101, 144.

[3] Darum kann man auch nicht mit Schupfer, storia 225 die Naturalisationsformel Ottos III. hieher ziehen. Dass der Kaiser als Herr der Stammesrechte auch die Stammeszugehörigkeit verleihen kann, ist stets ein Teil des Systems gewesen s. II. Abschnitt. — Ein Akt der Gesetzgebung ist es auch (gegen Schupfer 228), wenn später z. B. die Statuten von San Geminiano verordnen, dass künftig alle Ehen nach römischem Recht geschlossen werden sollen. In den älteren Urkunden aber, in denen Städte nach Stammesrecht kontrahieren, kommt das Recht ihrer berufenen Vertreter zur Anwendung ohne jede Beeinflussung durch Wahl. Auch darüber genaueres im II. Abschnitt.

in Betracht, deren Aussteller zu verschiedenen Zeiten verschiedenes Recht bekennen.[1] Ein Teil der in diesem Zusammenhang genannten Fälle wird indes sofort auszuscheiden sein. Wenn der Graf von Savoyen 1098 römisches Recht bekennt, so steht dem keinerlei abweichende Profession gegenüber; und wenn die Savoyer auch fränkischer Herkunft gewesen sein sollten, so haben sie offenbar das römische Landesrecht ihrer südfranzösischen Stammlande angenommen, ein Uebergang zum herrschenden Recht, wie er sich vielfältig findet, aber kein Akt willkürlicher und abänderlicher Wahl.[2] Dass die Urkunden der Gräfin Mathilde, in denen sie als Witwe, obwohl longobardischer Herkunft, salisches Recht bekennt, auf dem Recht ihres verstorbenen Mannes beruhen, hat man inzwischen längst gesehen. Indes befindet sich auch unter den Urkunden ihrer Witwenzeit eine solche, in der sie longobardisches Recht anruft.[3] Vielleicht war darauf von Einfluss, dass sie im gegebenen Fall über Erbgut verfügt; jedenfalls aber gibt auch die schwankende Doktrin jener Zeit über das Stammesrecht der geborenen Longobardin, die Witwe eines Saliers geworden,[4] eine ausreichende Erklärung. Bei Geistlichen hat man bezüglich der Professionen sorgfältig unterschieden, ob sie als Privatpersonen oder in Vertretung ihrer Kirche handeln. Darum hat es nichts auffälliges, wenn der Bischof von Bergamo 1072 Kirchengut als Römer vertauscht, Privateigentum dagegen als Longobarde verschenkt.[5]

Andere scheinbare Widersprüche beruhen auf der Flüchtigkeit des Notars, der sich nur an das Recht der Hauptperson des Geschäftes hält, über dasjenige der Nebenpersonen aber möglichst rasch hinweggeht. Offensichtlich ist das der Fall

[1] Auf einige dieser Urkunden hat schon Muratori ant. it. II 262, 280; ant. estensi I 172 aufmerksam gemacht, auf eine Reihe anderer Giorgetti, Arch. stor. it. serie 3 XVII 408 ff; serie 4 III 28 ff.

[2] MHP. I n. 436. Dazu etwa Carutti, storia della diplomazia della corte di Savoia I 201; de Gerbaix-Sonnaz, studi storici sul contado di Savoia I 118 ff.

[3] Fiorentini 267.

[4] S. II. Abschnitt.

[5] Cod. dipl. civ. Bergomatis II 683.

bei zwei Paduaner Urkunden von 1048:[1] in der ersten bekennen Mutter, Tochter und Schwiegersohn *ex nacione* römisches Recht, in der zweiten vom selben Tag die Tochter kraft Geburt römisches, um ihres Mannes willen aber alamannisches Recht; in der ersten machen Mutter und Tochter eine Schenkung, an der der Schwiegersohn nur als Beistand seiner Frau teilnimmt, in der zweiten wird die Schenkung von dem Ehepaar noch besonders bestätigt. Aus demselben Grunde wird in zahlreichen Urkunden von Ehepaaren, bei denen Mann und Frau verschiedener Herkunft sind, nur das Geburtsrecht der Frau, nicht auch ihr durch die Ehe erworbenes Recht festgestellt.[2] Vielleicht ist es damit auch zu erklären, wenn 1121 Graf Ildebrandus und Frau römisches, die Witwe seines Bruders als das Recht ihres Vaters longobardisches Recht bekennt, während sich in einer Urkunde von 1114 die Mutter der beiden Grafen — sie wird wohl geborene Salierin gewesen sein — mit ihren Söhnen zu salischem Recht erklärt;[3] jedenfalls lässt sich daraus ohne Kenntnis der anscheinend ungedruckten Urkunde von 1114 kein sicherer Schluss ziehen.

Eine wichtige Quelle solcher Verschiedenheiten aber liegt in der Achtlosigkeit der Urkundenschreiber. Es wäre geradezu merkwürdig, wenn die Urkunden jener Zeit, die in allen andern Teilen an Schreibversehen überreich sind, eben bei der Angabe des Stammesrechts sich von Ungenauigkeiten freigehalten hätten. Und in der That fehlt es nicht an Beispielen, bei denen ein solcher Irrtum auf der Hand liegt. Dass der Gräfin Mathilde manchmal »kraft Geburt« salisches Recht zugeschrieben wurde, obwohl ihr dies Recht nur durch ihre Ehe mit einem Salier zukam, ist schon früher bemerkt worden.[4] In Asti veräussert 961 eine Longobardin, die an einen Römer verheiratet ist, *iusta lege uiri meo* mit Befragung ihrer Verwandten,[5] bei Reggio 963 eine Frau, *que professa sum ex*

---

[1] Cod. dipl. Padovano I n. 150, 151.

[2] Näheres im II. Abschnitt.

[3] Arch. stor. it.[3] XX 216. — Milanesi, Periodico di Numismatica I 115; Liverani, Arch. stor. it.[3] XVIII 261.

[4] Fiorentini 96, 97, 128, 129.

[5] MHP. I n. 116.

nacione mea lege vivere longuobardorum, set pro ipso vir meus nunc lege vivo languobardorum, und zwar »nach dem Recht ihres Mannes« mit Verwandtenbefragung, »nach dem Recht ihrer Geburt« in fränkischer Form,[1] in Cividale erklärt 1102 ein Ehepaar, *ex nacione nostra* nach römischem Recht zu leben, *sed ego Ilmingart nacione mea* nach longobardischem Recht, nun aber *pro viro meo* nach römischem.[2]

Das legt es aber auch sehr nahe, die folgenden Urkunden auf dieselbe Weise zu erklären: 1063 wird im Gebiet von Florenz ein Vertrag geschlossen, bei dem der eine von zwei Brüdern erklärt, *ex natione* nach longobardischem Recht zu leben, nun aber wegen seines geistlichen Standes nach römischem Recht — bei der Genauigkeit der Angabe offenbar eine zuverlässige Mitteilung; 1084 dagegen erklären dieselben Brüder (und noch ein dritter) *ex natione* römisches Recht.[3] Nun kann man wohl ein Recht, unmöglich aber die *natio,* die Geburt,[4] wählen; der Notar hat über dem römischen Recht des Geistlichen wohl die weiteren Angaben vergessen. Aehnlich dürfte es sich verhalten, wenn in Seneser Urkunden von 1088 Petrus Fastellus und Frau kraft Geburt longobardisches Recht bekennen, desgleichen 1091 Vater und Sohn, und noch 1101 die Frau des einen der Söhne nach longobardischem Recht kontrahiert, während 1099 derselbe Petrus *ex nacione mea* römisches Recht angibt;[5] bei der Uebereinstimmung der Zeugnisse vorher und nachher wird man in der Urkunde von 1099 nur einen Schreibfehler finden können. Ebenso schliessen 1096 drei Brüder, alle nach Geburt Longobarden, der eine aber wegen seines geistlichen Standes Römer, und wiederum 1099 die beiden Laien, »nach unserer Geburt Longobarden«, einen Vertrag, während sie sich 1098 zu römischem Recht erklären.[6] Oder es bekennen sich 1104 Oddo Blanco, und in einer andern Urkunde desselben Jahres sein Bruder kraft Geburt zu

---

[1] MHP. XIII n. 668.
[2] Cod. dipl. istriano (n. 119).
[3] Giorgetti, Arch. stor. it.[4] III 28 f.
[4] Vgl. oben S. 89.
[5] Giorgetti, Arch. stor. it.[4] III 29 ff.
[6] Giorgetti, Arch. stor. it.[4] III 32 f.

römischem Recht, während in einer solchen von 1119 Frau, Söhne und Schwiegertochter des ersteren *ex natione nostra* longobardisches Recht behaupten;[1] schon die Ausserachtlassung der longobardischen Munt lässt vermuten, dass in der Urkunde von 1119 ein Schreibversehen vorliegt. Doch mag unsere Erklärung auch bei dem einen oder andern dieser Fälle nicht das Richtige treffen — jedenfalls halten wir es für ein unzulässiges Verfahren, zu folgern: wir wissen die Ursache nicht, warum manchmal das Recht derselben Person verschieden angegeben wird, also wissen wir, dass diese Ursache in der freien Wahl des Rechtes lag.

In der That steht eine solche Annahme durchaus im Widerspruch mit dem, was sonst über die persönlichen Rechte aus ebendieser Zeit bekannt ist. Mancherorts hatte ihr Gebrauch aufgehört. Aber wo immer man an dem System festhielt, da war es noch für lange die Abstammung (Ehe, Stand), die die Zugehörigkeit zu einem Recht vermittelte. *ex natione sua salicus sicut credebat*, erklärt 1205 der letzte Salier,[2] und in Urkunden von 1207 und 1228 gibt der Aussteller an, *secundum legem sui patris se lege vivere romana;*[3] Beispiele, dass die Mitglieder derselben Familie dasselbe Recht bekennen, sind denn auch noch aus dieser letzten Zeit nicht selten.[4] Die Erörterungen des 12. und 13. Jahrhunderts über die Anwendung der Rechte im Kollisionsfall gehen durchweg von der stammesrechtlichen Geltung der einzelnen Leges aus. Und bezeichnend verordnet ein Brescianer Statut von 1252,[5] dass die Frau, die sich in einem Vertrag zu römischem Recht bekennt, *licet lombarda sit,* hinsichtlich ihrer Handlungsfähigkeit behandelt werden solle, *veluti si esset romana;* also bis 1252 war in Brescia der Gegenbeweis gegen eine unrechtmässige Profession zugelassen, und auch dann verbleibt eine Frau trotz ihres Bekenntnisses zu römischem Recht Lombardin, und es werden nur die für den Rechtsverkehr gefährlichen Folgen einer falschen Erklärung

[1] Muratori, ant. estensi I 169, 174, 171.
[2] Oben S. 115.
[3] Caumo, Arch. giur. IX 88.
[4] Cod. dipl. Laudense II n. 168, 222. Mandelli, Vercelli II 15.
[5] Oben S. 107.

abgeschnitten. Ueberhaupt aber beruht die herrschende Meinung, die seit dem 11. oder 12. Jahrhundert freie Wahl des Rechts annimmt, auf der unausgesprochenen Voraussetzung, dass die persönlichen Rechte zu jener Zeit nur mehr bei Verträgen platzgegriffen hätten, so dass das gewählte Recht Gegenstand des Vertragsinhaltes geworden wäre. Wie sollte auch in Fragen zwingenden Rechts eine Wahl möglich sein, ohne das ganze Gefüge des Rechts zu sprengen? Und doch haben in Strafsachen die persönlichen Rechte in Mailand bis zu Anfang des 13. Jahrhunderts gedauert, noch länger sind sie im Beweisrecht und für Intestaterbfolge in Brescia in Kraft geblieben.[1] Schwerlich hat der Erschlagene vor seinem Tod noch immer Zeit gefunden, das Recht zu wählen, nach dem er gebüsst werden wollte. Und selbst für Rechtsgeschäfte wäre eine schrankenlose Wahl des anzuwendenden Rechts nicht durchführbar gewesen, ohne eben dieser Wahl in kürzester Zeit ein Ende zu machen. Jeder junge Mann hätte sich als Longobarden erklärt, um früher volljährig zu sein, jede Frau als Römerin, um allein handeln zu können, jeder Schenker als Longobarden, um eine Gegengabe zu erhalten.

Was sich thatsächlich nach dieser Richtung feststellen lässt,[2] ist das folgende: Die Lombardisten des 12. Jahrhunderts haben aus dem römischen Gesetz Lothars von 824 Lomb. II 57 die allgemeine Regel abgeleitet, dass jeder, der seine Abstammung nicht mehr kennt, sein Recht wählen dürfe, für andere Fälle aber gerade die Unabänderlichkeit des Rechts betont. So Ms. Flor. 2 II 57: *sed quoniam de quibusdam dubitabatur qua lege vivant, videndum est quid fieri debeat. debent autem interrogari qua lege vivere velint, ut ea lege vivant quam responderint se vivere velle. sed et sui patris legem mutare quis potest secundum quosdam. sed mihi videtur ut lege patris*

---

[1] S. oben S. 105, 106, 110.

[2] Nicht hieher gehört eine Urkunde aus Como von 1181, die oben S. 109 erörtert wurde. Ebensowenig ein Fall von San Geminiano (Zdekauer a. a. O. 235), in dem jemand 1200 eine Ehe vermutlich nach longobardischem Recht geschlossen hat, seine zweite Ehe dagegen nach römischem; denn das römische Eherecht ist in San Geminiano Ortsrecht geworden (Zdekauer 240), und dies hat vermutlich schon auf die zweite Eheschliessung eingewirkt.

mutare non possit neque suam, postquam acceperit. Und Albertus fährt nach einem den ersten beiden Sätzen ähnlichen Eingang fort: *nec postea illis eam mutare licebit. illi enim qui legem suam cognoscunt, ipsam mutare non possunt. quod autem dictum est, ut populus interrogetur, verum est, cum de lege dubitatur. *nam si scientes aliam eligunt, suae priori subiacebunt id est ad pristinam reverti debent.*[1]

Man hat ferner den Satz aufgestellt, dass der Römer zu dem herrschenden longobardischen Recht übergehen dürfe, das Gegenteil jedoch ausdrücklich für unstatthaft erklärt. So Ms. Flor. 2 II 5: *per hanc legem aperte declaratur quod Longobardus clericus factus Romanus efficitur. alio modo Longobardus Romanus non efficitur. Romanus vero ex sola professione potest effici Longobardus, nisi in fraudem fiat.* Ganz ähnlich heisst es in einer anderen Glosse derselben Zeit:[2] *Romana lege vivens mutare legem potest et eligere Longobardam, nisi in fraudem id agat, non e contrario secundum Aliprandum.* Oder bei Ariprandus und Albertus II 5:[3] *quamvis ergo Longobardus genitor (religione) Romanus efficiatur, filius tamen lege vivet Longobarda. idem in Romani obtinet filio, licet interrogatus (a rege vel delegato volens) legem mutare possit.* Ob diese Mitwirkung des Königs oder Königsboten[4] mehr als eine Reminiszenz an Lomb. II 57 darstellt, ist zweifelhaft. Jedenfalls handelt es sich dabei nicht um willkürliche Wahl, sondern um die Wirkungen einer beginnenden desuetudo des römischen Stammesrechts. Für eine freie Wahl verbleibt somit als einziger Anhaltspunkt die Ms. Flor. 2 II 57 bekämpfte Ansicht, deren Tragweite mangels näherer Angaben völlig ungewiss ist.

---

[1] Die ersten Sätze des Ms. Flor. 2 gleichlautend schon Ms. Flor. 1 II 57. Dagegen betrachten die Glosse und Exp. Loth. 38, 2 die Vorschrift noch als eine einmalige und nur für die Stadt Rom bestimmte Massregel. Ebenso Ms. Mon. II 57 f. 67b: *non est putandum *populum *Romanum *ulterius *esse interrogandum, *quandoquod confessi sunt eo tempore se vivere *Romana *lege.* Die Unabänderlichkeit des Rechts entnimmt der Stelle auch Jac. Columbi II Feud. 53 legitime: *nam ille qui Romana lege vivit, ei subiacere debet ut in Lombarda II 57 l. 1.*

[2] Bei Savigny VII 3.

[3] Die eingeklammerten Stellen nur bei Albertus.

[4] Vgl. auch oben Ms. Flor. 2 II 57 das »*accipere*«.

Aus der Praxis sind es zunächst drei zusammengehörige Zeugnisse, die das Interesse in Anspruch nehmen. In Vercelli heisst es in einer Urkunde von 1228:[1] *confitentes se lege vivere longobarda ipsam legem sibi eligendo, et specialiter ipse P. confitendo se maiorem esse 14 annorum, quam confessionem fecerunt similiter . . eius cognati.* Jacobus de Ardizone berichtet,[2] ein *maior 18 annis, minor 25* könne ein Lehen neu verleihen, *si iure longobardo vivere voluerit, quia tunc in legitima aetate esse dicitur.* Eine Urkunde aus Pavia endlich von 1280 hat zum Inhalt: *quum L. T. consul iusticie Papie cognovit iuramento Bernardi B. et Biscossi de B. filiorum quondam P. B., qui iuraverunt in presencia dicti consulis se lege vivere lombarda et de cetero velle vivere ipsa lege, et ipsam legem elegerunt in presencia ipsius consulis,* und nachdem sich der Konsul aus dem Eid der Brüder und ihrer körperlichen Erscheinung überzeugt hatte, dass sie älter als 24 und 23 Jahre, *idcirco dictus consul ex parte publica pronunciavit ipsos fratres fore maiores, legitima et perfecta etate et per se tanquam maiores sua negocia gerere posse.*[3] Die Urkunde von 1228 und noch schärfer die von 1280 zeigt, dass hier keine willkürliche Wahl in Frage sein kann. Die Parteien erklären sich auch abgesehen von ihrer *electio* zu longobardischem Recht, und in der Paveser Urkunde wird diese Behauptung noch besonders unter Eid gestellt. Alle Zeugnisse beziehen sich auf Personen longobardischen Rechts, die nach römischem Recht noch minderjährig sind, und es scheint sich dabei um eine vertragsmässige Bestärkung des angegebenen Rechts zu handeln zu dem Zweck, um nachträgliche Behauptungen, der Aussteller sei Römer und darum noch nicht handlungsfähig gewesen, auszuschliessen.[4]

---

[1] Mandelli II 18.

[2] Oben S. 103.

[3] Ficker Forschungen IV n. 475, vgl. auch III 425. Ficker sieht in der Urkunde eine Erteilung der venia aetatis; doch hat sie nicht die Begründung einer vorher nicht bestehenden Handlungsfähigkeit, sondern die Feststellung einer bereits vorhandenen zum Gegenstand.

[4] Anderwärts hat dasselbe Bedürfnis zu der eidlichen Bestärkung geführt, der Aussteller sei — ohne Rücksicht, ob es den Thatsachen entsprach — älter als 25 Jahre Stat. Parmae II 227;

Wo freilich die Stammesrechte unter die Herrschaft des örtlichen Rechts gekommen waren, und wo sich ihre Anwendung auf Gegenstände dispositiven Rechts beschränkte, da mussten mit dem Verblassen des Stammesbegriffs die stammesrechtlichen Verschiedenheiten als blosse Modalitäten desselben Rechtsgeschäftes erscheinen, die in doppelter Gestalt in Uebung waren. Und ward ein innerer Grund, warum der eine Teil der Bevölkerung sich dieser Art, der andere einer andern bedienen müsse, nicht mehr empfunden, so lag es nahe, den Beteiligten die beiden üblichen Arten des Geschäfts nach Wahl zur Verfügung zu stellen — um so mehr, als man es schon vorher mit dem Nachweis, ob jemand diesem oder jenem Recht angehöre, nicht genau nahm. Aber eben damit hören diese Geschäftsformen auf, stammesrechtlich zu gelten, sie bewahren seine äussere Gestalt, aber sie entfallen dem System der persönlichen Rechte. Eine solche Umwandlung scheint besonders in Tuscien eingetreten zu sein. Hier finden sich im 13. Jahrhundert Veräusserungen mit Wendungen wie *profitens se super hoc vivere lege Romana,* und Schenkungen und Eheverträge werden nach römischem oder longobardischem Recht mit ähnlichen Klauseln geschlossen.[1] Im Jahre 1279 macht Cunizza de Romano, eine Enkelin der salischen Ezzelini, eine Schenkung *asserens se . . vivere velle yure Romano et ad maiorem cautelam de consensu . . Y. . . sibi in mundualdum *dati.*[2] In Oberitalien ist eine solche Umgestaltung

vgl. auch die verwandten Schutzmassregeln gegen betrügerische Professionen der Frauen in Brescia. In Vercelli ist freilich 1225 der Volljährigkeitstermin für Römer und Longobarden einheitlich auf 25 Jahre festgesetzt worden; aber es wird die Annahme gestattet sein, dass die Notare die von der Neuerung äusserlich nicht berührte Formel 1228 noch von früher her weiterführten. — Padeletti a. a. O. 439[8] glaubt, das »*eligere*« im Sinn von »*profiteri*« nehmen zu dürfen. Ein ähnlicher Sprachgebrauch hat mindestens in der fränkischen Zeit thatsächlich bestanden [2. Konzil von Sevilla 619 C. 16 q. 7 c. 22; Kapitular Pippins 782/86 c. 6 und 7 Cap. I 192; Prolog der Lex Baiwariorum und darnach Usatici Barchinonae c. 139; vgl. auch Lucas de Penna C. 11, 72 (71), 1]; aber der Ausweg versagt gegenüber dem »*velle*«.

[1] Vgl. oben S. 118.

[2] Milanesi, Arch. stor. it.[3] VIII 292.

erst später und nur in vereinzelten Zeugnissen nachweisbar eingetreten. In Brescia wird die Schutzvorschrift gegen betrügerische Frauenprofessionen 1355 abgeändert:[1] Nunmehr kann jede Frau bei Verträgen nach ihrem Gutdünken longobardisches oder römisches Recht bekennen, d. h. sie kann sich mit und ohne Beistand gültig verpflichten; die Stelle lehnt sich an den Wortlaut von Lomb. II 57 an, und es scheint, dass man das Gesetz von 824 nun auch theoretisch für die freie Wahl verwertete. In Eheverträgen von 1408 und 1435 wählt der Bräutigam römisches Güterrecht,[2] und ähnlich wird es sich wohl auch mit einer nicht weiter veröffentlichten Urkunde von 1409 verhalten, die anfängt:[3] *Christophorus . . de Olmeto volens vivere secundum legem romanam.*

b) Uebergang zum herrschenden Recht.

36. Doch die freie Wahl des Rechts war nur eine vereinzelte und nur eine örtlich auftretende Folge des erlöschenden Stammesgedankens, die sich dort zeigte, wo man zwar für die Herkunft gleichgiltig geworden war, wo aber die aus ihr fliessenden Rechtsverschiedenheiten sich in ihrer mehrfachen Gestalt lebendig erhalten hatten. Anderwärts hat man das eine oder andere der Stammesrechte ausgeschieden.

Schon die Bequemlichkeit des Rechtsverkehrs hat dazu gedrängt. Warum sollte sich der eine Nachbar, dessen Voreltern vor vielen hundert Jahren angeblich aus Schwaben gekommen waren, bei Veräusserungen mit allerlei Förmlichkeiten bemühen, die vielleicht sogar lächerlich erschienen, wenn der andere Nachbar denselben rechtlichen Erfolg viel einfacher erreichen konnte? Und dort, wo die Angehörigen eines Stammes einer starken Mehrheit anderen Rechts gegenüberstanden, musste es als eine völlig unberechtigte Anmassung erscheinen, wenn diese Minderheit um eines nichtigen Vorwandes willen ein besonderes Recht für sich in Anspruch nahm.

---

[1] Oben S. 107.

[2] Cipolla oben S. 116 Anm. 2.

[3] Gloria eod.

Welch lebhafter Abneigung die Anwendung fremden Rechts in römischem Gebiet begegnete, davon gibt schon ein Prozess von 998 ein anschauliches Bild:[1] gegen das longobardische Kloster Farfa wird in Rom eine Klage erhoben, der Abt verlangt einen longobardischen Advokaten. Der Vorsitzende: *romanum tibi dabo*, und auf die Weigerung des Abtes: *velis, nolis, legem romanam habes facere*, und wie sich der Abt immer von neuem auf sein longobardisches Recht beruft, packt ihn der Vorsitzende bei der Kutte und zwingt ihn zum Sitzen; erst eine Anfrage beim Kaiser sichert dem Kloster sein Recht. Die Misshelligkeiten über die Anwendung fremden Rechts wurden so gross, dass Kaiser Konrad ihnen 1038 durch Gesetz ein Ende machte und einheitlich römisches Recht einführte, *audita controversia quae hactenus inter vos (iudices Romanos) et Longobardos iudices versabatur nulloque termino quiescebat.*[2] Und schon zu Zeiten Ottos III. gab es eine feststehende Formel, nach der Angehörigen anderen Rechts die lex Romana verliehen wurde,[3] ein Beweis, wie wirksam der Druck war, der auf solche Personen geübt wurde.

Im longobardischen Gebiet hat sich im 12. Jahrhundert das umgekehrte zugetragen. Die Lombardisten erklären, es dürfe einer das longobardische Recht annehmen, das Gegenteil aber sei nicht erlaubt, und sie geben dem Uebergang zum herrschenden Recht eine theoretische Grundlage — wie das früher[4] ausgeführt wurde. Und welche Bedeutung das Ortsrecht im System der persönlichen Rechte schliesslich erlangt hat, zeigt eine kennzeichnende Umwandlung: Der *illicitus*, der keine Eltern hat, durfte nach älteren Anschauungen sein Recht wählen, nach Karolus de Tocco[5] *eo iure vivit quo tota civitas;* dem von Herren verschiedenen Rechts Freigelassenen hatte man früher die sämtlichen Rechte seiner Freilasser zusammen gegeben, ihn später wohl auch dem römischen Subsidiarrecht unterstellt oder ihm die Wahl gelassen, nach

---

[1] Reg. di Farfa III n. CCCCLIX.
[2] MG. Const. I 82.
[3] MGL. IV 662; s. im II. Abschnitt.
[4] Oben S. 156.
[5] II 5, 1 qui ante.

Vacella aber[1] lebt er *secundum legem magis usitatam ibi et communem*, und er leitet das aus der Lomb. II 56, 1 Kar. M. 143 vorgeschriebenen Geltung der *lex communis* her.

Diesen Uebergang zum herrschenden Recht haben vor allem die Einwohner fremdgermanischer Herkunft vollzogen. Wo sind Ende des 12. Jahrhunderts oder gar im 13. alle die Tausende von Franken und Alamannen, die sich in Italien ansässig gemacht hatten, auch dort, wo sich das System der persönlichen Rechte zwischen Longobarden und Römern in Geltung erhalten hatte? Bei manchen Geschlechtern lässt sich das Aufgeben des Sonderrechts quellenmässig verfolgen. Die Marsergrafen, die 1000 oder 1012 formgerecht nach salischem Recht urkunden, veräussern 1060 und 1074 unter Angabe fränkischer Herkunft, aber ohne Befolgung salischen Rechts, und in einer Urkunde von 1075, aus Rieti, wie die vorausgehende, fehlt auch der Hinweis auf ihre fränkische Abstammung.[2] Die alamannischen Grafen von Sabbioneta thun 1113 ihres Stammesrechts nicht mehr Erwähnung.[3] Die Ezzelini, die noch 1125 salisches Recht bekennen und rechtsförmlich veräussern, urkunden 1127 ohne beides.[4] Und früher noch als die Profession ist manchmal das fremde Recht gefallen.[5]

Dass die wenigen Longobarden der römischen Landschaften früh resorbiert waren, ist begreiflich. Und auch in den vormals longobardischen Gegenden, die römisches Ortsrecht haben, geht ihre Zahl zurück.[6] Umgekehrt sind aber auch in den

---

[1] Glosse bei Kar. de Tocco II 34, 2 concessum.

[2] Gattola, ad historiam abbatiae Cassinensis accessiones 101 und historia abb. Cassinensis 327; Reg. Sublacense n. 184, 209; Reg. di Farfa V n. MXIX, MXX.

[3] MHP. XXI s. XII n. 23; vgl. dagegen s. XI n. 66.

[4] Verci, storia degli Ecelini III n. 14, 15. — Auf dies Verschwinden der Stammesrechte innerhalb eines Geschlechts ist allerdings öfter auch der Ort, an dem die Urkunde errichtet wird, von Einfluss.

[5] So ausser dem oben genannten Beispiel D'Arco, Mantova I n. 14 (Alamannen 1119); Verci, Ecelini III n. 23 (Alamannen 1146); MHP. VI n. 1525 (Salier 1167). Ueber die letzten Zeugnisse einer Anwendung der fremden Rechte oben S. 115 Anm. 2.

[6] Vgl. z. B. für Padua im 12. Jh. Gloria, cod. dipl. Padovano 1 p. XXIV.

Gebieten vorherrschenden longobardischen Rechts die Römer diesem Prozess zu einem grossen Teil unterlegen. Wohl hatte die Wiedererweckung des römischen Rechts den Gegensatz der Stammesrechte hier von neuem belebt. Aber der Einfluss, den zumal die Papienser nach dieser Richtung ausübten, vermochte wohl, der Verschiedenheit der Römer und Longobarden dort, wo sie ohnehin bestand, einen weiteren Inhalt zu geben, aber er hatte nicht die Kraft, den sozialen Prozess der Auflösung des Römertums unter den Longobarden aufzuhalten.[1] Im Groben gezeichnet kann man sagen, dass das römische Stammesrecht in den meisten Gebieten verschwunden ist, bevor das gemeine römische Recht zu praktischer Geltung gelangte. Reissend vermindert sich die Zahl der Römer in den Urkunden des 12. Jahrhunderts, und für die Grafschaft Mailand, die vordem von Römern in Mengen bewohnt war, bestätigt das Rechtsbuch ausdrücklich, dass hier zu Anfang des 13. Jahrhunderts wohl noch Personen longobardischen Rechts wohnen, Römer aber nur mehr in auswärtigen Gebieten.

c) Rückgang der Bedeutung des Systems.

37. So ist die praktische Bedeutung der persönlichen Rechte immer geringer geworden. Die wenigen Romanisten, die ihrer Erwähnung thun, sind oben[2] genannt. Die grosse Mehrzahl übergeht sie völlig mit Schweigen. Stellen, die eine Erwähnung des Systems sehr nahe legen, wie D. 22, 3, 1, bleiben in den Dissensionensammlungen, bei Accursius oder Odofredus unbenutzt. Und noch bezeichnender sind die Schriften des 13. Jahrhunderts über die ars notariae, die dem Notar Anleitung geben, auf welche Punkte er bei Abfassung der Urkunden zu achten habe. Das Formularium tabellionum Rainer von Perugia, Salathiel,[3] Rolandinus Passager und Petrus de Unzola und Boaterius, aber auch die vom

[1] Ueber das römische Standesrecht der Geistlichkeit einstweilen oben S. 138.

[2] S. 100 ff.; vgl. auch 143 f.

[3] Wenigstens in Gestalt des Formulare instrumentorum Argent. 1516.

longobardischen Recht stark beeinflusste Summula de tabellionibus[1] enthalten Rubriken über die Verschiedenheit in den persönlichen Verhältnissen des Ausstellers, die für die Urkunde von Belang sind, ohne das Stammesrecht zu erwähnen. Einzig das Aretiner Formelbuch nimmt darauf Rücksicht.

Und wo sie eine Erwähnung in den Texten zu einer Auseinandersetzung zwingt, da zeigen ihre Erörterungen, wie fremd ihnen die Einrichtung geworden war. Die Beziehung der römischen Tertia zum longobardischen Recht X III 26, 16 ist keinem der Ausleger mehr bekannt gewesen.[2] Und wenn X IV 1, 1 der Satz reprobiert wird, dass die Ehe eines Franken mit einer sächsischen Frau nichtig ist, wenn sie statt nach dem fränkischen Recht des Mannes nach sächsischem Recht geschlossen wurde, so bezieht Hostiensis die kirchliche Missbilligung auf den Inhalt des sächsischen Rechts; denn nach sächsischem Recht dürfe der Mann nach der Brautnacht seine Frau wieder fortschicken;[3] jedenfalls aber sieht man in beiden Rechten durchweg Landesrechte. Dieselbe Auslegung hat II Feud. 1 gefunden, wo von dem Nebeneinander römischen und longobardischen Rechts die Rede ist, sofern man in die Stelle nicht einen völlig anderen Inhalt legte,[4] und die Deutungen, die man der Tertia und Quart II Feud. 8 gab, lassen jede Beziehung auf die persönlichen Rechte vermissen.[5] Bezeichnender als vieles ist eine Aeusserung des Jacobus de Ardizone, der den alten Quellen mit besonderer Sorgfalt

---

[1] Vgl. oben S. 73.

[2] Vgl. Joannes Galensis in der ordentlichen Glosse; Innocenz n. 1 und darnach Panormitanus († 1453) n. 1; Hostiensis apparatus v° iure Lombardo und darnach Abbas Antiquus Ms.f. 147a; Jo. Andreae, Novella n. 34; Ant. de Butrio n. 61; Barbatia n. 53 u. s. w.

[3] Apparatus eod. (vgl. auch III 26, 16 v° iure Lombardo). Auch bei Jo. Andreae n. 6.

[4] Vgl. Isernia n. 1; Baldus pr.; Curtius oben S. 67 Anm. 3. Wenn sich Alvarottus pr. (übernommen von Caccialupus rep. II Feud. 1art. III n. 3) dabei auf Lomb. II 56 und 57 beruft, so zeigt der Zusatz »gemäss D. 1, 1, 9«, dass er nur eine Lesefrucht bringt.

[5] Jac. de Ardizone, summa feud. c. 130; Jac. Columbi und darnach Isernia n. 9, Belvisio, Alvarottus § fin. n. 4.

Rechnung trug:[1] *si aliquis alium occiderit . . vel aliud damnum dederit, iudex faciat delictum emendare secundum qualitatem personae vel nationis illius qui passus est et etiam illius qui intulit . . ideo autem natio personae consideratur quia per eam praesumitur bonus vel malus ut D. 21, 1, 31 § 21; C. 9, 8, 5 pr.* Eine dunkle Kenntnis von der Massgeblichkeit des Rechtes des Verletzten in Strafsachen ist noch bis zu Jacobus gedrungen, aber er weiss seine Bedeutung nicht mehr zu erfassen, und unter den zahlreichen longobardischen Parallelstellen, die er anführt, fehlen die Hauptstellen Lomb. II 56, 1 und 2.

In den einzelnen Städten aber wurde Stück für Stück der Rechtsverschiedenheit durch Satzung oder desuetudo beseitigt, und schliesslich — war sie ein leerer Name, dem keinerlei rechtlicher Inhalt mehr entsprach. In den Urkunden haben sich die Professionen erhalten. Denn der Stil der Notare war zähe, und wenn die oder jene einzelne der Verschiedenheiten fiel, so war das kein Grund, jene Verweisung auf das Gesamtrecht wegzulassen, sie konnte vielleicht doch noch in irgend einer Beziehung von Bedeutung sein. Bei einer Verzichtleistung in Crema 1210 erklären die Aussteller longobardisches Recht. Die Urkunde hat keinerlei stammesrechtlichen Inhalt, und die Profession geht wie üblich auf den gesamten Rechtszustand der Beteiligten. Und doch zeigt auch der vorausgehende Prozess, auf Grund dessen der Verzicht geleistet wurde, in seiner ganzen Ausdehnung nicht die Spur einer Anwendung longobardischen Stammesrechts.[2]

Begann man sich aber über die Inhaltlosigkeit der Professionen klar zu werden, so hat man sie auch als entbehrlich behandelt. Dieselben Personen, die vordem eines der Stammesrechte bekannt hatten, handeln nunmehr ohne Profession. Ein Paduaner hatte 1145 zusammen mit seinem Vater einen Verzicht nach longobardischem Recht erklärt, 1180 testiert er ohne Angabe seines Rechts.[3] In und bei Lodi veräussern Vater und Sohn 1172 mit longobardischer Profession, während die Söhne 1187 einen Tausch ohne solche schliessen; 1207

---

[1] Summa feud. c. 152.

[2] Cod. dipl. Laudense II n. 230, 228.

[3] Cod. dipl. Padovano II 1 n. 451; II 2 n. 1386.

bekennen sich drei Brüder bei einem Verkauf zu longobardischem Recht, in einem Rückkaufversprechen vom selben Tage, und bei der 13 Jahre später übernommenen Verpflichtung, die Restschuld auf Grund des vollzogenen Rückkaufes zu bezahlen, urkunden sie ohne Rechtsbekenntnis.[1] Und so lässt sich beispielsweise das Verschwinden der Professionen im Gebiet von Asti[2] zwischen 1198 und 1203 bei Verkäufen, in Trient[3] zwischen 1269 und 1317 für Eheverträge feststellen; aus Lodi ist die letzte Refutation mit Angabe des Stammesrechts von 1195, der letzte Tausch von 1232, der letzte Verkauf von 1265 überliefert.[4]

Der Untergang der persönlichen Rechte.

38. So sind die persönlichen Rechte schliesslich völlig verschwunden. Bisweilen war es ein Akt der Gesetzgebung, der ihrem Dasein ein Ende gemacht hat. In Rom verfügt das Gesetz Kaiser Konrads von 1038,[5] *ut quaecumque amodo negotia mota fuerint, tam inter Romanae urbis moenia, quam etiam de foris in Romanis pertinentiis, actore Longobardo vel reo Longobardo . . duntaxat Romanis legibus terminentur.* Aber ich weiss kein zweites Beispiel, in dem das System solcher Art als ganzes ausdrücklich beseitigt worden wäre.[6] Nach dem regelmässigen Verlauf der Dinge hat das System schweigend und unbemerkt sein Ende genommen, nachdem es vorher zu immer geringerer Bedeutung herabgesunken war.

Wann dieser Prozess erfolgt ist, darüber geben die Stadtrechte Auskunft, in ihren Bestimmungen, die die letzten Lebenszeichen des Systems aufweisen, und in jenen, die seine Spuren beseitigen. Doch sie setzen zu spät ein, um den Vorgang in weiteren Gebieten verfolgen zu lassen. Die wichtigere Quelle für eine solche Feststellung sind die Urkunden.

---

[1] Cod. dipl. Laudense II n. 53, 130. — n. 222, 223, 246.

[2] MHP. VI n. 1688, 1707, 1726.

[3] Ficker Forschungen IV n. 458, 505.

[4] Cod. dipl. Laudense II n. 188, 304, 361.

[5] MG. Const. I 82.

[6] Die stadtrechtlichen Anordnungen oben S. 43 bezwecken doch wohl die Aufhebung des longobardischen als Ortsrechts.

Ueberblickt man den Untergang des Systems in grossen Umrissen, so lässt sich sagen: In den römischen Landschaften ist der Gebrauch der Stammesrechte Mitte des 11. Jahrhunderts erloschen, nur in Bologna und der Pentapolis haben sie bis herein in das 12. gedauert. In den Gebieten longobardischen Rechts vermindert sich ihre Bedeutung seit dem Ende des 11. Jahrhunderts, um in einer Reihe grösserer Städte — nicht auch in ihrem Landbezirk — Mitte des 12. Jahrhunderts völlig zu verschwinden. Die zweite Hälfte desselben Jahrhunderts verengert das Geltungsgebiet der Stammesrechte erheblich, und es sind nur mehr bestimmte Landstriche: die Lombardei mit einigen angrenzenden Bezirken und Teile von Tuscien, die an der Stammesverschiedenheit auch im 13. Jahrhundert festhalten, einige wenige lombardische Gebiete, in denen dies im 14. und noch zu Anfang des 15. Jahrhunderts stattfindet.

Im einzelnen fallen die letzten auf Stammesrecht verweisenden Zeugnisse, die ich in meinen Sammlungen finde,[1] in Rom-Stadt 1014,[2] Dukat 1060,[3] Exarchat (Cesena) 1042,[4] Bologna-Land 1114,[5] Pentapolis (Osimo) 1172,[6] Venedig 1123.[7] — Spoleto 1045, Rieti 1074, Perugia 1085,[8] Orvieto 1115,[9] Lucca-Land 1079,[10] Siena 1176,[11] Arezzo 1240,[12] San

[1] Gebiete, für welche meine Belege unverhältnismässig früh aufhören, bleiben im folgenden ausser Betracht. Natürlich hat die Zusammenstellung als Zeitbestimmung des Unterganges der persönlichen Rechte nur beschränkten Wert; jedenfalls aber legt sie die Zeit fest, zu der diese an den verschiedenen Orten noch nicht verschwunden waren. – Die Angaben bei Pertile I 382 f. bedürfen darnach zumeist der Berichtigung.

[2] Reg. di Farfa III n. DXXV.

[3] Reg. Sublacense n. 209.

[4] Mon. Ravennati I 277.

[5] Ann. Bolognesi I 2, 154.

[6] Zacharia anecd. coll. 303.

[7] Cod. dipl. Padovano II 1 n. 132. Fremder Notar.

[8] Reg. di Farfa IV n. DCCCX; V n. MXIX, MCIV.

[9] Cod. dipl. d'Orvieto n. 14.

[10] Fiorentini, Matilda n. 1.

[11] Doc. di Firenze p. I n. 9.

[12] S. oben S. 104.

Geminiano 1252,[1] Florenz-Stadt 1085,[2] Florenz-Land 1271, Pistoja 1244,[3] Lunigiana 1119,[4] Genua-Stadt 1139,[5] Genua-Land 1166,[6] Alessandria 1179,[7] Asti-Stadt 1122,[8] Asti-Land 1198,[9] Novara 1204,[10] Vercelli 1257,[11] Pavia 1295,[12] Mailand-Stadt 1169, Mailand-Land 1218,[13] Como 1297,[14] Bergamo 1422,[15] Brescia 1355,[16] Lodi 1265,[17] Crema 1334,[18] Cremona 1331,[19] Piacenza 1169,[20] Parma 1347,[21] Reggio 1155, Modena-Stadt 1184,[22] Mantua 1264,[23] Verona-Stadt 1157,[24] Verona-Land 1435,[25] Trient 1269,[26] Pergine 1166,[27] Padua-Stadt 1145, Padua-Land 1182,[28] Treviso 1129,[29] Friaul 1130.[30]

---

[1] Oben S. 108.
[2] Deutsche Zeitschrift für Geschichtswissenschaft VI 31 [4].
[3] Riv. it. per le scienze giur. III 237, 235.
[4] Muratori ant. estensi I 171.
[5] MHP. VII n. 51.
[6] Atti della soc. ligure II 2, 328.
[7] Oben S. 108.
[8] MHP. I n. 452.
[9] MHP. VI n. 1686. — Dass die Nachweise für Turin nur bis 1072 gehen (Mon. Novalicensia I n. 87), wird wohl auf der Lückenhaftigkeit des Materials beruhen.
[10] MHP. VI n. 1720.
[11] Mandelli II 18.
[12] Oben S. 109; letzte Urkunde von 1280 Ficker IV n. 475.
[13] MHP. XVI 901 [d], 871 [c].
[14] Vgl. unten S. 168 Anm. 3; Statut von 1253 oben S. 109.
[15] Arch. stor. lombardo 1874 I 378.
[16] Oben S. 107, 110.
[17] Cod. dipl. Laudense II n. 361.
[18] Canciani, barbarorum leges antiquae II 462.
[19] MHP. XXII 345.
[20] Ficker IV n. 145.
[21] Oben S. 108; letzte Urkunde von 1212 Muratori ant. it. II 279.
[22] Tiraboschi, mem. modenesi III n. 404, 530.
[23] D'Arco, Mantua III n. 42.
[24] Tiraboschi, Nonantola II n. 294.
[25] Cipolla, 13 comuni 128.
[26] Ficker IV n. 458.
[27] Oben S. 105.
[28] Cod. dipl. Padovano II 1 n. 451; II 2 n. 1447.
[29] Tiraboschi, Nonantola II n. 240.
[30] De Rubeis, mon. eccl. Aquilejensis 611.

Fortdauer der alten Formeln.

39. Die alten Formeln haben die neue Ordnung der Dinge überdauert. Die Wendung „*lege Romana vivere*" ist geblieben, aber sie bezeichnet nicht mehr die Geltung des Stammesrechts, sondern die Herrschaft des gemeinen Rechts,[1] „*legis Romanae tabellio*" unterschreibt sich der Notar in Urteilen eines Bulgarus oder Aldricus, bei Staatsverträgen, die territoriale Kollisionsregeln vereinbaren,[2] ja selbst die Professionen werden gelegentlich wieder hervorgeholt, um altertümelnd die Zugehörigkeit zu den Bekennern des gemeinen Rechts zu bezeichnen.[3] Und so dienen jetzt dieselben Wendungen, die vordem die Geltung persönlichen Rechts bedeutet hatten, zur Angabe seiner ortsrechtlichen Geltung — nicht eben zur Erleichterung der Feststellung, welche Tragweite solchen Aeusserungen zukommt. Ubertus de Orto hatte mit Rücksicht auf die persönlichen Rechte in seinem bekannten Brief geschrieben,[4] dass die Rechtsstreitigkeiten bald nach römischem Recht, bald nach longobardischen Gesetzen, bald nach Landesbrauch zu entscheiden seien. In offensichtlicher Anlehnung an diesen Ausspruch hat auch der Mailänder Petrus eine ähnliche Stelle in sein Rechtsbuch aufgenommen, und sie ist daraus in das Stadtrecht übergegangen; aber wenn die Stelle die wenigen Fälle persönlichen Rechts, die damals in Mailand noch vorkamen, vielleicht mit einschliesst, in erster Reihe geht sie nunmehr auf die ortsrechtliche Geltung der beiden Rechte.[5] Die Formulare des Rainer von Perugia mit ihren Aufschriften: Empfangsbestätigung über die dos *secundum legem Romanam*

---

[1] Pisa, Prolog des Const. Usus von 1160 oben S. 58; Consuetudines von Cannobbio unten S. 174 Anm. 4. Quaestiones in schola Bulgari disputatae n. 34 ed. Patetta, Bibl. iur. med. aevi II 207; Huguccio dist. 1 c. 12 Münchener Handschrift 10247 f. 3b; Jac. Columbi II Feud. 53 legitime; Rol. Passagerii oben S. 63; Baldus II Feud. 1 pr.

[2] Ann. Bolognesi I 2 n. 172; II 2 n. 208. Muratori ant. it. IV 339.

[3] So wohl in dem Testament des Pfalzgrafen Bertholotus, Como 1297 bei Sarti, de claris archigymnasii Bononiensis professoribus I 2, 144. — Vgl. auch die gemeinrechtliche Bedeutung der Professionen von Geistlichen oben S. 138.

[4] Oben S. 102.

[5] Vgl. oben S. 105 f.

de mundualdo secundum legem Longobardam u. s. w.[1] sind jenen des Aretiner Formelbuchs, die auf dem Boden der persönlichen Rechte stehen, sehr ähnlich, und nur kleinere Einzelheiten machen es wahrscheinlich, dass sie sich auf die ortsrechtliche Verbindlichkeit der beiden Quellen beziehen. Daraus folgt aber zugleich auch das weitere, dass sich der Uebergang vom Stammesrecht zum Einheitsrecht den Zeitgenossen unbemerkt vollzogen hat.

Persönliche Rechte und Statutenkollision.

a) Gleichzeitige Geltung.

40. Räumlich geltendes Recht war längst in Uebung gekommen, die Lehre von der Statutenkollision zu reicher Ausbildung gelangt, als das System der persönlichen Rechte noch immer praktische Geltung beanspruchte, und es konnte nicht ausbleiben, dass zwischen beiden Berührungen erfolgten. Die Personalität des Rechts war allezeit auf die Stammesrechte beschränkt geblieben, Recht anderer Herkunft hat seit Alters auch räumlich gegolten,[2] und da die Stammesrechte nur den kleineren Teil des örtlichen Rechts ausmachten, war ein Nebeneinander beider Systeme wohl möglich.

Sogar bei demselben Rechtsgeschäft. Zwei Urkunden des Cartario Genovese von 1009[3] geben davon ein anschauliches Bild. Die eine: *constad me Andreas . . qui profeso sum ex nacione mea legem uiuere Romana acepisem ad te Rufinus . . finitum precium per . . rebus illis . . et facias iusta consuetudine isius loci quitquit uolueritis.* Am selben Tag macht der Erwerber — *ego Rufinus presbiter qui profeso sum ex nacione mea lege uiuere Lamgobardorum* — Testament, er habe heute ein Grundstück gekauft mit dem Recht, *faciendum exinde quod uoluissem,* und vermacht es nun dem Sohn des Verkäufers, *et faciat exinde . . iusta consuetudine isius loci quiquid*

[1] Ars notaria p. I tit. 92—100 ed. Gaudenzi, Bibl. iur. med. aevi II 48 ff.

[2] Vgl. oben S. 7. Ueber die Entstehung räumlichen Rechts ausserhalb der persönlichen Rechte wird im II. Teil zu handeln sein.

[3] Atti della soc. ligure II 1 n. 48, 49.

uoluerint — die Rechtsstellung des Verkäufers und Testators steht im allgemeinen unter Stammesrecht, die Befugnisse des Erwerbers aber regeln sich nach dem Recht der belegenen Sache. Dass vollends in der Stadtrechtszeit neben den Resten persönlichen Rechtes das Statutarrecht auf territorialer Grundlage zur Anwendung gelangte, liegt auf der Hand, und manchmal treten die beiden Geltungsformen unmittelbar nebeneinander. Die ursprüngliche Fassung des Mailänder Rechtsbuchs verordnet in c. 3 für Mailänder Freiheit vom Calumnieneid, für Auswärtige gemeines Recht, in c. 21 für Longobarden eine Volljährigkeitsgrenze von 18, für Römer von 25 Jahren;[1] die Statuten von Vercelli bemessen die Volljährigkeit nach Stadtangehörigkeit und verlangen im Eherecht von Römern die Bestellung der Tertia, von Longobarden die Quart.[2] Die territorialen Kollisionsnormen solcher Städte treten zumal in ihren Staatsverträgen hervor. Verträge dieser Art — in denen der Gegenpartei durchgehends die Anwendung der lex fori zugesichert wird — finden sich beispielsweise in Genua und Pavia, in Parma und Cremona, in Vercelli und Mailand und Mantua gleichzeitig mit der Fortdauer der persönlichen Rechte.[3]

Wo sich persönliches und territoriales Recht kreuzten, da ging das zweite als dem engeren Kreis angehörig vor. Das zeigte sich schon innerhalb der persönlichen Rechte. Das römische und das longobardische Recht hat in Einzelheiten an verschiedenen Orten eine verschiedene Ausprägung erhalten, der Longobarde bestellte seiner Frau in der Regel die Quart, manchmal eine bestimmte Summe, der Römer die Tertia oder das tantundem der dos. Galten die persönlichen Rechte auch übereinstimmend an verschiedenen Orten, welche

---

[1] MHP. XVI 867, 911.

[2] MHP. XVI 1151, 1149.

[3] Genua 1130 und 1140 MHP. VI n. 168; VII n. 64 und oben S. 107; Pavia 1130 und 1140 MHP. VI n. 168; VII n. 63 und oben S. 109, 119; Parma 1183 MHP. XXI s. XII n. 393; 1188 Muratori ant. it. IV 349 und oben S. 107, 108; Cremona 1183 MHP. XXI a. a. O. und oben S. 108; Vercelli 1194 MHP. I n. 680 und oben S. 106, 109; Mailand 1198 Cod. dipl. Laudense II 2 n. 115 und oben S. 106; Mantua 1202 D'Arco, nuovi studii intorno alla economia politica del municipio di Mantova n. 48 und oben S. 117.

Form des longobardischen oder römischen Rechts zur Anwendung kam, bestimmte das räumlich geltende Ortsrecht. Das hat auch für die Quellen gegolten, aus denen man seine Kenntnis der Rechte geschöpft hat. Breviar, justinianisches und rhätoromanisches Recht haben territorial gegolten, die beneventische Fortbildung des Edikts war in Mailand nicht verbindlich.[1] Das Ortsrecht hat aber auch entschieden, ob die persönlichen Rechte überhaupt zur Anwendung gelangen sollten — venetianische Patriziergeschlechter haben auf dem Festland nach longobardischem Recht, in Venedig nach Stadtrecht gelebt[2] — und es hat entschieden, welches der Rechte zur Anwendung berufen war; die Welfen galten in Deutschland nach ihrem Stammgut als Schwaben,[3] in Italien nach ihrer Abstammung als Longobarden.[4]

Wo das Ortsrecht von der Geltung der Stammesrechte absah, bereitete seine Anwendung keine Schwierigkeit, auch nicht bei Fremden, in deren Heimat der Stammesgegensatz noch lebendig war. So hat beispielsweise das Mailänder Rechtsbuch die lex fori in Strafsachen eingeführt ohne Rücksicht auf das persönliche Recht des in- oder ausländischen Verletzten.[5] Und auch dort, wo nach den Grundsätzen der Statutenkollision fremdes Recht zur Anwendung kam, das im Gegensatz zum einheimischen an der rechtlichen Unterscheidung der Stämme festhielt, war seine Anwendung in der Regel glatt, weil dies Recht zumeist mit dem Wohnsitzrecht der Parteien zusammenfiel. Einen solchen Rechtszustand setzt

---

[1] MHP. XVI 906.

[2] Besta, L'Ateneo Veneto XX 2, 304. Vgl. auch oben S. 138, 141, 161 Anm. 4.

[3] Urteil des Hofgerichts 1180 MG. Const. I 385; Arnoldi Lubecensis chronica Slavorum II 10 MG. Script. XXI 133. Dazu Homeyer, Abhandlungen der Berliner Akademie 1852, 67.

[4] Schenkungen von 1073 und 1107 aus dem Paduanischen Cod. dipl. Padovano I n. 219; II 1 n. 34: *Ego Welfo Dux Barraniorum .. qui professus sum ex natione mea lege vivere Longobardorum. — Ego Henricus dux filius quondam Guelfonis ducis* (Heinrich IX. Herzog von Baiern) *qui professus sum ex natione mea lege vivere Lombardorum.* Dazu Muratori ant. estensi I 8 ff., 50, 276 ff.

[5] MHP. XVI 871.

beispielsweise ein Vercelleser Statut von 1225 voraus: die verschiedene Volljährigkeitsgrenze für Römer und Longobarden wird aufgehoben mit der ausdrücklichen Beschränkung auf den *civis habitans in civitate;*[1] bei Leuten etwa aus Parma wird in Vercelli nach wie vor unterschieden, ob sie nach longobardischem oder nach römischem Recht volljährig sind. Beträchtliche Schwierigkeiten dagegen erhoben sich, wo das (als lex fori oder z. B. als Recht des Vertragsortes) massgebende Stadtrecht ein Rechtsverhältnis je nach der Stammeszugehörigkeit verschieden regelte, wenn in der Heimat der Parteien ein Stammesunterschied nicht mehr bestand. So war in Brescia die Handlungsfähigkeit der römischen und der longobardischen Frauen noch Mitte des 13. Jahrhunderts streng geschieden; fremde Frauen aber, die in Brescia kontrahierten, besassen eine solche Stammeszugehörigkeit zumeist nicht mehr. Die Lösung musste willkürlich zu Gunsten des einen oder andern der beiden Rechte ausfallen. Ueber das wie? sind mir Nachweise nicht bekannt geworden.

b) Aufeinanderfolge der beiden Systeme.

41. Schliesslich aber sind die persönlichen Rechte auch dort, wo sie sich lange hielten, dem territorialen Recht gewichen. Mancherorts ist der Uebergang in der Weise geschehen, dass zwar das System als ganzes in Geltung blieb, die einzelnen Rechtsverschiedenheiten aber Stück für Stück beseitigt wurden. Das musste nicht sofort zu territorialem Recht führen. Als in Genua vor 1056 die Veräusserungsfähigkeit der Ehefrau entsprechend den römischen Bestimmungen allgemeines Recht wurde, hat man dies in die Form einer Abänderung des longobardischen Stammesrechts gekleidet,[2] und auch später finden sich dafür noch Beispiele. Zumeist aber sind diese Verschiedenheiten durch Vorschriften ersetzt worden, die an Stelle des früheren Rechtszustandes eine einheitliche und selbständige Rechtsregel aufstellen; sie

---

[1] MHP. XVI 1151.

[2] MHP. VII n. 1: *femina longobarda uendebat .. sine interrogatione.*

kann ebensowohl völlig anderen Inhalt haben als eines der alten Rechte zur ausschliesslichen Herrschaft erheben. In jedem Fall handelt es sich dabei um einen Stadtrechtssatz, der sich in nichts von dem übrigen Stadtrecht unterscheidet.

Folgenreicher für den Gang der Ereignisse war es, wenn die Stammesverschiedenheit selbst aus dem Rechtsleben verschwunden ist, und das konnte nur durch Annahme des herrschenden Rechtes geschehen.

Die blosse Verwandlung des Stammesrechts in Ortsrecht freilich machte das Recht noch nicht territorial. Die persönlichen Rechte erschienen dann als persönliches Gebietsrecht, wie sich solches während der ganzen Dauer des Systems nachweisen lässt. Schon ein Kapitular von 782/86[1] gestattet Pfändung gegen einen rechtsweigernden Bischof nach Stammesrecht, gegen einen Longobarden, *„ubi" consuetudo fuit pignerandi a longo tempore;* in Genua ist das römische Recht 1130 *consuetudo huius terre* unbeschadet seiner stammesrechtlichen Geltung.[2] Und eine Glosse des Ms. Mon. folgert die Gleichheit des Rechts sogar ohne weiters aus der Nachbarschaft.[3] In einem Vertrag zwischen dem Abt von Classe und dem Bischof von Fermo unterschreiben 1060 zwei Zeugen als *testis Romanus,* einer als *testis Longobardus,*[4] denn der Abt hat römisches, der Bischof longobardisches Landesrecht; und das Kloster Farfa bekennt in seinen römischen Prozessen longobardisches Recht als das Recht von Spoleto, die Stadtrömer und Bologneser und Ligurier erklären sich in ihren Urkunden übereinstimmend zu römischem Recht als dem Recht ihrer Gebiete[5] — der Wohnsitz begründet eine Vermutung für die Stammeszugehörigkeit, genau wie heute jeder, der in Deutschland wohnt, als Deutscher gilt, so lange nicht Gründe

---

[1] Cap. I 192 c. 6 L. Pap. Pip. 6.

[2] MHP. VII n. 25.

[3] Ms. Mon. II 27, 1 f. 45a: *haec lex intelligenda est de duobus tamen Longobardis tantum, ut videri potest cum dixit »de conliberto suo«.*

[4] Catalanus, eccl. Firmana n. 9.

[5] Vgl. oben S. 47, 49. Saorgio (Grafschaft Ventimiglia) 1092 MHP. I n. 417: mehrere hundert Männer und Frauen *et reliquorum habitatoribus de . . saurgio . . qui professi sumus nos omnes ex natione nostra lege vivere romana,* machen eine Schenkung.

vorhanden sind, ihn als Fremden zu betrachten. Dasselbe gilt aber auch, wo die Einheit des Ortsrechtes erst durch Aufsaugung der Minderheit zu stande gekommen ist.[1] In Siena findet man noch zu Anfang des 12. Jahrhunderts longobardische Professionen. 1176 machen die Konsuln der Stadt an Florenz eine Schenkung; sie empfangen kein Launegild und erklären an derselben Stelle, an der die Florentiner Notare bei anderen Schenkungen an die Stadt Florenz die Reichung des Launegilds beurkunden: *item professi sumus lege romana cum tota civitate vivere.*[2] Das Uebergewicht des römischen Rechts ist immer noch ein rein thatsächliches Verhältnis, und das longobardische Recht ist aus Siena nicht verschwunden, weil das römische hier Ortsrecht ist, sondern das römische ist Ortsrecht geworden, weil das longobardische Recht in der Stadt aufgehört hat.

Aber wo der Gegensatz anderen Rechts weggefallen, da verschmilzt das longobardische Stammesrecht mit dem longobardischen Landesrecht, das römische Stammesrecht mit dem gemeinen römischen,[3] die beide von den Schranken persönlicher Geltung frei sind, und mit diesen gehen sie über in das neue Stadtrecht, dessen übrige Sätze längst territorial gelten.[4] Und damit sind auch die Stammesrechte zu territorialen Rechten geworden.

Schlagend zeigt sich ihre räumliche Geltung bei Erörterungen, die Accursius und Odofredus über die condictio

---

[1] Wenigstens im longobardischen Italien. In Rom hat das römische Recht den aufgezwungenen Charakter des Stammesrechts sofort abgestreift, als es zur Herrschaft gelangte, und ist entsprechend seinen Traditionen als Weltrecht aufgetreten.

[2] Doc. della costituzione di Firenze p. I n. 9 mit n. 2, 6, 17, 29, 48.

[3] In Genua, wo das römische Ortsrecht noch 1130 als »Landesbrauch« persönlich gilt, wird 1162 von der Geltung des kaiserlich römischen Rechts gesprochen MHP. VII n. 25, 236.

[4] Vereinzelt haben sie sich in dem territorial gewordenen Ortsrecht sogar als ganzes erhalten. Ein Privileg für Asola, wahrscheinlich von Otto IV., beauftragt den kaiserlichen Vikar *iustitiam reddendi quibuscumque secundum mores et leges Italiae vel Langobardorum* (vgl. oben S. 25); die Consuetudines von Cannobbio 1211/66 (Lattes 68 [40]; mir nicht zugänglich) bestimmen: *quod homines Cannobii et plebatus vivunt iure Romano et in parte secundum statuta.*

de eo quod certo loco anstellen: *minor 25 annis de iure Romano laesus potest restitui . . de iure Lombardorum non nisi habet 18 annos. citra Padum servatur ius Romanorum, ultra Padum servatur ius Lombardorum et in Tuscia servatur ius Lombardorum . . mutuavi tibi 100 Florentiae reddenda Bononiae. convenio te Florentiae quia non solvis Bononiae. dicis tu: domine iudex, interest mea conveniri Bononiae qui ibi restituor, sed Florentiae restitui non possum, numquid huiusmodi interesse habebitur ratio?*[1] Einst hatte den Longobarden sein Recht überallhin begleitet, nun steht dieselbe Person in Florenz unter longobardischem, in Bologna unter römischem Recht, und das bezüglich ihrer Volljährigkeit, einer Frage des Personalstatuts wie nur irgend eine.

Damit waren die vormaligen Stammesrechte Elemente der Statutenkollision geworden wie jedes andere Ortsrecht. In Verona ist der longobardische Ausschluss der Weiberfolge in das Stadtrecht übergegangen; *et haec posta . . locum habeat etiam in feminis copulatis extra districtum Veronae et in descendentibus ex eis.*[2] So erläutert Odofredus[3] den Satz, dass die Vorschriften ad litem ordinandam unter dem Recht des Prozessgerichts stehen, mit dem Hinweis auf die eigentümliche Gestaltung des ersten Termins in Brescia, die im Gegensatz zu den gemeinrechtlichen Formen Bolognas und anderer Orte auf das longobardische Prozessrecht zurückgeht. Joannes Andreae bemerkt zu der Geltung der römischen Tertia in Toscanella: *et nota inspiciendam esse consuetudinem loci ubi est res litigiosa.*[4] Und Baldus führt einmal aus, dass die Frau nach longobardischem Recht nur mit Zustimmung ihres Mannes rechtswirksam handeln könne; *pone supposito iure Longobardorum, quod mulier Perusina sit nupta Florentiae,*

---

[1] So Odofredus C. 3, 18, 1 n. 2 und ganz ähnlich (aber unter Verwechselung der Rechte von Bologna und Florenz) D. 13, 4, 2 n. 1. Bei Accursius D. 13, 4, 2 utriusque lautet die Stelle: *sed quid si interest rei ibi conveniri ubi promisit . . quia ibi conventus haberet in integrum restitutionem iure Romano, hic ubi convenitur, non habet iure Longobardo, ut quia maior est 18 annis et minor 25?*

[2] Liber iuris civilis c. 44 ed. Campagnola 40.

[3] D. 1, 3, 32 n. 19.

[4] Novella in Decretales III 26, 16 n. 35.

ubi observatur ius Longobardorum, numquid ista mulier de bonis quae habet Perusii, poterit testari Perusii vivo marito et eo non consentiente? collige ex notatis in legem Cunctos populos (die sedes materiae für die Lehren von der Statutenkollision), *ibi invenies*

Dass dann auch andere Stammesrechte, mit denen man in Berührung kam, auf dieselbe Weise behandelt wurden, ist selbstverständlich. X IV 1, 1 war von der Geltung persönlichen sächsischen und fränkischen Rechts im Eherecht die Rede. *dicit hic Franciscus Vercellensis* (1250/80) — berichtet Joannes Andreae[1] — *quod ubi diversa est consuetudo locorum viri et mulieris, servabitur consuetudo illius loci, ubi contrahitur . . sed si in loco tertio, ubi nulla esset consuetudo, contraheretur matrimonium, servabitur consuetudo viri,* und häufig werden die Erörterungen über internationales Eherecht nunmehr an diese Stelle geknüpft.[2]

Die Verwandlung in Stadtrecht ist die regelmässige, aber sie ist nicht die einzige Form, in der sich die alten Stammesrechte erhalten haben. Unter den übrigen Arten autonomen Rechts sind es besonders die Hausrechte des Adels, in die derartige Sätze übergegangen sind.[3] Schon in dem ersten Fall, in dem sie erwähnt werden, bei Pillius, handelt es sich um den longobardischen Ausschluss der Weiberfolge, und Bartolus gibt ein Gutachten über die Gültigkeit eines Hausgesetzes von Adeligen der Sabina, in dem die gleiche Bestimmung enthalten ist. Der Adel hat allerwärts an seinem Stammesrecht besonders lange festgehalten, und es liegt sehr nahe, anzunehmen, dass derartige Festsetzungen des Hausrechts häufig die unmittelbare Fortsetzung des früheren Stammesrechts bilden. Das besondere Interesse aber, das solchen

---

[1] Novella IV 1, 1 n. 4.

[2] Vgl. z. B. Ant. de Butrio eod. n. 10; Panormitamus eod. n. 10.

[3] Vgl. über diese Pillius, quaestiones q. 67; Ubertus de Bobbio nach Joannes Andreae add. in Speculum II 2 de instr. editione § 12 n. 15; Bartolus, consilia cons. 72 »Ex facto proponitur«; Alb. de Rosate D. 3, 4, 1 n. 3. Zusammenstellung der späteren Litteratur bei Curtius Junior tract. feudorum p. III membrum I n. 10.

Bestimmungen in diesem Zusammenhang zukommt, beruht in der Aufnahme persönlichen Rechts durch eine Rechtsquelle, der gleichfalls ausschliessend persönliche Geltung zukommt.

Und endlich gab es noch eine andere Stelle, an der sich persönliche Rechte und Statutenkollision berührt haben. Die Kollisionsregeln selbst, nach denen sich die Auswahl unter mehreren persönlich geltenden Stammesrechten bestimmt hatte, konnten der Kollision territorialer Rechte angepasst werden. Nur freilich ist die Ausbeute hier, anders als in Unteritalien, sehr spärlich, denn das longobardische Recht, ihr Träger, hat sich in Ober- und Mittelitalien als unmittelbar verbindliches Landesrecht weiterer Gebiete nicht erhalten. Albericus de Rosate glaubt die Erstreckung des Stadtrechts auf Fremde mit einem Hinweis auf Lomb. III 15, 1 Roth. 368 begründen zu können: *an autem consuetudo liget peregrinos et transeuntes? videtur quod sic in Lombarda de advenis*[1], natürlich eine rein theoretische Verbindung, da das Gesetz Rothari's in der Hauptsache schon seit der Frankenherrschaft gegenstandslos geworden war. Die Verweisung auf Lomb. II 56 und 57, die sich bei Alvarottus und Caccialupus einmal findet, um den Geltungsbereich des longobardischen Rechts zu bestimmen[2], ist vollends rein buchmässig. Und so bleibt nur noch eine schwer verständliche Stelle des Baldus[3], die zu besagen scheint, dass sich die güterrechtlichen Ansprüche der Witwe auf Grund longobardischen Rechts nicht nach den Gesetzen des letzten Ehewohnsitzes bemessen, weil hier entgegen D. 5, 1, 65 die Witwe zu ihrem Geburtsrecht zurückkehrt.

---

[1] D. 1, 3, 32 n. 55; C. 1, 1, 1 n. 28.
[2] S. oben S. 163 Anm. 4.
[3] C. 7, 74, 1 n. 3.

3. Kapitel.

Der Rechtszustand in Unteritalien.

I. Die Landesrechte.

Das longobardische als Landesrecht.

42. Die longobardischen Könige hatten ihre Herrschaft schon im 7. Jahrhundert über einen grossen Teil des unteritalienischen Festlands erstreckt. Ihre Ausübung war den Herzögen von Benevent übertragen, und als die fränkische Eroberung dem Königtum ein Ende machte, da haben sich die Herzöge von Benevent in der Gewalt behauptet. Das Herzogtum wurde im Laufe des 9. Jahrhunderts in die Teilfürstentümer Benevent, Salerno und Capua aufgelöst. Die herzogliche Macht aber war mit dem Sturze des Königtums gestiegen. Die lose Oberhoheit des fränkischen Königs war bald abgeschüttelt, und den Byzantinern haben sie Stück für Stück ihrer italienischen Besitzungen entrissen, so dass in der zweiten Hälfte des 9. Jahrhunderts das ganze unteritalienische Festland longobardisch war mit Ausnahme des südlichen Calabrien und der äussersten Spitze von Apulien, sowie der Herzogtümer Gaeta, Neapel und Amalfi, die, von örtlichen Machthabern beherrscht, die Hoheit Konstantinopels anerkannten. Das Volkstum der Longobarden hat sich hier unten noch durch drei Jahrhunderte in unabhängigen und kraftvollen Gemeinwesen weiterentwickelt, und nicht 774, als Karl der Grosse Pavia eingenommen, erst 1076, als Salerno den Normannen gefallen war, hat die politische Selbständigkeit der Longobarden ihr Ende gefunden.

Hat ihr Einfluss aber im Norden tief gewirkt, so ist er im Süden völlig beherrschend gewesen. Die Longobarden geben der Kultur dieser Länder das Gepräge. Und wenn sich daneben in Sprache, Sitte, Kunst und Glaube in verschiedenem Umfang auch griechischer Einfluss geltend macht, gerade ihr Recht hat sich nachdrücklicher als alle Aeusserungen longobardischen Stammeslebens durchgesetzt.

So zeigt sich die Gesamtheit des Urkundenbestandes der älteren Zeit völlig durchtränkt von longobardischen Rechtssätzen. Es wird nach Roth. 1 und 4[1] das Vermögen von Hochverrätern *secundum Langobardorum legem* eingezogen, die *contra animam nostram cogitaverunt ac consiliaverunt ac inimicos intra provinciam invitaverunt* (Capua 1066)[2], nach Roth. 178 verpflichtet sich ein Bräutigam, *ut tolleret sibi ipsa maria legitimam uxorem secundum lagnobardorum legem* (Lucera 1016)[3], der Ehemann bestellt die Morgengabe nach Liut. 7 mit allen Rechten *secundum quomodo in edicti continet pagina* (Apulien ? 1012)[4], oder es wird ein Placitum in Pontecorvo 1058 unter Anrufung von Liut. 15 entschieden.[5] Ein andermal geschieht eine Schenkung von Todes wegen nach den Bestimmungen, die der vortrefflichste König Liutprand *in hoctabodecimo suo capitulo* getroffen habe (Conversano 1089)[6], der Richter gestattet Kindern eine Veräusserung zur Deckung von Schulden, *obserbans ea que in langobardorum edicto* — Liut. 19 — *scriptum est* (Salerno 1046)[7], er genehmigt Frauen einen Verkauf, *sicut dulcis hac bene memorie liutprando rex suo temporis sicastituid* — Liut. 22 (Conversano 901)[8], oder es wird die Gewährleistung einer Schenkung nach Liut. 43 versprochen, *sicut in lex langnubardorum de donum et launegilt continet* (Salerno 1030)[9], wird die Vornahme einer Schenkung mit den Worten von Liut. 73 begründet (Termoli 1014).[10] Liut. 101:

---

[1] Wir zählen für Unteritalien nach den Ziffern des Edikts.

[2] Gattula, historia abbatiae Cassinensis 312.

[3] Codex diplomaticus Cavensis edd. Morcaldi, Schiani, Stephano IV n. 691.

[4] Cod. dipl. Cavensis IV n. 650.

[5] Codex diplomaticus Caietanus II n. 207.

[6] Il Chartularium di Conversano ed. Morea I n. 53.

[7] Cod. dipl. Cavensis VII n. 1065.

[8] Chart. di Conversano I n. 3.

[9] Cod. dipl. Cavensis V n. 828.

[10] Muratori, script. I 2, 498.

eine Nonne verschenkt ein Drittel ihres Vermögens, *set dicent enim notarii et legis peritis huius civitatis*, sie dürfe nur über so viel verfügen (Salerno 883)[1], Liut. 109: ein Pfand wird für verfallen erklärt *secundum langobardorum regum edictum* (Salerno 1047).[2] In Conversano macht ein Vater 992 seinem Sohn eine Sonderschenkung, *prosolvente me legis ratio que a gloriosissimo liutprand rex statuta est in capitulo centesimo tertio* — Liut. 113 — *ubi dicit Si quis langobardus* u. s. w.[3], 1012 will ein Kind in Lucera Grundbesitz verkaufen, *set dum dicit per doctis hominibus, ut nisi ego ad seniorem et iudicem proclamaret, et causam mee necessitatis illorum notam faceret, secundum legis rationem illam vindere minine poteret*, mit richterlicher Bewilligung (Liut. 149)[4], oder es schliesst der Erzbischof von Siponto dort 1068 einen Vertrag, *reminiscentes ea que in lege Longobardorum de convenientia ab gloriosissimus Aistolfus rex in edicti pagina insertum est*, mit den Worten von Aist. 16(7).[5]

Es sind hier nur einige Beispiele aus vielen genannt, und zahllos sind die Urkunden, die longobardisches Recht anwenden, ohne die Quelle besonders zu erwähnen. Es ist das Recht des Landes, »unser Recht«, wie es die Urkunden überaus häufig nennen, es gilt für den getauften Sarazenen[6] und für die Juden[7], und selbst die neuen Eroberer, die Normannen, haben sich seiner Geltung gefügt.[8] Wer dem Gebiet angehört, ist ihm unterworfen, und wer ausser Landes Rechtshandlungen vornimmt, steht auch dort ohne weiteres unter longobardischem Recht.[9]

---

[1] Cod. dipl. Cavensis I n. 98.

[2] Cod. dipl. Cavensis VII n. 1093.

[3] Chart. di Conversano I n. 28.

[4] Cod. dipl. Cavensis IV n. 649.

[5] Heinemann, zur Entstehung der Stadtverfassung in Italien 66.

[6] Capua 1105 *landenulfus langobardus cognomine sarracenus filius q. landulfi sarraceni* hat seiner Frau die Quart als Morgengabe bestellt. Regii Neapolitani Archivi Monumenta VI app. n. 17.

[7] Stellen guadia und Bürgen Salerno 1012, 1056; gestatten gegenüber den Pfändungsbeschränkungen des Edikts Pfändung *legitimo et inlegitimo* Salerno 1012. Cod. dipl. Cavensis IV n. 651; VII n. 1231.

[8] S. unten S. 223 ff.

[9] Vgl. unten S. 227 ff.

Bezeichnender als irgend eine Erscheinung aber ist der Umstand, dass das longobardische seine Geltung als Landesrecht auch unter byzantinischer Herrschaft bewahrt hat. So manche der Urkunden, in denen das longobardische »unser Recht« genannt wird, trägt den Namen byzantinischer Kaiser an der Spitze[1], auch solche, deren sämtliche Beteiligte dem griechischen Gebiet angehören, auch in Fällen, in denen ein einzelner Aussteller von »unserm Recht« spricht. Der byzantinische Richter selbst nimmt Amtshandlungen vor, die das Edikt vorschreibt, der *„imperialis spatharius“* frägt die veräussernde Frau, ob sie keinen Zwang erleide, und genehmigt den Verkauf *secundum statuta legum*, und *pleniter scientem legem* bewilligt er, dass auch ein Minderjähriger seinen Anteil mitveräussere, da einer der Notfälle vorliege, in denen *vir gloriosissimus hac dulcis memorie liutprand suo tempore largientiam venundandam tribuit.*[2] Gerade derartige Schmeichel- und Ehrennamen werden den longobardischen Königen vorzugsweise im longobardisch-byzantinischen Gebiet gegeben.[3] Und 1046 verordnet der Katapan einem Dorfrichter mit ausdrücklichen Worten, er habe Recht zu sprechen κατὰ τὸν νόμον τὸν λογγιβαρδικόν.[4] Ueber die Behauptung, unter byzantinischer Herrschaft habe das byzantinische als alleiniges Landesrecht gegolten, sind darnach nicht viel Worte zu verlieren. Aber auch die Annahme, das longobardische Recht habe hier nur personale Bedeutung besessen[5], vermögen wir mit dem voraus-

---

[1] So Chart. di Conversano I n. 3, 24 Conversano 901, Polignano 977. Cod. dipl. Cavensis II n. 229; IV n. 650, 659; V n. 793 Trani 965, Apulien ? 1012, Lucera 1012, Melfi 1027. Capasso bei Brandileone, diritto romano p. XIV[3] Tarent 1004. Codice diplomatico barese edd. Nitto de Rossi e Nitti I n. 14 Bari 1028.

[2] Conversano 938 Chart. di Conversano I n. 8. Andere Beispiele n. 3, 23, 29, 33, 41 eod. Cod. dipl. barese I n. 4, 5, 6. Cod. dipl. Cavensis II n. 348; IV n. 648, 649, 668, 679, 697; V n. 758; I n. 21, 22; VI n. 102. Beltrani, documenti longobardi e greci n. 11, 15, 18 u. s. w.

[3] Andere Fälle finden sich oben S. 179 Anm. 8 und S. 180 Anm. 3 oder Chart. di Conversano I n. 29.

[4] Rossi, cod. dipl. barese I p. XIX[1].

[5] Capasso a. a. O. p. XIII ff.; Rinaldi, dei primi feudi nell' Italia meridionale 118[1]; Schupfer, Rendiconti della R. Accademia dei Lincei 1886 II 275. Schupfer begnügt sich mit der blossen

gehenden nicht zu vereinbaren. Das notwendige Gegenstück seiner persönlichen Geltung, ein persönliches römisches Recht der römischen Bevölkerung, mangelt in diesen Landschaften völlig, und so sind die byzantinischen Provinzen, in denen zeitweise die Longobarden geherrscht hatten, durchaus dem longobardischen Rechtsgebiet zuzurechnen.

Aber auch jene Landschaften, die niemals unter der unmittelbaren Botmässigkeit der Longobarden gestanden waren, haben dem longobardischen Recht in beträchtlichem Umfang Geltung eingeräumt. Konnten sich die Gebiete römischen Rechts schon im Norden seinem Einfluss nicht entziehen[1], so erst recht nicht im Süden, wo es an der einzigen kräftigen Staatsgewalt im Lande seinen Rückhalt hatte, die römischen Gebiete dagegen zu einem erheblichen Teil nur durch das Band einer äusserst losen Souzeränität mit dem fernen Osten verbunden, im übrigen aber zumeist schon durch die Herrschaft der Sarazenen dem Mutterland entfremdet waren. So werden die Grenzen zwischen römischem und longobardischem Gebiet kaum als etwas Trennendes empfunden, die Richter fungieren herüber und hinüber[2], und es konnte nicht ausbleiben, dass mit der übrigen longobardischen Kultur gerade auch das longobardische Recht in den rein griechischen Landschaften seinen Einzug nahm.[3]

Behauptung. Ueber die Beispiele, die Capasso und Rinaldi anführen, oben S 181 Anm. 1, unten S. 183 Anm. 4 und S. 235 Anm. 2. Vgl. im Sinn des Textes übrigens schon Lenormant, la Grande-Grèce II 385; Gay, Mélanges d'archéologie et d'histoire XVII 398; Rossi, cod. dipl. barese I p. XIX.

[1] S. oben S. 44 f., 128.

[2] Ein Beispiel Cod. dipl. Caietanus I n. 130 Grafschaft Traetto 1014. — Die Leute von Atrani (Amalfi) besorgen ihre Rechtsangelegenheiten ausweislich des Cod. dipl. Cavensis vielfältig in Salerno.

[3] Es ist bezeichnend für den grossen Einfluss des longobardischen Elements, dass sich später die Legende bildete, in Neapel hätten erst die Lateiner, dann die Longobarden und dann erst die Griechen gewohnt. So bei Napodanus, dem Glossator des Neapler Stadtrechts (1351), Consuetudines Neapolitanae tit. 12 n. 11. — Perla, il diritto longobardo negli usi e nelle consuetudini delle città del Napoletano 85 ff. macht den beachtenswerten Versuch, den Beziehungen der einzelnen Städte zu longobardischem Gebiet nachzugehen, die auf die Herübernahme des longobardischen Rechts eingewirkt haben.

Schon nach der Consuetudo Leburie (um 780) schwört der Neapler mit Eideshelfern; Festhaltung eines Knechts büsst er in Anlehnung an Liut. 111 mit 100 sol. und sonstige rechtswidrige Pfändung streng longobardisch mit dem *actogild*. Der Eid mit Helfern kehrt wieder in den Pactiones Gregorii von 933, und einen Verzicht leisten sie *per launegilt receptum exiguum*.[1] In einem Prozess zu Neapel 952[2] beansprucht die Klägerin, gewährt ihr der Richter die Quart *secundum legem*. Die Leute von Atrani haben in Salerno als Unterthanen von Amalfi römisches Recht und stellen Wadia, beanspruchen Launegild, ziehen den Muntwalt bei.[3] Neben mancherlei anderen Urkunden[4] sind es insbesondere auch die Stadtrechte der einstmals byzantinischen Landschaften, die longobardisches Recht in sich aufgenommen haben[5], und selbst die byzantinischen

---

könnten. Aber Perla sucht diese Gründe zumeist in viel zu neuer Zeit, und das gilt auch für die Ausführungen von Racioppi, Archivio storico per le provincie napolitane V 19 f. (auch für Brandileone, diritto romano 44).

[1] Consu. Leburie c. 3, 10; 7. Pact. Gregorii c. 6 MGL. IV.

[2] Mon. arch. Neapolitani I 2 n. 62.

[3] S. unten S. 190 Anm. 6.

[4] Beispiele bieten für Neapel 932 Mon. arch. Neapolitani I 1 n. 17 (Quart). Traetto (Gaeta) 1039 Cod. dipl. Caietanus I n. 171 (Pfändung). Für Calabrien Brandileone, Studi e documenti di storia e diritto VIII 79 ff. (eheliches Güterrecht); auch das eigentümliche Placitum Rizzo 1121 (Beeidigung der Zeugenaussage durch die Partei) ed. Müller, Arch. stor. italiano[a] VII 1, 6 dürfte in das südliche Calabrien gehören (Vorsicht gegenüber der Uebersetzung). Insbesondere möchte ich auch die Urkunde Suessula (Neapel) 1028 Mon. arch. Neapolitani IV n. 337 in diesen Zusammenhang bringen, in der eine Frau unter Zuziehung ihres Muntwalts veräussert. Capasso bei Brandileone, diritto romano p. XIV sieht darin ein Zeugnis der persönlichen Rechte. Aber es fehlt der Urkunde selbst jede Andeutung, dass es sich um eine Frau longobardischer Herkunft handle, und es ist kein Beispiel bekannt, dass andere Frauen derselben Gegend ohne Muntwalt handeln. Dass dies in der entfernteren Stadt Neapel der Fall ist, dürfte kaum dagegen sprechen; hart an der Grenze Capuas gelegen, war Suessula der Einwirkung longobardischen Rechts in höherem Masse ausgesetzt.

[5] Umfassende Nachweise bei Perla, diritto longobardo 22 ff.

Rechtsquellen sind dem Einfluss des longobardischen Rechts unterlegen.[1]

Sizilien wurde nach der herrschenden Meinung vom longobardischen Recht ursprünglich nicht berührt. Doch hat es dort im 12. Jahrhundert geschlossene »Lombardenkolonien« von beträchtlicher Ausdehnung gegeben[2], und wenn es sich dabei in der That um Personen longobardischer Herkunft handelt[3], so ist es nicht unwahrscheinlich, dass sie, wie an ihrer Sprache, so auch an ihrem Recht innerhalb ihres Kreises festgehalten haben. Dass aber dort, wo eine longobardische Bevölkerung sesshaft war, longobardisches Recht auch wirklich zur Anwendung kam, dürfte ein Placitum in Messina 1133[4] unmittelbar beweisen: wenn der Bischof von Patti mit den »lateinischen« Einwohnern des Ortes streitet, wem die *legum compositiones* zustehen sollen, so wird das wohl nur auf das longobardische Recht bezogen werden können.[5]

Die Geltung der Kapitularien.

43. Die fränkischen und die deutschen Kaiser haben an ihren Ansprüchen auf Unteritalien stets festgehalten und damit auch für ihre Gesetze dort grundsätzlich Geltung verlangt. Darum wendet sich ein Pseudokapitular bei Benedictus Levita auch an die *Beneventani*[6], und als Gaeta für kurze Zeit unter deutsche Abhängigkeit geraten war, da bringt der Königsbote in einem Placitum von 999 auch ein Gesetz Kaiser Ottos zur

---

[1] S. Brandileone, Arch. giuridico XXXVI 71, 286; Studi e doc. di st. e diritto VIII 79 ff.; Prochiron Legum 6[1], 11[1], 227[2], 234[1].

[2] Vgl. darüber neuestens La Via, Archivio storico siciliano[2] XXIV 1 ff. und die dortigen Nachweisungen. Als ältestes Zeugnis ist ihnen der ἰωάννης λογγουβάρδος in Troina 1142 beizufügen bei Spata, Miscellanea di storia italiana IX 482.

[3] Die von La Via darüber in Aussicht gestellten Untersuchungen waren mir noch nicht zugänglich.

[4] di Gregorio, considerazioni sopra la storia di Sicilia I prove p. L.

[5] Vgl. übrigens auch Siciliano, raccolta delle consuetudini Siciliane I 104 f. — Ueber longobardisch beeinflusste Urkunden des 13. Jahrhunderts unten S. 214 Anm. 5.

[6] II 366 MGL. II 2, 91.

Anwendung.[1] Aber wie die Herzöge von Benevent die thatsächliche Hoheit der Kaiser rasch abgeschüttelt hatten, so haben sie auch den Kapitularien die Wirksamkeit in ihren Gebieten verwehrt Es ist bis zum Ende des 11. Jahrhunderts ausschliesslich das Edikt, das die Rechtsverhältnisse des longobardischen Unteritaliens beherrscht. Nach den Pactiones Gregorii von 933, wie in einem Salernitaner Placitum von 1054 erfolgt die Reinigung gescholtener Urkunden altlongobardisch ohne Rücksicht auf die neueren Kaisergesetze[2]; der Vorwurf rechtswidrigen Besitzes von Grundeigentum wird durch Eid und nicht nach Ot. I 3 entschieden, und die zahlreichen Quellencitate in den Urkunden gehen alle auf das Edikt, keines auf die Kapitularien.

Gegen Ausgang des 11. Jahrhunderts jedoch ändert sich das Bild. Dass in den vordem spoletanischen Abruzzen das Kaiserrecht auch nach 1064 und 1065, der Zeit der normannischen Eroberung, weitergegolten hat, ist nicht weiter merkwürdig.[3] Aber auch im einstmaligen Fürstentum Benevent sind die Kapitularien in der Folge zur Geltung gelangt. Und zwar durch Vermittelung der oberitalienischen Jurisprudenz.

Man darf ohne Bedenken annehmen, dass der Aufschwung der Geister, wie er in der zweiten Hälfte des 11. Jahrhunderts erhaben in die Erscheinung tritt, nicht in örtlich begrenzten Zirkeln stattgehabt hat. Derselbe klassische Geist weht in Monte-Cassino wie in Mailand, und für das Recht sind seine vornehmsten Träger die Lombardisten, voran die von Pavia. Dass hier Beziehungen zu Unteritalien bestanden haben müssen, zeigt schon ein Stück vom Ende des 11. Jahrhunderts — es ist später in die Lehensbücher übergegangen — das neben den *sapientes* verschiedener oberitalienischer und tuscischer Städte auch die von Siponto aufführt.[4] Der empfangende Teil

---

[1] Cod. dipl. Caietanus I n. 100 (L. Pap. extrav. 39). — Ueber die Invectica in Romam, die — übrigens rein buchgelehrt — eine Stelle aus Ben. Levita benützt, oben S. 75 Anm. 2.

[2] Brunner, Rechtsgeschichte II 424[21]; Capasso bei Brandileone, diritto romano p. XVII.

[3] Ein Beispiel aus Chieti 1086 unten S. 248.

[4] Comp. Ant. VI 7 = Vulg. I 18 (19) pr. ed. Lehmann 103.

ist dabei im wesentlichen der Süden gewesen. Die einzige bekannte Handschrift der Expositio hat sich in Unteritalien erhalten, und, mit *litera Beneventana* geschrieben, ist es wahrscheinlich, dass sie dort auch angefertigt worden ist. Bezugnahmen auf den Beneventaner Persicus und Verweisungen auf die normannischen Assisen mitten unter Erörterungen oberitalienischer Lombardisten des 12. Jahrhunderts verraten den südländischen Benützer einer Lombardaglosse[1], und Karolus de Tocco hat als Schüler des Albertus[2] späterhin den ganzen Strom der Paveser und Bologneser Lombardistik nach Unteritalien gelenkt. Insbesondere aber ist es ein Werk der oberitalienischen Jurisprudenz, das im Süden zu bedingungsloser Anerkennung gelangt ist: die systematische Lombarda. Das Kloster Monte-Cassino, das 1023 nur ein *edictum regum* besessen hatte, zählt im 12. Jahrhundert auch einen *liber legis Longobardorum* in seiner Bibliothek[3], und ihre Benützung in der Praxis zeigt jede Seite der jüngeren unteritalienischen Lombardisten.[4]

Mit der Lombarda aber war auch die Gesamtheit der in sie eingearbeiteten Kapitularien zur Anerkennung gelangt. Wahrscheinlich ist es schon eine Anwendung von Lud. P. 53, wenn sich das Kloster La Cava 1089 entgegen der bisherigen Uebung zu römischem Recht bekennt.[5] 1118 wird in Bari

---

Warum gerade die von Siponto, ist zweifelhaft, die Erklärung von Peregrinius bei Muratori script. V 185 wenig befriedigend.

[1] Bluhme, MGL. IV p. CVIII.

[2] Siehe meine Notizen zur Litteraturgeschichte des long. Rechts S. 255.

[3] Becker, catalogi 133, 246. — Es liegt nahe, dabei an die aus Oberitalien stammende sog. Lombarda Cassinensis zu denken. Vgl. darüber Bluhme, MGL. IV p. C ff.

[4] Schon die Expositio ist einer Handschrift der systematischen Lombarda beigeschrieben MGL. IV p. LXI und CII. Ueber die Benützung der Breslauer Lombarda in Unteritalien oben Anm. 1, über eine weitere unteritalienische Handschrift spätestens aus der ersten Hälfte des 13. Jahrhunderts MGL. IV p. CII.

[5] S. unten S. 248. Die Zurückführung des römischen Rechts der Kirche auf Liut. 153 ist selten und jedenfalls in Unteritalien bis dahin nicht gebräuchlich.

eine gescholtene Urkunde nach Wid. 6 gereinigt[1]; in einem Placitum zu Sessa schwören 1167 die Laien persönlich, die Geistlichen, wohl nach Henr. II 1, durch Stellvertreter[2], und Karolus de Tocco berichtet von einem Prozess in Salerno, in dem Lud. P. 15 zur Anwendung gelangt ist.[3] Dass sich diese theoretische Veränderung des Quellenbestandes nicht ohne Widerspruch der Praxis vollzogen hat, liegt nahe, und es ergibt sich aus einer bezeichnenden Stelle bei Kar. de Tocco[4]: *dicunt quidam hanc legem* (Henr. I 1) *corrigere superiores* (Gesetze Liutprands), **(dicunt alii quod non), quia sunt quaedam regiones quae non sequuntur leges imperatorum, ubi sunt contrariae legibus regum, sunt et aliae regiones quae *sequuntur leges imperatorum* (nämlich die Abruzzen), *et sicut Liudprandus rex correxit Rotharium et Grimoaldum, sic imperator potest corrigere praecedentes leges: prudens ergo iudex iudicabit secundum quod in civitate sua proponuntur leges regum legibus imperatorum et econtra.* Aber, fügt Karolus bei, *hoc non placet, quia leges legibus concordare promptum est arg. l. 1 C. 3, 30.*

Zur Aufnahme der Lombarda aber war mit der Rezeption des römischen Rechts nun noch die Vorstellung getreten, dass die Kaiser als Nachfolger der Cäsaren Gesetzgebungsgewalt besitzen, und so benützt Karolus und die ganze spätere Litteratur die Kaisergesetze durchaus als geltendes Recht. Gleich die Constitutiones Siculae zeigen ihre Anerkennung. Const. II 33 (HB. 105)[5] enthält eine Fortbildung von Lomb. I 9, 40 Henr. II 3. Const. II 34 (HB. 106) verordnet, *in causa depositi, in qua olim pugna locum habebat, pugnae prorsus interdicimus facultatem,* und Marinus de Caramanico, der Glossator der Constitutionen (1265/84), weist darauf hin, dass

---

[1] Cod. dipl. barese I n. 39.

[2] Gattula, ad historiam Cassinensem accessiones 262. Dieselbe Vorschrift enthalten freilich auch die normannischen Assisen Cod. Vat. c. 8.

[3] Lomb. II 51, 11 eligantur.

[4] II 14, 30 (31) quicunque.

[5] Wir citieren nach der Ausgabe Constitutionum Regni Siciliae libri II. Cum Commentariis Veterum Jurisconsultorum Neapoli 1771/73 und fügen die Seitenzahl bei Huillard-Bréholles, historia diplomatica Friderici Secundi IV 1 in Klammern bei.

hier Lomb. II 55, 39 (40) Ot. I 4 geändert werde: *quae lex imperialis est, et ex hoc probatur quod leges imperatorum tenentur, alioquin haec lex superflua erit.*[1] Vollends deutlich tritt die Geltung des Kaiserrechts als eines Teiles der Lombarda in einer Ausführung des Andreas de Isernia zu Tage: das Königsrecht und die Kaisergesetze seien an sich für Sizilien gleichmässig unverbindlich; aber in der const. Puritatem sei das longobardische Recht für verbindlich erklärt worden, *unde leges imperatorum .. quae continentur in Longobarda, servabuntur in regno Siciliae sicut aliae leges illius libri, ex quo dominus regni voluit.*[2] Mit den Kapitularien aber und mit der oberitalienischen Lombardistik war auch ein wichtiger Faktor für die Geltung der persönlichen Rechte nach dem Süden gekommen.

Römisches Landesrecht.

44. In den Teilen von Calabrien und Apulien, die unter byzantinischer Hoheit verblieben waren, hat das römische Recht seine Geltung behalten, und wenn Sizilien im Lauf des 9. Jahrhunderts in die Hände der Araber gefallen ist, so haben diese doch den Eingeborenen im gegenseitigen Verkehr ihr Recht belassen[3], und als die Eroberung Palermos durch die Normannen der arabischen Herrschaft 1072 ein Ende machte, da hat auch das bisher niedergehaltene römische Recht sofort wieder seine frühere Geltung erlangt. Ein getaufter Sarazene verspricht 1145 in Palermo Gewährleistung einer Schenkung *secundum legem*[4], und der freilich jüngere Prolog des Stadtrechts von Palermo nennt die Einwohner der Stadt *Romanorum lege viventes.*[5] Aber auch die Herzogtümer der Westküste

---

[1] Eod. p. 262. Die Stelle ist schon Capasso bei Brandileone, diritto romano p. XV f. aufgefallen. Aber seiner künstlichen Auslegung, Const. II 34 habe sich nur auf die Abruzzen bezogen, bedarf es nicht; denn die Kapitularien galten im ganzen Land.

[2] Comm. feud. praeludia n. 37, 39.

[3] Amari, storia dei Musulmani di Sicilia I 464 ff.; Sachau, Syrisch-römisches Rechtsbuch edd. Bruns und Sachau 173 ff.

[4] Pirrus, Sicilia sacra I 85.

[5] La Mantia, antiche consuetudini delle città di Sicilia 166. Wiederholt im Prolog des Stadtrechts von Trapani eod. 4.

hatten gegenüber den andringenden Longobarden die Selbstständigkeit bewahrt und damit auch dem römischen Recht in ihrem Gebiet die fortdauernde Geltung gesichert. In Amalfi wird 1007 die *lex imperialis* angerufen und eine dos bestellt *secundum legem et consuetudinis nostre civitatis*[1], und im Stadtrecht c. 22 heisst es von der Geschlechtsvormundschaft: *mulieres Amalfiae omnes tam viduae quam coniugatae vivunt Romano (iure)*.[2] Auch in der Stadt Neapel handeln die Frauen ohne Muntwalt.[3] Und als die Neapler[4] Ortschaft Scafati an das longobardische Kloster S. Angelo in Formis kam, wurde 1117 besonders ausbedungen, dass die Leute des Orts *medietatem Romanae legis in iudicio habeant*.[5] In der Gaetanischen Grafschaft Traetto ruft man in einem Prozess 1014 die justinianischen Novellen an, in Gaeta selbst wird 1103 eine dos bestellt, weil das für den Abschluss einer gültigen Ehe *in lege* vorgeschrieben sei[6]; 1108 und ähnlich 1131 wird eine Schenkung eingeleitet: *auctoritas etenim iubet ecclesiastica et lex precipit romana, ut quicumque res suas . . transfundere voluerit, per paginem testes seriem scripturarum infundat*, und die Stadt erhält 1191 das Privileg, dass ihre Strafsachen auch im Hofgericht ohne Zweikampf entschieden werden sollen.[7] Zumal im Gegensatz zu den anstossenden longobardischen Gebieten tritt der römische Charakter der Herzogtümer zu Tage. Dort wohnen die *Longobardi*, hier die *Romani*, und es sind gerade auch die Rechte der beiden Gebiete, die in dieser Weise einander gegenüber-

---

[1] Camera, memorie storico-diplomatiche di Amalfi I 217.

[2] Camera a. a. O. 467. Die Stelle stammt freilich erst aus dem 14. Jahrhundert; vgl. Racioppi, Arch. stor. napoletano V 13. Aber schon Urkunden von 969 oder 1021 Cod. dipl. Cavensis II n. 261; Mon. arch. Neapolitani IV n. 321 zeigen für Witwen denselben Rechtszustand; für Ehefrauen vgl. freilich Cod. dipl. Cavensis II n. 292 und 386.

[3] Beispiele Mon. arch. Neapolitani IV n. 323, 345.

[4] *Ecclesia S. Petri quae dicitur ad Scaphati sita in territorio Neapolitano*, Urkunde 1072 bei Gattula, accessiones 177.

[5] Gattula, accessiones 234. Die »*medietas*« dürfte mit Perla, Arch. stor. napoletano X 168[1] durch »Gewährschaft« zu übersetzen sein.

[6] Geht wohl auf Nov. 117 c. 4.

[7] Cod. dipl. Caietanus I n. 130; II n. 275, 283, 321, 362.

gestellt werden.[1] Die Leute aus dem Amalfitanischen berufen sich im longobardischen Salerno oder dessen Nähe vielfältig auf ihr römisches Recht; es ist ihnen die *lex nostra Romanorum*[2], auch wenn es sich nur um das Recht einer einzelnen Person handelt.

Der Stand der Rechtskenntnisse freilich war bis zur zweiten Hälfte des 11. Jahrhunderts und vielerorts länger überaus tief.[3] Bezugnahmen auf die Quellen finden sich sehr spärlich, und gerade sie zeigen die völlige Unkultur des Rechtslebens.[4] Das longobardische Recht hatte dem römischen in seinem eigenen Gebiet zahlreiche Lebensverhältnisse entfremdet, und es ist manchmal nur mehr eine unbestimmte Erinnerung übrig geblieben, dass das Recht dieser Landschaften das römische ist. Der longobardischen Quart wird in Neapel das Mäntelchen der Falcidia umgehängt[5], und die Amalfitaner in Salerno empfangen Launegild, geben Wadia, ziehen den Muntwalt bei *iuxta legem nostram Romanorum.*[6]

---

[1] S. unten S. 227.

[2] Cod. dipl. Cavensis II n. 418 (420); III n. 491, 494, 516; IV n. 657, 685; V n. 787, 828; VI n. 944, 1027; VII n. 1069, 1092 aus den Jahren 990—1047. Davon auf einzelne Personen bezogen n. 418, 494, 944. — Vgl. auch Cod. dipl. Caietanus I n. 151 von 1026.

[3] Man hat sich für das Gegenteil auf die Ueberlieferung berufen, welche die Pisaner Digesten von Amalfi stammen lässt. Doch sind die Meinungen über den Wert dieser Legende heute zweifelhafter wie je vgl. Savigny III 92 ff.; Patetta in den Studii giuridici offerti a Schupfer II 124 ff.; Buonamici, Arch. giuridico [2]II 333 ff. Auch die Annahme, dass eine der Vorlagen der Bologneser Digestenhandschriften in Unteritalien geschrieben worden sei, ist sehr unsicher s. darüber Mommsen, Digesta Justiniani Augusti I p. LXIV ff; Patetta a. a. O. 122 ff. Und gewiss ist, dass die Urkunden von Amalfi denselben Tiefstand zeigen wie die Urkunden der übrigen römischen Städte.

[4] Vgl. z. B. die oben erwähnten Urkunden von Traetto 1014 oder von Gaeta 1108.

[5] Urkunde 932 Mon. arch. Neapolitani I 1 n. 17.

[6] Cod. dipl. Cavensis III n. 474; IV n. 657, 685; V n. 828; VI n. 944, 1027; VII n. 1069, 1092, 1207; VIII n. 1297 (inseriert), 1368, 1381. De Blasio, series principum qui Langobardorum aetate Salerni imperarunt, appendix n. 4, 17, 20. Selbst vor einer ausdrücklichen Bezugnahme auf das longobardische Recht scheute man dabei

War das herrschende Recht der südlichen und der westlichen Landschaften somit das römische, so erübrigt freilich noch die Frage, wie weit hier das Recht Justinians, und wie weit die byzantinische Gesetzgebung Geltung gehabt hat, und es ist in diesem Zusammenhang vor allem der Umstand von Bedeutung, ob der Geltungsbereich der beiden Rechtssysteme etwa territorial festbegrenzt war. Die ganze Frage hat mehrfach sorgfältige Erörterung gefunden[1], doch dürfte der Gegensatz dabei zum Teil unnötig scharf zugespitzt worden sein. Wir werden der Vorstellung jener Zeit schwerlich gerecht werden, wenn wir annehmen, man habe das »justinianische« Recht auf der einen, das »byzantinische« auf der anderen Seite als geschlossene Einheiten in bewussten Gegensatz zu einander gebracht. Gewiss hat man die späteren Abweichungen von der Gesetzgebung Justinians nur als die Fortbildung eines und desselben Rechtes angesehen, und der Gegensatz zwischen der justinianischen Kodifikation und der Ecloge ist vielleicht nicht stärker empfunden worden als derjenige zwischen Ecloge und Basiliken. Und sieht man dabei auf die starke Verwilderung der Rechtswissenschaft, die zu jener Zeit in Italien eingerissen war, so wird man unbedenklich annehmen dürfen, die Praxis habe sich derjenigen Quellen bedient, die sie gerade zur Hand hatte, und es entschied über die Anwendbarkeit einer Quelle nicht ihre Zugehörigkeit zum justinianischen oder

---

nicht zurück. Man lese Cod. dipl. Cavensis V n. 828 Salerno 1030: zwei Brüder aus Atrani (Amalfi) machen ihrer Schwester eine Schenkung *secundum lex et consuetudo nostre romanorum . . et pro hoc donum confirmandum iusta legem et consuetudo nostre romanorum launegilt a te . . recepimus;* sie stellen Wadia und Bürgen, Gewährschaft zu leisten, *et si . . defensare non potuerimus, tunc sicut in lex langnubardorum de donum et launegilt continet, adimpleamus.*

[1] Perla, Arch. stor. napoletano X 130 ff.; Brandileone, Arch. giuridico XXXVI 62 ff., 238 ff.; Schupfer, Rendiconti della R. Accademia dei Lincei 1886 II 261 ff. Vgl. auch schon Hartwig, das Stadtrecht von Messina 21 ff.; Brünneck, Siziliens mittelalterliche Stadtrechte S. XIX ff., XXVIII ff.; Zachariae, Rendiconti del R. Istituto Lombardo di scienze e lettere [2] XVIII 894 ff., sowie Conrat 49[1], 50[4]. Die Schrift von La Mantia, cenni storici su le fonti del diritto greco-romano e le assise e leggi dei re di Sicilia (Conrat 627) war mir nicht zugänglich.

byzantinischen Rechtskreis, sondern die Sprache, in der sie geschrieben war. So finden sich in Unteritalien justinianische und byzantinische Handschriften[1]; in einem (wohl apulischen) Sammelband von 1166 halten Stücke justinianischen Rechts friedliche Nachbarschaft mit byzantinischen Schriften, und dem Prochiron sind die Stellen der Institutionen und Digesten, von Codex und Novellen beigeschrieben, denen der Text entnommen ist.[2]

Trägt man daneben dem Umstand Rechnung, dass einzelne Neuerungen der byzantinischen Kaiser unabhängig von der fortdauernden Anerkennung des byzantinischen Quellenkreises als Ganzen im Ortsrecht Wurzel gefasst haben können, so dürfte sich das folgende Bild ergeben: Byzantinisches Recht hat zunächst in den Herzogtümern seine Spuren zurückgelassen.[3] Doch können es gerade hier nur Einzelbestimmungen sein, die sich in Geltung erhalten haben. Denn die Landessprache ist lateinisch, und soweit auf die Quellen überhaupt zurückgegriffen wurde, müssen es die lateinischen gewesen sein. Das Placitum Traetto 1014 mit seiner Anrufung der Novellen Justinians beweist das unmittelbar. Und wenn die Behauptung aufgestellt worden ist, der Hinweis auf die *lex Romana* in den Neapler Verträgen und besonders in den Urkunden von Salerno gehe auf das byzantinische Recht[4], so sind doch die Römer jener Verträge offensichtlich nur die Neapler, und gerade in den Salernitaner Urkunden wird zwischen *Romani* und *Graeci* sorgfältig unterschieden: »Grieche« ist, wer aus griechisch sprechendem Gebiet stammt[5], und nicht der Grieche als solcher

---

[1] Nachweis justinianischer Handschriften bei Schupfer a. a. O. 271. Ueber griechische Handschriften Zachariae a. a. O. 897 ff.; Brandileone a. a. O. 66 ff.

[2] Zachariae, fragmenta versionis graecae legum Rotharis Longobardorum regis 15 f., 8.

[3] Nachweise für Neapel und Amalfi bei Brandileone 83[2], 84[1, 2].

[4] Brandileone 83 f., 90. Auch Conrat 49[1] findet diese Annahme »ganz unbedenklich«.

[5] In einer Urkunde von 986 ist von *natibi ex genere grecorum* und von Handschriften *ex genere grecorum* die Rede; 1008: *kallino, filio iohanni greco, qui fuit natibus de calabria et modo est commorante in .. lucanie finibus;* Hervorhebung, dass *greci* in Lucanien wohnen,

hat in den Urkunden römisches Recht[1], sondern der Unterthan von Amalfi oder der Einwohner der Stadt Rom, dem jede Verbindung mit Byzanz fehlte.[2]

Calabrien und Apulien, bis ins 11. Jahrhundert byzantinische Provinzen, standen der Einwirkung byzantinischen Rechts unmittelbar offen, auch in ihren vordem longobardischen Teilen, soweit dort römisches Recht überhaupt zur Geltung kam.[3] Eine starke Ansiedelung griechischer Mönche hielt das Griechentum im Lande selbst lebendig, und so stammt die grosse Mehrzahl italienischer Handschriften byzantinischen Rechts aus Calabrien, weisen die Urkunden dieser Landschaften byzantinische Rechtsinstitute auf.[4] In Sizilien hat die Hellenisierung der Einwohner seit dem 8. Jahrhundert wachsende Fortschritte gemacht, und wenn die lateinische Bevölkerung[5] und das justinianische Recht von der Insel auch nicht völlig

---

auch 1034; Gegensatz in einer Urkunde von 1059: *fotinus grecus* verkauft Grundbesitz an *petrus neapolitanus;* und in Amalfi selbst wird 1058 die Herkunft jemands *ex genere grecorum* festgestellt — Cod. dipl. Cavensis II n. 382; IV n. 607; VI n. 881; VIII n. 1301, 1270. Dass auch der Glaubenszugehörigkeit ein erheblicher Anteil zukam, jemand als Griechen erscheinen zu lassen, soll damit nicht in Abrede gestellt werden. Aber gerade für die rechtliche Zugehörigkeit scheint mir der Schwerpunkt in der Sprache zu liegen.

[1] Vgl. ausser den schon genannten Beispielen etwa noch Cod. dipl. Cavensis I n. 151; IV n. 568, 623, 692; V n. 714, 715; VIII n. 1241.

[2] Salerno 868 Muratori script. II 2, 961: *Petrus abitator Civitate Roma* verkauft Grundbesitz. Zeugen: *Gregorius . . de Civitate Roma legem viventem Romanam; Iohannes . . de Civitate Roma legem viventem Romanam; Teubaldus legem viventem Romanam* u. s. w. Allerdings von kaiserlichem Notar geschrieben.

[3] Vgl. unten S. 194 ff.

[4] Ueber die Handschriften vgl. Brandileone a. a. O. 66 ff.; auch Zachariae, Rendiconti 896 ff. Urkunden bei Brandileone, Rendiconti dei Lincei 1886 I 268 [2, 3].

[5] Amari, storia I 197; II 399; III 204 ff. Di Giovanni, Arch. stor. siciliano[2] XIII 40 ff. Man wird vielleicht auch die Gegenüberstellung in einer Urkunde Salerno 1054 Cod. dipl. Cavensis VII n. 1204 beiziehen dürfen, in der *todari grecus,* Sohn des *stephanus grecus,* an *constantinus qui fuit de sicilia,* Grundbesitz verkauft. Vgl. auch unten S. 263 Anm. 5.

verdrängt worden sind, so hat das griechische Element im 11. Jahrhundert doch stark überwogen; es sind demgemäss einzelne Anwendungsfälle byzantinischen Rechts überliefert[1], und es hat dies Recht auf die Gestaltung der sizilischen Rechtsquellen eingewirkt.[2] Auch die normannischen Assisen sind von byzantinischen Rechtseinrichtungen vielfach beeinflusst[3], aber wie die Sprache der Assisen, so sind auch die Quellen, aus denen sie unmittelbar schöpfen, die lateinischen, entsprechend der seither erfolgten Rezeption. Die normannische Eroberung hat dann aber ihrerseits den Gegensatz der Lateiner und Griechen auf Sizilien verschärft, und damit scheint allerdings auch der Gegensatz justinianischen und byzantinischen Rechts hier für einige Zeit personale Geltung erlangt zu haben — es wird darauf noch zurückzukommen sein.

Das römische als gemeines Recht.

45. Am herzoglichen Hofe zu Benevent hat man zu Ende des 8. Jahrhunderts anscheinend noch einige Kenntniss der römischen Quellen besessen.[4] Dann aber verschwindet im longobardischen Gebiet jede Spur ihrer Benützung, und gerade die spärlichen Fälle, in denen hier auf Angehörige römischer Gebiete römisches Recht angewendet wird, zeigen, dass es zu einem leeren Namen fast ohne Inhalt geworden ist.[5] Nur in

---

[1] Brandileone, Arch. giur. 73[3], vgl. auch 100 f.

[2] Vgl. besonders Brünneck a. a. O.

[3] Sorgfältige Nachweisungen bei Brandileone, Arch. giur. 238 ff.

[4] Perla, Arch. stor. napoletano X 153[2] zu Aregis c. 4.

[5] Für Salerno hat man allerdings anderes behauptet, besonders Schupfer, Rendiconti dei Lincei 1886 II 263 ff.; vgl. auch schon Perla, Arch. stor. napolitano X 154 ff.; auch Heinemann, Stadtverfassung 50. Dass das römische Recht den Richtern hier durch Vermittelung der Geistlichkeit bekannt geworden sei, da doch die Kirche nach römischem Recht lebte, beruht auf einer Voraussetzung, die in völligem Widerspruch mit den Thatsachen steht. Und dass das römische Recht in einer Salernitaner Urkunde von 1089 als *diuturna consuetudo civitatis* bezeichnet werde, ist ein Missverständnis; es handelt sich (ed. Perla a. a. O. 158) um die Testierfähigkeit einer Person, die sich zu römischem Recht bekennt, das Gericht stellt fest, dass sie nicht nur 14, sondern sogar älter als 20 Jahre geworden

jenen longobardischen Landesteilen, die wieder unter byzantinische Herrschaft gekommen sind, hat das römisch-griechische Recht

sei, *et tam secundum eandem legem quam et secundum diuturnam consuetudinem huius civitatis . . testari potuisse;* die Handlungsfähigkeit nach römischem und nach Stadtrecht stehen in offensichtlichem Gegensatz, nach dem Jahrhunderte alten longobardischen Recht der Stadt aber tritt die Volljährigkeit gemäss Liut. 19 mit 18 Jahren ein. Schupfer beruft sich auf eine Reihe von Urkunden, in denen auf die »*lex*« Bezug genommen wird, anscheinend in der Annahme, als könne dies nur auf das römische Recht gehen: im ersten Fall Cod. dipl. Cavensis I n. 135 von 918 ist eine Intestaterbfolge »*iuxta legem*« in Frage; eine Schenkung in der gleichen Familie ist um Launegild geschehen, eine Frau hat die Quart, der Beklagte wird beschuldigt, dass er *malo ordine* besitze, und schwört sich durch Eid frei. Zweites Beispiel Cod. dipl. Cavensis I n. 148 von 928: die Parteien verpflichten sich durch Wadia, im nächsten Termin mit ihren Beweismitteln zu erscheinen und die Sache »*secundum legem*« zum Austrag zu bringen; dort ergeht Urteil, die Beklagten sollen Wadia geben, ihren Besitz »*secundum legem*« zu beschwören; sie erscheinen im Eidestermin mit 12 Helfern, doch erhalten sie den Eid gegen Launegild erlassen. Es wird darnach erübrigen, auf die weiteren Beispiele Schupfers einzugehen. Andere Beweisgründe teilt Schupfer mit Perla. Eine Ode des Erzbischofs Alfanus (ed. Ughelli X 2, 73) mahnt den Fürsten von Salerno, er solle Rom vor den Normannen schützen, »*ut stringat solitis legibus orbem*«. Aber nicht, damit das römische Recht wieder gelte. In »gewohnter Ordnung« soll Rom über den Erdkreis herrschen, an der Geltung römischen Rechts hat der Papst zu jener Zeit kein Interesse. Und dann wird einer Ode desselben Alfanus Bedeutung zugeschrieben, die einen causidicus Romuald in Salerno besingt und ihm »*gloria iuris*« zuspricht; dies aber müsse schon darum auf das römische Recht gehen, weil das longobardische eine Stellvertretung im Prozess nur ausnahmsweise zulasse. Nun sind schon diese Ausnahmsfälle, voran die Vertretung der Kirchen und Klöster, in der Praxis wichtig genug — es wird wohl derselbe Romuald sein, der in einem Placitum Salerno 1062 als Advokat eines Frauenklosters auftritt; er erhebt Klage, dass der Gegner *malo ordine* besitze und geht dann eine Beweiswette ein Cod. dipl. Cavensis VIII n. 1336 — vor allem aber hat der causidicus des longobardischen Prozesses neben der Advokatur das Amt eines Fürsprechen, dessen Ausübung ihm unbeschränkt offen steht s. Brunner, Rechtsgeschichte II 351. Dass das überreich fliessende Urkundenmaterial von Salerno streng longobardischen Prozess aufweist, braucht darnach nicht weiter betont zu werden. — Ueber angeblich römisches Recht in dem Privileg für Troja von 1127 s. unten S. 202 Anm. 1.

einige Bedeutung erlangt. In erster Reihe natürlich in öffentlichrechtlichen Dingen wie der Gerichtsverfassung; man wird aber annehmen dürfen, dass das römische Recht hier auch sonst zur Ergänzung des longobardischen Landesrechts herbeigezogen wurde, und die Handschrift von 1166, die den griechischen Rothari zusammen mit allerlei byzantinischen (und auch justinianischen) Schriften enthält, mag als ein Abbild des Rechtszustandes gelten, wie er sich, zumal in Apulien, gestaltet haben muss. Dass aber die Rechtskenntnisse im früheren Mittelalter auch in den römischen Gebieten sehr gering waren, ist schon gezeigt worden.

Die völlige Abgeschlossenheit, mit der sich der Süden von dem übrigen Italien abgesondert hatte, wurde Mitte des 11. Jahrhunderts durchbrochen.[1] Seitdem aber erwachen auch hier die Geister, und ein frischer Zug regt sich, wie auf anderen Gebieten, so in der Rechtswissenschaft. Man scheut sich nicht, verwickelte Rechtsfragen vor Gericht zu bringen[2], und mit der Wiederaufnahme der klassischen Studien ist auch das römische Recht zu reinerer Geltung gelangt. Voran in Salerno, wenn auch zunächst noch auf Parteien römischen Rechts beschränkt. Die vagen Verweisungen auf die *lex Romana* werden, nachweisbar seit 1060, anf bestimmte Sätze des römischen Rechts bezogen[3], in einer Urkunde von 1063[4] werden die Institutionen Justinians angerufen, für Volljährigkeit, für Alters- und Geschlechtsvormundschaft römisches Recht angewendet, und in einem Testament von 1072 und einem daraus erwachsenen Prozess von 1089 kommen, wiederum unter Bezugnahme auf die Institutionen, heikle Fragen über Pflichtteil und Pupillarsubstitution und Testierfähigkeit zur Erörterung.[5] Zur

---

[1] Vgl. Heinemann, Geschichte der Normannen in Unteritalien und Sizilien I 121 ff. und Stadtverfassung 5 ff.

[2] Ein bezeichnendes Beispiel ist das Placitum zu Salerno 1063 unten S. 200 Anm. 4.

[3] Cod. dipl. Cavensis VIII n. 1306. Wohl auch n. 1352, 1381; de Blasio, series n. 17 (die Ehefrau veräussert ohne Befragung der Verwandten).

[4] Cod. dipl. Cavensis VIII n. 1349.

[5] ed. Perla, Arch. stor. napoletano X 158. — In einem Prozess von 1174 (ed. Perla, eod. IX 346) wird in Salerno, und nicht von

selben Zeit hat man im Kloster Monte-Cassino Abschriften der Institutionen und der Novellen hergestellt.[1] In den Abruzzen, die schon ihre frühere Geschichte enger mit dem Norden verband, zeigt sich eine Gerichtsurkunde von 1108 erfüllt von römischen Kunstausdrücken[2], und im Papstgericht zu Benevent ergeht 1113 Urteil *legum auctoritate perspecta,* auf Grund eines Verfahrens, das stark vom römischen Recht beeinflusst war.[3] Damals war auch in Konstantinopel die Rechtswissenschaft zu neuem Leben erwacht, und in der That gehören fast alle die calabrischen Handschriften byzantinischer Quellen erst dem 11. oder 12. Jahrhundert an.[4]

Völlig erstaunlich aber ist die frühe Blüte römisch-justinianischen Rechts in Sizilien. Die normannischen Assisen sind von sachkundigsten Romanisten abgefasst, auf Schritt und Tritt begegnen Anknüpfungen an Digesten und Codex — *mulieribus . . legum aequitatem sectantes subvemendum decrevimus — legum igitur asperitate lenita non ut olim* (C. 9, 9, 29) *gladio agendum* — die *lex* bestimmt über das Verfahren gegen Ehebrecher — und im Prolog erscheinen die römischen Gesetzgeber als *nostri praedecessores.*[5] Kann man den Argwohn auch nicht unterdrücken, dass hier gelehrte Jurisprudenz, gerade wie ein Jahrhundert später in den Siete Partidas, die Gesetzgebung ohne Rücksicht auf den thatsächlichen Rechtszustand beeinflusst und damit insoweit ein totes Werk geschaffen hat,

---

römischen Parteien, die *cautio iudicio sisti et iudicatum solvi* gegeben. Doch ist dies — gegen Perla a. a. O. 344 — nur eine neue Form für die alte Wadia, und die Klage lautet longobardisch auf *malus ordo.*

[1] Conrat 63.

[2] Ughelli I 354. Dazu Savigny II 231k. — Auch in einem Placitum am Aterno 1175 (Gattula, historia 142) erfolgt die Klagerhebung *per libellum.*

[3] Gattula, accessiones 714.

[4] Auch das byzantinische Ehegüterrecht beginnt erst zu Ende des 11. Jahrhunderts in die unteritalienische Praxis Eingang zu finden s. Brandileone, Rendiconti dei Lincei 1886 I 268 f. und Studi e doc. di storia e diritto VIII 80.

[5] Dagegen dürften die *projenitores nostri* Cod. Vat. c. 2 entgegen der Meinung Brandileones dir. romano 28[1] die ersten Normannen sein. Schenkungen an die Kirche sind von ihnen in grosser Zahl überliefert.

die blosse Thatsache, dass sich eine solche Jurisprudenz damals entfalten konnte, ist überraschend genug. Man wird dem Einfluss der oberitalienischen Romanistik sein volles Recht belassen, vielleicht auch an eine Unterstützung durch die wiedererwachte byzantinische Rechtswissenschaft denken können, und doch reicht dies nicht aus, die Erscheinung zu erklären. Ich möchte sie am liebsten mit den Rechtszuständen in der Normandie in Zusammenhang bringen, die, dauernd vom römischen Recht beeinflusst, schon zu Ende des 11. oder Anfang des 12. Jahrhunderts das reine Recht Justinians aufgenommen hat.[1] Der vielfach fränkische Klerus[2] mag der geeignete Vermittler dieser Kenntnisse gewesen sein.

Dann aber ist der Einfluss Bolognas wirksam und beherrschend geworden. Die ersten Schriftsteller Unteritaliens von Bedeutung, die romanistische Bildung besassen, der Kanonist Simon de Bisiniano[3] und Karolus de Tocco, haben ihre Studien in Bologna gemacht. Roffredus steht 1220, wie es scheint, an der Spitze des sizilischen Hofgerichts[4], und die staufische Herrschaft, die nunmehr in Unteritalien zur Geltung kommt, ist in ihren Traditionen enge mit Bologna verbunden.

Und nun dringt das römische Recht unaufhaltsam in die Praxis. Roffredus schreibt in seiner Beneventer Zeit einmal[5]: *istud secure dico quantum pro mundi regimine . . ubi sunt aliqui qui ignorant iura civilia, et ipsi stent pro testibus, quod oportet, ut tamquam caeci aliorum ducatu ducantur.* Und Kar. de Tocco zieht in seinen für die Praxis bestimmten Erläuterungen der Lombarda die römischen Quellen in weitem Umfang bei.[6] Die Beneventer Statuten von 1202 anerkennen die

---

[1] Caillemer, le droit civil dans les provinces anglo-normandes au XIIe siècle.

[2] Vgl. z. B. Malaterra, historia Sicula (1099) IV 7 ed. Muratori script. V 592.

[3] Summa Decreti 1174/79. Vgl. über ihn Schulte, Wiener SB. LXIII 317 ff.

[4] Ficker, Forschungen I 349.

[5] Libelli canonici pars VI rubr. de parochiis n. 3.

[6] Ueber seltsame Missverständnisse bei Brandileone, Arch. giuridico XXXVI 91 vgl. schon Schupfer, Rendiconti dei Lincei 1886 II 265 f.

Massgeblichkeit des römischen Rechts mit ausdrücklichen Worten, die Rechtsbücher des longobardischen Bari[1], in der Fassung des Andreas nach dem Codex geordnet, haben romanistische Tünche, die Urkunden legen römisches Gewand an[2], und so sind insbesondere auch die Constitutiones Siculae in ihren theoretischen Grundlagen eine rein romanistische Kodifikation; an zahlreichen Stellen bringen sie das römische Recht praktisch zur Geltung[3], und es ist ihnen vielerorts das *ius commune.*[4] Seither ist das römische das gemeine Recht der beiden Sizilien geblieben.[5] Man streitet über seinen Geltungsgrund[6], seine Geltung im Land ist unbestritten.

Longobardisches Landesrecht neben neueren Rechtsquellen.

46. Die Geltung des longobardischen Landesrechts wird durch das Aufsteigen des römischen Rechts zunächst nicht berührt. Das römische wird zum Subsidiarrecht des longobardischen für jene Fälle, in denen dies Recht keine Bestimmungen trifft[7], wie das die Statuten von Benevent 1202 scharf zum Ausdruck bringen: *primum capitulum est, ut secundum consuetudines approbatas et legem Longobardam et eis deficientibus*

---

[1] Vgl. unten S. 202.

[2] Beispiele aus Sizilien bei Battaglia, i diplomi inediti relativi all' ordinamento della proprietà fondiaria in Sicilia sotto i Normanni e gli Svevi n. 10 (Trapani 1221), 47, 49 (Messina 1242 und 1252), 31 (Palermo 1260) u. s. w.

[3] Nachweise bei Brandileone, dir. romano passim.

[4] So Const. I 53, 2; II 19; II 21; II 24; III 42 HB. 192, 91, 93, 95, 147. Bisweilen im ausdrücklichen Gegensatz zum longobardischen Recht, wie I 25 und III 37 HB. 27, 143.

[5] Vgl. z. B. den ausdrücklichen Vorbehalt durch König Manfred in einem Brief, über den Palumbo, l'invocazione delle leggi romane fatta da Manfredi, und Ciccaglione, Arch. stor. napoletano XVIII 158 ff. (nicht durchaus überzeugend) handeln. *ius Romanum et commune* auch in dem Kapitel In accusatis Karls II.

[6] Nach Marinus liegt er in der Anerkennung des römischen Rechts durch die Könige, insbesondere durch die Constitutionen. Isernia lässt es fortgelten, weil es nicht aufgehoben wurde; und das seit Loslösung Siziliens vom Reich ergangene Kaiserrecht sei als ratio verbindlich. Vgl. oben S. 63 Anm. 3.

[7] Vgl. oben S. 55, 60, auch unten S. 220 Anm. 2.

secundum legem Romanam iudicetur.[1] Und die Glosse des Karolus und spätere Arbeiten zeigen dies Verhältnis in hundertfacher Anwendung.

Früher hatte das longobardische Recht die Herrschaft mit anderen Rechtsquellen zu teilen: dem Ortsrecht und den Landesgesetzen. Die Emanzipation der örtlichen Rechtsbilduug von der landesrechtlichen Geltung des Edikts beginnt sehr zeitig. In einem bemerkenswerten Placitum zu Benevent 839[2] beruft sich das beklagte Kloster darauf, *quia semper principes . . ponentes in oblivionem . . edicta gentis nostrae Langobardorum, semper usus huius nostrae provinciae sic est iudicari,* und die durchgeführte Inquisition ergibt, *quomodo principes . . huius provinciae per usus essent iudicaturi.* Ein frühes Beispiel bietet die noch dem 8. Jahrhundert angehörige Beneventische Sonderbildung Liut. 29[3], und im 11. Jahrhundert wurzelt die Herrschaft des Ortsrechtes schon so tief, dass die Verleihung reinen longobardischen Rechts privilegienweise vorkommt.[4] Die gleich zu erwähnenden Schutzbriefe für Troja und für Bari zeigen ein ausgebildetes Ortsrecht auf longobardischer Grundlage, 1167 erfolgt eine Pfändung auf Grund eines *brebe meffii ordinatum iuxta legem longobardorum et more barisanorum*[5], in Monopoli wird 1209 eine Verlobung nach longobardischem Recht geschlossen und der Frau ausbedungen, sie dürfe über meffium und Quart *secundum legem et consuetudinem huius nostre*

---

[1] Borgia, memorie istoriche di Benevento II 413.

[2] Muratori script. I 2, 388.

[3] S. die sorgfältigen Nachweise bei Rosin, die Formvorschriften für die Veräusserungsgeschäfte der Frauen nach longobardischem Recht 8 ff.

[4] Prozess in Salerno 1063 Cod. dipl. Cavensis VIII n. 1361: Kläger beansprucht die streitige Mühle als Geschenk des Fürsten, der sie seinerseits auf Grund örtlichen Gewohnheitsrechts von dem kinderlos verstorbenen Vorbesitzer geerbt habe. Beklagter beruft sich auf Intestaterbfolge als Bruder des Verstorbenen, *quoniam . . gisulphus princeps concessit omnibus cilentinis hominibus ut parens parenti per gradum et parentelam secundum longobardorum legem succederet.* Es wird nun gestritten, ob jenes Gewohnheitsrecht überhaupt bestanden hat, und ob nicht die Schenkung, weil älter als das Privileg,. den Vorzug habe.

[5] Cod. dipl. barese I n. 51.

çivitatis letztwillig verfügen.[1] Oder es mag auf die Umbildungen longobardischen Rechts in Benevent hingewiesen werden, von denen Kar. de Tocco Nachricht gibt.[2]

Neben dem örtlichen Gewohnheitsrecht aber hat das longobardische Recht im Lande von sich aus weitergegolten. Das zeigt schon seine Stellung in der Litteratur[3], vor allem die Glosse des Karolus, die ihm ein ragendes Denkmal gesetzt hat. Und es zeigt die Praxis. Die campanischen Städte Teano und Sessa haben in einem Placitum von 1171, *quia inter Langobardos erat quaestio*, ohne weiteres longobardisches Recht[4]; die Urkunden, die von »unserm longobardischen Recht« sprechen, reichen bis weit herein ins 13. Jahrhundert, noch 1259 erklärt ein Ehemann in Conversano, seiner Frau die Morgengabe *secundem legem et ritum Gentis nostre Longobardorum* bestellt zu haben[5]; und noch unter den Anjou, um 1282, verlangt der Abt von Monte-Cassino, dass die Strafgerichtsbarkeit nach longobardischem Recht ausgeübt werden solle, selbst dort, wo die Landesgesetze Abweichendes bestimmen.[6]

Die örtlichen Rechtsquellen selbst bringen die landesrechtliche Geltung des longobardischen Rechts zum Ausdruck. 1127 hat der Papst der Stadt Troja ein höchst bemerkenswertes Privileg gewährt[7]: wer Vergewaltigung oder Mord, Diebstahl oder Brandstiftung oder Körperverletzung begeht, *Longobarda lege iudicetur* (Z. 9), und ist er wegen Hochverrats angeklagt, *Longobarda lege iudicetur* (Z. 10); will der

[1] Chart. di Conversano I n. 155.

[2] Lomb. II 11, 2 aut ad curtem; II 28, 1 ubi contentus; II 28, 2 duos.

[3] Ueber Simon de Bisiniano und Roffredus vgl. oben S. 76 Anm. 1 und S. 73.

[4] Peregrinius, historia principum Langobardorum ed. Pratillus III 273.

[5] Chart. di Conversano I n. 195. Andere Beispiele eod. n. 65, 79, 108, 121, 127, 155; Cod. dipl. barese I p. XX.

[6] Gattula, accessiones 353.

[7] ed. Kehr, Nachrichten der k. Gesellschaft der Wissenschaften zu Göttingen, phil.-hist. Klasse 1898 S. 76 und darnach, in Ziffern abgeteilt und von Erörterungen begleitet, Zdekauer, Riv. it. per le scienze giur. XXVI 242.

Thäter dem Verletzten die schiedsrichterlich bestimmte Busse nicht bezahlen, *ei secundum legem componat*, weigert sich der Verletzte aber, die Busse anzunehmen, *legali praecepto multatur*, nur die Unzuchtsbusse *in vigore legis* (*sit*) *relicta* (Z. 12); *parens parenti secundum legem succedat*, *cuique voluerit testamentum facere legaliter liceat* (Z. 15); uneheliche Kinder geniessen das *legale beneficium* eines Vaters und einer väterlichen Familie (Z. 16), und noch andere Stellen weisen longobardisches Recht auf.[1] Und so erhält auch Bari 1132 in einem königlichen Privileg zugesichert, *de lege vestra et consuetudinibus vestris quas iam quasi per legem tenetis*, *vos non eiciet nisi vestra voluntate*[2], die *lex* Baris aber war vorher und nachher die longobardische. Das zeigen vor allem die Consuetudines der Stadt, die zu Anfang des 13. Jahrhunderts von den Richtern Andreas und Sparanus, vom ersten in der Ordnung des Codex, vom zweiten nach der Folge der Lombarda aufgezeichnet worden sind[3]; die beiden Rechtsbücher sind völlig durchtränkt von rein longobardischem Recht, die Ansprüche der Frau auf Quart und meta werden nach den *leges* bestimmt — *in ceteris*

---

[1] So Z. 13 (in der natürlich *sibi nonum* zu lesen), Z. 31. Zdekauer 250 f. will unter der *lex* in Z. 15 und 16 das römische Recht verstehen. Doch spricht gar nichts dagegen, die Stellen wie das ganze übrige Privileg auf das longobardische Recht zu beziehen (das *volentis* in Z. 16 könnte auf Roth. 156 gehen), während eine Hereinziehung des römischen Rechts nach Ort und Zusammenhang unwahrscheinlich ist. Aber auch die Bestimmung in Z. 4: *ut casale Fogiae, quod utroque iure sibi paravit, reddatur episcopio*, wird nicht auf das longobardische und römische Recht zu beziehen sein, wie Zdekauer 243 f. unter Anknüpfung weitergehender Folgerungen annimmt. *utrumque ius* heisst doch wohl: weltliches Recht und canones, eine Formel, die keineswegs erst »in neuerer Zeit gebraucht wird« (so Florenz 1061 Ficker, Forschungen IV n. 68; Reggio 1141 Muratori, ant. it. V 149; Padua 1144 Cod. dipl. Padovano II 1 n. 441), und deren Bedeutung im gegenwärtigen Fall noch durch ein Privileg von 1067 (bei Kehr a. a. O. 64) klargestellt wird, in dem der Papst dem Bischof von Troja die Besitzungen bestätigt, die ihm *iuste et canonice* zustehen.

[2] De Blasiis, la insurrezione pugliese e la conquista normanna nel secolo XI. III doc. 7.

[3] ed. Petroni, il testo delle consuetudini di Bari. Die Zeitbestimmung nach Rossi, cod. dipl. barese I p. XXI[2].

vero casibus restitutionis dotium stetur et servetur inter eos ius Longobardorum ac usus et consuetudo . . civitatis Bari — die Busse für Aergernis, *quam Longobardorum iura constituunt*, greift in Bari gewohnheitsrechtlich nicht Platz — welche Folgen die invasio nach sich zieht, *et Longobardi iuris sententia et morum industria comprobatur.*[1] Der Statuten von Benevent ist schon Erwähnung geschehen, die Urteil nach Ortsbrauch und longobardischem Gesetz, subsidiär nach römischem Recht, vorschreiben. Der Abt von Monte-Cassino verspricht 1190 den Leuten von S. Angelo in Theodice: *iudex vester per legem Longobardorum . . sententiam dicat . . et omnes bonos mores quos antiquitus habuistis . . confirmamus*, und der Richter soll darum auf Befolgung der *leges quibus vivetis* und des Ortsbrauchs vereidigt werden; S. Germano und S. Pietro a Monastero empfangen 1267 ein ähnliches Privileg: *volumus insuper et concedimus, ut secundum legem Longobardam et secundum consuetudines vestras iudicemini*, und es wird auch bei Einzelbestimmungen ausdrücklich auf die *statuta legis Longobardae* verwiesen.[2]

Doch nicht nur gegenüber der örtlichen Rechtsbildung ist das longobardische Recht in Abhängigkeit geraten. Anders als der Norden der Halbinsel sind die Landschaften des Südens auch zur politischen Einheit gelangt, und die Königskrönung des Normannenherzogs Roger hat dieser Vereinigung 1130 das Siegel aufgedrückt. Die neuen Fürsten aber hatten Fug und Macht, auch in den Rechtszustand ihres Landes einzugreifen. Die Ortsrechte selbst standen unter dem Willen des Königs, und so war die Fortgeltung des longobardischen Rechts an die zweifache Voraussetzung geknüpft, dass der König sie gestattete, und dass das Ortsrecht nichts Abweichendes bestimmte. Aber auch das neue Königsrecht konnte sich seinem Einfluss nicht entziehen. Wie die normannischen Assisen[3] in

---

[1] Andreas XII 1; XIII 6. Sparanus I 1; XI 1. Sonstige Wiederholungen longobardischen Rechts bei Andreas VIII 2; XIII 3; XIV 1 und 3; XV 1; XVIII 2 und 7 u. s. w. und noch viel mehr bei Sparanus.

[2] Tosti, opere complete XV 281; XVI 289, 290.

[3] ed. Brandileone, diritto romano 94 ff. Die Ansätze ihrer

c. 1 Cod. Vat. den bisherigen Rechtszustand überhaupt aufrecht erhalten, so lassen sie in c. 34 die Vorherrschaft des longobardischen Rechts unmittelbar erkennen, wenn sie *pro suggestione populi nostro regno subiecti . . legum suarum ineptitudinem cognoscentes* eine Vorschrift des Edikts abändern.[1]

Und dann hat sich das folgenreichste Ereignis für die Fortgeltung des longobardischen Rechts vollzogen: Kaiser Friedrich, der Landesherr der beiden Sizilien, hat 1231 die Constitutiones Siculae erlassen.[2] Die Verlegung der Residenz von Palermo nach Neapel hatte den Einfluss des longobardischen Rechts noch verstärkt, und so tritt seine beherrschende Stellung durch das ganze Gesetzbuch zu Tage. Const. II 42 (HB. 112) macht den longobardischen Volljährigkeitstermin zum gemeinen Recht, const. III 37 (HB. 143) trifft Bestimmungen, *quadragenaria praescriptione inter fratres lege Longobardorum inducta . . duratura et ad omnes regni nostri fideles per praesentem constitutionem prorogata.*[3] Urkundenfälschung soll nicht mehr *ut olim* — Lomb. I 29, 1 — mit dem Verlust der Hand bestraft werden[4], den Fiskus selbst hatte man der 60jährigen Verjährung von Lomb. II 34 (35), 8 unterworfen.[5]

Entstehungszeit schwanken zwischen 1140 und 1160. Doch dürften die Assisen des Codex Vaticanus in ihrem Hauptteil noch unter König Roger fallen.

[1] ed. Brandileone 95, 114. Dazu die Glosse MGL. IV p. CVIII[77]. Allerdings macht Brandileone, Arch. giuridico XXXVI 285 f. wahrscheinlich, dass König Roger hier aus einer byzantinischen Zwischenquelle geschöpft hat.

[2] Ein Teil dieser Constitutionen stammt schon von den normannischen Königen, andere hatte Friedrich II. 1220 erlassen, und sie wurden dann in das Gesetzbuch von 1231 aufgenommen, dem eine repetita praelectio vermutlich 1244 gefolgt ist. Daneben wurden seit 1231 einzelne Novellen ausgegeben, die von der Jurisprudenz etwa Mitte des 13. Jahrhunderts in das Gesetzbuch selbst eingearbeitet worden sind. Vgl. über Entstehung und Litteratur der Constitutionen die wertvolle Schrift von Capasso, sulla storia esterna delle costituzioni del regno di Sicilia.

[3] Lomb. II 34 (35), 7 — der letzte Satz nach Capasso, storia esterna 41[1] ein Zusatz von 1244.

[4] Const. I 97, 4 (HB. 188).

[5] Const. III 39 (HB. 145). — Ueber const. II 33 und 34 oben

Es kann darnach nicht wundernehmen, wenn die Constitutionen das longobardische Recht an manchen Stellen als das Recht schlechtweg bezeichnen — nach II 18 (HB. 90) soll bei Prozessbeginn guadia und nach drei Tagen Bürgschaft gestellt werden, *ut est iuris*[1]; *qui iure communi censentur*, die sollen nach II 32 (HB. 103) nach erfolgreich durchgeführtem Zeugenbeweis nicht mehr kämpfen dürfen[2] — auch wenn daneben des römischen Subsidiarrechts gedacht wird wie I 25 (HB. 27), wo eine Vorschrift erlassen wird, *inter utrumque ius Longobardum scilicet et commune viam mediam eligentes.* Und dort, wo neben dem Recht der Longobarden auch auf das Recht der römischen Gebiete Rücksicht genommen wird, sind es zwei *iura* nebeneinander, welche die Verhältnisse des Landes bestimmen. Im iudicium parium soll const. I 47 (HB. 51) zufolge nach den Constitutionen, nach Landesbrauch *et demum secundum iura* geurteilt werden; const. I 74, 1 und I 97, 4 (HB. 59, 188[3]) weisen den iudex an, in Gemässheit der Constitutionen, *iuxta iura* und nach erprobtem Gewohnheitsrecht zu entscheiden. Und das ist insbesondere auch der Sinn der berühmten const. Puritatem I 63, 1 (HB. 41), die nun seit mehr als sechs Jahrhunderten die Federn in Bewegung setzt.[4]

Die camerarii und baiuli sollen schwören, dass sie gerecht und schnell ihres Amtes walten, und dass sie *secundum constitutiones nostras et in defectu earum secundum consuetudines approbatas ac demum secundum iura communia, Longobarda scilicet et Romana, prout qualitas litigantium exegerit, iudicabunt.*[5]

S. 187. Andere Beispiele bieten const. II 38 (HB. 109) Eid per astum; const. II 39 (HB. 109) — Lomb. II 51, 2 u. s. w.

[1] Lomb. II 21, 27.

[2] Vgl. unten S. 250.

[3] Die zweite Stelle nach Huillard-Bréholles eine Novelle.

[4] Litteraturübersicht bei Capasso in Brandileones dir. romano p. XXI ff. Dazu Palumbo, Atti della r. accademia di scienze morali e politiche di Napoli XXI 2, 50 ff. Ergänzungen im folgenden.

[5] Man hat seit Merkel (bei Savigny VII 63 ff.) gerade den hier einschlägigen Teil der Constitution für unecht erklärt. Doch hat es Capasso (storia esterna 41[1] und bei Brandileone, dir. romano p. XIX) wahrscheinlich gemacht, dass er der repetita praelectio von 1244 angehört, und jedenfalls wird er, von Isernia, comm. feud. praeludia n. 39 und II Feud. 1 n. 1 angefangen (s. auch

Was mit den *iura communia* gemeint ist, kann nach allem, was vorangegangen ist, nicht zweifelhaft sein. Die vormals römischen Gebiete stehen unter römischem Landesrecht, die ehedem longobardischen Gebiete haben longobardisches Landesrecht. Man könnte etwa daran denken, in dem longobardischen das zunächst geltende, im römischen — wie in Benevent — das subsidiäre Landesrecht desselben Gebietes erblicken zu wollen; aber der Zusatz: *prout qualitas litigantium exegerit*, macht die Beziehung der beiden Rechte auf je eine Gruppe der Bevölkerung völlig unzweifelhaft. Und wollte man umgekehrt aus der Bezugnahme auf die *qualitas litigantium* schliessen, das Gesetz habe eine Mischung römischer und longobardischer Einwohner im selben Gebiet und damit eine rein stammesrechtliche Geltung der beiden Rechte zur Voraussetzung, so käme man dabei in unlöslichen Zwiespalt mit der Rechtsbildung der vorhergehenden Zeit, die eine solche Mischung der Einwohner, von Ausnahmefällen abgesehen, nicht kennt. Was aber die Bezeichnung der Landesrechte als *iura communia* betrifft, so ist zu bemerken, dass diesem Ausdruck in den Constitutionen überhaupt keine technische Bedeutung zukommt: er bezeichnet nur das regelmässig geltende Recht und wird damit bald auf das allgemeine im Gegensatz zum besonderen Recht bezogen[1], bald auf das römische als das allgemeine Subsidiarrecht, gerade auch im Gegensatz zum longobardischen[2], und dann wieder auf das Landesrecht, auf das longobardische[3] oder die beiden Rechte nebeneinander.

Es ist im wesentlichen die const. Puritatem, worauf die spätere Litteratur die Verbindlichkeit des longobardischen Rechts gründet[4]; das longobardische Recht habe im König-

schon Marinus zu const. I 47), von der gesamten Litteratur als authentisch behandelt. Noch im 14. Jahrhundert setzt ein heftiger Widerstand gegen dieses Stück der Constitution ein, aber keinem der Gegner ist es beigekommen, die Echtheit des Textes zu bezweifeln.

[1] So const. II 10; II 24; III 11 HB. 83, 95, 222.

[2] S. oben S. 199 Anm. 4.

[3] Oben S. 205.

[4] Marinus, Const. I 47. Isernia, comm. feud. praeludia n. 39; II 1 n. 1; II 54 (55) v° praeterea ducatus n. 37; II 56 (57) § regalia

reich überhaupt keine Geltung besessen, meint Isernia[1], und die Constitutionen haben ihm hier Wirksamkeit verliehen, wie wenn der Graf einem fremden Notar gestattet, in seiner Grafschaft Urkunden zu errichten. Gegenüber dem Anspruch des römischen Rechts auf universelle Geltung wird nunmehr der Satz formuliert, das verbindliche Recht im Lande sei das longobardische Recht, das longobardische Recht gehe dem römischen Recht vor.

Bis zur Mitte des 14. Jahrhunderts ist das longobardische Recht in lebendiger Uebung gewesen. Gulielmus, der erste Erläuterer der Constitutionen, behandelt es völlig als Subsidiarrecht des Gesetzbuches[2], und es wird von Marinus und von Isernia zur Auslegung in weitem Umfang herbeigezogen; selbst erbitterte Gegner wie Bartholomaeus de Capua oder Lucas de Penna vermögen sich der Erörterung longobardischer Rechtsfragen nicht zu entziehen und verweisen vielfältig auf den longobardischen Text[3]; bei Gericht wird die Lombarda nach der Handschrift benützt[4], und man stellt den Legisten römischen Rechts eine besondere Gruppe von *Longobardistae* an die Seite.[5] Unter diesen Bearbeitern des longobardischen Rechts

---

sunt v° bona vacantia n. 24; lectura super Constitutionibus et glossis regni Siciliae (1309/16) I 62, 2; I 63, 1; II 17; III 10. Bl. de Morcono prooem. f. 1b und II 40 f. 243b. Die gemeine Meinung nach Lucas de Penna C. 11, 72 (71), 1. Matthaeus de Afflictis, super III Feudorum libris comm. (1480) praeludia n. 17 und decisionum Sacri Regni Neapolitani Consilii centuriae quattuor (jünger) dec. 260 n. 7. Ferrettus (s. unten S. 211), additiones prooem. n. 1; tract. praeter casus Bartholi praef. Troysius, expositiones super Ritibus Magnae Curiae Vicariae (vor 1560) rit. 291 n. 3. Vgl. auch unten S. 218.

[1] Comm. feud. prael. a. a. O.

[2] Const. I 65; II 38.

[3] Barth. de Capua († 1328), quaestiones ed. D. A. de Marinis, iuris allegationes insignium iurisconsultorum urbis Neapolis Lugd. 1675 p. 459 f; singularia (in Singularia doctorum in utroque iure Francof. 1596 II 317 ff.) n. 5, 51, 59, 71, 73. Luc. de Penna C. 10, 13, 1; 10, 32 (31), 33 und 50; 10, 34 (33), 3; 10, 35 (34), 3; 11, 44 (43), 1; 12, 36 (35), 10.

[4] And. de Barulo diff. prol.; vgl. auch Bl. de Morcono prooem.

[5] Isernia I Feud. 10 n. 7: *item notandum pro Longobardistis.*

ist Andreas de Barulo zu nennen, der in der zweiten Hälfte des 13. Jahrhunderts eine Reihe von Verschiedenheiten zwischen longobardischem und römischem Recht für die Zwecke der Praxis zusammengestellt hat[1], Andreas de Capua und Franciscus de Thelesia haben (heute verlorene) Arbeiten geschrieben[2], und Blasius de Morcono hat es um 1335, veranlasst durch die Bedürfnisse des Gerichtssaales, neuerdings unternommen, in einer umfangreichen Abhandlung die Verschiedenheiten zwischen longobardischem und römischem Recht auseinanderzusetzen.[3] Die Lombardahandschriften werden durch Einträge über die neueste Praxis auf dem laufenden erhalten.[4] Denn es sind »alltägliche Fragen«, die man diesem Recht entnimmt[5]; *de iure Longobardo quaerite quos mundi agitat labor*, schreibt Isernia einmal, nachdem er eine Frage aus dem römischen Recht beantwortet hatte.[6] Es gilt nach gelegentlichen Aeusserungen des Blasius in Apulien, in der Baronie S. Framondo, in den Städten Alife und Telese.[7] Und dass es auch vor den höchsten Landesgerichten zur Anerkennung gelangt ist, beweist die Aufzeichnung der Ritus Magnae Curiae, die darauf Rücksicht nimmt. Da heisst es: *item quod Curiae ipsae et quaelibet ipsarum etiam inter ipsos Longobardos repulsationem et reprobationem sacramentalium non admittant.* Oder ein ander-

---

Barth. de Capua, singularia n. 51: *nota pro eo quod quaerunt Longobardi.*

[1] Savigny V 411 ff. Volpicella, della vita e delle opere di Andrea Bonello di Barletta 54 ff. Dazu meine Notizen 258.

[2] Meine Notizen 261.

[3] S. meine Notizen 257 ff.

[4] Afflictus dec. 260 n. 3: *et pro hac parte consuluit . . Petrus de Monte Forti* (Mitte des 14. Jahrhunderts) . . *prout repertum fuit in Longobarda domini Anelli Arcamoni U. I. D. et regii consiliarii.*

[5] Blasius III 1, 18 f. 298a und 308a; Lucas de Penna C. 12, 36 (35), 10; vgl. auch C. 10, 34 (33), 3.

[6] Quaestiones ed. D. A. de Marinis a. a. O. S. 460.

[7] Lomb. II 14 f. 147b; III 1, 18 f. 308a. Für Apulien auch Luc. de Penna C. 12, 36 (35), 10. Die Urkunden eines Klosters bei Avellino erwähnen das longobardische Recht nach Borgia, mem. di Benevento II 394 während des ganzen 14. Jahrhunderts. Vgl. auch Barth. de Capua, singularia n. 51 über das Launegild in Schenkungsurkunden.

mal: *item quod Curiae ipsae et quaelibet ipsarum det mulieribus Longobardo iure viventibus in singulis causis singulos mundualdos sine difficultate et causae cognitione.*[1] Wie tief das longobardische Recht zu Anfang des 14. Jahrhunderts eingewurzelt war, zeigt der vergebliche Versuch des Staatskanzlers Bartholomaeus de Capua, seine Verbindlichkeit im Wege der Gesetzgebung zu beseitigen.[2] Und so besitzen selbst ausländische Juristen von seiner fortdauernden Geltung in Unteritalien Kenntnis.[3]

Noch zu Anfang des 16. Jahrhunderts berichtet Afflictus, er habe von alten Advokaten stets gehört, dass die Praxis dem longobardischen Recht den ständigen Vorrang eingeräumt habe[4], und man findet diese Ansicht im 16. Jahrhundert auch sonst noch da und dort vertreten.[5] In der That kommen in Benevent bis 1511 Urkunden vor, in denen *omni iuri . . longobardo et specialiter glose ipsius iuris longobardi* oder ähnlich entsagt wird[6], die Urkunden von La Cava verweisen bis 1523 auf longobardisches Recht[7], für Capua wird seine Fortdauer von J. Th. de Marinis bezeugt[8], in Bari gelangt es 1589 in einem Urteil zur Anwendung[9], und Diplovatatius[10] schreibt, *quod in regno Neapolitano, videlicet in Basilicata, Apulia et Calabria, liber Longobardorum ut audio est appro-*

---

[1] ed. 1773 S. 183, 188. Die Ritus haben im 15. Jahrhundert Gesetzeskraft erlangt und beruhen auf einer Privatarbeit des Nicolaus Capiscrofa, die vor 1345, vielleicht 1333 abgefasst wurde s. meine Notizen 262 f.

[2] Luc. de Penna C. 12, 36 (35), 10.

[3] Baldus II Feud. 27 § Federicus n. 19. Vgl. auch Odofredus C. 5, 3 auth. Dos data n. 1.

[4] In Utriusque Siciliae Neapolisque sanctiones et constitutiones praelectio (1517) I 63, 1 (I 60) n. 9.

[5] Ferrettus und Troysius a. a. O. Grammaticus, decisiones Sacri Regii Consilii Neapolitani (Mitte des 16. Jahrhunderts) dec. 63 n. 18. Vivius, decisiones regni Neapolitani (1591) lib. III dec. 438 n. 30.

[6] Borgia a. a. O. 395.

[7] Abignente, diritto successorio 256 nach Pertile, storia II 2, 67[31].

[8] De generibus et qualitate feudorum (1565) tit. 14 n. 8.

[9] Vivius a. a. O.

[10] De praestantia doctorum ed. Pescatore 102.

batus, in quibus locis vivitur et regitur iure Longobardo, ubi defuit constitutio regni. Noch kommt es im Principato vor, dass der Advokat dem Gericht eine Lombardahandschrift vorlegt[1], und in Gravina streitet man in einem Prozess über die Tragweite einer longobardischen lex.[2] Werden die unmittelbaren Bezugnahmen auf die Lombarda in den Büchern nun auch seltener[3], so hat man die Litteratur des longobardischen Rechts doch immer noch fleissig benützt.[4] Von den differentiae des And. de Barulo und des Bl. de Morcono werden noch zu Ende des 15. Jahrhunderts Abschriften hergestellt[5], und wie begehrt im 16. die Handschriften des Karolus waren, zeigt die Vorrede seines ersten Herausgebers Nenna. Die fortdauernde Bedeutung longobardischer Rechtseinrichtungen nötigt auch die für die Praxis arbeitenden Schriftsteller, diesen Fragen Raum zu gewähren[6], und veranlasst sie vielfältig zu grundsätzlichen Auseinandersetzungen über die Geltung des longobardischen Rechts.[7] Da und dort werden solche Fragen auch

---

[1] Ferrettus, add. prooem. n. 1. Vgl. auch oben S. 208 Anm. 4.

[2] Pandus, tract. de dotario (1578) pars I q. 19.

[3] Vgl. indes Paris a Puteo († 1493), de re militari; Ferrettus, de duello; aber auch Afflictus dec. 260; Grammaticus dec. 76 und noch Pandus a. a. O.

[4] Ueber die Glosse des Karolus s. oben die Beneventer Urkunden und besonders Afflictus, Const. III 13 (16) n. 30 f.: *istam quaestionem optime tetigit glossator legum Longobardorum, videlicet Karolus de Tocco vir magnae autoritatis, in Lomb. II 4 charta 29 .. non refero eius dicta, quia eius sententia inter viventes iure Longobardo habetur pro vera decisione et nullus eius sententiis auderet contradicere.* Freccia, comm. feudales (1551) lib. I c. de antiquo statu regni n. 17: *(Longobardorum) leges quae hodie leguntur cum glossis Karoli.* Auch sonst finden sich in neueren Glossen (s. meine Notizen 259[1, 2], 260[5]), bei Afflictus, Freccia, Grammaticus, Vivius und ganz besonders bei Pandus mancherlei Bezugnahmen auf Karolus, And. de Barulo und Blasius.

[5] Meine Notizen 257 f.

[6] Afflictus dec. 260 n. 2 fällt unter ihnen durch verständige Würdigung longobardischer Einrichtungen auf.

[7] Die bedeutenderen Erörterungen sind in diesem und im zweitfolgenden Paragraphen genannt. Vgl. auch unten S. 289 f. und oben S. 77. Nicht erreichbar waren mir die wohl minder wichtigen Schriften von Nuncius Pellicia, comm. ad consuetudines Aversanas (c. 10

noch freiwillig aufgesucht.[1] Ja auch jetzt noch widmet man dem longobardischen Recht selbständige Darstellungen. Julius Ferrettus hat 1541 die differentiae des And. de Barulo (unter dem Namen des Bartolus) in Druck gegeben, begleitet von *additiones* zu den einzelnen Abschnitten und gefolgt von einem *tractatus discordantium iuris civilis Romanorum et iuris Longobardorum praeter casus existentes in summa Bartholi,* einem *tract. de verborum significatione iuris Longobardi* und einem solchen *de regulis iuris Longobardi,* wie er versichert, um praktischen Bedürfnissen zu genügen.[2] Ein Mönch von Monte-Cassino, Benedictus Canofilus, hat ein Buch »über das longobardische und römische Recht und über den wesentlichen Inhalt des einen und des andern Rechts« geschrieben, das in seinen sämtlichen Werken Venet. 1542 enthalten ist, Prosper Rendella 1609 eine Schrift *in reliquias iuris Longobardi* in Neapel veröffentlicht.[3]

Und so wird noch 1711 im Supremo Tribunale die Meinung vertreten, das longobardische Recht habe den Vorzug

---

n. 217); Beatillo, istituzioni di Bari (lib. 4 p. 204); Tappia, ius regni (lib. 6 tit. 11).

[1] Vgl. etwa Ioannes de Arnono († nach 1540), singularia (Singularia Francof. 1600 II 145 ff.) n. 5, 14—16, 21, 32, 42, 43, 46, 59. Troysius a. a. O. n. 4 ff. Insbesondere aber Pandus a. a O. Die neueren Schriften über Krieg und Zweikampf werden kaum mehr unter das longobardische Recht zu rechnen sein.

[2] Vgl. freilich auch unten S. 223.

[3] Nachricht über diese Werke geben Tosti, opere XVI 236 f. und Giannone, dell' istoria civile del Regno di Napoli libri 40 (1723) III 496. Mir selbst ist es trotz vielfältiger Bemühungen nicht gelungen, die beiden Schriften zu Gesicht zu bekommen; sie sind weder auf den Staatsbibliotheken von Neapel, Rom, Florenz, Venedig, noch in der Riccardiana-Florenz oder im Museo Correr-Venedig, nicht in den Münchener Bibliotheken und nicht in der k. Bibliothek Berlin vorhanden. — Unzutreffend sind die Angaben von Pertile I 139 über Boerius und Nenna. Boerius ist Franzose; er hat die ed. princeps der Lombarda mit einer Vorrede und Randbemerkungen begleitet, die indes nur buchmässige Kenntnis des longobardischen Rechts aufweisen. Nennas Thätigkeit aber hat sich darauf beschränkt, unter Vorausschickung eines kurzen Vorwortes und eines Glossars den Apparat des Karolus herauszugeben.

zu beanspruchen.[1] Verknüpft mit bestimmten Rechtseinrichtungen, hat es sich in den Abruzzen und anderwärts auch in thatsächlicher Anwendung erhalten[2], und longobardischrechtliche Quellen wie das Stadtrecht von Bari haben ihre fortdauernde Geltung bewahrt.

Die Scheidung der beiden Rechtsgebiete in späterer Zeit.

47. Die Scheidung Unteritaliens in Gebiete römischen und in solche longobardischen Rechts hat die politische Vereinigung der Landesteile überdauert. Und wie im 12., so ist diese Verschiedenheit auch im 13. Jahrhundert hervorgetreten. Kar. de Tocco geht von der Voraussetzung aus, dass in einer civitas das römische, in einer andern das longobardische herrschendes Recht ist[3], und das ist insbesondere auch der Standpunkt der Constitutionen.[4] Wenn const. III 37 die longobardische Verjährung unter Brüdern ausdrücklich auf die übrigen Einwohner des Königreichs erstreckt[5], so setzt dies das Vorhandensein zweier Rechtsgebiete voraus, und die const. Puritatem bringt ihre Anerkennung in bestimmtester Weise zum Ausdruck; damit übereinstimmend wird denn auch in c. II 17 und wohl auch II 18 das persönliche Recht der Römer neben dem der Longobarden berücksichtigt. Dem stehen nun freilich andere Constitutionen in schroffem Widerspruch gegenüber. Das Landesrecht, an das die gesetzlichen Bestimmungen anknüpfen, das sie aufheben oder bestätigen, ist das longobardische Recht[6], es gilt II 32 als *ius commune* ohne Rücksicht auf ein zweites Recht, und wo ein rechtlicher Gegensatz der Bevölkerung Erwähnung findet, da werden Franken und Longobarden unterschieden, von Römern ist nicht die Rede[7] —

[1] Grimaldi, istoria delle leggi e magistrati del Regno di Napoli (1731 ff.) II 183.

[2] Giannone, istoria III 495. Grimaldi, istoria II 200; IV 240.

[3] S. unten S. 232.

[4] Genaueres über die im folgenden besprochenen Stellen oben S. 204 ff. und unten S. 249 ff.

[5] Es werden darunter doch wohl die Römer und nicht die Franken zu verstehen sein.

[6] S. oben S. 204 f.

[7] So const. II 32, 33, 44; III 26, 27.

cuiuscunque conditionis pater fuerit, Francus videlicet aut etiam Longobardus, wie es III 26 heisst, oder II 33: *quod ius inter omnes tam Francos quam Longobardos . . volumus esse commune*, und es sind keineswegs nur Stellen, deren Anwendbarkeit sich etwa nach ihrem besonderen Inhalt auf Franken und Longobarden beschränkte. In einem einheitlichen Gesetzbuch wäre ein solcher Widerspruch völlig unverständlich. Und ich weiss keinen andern Ausweg, ihn zu erklären, als eben die Entstehungsverhältnisse des Gesetzes, das, in manchen Stücken in die Normannenzeit zurückreichend, in einer Reihe von Redaktionen niedergelegt und noch durch Novellen erweitert worden ist, wobei gerade die entscheidende Frage, welcher Periode die einzelnen Gesetze angehören, zu einem grossen Teil ungeklärt ist. Immerhin scheinen schon die spärlichen Kenntnisse, die wir über die Entstehung des Gesetzes besitzen, eine Gliederung des Materials wenigstens in ungefähren Umrissen zu gestatten. Die Bestimmung, dass die longobardische Verjährung für alle Einwohner des Landes gelten solle, beruht nach Capasso, ebenso wie die Vorschriften über die örtliche Verbindlichkeit der beiden Rechte in der const. Puritatem, auf einem Zusatz der Redaktion von 1244, und auch const. I 97, 4, die Entscheidung nach den *iura communia* fordert, ist nach Huillard-Bréholles eine jüngere Novelle. Die Stellen, die von der alleinigen Geltung longobardischen Landesrechtes ausgehen, sind mindestens schon im Gesetzbuch von 1231 vorhanden. Und so hat es den Anschein, als sei die Scheidung der beiden Rechtsgebiete über der politischen Einheit und bei der thatsächlich auch im römischen Gebiet stark verbreiteten Geltung des longobardischen Rechts in den Hintergrund getreten, so dass die Gesetzgebung von der alleinigen Massgeblichkeit longobardischen Landesrechts ausgehen konnte — und als hätte man dann nachträglich dies Uebersehen wieder verbessert. Dabei bleiben freilich noch manche Fragen offen.[1] Aber eine reinliche Lösung aller Zweifel wird nicht möglich sein, so lange wir über die Entstehungsgeschichte der Constitutionen nicht besser unterrichtet sind.

---

[1] I 47; I 74, 1? — II 17 und 18?

Derselbe Zwiespalt, der die Constitutionen durchzieht, macht sich denn auch in der Folgezeit bemerkbar. Dass die Selbständigkeit des römischen neben dem longobardischen Rechtsgebiet auch späterhin fortgedauert hat, beweisen Aeusserungen wie die des Marinus: *homines regni (vivunt) Romanis legibus . . Longobardae leges . . in regno similiter obtinent.*[1] Und mit voller Bestimmtheit schreibt Blasius de Morcono: *et ita regnum Siciliae in diversis suis partibus diversis suis iuribus vivere iudicatur, plerumque iure Romano, plerumque iure Longobardo.*[2]

Aber die beherrschende Stellung, die das longobardische Recht in den Constitutionen einnimmt, ist auf die Scheidung der beiden Rechtsgebiete nicht ohne Einfluss geblieben. Der blosse Umstand, dass sie selbst vielfach auf longobardischem Recht aufgebaut waren, hat dem longobardischen Recht in römischem Gebiet erweiterte Geltung verschafft. Der longobardische Volljährigkeitstermin const. II 42 (HB. 112) ist in die sizilischen Stadtrechte übergegangen.[3] Und wenn Urkunden von 1245 und 1256 in Südcalabrien[4], solche von 1279 und 1280 im nordöstlichen Sizilien[5] Frauen unter Munt zeigen, so könnte das auf const. II 44 (HB. 113) zurückgehen; insbesondere weiss

---

[1] Const. prooem. Vgl. auch Napodanus, Cons. Neap. tit. 12 n. 10: im Königreich lebt man *ut plurimum* nach longobardischem Recht. Luc. de Penna C. 12, 36 (35), 10: *multi utuntur eo iure* (Longobardo), *multi non* und C. 11, 72 (71), 1 unten S. 219.

[2] Prooem. Zeitschrift der Sav.-St. germ. Abt. XX 267. Aehnlich II 40 Ms. f. 243b: *quod autem dictum est iudicem debere iudicare secundum leges, intellige Romanas seu civiles, quia in dubio omnis populus praesumitur vivere secundum Romanas leges . . et ubi constat iudici patriam illam, ubi iudicat, vivere iure Longobardo, tunc secundum ius Longobardum causas finire debet et sic iudicare. nam et secundum ius Longobardum iudicando dicitur iudex iudicare secundum ius commune, quia communia iura sunt ius Romanum et ius Longobardum ut regni consti. . . Puritatem.* S. auch I 29 f. 44b: die Notare sollen ihre Urkunden abfassen *secundum Romanas leges in illa patria, ubi secundum illas vivitur, et secundum Longobardas, ubi secundum eas vivitur.*

[3] Brünneck S. XXXVI und II 68.

[4] Trinchera, syllabus n. 295, 298.

[5] Spata, le pergamene greche esistenti nel grande archivio di Palermo n. 37, 38.

ich es nicht anders zu erklären, dass in Gaeta die Frauen, wie in den Jahrhunderten vorher, so noch 1214, 1226, 1236 ohne Muntwalt handeln, 1237 aber, 1241, 1242 und seitdem mit dem Beistand eines solchen.[1]

Vor allem aber war es der unmittelbare Einfluss der const. Puritatem, der hier gewirkt hat. Die Scheidung der beiden Rechtsgebiete war schon zu Kaiser Friedrichs Zeiten verwischt gewesen; mit der Insel Sizilien hatte sich 1282 auch thatsächlich die wichtigste Landschaft römischen Rechts vom Königreich abgelöst. Und so ist man dazu gekommen, in das Gesetz die Anordnung hineinzulesen, das longobardische solle den Vorzug vor dem römischen Recht haben — und zwar im ganzen Königreich: *in regno Siciliae* (d. h. Neapel) *servatur ius Longobardum, praefertur iuri Romano in regno,* wie man nun zumal auf die Autorität des Isernia hin[2] allgemein lehrte. Ja, es soll der Gebrauch römischen Rechts in den vormals römischen Landesteilen nach Isernia sogar rechtswidrig sein, denn die Constitutionen gestatteten weder einem älteren, noch einem neueren Gewohnheitsrecht derogierende Kraft gegenüber ihren Anordnungen, und die Neapler selbst benützen die eigentümliche Ausrede, ihr römisches Recht komme nicht als Landesrecht, sondern als Subsidiarrecht des von den Constitutionen zugelassenen fränkischen Rechts zur Anwendung.[3] *quare licet in diversis regni partibus aliud observetur . . non quod fit sed quod fieri debet, intuendum est,* wurde damals für den Vorzug

---

[1] Cod. dipl. Caietanus II n. 376, 385, 396. — n. 397, 399, 400, 402—404, 408, 419. An einen Anwendungsfall persönlicher Rechte zu denken, fehlt es bei den calabrischen und sizilischen Zeugnissen an jedem Anhaltspunkt; für Gaeta verbietet es die geschlossene Reihe der Urkunden vollkommen.

[2] Die einzelnen Stellen oben S. 206 Anm. 4 und dazu I Feud. 1 § sed quia vidimus n. 15; Const. I 47. Die auch neuerdings wiederholte Behauptung von Widersprüchen bei Isernia hat schon Liparulus (Mitte des 16. Jahrhunderts; Isernia beigedruckt) add. zu prael. feud. n. 39 erledigt. *ius regni* übrigens schon bei Marinus, Const. III 16, allerdings mit Bezug auf die thatsächlich allgemein rezipierte Quart.

[3] Isernia, comm. feud. praeludia n. 40; Const. I 63, 1. Vgl. auch Afflictus II Feud. 54 (III 32) n. 14 und Const. I 63, 1 n. 7.

des longobardischen Rechts bezeichnend geltend gemacht[1], und so hat man einen solchen Vorzug selbst für die Insel Sizilien behauptet.[2]

Diese Vorherrschaft des longobardischen Rechts hat freilich bald heftigen Widerspruch gefunden, und als im 16. Jahrhundert die gemeine Meinung darüber einig wurde, es komme ihm ein Vorrang nicht zu, da hat man das longobardische und das römische Recht neuerdings für gleichberechtigt erklärt. So schreibt Maranta[3], die Constitutionen lassen die Frage des Vorzuges des einen vor dem andern Recht durchaus offen, *tota observantia iuris Longobardi dependet a qualitate viventium*. De Bottis erklärt die const. Puritatem: *id est si vivunt iure Longobardo, illud praeferatur iuri Romano, si autem non, tunc servetur ius Romanum*[4], und ähnlich Cannetius.[5] Und Pandus[6] führt aus, „*in se*" hätte weder das eine, noch das andere Recht einen Vorzug — *qui vivunt uno, qui alio iure* — ein solcher Vorzug könne bloss mit Rücksicht auf den Rechtszustand einer bestimmten Zeit behauptet werden. Entbehren diese Aeusserungen über die gleichberechtigte Geltung der beiden Rechte auch einer bestimmteren örtlichen Beziehung, so zeigen jedenfalls andere Bemerkungen derselben Zeit, dass das longobardische Recht damals thatsächlich an manchen Orten gegolten hat und an anderen nicht.[7] Und bedeutsame Ausführungen von Pandus,

---

[1] Fremde Ansicht bei Luc. de Penna C. 11, 72 (71), 1.

[2] Intrigliolus, tract. de feudis (Ende des 16. Jahrhunderts) q. 9: *et invenio nonnullos tenentes partem affirmativam in regno Siciliae citra et ultra farum.*

[3] † 1530, de ordine iudiciorum pars III n. 121 f.

[4] De Bottis († 1581) zu Const. I 63, 1 ed. 1771; eine Gegenüberstellung der beiden Rechte auch in einer Bemerkung zu den Ritus Magnae Curiae ed. 1773 S. 188.

[5] In extravagantem Volentes Frederici ac in extravagantem Si aliquem Iacobi Siciliae regum enarrationes Venet. 1576 extrav. Si aliquem § Sed praestat quaerere n. 11 f.: *nam si litigantes vivant iure Longobardo, praecipit imperator eis reddi ius secundum iura communia Longobarda, si vivant iure Romano, secundum iura communia Romana.*

[6] De dotario pars I q. 9.

[7] Afflictus, prael. feud. n. 17: das longobardische Recht gilt *in aliquibus locis regni*, und wohl in demselben Sinn Ferrettus,

von Grammaticus und Galeota, auf die unten einzugehen sein wird, haben einen örtlichen Geltungsbereich der beiden Rechte zur Voraussetzung. Die wachsende Verdrängung des longobardischen Rechts freilich hat auch dem Gegensatz der Rechtsgebiete bald ein Ende bereitet.

Der Untergang des longobardischen Rechts.

48. Der Widerspruch der Romanisten gegen die Herrschaft des longobardischen Rechts setzt früh ein.[1] Schon die normannischen Assisen tadeln die *ineptitudo* eines Busssatzes[2], und die Constitutionen erklären die longobardische Behandlung der Besitzstörung für lächerlich.[3] Der Berichterstatter eines Streites zwischen Karl I. und dem Kloster Monte-Cassino (um 1282) regt sich über die *fatuitas* des Abtes auf, der Strafsachen nach longobardischem Recht beurteilt wissen wolle, das den Mord, und gerade auch an Mönchen, in Geld strafe.[4] Selbst Isernia, der der Geltung des longobardischen Rechts sorgfältig Rechnung trägt, nennt es ein *ius asininum*, und Blasius gibt seiner Verachtung verschiedentlich Ausdruck.[5] Vor allem aber ist es Lucas de Penna, der Führer der unteritalienischen Romanisten in ihrem Kampf gegen das longobardische Recht, der seinem leidenschaftlichen Hass gegen dies zäh festhaftende Gesetz in Schmähungen Luft macht: *propter homicidium fit inimicitia in Lomb. II 1, 11. o quam grande dubium lex illa decidere visa est — bestialis Longobardus dixit — non enim gratum est ius asininum in medium inter candorem Scripturae Sacrae, civilia iura et auctoritates Sanctorum auctorumque deduci, ne lepiditates opusculi Longobardorum*

additiones prooem. n. 1; rubr. de patria potestate n. 4; in qua sit potestate mulier n. 3; tract. praeter casus Bartholi praef.; auch Nenna, praef. zu Karolus. Dazu die Angaben oben S. 209, insbesondere die dort angeführte Stelle des Diplovatatius.

[1] Bezüglich der allgemeinen Gesichtspunkte, die bei Erörterung des Verhältnisses des longobardischen zum römischen Recht hereinspielen, ist auf das 1. Kapitel zu verweisen.

[2] S. oben S. 204.

[3] Const. I 25 (HB. 27).

[4] Gattula, accessiones 353.

[5] Vgl. oben S. 62 Anm. 3 und meine Notizen S. 261.

sordibus polluantur — haec de Longobardis hominibus utique saevis et barbaris non leguntur. quos procul omnis iuris humani societate submotos proxima beluis natura efferavit, ut ait Quintilianus in apes pauperis, nec ullo modo possunt parere legibus propter effrenatam ipsorum barbariem secundum Orosium 7 ad Augustinum, nimisque a cultu iustitiae sunt remoti, ut dicitur 2 Macc. c. 4 ad finem; item dicuntur gens effera und so fort mit Grazie.[1]

Wurde die Geltung des longobardischen Rechts in späterer Zeit vor allem auf die const. Puritatem gegründet, so richten sich hiergegen nun auch die Angriffe. Wenn das Gesetz von den *iura communia, Longobarda videlicet et Romana* spreche, so könne unter den gemeinen Rechten doch nur das römische verstanden werden, und das longobardische sei nur durch eine Ungenauigkeit des Verfassers *ob dulcedinem leporemque rhetoricum* zuerst genannt; denn das longobardische sei ein Spezialrecht gleich dem fränkischen, wie sein Name und wie die Gleichstellung beider in den Constitutionen ergebe, und an manchen Stellen dieses Gesetzbuches werde das gemeine römische dem longobardischen Recht ausdrücklich entgegengesetzt; die Vernunft des römischen und die Unvernunft des longobardischen Rechts müsse zu demselben Ergebnis führen; andererseits aber sei der Zusatz *prout qualitas litigantium exegerit* gerade wegen des longobardischen Rechts gemacht und beweise, dass dies nur nach den besonderen Umständen des Falles gelten könne. Diese Ausführungen des Lucas[2] sind für die Folgezeit bestimmend geworden, und im 16. Jahrhundert hat sie Maranta erweitert: das Gesetz bestimme jedenfalls keinen Vorzug des longobardischen Rechts, an anderen Stellen des Gesetzbuches aber sei Entscheidung nach den *iura*, also nach römischem Recht, vorgeschrieben, und wenn die const. Puritatem dem Gewohnheitsrecht den Vorrang vor römischem und longobardischem Recht einräume — der Vorzug des römischen

---

[1] C. 10, 13, 1; 10, 32 (31), 33 und 50; 11, 72 (71), 1. Die letzte Stelle in überraschender Gleichartigkeit mit den Angriffen der Questiones de iuris subtilitatibus. Andere Beispiele mag man bei Savigny VI 205c nachlesen.

[2] C. 11, 72 (71), 1.

vor dem longobardischen Recht sei selbst ein Satz des Gewohnheitsrechtes.[1] Dazu kam der Einfluss der Oberitaliener mit ihrer Gegnerschaft aus allgemeinen Gründen. Und so ist man mit steigender Einhelligkeit zu der Annahme gelangt, das longobardische Recht hat im Königreich nicht den Vorzug vor dem römischen Recht.[2]

Hatte das longobardische Recht nicht den Vorzug, so kam man nunmehr wieder dazu, Gebiete römischen und Gebiete longobardischen Rechts zu unterscheiden. Aber die Geltung longobardischen Rechts war nicht mehr dieselbe wie früher. Der Vorrang des longobardischen Rechts war auch für die vormals longobardischen Gebiete gefallen, und es bedurfte nun auch hier eines besonderen Titels für seinen Fortbestand. Das römische Recht wird präsumiert, das longobardische muss bewiesen werden, und mit schneidender Schärfe hat es schon Lucas de Penna[3] — unter Berufung auf die Praxis der Curia Vicariae Regni — formuliert, *quod ius Longobardum Romanis legibus non sit praeferendum nisi eatenus quatenus et in illis locis in quibus et inter illas personas inter quas consuetudo illud admittit.* Galt aber das longobardische Recht nur dort, wo seine Geltung bewiesen werden konnte[4], so war seine Herr-

[1] Ord. iudiciorum pars III n. 94 ff. und im wesentlichen übereinstimmend disputationes, disp. 2 (10 zweispaltige Quartseiten). — Isernia, Const. I 63, 1 hatte unter Berufung auf das Verbot derogierenden Gewohnheitsrechtes in den Constitutionen eine solche desuetudo freilich für unzulässig erklärt. Aber man half sich, indem man unter Vertauschung des gemeinen römischen mit dem von den Constitutionen zugelassenen Landesrecht behauptete, es liege in der Neubildung gar kein Verstoss gegen das Gesetz (Maranta n. 131); oder man erklärte, die Constitutionen konnten künftiges Gewohnheitsrecht überhaupt nicht ausschliessen (so Intrigliolus, de feudis a. a. O.).

[2] So ausser Lucas und Maranta besonders Afflictus II Feud. 1 n. 4 f.; dec. 260; Const. I 63, 1 (I 60) n. 7 ff.; Liparulus zu Isernia prael. feud. n. 39; Maxilla, comm. super consuetudinibus civitatis Bari, Patavii 1558, prooem. n. 221 ff.; Caravita, comm. super Ritibus Magnae Curiae Vicariae regni Neapolis (1560) rit. 292 n. 2; Cannetius a. a. O. n. 10 f.; Pandus pars I q. 9; Intrigliolus a. a. O.

[3] C. 11, 72 (71), 1.

[4] So schon Blasius II 40 oben S. 214 Anm. 2; Maranta n. 130; Molfesius, comm. ad consuetudines Neapolitanas (1613) p. IV q. 29

schaft als Landesrecht gebrochen, und es ist zum blossen Ortsrecht geworden wie jedes andere örtliche Statut oder Gewohnheitsrecht.[1]

Aber auch damit hat sich der gewaltig vordrängende Romanismus nicht begnügt. Das longobardische Recht sollte nun auch nur mehr unter den Personen gelten, für die seine Geltung bewiesen werden konnte, eine eigentümliche Rückbildung zu persönlichem Recht, von der unten noch zu sprechen sein wird. Vor allem aber nur mehr *eatenus quatenus consuetudo admittit!*[2] — *Unum tamen non omitto circa observationem iuris Longobardi,* schreibt Afflictus, *quod si in civitate vivitur iure Longobardo quoad certa negotia. non est dicendum quod in aliis vivitur iure Longobardo.*[3] Die desuetudo einzelner Bestimmungen des longobardischen Rechts setzt früh ein. Hatte schon Kar. de Tocco die und jene Stelle für unpraktisch erklärt[4], so lässt auch And. de Barulo in seinen differentiae mancherlei Fälle als *inutiles et inusitati* fort[5], und Blasius de Morcono verfährt in ähnlicher Weise.[6] Zumal das longobardische Strafrecht gilt schon zu Anfang des 14. Jahrhunderts für veraltet[7], aber auch Bestimmungen des Privatrechts und Prozessrechts bleiben ausser acht[8], und Maranta stellt eine ganz erkleckliche Reihe solcher aufgehobener Sätze

---

n. 14; Galeota (+ 1645), controversiae iuris illustriores lib. I contr. 12 n. 38 ff. Vgl. auch J. Th. de Marinis, de gen. feudorum tit. 14 n. 13.

[1] Man nannte es in Anknüpfung an Const. II 17 seit Lucas auch ein *ius speciale,* um den Gegensatz zum gemeinen Recht hervorzuheben.

[2] Vgl. auch Lucas C. 12, 36 (35), 10: *at Romano iuri non intelligitur derogari per Longobardam, nisi quatenus hoc invenitur expressum . . quinimmo necesse est contra ius Romanum consuetudine roborari.*

[3] II Feud. 1 n. 5.

[4] II 51, 13 ut testimonia; II, 55, 14 iuret u. s. w.

[5] tit. 36; auch 32.

[6] S. meine Notizen 261.

[7] Isernia, comm. feud. prael. n. 40 und II 27 v° heredes n. 7, sowie Const. I 65; Petrus de Monteforte, Const. II 39; Afflictus II Feud. 27 vers. si quis quinque n. 4.

[8] Vgl. z. B. Isernia II Feud. 56 (57) § regalia v° bona vacantia n. 26 und Const. III 10; Afflictus, Const. I 60 (57) n. 1 und I 62 (59), 2 n. 15.

zusammen.[1] Aber immer noch hatte man das longobardische Recht als ganzes gelten lassen. Mit dem Verlangen, dass für jedes einzelne Institut der Nachweis seiner fortdauernden Geltung erbracht werden müsse — auch dort, wo es nachweisbares Ortsrecht war — ist dem longobardischen Recht die schwerste Wunde geschlagen worden. Und wenn sich die Litteratur dieser Forderung auch nicht durchaus gefügt hat[2], die Praxis mit ihrem Bestreben, das longobardische Recht auf bestimmte Institute einzuschränken, kam ihr in weitem Umfang entgegen.[3]

Dazu gesellten sich andere Einschränkungen Einem Statut gleichstehend ist das longobardische Recht stricti iuris; seine Gültigkeit ist an dieselben Voraussetzungen geknüpft, und es darf nicht erweiternd ausgelegt werden.[4] Ja selbst bei einem Stadtrecht, das in grösstem Umfang longobardisches Recht in sich aufgenommen hatte und formell darauf verwies, wie dasjenige von Bari, sollte das longobardische Recht nur mehr zur Erklärung longobardischer Worte im Text, aber nicht zu seiner Ergänzung herbeigezogen werden dürfen.[5] Wo ein Text wie const. I 7 nicht ausdrücklich davon sprach, da wurde seine Beziehung auf das longobardische Recht weginterpretiert, und es sollte darum im iudicium parium nur nach römischem Recht entschieden werden.[6] Und es war ein sehr bequemes Mittel, der Anwendung longobardischen Rechtes zu entgehen, wenn man seine Befolgung einfach »präsumierte«.[7]

Hand in Hand mit dieser Zurückdrängung des longobardischen Rechts aber ging die wachsende Unkenntnis, die

---

[1] n. 126 f. a. a. O. Vgl. auch Intrigliolus a. a. O.

[2] Besonders deutlich tritt die Geltung des longobardischen Rechts als eines Ganzen in den Schriften des Ferrettus zu Tage. Vgl. auch die Arbeit des Pandus und überhaupt Schriftsteller, die an dem Vorzug des longobardischen Rechts festhielten.

[3] Ein bezeichnendes Beispiel bei Troysius, Ritus Magnae Curiae rit. 291.

[4] Luc. de Penna, C. 12, 36 (35), 10; Afflictus II Feud. 1 n. 6 und dec. 260 n. 7 f.; Ferrettus, tract. praeter casus Bartholi rubr. de publicis et privatis criminibus n. 5; Io. de Arnono, singularia n. 5.

[5] Maxilla, prooem. n. 228.

[6] Afflictus, Const. I 63, 1 (I 60) n. 7; Maranta n. 115.

[7] So Barth. de Capua, singularia n. 51.

man ihm entgegenbrachte. Handschriften der Lombarda waren schon zu Zeiten des Andreas de Barulo nicht häufig, und Blasius de Morcono oder gar Ferrettus bestätigen ihre Seltenheit.[1] Spricht doch schon Barth. de Capua — der höchste Beamte des Landes — von einer *donatio facta sine launechild id est sine maritorum mentione!*[2]

Der grosse Rückgang des longobardischen Rechts fällt in das 14. Jahrhundert. Wo die örtlichen Verhältnisse einer Verdrängung günstig sind, verschwindet seine formelle Verbindlichkeit bald ganz, wie in Benevent, in dessen Statuten bei der vor 1440 vorgenommenen Redaktion die Beziehung auf das longobardische Recht gestrichen wird.[3] Und den letzten Stoss hat es durch die theoretischen Erörterungen des 16. Jahrhunderts erlitten. In La Cava, dessen Urkunden noch 1523 auf das longobardische Recht Bezug nehmen[4], wird die Anwendbarkeit dieses Rechts in einem Prozess von 1624 angezweifelt[5], und wo die Verbindlichkeit des longobardischen Rechts bestehen blieb, da hat sich seine Geltung thatsächlich auf einige wenige Rechtseinrichtungen zurückgezogen. Die Statuten von Cajazzo bestimmen[6]: *vivatur in matrimoniis et contractibus mulierum iure Longobardo*, im übrigen aber nach römischem Recht, dem Recht des Königreichs und den Statuten, und auch Nenna beschränkt seine Wirksamkeit auf Munt und Güterrecht.[7] Für andere besteht die Geltung des longobardischen Rechts überhaupt nur mehr in seinen Bestimmungen über die Munt[8], und man hat daneben nur noch an der longobardischen Lehenfolge festgehalten. Gerade die Schriftsteller, die dem longobardischen Recht und seinen Einrichtungen noch Auf-

---

[1] S. alle diese im prooem. ihrer Differentiae.

[2] Singularia n. 51.

[3] Borgia, mem. di Benevento II 405.

[4] S. oben S. 209 Anm. 7.

[5] Galeota, controversiae a. a. O.

[6] Ficker, Mitteilungen des Instituts für österreichische Geschichtsforschung Erg.-Bd. II 56 nach Alianelli, delle consuetudini nelle provincie napoletane 98.

[7] Praef. zu Karolus.

[8] Io. de Arnono, sing. n. 5 u. 14; Maxilla a. a. O.; Troysius, Rit. 291 n. 4. Wohl auch I. Th. de Marinis a. a. O. n. 11.

merksamkeit zuwenden, zeigen seinen Niedergang. Die Arbeiten des Ferrettus über longobardisches Recht bringen zu einem guten Teil nur Lesefrüchte.[1] Und Io. de Arnono weiss in einer Kasuistik über die Munt nichts Wichtigeres zu erörtern als die Frage, ob auch Hermaphroditen einen Muntwalt brauchen.[2] Minder gewissenhafte Schriftsteller erklären das longobardische Recht denn auch schon im 16. Jahrhundert im wesentlichen für aufgehoben[3], und de Andreys konnte 1694 schreiben, es sei unseren Anwälten kaum mehr dem Namen nach bekannt.[4] Thatsächlich war seine Lebenskraft damals noch nicht völlig erloschen, und erst die französische Gesetzgebung hat die Geltung des longobardischen Rechts im Jahre 1809 formell beseitigt.

II. Die persönlichen Rechte.

Römisches und longobardisches Recht in älterer Zeit.

49. Wo sich die kaiserliche Herrschaft über Unteritalien geltend machte, da hat sie auch dem System der persönlichen Rechte Eingang verschafft. Darum verlangt Karl der Grosse 781 von dem Abte des Vincentiusklosters bei Benevent, dass er sich von dem Vorwurf der Infidelität mit zehn Helfern reinige, *quinque ex genere Francorum et quinque ex genere Langobardorum*[5], und in Salerno wird ein Verkauf, den Kaiser Ludwig 868 mit einem Römer abschliesst[6], von Zeugen römischen Rechts unterschrieben. Aber so wenig der kaiserliche Einfluss

---

[1] Vgl. z. B. tract. praeter casus Bartholi rubr. de illicito mortis consilio n. 4 über Zaubertrug beim Zweikampf oder die Kampffälle rubr. de duello n. 2 und 3. Ferrettus selbst gesteht in der praef. der Abhandlung: *pluries legimus dicta iura Longobarda et.. reperimus multa utilia in illis.*

[2] Singularia n. 43.

[3] Maranta n. 126; Maxilla n. 228; Caravita, Rit. 292 n. 3. Vgl. auch Vivius, dec. 438 n. 32; Galeota, controversiae lib. II contr. 1 n. 8 und Latro, consultationes iuris selectiores (1643) I cons. 3 n. 2 ff.

[4] Disputatio, an fratres in feuda nostri regni succedant, cum etc. c. II § 5.

[5] Codex Carolinus ep. 67 MG. Epistolae III 594.

[6] Oben S. 193 Anm. 2.

damals in Unteritalien überhaupt festen Fuss zu fassen vermochte, so wenig hat er der Herrschaft der persönlichen Rechte weitere Geltung gebracht.

Die originäre Entwickelung innerhalb des longobardischen Rechtskreises führte nach der gegenteiligen Richtung. Der Einbruch der Franken hatte die Verschmelzung der Römer des Königreichs mit den Longobarden in vollem Gange getroffen. Es war nur eine Episode in diesem Prozess, dass das wiederaufsteigende Römertum sein Recht in beschränktem Umfang zu staatlicher Anerkennung brachte. Die Verhältnisse drängten dazu, sie im herrschenden Stamme aufgehen zu lassen. In Oberitalien wurde diese Entwickelung durch die fränkische Eroberung unterbrochen[1], im Süden ist sie zu ungestörtem Abschluss gekommen. Longobarden und Einwohner longobardischen Gebiets sind eines. Schon zu Zeiten der longobardischen Könige hatte man die Bewohner des Königreichs schlechtweg als *Longobardi* bezeichnet, zumal im Gegensatz zu den *Romani*, als den Einwohnern der byzantinischen Gebiete.[2] Für Unteritalien ist dieser Sprachgebrauch in der Folge typisch geworden. Eine Sorrenter Urkunde von 938 handelt von Besitzungen *tam de territorio syrrentino quamque et de territorio langavardorum* (Salerno)[3], Urkunden von Gaeta 954 und 999 benennen capuanisches Gebiet *a parte Longobardi.*[4] Besonders im Verhältnis von Benevent und Capua zu Neapel ist die Bezeichnung üblich gewesen. So Staatsverträge um 780, von 836 und 933 — *unam partem tollant langobardi, aliam neapolitani* — *si partè nostra neapolitanorum requisitionis habueritis intentionem, iurent a parte vestra langobardorum sex*

---

[1] Vgl. oben S. 88.

[2] Liber Diurnus Romanorum pontificum n. LXXVI ed. Sickel 80. Aist. prol. von 750. Paulus Diaconus, historia Langobardorum MG. Script. rer. Langobardicarum lib. IV c. 8 u. 28; V c. 11; VI c. 40 und sonst. Speziell auch in Unteritalien: Mon. arch. Neapolitani I 1 n. 1 Benevent 703 oder 748 Grundeigentümer verkaufen ihren Besitz einem Neapler mit dem Versprechen, nie — *nos vel quisquam a parte langavardorum* — der Urkunde zuwiderzuhandeln.

[3] Mon. arch. Neapolitani I 1 n. 30.

[4] Cod. dipl. Caietanus I n. 52 und 101.

homines[1], in Capua wird 977 Gewährleistung *q partibus langobardorum seu a partibus romanorum* versprochen[2], in Neapel geloben die Aussteller zahlreicher Urkunden Gewährschaft in ähnlichen Wendungen, *adelgisi langubardus filium q. lamberti langubardi benebentani* beansprucht Grundbesitz *a parti militie* (Neapel) *et langubardorum* u. s. w.[3] Und als die Byzantiner die verlorenen Besitzungen zum Teil wiedergewinnen, da errichten sie neben der Provinz Calabrien ein Thema Λογγοβαρδία[4], und selbst in den Königstitel der Normannen ist die Benennung übergegangen: König Roger führt 1133 einmal die Bezeichnung δεσπότης σικελίας καὶ καλαυρίας καὶ λωγγειυαρυίας καὶ πάσης τῆς οἰκουμένης κύριος ὁ θεὸς δώσει αὐτὴν εἰς τὰς χεῖρας αὐτοῦ[5], und noch Wilhelm II. wird 1178 »König von Italien, von Longobardien, von Calabrien und von Sizilien« genannt.[6] So stehen die Nachkommen der im longobardischen Unteritalien ansässig gewesenen Römer unter longobardischem Recht, und longobardisch ist auch das Recht der Kirche. Im römischen Unteritalien aber fehlt von vornherein jede Tradition,

---

[1] *Langobardi* als Angehörige von Benevent consuetudo Leburiae (um 780) c. 6 und 13; pactio Sicardi (836) c. 3 und 4. Im Gegensatz zu *Neapolitani* consu. Leburiae c. 1, 3, 4, 7, 9, 12, 14; pactiones Gregorii (933) c. 3, 4, 6. Im Gegensatz zu *Romani* pact. Sicardi c. 1. *lex romanorum aut langobardorum* pact. Gregorii c. 1 und 5. MGL. IV 213 ff.

[2] Mon. arch. Neapolitani I 2 n. 166. Unter ähnlicher Zusage veräussern dort 998 *langobardi capuani* an Einwohner von Neapel eod. II n. 257. Vgl. auch Capua 1026 Cod. dipl. Caietanus I n. 151 unten S. 228.

[3] Beispiele von 942—981 Mon. arch. Neapolitani I 1 n. 36; I 2 n. 78, 82, 93, 162, 169, 174; II n. 183; Regesta Neapoletana ed. Capasso n. 53.

[4] Nachweise bei Kap-herr, Deutsche Zeitschrift für Geschichtswissenschaft V 66 f. Dazu Trinchera, syllabus graecarum membranarum n. 20; Gattula, historia 275; auch Zonaras, χρονικόν XVI 9 Migne, patr. graeca CXXXV, 45.

[5] Trinchera, syllabus n. 113. — Aehnlich 1149 auf einer viersprachigen Grabschrift in Palermo ed. Lagumina, Arch. stor. siciliano [2]XV 108 ff.: »Herr von Italien, Lombardien, Calabrien, Sizilien und Afrika«.

[6] Cusa, i diplomi greci ed arabi di Sicilia 729, 134 (arabisch).

die dem zugewanderten Einwohner longobardischer Herkunft sein Stammesrecht belassen hätte, und wenn in Gaeta 958 *agelgisi . . longobardus seu mira . . jugalibus avitatoribus de cibes civitatis istius* eine Schenkung machen, die Frau ohne Ermächtigung eines Muntwalts, ohne Verwandtenbefragung und ohne richterliche Genehmigung, so ist damit wahrscheinlich eine unmittelbare Bestätigung dieses Satzes gegeben.[1] Nicht die fränkische Eroberung und nicht die Rechtsanschauungen des longobardischen Königsstaates haben in Unteritalien zu einem System der persönlichen Rechte geführt, seine erste Ausbildung gründet sich hier auf die Beziehungen unabhängiger Staaten.

Eine grundsätzliche Anerkennung des Rechtes fremder Länder lag der frühesten Zeit ferne. Das zeigt bezeichnend die Eheschliessung des Königs Ratchis, von der oben S. 10 Anm. 1 die Rede war. In kulturloser Ungeregeltheit beansprucht ein jedes Recht die Alleinherrschaft, und für die inneren Verhältnisse des longobardischen Königreichs ist die klassische Stelle Roth. 367, die die Rechtsfähigkeit des Fremden einschränkt und ihn, von besonderer Vergünstigung abgesehen, unter longobardisches Recht stellt. So wird 746 einem Priester Anastasius in Benevent die Testierfähigkeit als einem *advena* bestritten[2], im selben Sinn geschieht wohl bei der Teilung Benevents 851 c. 12[3] der *waregnangi* Erwähnung, und noch 992 verfügt der Fürst von Salerno über das Vermögen des *iohannes monachus qui fuit de surrento . . eo quod guaregan homo fuit*[4] Um die Rechtsfähigkeit der Angehörigen anderen Landes, oder gar um deren heimatliche Rechtsordnung anzuerkennen, bedurfte es besonderer Beziehungen zwischen diesen

---

[1] Cod. dipl. Caietanus I n. 57. Freilich bedeutet *Longobardus* in den Gaetaner Urkunden jener Zeit vielfach den Bauer s. die Herausgeber des Cod. dipl. I 88[b]. Aber die Bezeichnung dürfte doch auf die Herkunft dieser Personen hinweisen, und gerade hier handelt es sich um einen longobardischen Namen und zudem um einen Städter.

[2] Gattula, historia 27 mit 956. — Ein Beispiel aus Tuscien oben S. 84.

[3] MGL. IV 222.

[4] Cod. dipl. Cavensis II n. 453.

Ländern, eines lebhafteren Verkehrs und freundnachbarlichen Zusammenlebens, und in der That sind zwischen den longobardischen Fürstentümern und zwischen den römischen Herzogtümern solche Beziehungen entstanden.

Zum erstenmal findet sich eine Anerkennung des beiderseitigen Rechtes in einem Vertrag zwischen Benevent und Neapel von 933, der eine Vereinbarung von 911 im Wortlaut wiederholt: die Neapler versprechen den Leuten von Benevent, Feindseligkeiten zu unterlassen, *et si factum fuerit absque nostram voluntatem, indicavimus vobis exinde secundum legem Romanorum aut Langobardorum*, und die Zusicherung wird *de omnibus aliis causis unde intentionem habueritis . . nobiscum*, wiederholt.[1] Wahrscheinlich ist der Sinn dieser Abmachungen, dass der Kläger das ihm günstigere Recht wählen könne, gewiss ist, dass die beiden Leges als die Rechte der Gemeinschaft in Betracht kommen, der die Parteien persönlich angehören, und dass andere als persönliche Beziehungen zur Anwendung dieser Rechte nicht geführt haben, dass somit zwar ein eigentümlich entschiedener, aber doch ein Anwendungsfall des Systems der persönlichen Rechte in Frage ist. Im übrigen war es die natürlichste Lösung, dort, wo einem fremden Recht Rechnung getragen wurde, einen jeden Teil seinem eigenen Gesetz zu unterstellen, und die Frage, welche persönliche Beziehung bei einem Zusammentreffen von Personen verschiedenen Rechts massgebend sein sollte, bereitete bei den primitiven Rechtszuständen jener Zeit wenig Kopfzerbrechen. So macht 984 *Landenolfus filius q. Atenolfi Comitis in (capuana?)*[2] *civitas commorante* dem Herzog von Gaeta eine Schenkung; *unde et ut iuxta lege Longobardorum firmiter . . maneret, secundum nostram traditionem in hac dicta Civitate Caieta recepi a te . . Launegia*[3]; andere Schenkungen aber, insbesondere auch eine solche des Empfängers der vorigen Urkunde,

---

[1] MGL. IV 215. Die Wendung hat vielleicht Beziehungen zu der byzantinischen Formel, von der oben S. 128 die Rede gewesen ist.

[2] Lücke im Text. S. aber die Bemerkung der Herausgeber 157c. Auch nach Cod. dipl. Cavensis II n. 328 findet sich 980 in Capua ein Graf Adenolfus

[3] Cod. dipl. Caietanus I n. 85.

geschehen in Gaeta zur selben Zeit ohne Reichung eines Launegilds.[1] Und ein Placitum im Gaetanischen entscheidet 1014 *pro eo quod continet in lege longobardorum . . et in lege nobelle iustiniana*[2], offensichtlich mit Rücksicht auf die Herkunft der beiden Parteien, das capuanische Kloster Monte-Cassino und den römischen Grafen von Traetto. Die nachbarlichen Beziehungen zwischen Capua und Gaeta machen sich auch umgekehrt geltend, und so verkauft *landulfus langobardus capuanus filius . . astolfi longobardi capuani* 1026 in der Stadt Capua Grundbesitz an die Gräfin von Traetto *et . . susceptum completum apud me habeo pretium a vos . . emptrice iuxta lege vestra romanorum.*[3]

Sehr eng hat sich auch der Verkehr zwischen den Nachbargebieten Amalfi und Salerno gestaltet, und gerade hier lässt sich die schrittweise Entwickelung einer Anerkennung fremden Rechts in bemerkenswerter Art verfolgen. Die Leute von Amalfi und ganz besonders diejenigen von Atrani haben schon vor 990 Rechtsangelegenheiten in Salerno und dessen Nähe zu erledigen[4]; sie stehen dabei unter dem longobardischen Landesrecht[5], geben und nehmen Launegild *iuxta legem* und schwören *iuxta legem cum suis parentibus.* Da heisst es auf einmal in Salernitaner Urkunden von 990, dass der Vertragsteil von Atrani *iusta consuetudo nostra romanorum* bei einem Tausch sein Stück Land hingebe und *iusta consuetudo nostra romanorum* ein anderes dagegen empfange. Es sind dieselben Parteien, derselbe Notar, die ihre Urkunden vorher ohne Anrufung des römischen Rechts abgefasst hatten[6], und auch inhaltlich hat sich nichts geändert, diese »Römer« bleiben nach

---

[1] Cod. dipl. Caietanus I n. 27, 28, 95, 110 u. s. w., insbesondere n. 84.

[2] Cod. dipl. Caietanus I n. 130.

[3] Cod. dipl. Caietanus I n. 151.

[4] Cod. dipl. Cavensis I n. 114, 116, 152, 175, 185, 186, 189, 203; II n. 220, 230, 233, 244, 259, 267, 279, 281, 282, 289, 307, 315, 323, 324, 326, 338, 339, 350, 362, 364, 366, 372, 377, 388, 397, 399 für Atrani. I n. 208; II n. 223, 273, 274, 278, 300, 301, 355 für die Stadt Amalfi — aus der Zeit von 902—988.

[5] Vgl. besonders n. 116, 267, 362, 377.

[6] Vgl. n. 326, 399.

wie vor unter den Regeln des longobardischen Rechts.[1] Aber es muss sich damals die Erkenntnis durchgerungen haben[2], dass das Recht von Amalfi das römische ist, und dass die Amalfitaner dies Recht auch auswärts befolgen müssten, wenn sie eine Handlung rechtsgültig vornehmen wollten. Was sie rechtlich thun, gilt darum grundsätzlich als nach römischem Recht geschehen.[3] Die Parteien verkaufen und vertauschen und schenken *iuxta legem et consuetudo nostre romanorum*, sie begründen und lösen einen Pachtvertrag und teilen das väterliche Erbe und bringen Mitgift, indem sie dies Recht anrufen, nach römischem Recht stellen sie guadia und Bürgen, ohne dass in der Regel irgend ein römischer Rechtssatz damit in Bezug genommen wäre, und in Urkunden seit 1030 wird dieser Verweisung auf das römische Recht bei den einzelnen Rechtshandlungen manchmal noch eine allgemeine Profession vorausgeschickt: vor Gericht erscheinen *constantinus atrianensis cum dominico et cum alferada uxor eius . . et ipsi vir et uxor romana lege viventes clarificaverunt . . et secundum legem et romanorum consuetudinem venumdederunt . . et secundum legem et romanorum consuetudinem guadiam dederunt . . et per ipsam guadiam obligaverunt se . . defendere.*[4] Doch hat die steigende

---

[1] S. oben S. 190 Anm. 6.

[2] Sie kam auch nicht mit einem Schlage. Auch nach Einführung der neuen Formel finden sich noch Urkunden von Atranesern ohne Bezugnahme auf römisches Recht, vgl. n. 427, 453, auch 424, 439, 449 eod. II, sogar dieselben Personen betreffend, und von demselben Notar geschrieben wie n. 418, 420.

[3] Eine Zusammenstellung der 17 einschlägigen Urkunden aus Cod. dipl. Cavensis II—VI (von 990—1043) gibt schon Brandileone, Arch. giuridico XXXVI 85 ff. (statt n. 412 ist dort 418 zu lesen). Dazu ebenda VII n. 1069, 1092, 1207; VIII n. 1245, 1297 (inseriert), 1306, 1349, 1352, 1368, 1381 von 1046—1064; de Blasio, series n. 4, 17, 20 von 1070 und 1078, und eine Urkunde von 1089 bei Perla, Arch. stor. napoletano X 158. — Als Gegenstück für Amalfi selbst ist etwa die Urkunde von 1007 oben S. 189 Anm. 1 zu vergleichen.

[4] Cod. dipl. Cavensis VIII n. 1297 Salerno 1047. S. auch die Professionen V n. 831; VI n. 951; VIII n. 1245, 1306, 1349. Ob dabei etwa schon oberitalienischer Einfluss im Spiel war? Die ungeschickte Stellung der Profession in der ersten der Urkunden macht eine Einführung des Brauches von aussen wahrscheinlich.

Rechtskultur diesen allgemeinen Verweisungen auch eine thatsächliche Anwendung römischer Rechtssätze folgen lassen. Dass römische Ehefrauen anders als die Frauen der Longobarden ohne Verwandtenbefragung veräussern, lässt sich schon frühzeitig feststellen[1], und späterhin wird der Hinweis auf das römische Recht öfter augenscheinlich zu dem Zweck eingefügt, um auf solche Verschiedenheiten aufmerksam zu machen[2]; Munt und Volljährigkeitsgrenze, Vormundschaftsrecht, Testierfähigkeit und Pupillarsubstitution finden dabei Berücksichtigung. *ego amanda .. relicta .. piperati amalfitani .. secundum legem et consuetudinem romanorum in quam vivo, offero ..* und wenn ich die Gewährleistung versäume *predicta amanda, que iam ultra 25 annos sum, obligavi me .. componere* u. s. w.

War aber das römische Recht der Amalfitaner im Gebiet von Salerno zur Anerkennung gelangt, wenn sie sich dort vorübergehend aufhielten, so lag es nahe, ihnen dies Recht auch dann zu belassen, wenn sie dort dauernden Aufenthalt nahmen. In der That enthalten verschiedene der Salernitaner Urkunden römischen Rechts keine Angabe über den Wohnsitz der Parteien[3], und bei einigen derselben ist es wahrscheinlich, bei anderen sicher, dass die Aussteller im Gebiet von Salerno wohnen.[4] Dass es sich bei diesen Personen ausnahmslos um Einwanderer aus römischem Gebiet handelt, ist nun freilich nur Hypothese. Bedenkt man aber die oben geschilderte Verschmelzung der gesamten Einwohnerschaft dieser Gebiete zu »Longobarden« — den völligen Mangel römischer Urkunden in Salerno, bevor dies Recht seit 990 auf die Amalfitaner

---

[1] Eod. III n. 516; VI n. 951; VII n. 1069, 1207; VIII n. 1245, 1297; de Blasio n. 4, 20 seit 998, und besonders deutlich VIII n. 1352, 1381 und de Blasio n. 17 von 1063, 1064, 1078.

[2] Vgl. ausser den drei zuletzt genannten Urkunden Cod. dipl. Cavensis VIII n. 1306 (s. im Text) und 1349 von 1060, 1063 und die Urkunde bei Perla von 1089.

[3] Zu Cod. Cav. III n. 491; IV n. 657; V n. 787, 831; VI n. 944, auf die schon Schupfer, Rendiconti dei Lincei 1886 II 263 aufmerksam macht, treten noch VI n. 951; VIII n. 1381; de Blasio n. 4 und die Urkunde bei Perla. Bei III n. 474 wird die Herkunft aus Amalfi durch n. 494 bewiesen.

[4] Es sind n. 491, 657, 787, 944 und die Urkunde bei Perla.

Anwendung findet — die Unmöglichkeit, dass eine seit alters in Salerno ansässige Bevölkerung bei ihren Geschäften von »unserm« römischen Recht sprechen könnte — so wird die Annahme einer römischen Einwanderung die einzig glatte Erklärung dieser Urkunden bieten.

So ist im Lauf des 11. Jahrhunderts eine Bevölkerung doppelten Rechts in Salerno wohnhaft geworden. Dass sich derselbe Vorgang auch in den anderen longobardischen Fürstentümern wiederholt hat[1], ist denkbar, aber wenig wahrscheinlich. Jedenfalls mangelt darüber jeder urkundliche Nachweis, und die spätere Litteratur, der der eigentümliche Rechtszustand Salernos bekannt ist, behandelt ihn durchaus als örtliche Singularität. In Salerno allerdings hat er überraschend lang angedauert, und noch zu Anfang des 14. Jahrhunderts berichtet Isernia: *immo in una terra sunt multi, ut est Salerni, viventes iure Longobardo et multi iure Romano ex consuetudine.*[2]

War die Anwendbarkeit des longobardischen und römischen als persönlichen Rechts im allgemeinen durch die Gebietszugehörigkeit bestimmt, so hat man in Salerno im besondern auf die Landesherkunft gesehen. Doch die staatsrechtliche Entwickelung drängte nach anderer Richtung. Das longobardische und das römische Recht war zum Ortsrecht geworden. In dem Masse aber, in dem der Gemeindeverband erstarkte, musste die praktisch wichtigere Verbandszugehörigkeit, die Mitgliedschaft in der Gemeinde, auch im Recht über angestammte Beziehungen das Uebergewicht erlangen. Und so ist das römische und das longobardische Recht zum Wohnsitzrecht geworden, das — nach wie vor vermutlich nur kraft persönlicher Unterwerfungsgründe verbindlich — alle Einwohner des Orts umfasste. In Gaeta scheinen ansässige Longobarden

[1] Natürlich nur im Verhältnis zu den Einwohnern der Herzogtümer. Darüber, dass die Einwohner der unmittelbar griechischen Gebiete hier kein römisches Recht haben, oben S. 192 ff.

[2] Comm. feud. prael. n. 39 und ähnlich Const. I 63: *Salerni etiam quidam vivunt iure Romano et aliqui iure Longobardo.* Vielleicht hat auch noch die Mitteilung des Lucas de Penna C. 12, 36 (35), 10 die Bedeutung eines unmittelbaren Zeugnisses: *sed et in*

schon 958 unter römischem Recht zu stehen[1], und übereinstimmend damit verspricht den Gaetanern ein Privileg von 1191, Strafsachen *inter concives vestros* sollten im Hofgericht ohne Zweikampf entschieden werden.[2] In dem Schutzbrief für Scafati von 1117[3] lautet die Zusicherung römischen Rechtes: *et ipsi homines qui in ipsa terra ecclesiae S. Petri habitant vel qui ad habitandum in ipsa terra de ipsa ecclesia venerint, medietatem Romanae legis in iudicio habeant.* Und in Bari, wo das longobardische Recht das *ius* ist, bestimmen die Consuetudines vom Anfang des 13. Jahrhunderts: *quicumque Barum habitaturus ingreditur et in eo domicilium et suarum fortunarum summam habere disponit, statim Barensis efficitur et vivit nobiscum nostro iure et consuetudine iudicandus.*[4] In der That geht auch die Glosse des Karolus davon aus, dass das longobardische und das römische Recht zwar persönlich gelten, dass innerhalb der verschiedenen civitates jedoch einheitliches Recht besteht, das einen, der kein anderes Recht mitbringt, ohne weiteres ergreift.[5] Und dass sich dieselbe Anschauung

---

nonnullis civitatibus alii vivunt eo iure (Longobardo), alii vero illud abiiciunt. Die Späteren schöpfen nur aus Isernia. So Afflictus, Const. I 63, 1 (I 60) n. 7; I. Th. de Marinis, de gen. feudorum tit. 14 n. 11; vgl. auch Pandus, de dotario pars I q. 9.

[1] S. oben S. 226 in bezeichnendem Gegensatz zu der Urkunde von 984 oben S. 227.

[2] Cod. dipl. Caietanus II n. 362.

[3] Oben S. 189.

[4] Andreas II 8. Vgl. auch in bezeichnender Anlehnung an Roth. 204 Andreas XIV 1: *mulieri nulli liberae sub civitatis nostrae ditione manenti permittitur sine iudice alienare* — ed. Petroni 8, 56. — Aehnlich heisst es später umgekehrt im Stadtrecht von Amalfi c. 22 ed. Camera 467, dass »die Frauen der Stadt« nach römischem Recht leben. Aber das bezog sich nur mehr auf den einzelnen Fall, nicht auf die Gesamtgeltung römischen Rechts für die Einwohner von Amalfi.

[5] Lomb. II 5, 1 qui ante: der illicitus hat keine Eltern *et eo iure vivit quo tota civitas.* — Freilich erörtert Karolus die Kollision römischen und longobardischen Rechts in einer Weise, die unvereinbar ist mit der Voraussetzung, als wohnten Römer und Longobarden nur je an verschiedenen Orten. Aber Karolus gibt der Kirche römisches Recht, und er kennt zudem (II 51, 11 eligantur) den Rechtszustand in Salerno aus eigener Anschauung — wenn nicht

auch noch in den Constitutiones Siculae geltend macht, wird unten zu zeigen sein. Diese Entwickelung war geeignet, das Bild der persönlichen Rechte zu verwischen. Fremde Einwirkungen aber haben ihm neue Farbe gegeben.

Normannisches Recht.

50. Inzwischen waren die Normannen zur Herrschaft gelangt. Franken hatte es in Unteritalien schon seit der Karolingerzeit gegeben[1]; sie standen unter dem jeweiligen Ortsrecht, ohne jegliche Berücksichtigung ihrer heimischen Bräuche. Nun waren 1016 die ersten Normannen ins Land gekommen, erst als Fremde, bald als Herren. Sie gründeten 1030 die Grafschaft Aversa, in Apulien ersteht ihnen 1042 ein neuer Mittelpunkt. In wachsender Stärke erweitern sie ihre Herrschaft — 1071 nehmen sie mit Bari die letzte Besitzung der Byzantiner, fünf Jahre später fällt Salerno als das letzte der longobardischen Fürstentümer, noch vor Ausgang des Jahrhunderts sind die Sarazenen in Sizilien überwunden, und seit der Unterwerfung Neapels — 1140 — gehorcht ganz Unteritalien den normannischen Königen.

An Zahl waren die Eroberer, zumal im 11. Jahrhundert, gering, und sie vermochten sich dem Einfluss der Landessitte nicht zu entziehen. So hat die byzantinische Kultur mannigfach auf sie eingewirkt.[2] Wo die Landessprache griechisch ist, da sind auch ihre Urkunden nach Sprache und Formeln griechisch. Und die juristische Farblosigkeit, die den normannischen Urkunden römischen Gebiets eigen ist, ist eben die Folge ihrer römischrechtlichen Grundlage. Ganz besonders aber tritt ihre Abhängigkeit von dem longobardischen Recht hervor. In den Jahren 1065—1067 verschenkt Richard von Capua eine Reihe von Gütern, vordem longobardischen Grafen gehörig, die gegen unser Leben gesonnen und beraten und

---

schon der Einfluss der Oberitaliener, dem er untersteht, ausreicht, diese Behandlung der beiden Rechte zu erklären.

[1] Benevent 781 oben S. 223; Neapel 956 Mon. arch. Neapolitani. I 2 n. 71; Salerno 947—992 Cod. dipl. Cavensis I n. 174; II n. 225, 244, 287, 452.

[2] Vgl. Lenormant, la Grande-Grèce II 405.

die Feinde in unser Gebiet gelockt haben — die Worte von Roth. 1 und 4 — *unde secundum Langobardorum legem omnes ipsorum res nostro fisco deductae sunt.*[1] Und ein Tauschvertrag, den der Fürst 1065 mit dem Erzbischof von Capua abschliesst, wird *secundum statutum regum legis authoritate* geprüft, und der Fürst und der Erzbischof ordnen zu diesem Behuf einen Boten ab, wie es Aist. 16 (7) vorschreibt.[2] Eine Tochter desselben Richard war mit dem Sohn des Grafen von Aquino verlobt, und als der Bräutigam vor der Hochzeit starb, verlangte der Fürst dennoch die Quart für seine Tochter. Denn *secont la loi de li Longobart,* schreibt der Chronist Amatus[3], *quant il vienent à mariage la feme demande la quarte part del bien del marit.* Dass es nicht das persönliche Recht des Mannes ist, das hier zur Anwendung kommt, geht schon aus einem andern Fall hervor, in dem, wie es scheint, ein Normanne seiner longobardischen Frau die Quart bestellt hat.[4] Und nicht nur dort, wo die Eroberer in unmittelbare Beziehung zu Longobarden getreten sind, tragen sie diesem Recht Rechnung. In Pontecorvo macht 1075 *Ieffridus ridellus normannus* eine Schenkung, und wenn er es an der versprochenen Gewährleistung fehlen lasse, *de colludio legibus iurare obligavi* — wie das in Liut. 43 vorgesehen ist; eine

---

[1] Gattula, historia 312; ähnlich 158 und accessiones 164, 166. An die Anwendung persönlichen Rechts zu denken, verbietet nicht nur, dass bei dem System der persönlichen Rechte Vermögensstrafen regelmässig nach dem Recht des Verletzten — hier also eines Normannen — bemessen werden, sondern vor allem auch der Umstand, dass ein bewusst erfasstes Verhältnis dieser Art zwischen normannischem und longobardischem Recht für das 11. Jahrhundert sonst in keiner Beziehung nachweisbar ist.

[2] Gattula, historia 253.

[3] Aimé, l'ystoire de li Normant IV 12 ed. Champollion-Figeac 115 (ed. Delarc war mir nicht zugänglich). Das lateinische Original des Amatus († 1101) ist nicht erhalten.

[4] Malaterra III 31 ed. Muratori 585: Angelmarus, der die Witwe des Normannen Serlo geheiratet hat, ist Miteigentümer von Gerace (Calabrien), *cuius quadrans ex dote mulieris sibi competebat.* Die Frau, eine Tochter des Grafen von Bajano (bei Neapel), kann dies Viertel nur von ihrer elterlichen Familie oder von ihrem ersten Mann erworben haben. So unwahrscheinlich es aber ist, dass man

Schenkung von 1091 enthält dieselbe Klausel.[1] Und der Graf von Conversano nimmt 1089 eine Schenkung vor *secundum continentiam quam dominus liutprand excellentissimus rex in hoctabo decimo suo capitulo inferre staduit dicens Si quis negotium* u. s. w.[2]

Indessen solchen Einfluss hat das Landesrecht auf die Normannen zunächst doch nur dort gewonnen, wo sie der ansässigen Bevölkerung vereinzelt gegenüberstanden, und auch hier beruht seine Einwirkung zu einem erheblichen Teil nur auf der Benützung der landesüblichen Formularien. Wo die Eroberer in geschlossenen Massen auftraten, da haben sie ihr Volkstum nachdrücklich durchgesetzt, in steigendem Masse, je stärker im Laufe der Zeit der Zuwachs wurde, den sie aus der Heimat empfingen. Sie haben auf griechischem Boden an

---

in Bajano Ansprüche auf das weitentfernte Gerace gehabt hat, so wahrscheinlich ist es, dass der Ort vordem Serlo gehört hatte, da die Normannen seit 1060 Herren Calabriens sind. Vgl. dazu Malaterra II 24 und besonders auch II 46 S. 564, 574. Dass in dem Viertel aber die longobardische Quart steckt, ist fast nicht zu bezweifeln.

[1] Cod. dipl. Caietanus II n. 249, 263.

[2] Chart. di Conversano I n. 53. Der Schenker ist ein Neffe Robert Guiscards. — Hieher dürfte auch die calabrische Urkunde von 1098 gehören, in der eine normannische Frau unter Zuziehung ihrer Söhne und Muntwälte schenkt. Capasso erwähnt sie in der Einleitung zu Brandileone, dir. romano XIV, leider ohne die Quelle anzugeben, und es ist mir nicht gelungen, sie selbst aufzufinden. Immerhin ist es auffällig, dass die normannischen Frauen in anderen Urkunden derselben Zeit durchaus ohne Muntwalt handeln. Und in jedem Fall kann die Urkunde nicht, wie Capasso will, als ein Beleg für das System der persönlichen Rechte verwertet werden, sondern gerade als Beweis für die Geltung des longobardischen als Landesrechts. — Schliesslich ist auch noch eine Urkunde von 1093 zu erwähnen, die Champollion-Figeac im Anhang seiner Amatus-Ausgabe 321 ff. abdruckt, und der er die Ueberschrift gibt: de la donation faite à l'abbaye de Cluny par plusieurs chevaliers normands, de l'église de Saint-Cassien d'Olziate, dans l'ancien royaume de Naples. Die Urkunde beginnt: *nos* (folgen viele Namen) *omnes milites secundum nostram legem quod (?) professi sumus vivere Langobardorum et Romanorum* u. s. w., und sie würde nicht nur die Unterwerfung der Normannen unter die örtlichen Rechte in überraschender Weise darthun, sondern auch eine sonst völlig unbekannte Ausgestaltung des longobardischen und römischen als persönlichen Rechts in Unter-

ihrem lateinischen Glauben festgehalten[1] und in den Kirchen Siziliens für lange Jahrhunderte die gallikanische Liturgie eingeführt.[2] Der Gebrauch ihrer Sprache ist schon früh im 11. Jahrhundert bezeugt[3], unter Wilhelm II. ist das Französische Hofsprache[4], einheimische Schriftsteller erwähnen das *vulgare Francorum* neben dem *vulgare nostrum.*[5] Und so ist insbesondere auch das normannische Recht nach Unteritalien gekommen.[6]

---

italien beweisen. Nur steht leider in der Urkunde selbst von Normannen und von Neapel gar nichts, und ihre Ortsangaben, verglichen mit den Mitteilungen bei Marrier, bibliotheca Cluniacensis 1746, lassen keinen Zweifel, dass die Urkunde nach Olgiate bei Como gehört.

[1] Ein Beispiel bei Ughelli IX 426: Graf Roger setzt in Squillace 1096 einen Bischof ein, da in dem Ort, *ubi tanta normandorum vigebat copia,* noch keine lateinische Kirche bestehe. Vgl. auch Malaterra IV 13 Muratori 594.

[2] De Iohanne, de divinis Siculorum officiis 87 ff.

[3] S. unten S. 237.

[4] Falcandus, historia de rebus gestis in Siciliae regno (frühestens 1169) c. 50 ed. Siragusa 127: .. *Francorum linguam se ignorare quae maxime necessaria esset in curia.* Ueber die Pflege der französischen Dichtkunst am normannischen Hofe Gaspary, Geschichte der italienischen Litteratur I 50.

[5] Simon de Bisiniano, summa Decreti dist. 91 c. 1 *vigiliae id est mortuorum exequiae . . sicut etiam secundum vulgare Francorum;* C. 7 c. 16 q. 33 *monasterium id est ecclesiam, sic dictum secundum vulgare Francorum; vulgare nostrum* in C. 26 q. 5 c. 2 — sämtlich bei Schulte, Wiener SB. LXIII 332.

[6] Dass die Normandie damals schon ganz überwiegend unter fränkischem Recht gestanden hat, ist herrschende Meinung geworden vgl. Brunner, die Entstehung der Schwurgerichte 127 ff. und in Holtzendorffs Encyklopädie der Rechtswissenschaft [5] 224; Amira, Historische Zeitschrift [3] III 259; Brünneck, Stadtrechte S. XXXIII; Pollock and Maitland, the history of English Law I 43, und soweit man eine Einwirkung nordischen Rechts zugelassen hat, hat man seine Quellen seit Steenstrup, Normannerne I 49 ff. vorwiegend im dänischen Recht gesucht. Gegen beides hat sich nun neuerdings Ficker ausgesprochen in seinen Untersuchungen zur Erbenfolge der ostgermanischen Rechte II 9 ff., 11, 275, 276 ff.: das Mutterrecht des normannischen sei das friesische Recht, und nur das Recht des Adels, nicht auch dasjenige der nichtritterlichen

Die Einbürgerung des normannischen Rechts ist völlig tumultuarisch geschehen. Es hat zunächst für die zugewanderten Franken gegolten. Es hat aber auch in den Kreis der ansässigen Bevölkerung hinübergegriffen. Ein bemerkenswertes Zeugnis aus sehr früher Zeit bringt Guillermus Apuliensis[1]: es ist die Zeit vor der Gründung Aversas (1030), die Normannen schüren den Streit zwischen den longobardischen Fürsten, ohne einen derselben die Uebermacht gewinnen zu lassen; wenn jemand von den Nachbarn bei ihnen Zuflucht sucht, nehmen sie ihn willig auf — *Moribus et lingua quoscunque venire videbant — Informant propria, gens efficiatur ut una.* In der That bedeutet die Niederlassung in Aversa, die bald darnach erfolgt ist, die Gründung einer geschlossenen fränkischen Herrschaft auf Neapler Boden. Graf Richard nennt sich in Urkunden von 1054 bis 1073 *francorum comes in urbe averse* und 1074, als er das longobardische Capua erworben hatte, *francorum atque longobardorum princeps.*[2]

Zuweilen ist die Einführung fränkischer Einrichtungen mit brutaler Gewalt erfolgt. Da erzählt Falcandus[3] von einem

Stände der Normandie sei damals stärker francisiert gewesen; gerade auch in dem normannischen Recht Siziliens lasse sich das friesische Element noch vielfach nachweisen. Ich kann nicht wagen, in diesem Streit Partei zu nehmen, und möchte für seine Lösung nur auf einiges italienische Material aufmerksam machen. Nach Glossen des Karolus und anderen Quellen (s. unten S. 242) kann der »Franke« im Gegensatz zu einem Longobarden Zweikampf gegen die Zeugen des Gegners verlangen, ein Satz, der nach Brunner, Rechtsgeschichte II 436[68] sowohl fränkisch als dänisch ist. II 51, 7 separentur schreibt Karolus, dass die Zeugen nach longobardischem und römischem Recht getrennt zu vernehmen sind, *iure autem Francorum edictum est, ut unus pro omnibus dicat, et ceteri dicant verum esse quod unus eorum dixit;* dem fränkischen Recht ist ein solcher Brauch unbekannt, dagegen findet er sein genaues Gegenstück im isländischen Recht s. Maurer, Kritische Ueberschau der deutschen Gesetzgebung und Rechtswissenschaft V 231[1], und dazu Brunner, Rechtsgeschichte II 39[8], 436.

[1] Gesta Roberti Wiscardi (1099/1111) v. 148 ff., 167 f. ed. Wilmans, MG. Script. IX 244. Die Nachricht behält ihren Wert, auch wenn sie erst die Zustände späterer Jahrzehnte abspiegeln sollte.

[2] Mon. arch. Neapolitani V n. 395, 410, 420, 421, 423 und die adnotationes zu diesem Band S. I f.

[3] c. 55 ed. Siragusa 144 f.

neu gekommenen Franken, der von seinen Bauern die Hälfte ihrer Fahrhabe beansprucht, *hanc enim esse terrae suae consuetudinem asserebat;* vergeblich berufen sich diese auf die *libertas civium et oppidanorum Siciliae,* der fränkische Kanzler und seine fränkischen Berater weisen die Beschwerde zurück, und es verbreitet sich das Gerücht, ganz Sizilien müsse nunmehr Abgaben zahlen *iuxta Galliae consuetudinem quae cives liberos non haberet.* Und es beleuchtet die Stimmung im Volke, wenn ein andermal gegen ein ungerechtes Urteil eingewendet wird[1], *in Francia forsitan ita solere decerni, sed in Sicilia nequaquam hoc iudicium obtinere.* So haben der Zweikampf und die Gottesurteile des Eisens und des Wassers allgemeine Bedeutung erlangt[2], und gerade die Privilegien, in denen einer Reihe von Städten der Ausschluss dieser Beweismittel zugesichert wird, zeigen, dass man sie allgemein einzuführen versucht hat.[3] Andererseits thut gerade das Beispiel des gerichtlichen Zweikampfes dar, dass diese Ausbreitung fränkischen Rechtes keineswegs immer gegen den Willen der einheimischen Bevölkerung erfolgt ist. In einem Placitum von 1171 begehrt eine longobardische Partei Zweikampf mit den Gegenzeugen in fränkischer Art und wird damit vom Gericht zurückgewiesen[4]; Const. II 32 (HB. 103) wird ein solcher Missbrauch, der in manchen Gegenden unter den Longobarden eingerissen sei, ausdrücklich verurteilt. Und der Einführung der fränkischen Verschweigungsfrist und der Gütergemeinschaft in die sizilischen Stadtrechte liegen königliche Privilegien zu Grunde.

---

[1] Falcandus c. 39 S. 113.

[2] Ueber die allgemeine Anwendung des gerichtlichen Zweikampfes in Palermo Falcandus c. 24 S. 79; ebenso, und zwar mit Einschluss des speziell fränkischen Kampfes gegen die Zeugen, im Stadtrecht von Messina testo antico (Trapani) c. 39 ed. La Mantia 20; vgl. auch den Ausdruck ›*guerra*‹ Terracina 1155 bei Gattula, accessiones 258. Ueber Wasser und Eisen de Iohanne, de divinis officiis 88; Karolus II 51, 4 nec testis (›*secundum regni consuetudinem*‹ — dazu meine Notizen 250[4]); Const. Sic. II 31 (HB. 102).

[3] So Troja 1127 Z. 9 und 14 ed. Zdekauer 255; Bari 1132 bei de Blasiis, insurrezione pugliese III 464 und unter Beschränkung auf den Zweikampf auch Gaeta 1191 Cod. dipl. Caietanus II n. 362.

[4] S. unten S. 247.

Im einzelnen ist es vornehmlich die Staatsverfassung, die normannische Einrichtungen in sich aufgenommen hat. Man legt der anfänglichen Einteilung in zwölf Grafschaften[1] und der Einrichtung der Dohana de secretis[2] normannischen Einfluss zu Grunde, die Einführung der Kronämter folgt fränkischem Vorbild[3], und es wurde das Amt des vicecomes übernommen.[4] Vor allem aber ist auch das normannische Lehenwesen nach Sizilien verpflanzt worden[5], und hat hier die künftigen Schicksale des Staates bestimmend beeinflusst. Aber auch für die persönlichen Angelegenheiten der Landeseinwohner gewinnt das normannische Recht Bedeutung. Die Urkunden zeigen fränkische Rechtsausdrücke im Gemeingebrauch: wie der Frei-

---

[1] Gaupp, Ansiedelungen 545.

[2] Brunner in Holtzendorffs Encyklopädie 325. S. freilich auch Hartwig und Amari in Memorie della r. accademia dei Lincei cl. delle sc. morali 1878 II 411 ff., 420 ff.

[3] 1101 *Ego Riccardus . . Roberti Guiscardi . . Ducis . . atque filii eiusdem Rogerii et ipsius haeredis Dapifer;* ähnlich 1112 Ughelli IX 402, 403. Vgl. überhaupt Pertile, storia II 1, 285 ff., und dazu Brunner, Rechtsgeschichte II 101.

[4] Siciliano, raccolta delle consuetudini siciliane I 434 f., der den Titel noch im Stadtrecht von Palermo nachweist. Beispiele von 1070, 1095 und 1137, von 1121, 1127, 1131 Mon. arch. Neapolitani V n. 410 f.; Cusa diplomi 367, 627; Müller, Arch. stor. italiano [3] VII 1, 6; Garufi, i documenti inediti dell' epoca normanna in Sicilia I n. 7; Pecchia, storia civile e politica del Regno di Napoli I 265.

[5] Vgl. Ciccaglione in der Enciclopedia giuridica italiana v° feudalità n. 90. Für den fränkischen Ursprung des unteritalienischen Lehenwesens sei auch auf einige Urkunden hingewiesen, in denen fränkische Vassallen mit Zustimmung ihres senior veräussern, so Aversa 1070 *ego rainaldo filio q. asgocti vicicomiti qui fuit ex genere francorum . . per absolutione . . de domino ubberto franco . . seniori meo* Mon. arch. Neapolitani V n. 410 und ähnlich n. 420, 551 von 1074 und 1113; Gattula, historia 513 von 1077. Vgl. auch die Wendung *feuda in capite tenere* in dem Catalogus Baronum aus der Zeit Wilhelms II. bei Del Re, cronisti e scrittori sincroni della dominazione normanna I 571, 574, 581, 584 u. s. w. und in Const. Sic. III 27 (HB. 138) mit Du Cange, v[is] tenere in capite, oder den Ausdruck *paragium* Const. III 26 (HB. 136) und dazu Hotomannus, de verbis feudalibus h. v.

gelassene zum *francus homo*[1], freier Grundbesitz zu einem solchen *franca ratione*[2] erklärt wird, so finden sich nunmehr auch Ausdrücke wie *forisfactura* für Bussen[3], *foriiudicari* für die Verwirkung des Vermögens[4], in Besitz setzen heisst *saisire*[5], die Klage um geraubtes Gut *clamor.*[6] Und so ist auch in die örtlichen Consuetudines, voran in die sizilischen Stadtrechte, mannigfaches fränkisches Recht übergegangen. Die Gütergemeinschaft[7] scheint bereits in einer Urkunde von 1138 unter

---

[1] Nardò (Apulien) 1134 Trinchera, syllabus app. I n. 2.

[2] Gravina um 1200 Ughelli VII 117. Späterhin wird auch die Bezeichnung *feudum francum* für ein lastenfreies Lehen ganz gewöhnlich, doch weiss ich dafür kein älteres Beispiel anzuführen.

[3] Gravina 1092 der Graf schenkt dem Bischof *iudicia et compositiones et forisfacturas et plateam et bannum* der Einwohner Ughelli VII 115. Urkunde für S. Filippo di Demenna (Sizilien) 1171 Cusa, diplomi 421: die umliegenden Gemeinden sollen sich *de forfaturis* der Klosterleute nicht einmischen. *forisfactum* Verbrechen in Palermo 1179 bei Garufi, doc. normanni n. 70.

[4] Privileg Rogers I. für La Cava 1092: das Verbrechen eines Pächters, *propter quod debeat foriiudicari*, soll dem Kloster nicht zum Schaden gereichen — Heinemann, normannische Herzogs- und Königsurkunden aus Unteritalien und Sizilien n. 8.

[5] Abruzzen 1175 bei Gattula, historia 142. Auch in Const. Sic. III 16 und 37 HB. 130, 143.

[6] Placita von 1131 und 1171 bei Pecchia, storia di Napoli I 265 und bei Battaglia, i diplomi inediti relativi all' ordinamento della proprietà fondiaria in Sicilia sotto i Normanni e gli Suevi II n. 7. Vgl. auch die *proclamatio* der Genotzüchtigten Const. Sic. I 22 HB. 24.

[7] Vgl. darüber Brünneck II 6 ff.; Siciliano I 338 ff.; Battaglia I 6 ff; Garufi, Arch. stor. siciliano [2] XXI 232 [2]. Man hat den rein fränkischen Ursprung dieser Gütergemeinschaft bezweifelt, da eine solche auch im longobardischen Recht vorkomme. Doch spricht es für ihre fränkische Herkunft, dass sie anfangs nur bei Normannen und hauptsächlich in dem römischrechtlichen Sizilien auftritt (siehe unten S. 242), und die ihr eigentümliche Dreiteilung des Vermögens fehlt dem longobardischen Recht völlig. Dass sie auch die Zeitgenossen als etwas vom longobardischen Recht Verschiedenes betrachten, zeigt die gleich zu erwähnende Glosse des Karolus. Und Goffredus (unten S. 269 f.) berichtet ausdrücklich, dass man eine Eheschliessung zu Gütergemeinschaft in Sizilien als *contrahi iure Francorum* bezeichne.

griechischen Bürgern üblich[1]; 1150 wird sie Landesgesetz in Calabrien[2], sie dringt nach Amalfi und Sorrent[3], der Stadt Messina wird sie durch ein Privileg Kaiser Friedrichs bestätigt[4], und seither ist sie den sämtlichen sizilischen Stadtrechten gemein geworden. Ein anderes Beispiel bietet die Verschweigung von Grundbesitz in Jahr und Tag, die Messina durch ein Privileg Wilhelms II. gewährt wurde[5]; die Erstreckung der fränkischen Erstgeburtsfolge auf alle Aftervasallen der Stadt verordnen 1189 die Consuetudines von Corneto (Principato citeriore)[6]; und der Ausbreitung, welche die fränkischen Gottesurteile gewonnen haben, ist schon Erwähnung geschehen. Alle diese Beispiele aber[7] gestatten den Rückschluss, dass dem fränkischen Recht zu Zeiten eine gewisse formelle Geltung im Land zugekommen ist.

Immerhin scheint sich diese allgemeinere Verbindlichkeit des normannischen Rechts auf wenige Sätze beschränkt zu haben, und nur aus örtlichen Gründen hat sich seine Herrschaft weiter erstreckt. Der Kern der Anwendung fränkischen Rechts lag stets in seiner Geltung für die Franken, und so werden gerade Materien, die einigen Gegenden Ortsrecht geworden sind, von massgebenden Quellen als persönlich fränkisches Recht dar-

---

[1] Notar Leo und seine Frau Arete kaufen zusammen ein Haus in Palermo Cusa, diplomi 59.

[2] ed. Brandileone, Rendiconti dei Lincei 1886 II 277 ff. — πᾶσι τοῖς κριταῖς καλαβρίας καὶ βαθείας γράτη.

[3] Brünneck II 16. Von Karolus II 4, 1 per scriptum als das Recht bestimmter *regiones* bezeichnet.

[4] Nicolaus de Tudeschis (Panormitanus, † 1453), consilia c. 63. Schon in einer Urkunde von 1203 tritt sie als städtisches Gewohnheitsrecht auf Battaglia II n. 3.

[5] Testo antico c. 28; Patti c. 32 ed. La Mantia 18, 70; bestätigt durch ein Privileg Heinrichs VI. von 1194 Gallo, annali della città di Messina II 69. Vgl. auch Palermo c. 26 und 38 La Mantia 180, 188 und über ähnliche Fristen in Neapel und Sorrent Siciliano I 265.

[6] Codice diplomatico del regno di Carlo I. e II. d'Angiò ed. del Giudice I app. I n. 27.

[7] Eine erschöpfende Prüfung der jüngeren Rechtsquellen als solcher auf ihren Gehalt an fränkischen Bestandteilen liegt nicht im Bereich dieser Arbeit.

gestellt. Kar. de Tocco erklärt den Zweikampf mit den Zeugen des Gegners an zahlreichen Stellen als eine Eigentümlichkeit des Rechtes der Franken im Gegensatz zu jenem der Longobarden[1], und die Constitutionen II 32 (HB. 103) bestimmen: *ingerente se casus praesentis materia circa Francos, qui personarum suarum plurimumque rerum suarum . . fortunam in monomachiam . . reponebant, . . praedictum . . probationis modum, per pugnam videlicet, quo iure Francorum viventes hactenus utebantur, tam circa principales personas quam circa personas testium . . de cetero volumus esse sublatum.* Und bezüglich der Verschweigung von Jahr und Tag heisst es Const. III 37 von der *dura consuetudo quae . . in aliquibus regni nostri partibus obtinebat: sancimus praescriptionem anni mensis diei et horae, per quam aliquis de dominio rei suae cadebat et Francus de dissasina queri non poterat, penitus amoveri.*

Zu den Rechtseinrichtungen, deren personal fränkische Geltung überliefert ist, zählt ferner die Gütergemeinschaft zwischen Vater, Mutter und Kindern, die in den älteren normannischen Urkunden übereinstimmend begegnet[2]; doch hat das fränkische Recht für Lehen und im Zusammenhang mit solchen eine selbständige Güterordnung entwickelt[3], und die Güterverhältnisse am Allodialgut scheinen frühzeitig der Regelung der örtlichen Rechte anheimgefallen zu sein.[4] Dass dem

---

[1] Lomb. II 35, 11 excludantur; II 51, 11 eligantur; II 56 super rubr. und l. 1 cui malum.

[2] Ein Beispiel von 1082 veröffentlicht Guerrieri, Arch. stor. napoletano XX 70. Jüngere Urkunden bei Garufi oben S. 240 Anm. 7 und doc. normanni n. 19, 7, 15, 23, 27, 36 u. s. w., die zumeist von fränkischen Ausstellern herrühren dürften.

[3] S. unten S. 291 ff.

[4] Reste fränkischen Güterrechts haben sich auch in einigen Stadtrechten des Festlandes erhalten. Perla, diritto longobardo 102 nennt als solche die Rechte von Gravina, Aversa und Altamura. Für die erste dieser Städte bemerkt auch Pandus, de dotaris pars I q. 9: *Gravinae . . uxor . . in bonis viri non lucratur nisi tertiam, ex quo vivitur iure Francorum.* In Aversa hat sich nach Ciccaglione, le leggi e le più note consuetudini che regolarono i patti nuziali nelle provincie napoletane 31 die charakteristische Scheidung des

fränkischen Recht besondere Rechtsfolgen der Spoliation eigentümlich gewesen sind, zeigen die Constitutionen, die diese Folgen (in const. I 25 HB. 27) ebenso wie jene des longobardischen und römischen Rechts abändern. Zeugen, die einen Franken überführen sollen, werden nach Karolus, anders als solche, die man einem Römer oder Longobarden gegenüberstellt, öffentlich vernommen, und wenn mehrere Zeugen vorgeführt werden, macht einer die Aussage und die anderen bestätigen sie.[1] Auch das hat sich mit vielen anderen prozessualen Eigentümlichkeiten bis zum Erlass der Constitutionen erhalten, die dann *speciale quoddam Francorum ius imo .. iniuriam quae in iudiciis tam civilibus quam criminalibus hactenus obtinebat de medio tollere cupientes* in const. II 17 (HB. 89) die gleiche Behandlung der Stämme vor Gericht anordnen; *cavillationes et captiones antiquas iure Francorum, quinzanas et momenta temporum quae inter Francos litigantes in iudiciis hactenus servabantur, necnon quasdam alias subtiles observationes .. submovemus;* auch die *poena per quam Francus ante litem contestatam contumax bonis mobilibus omnibus privabatur*, solle beseitigt werden, ebenso wie die andere Bestimmung, *quod Francus lite cum eo .. contestata contumax, bonam vel malam causam habeat, ipsam amittat.*[2] Wie diese Sätze

---

Eherechts in ein solches der Bürger und eines für den Adel erhalten. Und aus Altamura berichtet Pertile, storia I 381 7c (nach Serena, della consuetudine dotale d'Altamura Trani 1880 17 ff.) eine Bestimmung, *che le doti si regolassero per metà secondo le leggi longobarde e per metà secondo le franche.* Leider sind mir alle diese Quellen im Original unzugänglich geblieben und entziehen sich damit einer weiteren Verwertung. Ueber die Fortdauer der Gütergemeinschaft in den sizilischen Stadtrechten oben S. 240 Anm. 7.

[1] Lomb. II 56, 1 cui malum und II 51, 7 separentur; über die letztere Stelle oben S. 237 Anm. 6.

[2] Bei Minieri Riccio, saggio di codice diplomatico I n. 14 findet sich eine Urkunde aus der Basilicata von 1110: *Ego Umbaldus .. cum mea coniuge .. per cultellum Sicuti nostre gentis francorum est consuetum .. donamus* u. s. w. Die Urkunde steht mit dieser symbolischen Benützung eines Messers vereinzelt da. Der Herausgeber erklärt allerdings, das sei ein Brauch, der noch unter den Anjou im Königreich Neapel in Uebung gewesen sei; die ziemlich zahlreichen normannischen Schenkungen des 11. und 12. Jahrhunderts, die ich selbst

fränkischen Stammesrechtes innerhalb des Systems der persönlichen Rechte zur Geltung gekommen sind, wird unten auszuführen sein. Die Aufzählung von stammesrechtlichen Besonderheiten, die im vorstehenden gegeben wurde, erschöpft den überlieferten Bestand indessen noch nicht. Andere Eigentümlichkeiten des fränkischen Rechtes, die Muntfreiheit der Frauen, Lehenfolge und Adelsgüterrecht, haben die Constitutionen überdauert; sie stehen im Mittelpunkt der neueren Geltung der persönlichen Rechte, und ihre Darstellung ist von der Erörterung dieser jüngeren Entwickelung des Systems nicht loszulösen.

Eine Zweiteilung des fränkischen Rechts in ein persönliches Recht der Ritterschaft und ein davon verschiedenes persönliches Recht der Bürger lässt sich in Unteritalien nicht nachweisen. Es scheint, dass eine nennenswerte Einwanderung von Franken niederen Standes hier überhaupt nicht stattgefunden hat[1], und gewiss ist, dass das fränkische Recht mindestens seit den Constitutionen als reines Adelsrecht auftritt. Andreas de Barulo[2] und Isernia[3] bestätigen ausdrücklich, dass *„homines inferioris gradus et villani"*, dass *„burgenses"* nur nach römischem und longobardischem Recht leben können, und den fränkischen Rechtseinrichtungen der späteren Zeit, balium, Lehenfolge, mos magnatum, ist der Charakter des Adelsrechtes auf das Bestimmteste aufgedrückt.

Noch weniger wird es statthaft sein, neben dem persönlichen Recht der Normannen ein eigenes Personalrecht der mit ihnen gekommenen Franzosen anzunehmen.[4] Wenn in den

---

kenne, sind alle formlos geschehen. Und di Meo, annali critico-diplomatici del regno di Napoli alla mezzana età IX 168 erklärt die Urkunde überhaupt für eine erheblich jüngere Fälschung. Vgl. übrigens auch unten S. 292.

[1] Ueber die abweichende Annahme Fickers oben S. 236 Anm. 6 und unten S. 264.

[2] Glosse zu Const. III 30 ed. 1771 a. a. O. Seine Urheberschaft nach Isernia ebenda.

[3] Const. III 26.

[4] So La Mantia, storia della legislazione civile e criminale di Sicilia 67; Battaglia, proprietà fondiaria I 5. Vgl. auch die seltsame Bemerkung bei Brünneck XXXV[3], das *ius Francorum* der Constitutionen sei französisches Recht.

Urkunden manchmal von Franken, manchmal von Normannen die Rede ist, so gelten die beiden Ausdrücke doch durchaus als gleichbedeutend. Bei ihrer ersten Niederlassung in Troja werden die Normannen 1019 offiziell als Φραγγοι bezeichnet, und der Graf von Aversa nennt sich *comes Francorum.*[1] Dieselbe Person, die 1074 als »Franke« auftritt, erscheint in einer jüngeren Urkunde als »Normanne«.[2] Falcandus, selbst Normanne, erzählt von König Roger, dass er viele *transalpini* ins Land gezogen habe, *cum ab Normannis originem duceret sciretque Francorum gentem belli gloria ceteris anteferri.*[3] Und umgekehrt hat man gerade zwischen fränkischem und französischem Recht unterschieden, wie das eine Stelle des Karolus zeigt[4]: *hoc hodie non utimur, verum Francigenae utuntur;* denn das fränkische ist für Karolus ein gegenwärtig verbindliches Recht. Der Sprachgebrauch ist vielmehr der, dass sich die Bezeichnungen Normanne und Franke im 11. Jahrhundert etwa die Wage halten, dann tritt der Name Normannen allmählich in den Hintergrund; ihr Recht wird von Anfang an vorwiegend, seit dem 13. Jahrhundert fast ausschliesslich als fränkisches Recht bezeichnet, wenn sich die Wendung *iure normanno vivere* auch noch in einer Urkunde von 1235 findet.[5]

Noch ist einer eigentümlichen Verquickung des fränkischen mit dem römischen Recht Erwähnung zu thun. Dem Bedürfnis der herrschenden Klasse nach einer rechtlichen Absonderung vermochten die wenigen Sätze fränkischen Rechts, die in praktischer Geltung standen, nicht zu genügen. Dem Uebergewicht des longobardischen gegenüber hat man darum die unmittelbare Subsidiarität des römischen Rechts betont und dies wohl auch in die paradoxe Form gekleidet: der Franke lebt nach römischem Recht. Das römische Recht hat in solchen Fällen denjenigen Geltungsbereich, der dem fränkischen Recht

[1] Trinchera, syllabus n. 18 vgl. auch n. 20 und oben S. 237.
[2] Mon. arch. Neapolitani V n. 420 und VI app. n. 51.
[3] Prooem. S. 6.
[4] II 55, 5 iuret.
[5] S. unten S. 274.

zugekommen wäre, es gilt als Stammesrecht und ist frei von Schranken, die man seiner Anwendung sonst gezogen hatte.[1]

Die Blütezeit der persönlichen Rechte auf dem Festland.

51. Mit dem Eindringen des fränkischen Stammesrechts war das System der persönlichen Rechte auf dem Festland zu neuem Leben erwacht. Nicht als hätten die Normannen, in Anknüpfung an den Rechtszustand, der vordem in Frankreich oder auch in ihrer nordischen Heimat[2] gewesen war, ihrerseits eine besondere Neigung für das System ins Land gebracht, denn dazwischen waren Jahrhunderte einheitlichen Rechtes abgelaufen.[3] Aber in den Eroberern trat den Eingesessenen ein geschlossener Kreis gegenüber, Stamm stand gegen Stamm, Recht gegen Recht. Und es war nicht mehr der blosse Gedanke einer Rechtsgemeinschaft, der dem System zwischen unabhängigen Völkerschaften zur Anwendung verholfen hatte — auf politischer Zusammenfassung beruhend, war die Geltung der persönlichen Rechte seither in dem Willen der Zentralgewalt begründet.

Die Urkunden, die ein Zusammenleben der Stammesrechte darthun, fliessen spärlich. Da tritt 1127 in Troja das Gewohnheitsrecht der normannischen Ritter in Gegensatz zu dem longobardischen Recht der anderen Einwohner: *omnes Troiani una lege et sub uno dominio vivant exceptis hominibus . . episcopi et abbatis . . qui sub eorum dominio maneant; exceptis quoque militibus qui secundum veteres usus et legem suam vivant.*[4] In einem Placitum von 1155 klagt das Kloster

---

[1] S. oben S. 215 und dazu Afflictus, Const. II 44 (40) n. 2, sowie unten S. 290 Anm. 1 und S. 299 Anm. 3.

[2] Vgl. Wilda, das Strafrecht der Germanen 678 ff.

[3] Wenn sie damals in der That die persönlichen Rechte auch in England zur Geltung gebracht haben — Pollock and Maitland, history I 66 ff. — so lag dafür eben dieselbe Notwendigkeit vor wie in Italien, der Zwang, das Recht der alten Einwohner anzuerkennen, und der Wunsch, dem eigenen Recht treu zu bleiben, nur dass sich der Unterschied der Stämme in England rasch verwischt hat.

[4] ed. Zdekauer a. a. O. 256 Z. 22. Nur vermögen wir der Erklärung Zdekauers 244 nicht zu folgen, der unter der *lex* der

Monte-Cassino gegen den königlichen Justiziar Herbias, vermutlich einen Normannen; der Abt wird zum Zeugenbeweis zugelassen, *si tamen ipse Herbias aliquem de predictis testibus per pugnam vellet impetere* — wie das fränkisches Recht ist — *non tamen per guerram posse hoc facere.*[1] Und als 1171 in einem Prozess der Städte Teano und Sessa die Kläger Zweikampf wider die Zeugen der Gegenpartei verlangen, werden sie mit ihrem Begehren abgewiesen, *quia inter Langobardos erat quaestio.*[2]

Dass freilich das fränkische Recht sich nach mancherlei Schwankungen als persönliches Recht fixiert hat, ist das Ergebnis einer Einwirkung, die dem System der persönlichen Rechte auf dem unteritalienischen Festland überhaupt das entscheidende Gepräge gegeben hat, des Einflusses der oberitalienischen Lombardisten, der sich seit dem Ende des 11. Jahrhunderts geltend macht. Wir haben oben S. 185 ff. gesehen, wie sie die Kapitularien nach Unteritalien gebracht haben. Mit den Kapitularien aber und an sie angelehnt, ist eine Jurisprudenz nach dem Süden gekommen, die gewohnt, die einzelnen Rechte in persönlicher Geltung zu erblicken, ein üppiges Rankenwerk kollisionsrechtlicher Kasuistik um die Gesetzestexte schlingt und das System der persönlichen Rechte in feinen Erörterungen zur Darstellung bringt. Die neue Richtung

---

Bürger deren gemeines Recht, unter den *usus* der Ritter das Lehenrecht und unter deren *lex* ihr persönliches Recht verstehen will. Das ist schon bei den Bürgern unwahrscheinlich, denn aus der Betonung der Einheit ihrer *lex* müsste man schliessen, dass vorher in Troja eine Mehrheit von Rechten bestanden habe, und das ist nach der sonst bekannten Rechtslage nicht anzunehmen. Und wenn bei der Ritterschaft *lex* und *usus* im Sinn von objektivem Recht einander gegenübergestellt werden, so müsste die *lex* hier geschriebenes Recht bedeuten, und ein solches haben die unteritalienischen Normannen gerade nicht besessen. Vielmehr wird *lex* hier wie so oft die rechtliche Stellung bedeuten, so dass ihre Erwähnung für unsere Fragen bedeutungslos ist, und nur die *usus* — die auf Lehenrecht zu beschränken jede Veranlassung fehlt — werden an den Gegensatz der persönlichen Rechte erinnern.

[1] Gattula, accessiones 258, auch 262.

[2] Peregrinius, hist. principum ed. Pratillus III 273.

zeigt sich in der personalen Behandlung des fränkischen, aber auch in der des römischen und longobardischen Rechtes.

Ein frühes Zeugnis ihres Einflusses ist das römische Recht, zu dem sich nunmehr die Kirche bekennt. In den Abruzzen, die ja ohnehin mit dem Norden verbunden gewesen waren, urkundet der Abt von Farfa 1083 mit der römischen Schlussklausel *et non liceat michi nolle*[1], und 1086 schliesst der Bischof von Chieti einen Tausch ab, *sicut in lege scriptum est* (Lud. P. 53), *omnis ordo ecclesiarum secundum legem Romanam vivant et faciant, ego suprascriptus episcopus sic facio.*[2] Aber auch das Kloster La Cava bei Salerno, dessen Urkunden es bis dahin in geschlossener Folge unter longobardischem Recht gezeigt hatten, erklärt in einem Salernitaner Placitum von 1089[3], nach römischem Recht zu leben. In Conversano wird 1165 ein Tauschvertrag geschlossen, *quoniam romanorum ac longobardorum legibus liquet ecclesiarum prelatos res earum . . commutare . . posse.*[4] Und das Stadtrecht von Bari schreibt für grössere Prozesse den Eid mit Helfern vor; *si vero clericum iurare contigerit, iurabit solus.*[5] Die Glosse des Karolus aber gibt der Kirche an zahlreichen Stellen in allen ihren Lebensäusserungen römisches Recht und erklärt dies ausdrücklich als heutzutage üblich.[6]

Und nicht nur das Recht der Kirche ist bei Karolus zu persönlichem Recht ausgestaltet. Der ganze Reichtum an Erörterungen über die persönlichen Rechte, den die oberitalienische Jurisprudenz aufgehäuft hatte, kehrt hier wieder, erweitert durch Probleme, die der Rechtszustand Unteritaliens aufgeworfen, vertieft in weitschauenden, sorglich durchgearbeiteten Auseinandersetzungen. Eine Reihe von Glossen beschäftigt sich mit der stammesrechtlichen Geltung des longo-

---

[1] Reg. di Farfa V n. MLXXII aus Valva.
[2] Muratori, script. II 2, 1002 aus Chieti.
[3] ed. Perla, arch. stor. napoletano X 158.
[4] Chart. di Conversano I n. 108.
[5] Sparanus XXXI 2 ed. Petroni 112.
[6] Lomb. I 9, 32 (35) si quis; I 25, 21 solidos 40; I 30, 11 (12) saecularem; II 5, 1 qui ante; II 21, 9 non potest; II 21, 16 cognitum; II 35, 11 excludantur; II 56 super rubr.

bardischen und des römischen und des fränkischen Rechtes, es wird das Recht von Frau und Kindern bei Mischheiraten und der Uebergang des einen auf Erben anderen Rechts behandelt; Römer, Longobarden, Franken sind an demselben Rechtsverhältnis beteiligt, und so werden Kollisionen über die Gültigkeit eines nudum pactum und eines Testamentes, über gesetzliche Erbfolge und Geschlechtsvormundschaft und Verjährung und Zeugenbeweis, über Bussen im allgemeinen und die Strafbarkeit von Todschlag und Muntbrüche im besonderen untersucht — *argumento eius quo utimur hodie, ut si Romanus producat testes contra Francos, licet iure Romano obtinere debet Romanus . . Francus tamen iure suo* u. s. w., wie einmal unter Betonung der Aktualität des Systems ausgeführt wird; und zum Lombardatitel II 56, dem Sitz unserer Lehren, wird bemerkt, *utilitatem eius nemo est qui ignorat l. 1 D. 14, 1.* Diese Ausführungen des Karolus aber beweisen nicht nur, dass die Stammesrechte nebeneinander gegolten haben, sondern auch, wie sie sich im Kollisionsfall von einander abgegrenzt haben; sie werden uns demgemäss noch weiterhin beschäftigen.

Vor allem bedeutsam für die Geschicke des Systems in Unteritalien, freilich auch reich an Zweifelsfragen, sind die Constitutionen. Die zentralisierenden Bestrebungen, die die staufische Herrschaft kennzeichnen, waren einem Fortbestand rechtlicher Unterschiede innerhalb der Bevölkerung abträglich, und so finden wir die persönlichen Rechte in diesen Gesetzen zumeist dort erwähnt, wo sie in ihren einzelnen Anwendungsfällen beseitigt werden, insoweit freilich auch eine wertvolle Quelle für die Erkenntnis des Rechtszustandes, der bis dahin gegolten hatte. Dass rechtliche Besonderheiten bei Gewaltthaten oder bezüglich der Verjährung beseitigt worden sind, die den Franken von den übrigen Einwohnern unterschieden (const. I 25 und III 37), ist schon an anderer Stelle erwähnt worden. Für die Erbfolge bestimmt const. III 26 (HB. 136): *si autem filii masculi una cum filiabus aut etiam cum sororibus patri decedenti supersint, cuiuscunque conditionis pater fuerit, Francus videlicet aut etiam Longobardus, miles vel burgensis, in successione bonorum praeferri volumus masculos feminis.* Und besonders im Prozessrecht ist der Gesetzgeber auf Vereinheitlichung bedacht. Wenn es c. II 18 (HB. 90) heisst: *dilationes in iudiciis hactenus observatas . . praecidere disponentes praecipimus . . quocunque iure agatur . . statim oblato libello, quem in iudiciis omnibus offerri volumus . . litis contestationem sequi debere*, so geht das offensichtlich auf einen Gegensatz longobardischen und römischen Rechts.[1] Und in c. II 32 wird, wie schon früher erwähnt, der fränkische Zweikampf zur Entkräftung anderer Beweismittel verboten: *sed si Francus aliquis a Franco vel etiam Longobardo . . exstiterit impetitus, per probationem testium vel instrumentorum et similium . . convincatur . . consuetudinem autem quae in quibusdam regni partibus obtinebat, per quam hi qui Franci non sunt sed iure communi censentur, testibus contra se productis . . possint pugnam offerre, funditus exstirpamus.* c. II 33 (HB. 105) untersagt den Zweikampf zur Ergänzung anderen Beweises: *quod ius inter omnes tam Francos quam Longobardos et in causis omnibus volumus esse commune.* Und II 17 wird nicht nur, wie oben ausgeführt wurde, die prozessuale Strenge des fränkischen Rechts mit ihren Fristen, die Rechtsfolgen der Säumnis und anderes fränkisches Sonderrecht im Prozess aufgehoben, sondern auch grundsätzlich bestimmt, *quod nos qui singulorum iura iustitiae libra pensamus, in iudiciis aliquam discretionem haberi non volumus personarum, sed aequa lance, sive sit Francus sive Romanus aut Longobardus qui agit seu convenitur, iustitiam volumus ministrari.* Die Vereinheitlichung erfolgt für das ganze Prozessrecht, aber auch nur für das Prozessrecht („*in iudiciis*"). Das beweisen schon die anderen Stellen der Constitutionen, die von der Fortgeltung des Systems ausgehen. So heisst es c. II 44 (HB. 113), anknüpfend an die Verschiedenheit der beiden Rechte bezüglich der Geschlechtsvormundschaft: *mulieres Longobardorum seu Francorum iure viventes restituendas esse sancimus, cum per negligentiam vel fraudem mundualdorum seu procuratorum suorum laesae probantur.* Von der verschiedenen Lehenfolge, die nach c. III 27 (HB. 138) bei Franken und Longobarden statthat, wird noch eingehend zu reden sein. Und in der berühmten c. Puritatem I 63, 1 wird Urteil nach

---

[1] Genaueres im II. Abschnitt.

den gemeinen Rechten, dem longobardischen und dem römischen, vorgeschrieben, *prout qualitas litigantium exegerit.*

Stellen wir die c. Puritatem in diesen Zusammenhang, so rühren wir damit freilich an schwere Zweifel. Dass die Constitutionen das Nebeneinander fränkischen und longobardischen Rechts als ein Verhältnis persönlicher Rechte behandeln, ist einleuchtend. Betrachtet das Gesetz aber auch das römische in seinem Verhältnis zum longobardischen als persönliches Recht? Der vorausgehende Rechtszustand spricht dafür. Und die Constitutionen selbst drängen zu diesem Schlusse. Die Gegenüberstellung der beiden Rechte in c. II 18 wird nicht wohl anders, denn unter dem Gesichtspunkt persönlicher Rechte aufgefasst werden können. II 17 wird das Recht der Franken, Longobarden und Römer ohne Unterschied »der Person« für den Prozess gleich gemacht. Und I 63 — auf die rechtliche Besonderheit nicht des Prozessorts, sondern der Streitsteile abgestellt — wendet sich an die camerarii und baiuli, also an Ortsrichter, offenbar unter der Voraussetzung, dass römische und longobardische Parteien am selben Ort vor Gericht kommen können. Man wird dabei an die Fortdauer des früheren Zustandes zu denken haben, der das Land in Gebiete römischen und in solche longobardischen Rechts schied, den Einwohnern des einen aber auch im andern Gebiet ihr heimatliches Recht beliess.[1] Dem stehen nun allerdings nahezu unvereinbar andere Stellen gegenüber, die, vom fränkischen Recht abgesehen, überhaupt nur longobardisches Recht im Lande kennen, und denen der Gegensatz von Franken und Longobarden eine erschöpfende Aufteilung der Bevölkerung bedeutet. Der Widerspruch ist schon oben S. 212 f. zur Erörterung gekommen, wo die Fortdauer römischer Rechtsgebiete in Frage stand. Wir haben versucht, ihn mit der verschiedenen Entstehungszeit der einzelnen Teile des Gesetzbuches in Verbindung zu bringen, und es würde sich daraus ergeben, dass die Gesetzgebung von 1231 zwar bei Aufhebung einzelner Verschiedenheiten — so II 17 und 18 — auch auf römisches Recht zurückgegriffen, im übrigen aber das römische Landesrecht so wenig wie dessen

[1] Vgl. oben S. 205 f.

personale Anwendung in Betracht gezogen hat; dass dagegen die Redaktion von 1244 das Recht der römischen Landesteile anerkannte und demgemäss auch seiner personalen Geltung wieder Rechnung trug. In der That beweist eine Glosse des Marinus zu const. II 44 v° Francorum: *comprehendit etiam Romanas ut supra II 33*, dass man die Erwähnung römischen Rechts in jenen Stellen damals vermisste. Und so schreibt And. de Barulo zu const. III 30 von Leuten minderen Standes: *aut vivunt iure Romano . . aut vivunt iure Longobardorum*, und ähnlich Isernia III 26 von einem Bürgersmann: *aut vivit iure Romano aut Longobardo.*[1] Dass die Bevölkerung von Salerno noch zu Zeiten Isernias in zweierlei Recht geschieden war, ist schon früher erwähnt worden.

Die grosse Masse gemeinsamen Rechtes, die in den Constitutionen enthalten war, hat den persönlichen Rechten den Boden abgegraben. Nur wenige Verschiedenheiten haben sie überdauert. Und trotzdem wird das System noch ein volles Jahrhundert später in den differentiae des Blasius de Morcono in breiten Erörterungen behandelt. Da heisst es im Titel II 5 (Ms. f. 108ª—109ª) *ut filii lege patris vivant*: *item differunt, quia de iure Longobardo filii nati ante clericatum patris debent vivere secundum conditionem et legem patris quam habuerat pater tempore quo filius genuit,* nach römischem Recht aber teile der vor der Priesterweihe geborene Sohn die geistlichen Vorrechte des Vaters. Oder II 7 (Ms. f. 110ª—111ª) *ut mulieres lege maritorum vivant:* nach longobardischem Recht stehen, anders als nach römischem, Strafen darauf, wenn sich die Witwe gegen den Willen der Erben des ersten Mannes wieder verheiratet; *sed cum homo Romanus recipit Longobardam in uxorem . . non habent locum praedictae compositiones, quia non cognoscuntur (iure Romano). et postquam Romanus homo Longobardam duxit in uxorem et mundium ex ea fecit, amodo ipsa est effecta Romana, quia sequitur condicionem mariti et illa lege*

---

[1] Mit den sonstigen Anschauungen des Isernia über die ausschliessende Geltung des longobardischen Rechtes ist eine persönliche Anwendung römischen Gebietsrechts freilich nicht zu vereinbaren. Vielleicht könnte die Aeusserung auf die Fortdauer römischen Rechts in Salerno bezogen werden.

vivit qua vivebat maritus ut in Long. eod. l. 1 . . . — item differunt, quia iure Longobardo si mulier Romano contrahit matrimonium cum homine Longobardo, durante matrimonio est sub lege viri, sed eo mortuo statim est soluta a lege viri et tenetur ad legem suam quam mutaverat per matrimonium et non retinet legem viri post mortem ipsius ut in Long. eod. tit. l. 2. iure vero Romano uxor quae semel sortita est dignitatem forum et legem viri, etiam ipso mortuo dignitatem forum et legem viri defuncti retinet, donec in habitu viduitatis persistit . . ut patet . . C. 12, 1, 13 et 10, 4, 7 et patet D. 50, 1, 22 et D. 1, 9, 8 in fine. Daran knüpfen sich Erörterungen über die Munt, die nur im longobardischen, aber nicht im römischen Recht vorkomme: *quod ex eo patet quod si Romanus homo recipit Longobardam mulierem et ex ea facit mundium . . ipsa mulier mortuo viro non solvitur a lege eius nec revertitur ad pristinam legem suam, sed sublato mundio remanet Romana . . item patet ex eo similiter quia si Romana mulier contrahit cum Longobardo, durante ipso matrimonio ipsa erit sub mundio et lege viri . . sed ipso soluto ipsa revertitur ad legem suam Romanam* und ist muntfrei. Und III 1, 18 (f. 304[b]) wird ausgeführt, dass der Römer, der eine longobardische Frau heirate, die Munt über sie zwar ablösen müsse, aber nicht erwerbe, *quia cum mulier Longobarda iuncta est Romano per matrimonium, non est talis mulier sub mundio, quia iure Romano vivit ex quo uxor esse coepit . . et si talis maritus Romanus non fecerit uxorem a mundio liberari, sub mundio remanet . .* Völlig verblüffend aber wirken auf den ersten Blick die Ausführungen zu II 56 (f. 292[b]—293[b]): *qui in alterius ius succedit, eo iure vivere debet et se tueri quo vivebat is cui succedit. super quo concordat ius Romanum D. 2, 11, 10 § 2; D. 2, 13, 9 § 1; C. 2, 4, 6 et diximus supra II 14, 3. si ergo homo Romanus seu vivens iure Romano succedat ex testamento homini Longobardo iure viventi, ut recte possit hereditatem eius adire, inspicimus an testamentum eius factum sit coram duobus testibus etiam, quia eo iure duo testes in testamento sufficiunt arg. supra II 18, 2; supra II 51, 10 . . si vero iure Longobardo vivens homini Romano iure viventi succedat, ita demum ex testamento succedere potest, si testamentum coram septem testibus sit conclusum ut . . C. 6, 23, 21 cum similibus. et si conveniatur Longobardus de hereditate Romani, est necesse, ut iure Romano se defendat. idem e converso. et sic non attendimus nec inspicimus privilegium et conditionem personae succedentis, sed eius cui succeditur arg. D. 5, 1, 19. — item si Longobardus promisit Romano per nudum pactum aliquid dare, licet iure Longobardo oriatur actio ex nudo pacto quia tenetur de stantia ut supra II 21, 28, tamen quia iure Romano non oritur actio ut D. 2, 14, 7 § 4, iure Longobardo convenire eum non poterit, quia sine actione nemo poterit experiri D. 3, 5, 5 § 14. idem econtra si Longobardus ageret contra Romanum ex pacto nudo, tamen quia Romanus se suo iure defendit, absolvitur, quia probationes debent fieri eo iure quo reus utitur, et convinci debet reus suo iure, ut condemnatio fieri possit. item nota quod iure Longobardo potest recipi testis ad deponendum sine sacramento ut supra II 28, 2 et notat* Karolus *in Long. eod. tit. l. 1. item deponere possunt testes, antequam iurent, si forte tales personae sunt quibus iudex sine sacramento credere vult ut supra II 51, 2. sed Romano iure prius iurant et postea deponunt ut C. 4, 20, 9 et diximus supra II 51. item nota quod dicit* Karolus *quod si testes producuntur contra eum qui vivit iure Francorum, quod debent ipsi testes palam deponere et dicere dictum ipsorum, quia eadem est consuetudo Francorum, ut palam deponant, quia iure Romano secrete examinari et deponere debent non autem palam ut C. 4, 20, 14. sed licet hic modus inter Romano iure viventes non sit in usu, tamen satis inducit notario materiam malignandi depositio talis. inter viventes ergo iure Romano non sunt testes palam examinandi sed occulte deponere debent, et ita notat* Karolus *hac lege 1 in Long. eod. — et illud quoque notandum quod offendens aliquem Italicum (?) puniri debet in terra (?) in qua deliquit secundum legem qua vivitur in loco commissi criminis seu secundum legem eius quem offendit ut in Long. eod. tit. l. fin. hoc est dicere quod sequitur forum offensi et factus est de foro eius ratione delicti ut C. 3, 15 l. 1, 2 et in auth. Qua in provincia et non habet privilegium fori ut C. 3, 12 l. 2 et l. 5 D. 1, 18, 3 et notatur D. 5, 1, 19 cum similibus, item in civili ut dicta l. 2 (C. 3, 13) et C. 3, 19, 3.* Das war freilich nur Bücherweisheit.

Verfall.

52. Wie wenig Raum die Constitutionen einer Geltung der persönlichen Rechte gelassen haben, zeigt die Litteratur der Folgezeit. Stellen, die zu einer Erwähnung der Stammesrechte hätten Veranlassung geben können wie etwa Const. II 23 (HB. 95), bleiben unbenutzt, und Isernia gibt Texten, die eine persönliche Geltung der Rechte voraussetzen — II Feud. 1 oder II Feud. 8 — eine räumliche oder sonst abweichende Deutung. Die Paraphrasen eines Gesetzes, das von persönlichen Rechten handelt, wie Const. II 17, sind ohne Belang, und wenn Isernia einmal[1] für die Geltung des römischen und longobardischen Rechts auf Lomb. II 57, 1 Loth. 38 und I 25, 79 Kar. M. 87 abstellt, so ist das so bedeutungslos, wie wenn Paris a Puteo[2] den Wortlaut von Lomb. II 55, 42 Ot. I 9 wiedergibt, oder Pandus[3] das Nebeneinander longobardischen und römischen Rechts durch Berufung auf Lomb. II 56 (Kar. M. 143 und Pip. 27) erläutert.

Blasius de Morcono freilich, der letzte Lombardist, scheint in dieser Hinsicht eine Ausnahmestellung zu beanspruchen. Und doch erklärt er Lomb. II 40 (f. 244[b]) mit ausdrücklichen Worten: *consuetudinem iudicii attendere et servare debet iudex ut C. 8. 48, 1 in glossa „id est magistratibus" iuxta (finem) et D. 8, 4, 13 § 1, etiam si actor aliunde sit et diversam alleget consuetudinem terrae suae, et etiam iudex in terra sua diversam habeat consuetudinem. non servabit iudex in iudicando illam quam volet hoc casu, licet h. (Hugolinus) hoc concesserit, et male per legem suam D. 4, 8. 21 § 10, sed servabit consuetudinem loci iudicii ut in dicta l. 1 C. 8, 48 et Inst. 4, 17 in prin. et ita expresse notatur super hoc puncto in legis 1 glossa C. 8, 52, glossa quae incipit „et D. eodem"*. Mit der grundsätzlichen Geltung der lex fori aber war ein System der persönlichen Rechte unverträglich. Nun betont Blasius allerdings stets von neuem, dass seine Ausführungen über die persönlichen Rechte nur *de iure Longobardo* gelten wollen, dass

---

[1] II Feud. 53 v° puniantur legitime n. 19.

[2] De re militari lib. 6 tract. ill. iurisconsultorum XVI 398[b].

[3] De dotario pars I q. 9.

de iure Romano aber andere Grundsätze Platz greifen, und es liesse sich daran denken, dass er den gemeinrechtlichen Lehren von der Statutenkollision zwar für die Gebiete römischen Rechts Geltung zuschreibt, im longobardischen Rechtsgebiet aber das System der persönlichen Rechte als verbindlich voraussetzt. Indes bei näherem Zusehen ergibt sich bald, dass seine Erörterungen über die persönlichen Rechte rein theoretisch, vielfach nur die getreue Wiedergabe der Glosse des Karolus sind. Blasius schreibt II 56, die Zeugen gegen einen Franken seien öffentlich zu vernehmen, und II 51 (f. 269[b]): *item nota quod secundum ius Longobardum non licet litigatori per pugnam falsitatem testium probare . . sed secundum ius Francorum licitum est litigatori etiam eo casu falsitatem arguere per pugnam,* und doch waren diese Unterschiede durch Const. II 17 und II 32 längst aufgehoben. Zu Lomb. III 15 (f. 332[b]) wird bemerkt: *item differunt quia iure Longobardo advenae, qui eo iure appellantur garagangi, vivere debent iure Longobardo, nisi aliam legem habere meruerint specialem,* was seit Jahrhunderten nicht mehr zutraf. Und II 55, 42 (f. 292[b]) heisst es: *quocunque iure partes vivant, habet locum pugna in casibus supradictis* — in schroffem Gegensatz zu Const. II 33. Andere Ausführungen zeigen die Verständnislosigkeit, die Blasius dem System entgegenbringt. Der Sohn soll nach longobardischem Recht die Lex des Vaters haben (II 5), *nec distinguitur eo iure in quo debeat filius vivere lege patris,* nach römischem Recht aber sei die Stellung des Vaters massgebend für dignitates, origo, domicilium u. s. w., und als Beispiel dafür, dass der Sohn das Recht des Vaters teilt, wird die Vererblichkeit von Ladungsprivilegien erörtert. Die Witwe behält das Recht ihres Mannes (II 7) — aber nur soweit es sich um Angelegenheiten des verstorbenen Mannes handelt. Und die Identifizierung des Rechtes des Verletzten mit dem Recht des Thatortes II 56 klingt auch nicht eben überzeugend. An anderen Stellen werden die persönlichen Rechte völlig übergangen. So bleiben beispielsweise II 18 oder II 21 (f. 160[a, b], 166[b]) Kollisionsfälle in auffälliger Weise unberücksichtigt, der Titel II 57 (f. 293[b]) wird ohne Bezugnahme auf die persönlichen Rechte erörtert, I 29 (f. 45[a]) ist unter den persönlichen Eigenschaften des Ausstellers, von denen der Notar bei Abfassung einer Urkunde Kenntnis haben muss, das Recht nicht aufgezählt — kurzum, Blasius kann die persönlichen Rechte nicht mehr aus eigener Anschauung gekannt haben.

Späterhin hat Ferrettus noch einmal auf das alte Kollisionsrecht zurückgegriffen. Man liest in seinen regulae iuris Longobardi: *coniugata mulier vivat lege mariti et vidua vivat patria lege,* und *lege patris vivat filius* und in dem tract. discordantium praeter casus Bartholi[1] führt er näher aus: *differunt etiam iura praedicta, quia de iure Romano viduae gaudent privilegiis virorum praemortuorum C. 10, 64, 1 et C. 12, 1, 1 et X II 20, 22. secus de iure Longobardo, quia si mortuus fuerit maritus, pristinis honoribus et oneribus, prout erant, antequam nuberent, suae patriae conditionis et originis, ad suam legem redeunt l. fin. in Long. II 7. et si fuerat Romana quae nupta erat Longobardo, vivet suo iure Romano omisso maritali iure per mortem viri, et econtra si fuerit Longobarda nupta Romano, mortuo viro vivet iure suo Longobardo etc.* Man kennt die Buchgelehrsamkeit des Ferrettus, und die Auflösung des objektiven Rechtes der Frau in eine Reihe einzelner Rechtsverhältnisse spricht eine deutliche Sprache.

Von einem persönlichen Recht der Kirche ist seit den Constitutionen nicht mehr die Rede.[2] Die persönliche Geltung longobardischen Ortsrechtes aber in römischem Gebiet, römischen Ortsrechtes in longobardischem Gebiet, hatte gefährliche Gegnerschaft gefunden. Auf der einen Seite war es die Aufnahme der Lehren, die die Bologneser über Statutenkollision ausgebildet hatten. In Bologna hatte man die grundsätzliche Geltung der lex fori noch lange festgehalten, und wenn man Ausnahmen von ihr zuliess, so waren das zunächst Fälle, in denen eine sonstige räumliche Anknüpfung — der Ort des Vertragsschlusses, der Ort des Verbrechens — das massgebende Recht bestimmte; und die mitgeteilte Erörterung des Blasius

[1] Rubr. quod viduae non gaudeant Longobardo iure privilegiis maritorum ed. 1599 S. 124 f., die anderen Stellen S. 145, 147.

[2] Einzig Blasius II 5 streift es von ferne. Aber seine Bemerkungen (oben S. 252) zeigen sofort, dass es sich dabei nicht um geltendes Recht handelt.

(zu Lomb. II 40) zeigt, dass die Herrschaft der lex fori auch in Unteritalien übernommen worden ist. Eine fortdauernde Behandlung der beiden Landesgesetze als persönlicher Rechte war damit nicht vereinbar. Und mochte man etwa auch die Geltung der neuen Lehren zunächst auf die Gebiete römischen Rechts beschränken, dem System der persönlichen Rechte aber, wenn nicht als einer Einrichtung des Landesrechts, so doch als einer Singularität des Provinzialrechtes, wenigstens innerhalb des longobardischen Gebietes fortdauernde Geltung zuschreiben[1] — eine solche Verschiebung des Geltungsgrundes musste die Lebenskraft der Einrichtung unterbinden. Dazu kam aber der weitere Umstand, dass die Anerkennung getrennter Rechtsgebiete seit Erlass der Constitutionen selbst ins Wanken geraten war. Und wenn eine weit verbreitete Ansicht römischem Ortsrecht die Daseinsberechtigung versagte, um dem longobardischen die Alleinherrschaft zuzuschreiben, so war eine persönliche Anwendung der beiden Rechte auch von dieser Seite her unmöglich gemacht. In ihrem Zusammenwirken haben diese Ursachen dem System der persönlichen Rechte, insoweit es auf der Geltung persönlichen Gebietsrechtes beruhte, ein dauerndes Ende bereitet.

Und noch einmal, zum drittenmal in der Geschichte Unteritaliens, hat sich der Gegensatz römischen und longobardischen Rechts zu einem Gegensatz persönlicher Rechte herausgebildet, und das war eine Folge der Verdrängung des longobardischen Rechts aus den Gebieten, in denen es bisher Landesrecht gewesen war. Lucas de Penna hatte den Satz formuliert, dass das longobardische Recht auch in solchen Orten nicht den Vorzug vor dem römischen Recht besitze, *nisi inter illas personas inter quas consuetudo illud admittit*[2], und der Satz war von Theorie und Praxis übernommen worden.[3] Wer aber

---

[1] Vgl. in der That unten S. 312.

[2] Oben S. 219.

[3] Afflictus II Feud. 1 n. 6: das longobardische Recht gilt an den Orten, wo es gilt, nur für die Materien, bei denen dies herkömmlich, und ist keiner analogen Anwendung fähig — *etiam quoad illas personas quae in parte observabunt ius Longobardum.* Urteil in

sein longobardisches Recht nicht darthun konnte, dessen Recht war das gemeine, war das römische Recht. Wenn seither bei Schriftstellern, die der Auffassung des Lucas folgen, eine Gegenüberstellung longobardischen und römischen Rechts begegnet, so mag sich das ebensowohl wie auf ein räumliches Nebeneinander, auch auf eine Verschiedenheit der Rechte am selben Ort beziehen lassen. Das gilt für die allgemeinen Erörterungen über die Geltung der beiden Rechte, deren oben S. 216 gedacht worden ist, zumal für diejenigen des Maranta. Und es tritt insbesondere auch bei der Behandlung einzelner Fragen zu Tage. In den Ritus Magnae Curiae hatte es geheissen, dass *inter Longobardos* Eideshelfer nicht abgelehnt werden könnten; dass der Gerichtshof *mulieribus Longobardis* von Fall zu Fall einen Muntwalt bestelle.[1] Dazu Troysius[2]: der Ritus über die Muntwälte sei zwar verbindlich, *in iudiciis tamen ut plurimum mulieres vivunt iure Romano.* Aehnlich Caravita: der Ritus komme zwar wenig zur Anwendung, wenn aber eine Frau longobardischen Rechts auftrete, müsse ihr ein Muntwalt bestellt werden, und ebenso seien zwar Eideshelfer nicht gebräuchlich, *quando tamen casus accideret forte inter Longobardos vel viventes eorum iure, servandus esset iste ritus.*[3]

Gab es aber nunmehr an denselben Orten Longobarden und Römer, so war es ein dringendes Bedürfnis der Rechtssicherheit, bei Verträgen zu wissen, welchem Recht die Parteien angehörten. Und so haben sich — überraschend genug — in den Urkunden neuerdings Professionen eingebürgert. Aus einem Prozess des 15. Jahrhunderts berichtet Afflictus[4]: *et productum est unum instrumentum in quo domina Catharina dicit se vivere iure Longobardorum.* Bei Io. de Arnono im 16. Jahrhundert heisst es einmal: *pone quod contrahunt et dicitur in instrumento: talis mulier iure Longobardo vivens promisit*

Bari 1589 Vivius dec. 438: . . *quia constat mature in processu mulieres ipsas Longobardorum (iure) vivere.*

[1] S. oben S. 208 f.

[2] Rit. 291 n. 4.

[3] Rit. 292 pr. und 260 n. 5.

[4] Dec. 248 n. 5.

hoc et hoc Sempronio praesente tali mundualdo.[1] 1694 schreibt Fr. de Andreys[2] unter Anknüpfung an die persönliche Geltung der beiden Rechte: *unde manavit mos in nostro regno, ut in instrumentis declararent contrahentes quo iure viverent, ut ex ea clausula „iure Romano" etc., qui mos in quamplurimis regni partibus adhuc hodie servatur.* Und Giannone erklärt noch 1723: *ancora dura lo stile, che negl' istromenti si metta la clausola „iure Romano« etc. per denotare, che i contraenti vivevano sotto quella legge e non Longobarda.*[3]

Dass diese merkwürdigen Professionen wirklich eine Folge jener Rückbildung des longobardischen zu persönlichem Recht waren, wird man füglich nicht bezweifeln können, wenn man bedenkt, dass das früheste Zeugnis ihres Auftretens aus dem 15. Jahrhundert stammt, für ihr Vorkommen in älterer Zeit aber Voraussetzungen und Nachweise völlig fehlen, wie sie denn auch Blasius I 29 (oben S. 256 f.) noch nicht erwähnt. Nur freilich, es war ein Scheinleben, zu dem die persönlichen Rechte hier noch einmal erwacht waren. Es sind nur wenige, ganz bestimmte Rechtsverschiedenheiten, in denen sich eine Abweichung des longobardischen vom römischen Recht in Geltung erhalten hatte, und zumal in den Urkunden scheint sich der Unterschied schliesslich darauf beschränkt zu haben, ob Frauen sich mit Muntwalt verpflichten oder ohne einen solchen. Der beurkundende Notar hat nicht lange gefragt, ob die Profession genealogisch beweisbar war, und so mag die Zuziehung eines Beistands mancherorts zur wählbaren Verpflichtungsform geworden sein. In der That folgert Maranta[4] aus den Ritus, die die Beiziehung eines Muntwalts auf Frauen longobardischen Rechts beschränkten: *ergo a contrario sensu permittit mulieres huius regni vivere iure Romano, si volunt, et quod non utantur mundualdo.*

Aeusserliche Anklänge an das System sind auch sonst noch anzutreffen. So ist die Wendung *lege Longobarda-*

---

[1] Sing. n. 5. — Ueber römische Professionen des 16 Jahrhunderts äussert sich Capasso bei Brandileone, dir. romano p. XXXVI.

[2] Disp. an fratres c. II § 4.

[3] Istoria civile III 495.

[4] n. 123 a. a. O. im Anschluss an die Bemerkungen oben S. 216.

Romana vivere für die ortsrechtliche Geltung der beiden Rechte, auch für die gemeinrechtliche Anwendung des römischen Rechts in Aufnahme gekommen. Aber nur der Historiker wird darin Beziehungen zu dem einstmaligen System der persönlichen Rechte finden können.

Die persönlichen Rechte auf Sizilien.

53. Eigentümlich haben sich die Verhältnisse auf Sizilien entwickelt. Byzantiner, Araber, Normannen, drei Welten haben hier um die Herrschaft gestritten und leben nun in bunter Mischung zusammen. Entsprechend der Geschichte der Insel ist es vor allem der Gegensatz des Glaubens, der die Bevölkerung scheidet, und mit jedem Bekenntnis verbindet sich eine andere Sprache, die seine Anhänger von Andersgläubigen trennt. So zerfällt die Einwohnerschaft zunächst in die Gruppen der Lateiner, der Griechen, der Sarazenen und der Juden. Mit dieser Einteilung aber kreuzen sich andere Stammesverschiedenheiten, Franken, Longobarden und Römer wohnen auf der Insel. Und so ist der Rechtszustand nicht durchweg leicht zu überblicken.

Eine besondere Schicht bilden die Sarazenen und die Juden. Unter eigener Gerichtsbarkeit stehend, haben sie ihr eigenes Recht, und bei Gelegenheit gelangt dies auch Christen gegenüber zur Anwendung. In Palermitaner Urkunden von 1137 und 1161 — Verkäufe von Muselmanen an Christen — kommt arabisches Vormundschaftsrecht zur Geltung[1], arabische Urkunden werden den christlichen Behörden vorgelegt[2], und der Sarazene wird auf den Koran, der Jude auf die Thora vereidigt.[3] Soweit die Anwendung arabischen und jüdischen Rechts vor Richtern eigenen Stammes Platz greift, entfällt sie

[1] Cusa, diplomi 61/709 und 101/722. Genehmigung des Kadi auch bei di Gregorio, considerazioni II prove 69 Patti 1202.

[2] Spata, pergamene greche 409 und 451. Garufi, doc. normanni 27.

[3] Cusa 111/728 von 1177: der Abt eines Klosters in Palermo vereidigt drei sarazenische Hörige. Spata 451 und Garufi 27 Palermo 1286 und 1290: jüdische Bürger werden als gerichtliche Sachverständige beeidigt, um eine arabische Urkunde ins Lateinische zu übersetzen.

dem Begriff, den wir früher von dem System der persönlichen Rechte aufgestellt haben, in jedem Fall aber gelangt ihr Recht in ausschliesslich personaler Begrenzung zur Geltung.

Ihnen treten die Lateiner und die Griechen gegenüber, Glaubens- und Sprachgemeinschaften wie die Juden und Sarazenen. So werden in Messina 1194[1] *omnes habitatores Messanae tam Latini quam Graeci et Hebraei* nebeneinander gestellt, in dem gleich zu erwähnenden Privileg für Catania noch vollständiger Lateiner, Griechen, Juden und Sarazenen, und dieselbe Zusammenstellung kehrt im Stadtrecht von Palermo wieder.[2] Lateiner sind diejenigen, die dem Papst gehorchen und lateinisch sprechen.[3] Daraus ergibt sich von selbst, dass

---

[1] Gallo, annali II 69.

[2] Die Gegenüberstellung von Lateinern und Griechen findet sich auch in anderen Teilen des Königreichs. So erhält 1096 der Bischof von Squillace die geistliche Gerichtsbarkeit *tam de Graecis quam de Latinis* Ughelli IX 426. Eine Verordnung für Corfu 1267 gebietet *universis tam latinis quam Grecis . . fidelibus nostris* Gehorsam gegen den neuen Statthalter del Giudice, cod. dipl. angiovino I n. 105.

[3] Das Stadtrecht von Palermo nennt dieselben Personen, die es sonst als Lateiner bezeichnet, in c. 36 (unten S. 267) *Christiani,* übereinstimmend mit einem Sprachgebrauch, den auch Malaterra und Amatus überliefern, und der unter »Christen« die Römisch-katholischen, unter »griechischen Christen« oder »Katholiken« die Griechen versteht vgl. Amari, storia III 204 f. Und dieselbe Urkunde für Squillace spricht von griechischer und lateinischer Bevölkerung, und von griechischer und lateinischer Geistlichkeit. Im gleichen Sinn wird die Bezeichnung Lateiner auch im Orient gebraucht. Burchardus de Monte Sion, descriptio terrae sanctae (1283) c. 13 ed. Laurent, peregrinatores medii aevi quatuor 88: Lateiner, Griechen und andere leben im hl. Land *secundum ritum suum,* zu den Lateinern aber gehören Deutsche, Italiener, Franzosen, Engländer, Spanier, Ungarn und sonstiges Volk. Oldenborg, peregrinatio (1211/34) I 1 ed. Laurent 163 unterscheidet, wie es scheint, mit Rücksicht auf die Sprache Franken und Lateiner und fasst dann beide unter der Bezeichnung Franken zusammen: *et sciendum quod hoc nomen Franci large sumitur in transmarinis pro omnibus eis qui Romanam legem* (die Gesetze der römischen Kirche) *observant.* — Simon de Bisiniano, summa dist. 1 c. 12 Handschrift der k. Bibliothek Bamberg D II 20 p. 3: *forte Romanos hic omnes Latinos intelligit, unde lingua Latinorum Romana dicitur, ut infra de*

der Begriff nicht auf ein bestimmtes Volk geht, demgemäss auch keinen bestimmten Inhalt hat und in seiner jeweiligen Bedeutung nur aus dem Zusammenhang erkannt werden kann. Dass es bei einer Erwähnung der lateinischen Geistlichkeit nur auf ihr Verhältnis zu Rom ankommt, ist einleuchtend. Wenn aber in einem Placitum Messina 1173 auf ein früheres Urteil zurückgegriffen wird, an dem ἄρχοντες λατίνοι καὶ γρεκοί teilgenommen[1], so ist unter diesen Lateinern unzweifelhaft fränkischer Adel zu verstehen. Anderwärts bringt man sie gerade in Gegensatz zu den Franken. Da erzählt Falcandus[2] von einem Normannen, der von seefertigen Schiffen in Messina — sie dürften Genuesern oder Pisanern gehört haben — Lösegeld erpresst; *videntes Latini, qui ob navium redemptionem in odium Francorum inducti fuerant, Graecos quoque adversus eosdem lacessitos, coeperunt ad seditionem eos hortari, asserentes Francis id animi esse, ut omnibus Graecis expulsis ipsi domos . . eorum possiderent;* Griechen sind hier die Einwohner von Messina, Lateiner die landfremden Seefahrer lateinischer Sprache.[3] Wenn in Patti 1133 die Einwohner *latinae linguae* wegen der *legum compositiones* mit dem Bischof in Zwist sind[4], so werden das longobardische Einwanderer sein. Und wenn Wilhelm I. einem Kloster die *decimae bonorum hominum latinorum* bestätigt[5], so dürfte das auf alteingesessene Sizilianer gehen, die seit der Römerzeit lateinische Sprache und Glauben haben. Zumeist ist es die lateinisch sprechende Stadtbevölkerung, die mit der Bezeichnung *Latini* den Griechen gegenübergestellt

---

cons. dist. 4. c. 86 gentiles etiam omnes Latinos Romanos vocant. Aehnliche Bemerkungen in der Summa Lipsiensis eod. Ms. f. 4ᵇ und bei Huguccio ed. Maassen Wiener SB. XXIV 79.

[1] ed. Spata, Miscellanea di storia italiana XII 68.

[2] c. 55 ed. Siragusa 147 f.

[3] Auch auf dem Festland findet sich ein Gegensatz von Lateinern und Franken. So wird 1281 der Adel der Abruzzen in *Barones tam ultramuntani quam latini* geschieden Minieri Riccio, saggio I n. 194. Lateiner für Italiener in Oberitalien: Reggio 1136 Muratori, ant. it. VI 233; Kaiserurkunde 1185 bei Stumpf, die Reichskanzler III n. 170.

[4] Vgl. oben S. 184.

[5] Heinemann, normannische Herzogsurkunden n. 23.

wird, ein Gemenge longobardischer und römischer Herkunft, die im 11. Jahrhundert mit den Franken in das eroberte Land gezogen sind[1] und wohl auch die Reste altlateinischer Bevölkerung in sich aufgenommen haben.[2] Sie sind hier zu einem einheitlichen Volk geworden, das denn auch schon im 12. Jahrhundert sein einheitliches Recht besitzt, eine Summe von Sätzen des Gewohnheitsrechtes, ergänzt durch die justinianische Gesetzgebung. Wie schon Guillermus Apuliensis hervorhebt[3], haben die Normannen ihre italienischen Mitläufer in Recht und Sprache erheblich beeinflusst, und so erklärt es sich unschwer, wenn das lateinische Recht der sizilischen Städte mit fränkischen Elementen stark durchsetzt ist. Diese »Lateiner« jedoch selbst für Franken zu erklären[4], geht nicht an. Dass es nicht normannische Ritter sein können, ist gewiss. Man wird in ihnen aber auch nicht mit Ficker normannische Bürgerschaft erblicken können. Die Gründe, die schon Amari[5] gegen die Annahme einer solchen bürgerlichen Einwanderung entwickelt hat, scheinen mir immer noch zwingend. Wo auf Sizilien von lateinischem Recht die Rede ist, handelt es sich stets um das Recht dieser Mischbevölkerung.

Den Lateinern stehen die Griechen gegenüber, die Anhänger der Konstantinopler Kirche, die griechisch sprechen.[6] Sie scheinen sich bei der zunehmenden Latinisierung der Städte

---

[1] Vgl. darüber Amari, storia III 214.

[2] Testa, de vita et rebus Frederici II. Siciliae regis 139a; Brünneck S. XXXI; Perla, Arch. stor. napoletano X 137 rechnen die lateinischen Sizilianer unter die Griechen. Aber Sprache und Glaube verbindet sie mit dem Zuzug, und ihre rechtliche Verschmelzung wurde schon dadurch erleichtert, dass auch die neuen Einwohner das römische als Subsidiarrecht gelten lassen. Wenn andererseits als Bekenner ausschliesslich römischen Rechtes nur die Griechen betrachtet werden (unten S. 265 f.), so spricht dies wiederum dafür, dass jene das Mischrecht der Lateiner geteilt haben.

[3] Oben S. 237.

[4] So Brünneck und Perla a. a. O., sowie neuerdings Ficker, Erbenfolge II 278.

[5] Storia III 213 ff.

[6] In den seltenen Fällen, in denen sich Sprache und Glauben nicht decken, dürfte juristisch die Sprachzugehörigkeit entschieden haben.

bisweilen zunftmässig organisiert zu haben[1], und in Messina besitzen sie sogar ihre eigenen Richter, wie ein Privileg Heinrichs VI. von 1194 bestätigt: *praeterea ponere debemus in eadem civitate Messanae baiulum et iudices annuos tres duos Latinos et unum Graecum de civibus Messanae.*[2] Die stammesrechtliche Scheidung der Griechen und Lateiner in Messina war damals freilich schon im Erlöschen[3], und es scheint nicht, dass die Richter nach dem Privileg nur bei Angehörigen ihres Stammes funktionieren sollten; eine Urkunde von 1203[4] zeigt sie jedenfalls unterschiedslos thätig. Aber der Rückschluss, dass die Einrichtung griechischer und lateinischer Richter aus einer Zeit stammt, da sich auch deren Rechte noch stammesrechtlich getrennt gegenüberstanden, wird unbedenklich sein. Das Recht dieser Griechen ist wohl noch im 12. Jahrhundert das byzantinische gewesen. Musste sie schon ihre Muttersprache auf diesen Quellenkreis hinweisen, und hat das byzantinische Recht seinerseits Geltung für alle Rechtgläubigen in Anspruch genommen[5], so ist die genossenschaftliche Organisation, der sie anscheinend unterstanden, der Fortdauer dieses Zustandes zu statten gekommen; wenn die sizilischen Urkunden griechischer Sprache noch im 13. Jahrhundert dem byzantinischen Formular folgen, so wird man darin eine Bestätigung der Fortdauer byzantinischen Einflusses sehen dürfen. Den Lateinern gegenüber waren die Griechen die einzigen Vertreter ausschliesslich römischen Rechtes, und so ist ein Sprachgebrauch

---

[1] Palermo 1282 La Mantia, consuetudini 227: *protus grecorum civitatis.* Palermo 1286 Spata, pergamene greche 451: *procurator grecorum panormi.* Ein *protopapa* als Haupt der griechischen Geistlichkeit ist in Messina seit 1130 nachweisbar s. Gallo, annali II 22, 50, 71 u. s. w. Ueber die Organisation des griechischen Klerus in Palermo Di Giovanni, Arch. stor. siciliano [2]XIII 4 ff. — *scholae Graecorum* finden sich auch sonst auf lateinischem Boden, so in Ravenna 572 und in Rom 895 Savigny I 340[d]; in Capua 986 Mon. arch. Neapolitani II (III) n. 205.

[2] Gallo, annali II 68.

[3] Vgl. unten S. 268 ff.

[4] ed. Garufi, Arch. stor. siciliano [2]XXI 268.

[5] Theodorus Balsamon, ἀποκρίσεις (1195) ἐρώτησις γ. ed. Leunclavius, ius Graeco-Romanum I 363.

entstanden, der Recht der Griechen und römisches Recht gleichbedeutend gebraucht.

Dass dann neben den Griechen nicht noch ein besonderer Stammesbegriff der Römer in Sizilien auftritt, ist begreiflich. Longobarden hat es zunächst in den eigentlichen Lombardenkolonien gegeben, in denen longobardisches Recht immerhin gepflegt worden sein mag, und auch anderwärts, wie in Patti, hat eine grössere longobardische Einwanderung zu der örtlichen Geltung dieses Rechts geführt.[1] Im übrigen aber hat die longobardische Einwanderung den Hauptkern der »Lateiner« gebildet — Falcandus bezeichnet den Gegensatz der Griechen und Lateiner in diesem Sinn, wie es scheint, direkt als einen solchen von *Graeci* und *Longobardi*[2] — und es kann darum nicht angenommen werden[3], dass das longobardische Recht neben dem lateinischen als ein besonderes Personalrecht gegolten habe. Eine Ausnahme von zweifelhafter Tragweite ist späterhin nur für den Adel zu machen, dessen Lehen nach Const. Sic. III 27 unter longobardischem Recht stehen konnten. Dass aber die Franken auch auf Sizilien an ihrem heimischen Recht festgehalten haben, zeigen unsere früheren Ausführungen, und die Besonderheiten des neueren Frankenrechtes, von denen unten zu handeln ist, sind für Sizilien und für das Festland gleichmässig wichtig gewesen.

Und nun kann auf einige bedeutungsvolle Zeugnisse eingegangen werden, die die persönlichen Rechte auf Sizilien in Geltung zeigen. Wenn die normannischen Assisen[4] die Gemeinverbindlichkeit des neuen Rechts vorschreiben *moribus, consuetudinibus, legibus non cassatis pro varietate populorum nostro regno subiectorum, sicut usque nunc apud eos obtinuit*, so ist damit zwar nicht unmittelbar zum Ausdruck gebracht, dass

---

[1] Vgl. oben S. 184.

[2] c. 53 p. 133 *de Francia Normanniaque clientuli multi confluxerant qui.. Graecos et Longobardos proditores appellabant.* Vgl. auch c. 9 p. 24 *milites Longobardus ac transmontanos alliciens.* Die Einwohner der eigentlichen Kolonien nennt Falcandus *Lombardi; Latini* sind ihm die Oberitaliener.

[3] So La Mantia, st. della legislazione di Sicilia 67. Battaglia, proprietà fondiaria I 5.

[4] Cod. Vat. c. 1 ed. Brandileone 95.

diese Rechte persönlich nebeneinander galten[1], wo sie aber thatsächlich in persönlicher Geltung standen, da hat das Landesgesetz dies Verhältnis bestätigt. Und mit aller Schärfe bestimmt ein Privileg für Catania von 1168: *Latini, Graeci, Judaei et Saraceni, unusquisque iuxta suam legem iudicetur*[2] — eine Stelle, die insbesondere auch darum bemerkenswert ist, weil das neue Recht der »Lateiner« hier in personaler Abgrenzung auftritt, die Griechen aber noch ihr völlig getrenntes Recht besitzen. Jüngerer Ueberlieferung, aber kaum später nach seiner Entstehung ist c. 36 des Stadtrechts von Palermo[3]: *venditiones quae factae sunt vel fient in posterum per Saracenos, Judaeos et Graecos Siciliam habitantes . . obtineant firmitatem, et instrumenta confecta de . . quibuscunque contractibus . . in lingua Arabica, Graeca et Hebraica per manus notariorum Saracenorum, Graecorum vel Hebraeorum vel Arabicorum (?), etsi solemnitatibus careant Christianorum, necnon et instrumenta quae in posterum fient modo praedicto, firma et stabilia perseverent. instrumenta vero Christianorum super quibuscunque contractibus et testamenta . . dummodo fiant per notarium publicum et legitimi numeri testium fide dignorum subscriptiones contineant adiecto die et tempore quo fiunt . . firma similiter et stabilia sint.* Geht das Kapitel zunächst auf die Urkundensprache, so bezieht es sich doch auch auf die Urkundenform und weiterhin auf den rechtlichen Inhalt der Urkunden. Der Verschiedenheit der Urkunden entsprach denn auch eine Trennung des Notariates. Hatte die Aufnahme von Urkunden der christlichen Bevölkerung in Palermo bis 1144 nur der griechischen Kirche zugestanden, so verleiht nunmehr König Roger auch dem lateinischen Erzbischof die ταβουλαρία.[4] 1271 unterschreibt ein *notarius Benedictus publicus tabellio civitatis (Panormi) tam ad Graecos quam Latinos civitatis praedictae,*

---

[1] Das Recht der Lombardenkolonien beispielsweise hat wohl nur örtlich gegolten.

[2] Di Gregorio, considerazioni I prove p. XXXVIII nach de Grossis, Catana sacra 88.

[3] La Mantia, consuetudini 186.

[4] ed. La Mantia, consuetudini 225.

der ähnlich auch Urkunden von 1282 und 1290 unterfertigt.[1] Und ein *pubblicus urbis panormi notarius iudeorum* begegnet 1321.[2]

Nur freilich war für solche Rechtsverschiedenheiten nicht mehr lange Raum. Sehen wir von den Juden ab, die ihre Sonderstellung dauernd beibehalten haben, die freien Sarazenen sind 1246 aus der Insel verschwunden[3], der rechtliche Gegensatz der Griechen und der Lateiner aber hat sich rasch verwischt. Zwar hat man zwischen den beiden Stämmen noch länger unterschieden, das zeigen die eben erwähnten Bezeichnungen der Notare, und noch 1298 urkundet ein *Basilius grecus . . civis Panormi.*[4] Aber der Gegensatz hatte durch das Zusammenleben an Schärfe verloren, und es war eine Folge und neue Ursache dieser Verschmelzung, wenn nunmehr auch die griechische Bevölkerung, wie es scheint, das justinianische Recht angenommen hat. Die Rezeption dieses Rechtes war auf Sizilien früh und umfassend geschehen; den Assisen zu Grunde gelegt, in den Constitutionen beherrschend, wurde sein Anspruch auf Alleingeltung damals von der ganzen italienischen Jurisprudenz als selbstverständlich hingenommen. Und gewiss ist, dass die griechisch sprechende Bevölkerung Siziliens späterhin kein eigenes römisches Recht besessen hat. Schon 1203 fungieren die lateinischen und der griechische Richter von Messina gemeinsam. Und wenn von 1296 die Benützung einer griechischen Uebersetzung justinianischer Quellen überliefert ist[5], so dürfte damit wohl der unmittelbare Nachweis dieses Vorganges erbracht sein. Mit der Annahme der justinianischen Gesetzgebung aber war die grundsätzliche Verschiedenheit zwischen den Rechten der Griechen und der Lateiner gefallen, und von der grossen Masse gemeinsamen Rechtes heben sich nur mehr Einzelheiten ab, in denen sie

---

[1] Mongitore, monumenta historica . . Ordinis Theutonicorum urbis Panormi 40; La Mantia a. a. O. 227; Garufi, doc. normanni I 27.

[2] Siciliano, consuetudini I 302a.

[3] Amari, storia III 620.

[4] ed. Starrabba, Arch. stor. siciliano [2]XIII 370.

[5] Hartwig, Messina 24 nach Testa, capitula regni Siciliae I 83.

sich unterscheiden. Zuweilen beruhen sie auf griechischen Besonderheiten, wie denn c. 36 des Palermitaner Stadtrechts bezüglich der Urkundenform: Reihenfolge der Urkundenbestandteile, typische Klauseln, Art der Zeitrechnung u. dergl., auch für Griechen seine fortdauernde Bedeutung behalten hat[1] — im übrigen aber haben solche Verschiedenheiten wohl zumeist auf Sonderbildungen des lateinischen Rechtes beruht.

Dass die Trennung der Griechen und Lateiner damals im Absterben war, zeigt vor allem ein Gebiet, in dem die persönlichen Rechte früher wirksam gewesen waren, das eheliche Güterrecht. Die fränkische Gütergemeinschaft[2] hatte sich zu lateinischem Recht erweitert und trat damit der Dotalordnung der Griechen gegenüber. So lange die beiden Gruppen getrenntes Recht besassen, hat auch ihr Güterrecht persönlich gegolten. Aber wir vermögen das nur aus Rückschlüssen zu erkennen, denn die unmittelbaren Zeugnisse doppelten Güterrechtes gehören bereits der Verfallzeit des Systems der persönlichen Rechte an. Die älteste Nachricht gibt eine Urkunde aus Messina von 1203[3]: eine Witwe veräussert Erbgut, ungeachtet sie einen minderjährigen Sohn besitzt; *et eadem Herina cum patre prefati Petri viro suo iuxta morem grecorum matrimonium contraxerat et licebat mulieribus grecis bona que eis cedunt paterno jure vel materno vendere.* Erinnert die „*mulier greca*" noch an Stammesrecht, so lässt die Wendung *iuxta morem grecorum contrahere* schon an die Möglichkeit einer Wahl denken, und wenn schliesslich vorsichtshalber doch noch die Zustimmung des Sohnes beigebracht wird, so beweist das jedenfalls, dass von einer gleichberechtigten Geltung persönlicher Rechte nicht mehr die Rede ist. Das nächste Zeugnis (um 1240) bringt eine Glosse des Goffredus von Trani[4]; er

---

[1] So entspricht eine griechische Urkunde aus Palermo von 1243 ed. Spata, Miscellanea di storia italiana XII 102 noch durchaus dem byzantinischen Formular: sie beginnt mit den Handzeichen der Aussteller, die ἰδιοχείρως τοὺς τύπους τοῦ τιμίου καὶ ζωοπίου σταυροῦ .. προτάξαντες ihre Erklärung abgeben; der Ausstellungsort wird nicht verzeichnet, die Jahrzahl seit Erschaffung der Welt berechnet.

[2] Vgl. darüber oben S. 240 und 242.

[3] Battaglia, proprietà fondiaria II n. 3.

[4] Ueberliefert bei Ioannes Andreae, Novella X III 26, 16 n. 9.

bemerkt zu der Eheschliessung nach longobardischem Recht, die in der Dekretale Raynutius erwähnt wird: *hoc dicit, ut excludat ius Gallicanum per quod superstes coniux succedit in omnibus bonis, sicut dicitur in Sicilia contrahi iure Francorum.* In diesen »fränkischen Ehen« aber wird man doch wohl eine frei wählbare Vertragsform erblicken müssen. Und mit voller Deutlichkeit tritt das im Stadtrecht von Palermo hervor, dessen einschlägige Kapitel[1] wenig später entstanden sein dürften. Nach c. 41 kann niemand Vermögensstücke veräussern, die zu dos oder dotarium gehören, *praeter cives iure Latinorum viventes ac utentes consuetudinibus Latinorum in matrimoniis,* bei denen dos und dotarium in der Gütergemeinschaft aufgehen; *inter Graecos autem Panormi et eos qui secundum ritum Graecorum contrahunt . . venditionis bonorum dotis et dotarii prohibitio locum habet.* c. 43 ordnet die Gütergemeinschaft und ihre Folgen: *quae quidem consuetudo locum habet inter cives Panormi Latinos et Latinorum iure viventes; Graeci autem et qui iure Graecorum et eorum consuetudinibus contrahunt, aliam consuetudinem habent in talibus quae servatur et inferius denotatur.* Und zwar geschieht das in c. 47: *vir Panormitanus et mulier, Graecus et Graeca si ambo fuerint, vel si alter eorum Graecus et alter Latinus vel si etiam ambo Latini fuerint, si secundum ritum et Graecorum consuetudinem ad invicem matrimonium contrahunt . . omnia bona dotalia . . salva remanent mulieri nec cum bonis mariti . . immiscentur.* Noch kennt das Stadtrecht den Stammesbegriff der Griechen und Lateiner, aber ihr Güterrecht gilt nicht mehr persönlich, es ist zu einer doppelten Form stadtrechtlicher Güterordnung geworden.[2] Die Palermitaner Urkunden wiederholen diese Formeln vielfältig. Aus den Jahren 1298/99 sind 13 Eheverträge *secundum consuetudinem latinorum Panormi* überliefert[3], ein anderer stammt von 1323[4], und es wird bei

---

[1] La Mantia 189, 190, 192.

[2] Vgl. dazu oben S. 158 f.

[3] n. 40, 72, 163, 184, 203, 214, 313, 426[3], 436, 440, 470 (vgl. auch n. 325) eines Notariatsprotokolles von 1298/99, das Starrabba, Arch. stor. siciliano [2]XII—XIV veröffentlicht hat; dazu eine Imbreviatur vom 19. I. 1299 eod. VIII 177, die in der späteren Veröffentlichung fehlt. Ein weiterer Vertrag von 1299 bei Garufi eod. XXI 279.

[4] ed. Starrabba, Arch. stor. siciliano [1]II 17[3].

einer Erbteilung in den Jahren 1399/1400 auf Grund eines solchen Vertrages der Witwe ein Drittel des Vermögens *iure proprio seu consuetudine latinorum urbis predicte* überwiesen.[1] Ein andermal (1353 und 1354) wird der Vertrag zu lateinischem Recht geschlossen, dann aber noch vor Vollziehung der Ehe in einen solchen *ad morem et consuetudinem grecorum dicte urbis* umgewandelt.[2] Oder es begegnet 1416 die Vereinbarung, die Ehe solle bis zur Geburt eines Kindes *secundum morem et consuetudinem Graecorum,* für solchen Fall aber *ad morem et consuetudinem Latinorum* geordnet werden.[3] Späterhin sind die griechischen Verträge häufiger geworden.[4]

Ausserhalb Palermos gilt die Gütergemeinschaft ohne weiteres als Stadtbrauch oder Landessitte, ohne dass dies doch die Nebeneinandergeltung der beiden Gütersysteme ausgeschlossen hätte. Die Consuetudines von Corleone, ein Tochterrecht Palermos (von 1439), behandeln in c. 5 die Schicksale von dos und dotarium bei einer Ehe nach Ortsrecht und bei einer solchen *more Graecorum,* und sie bestimmen in c. 17, 23 die Haftbarkeit der *bona dotalia data viro secundum leges et iura communia vel data alla grichisca* für den Pacht- und Mietzins; wenn es in c. 6 aber heisst, bei den Prozessen *viventium more Latinorum* seien Mann, Frau und Kinder Streitgenossen, so zeigt das den alten Gegensatz der Stammesrechte fortdauernd lebendig.[5] Noch das gegenwärtig geltende Recht auf Malta kennt neben der gewohnheitsrechtlichen Gütergemeinschaft ein *matrimonio contratto ad uso dei Greci o Romani.*[6] Und wenn die übrigen Rechtsaufzeichnungen Siziliens eines doppelten Güterrechtes auch nicht Erwähnung thun, so haben die beiden Güterordnungen doch stets nebeneinander gegolten. Barbatia

[1] Garufi a. a. O. 293 ff.

[2] Garufi 284.

[3] Siciliano, consuetudini I 365 nach Travali, un atto di assegnazione di dote del 1416.

[4] Muta, comm. in antiquissimas S.P.Q. P(anormitani) Consuetudines (1600) c. 47 n. 7; vgl. auch c. 45 n. 25.

[5] La Mantia p. CCLIX, CCLXII; CCLXIII.

[6] La Mantia, Arch. stor. italiano [4]IX 338; vgl. auch Miège, histoire de Malte II 367 ff. Malta ist 1090 von den Normannen erobert worden.

bemerkt, dass man in Messina vielfach *non ad legem Messanensem, sed secundum usum Romanum* kontrahiere[1], und Nepita berichtet in gleicher Weise, dass die Gütergemeinschaft in Catania nicht gelte, *quando (matrimonium) secundum iura communia et ut vulgo dicitur alla gracca fit.*[2]

Wie tief damals freilich das Verständnis für den ursprünglichen Sinn dieser Einrichtungen gesunken war, beweisen die Erörterungen, die Muta an c. 47 des Stadtrechts von Palermo knüpft: *in (prima parte) video magnam contradictionem. etenim si quis est Panormitanus, quomodo potest esse Graecus aut Latinus, et si Latinus aut Graecus, videtur quod non potest esse Panormitanus . . sed vult dicere distinguendo quattuor casus, et primus est quod si vir et mulier fuerint Panormitani, vel si ambo fuerint Graeci et est secundus casus, aut si alter Graecus et alter Latinus et est tertius casus, ultimo si ambo fuerint Latini.*

Fränkisches Stammesrecht als Grundlage des Systems in neuerer Zeit.

54. Soweit dem System der persönlichen Rechte auf dem Festland der Gegensatz longobardischen und römischen Rechts zu Grunde lag, soweit es in Sizilien auf der Scheidung der Bevölkerung nach Sprache und Glauben beruhte, hat es seine Bedeutung im 13. Jahrhundert in der Hauptsache eingebüsst. Zähe jedoch hat das fränkische Recht seine Sonderstellung festgehalten, und wenn, zumal späterhin, als sein Gegenstück nicht mehr das Recht anderer Stämme, sondern Landesrecht oder Ortsrecht auftritt, so bedeutet das doch auch hier einen persönlichen Gegensatz in den Rechten der Franken und der nichtfränkischen Bevölkerung und damit eine Fortdauer des Systems der persönlichen Rechte, bis zu seinem Erlöschen als eine Einrichtung des Landesrechts anerkannt.

Unter den Besonderheiten fränkischen Rechts, welche die Constitutionen überdauert haben, ist zunächst der Zeitpunkt der Volljährigkeit zu erwähnen. So schreibt And. de Barulo in tit. 5 (4) seiner differentiae, die Volljährigkeit trete nach

[1] In titulum de foro competenti (1497) X II 2 c. fin. (col. 26 f.).

[2] In consuetudines civitatis Catinae comm. (1594) tit. 3 n. 80.

römischem Recht mit 25, nach longobardischem mit 18 Jahren ein, wie dies auch das Recht der Constitutionen bestimme *Francis exceptis tantummodo, in quibus ad hoc ut exeant alienam potestatem, 15 annorum spatium praefinit.*[1] Für die Zeiten des Andreas war das freilich nur mehr mit Vorbehalten richtig. Diese Volljährigkeitsgrenze bezog sich damals nur mehr auf Lehen, und sie galt andererseits für alle Lehenbesitzer. Schon der normannische Catalogus Baronum[2] thut des balium, der Lehenvormundschaft, ohne Unterschied der Stämme Erwähnung; dasselbe folgt aus const. III 26, und Isernia bemerkt gerade darum zu const. II 42, *quia quantum in feudo nobiles Franci et Longobardi eodem iure vivunt.*[3]

Schärfer ausgeprägt hat sich die Personalität des fränkischen Rechts bezüglich der Handlungsfähigkeit der Frauen erhalten. Die älteren Urkunden zeigen die normannische Frau völlig regelmässig frei von Geschlechtsvormundschaft[4], und dasselbe ergibt sich aus einer Glosse des Karolus[5]: wenn eine Longobardin die Frau eines Römers wird, so fällt sie auch als Witwe nicht wieder unter die Munt, weil dies Verhältnis einer Römerin gegenüber sein dauerndes Ende gefunden hat; *et haec procedunt in muliere Longobarda quae accepit Francum in virum, ut soluto matrimonio non *redeat sub mundio mundualdi sicut nec Romana effecta ut supra notatur.* In der

[1] Infolgedessen heisst es auch noch bei Ferrettus, add. tit. de mundualdis n. 3, dass *nobiles comitissae et baronissae viventes iure Francorum* mit 14 Jahren handlungsfähig werden.

[2] Bei Del Re a. a. O. S. 573, 574, 584 u. s. w.

[3] So übrigens auch eine Glosse bei And. de Barulo selbst zu const. III 30, sowie Isernia zur gleichen Stelle.

[4] Beispiele von 1107—1167 bei de Blasiis, insurrezione pugliese III doc. 2; Trinchera, syllabus n. 83, 90; Tromby, storia del patriarca S. Brunone e del suo ordine cartusiano app. I n. 32, 37 (geborene Longobardin); Pirrus, Sicilia sacra I 524, 528; I diplomi della cattedrale di Messina edd. Amico-Starrabba n. 7; Battaglia, proprietà fondiaria II n. 37; Ughelli IX 431; Garufi, doc. normanni n. 15, 27, 31, 36, 42 u. s. w. Wo trotzdem die Zustimmung anderer Personen eingeholt wird, ist dies nicht durch Munt, sondern durch das Familiengüterrecht veranlasst Eine seltsame Ausnahme oben S. 235 Anm. 2.

[5] Lomb. II 7, 2 ut mulieres.

That betonen auch die Constitutionen II 44 den Unterschied, dass fränkische Frauen vor Gericht durch einen procurator, longobardische dagegen durch ihren Muntwalt vertreten sind. Wenn Kaiser Friedrich 1235 ein Urteil bestätigt gegen *Theodora domina Polle* (Provinz Salerno) *que iure normanno vivit*[1], so wird das wohl darauf gehen, dass sie den Prozess persönlich geführt hat; denn bei den anderen Teilnehmern des Rechtsstreites — universitates — wird der Vertreter genau bezeichnet. Und wenn es 1255 bei einer Schenkung in Capua heisst: *ego Sibilia . . Franca et more Francorum vivens . . ex causa donationis do* u. s. w.[2], so ist die Beziehung der Profession auf die Selbständigkeit der Veräusserung fast nicht zweifelhaft. In der Folge ist diese Muntfreiheit der fränkischen Frauen mit dem Institut des balium verquickt worden; sie wurde damit auf den gesamten Adel ausgedehnt, andererseits aber auch auf die blosse Handlungsfähigkeit in Lehensachen beschränkt. Das zeigt eine Glosse des And. de Barulo zu const. III 30, und noch deutlicher eine Bemerkung des Isernia zur selben Stelle: der adelige Lehenbesitzer wird mit Beginn des 15. Jahres verfügungsfähig, *sive sit feudum Francum . . sive Longobardum . . sive masculus sive femina, sive iuvenis sive senex.*[3] Bezüglich des Allodialgutes scheinen sich auch die Frauen des fränkischen Adels dem Ortsrecht gefügt zu haben.

Eine andere Verschiedenheit der Rechte ist in der Erbfolgeordnung zu Tage getreten. Schon bei der Beerbung Robert Guiscards ist das Recht der Erstgeburtsfolge zur Geltung gekommen[4], und Kar. de Tocco erörtert einmal den Fall[5]: *quid si quis genuit filium ex muliere Longobardus, deinde Francus factus est, ut lege Francorum vivat, et filium suscepit ex ea vel ex secundo matrimonio, quis praefertur in successione?*

---

[1] Huillard-Bréholles IV 1, 533.

[2] MG. Epistolae saeculi XIII. e regestis pontificum Romanorum selectae III n. 393.

[3] Vgl. auch Luc. de Penna C. 10, 36 (35), 1: *si mulier vivens iure Longobardo agat pro feudo, debet agere cum auctoritate mundualdi?* Nein, *debemus potius intueri rei qualitatem.*

[4] De Blasiis a. a. O. III 3 ff.; vgl. auch 98.

[5] Lomb. II 5, 1 qui ante.

respondeo, quia successores ea lege vivere debent qua vivebat is cui succeditur, dicimus filium primogenitum admittendum in totum secundum Francorum consuetudinem ut infra II 56 l. 1. In späterer Zeit ist eine besondere Folge in Allodialgut[1] nicht mehr nachweisbar. Wenn Napodanus[2] ausführt, die verheiratete Tochter müsse ihre Mitgift einwerfen, um mit der unverheirateten zu erben, *tam de iure Longobardo quam de iure Romano, sed de iure Francorum secundum const. regni III 27 . . videtur contra, quia dotata de bonis patris etiam maior natu excluditur a sorore in capillo* — oder wenn es eine Ansicht, die Montanus[3] bekämpft, als angeblich fränkisches Stammesrecht hinstellt, dass der Vater von der Erbfolge ausgeschlossen sei, so ist das nur eine Uebertragung lehenrechtlicher Grundsätze auf die Erbfolge in Allod, eine Uebertragung, der überdies die herrschende Meinung entgegen war.[4]

Fortsetzung. Lehenrecht.

55. Im Lehenrecht hat die Verschiedenheit der Stammesrechte eine sehr erhebliche Bedeutung besessen, eine Verschiedenheit, die die neuere Entwickelung des Systems der persönlichen Rechte in Unteritalien beherrscht und ihm hier für lange Zeit lebendige Anwendung gesichert hat. Nehmen doch die Lehensachen in den beiden Sizilien das juristische Interesse für ein halbes Jahrtausend, man kann ohne Uebertreibung sagen, fast ausschliessend gefangen. Die Normannen hatten ihr Lehenwesen nach Unteritalien gebracht, und stillschweigend ist ihm das normannische Lehenrecht gefolgt.[5] Dass der Stammesgegensatz dabei so wenig wie in anderen

---

[1] Dass die Ausführungen bei Karolus nicht etwa auf Lehen zu beziehen sind, ergibt sich daraus, dass bei der Nachfolge in ein feudum novum wohl der Zeitpunkt des Erwerbs, nicht derjenige des Todes des Erwerbers entscheidet, dass es aber bei einem feudum antiquum auf das Recht des letzten Inhabers überhaupt nicht ankommt.

[2] Cons. Neapolitanae tit. 1 n. 31.

[3] Controversiae forenses (1643) contr. 24 n. 1; vgl. auch contr. 1 n. 57.

[4] So Afflictus dec. 161; auch Const. II 17 (16) n. 3.

[5] Vgl. oben S. 239.

Rechtssachen betont wurde, zeigt ein Lehenbrief von 1115[1], der, einem Normannen von einem Normannen erteilt, jeden Hinweis auf fränkisches Recht vermissen lässt. Andererseits aber war in Italien in enger Verbindung mit dem longobardischen Recht eine selbständige Ordnung des Lehenwesens zur Entwicklung gekommen, und so ist dem fränkischen ein longobardisches Lehenrecht an die Seite getreten.[2] Dass der Unterschied dem System der persönlichen Rechte entwachsen ist, beweisen die ersten Erwähnungen des Gegensatzes, bei Karolus de Tocco. Da wird Lomb. II 56 super rubr. ausgeführt, dass Erbgut unter dem Recht des Erblassers bleibt, dass dieselbe Person also zweierlei Recht erwerben könne: *ex his ergo patet quod si miles vivat de feudo lege Francorum, de patrimonio iure Longobardo, *(de feudo Francorum iure) se defendat; idem si vivat de feudo iure Longobardo et conveniatur a domino de infidelitate contra eum commissa, *(Longobardo iure se defendat) et non erit contra testes pugna* — denn das Recht des Lehens ist nur eine Folge des Gesamtrechtes der Person, es gilt für den Prozess wie für den Erbgang.[3] Ein gesondertes Lehenrecht der Römer hat es nicht gegeben. Das lag zunächst an dem Mangel römischen Adels, wie er mindestens auf dem Festland bestand. Weiterhin aber fällt die Ausbildung des Gegensatzes in eine Zeit, in der das selbständige Römertum bereits im Verschwinden war, dieselbe Zeit, in der zudem in Bologna das mit dem unteritalienischen engverwandte longobardische Lehenrecht zu einem Teil des gemeinen Rechts geworden war, so dass die Römer im Königreich wohl durchaus longobardisches Lehenrecht haben.[4]

---

[1] Garufi, doc. normanni n. 4.

[2] Doch hat sich das longobardische Lehenrecht Unteritaliens unabhängig vom gemeinen Lehenrecht ausgebildet. Und wenn dies letztere im Süden auch frühzeitig rezipiert worden ist — Marinus, Const. III 27 S 375 — so ist eine Identifizierung der beiden Rechte, die all Keonsequenzen gezogen hätte, doch niemals versucht worden.

[3] Eine weitere Erwähnung fränkischen Lehenrechtes Lomb. II 7, 2 ut mulieres.

[4] Wenn Isernia, Const III 26 S. 362 von einem lehenbesitzenden *pater vivens iure Longobardo et Romano,* Luc. de Penna C. 10, 36 (35), 1 von einem *feudatarius habens castrum in quo vivebatur iure*

Der Gegensatz des fränkischen und longobardischen Rechtes ist ungezähltemale praktisch geworden. Petrus de Vineis überliefert ein Formular aus der Kanzlei Kaiser Friedrichs[1], worin der Kaiser jemand ein Schloss verleiht, *ita quod castrum ipsum . . immediate a nostra curia recognoscat, vivens iure Francorum, in eo videlicet quod maior natu exclusis minoribus fratribus et coheredibus in castro ipso succedat inter eos nullo modo dividendo,* und der Papst verleiht 1254 dem Empfänger und seinen Nachkommen eine Burg im Principato, *ut ex eo (castro) vivatis more Francorum.*[2] Ein Lehenbrief aus der Zeit des sizilischen Königs Friedrich III. († 1337) verleiht Besitz, *ita tamen quod vivant iure Francorum, videlicet quod maior natu minoribus fratribus et coheredibus et feminis praeferatur masculus.*[3] Oder es gestattet eine Urkunde König Roberts von 1341 die Teilung eines Lehens *non obstantibus constitutione regni et iure Francorum.*[4] Es ist insbesondere auch die Gesetzgebung selbst, die an die Zweiteilung des Lehenrechts anknüpft, die ihr Vorhandensein voraussetzt, ja ihre Verschiedenheiten noch planmässig ausbaut. Die Capitula Honorii erweitern 1285 die Lehenfolge in der Seitenlinie, mit dem Vorbehalt, dass *inter .. viventes .. iure Francorum sexus et primogeniturae praerogativa servetur*[5], und nach einem Kapitel König Roberts soll der Lehenfolger binnen Jahr und Tag den Treueid leisten, *inter viventes iure Francorum maior natu, et inter viventes iure Longobardorum omnes qui de*

Longobardo seu Romano, quo omnes filii aequaliter admittuntur, spricht, so dürfte dies römische auf das gemeine Lehenrecht zu beziehen sein. Vgl. auch das »römische Lehenrecht« bei Ursillus, Zusätze zu Afflictus (1568) dec. 119 n. 3.

[1] Epistolae lib. VI c. 25 ed. Iselius II 196.

[2] MG. Epistolae saec. XIII. III n. 303.

[3] Decius († nach 1535) consilia, cons. 445 n. 8. Dieselbe Formel enthält eine sizilische Urkunde, vielleicht von 1338, Assise di Corleone edd. Starrabba e Tirrito 115 ff. Ein Lehenbrief König Martins († 1409) bestimmt wieder kürzer, *quod vivant iure Francorum* Milanensis, decisiones regiae Curiae Regni Siciliae (1596) pars I dec. 8 pr.; dec. 9 n. 31.

[4] Afflictus II Feud. 54 (III 32) vers. praeterea ducatus n. 7. Hier auch Mitteilung über eine gleichartige Urkunde von 1340.

[5] Lünig, codex Italiae diplomaticus II 1033.

iure possunt ad ipsius successionem admitti.[1] Der eingreifenden Berücksichtigung des Unterschieds in der Pragmatik von 1418 wird unten zu gedenken sein. Und auf Sizilien ist die Bestimmung des Papstes Honorius 1286 bestätigt, sind Mitte des 15. Jahrhunderts und später Anordnungen über das Recht des Lehens in Zweifelsfällen erlassen worden, haben Karl V. und Philipp I. Auslegungen über die fränkische Folge gegeben, und noch ein Gesetz von 1812 nimmt auf die alte Folgeordnung Rücksicht.[2] Dass vollends die Litteratur des Gegensatzes überaus häufig Erwähnung thut, bedarf kaum des Nachweises. Ist die Unterscheidung doch über die Grenzen der beiden Sizilien hinaus ganz allgemein bekannt geworden. Martinus Syllimani[3], Jac. de Belvisio[4] und Alvarottus[5] kommen auf die Lehen fränkischen Rechtes zu sprechen, Oldradus[6] und Alexander Tartagnus[7], Franciscus Aretinus[8] und Decius[9] haben über einschlägige Rechtsfragen ihr Gutachten abgegeben, und als späterhin in der lehenrechtlichen Litteratur die Führung an die deutschen Feudisten überging, da haben sich die Rosenthal[10] und Betsius[11] mit der »allbekannten« Einteilung der Lehen in ein *feudum in quo vivitur iure Francorum* und in ein solches, *in quo vivitur iure Longobardorum*, befasst, und Schilter hat den *feuda iuris Francici* 1701 eine eigene Abhandlung gewidmet.

---

[1] Capitula Regni ed. 1773 S. 107. Vgl. auch das Kapitel Considerantes Karls II. ebenda 75.

[2] Orlando, il feudalismo in Sicilia 209 ff., 260.

[3] † 1306 tract. super usibus feudorum n. 216. Die Angaben über den Verfasser der Schrift, die Merkel bei Savigny V 518 macht, sind nicht durchaus zutreffend.

[4] I Feud. 1 § 1.

[5] Lect. feud. prooem. n. 29.

[6] Consilia, cons. 224.

[7] Bei D. A. de Marinis, allegationes 461.

[8] Consilia, cons. 162.

[9] Consilia, cons. 445.

[10] Tract. et synopsis totius iuris feudalis (1597) c. 2 concl. 80; auch c. 7 concl. 26.

[11] De statutis, pactis et consuetudinibus familiarum illustrium et nobilium (1611) c. 9 § 1.

Gemeinsam ist den beiden Systemen die Einschränkung der Weiberfolge, wie sie const. III 26[1] für Lehen und Allod bestimmt worden ist, eine Beschränkung, die bei Lehen auch durch Testament nicht abgeändert werden kann, dafür aber einen Aussteueranspruch der ausgeschlossenen Schwestern und Tanten erzeugt, der für Longobarden und Franken die Höhe des römischen Pflichtteils hat.[2] Doch wird dabei von Isernia auch eine Verschiedenheit der beiden Rechte angedeutet, insofern es bestritten und von Karolus verneint war, dass der Ausschluss der Weiberfolge nach longobardischem Recht auch für die Beerbung der Mutter gelte.[3]

Der massgebende Unterschied, der die Lehen fränkischen und longobardischen Rechts trennt, liegt in der Verschiedenheit des Männererbrechts, in der Erstgeburtsfolge des fränkischen, in der gemeinsamen Berechtigung gleichnaher Agnaten nach longobardischem Recht, in der Teilbarkeit der einen und der Unteilbarkeit der anderen Lehen. Den Ausgangspunkt der neueren Lehren bildet die const. Ut de successionibus III 27 (HB. 138): bei Kronlehen und Afterlehen sollen die Abkömmlinge unbeschränkt folgeberechtigt sein, *servata tamen sexus praerogativa, ut mulieri masculus praeferatur, necnon maioris aetatis inter eos qui vivunt speciali iure Francorum. — ex collaterali linea venientes ut fratres . . et sorores in capillo . . succedunt. coniugatae autem et dotatae a fratrum successionibus repelluntur . . — filiae autem in capillo post mortem patris in domo manentes maiores sorores coniugatas et dotatas de bonis patris excludunt. ceterum si de bonis paternis dotatae non sunt, maiores minoribus praeferuntur, si Francorum iure vivant. si autem vivant iure Longobardo, collatis dotibus in viriles partes successione divisa portionem suam coniugatae, quaecunque sint*[4]*, poterunt vendicare.* Der Satz, dass fränkisch der Erstgeborene, longobardisch Brüder nach Köpfen erben,

---

[1] Oben S. 249.

[2] Isernia, Const. III 5; III 21; III 26 S. 362.

[3] Const. III 26 S. 360 f. Vgl. auch I Feud. 1 n. 15.

[4] Die von Huillard-Bréholles angefochtene Echtheit des Zusatzes (= erstgeboren oder nicht), wird schon von Marinus bestätigt.

hat mannigfache Anwendung gefunden. So soll nach fränkischem Recht der Sohn des Erstgeborenen vor dem Zweitgeborenen, der Sohn des Zweitgeborenen vor dem Drittgeborenen erben, während nach longobardischem Recht Neffe und Oheim gemeinsam berufen sind[1]; Neffen erben longobardisch nach Stämmen[2], und zur Teilung eines Lehens braucht es nur bei fränkischen, nicht auch bei longobardischen Lehen die Zustimmung des Lehensherrn und des Erstgeborenen.[3]

Als Ersatz des fehlenden Erbrechts haben die nachgeborenen Brüder nach fränkischem Recht einen Anspruch auf Ausstattung und Unterhalt gegen den Erstgeborenen. *nam secundum usum eorum qui in regno vivunt iure Francorum, maior frater succedit in feudo et rebus feudalibus. verumtamen ipse frater maior tenetur secundum possibilitatem feudi et rerum feudalium praestare alimenta et militiam fratribus minoribus iuxta consuetudinem baronum et aliorum nobilium regni.*[4] Und Blasius III 7 erklärt dies: *nam et ita erat inductum per const. III 26 inter illos filios et nepotes ex filio qui non vivunt iure Francorum, quod tenentur dare maritagium sororibus et amitis secundum paragium.* Eine Urkunde von 1242 zeigt die Einrichtung in praktischer Geltung: zwei Brüder beschweren sich beim Kaiser, dass ihnen der Hof als Lehensvormund ihres unmündigen Neffen den Unterhalt verweigere, *cum ipsi Francorum more viventes quondam a . . fratre ipsorum qui maior natu fuit, victum et vestitum habere consueverint, ut debebant pro eo quod idem frater eorum dominus erat omnium feudorum,*

---

[1] Blasius III 7 f. 318a: *item . . succedat nepos ex filio simul cum patruo ut regni const. III 26, scilicet si super feudo non vivitur iure Francorum; inter eos autem qui vivunt in feudis speciali iure Francorum, bene cognoscitur primogeniturae praerogativa.* De Bottis zu const. III 27. Gesetze Karls V. und Philipps I. bei Orlando 210 f.

[2] Afflictus, Const. III 27 (24) n. 35.

[3] Isernia II Feud. 54 (55) v° praeterea ducatus n. 36 und Const. III 5; Blasius II 8, II 14, III 7 f. 115a, 124b, 318a; Afflictus, Const. III 27 (24) n. 70.

[4] Marinus, Const. III 21 und gleichlautend Blasius III 7 f. 318a. Vgl. schon den Text von const. III 21, sowie Isernia ebenda und zu const. III 26 und 27 S. 363, 372.

und der Kaiser sagt ihnen die schuldige Leistung zu.[1] Nach den Consuetudines von Corneto besitzt der Erstgeborene auch die Familiengewalt über seine Brüder[2], doch ist mir eine stammesrechtliche Anwendung dieses Satzes nicht bekannt geworden.

Auch wo nur Frauen konkurrieren, folgt nach fränkischem Recht die Erstgeborene, während sie longobardisch teilen[3], und Isernia folgert aus der Teilbarkeit der longobardischen Lehen, dass der Bruder seiner Schwester hier statt der Aussteuer einen Kopfteil einräumen dürfe, während fränkisch die Aussteuerpflicht nicht abzulehnen sei.[4] Hat eine Frau aber einmal Mitgift erhalten, so gibt das Anlass zu schwierigen Unterscheidungen: Handelt es sich um die Beerbung von Vater oder Bruder[5], und ist die Frau aus dem Vermögen des Erblassers dotiert worden, so geht sie damit ihres Erbrechts in der Regel verlustig. Konkurriert sie jedoch mit unverheirateten Schwestern, so wird eine solche Frau zwar nach fränkischem Recht von der undotierten, wenn auch jüngeren Schwester ausgeschlossen; nach longobardischem Recht aber[6] ist sie berechtigt, ihre Mitgift einzuwerfen und dafür einen Kopfteil der Erbschaft in Anspruch zu nehmen, wie das der Text von const. III 27 ausdrücklich vorsieht.[7] Dotierung aus fremdem Vermögen beeinträchtigt den Erbanspruch regelmässig nicht. Nur der Fall, dass eine Frau vom Vater dotiert worden, und alsdann ihren Bruder beerben

---

[1] Winckelmann, acta imperii inedita seculi XIII n. 894.

[2] Cod. dipl. angiovino I app. n. 27.

[3] Const. III 27 Text; Marinus S. 365 und Afflictus n. 8 eod.; Capitula Honorii a. a. O.

[4] Const. III 26 S. 356 und Afflictus eod. n. 27.

[5] Dotierung aus dem Vermögen des Oheims schliesst dessen Beerbung nach Isernia III 27 S. 372 nicht aus. *et est manifesta ratio quia neptis haec descendit a fratre, cui non obstat, si habuisset de feudo partem suam, quando iure Longobardo vixisset, nec *vita nec *militia *adepta, quando iure Francorum . . et quam neptem patruus non habuit necesse de suo dotare.*

[6] Vgl. Lomb. II 14, 16 und 21 und die dortigen Glossen.

[7] Dazu Marinus S. 373; Isernia S. 374; Afflictus n. 3, 48 eod. Vgl. auch oben S. 275.

soll, hat Anlass zu einer bemerkenswerten Fortbildung der Verschiedenheit der beiden Rechte gegeben. Noch Marinus[1] hatte unter solcher Voraussetzung für beide Rechte den Ausschluss der dotierten Frau als begründet angenommen. Da berichtet nun eine königliche Pragmatik von 1418, es sei *pro parte . . Catharinae Filigeriae . . iure Francorum viventis* in einem derartigen Fall die Erbfolge in Anspruch genommen worden, ungeachtet jener abweichenden Glosse des Marinus, *quia illa glossa sibi vendicat locum de iure Longobardorum, attento quod glossa movetur per legem Longobardam II 14, 15, et non in personis quae vivunt iure Francorum*; es werden zahlreiche Rechtsgelehrte zusammenberufen, und sie geben ihr Gutachten dahin ab, dass Schwestern fränkischen Rechtes nur durch Dotierung aus Brudergut ausgeschlossen werden, dass bei Frauen longobardischen Rechtes aber die Glosse des Marinus platzgreife, die eine Dotierung aus Vatergut für den Ausschluss der Schwester genügen lasse; *et ut de cetero inter nostros subditos iure Francorum viventes dubitatio nulla valeat exoriri . . gratia generalis legis condendae . . declaramus . . quod in viventibus iure Francorum tunc soror excluditur a successione fratris, quando, ipsa soror fuerit maritata (et dotata) de bonis fratris de cuius successione agitur, alias non excluditur; in viventibus autem iure Longobardorum vendicat sibi locum glossa Marini de Caramanico, quod sufficit, si fuerit maritata et dotata a communi patre vel a fratre, dummodo habuerit dotes de paragio, ut excludatur a successione fratris.*[2] Das war auf fränkischer Seite die Anwendung gemeinen Rechts auf Grund unterlassener Ausdehnung einer Ausnahme, auf der andern Seite aber die stammesrechtliche Zuspitzung eines longobardischen Rechtssatzes. Und nicht genug damit, hat man aus diesem Gegensatz im 17. Jahrhundert noch weitere Verschiedenheiten abgeleitet: wird die fränkische Frau durch Dotierung aus Vatergut von der Beerbung des Bruders nicht ausgeschlossen, so erneuert sich ihr Aussteueranspruch (paragium) so oft, als Vater und Brüder im Lehen wechseln, Frauen

---

[1] Const. III 27 S. 368.

[2] Capitula Regni ed. 1773 S. 283. Vgl. auch Afflictus dec. 248 n. 1 f. und Const. III 26 (23) n. 24; III 27 (24) n. 31 f.

longobardischen Rechtes aber können einen solchen Anspruch Vater und Brüdern gegenüber nur ein einzigesmal geltend machen.[1] — Eine weitere Unterscheidung: dass fränkische Lehen stets solche ex pacto et providentia maiorum seien, die longobardischen dagegen auch feuda hereditaria sein könnten, ist nicht allgemein in Aufnahme gekommen.[2]

Haben sich so die Verschiedenheiten der beiden Rechte in ständiger Uebung befestigt und erweitert, so waren sie doch nicht zahlreich genug, um nicht eben durch diese Uebung Gefahr zu laufen, aus Anwendungsfällen allgemein gültiger und unmittelbar verbindlicher Stammesrechte zu fest begrenzten Instituten des Landesrechts zu werden, deren Anwendbarkeit auf frei gewähltem Rechtsgeschäft beruhte; es ist überaus interessant, diesen Kampf zwischen Leben und Erstarrung zu verfolgen.

In älterer Zeit hat der fränkische Erwerber eines Lehens seinen Besitz nach fränkischem Recht, der Longobarde seine Lehen nach longobardischem Recht vererbt. Daneben sind aber im Lauf der Zeit noch andere Gründe für den Erwerb eines Rechtes wichtig geworden, vor allem die Verleihung eines Lehens zu bestimmtem Recht, die sich keineswegs immer an die Stammeszugehörigkeit des Empfängers gehalten hat.[3] Da bei einer solchen Verleihung nur Kronlehen in Frage sind, so fallen Lehensherr und Gesetzgeber zusammen, und wenn

---

[1] Molfesius, ad consu. Neapolitanas pars IV q. 29 n. 12.

[2] Vgl. Gulielmus de Perno (15. Jahrhundert) cons. 4, 7, 10, 11 nach Dragonetti, origine dei feudi nei regni di Napoli e Sicilia[2] 280; Afflictus, Const. III 27 (24) n. 69 ff. und dagegen Loffredus († 1539), consilia, cons. 1 n. 95. — Die Verschiedenheiten der beiden Rechte treten dann auch mit mancherlei anderen Fragen in Verbindung: erbt bei Lehen fränkischen Rechtes der halbbürtige Erstgeborene vor dem vollbürtigen Zweitgeborenen? wann liegt ein feudum antiquum vor, das dem Erstgeborenen die fränkische Folge sichert? u. s. w. Aber es sind dabei nicht stammesrechtliche Besonderheiten zweifelhaft, sondern ihre Anwendung unter bestimmten Voraussetzungen.

[3] So besitzt in dem oben S. 277 Anm. 3 erwähnten Fall von vielleicht 1338 ein aus der Lombardei zugewanderter Ritter sein Lehen zu fränkischem Recht.

Isernia bei der Bestimmung des Rechtes auf den Lehensherrn abstellt, *qui potuit legem rei suae dicere quam voluit D. 23, 4, 20; C. 4, 35, 21*[1], so wird dabei allerdings der lediglich privatrechtliche, auf Rechtsgeschäft beruhende Charakter der Lehenfolge und damit ihre Eigenschaft als wählbare lex contractus stark betont. Schreibt aber Afflictus, das Recht des Lehens sei unabänderlich, *nisi rex consensisset, quia rex de voluntate partium potest mutare naturam feudi, ut si in eo vivatur iure Francorum, potest facere, ut non vivatur iure Francorum, ut omnes filii succedant*[2], so dürfte das doch wohl auf die Gesetzgebungsgewalt des Königs begründet werden. Und wenn Isernia[3] es unter die Beweisgründe für das Recht eines Lehens rechnet, wenn eine bestimmte Folge unter den Vorgängern durch ein unter Widerspruch ergangenes Urteil oder durch zwei Urteile in der Frist von zehn Jahren festgestellt worden ist, so sind das Erkenntnismittel eines Gewohnheitsrechtssatzes, der dem Lehen sein Recht verliehen hat[4], und die Lehenfolge gründet sich in solchem Fall auf Rechtssatz, nicht auf Rechtsgeschäft. Dasselbe gilt von der später zugelassenen Feststellung der Folgeordnung durch Familienobservanz. Dass das Recht, nach dem sich ein Lehen vererbt, auch ersessen werden kann, scheint stark privatrechtlichen Beigeschmack zu besitzen, und doch betont gerade hier Isernia[5], der Begründer dieser Theorien, dass es sich nicht um die Ersitzung eines einzelnen Vermögensrechts, sondern um die Ersitzung der Stammeszugehörigkeit handle, die erst rückwirkend eine Lehenfolge bestimmter Art mit sich bringt: *Titius . . praescripserat ius Francorum*, und das bindet auch seine Söhne *ut servitus aut gravamen feudo impositum per factum patris. nam si fuissent Longobardi, et tanto tempore*

---

[1] II Feud. 54 (55) v° praeterea ducatus n. 57. Aehnlich Afflictus ebenda n. 9.

[2] Const. III 26 (23) n. 28. Vgl. auch die königliche Zustimmung zur Teilung fränkischer Lehen bei Blasius II 14 f. 125a und III 7 f. 318a; Afflictus dec. 248 und Const. III 27 (24) n. 70; Loffredus cons. 11.

[3] A. a. O. Ebenso Afflictus a. a. O. n. 10.

[4] Vgl. dazu Gierke, deutsches Privatrecht I 305[10].

[5] A. a. O. n. 38.

sicut Francus stetisset pater .. Francus censebitur ipse et filii .. et mutat sic conditionem, ergo et res possessa, quae ratione personae alia res efficitur, ut dicatur feudum Francum, non Longobardum; übereinstimmend damit werden als Gegeninteressenten bei der Ersitzung nur die Familienangehörigen in Betracht gezogen, deren Stammesrecht von der Aenderung mitbetroffen wird, und nicht auch der Lehensherr. Es wird somit ganz überwiegend daran festgehalten, dass es objektives Recht ist, auf das sich die fränkische oder longobardische Lehenfolge gründet. Und Cannetius[1] und Galeota[2] weisen besonders darauf hin, dass man unmöglich von einem *„vivere" iure Francorum* sprechen könnte, wenn blosser Vertragsinhalt in Frage wäre.

Nur freilich beschränkt sich diese lex auf die Rechtslage des einzelnen Lehens — wenn sich auch noch spät Strömungen geltend machen, die es auf das Recht des Erwerbers ankommen lassen wollten. So erörtert Lucas de Penna die *quaestio vulgata, si feudum in quo vivitur iure Longobardo, perveniat ad viventes iure Francorum, an vivetur in eo iure Francorum?* manche glaubten, dass jedenfalls eine königliche Verleihung an einen Franken in diesem Sinn auszulegen sei. Aber dem wird mit dem Aufgebot zahlreicher Quellenstellen entgegengetreten; *quare licet etiam Franco per regem concederetur, nisi per verba ad hoc apta, suam conditionem in aliquo non mutabit.*[3] Und noch wirksamer äussert sich das Recht des Erwerbers in einem andern Fall, den Lucas erörtert[4]: *rex habens castrum devolutum ad suas manus .. permutavit illud cum nobili feudatario habente aliud castrum,*

---

[1] Extrav. Si aliquem § Sed praestat quaerere n. 8.

[2] Contr. II 1 n. 35 f.

[3] C. 10, 36 (35), 1. Darnach Afflictus II Feud. 54 (III 32) vers. praeterea ducatus n. 15 und Const. III 27 (24) n. 12; Loffredus cons. 11 n. 26; Capycius († vermutlich 1545), investitura feudalis cap. Feudorum genera vers. Iure Longobardo und vers. Iure Francorum; I. Th. de Marinis, de gen. feud. tit. 14 n. 16.

[4] Ebenda und übereinstimmend Afflictus, Feud. a. a O. n. 13; Loffredus a. a. O. n. 27; Capycius an der zweiten Stelle. Loffredus n 18 ff. vertritt dann auch ähnliches für den Fall, dass der Vassall ein Lehen fränkischen Rechts hingegeben und dafür ein anderes ohne Bezeichnung des Rechts vom König eingetauscht hat.

in quo vivebatur iure Longobardo . . et ipsa permutatione rex dixit: concedimus tibi hoc castrum secundum consuetudinem regni, praesupposito quod sit consuetudo, ut in feudis quae conceduntur a rege, vivatur iure Francorum — wer erbt das Lehen? Lucas entscheidet sich nach langen Auseinandersetzungen für longobardische Folge, denn der Ersatz müsse dem zu ersetzenden entsprechen, und die jüngeren Söhne hatten ein wohlerworbenes Recht auf die Nachfolge; nur bleibt es bei diesen Erörterungen unklar, ob der König ein abweichendes Recht nicht verleihen konnte, oder, wie wahrscheinlicher, ob dabei nur eine Auslegung des königlichen Willens in Frage ist.

Beschränkte sich die stammesrechtliche Folge aber auch jeweils auf bestimmte Lehen, so hat sie dadurch doch nicht aufgehört, kraft persönlicher Zugehörigkeit zu einem dieser Rechtskreise zu gelten. Das Recht des Lehens wird durch Erbgang auf den Erwerber übertragen — *sic ergo una persona utitur duplici iure*, wie Kar. de Tocco mit Schärfe ausführt.[1] Und es ist bezeichnend für das lebendige Gefühl, welches man von der fortdauernden Geltung dieser Rechte als Stammesrechte hatte, dass man die naheliegende Versuchung vermied, die rechtlichen Besonderheiten auf die Grundstücke zu radizieren, die sie betrafen; von ganz vereinzelten Ausnahmen abgesehen, sprach man nicht von longobardischen Lehen, sondern von *feuda in quibus vivitur iure Longobardo*, von dem fränkischen Recht des Hauses, der Familie, der das Lehen gehört, wie denn auch in jener Urkunde von 1242 (oben S. 280) nicht nur der Erstgeborene, sondern auch seine jüngeren Brüder »nach fränkischem Recht leben.« Macht Isernia (oben S. 284) den Ersitzenden erst zum Franken, um ihn dann sein Lehen nach diesem Recht erwerben zu lassen, so erwähnt er ein andermal einen, *qui dicit se esse Francum et non dividere cum fratribus*[2], und Lucas spricht in der eben erwähnten Erörterung von *viventes iure Francorum* als einer Familieneigenschaft, ohne überhaupt ihrer Beziehung auf Lehen zu gedenken.

[1] Lomb. II 56 super rubr.; vgl. auch II 7, 2 ut mulieres.
[2] Const. III 27 S. 366.

Einer Festlegung auf bestimmte Verschiedenheiten sind die Stammesrechte im Lehenrecht so wenig entgangen, als auf anderen Gebieten, und so verleihen schon die Lehenbriefe Kaiser Friedrichs »fränkisches Recht, das heisst, Erstgeburtsfolge«.[1] Trotzdem ist die Verbindung dieser Eigentümlichkeiten mit dem Rechtssystem, dem sie entwachsen waren, nie völlig verloren gegangen. Hatte noch Marinus den Schluss auf das Recht eines Lehens aus demjenigen der Nachbarlehen für zulässig gehalten, die Lehenfolge somit als den Ausfluss einer örtlich geltenden Rechtsordnung behandelt, so hat dem die spätere Litteratur freilich widersprochen.[2] Immerhin wird derselbe Gedanke angedeutet, wenn man noch im 16. Jahrhundert die longobardische Folge als das *in Lombardia*, die fränkische Folge als das *in Francia* geltende Recht hinstellt.[3] Und wenn man die Frage, ob longobardisches oder fränkisches Lehenrecht zu präsumieren ist, von dem Vorzug oder der Hintansetzung des longobardischen Rechts im Lande überhaupt abhängig gemacht hat, wenn sich die Lehen longobardischen Rechts gerade in den Abruzzen, dem hauptsächlichen Stützpunkt des longobardischen Rechts, bis zuletzt erhalten haben[4], so liegt da der Zusammenhang der Lehenfolge mit dem Rechtssystem, auf dem sie beruht, offen zu Tage. Und so hat man denn auch immer wieder versucht, über den Kreis der einmal fixierten Eigentümlichkeiten der Lehenfolge hinauszugreifen und weitere Rechtssätze derselben Rechtsordnung herbeizuziehen. Wie Isernia die longobardischen Grundsätze über die Beerbung der Mutter, die Pragmatik von 1418 die longobardischen Rechtsfolgen einer Dotierung der Tochter benützt haben, um den Gegensatz der Rechte zu erweitern, ist oben zur Darstellung gekommen. Aber selbst bei Anwendung fränkischen Lehenrechtes hat man versucht, noch andere fränkische Rechts-

---

[1] Vgl. oben S. 277.

[2] Marinus, Const. III 5. Isernia II Feud. 54 a. a. O. n. 37 und Const. III 5; Afflictus dec. 248 n. 3 f. Vgl. indes noch Galeota, contr. II 1 n. 87, 111 f.

[3] Capycius a. a. O. vers. Iure Longobardo. I. Th. de Marinis tit. 13 n. 4; tit. 14 n. 11, 17.

[4] S. unten S. 290 f.

sätze zur Geltung zu bringen — dass es nicht altnormannisches Recht ist, was dabei zu Tage gefördert wird, war vorauszusehen. Dass das fränkische Recht eine Mehrheit nicht von vornherein feststehender Rechtssätze umfasse, hatte schon Isernia und nach ihm Afflictus betont, wenn sie zu deren Erkenntnis auf die Uebung der Nachbarlehen verweisen.[1] Und so erörtert Loffredus[2] die Frage, ob der Erstgeborene, dessen Vater ein Lehen fränkischen Rechts gekauft hat, seinen Brüdern zur Kollation verpflichtet ist; die Antwort wird davon abhängig gemacht, ob der Erstgeborene diese Zuwendung schon bei Lebzeiten des Vaters empfangen habe, dies wieder, ob er als Haussohn erwerbsfähig war: *sed cum simus . . in feudo iuris Francorum, sequitur quod loquitur in personis illo iure viventibus — prout notarii huius regni in personis huiusmodi contrahentibus dicunt: talis vir utilis dominus talis castri iure Francorum et more Magnatum vivens* (es handelt sich um das bald zu erörternde fränkische Adelsgüterrecht). *cum igitur iure Francorum hi vivant, pater filium in sua potestate non habet, ut dicit glossa Institutionum 1, 9 i. f.* — es ist die schon oben S. 132 erwähnte Glosse des Accursius, dass *Francigenae* nicht unter väterlicher Gewalt stehen.[3] Ganz ähnlich wird in einem Prozess des 16. Jahrhunderts geltend gemacht, dass ein Haussohn über ein Lehen habe testieren können, weil er als Franke von väterlicher Gewalt frei war, eine Behauptung, der zunächst zwar entgegengehalten wird, das fränkische Lehenrecht beschränke sich auf die Lehenfolge, die aber dann doch sachlich gewürdigt wird: das fränkische Recht kenne in Wirklichkeit gar keine solche Freiheit von väterlicher Gewalt.[4] Und so nennt auch Ferrettus als Sätze

[1] Isernia II Feud. 54 a. a. O. n. 37: *si constaret quod viverent hoc iure, sed de modo vivendi esset diversitas in uno loco quam in alio, tunc recurreretur ad vicinos;* vgl. auch Const. III 5 und Afflictus dec. 248 n. 4.

[2] Paraphrases feudales (1539) II Feud. 54 (55) § praeterea ducatus.

[3] Das hindert den Verfasser freilich nicht, cons. 1 n. 94 f. zu schreiben, die Verschiedenheit fränkischer und longobardischer Lehen beschränke sich auf ihren Unterschied in der Teilbarkeit. *debet enim hoc ius speciale Francorum quantum potest reduci ad ius commune.*

[4] De Franchis, decisiones Sacri Regii Consilii Neapolitani, dec. 4 n. 3, 15.

des fränkischen Rechtes im Königreich — *ubi in multis vivitur iure Longobardo et iure Francorum* — die Lehenfolge, die Freiheit von väterlicher Gewalt und die Muntfreiheit der Frauen.[1]

Völlig gleichberechtigt sind sich die beiden Rechte allerdings nie gegenübergestanden. Den Constitutionen, in denen das longobardische Recht eine beherrschende Stellung einnimmt, ist das fränkische Recht ein *ius speciale*, und — *qui ius speciale allegat, probet.* Als sich die Lehre von dem Vorzug des longobardischen Rechts im Königreich ausgebildet hatte, da ist dieser Vorzug nicht nur gegenüber dem römischen, sondern auch gegenüber dem fränkischen Recht geltend gemacht worden. Und als diese Lehre ins Wanken geriet, waren es die Beziehungen des longobardischen zum gemeinen Lehenrecht, die seine Stellung da und dort noch gestützt haben. So wird bis in das 16. Jahrhundert — auch auf Sizilien — longobardisches Lehenrecht präsumiert.[2] Thatsächlich freilich hatten die Lehen fränkischen Rechtes inzwischen das Uebergewicht gewonnen. Neuverleihungen erfolgen schon im 14. Jahrhundert nur mehr zu fränkischem Recht[3], wohl unter dem Einfluss französischen Brauches, den die Anjou mit sich gebracht hatten[4]; die Unteilbarkeit der Lehen lag im Interesse der Krone[5], und dazu kam der allgemeine Rückgang des longobardischen[6],

---

[1] Add. des prooem. n. 2 und der Titel de patria potestate n. 4; de mundualdis n. 3; auch de noxalibus n. 3. Vgl. auch Montanus contr. 1 n. 59 unten S. 300.

[2] Isernia II Feud. 54 a. a. O. n. 37 und Const. III 27 S. 366. Belvisio I Feud. 1 § 1. Afflictus I Feud. 4 n. 16; II 14 n. 18; II 52 (III 30) vers. satis bene dispositum n. 2; II 54 (III 32) vers. praeterea ducatus n. 7; dec. 119 n. 3 und dazu Ursillus; dec. 248 n. 3; Const. III 21 (18) n. 18; III 26 (23) n. 5; III 27 (24) n. 12. Maranta, de ord. iud. n. 131. I. Th. de Marinis, de gen. feud. tit. 14 n. 13. Capycius a. a. O. vers. Iure Francorum. Montanus, contr. 1 n. 50. — Ueber die ältere sizilische Litteratur Cannetius, extr. Volentes § Et pariformiter n. 24; extr. Si aliquem § Sed praestat quaerere n. 2.

[3] Vgl. das Kapitel Considerantes Karls II. ed. 1773 S. 75. Isernia II Feud. 54 a. a. O. n. 38; Luc. de Penna C. 10, 36 (35), 1.

[4] Darauf weist schon Galeota, contr. II 1 n. 14 hin.

[5] Vgl. Afflictus, Const. III 21 (18) n. 3; Loffredus cons. 11 n. 37.

[6] Galeota, Latro.

auch eine Verquickung des fränkischen mit dem römischen Recht[1]; man glaubte, den Vorzug fränkischer Folge schon in älteren Gesetzen angeordnet zu finden[2] — so dass die Präsumtion zu gunsten des fränkischen Rechtes umschlug.[3] In Sizilien ist diese Präsumtion seit 1452 in einer Reihe von Gesetzen festgelegt worden[4], und wenn das fränkische ein Spezialrecht genannt werde, erklärte man[5], so bedeute das *non tam particulare quam proprium et peculiare ius*, ein *ius per se distinctum specialiter in regno, ex legibus regni introductum non sólum inter quosdam de regno*. Die persönliche Geltung der beiden Rechte wurde durch einen solchen Vorzug des einen oder andern derselben nicht berührt, es trat bei dem zurückgesetzten nur neben die Stammeszugehörigkeit des Lehensbesitzers als zweites Anknüpfungsmoment deren Beweisbarkeit. Aber allerdings, thatsächlich hat das Uebergewicht, das die fränkischen Lehen erlangt haben, dazu geführt, den Gegensatz der beiden Rechte erheblich einzuschränken. Galeota bezeichnet es im 17. Jahrhundert als notorisch, *in omnibus feudis regni ét etiam in Aprutio paucissimis exceptis ius Francorum attendi explosa prisca Longobardorum dividuitate*[6], und Latro nennt die Lehen longobardischen Rechts *quasi in totum extincta*. Immerhin waren das gefärbte Parteibehauptungen — sie fielen gerade bei einem Streit, ob einem Lehen fränkisches oder longobardisches Recht zukomme[7] — und noch im 18. Jahr-

[1] Molfesius.

[2] Cannetius, Galeota.

[3] Cannetius, extr. Si aliquem § Sed iuxta praedicta; § Et incipiendo; § Sed praestat quaerere n. 3 ff. Intrigliolus, de feudis q. 50. Molfesius, consu. Neapolitanae pars IV q. 29 n. 14. Galeota, contr. II 1—3. Latro, consultationes iuris selectiores (1643) I cons. 3. Unter Beschränkung auf Neapel und Aversa auch Ursillus zu Afflictus dec. 119 n. 5.

[4] Orlando 211 f.

[5] Cannetius, Galeota.

[6] Contr. II 1 n. 6 f. Vgl. auch II 2 n. 34 ff.: die longobardischen Lehen, die heute noch vorhanden, sind *reliquiae antiquitatis*, zumeist unbedeutende Lehen ohne Gerichtsbarkeit und ohne Vassallen, die fast alle in der *Provincia Aprutii citra*, einige wenige in der *Provincia ultra Aprutii* liegen.

[7] Galeota erwähnt selbst eine longobardische Lehenserneuerung

hundert wird es mehrfach bestätigt, dass, zumal in den Abruzzen, auch Lehen longobardischen Rechtes vorkommen.[1] Auf Sizilien scheinen longobardische Lehen damals nicht mehr bestanden zu haben; die Besonderheiten der fränkischen aber hält noch eine Parlamentsakte von 1812 aufrecht[2]: *Non vi saranno piu feudi, e tutte le terre si possederanno in Sicilia come in allodii, conservando però nelle rispettive famiglie l'ordine di successione che attualmente si gode.*

Fortsetzung. Familiengüterrecht.

56. Ein würdiges Seitenstück des fränkischen Lehenrechtes ist das fränkische Adelsgüterrecht, wie jenes bis tief herein in die Neuzeit in persönlicher Geltung.

Die fränkische Eheschenkung, das dotarium, erscheint zum erstenmal in Gesetzen Wilhelms II., noch ohne Hinweis, dass es sich dabei um fränkisches Recht handle. Von den Constitutionen aufgenommen und fortgebildet, veranlassen sie Marinus zu umfassenden Erörterungen über Form und Inhalt dieses Güterrechts, und nachdrücklich rückt er dabei seine Geltung als Frankenrecht in den Vordergrund. Da ist zu Const. III 16 über die Bestellung des dotarium zu lesen: *et nota quod quando dotarium constituitur, debet constitui in die quo sponsalia contrahuntur, et ante fores ecclesiae. et plus etiam servabatur antiquitus, quia barones constituebant dotarium cum quadam solemnitate, videlicet loco cuiusdam guadiae seu stipulae constituebant per quendam cultellum cum ferro incurvato circa punctam ad modum putatorii* (Gartenmesser), *figurative, quasi diceret quia homo est firmus et constans, tamen incurvatur et flectitur ad ipsum dotarium constituendum. unde sic debent concipi verba in instrumento dotarii, quod talis baro iure Francorum vivens in tali die ante fores ecclesiae, ubi cum tali ipso die contraxit matrimonium, constituit sibi tale castrum vel tale feudum in dotarium..*

von 1573, und der Gegner scheint sehr viele solcher Fälle angeführt zu haben. Vgl. auch Latro, decisiones novissimae Sacri Regii Consilii Neapolitani (1640) lib. I dec. 37.

[1] Car. de Luca, observationes (1701), eben zu Latro cons. 3 n. 6. Giannone, istoria civile III 495. Grimaldi, istoria II 200.

[2] Articoli preliminari art. XI bei Orlando 260.

ut ipsa mulier praedictum dotarium teneat et possideat, secundum quod aliae mulieres de regno viventes iure Francorum tenent et possident dotaria sua.

So bezeichnet also Marinus als eine Eigentümlichkeit des fränkischen Güterrechts zunächst die Form, in der die Eheschenkung bestellt wird. Der symbolische Gebrauch eines gebogenen Messers war in Frankreich weit verbreitet[1], und er scheint in Unteritalien auch sonst zur Geltung gekommen zu sein.[2] Marinus erklärt den Brauch als veraltet und übergeht ihn in dem beigefügten Formular. Und doch heisst es 1262 in dem Ehevertrag, den Peter von Aragonien mit Konstanze, der sizilischen Königstochter, in Montpellier abschliesst[3]: *per cultellum flexum et per hoc presens scriptum tradimus vobis D. Constantiae . . in dotarium civitatem Gerundae.* 1347 heiraten in Neapel der Titularkaiser von Konstantinopel, ein Enkel Karls II. von Anjou, und eine Prinzessin von Bourbon — *more regalium et Francorum iure utentes,* und der Bräutigam bestellt ein Wittum *per cultellum flexum iuxta morem regalium et aliorum nobilium regni iure Francorum viventium.*[4] Oder ein Ehevertrag von 1358 besagt: *in facie maioris Salernitanae ecclesiae per cultellum flessum secundum morem magnatum comitum et baronum regni huius viventium praedicto iure Francorum ex nunc promisit . . domicellae Iohannettae uxori suae in dodarium et terciarium* u. s. w.[5] Die Litteratur kommt

---

[1] Vgl. Du Cange, v^is investitura per cultellum plicatum. Vereinzelt auch bei Franken in Oberitalien MHP. I n. 23.

[2] Nach Minieri Riccio, cod. dipl. I 17[1] — unter Berufung auf die Registri Angiovini — auch bei Schenkungen und beim Eid. Vgl. auch oben S 243 Anm. 2.

[3] De Vic et Vaissette, histoire générale de Languedoc[2] VIII n. 498.

[4] Du Cange, histoire de l'empire de Constantinople sous les empereurs françois[2] I 131.

[5] Du Cange, glossarium, v^is investitura per cultellum flexum. — Andere Verträge derselben Zeit thun einer solchen Form mindestens nicht Erwähnung. So die Eheverträge von Wilhelm II. Palermo 1177 Lünig, cod. Italiae dipl. II 857; von Karl I. Trani 1268 del Giudice, cod. dipl. angiovino II 1 n. 95; von einem Sohn Karls II. Fontainebleau 1313 Du Cange, hist. de Constantinople II 45. Kaiser Friedrich bestellt seiner Braut London 1235 ein *dodarium secundum*

auf diesen Brauch mehrfach zu sprechen. Isernia setzt einmal den Fall, *si uxori tuae die votorum constituisti in dotarium unum castrum secundum morem viventium in regno iure Francorum, qui est cum cultello flexo in regno Siciliae;* aber an anderer Stelle verweist er darauf, dass die Glosse die Förmlichkeit für entbehrlich erkläre, und man könne sich dafür auch nicht auf const. II 17 berufen, die fränkisches Recht ausserhalb des Prozesses in Geltung belasse, *quia hoc ius Francorum, quod per cultrum plicatum, non est scriptum sicut, quod primogenitus succedat ut const. III 27 . . sed quia est consuetudo non scripta haec, sive praecedat constitutionem sive subsequatur, inefficax est,* wie alles widersprechende Gewohnheitsrecht, und jede Ergänzung des Gesetzes bedeute eine Aenderung.[1] Afflictus, der diese Aeusserungen des Isernia sonst nach allen Richtungen übernimmt[2], meint freilich, Gewohnheitsrecht sei gültiges Recht, ob aufgezeichnet oder nicht, aber jedenfalls sei die Formlosigkeit des Vertrags jetzt *consuetudo generalis in regno,* das ältere Recht damit aber auch *in viventibus iure Francorum* aufgehoben. Und Capycius[3] und Freccia[4] und Pandus[5] thun des Brauches nur mehr als einer längst gegenstandslos gewordenen Antiquität Erwähnung.

Dieselben Schicksale hatte die Sitte, das dotarium vor der Kirchenthür zu bestellen. In dem Formular des Marinus und noch in dem Ehevertrag von 1358 befolgt, wird sie doch schon von Marinus beiseite geschoben, wenn er den Nachweis ihrer Einhaltung für entbehrlich erklärt; werde die Urkunde über die Bestellung des dotarium vorgelegt, so sei, ebenso wie bei der longobardischen Quart, die formgerechte Bestellung zu

---

regni Sycilie consuetudinem, mit dem Versprechen, es ihr am Tag der Eheschliessung *per annulum* anzuweisen MGL. II 308 ff.; ein anderer Sohn Karls II. 1321 bei Nîmes *iuxta morem regni Siciliae observatum inter comites et barones* Lünig II 1089.

[1] I Feud. 4 n. 7. Const. III 15. II Feud. 9 n. 7.

[2] I Feud. 4 n. 12; II Feud. 8 n. 3; II Feud. 9 n. 16; Const. prooem. vers. praesentes n. 10.

[3] Invest. feud. cap. Feuda pro dotario.

[4] Comm. feudales (1551) lib. II c. Quis dicatur comes n. 40.

[5] De dotario pars II q. 9 mit allerlei Ausführungen über die symbolische Bedeutung der Sitte.

präsumieren, *licet sit illa sollemnitas omissa quod ante fores ecclesiae sit constitutum.* Und wo der Brauch später erwähnt wird[1], wird er durchaus als unverbindlich behandelt. Wurde aber die Zuwendung des dotarium vor der Kirchenthür präsumiert, so erstreckte sich die Vermutung damit von selbst auch auf das Erfordernis, dass diese Ueberweisung am Tag der Eheschliessung und nicht erst später geschehen sei. Isernia erklärt mindestens einen nachträglichen Umtausch des dotarium für statthaft, und seine Erörterungen über die Unverbindlichkeit ungeschriebenen fränkischen Gewohnheitsrechtes, die Feststellung des Afflictus, dass ein solches Gewohnheitsrecht jedenfalls zu seiner Zeit nicht mehr bestehe, richten sich gerade auch gegen das Verbot, ein dotarium nach der Eheschliessung zuzuwenden.[2]

In seinem Inhalt hat dieses Güterrecht erhebliche Wandelungen durchgemacht. Dass sich die Bestellung eines dotarium anfänglich nicht auf Lehen beschränkt hat, zeigen die sizilischen Stadtrechte. Aber schon die Constitutionen handeln nur von einem solchen dotarium, das an Lehen oder an statt von Lehen bestellt wird, und seit Isernia gilt es als feststehende Regel, dass Franken am Lehen ein dotarium, am Allod nach Landesrecht die Quart bestellen.[3] Nun erschöpft sich dies fränkische Güterrecht freilich nicht in Bestimmungen über das dotarium, und was es sonst an Rechtssätzen aufweist, ist nicht auf Lehen beschränkt. Aber durch Vermittelung der Sätze über das dotarium war ein folgenreicher Zusammenhang mit dem Lehenrecht geschaffen, und er zeigt sich insbesondere auch darin, dass dies Güterrecht zu ausschliesslichem Adelsrecht geworden ist.

---

[1] Isernia, Afflictus, Capycius, Freccia.

[2] Vgl. auch Pandus p. II q. 10.

[3] Isernia, Const. III 15; Napodanus, consu. Neapolitanae tit. 9 n. 8, 102; Afflictus I Feud. 4 n. 12; II Feud. 8 vers. quamvis n. 3; II Feud. 9 vers. donare n. 13; Const. III 16 (13) n. 10; Testament des Fürsten des Dauphiné 1347 Histoire de Dauphiné 1722 II 541. Auf Sizilien führt dieselbe Unterscheidung zu einer Unterstellung des Allodialgutes unter Gütergemeinschaft vgl. Muta, consu. Panormitanae c. 45 n. 25 und capitulorum regni Siciliae dilucidationes II (1612) c. 28 n. 278 ff.

Für die ältere Zeit bestimmen zunächst die Constitutionen[1], dass die Vornehmen berechtigt sind, ihren Frauen ein Drittel ihrer Lehen als dotarium zu überweisen, bei kleinerem Besitz den entsprechenden Geldbetrag. Im übrigen waren die massgebenden Grundsätze in einer *declaratio peritorum regni* aufgezeichnet, die von manchen sogar für eine Constitution angesehen wurde.[2] Die Darstellung des Marinus ergibt in Verbindung mit einigen Angaben bei Isernia und Napodanus in der Hauptsache die folgenden Grundsätze: Kein dotarium ohne dos; eine dos ohne Gegengabe verbleibt der Frau. Im übrigen ist zu unterscheiden, ob dotarium und dos in Grundbesitz, Fahrhabe oder Geld bestehen, ferner ob die Ehe kinderlos war oder nicht. Ist Grundbesitz als dotarium oder dos gegeben worden, so gelangt er stets an die Seite des Bestellers zurück; bestehen die beiden Zuwendungen in Geld, so fallen sie mit der Geburt von Kindern an diese, ohne Rücksicht, ob sie am Leben bleiben oder nicht, und der überlebende Ehegatte erhält daran unter Umständen einen Kopfteil; dotarium und dos zugleich soll die Frau ohne besondere Abrede nicht lukrieren; in einigen Fällen hat sie zwischen beiden die Wahl; die Gerade bleibt ihr unter allen Umständen.[3]

---

[1] Const. III 13, 15, vgl. auch 16 HB. 128, 129, 130.

[2] Vgl. Isernia, Const. III 15. Ihre Anfangsworte waren *Ut mulier possit habere dotarium.* — Nach Freccia a. a. O. hat auch Kar. de Tocco das fränkische Güterrecht bei Lomb. II 4, 1 erörtert. Leider ist auch diese Glosse in den sehr mangelhaften Ausgaben weggeblieben.

[3] Marinus, Const. III 16, anscheinend von zweierlei Verfassern; Isernia, Const III 15; Napodanus, consu. Neapolitanae tit. 9 n. 10 (jedoch schon durch das jüngere Recht beeinflusst). Im einzelnen ergibt die verworrene Darstellung — nicht ohne vielfache Zweifel — die folgenden Sätze.

I. Die Frau überlebt den Mann A. bei kinderloser, B. bei bekindeter Ehe: 1. Dotarium in Geld, dos in Geld: A. die Frau hat die Wahl zwischen dotarium und dos (Marinus S. 320; Napodanus; vgl. auch Isernia. Marinus 321 lässt der Frau nur das dotarium). B. die dos fällt an die Kinder (oder deren Erben), das dotarium an die Frau zu Niessbrauch, zu Eigentum an die Kinder; doch erbt die Frau auch einen Kopfteil des dotarium, im Falle einer Wiederverheiratung jedoch nur zu Niessbrauch (Marinus 320, 321; vgl. auch

Eine sehr beträchtliche Vereinfachung haben diese Grundsätze durch das Kapitel Mulier dotarium Karls II. erfahren[1]: die überlebende Frau soll nunmehr das dotarium erwerben, ob es in einem Lehen oder in Geld besteht, ob Kinder geboren wurden oder nicht, ob sie keine dos oder eine solche in Geld oder sonst in Fahrhabe oder in Grundbesitz beigebracht hat, und zwar zusamt der dos, wenn nichts anderes vereinbart wurde. *multa corriguntur per istud capitulum quae alias obtinebant de iure Francorum,* bemerkt dazu Barth. de Capua.[2] In der That waren viele eigentümlich fränkische Sätze damit

Isernia). — 2. Dotarium in Geld, dos in Grundbesitz: A. die Frau erhält nur die dos (Marinus 320; Isernia. Marinus 321 [und Napodanus] geben dos und dotarium). B. die dos fällt an die Frau, das dotarium anscheinend an die Kinder (Marinus 320. Marinus 321 lässt das dotarium auch hier zu Niessbrauch und zu einem Kopfteil an die Frau fallen). — 3. Dotarium in Grundbesitz, dos in Geld: A. die Frau hat die Wahl zwischen der dos und dem Niessbrauch des dotarium (so der Ehevertrag Kaiser Friedrichs MGL. II 311 »nach sizilischem Gewohnheitsrecht«. Marinus 320, 321 und Isernia geben hier nur den Niessbrauch des dotarium [Napodanus beides]). B. die dos fällt an die Kinder, das dotarium an die Frau zu Niessbrauch (Marinus 320; Isernia). — 4. Dotarium in Grundbesitz, dos in Grundbesitz: A. die Frau erhält nur die dos (Marinus 320, 321; Napodanus). B. die Frau erhält nur die dos (Marinus 320). — 5. Dotarium und dos je zum Teil in Grundbesitz und in Fahrhabe: A. die Frau hat die Wahl, erhält jedoch auch, wenn sie das dotarium wählt, die Mobilien der dos mit Ausnahme von Geld (Marinus 321). B. —. — 6. Es ist nur eine dos, aber kein dotarium bestellt: A. die Frau erhält die dos (Marinus 320). B. die Frau erhält die dos (Marinus 320). — 7. Dotarium ohne dos kommt regelmässig nicht vor (Marinus 320; Isernia).

II. Ueberlebt der Mann die Frau, so erwirbt er eine Immobiliardos niemals, eine Mobiliardos stets; doch fällt ihr Eigentum mit der Geburt von Kindern an diese, so dass dem Mann nur der Niessbrauch bleibt; dafür erhält er an der Substanz einen Kopfteil, bei Wiederverheiratung zu Niessbrauch (Marinus 321; Napodanus). Das in Geld bestehende dotarium scheint bei ihrer Geburt auf die Kinder überzugehen, in allen anderen Fällen zum Mann zurückzukehren. — Parallelen zu einer Reihe von Bestimmungen der sizilischen Stadtrechte liegen nahe.

[1] ed. 1773 S. 68.

[2] Glosse in ed. 1773; ähnlich derselbe zu Const. III 16, auch Isernia zur gleichen Stelle.

weggefallen. Auf der Grundlage der neuen Gesetzgebung aber und unter Einwirkung des gemeinen römischen Rechts hat sich dieser *„mos magnatum"* fortentwickelt, und in den Eheverträgen von den Notaren in gleichmässiger Praxis wiederholt, ist der Brauch neuerdings zur Fixierung gekommen.[1] Zum erstenmal wird eine solche Aufzeichnung in einem Prozess von 1541 aus den Papieren eines verstorbenen Notars vorgelegt.[2] In ihrer Echtheit anfänglich bestritten, ist sie bald zu unbedingter Anerkennung gelangt[3], und so enthalten die Ausgaben des Neapler Stadtrechts seit 1567 einerseits eine Vergleichung dieses Brauches mit einem andern Adelsgüterrecht, dem mos Capuanae et Nidi, andrerseits eine Darstellung des mos magnatum selbst. Darnach soll das dotarium ein Drittel der dos betragen und der überlebenden Frau zu Eigentum, wenn Kinder vorhanden, zu Niessbrauch zufallen, während die Kinder das Eigentum erwerben; im übrigen aber liegt der Schwerpunkt der Rechtsaufzeichnung in einer Reihe von Bestimmungen, die unter gewissen Voraussetzungen den Heimfall der dos an den Dotierenden sichern, dabei der Frau — unter Vorbehalt des Pflichtteilsrechtes vorhandener Kinder — beschränkte Testierfreiheit über die Mitgift gewähren.

Unter alle dem sind nun unzweifelhaft noch Sätze fränkischer Herkunft.[4] Und dass man auch äusserlich den Zusammenhang mit dem fränkischen Recht festgehalten hat, beweisen die Verträge und die theoretischen und praktischen Auseinander-

---

[1] Neapel 1486: der Bräutigam bestellt seiner Braut *antefatum usque ad tertiam partem dotium iuxta usum et consuetudinem observatam inter Duces, Barones, Proceres et Magnates dicti Regni Siciliae* Camera, mem. di Amalfi II 65. S. auch unten den Prozess bei Decius Anfang des 16. Jahrhunderts (n. 13 werden Zeugen über den mos vernommen) und die Bemerkung des Loffredus (von 1539).

[2] Capycius, decisiones novae Sacri Regii Concilii Neapolitani (1541) dec. 176 n. 33.

[3] Litteratur bei Grimaldi, istoria III 44 f. Dazu auch de Ponte, consilia II (1615) cons. 113 n. 1.

[4] Isernia, Const. III 16; Afflictus II Feud. 8 vers. quamvis n. 3; Brancacius, allegatio pro Comite Montis Calvi (um 1600) n. 1, gedruckt bei Tasso, observationes ad R. Pragmaticam Sanctionem de antefato 1632 S. 314 ff., bringen denn auch die *tertiaria* (= dotarium) in zutreffende Verbindung mit der *tertia* II Feud. 8.

setzungen, die sich an sie knüpfen. Schon zu Anfang des 16. Jahrhunderts erwähnt ein Rechtsgutachten des Decius einen Vertrag, in dem der Bräutigam Rückgabe der dos verspricht *secundo l'uso e consuetudine de li proceri magnati conti e Baroni di questo regno di Cicilia citra °farum iure Francorum et more magnatum viventium.*[1] Loffredus erwähnt es als etwas allbekanntes: *prout notarii huius regni . . dicunt . . talis vir utilis dominus talis castri iure Francorum et more magnatum vivens.*[2] Und jenem Prozess von 1541 lag ein Vertrag zu Grunde, in dem die Rückgabe der dos *secundum usum et consuetudinem Baronum Licii* (Lecce) *iure Francorum viventium* ausbedungen war, und es werden die fraglichen Aufzeichnungen dem Gericht als *capitula quaedam iuris Francorum* vorgelegt. Eheverträge, die für die Schicksale von dos und dotarium auf das fränkische Recht verweisen, sind denn auch seither etwas ganz gewöhnliches[3], *„ut passim fit"*[4], und noch in einem Vertrag von 1724 oder 1725 wird die Rückgabe der dos nach dem Brauch der Adeligen Neapels *iure Francorum, Comitum et Magnatum viventium* vereinbart.[5] *in ipso instrumento dotali . . paciscitur . . illud „de iure Franchorum et viventium more Magnatum" semper coniunctim ad demonstrandum quod iste mos inde sumptus est*, wie Marta einmal bemerkt[6], und Freccia[7] und Brancacius[8] und Marta[9] und Montanus[10] bemühen sich, den Zusammenhang dieses mos magnatum mit dem Adelsgüterrecht der Constitutionen dar-

---

[1] Cons. 402.

[2] Oben S. 288.

[3] Beispiele bei de Ponte, consilia I cons. 8; II cons. 112 n. 3; Brancacius a. a. O. n. 7, 47 (gleicher Fall wie vor); Galeota contr. II 30 n. 56; Montanus contr. 24 pr.

[4] Montanus contr. 1 n. 56.

[5] Grimaldi, istoria III 62.

[6] Summa totius successionis legalis (1623) pars I q. 4 art. 1 n. 25. Aehnlich Latro dec. I 98 n. 30.

[7] Comm. feud. lib. II c. quis dicatur comes n. 40.

[8] A. a. O. n. 1 ff.

[9] A. a. O. n. 21 ff.

[10] Contr. 1 n. 56.

zuthun, das seinerseits auf die Einwanderung der Normannen zurückgehe.

Dass es sich bei dem mos magnatum um fränkisches Recht handle, ist allerdings nicht ohne Widerspruch geblieben. Manche haben behauptet, er enthalte im wesentlichen römisches Recht. Ja schon seine Eigenschaft als objektives Recht wurde bestritten, er sollte nur Geltung haben, wenn und soweit seine Bestimmungen im Ehevertrag angezogen wurden. Und wenn man eine vertragsmässige Unterwerfung unter den mos magnatum unbeschränkt zuliess, so musste das seine Herabdrückung zur blossen lex contractus befördern. Aber die grosse Mehrzahl der Verträge, in denen die Geltung des mos ausbedungen wurde, bezog sich auf Fälle, in denen man seine primäre oder subsidiäre Verbindlichkeit auch ohne Vertrag annahm[1], und so ist die Meinung durchaus herrschend geblieben, der mos magnatum sei objektives Recht, und zwar Recht fränkischen Ursprungs.

Dieser Adelsbrauch hatte sich freilich auf bestimmte Punkte festgelegt, und so haben manche in den Fragen, über die er keine Bestimmungen enthielt, zur Ergänzung auf das Ortsrecht oder auf das gemeine Recht zurückgegriffen.[2] Andere aber haben aus seiner Eigenschaft als fränkisches Recht Folgerungen gezogen. Es war schon ein Ansatz dazu, wenn man das römische Recht deshalb zur Ergänzung beizog, weil dies das Subsidiarrecht des fränkischen Rechts sei.[3] Man hat die Annahme, dass bei der Geltung des mos fränkisches Recht gelte, benützt, um auf die Grundsätze des älteren fränkischen Güterrechts zurückgreifen zu können.[4] Man hat aber mit der Auf-

---

[1] Daher die Wirksamkeit solcher Verträge auch gegen Dritte z. B bei de Ponte cons. I 8 oder Galeota contr. II 30; dagegen allerdings Montanus contr. 1 n. 59.

[2] Litteratur bei Grimaldi III 54. — Auf Sizilien hat die subsidiäre Geltung römischen Rechtes — ungeachtet die Verträge auch hier auf fränkisches Recht verweisen — zu der eigentümlichen Formulierung geführt, dass die Magnaten ihre Ehen *more Graecorum* schliessen. So Nepita, consu. Catinae tit. 3 n. 80; Muta, consu. Panormitanae und cap. regni a. a. O.

[3] de Ponte cons. II 113 n. 6; vgl. auch Galeota contr. II 30 n. 64.

[4] Brancacius a. a. O. n. 7 (die Kinder erwerben das dotarium

fassung, dass es sich um Personen fränkischen Rechtes handle, zumal im 17. und 18. Jahrhundert auch völlig Ernst gemacht und versucht, diese Personen nun auch in jeder andern Hinsicht fränkischem Recht zu unterwerfen — sofern ein solches nur festzustellen war. Galeota berichtet von einem Fall, in dem das Testament einer nach dem mos verheirateten Frau angefochten wurde, weil sie, unter väterlicher Gewalt stehend, nicht testierfähig gewesen sei; der Fall sei allerdings nach dem mos und damit nach fränkischem Recht zu entscheiden, indessen habe sich fränkisches Recht nur bezüglich der Erstgeburtsfolge erhalten.[1] Ganz dieselbe Frage wurde in einem Prozess verhandelt, den Latro[2] überliefert, und er vertritt diesmal die Meinung, dass das fränkische Recht — nach der bekannten Institutionenglosse und anderen Quellen — eine väterliche Gewalt nicht kenne, die verheiratete Tochter also ein gültiges Testament errichten konnte. Montanus beschränkt die Sätze fränkischen Rechts, zu deren Anwendung die Geltung des mos führen könne, auf die erbrechtlichen Grundsätze der const. Ut de successionibus und verwandte Bestimmungen, diese allerdings sämtlich *leges licet speciales inter eos qui vivunt iure Francorum*; in einem Erbrechtsstreit, dessen Beteiligte unter der Herrschaft des mos geheiratet hatten, erkennen beide Parteien an, dass hier fränkisches Recht anzuwenden sei, und sie streiten nur, ob der Ausschluss des Vaters von der Erbfolge fränkisches Recht sei, und ob er auch für die Nachfolge in Allodialgut gelte.[3] Ein Prozess vor dem königlichen Rat von 1731 betrifft wieder die Testierfähigkeit der Frau, die unter der Geltung des mos magnatum die Ehe geschlossen hatte; die beiden Parteien gehen mindestens eventuell davon aus, dass seine Lücken aus dem fränkischen Recht zu ergänzen seien, dass es deshalb darauf ankomme, ob dies Recht eine väterliche Gewalt über die verheiratete Frau zulasse. Die Quellen, in denen man den Enkeln der Normannen das Recht sucht,

vom Vater und nicht von der überlebenden Mutter, sind daher an Belastungen des dotarium durch den Vater gebunden); Marta a. a. O. n. 26.

[1] Contr. II 30 n. 64.

[2] Dec. I 98, speziell n. 32.

[3] Montanus contr. 1 n. 57, 59 und contr. 24.

sind — Domat, loix civiles, Joannes Faber und Gregorius Tolosanus. Die Identifizierung des fränkischen Rechtes in Unteritalien mit dem „*dritto francese*" ist vollkommen geworden. Derselbe Prozess aber ist insbesondere auch darum merkwürdig, weil man versucht hat, noch in zwölfter Stunde neben das fränkische ein longobardisches Adelsgüterrecht zu stellen: gab es zweierlei Lehenrecht, so wollte man nun auch zweierlei Güterrecht annehmen, *i Magnati vivendo secondo le leggi de Franchi e Longobardi*, und gleich griff man auch hier über die güterrechtlichen Sätze hinaus auf die Gesamtheit des Rechtssystemes und untersuchte auch die Frage im Prozess, wie es mit der väterlichen Gewalt als der Grundlage der Testierfähigkeit beschaffen gewesen sei, wenn die Parteien zum Adel longobardischen Rechts gehört hätten.[1]

Der mos magnatum war dem fränkischen Stammesrecht entwachsen, und beschränken die Constitutionen ihre güterrechtlichen Vorschriften nicht auf Franken, bestellt Kaiser Friedrich seiner Braut ein dotarium »nach sizilischem Gewohnheitsrecht«, so betont doch Marinus nachdrücklich[2]: *et haec omnia locum habent secundum consuetudinem nobilium iure Francorum in regno viventium*, und fügt seinem Formular eines Ehevertrages die fränkische Profession ein. Napodanus bemerkt, dass im Gegensatz zur stadtrechtlichen Quart ein dotarium nur für Frauen fränkischen Rechtes bestellt werden könne[3], und auch späterhin hat man an der stammesrechtlichen Geltung dieser Sätze festgehalten. In Lecce scheint man noch im 16. Jahrhundert sorgfältig zwischen dem Güterrecht des fränkischen und des nichtfränkischen Adels unterschieden zu haben.[4] Loffredus[5] bringt die Personen, deren Eheverträge

[1] Der Prozessbericht ist bei Grimaldi III 51 ff. zu finden. — Ueber eine Verbindung des Lehenrechts und Güterrechts bei Loffredus oben S. 288.

[2] Const. III 16.

[3] Consu. Neapolitanae tit. 9 n. 9.

[4] Capycius dec. 176: *prima difficultas est, an debeat fieri haec restitutio (dotis) secundum consuetudinem civium Licii et nobilium non viventium iure Francorum, an vero secundum consuetudinem viventium iure Francorum.*

[5] A. a. O. oben S. 288.

fränkisches Recht anziehen, in enge Verbindung mit denen, die in ihren Lehen fränkisches Recht haben, und es ist besonders Montanus[1], der gegenüber abweichenden Ansichten betont, der mos gehe zurück auf das fränkische Recht, das die Normannen ins Land gebracht haben, und er sei darum ein *ius speciale inter illos Francos seu Normandos descendentes ab illis Franchis seu Normandis primis in regno habitantibus qui patrio iure Francorum vixerant;* auch in jenem Prozess von 1731 wird ein Güterrecht der fränkischen und eines der longobardischen Adeligen unterschieden. Aber wie alle Einrichtungen des fränkischen Adels besass auch das fränkische Güterrecht die Neigung, seine Wirksamkeit auf den ganzen Adel des Landes zu erstrecken. Schon Isernia bemerkt mit Benützung eines beliebten Interpretationsmittelchens, diese Bestimmungen gälten *„maxime"*, »insbesondere« für Personen fränkischen Rechtes, was Afflictus und Capycius wiederholen.[2] Und es ist überaus bezeichnend dafür, wie sich die Praxis mit dieser Beschränkung abfand, wenn Montanus[3] bemerkt, es handle sich bei dem mos magnatum um fränkisches Recht, *ita quod probanda sit qualitas haec vivendi iure Francorum saltem per assertivam contrahentium, ut passim fit.* Liess man doch eine vertragsmässige Unterwerfung unter den mos selbst bei Ausländern zu.[4] Andere halfen sich mit einer Auslegung, die man dem Lehenrecht entlehnte: der mos sei wohl fränkisches Recht, aber wie alles fränkische Recht seit den Kapiteln Mulier dotarium und Considerantes Karls II. gemeines Recht geworden.[5] Und vollends diejenigen, die den mos als einen Teil des gemeinen römischen Rechtes betrachteten, mussten ihm ohne weiters Wirksamkeit für den

---

[1] Contr. 1 n. 45 ff.

[2] Isernia, Const. III 15; Afflictus I Feud. 4 n. 12; Capycius, inv. feudalis c. Feuda pro dotario.

[3] Contr. 1 n. 56.

[4] Beispiele bei Decius cons. 402; Galeota contr. II 30 n. 62.

[5] Pandus, de dotario pars I q. 2; Brancacius a. a. O.; Latro dec. I 98 n. 28 ff.: gerade um die Zweifel an einer solchen Gemeingültigkeit des fränkischen Rechts zu vermeiden, werde in den Eheverträgen der Magnaten üblicherweise noch eigens auf dies Recht verwiesen.

gesamten Adel zuschreiben. In der That lautet die Ueberschrift jener offiziellen Aufzeichnung: *consuetudo ususque . . magnatum huius regni Siciliae citra Farum,* und ähnlich die Formel, welche sich in den einzelnen Verträgen findet; seine örtliche Geltung wird für Neapel[1] und Eboli[2] und, zum Teil wenigstens, für Lecce[3], insbesondere auch für die Insel Sizilien[4] bezeugt, und es treten ihm nur da und dort örtliche Observanzen, wie das Güterrecht der Adelsgesellschaften von Capuana und Nido in Neapel, oder etwa longobardisches Güterrecht, wie in dem erwähnten Prozess von 1731 entgegen. Hat das fränkische Güterrecht aber auch im Lauf der Zeit seinen ursprünglichen Geltungsbereich, die Geltung für Personen fränkischer Herkunft, geändert, so ist es doch stets in persönlich begrenztem Kreise wirksam geblieben und hat damit, gegenübergestellt dem Güterrecht anderer Kreise, einen Rest des Systems der persönlichen Rechte in Geltung erhalten. Die modernen Gesetzbücher haben seine Anwendbarkeit in Unteritalien beseitigt.

Persönliche Rechte und Statutenkollision.

57. Ziehen wir nun auch für Unteritalien die Ergebnisse unserer Untersuchungen, um derentwillen wir die Geltung der Stammesrechte verfolgt haben — das Verhältnis des Systems der persönlichen Rechte zu den Lehren der Statutenkollision zu bestimmen — so sehen wir auch hier die Träger des Systems, die Stammesrechte, in wachsendem Umfang von territorialen Rechtsquellen verdrängt. Da sind vor allem die Constitutiones Siculae, die den stammesrechtlichen Verschiedenheiten zu einem sehr erheblichen Teil ein Ende bereitet haben, und von dem, was sie überdauert hat, ist mancherlei zur doppelten Form örtlichen Rechtes heruntergesunken.[5] Andere

---

[1] Marta a. a. O. n. 25.

[2] Montanus contr. 1 n. 47 und contr. 24 pr.

[3] Capycius dec. 176.

[4] Decius cons. 402; Galeota contr. II 30, sowie Nepita und Muta a. a. O.

[5] Vgl. oben S. 260 über die letzten Zeiten des Gegensatzes zwischen longobardischem und römischem Recht; S. 269 ff. über das

Rechte, wie das der Sarazenen, in der Hauptsache auch das der Griechen, sind im Lauf der Zeit völlig untergegangen, und auch das zeitweilige Verschwinden römischen Gebietsrechtes bedeutet eine ähnliche Erscheinung.[1]

Bei alledem aber war der Gang der Dinge möglichst weit davon entfernt, dass auf einen Abschnitt personalen Rechts in reinlicher Scheidung ein Abschnitt territorialen Rechts gefolgt wäre. In alter und in neuer Zeit durchkreuzen sich die beiden Systeme. Da bestimmt das Stadtrecht von Palermo in c. 3, dass die Bürger der Stadt auch als Beklagte nur in Palermo und nach Palermitaner Recht gerichtet werden sollen, hätten sie auch auswärts kontrahiert oder delinquiert, oder handelte es sich um auswärtige Grundstücke, und in c. 36 werden die Urkunden der Griechen und Lateiner, der Sarazenen und Juden, eines jeden nach dem Recht seines Stammes, anerkannt.[2] Der erstaunlichen Erscheinung ist schon Erwähnung geschehen, dass Blasius Kollisionen der persönlichen Rechte in reicher Kasuistik erörtert und daneben die grundsätzliche Geltung der lex fori vertritt; und wenn er Lomb. III 1, 18 (f. 308[a]) die Baronie S. Framondo erwähnt, *ubi iure Longobardo vivitur,* und III 7 (f. 318[a]) von derselben Baronie spricht, *in qua vivebatur iure Francorum,* so ist damit das eine Mal das territoriale Recht des Gebietes, das andere Mal das persönliche Recht des Lehens gemeint. Dass auf Malta noch gegenwärtig neben der Gütergemeinschaft lateinischen Ursprungs Ehen »zu griechischem Recht« vorkommen, ist gleichfalls schon berührt worden, und ein anderer Rest der persönlichen Rechte hat sich, wie unten zu zeigen, in dem »salischen Thronfolgegesetz« bis auf den heutigen Tag lebendig erhalten.

Noch innerhalb des Systems der persönlichen Rechte ist die Kollision territorialer Rechte zur Geltung gelangt. Isernia erörtert[3] den Vorzug des Mannesstammes bei Beerbung des Vaters nach fränkischem und nach longobardischem Recht:

---

doppelte Güterrecht auf Sizilien. Ansätze dazu auch bei der Lehenfolge und dem mos magnatum oben S. 283 ff. und 299.

[1] S. oben S. 268 und S. 212 ff., 251 f.

[2] ed. La Mantia 168, 186.

[3] Const. III 26 S. 360 f.

sed numquid filius praeferatur filiae, sorori scilicet suae, in successione bonorum matris communis decedentis in bonis burgensaticis et in feudalibus, si vixit in eis mater iure Longobardo? Die Ansichten seien geteilt, doch gebe der Tochter ein verbreitetes Gewohnheitsrecht in solchem Fall longobardisch das gleiche Erbrecht wie dem Sohne — *et nota quod consuetudo debet esse in illa terra, unde sunt frater et soror, sicut dicitur C. 8, 52 l. 1 ibi „probatis his quae in oppido" etc. et C. 8, 10, 3 . . in eodem oppido, id est intra fines oppidi habitantes sunt sicut unum corpus . . servamus ergo consuetudinem illorum inter quos etiam conversamur et vivimus dist. 12 c. 4 et 11.* Ist der Gegensatz der kollidierenden Rechte auch nicht schärfer ausgeführt, so scheint dabei immerhin die Massgeblichkeit des Wohnsitzrechtes für die Bestimmung der Erbfolge gegenüber dem örtlichen Rechte des Richters betont zu werden, und so stehen wir vor dem eigentümlichen Thatbestand, dass über das anzuwendende Recht zunächst die Stammeszugehörigkeit, und innerhalb derselben die Verbindung mit einem territorialen Rechtskreis durch Wohnsitz entscheidet.

Oefter und zumal in jüngerer Zeit ist der umgekehrte Fall nachzuweisen, dass zunächst Statutenkollision das massgebende Territorialrecht bestimmt. Und es konnte dabei vorkommen, dass das für anwendbar erklärte örtliche Recht seinerseits an einer Verschiedenheit der Rechte nach Stämmen festhielt. So ist die Anwendbarkeit fränkischen Adelsgüterrechtes bisweilen von seiner Zulassung durch das kraft Statutenkollision überhaupt massgebende örtliche Recht abhängig gemacht worden.[1] Oder es sieht das Stadtrecht von Palermo in c. 41, 43, 47 für die Bestimmung des ehelichen Güterrechts auf die Gemeindeangehörigkeit, und nur innerhalb des Kreises der Bürger von Palermo wird unterschieden, ob sie zu griechischem oder lateinischem Recht heiraten. Darum bemerkt Boniornus, ein Kommentator des Stadtrechts aus dem 16. Jahrhundert, für

[1] Vgl. Decius cons. 402; de Ponte cons. I 8 und 35 — doch wird der leitende Gedanke nirgends scharf herausgearbeitet. — Humbert II., Fürst des Dauphiné, hat in Neapel geheiratet und errichtet auf Rhodus 1347 ein Testament, in dem er über die *tertia* seiner Frau Bestimmungen trifft.

Pisaner, die in Palermo heiraten, seien die Bestimmungen über lateinische Ehen nicht anwendbar, woran dann Muta[1] weitere Ausführungen über Statutenkollision im Güterrecht anknüpft. Und ähnlich stellt Nepita[2] die Fragen: gilt die (lateinische) Gütergemeinschaft des Stadtrechts von Catania, wenn ein Bürger auswärts heiratet. und später mit seiner Frau zurückkehrt? gilt sie, wenn ein Fremder in Catania eine Frau nimmt? und antwortet unter Hinweis auf Erörterungen des Baldus und Chassanaeus über diese Materien. Nur freilich, die lateinische Gütergemeinschaft war damals schon zur präsumtiven Güterordnung des Stadtrechts selbst geworden, und so nähert sich der Fall jener andern Form, in der die Fäden zwischen persönlichem Recht und Statutenkollision am häufigsten zu verfolgen sind: dass die alten Stammesrechte sich ihrerseits in Territorialrechte verwandelt haben, die ebensogut kraft räumlicher, wie kraft persönlicher Beziehungen zur Anwendung kommen konnten.

Ein solcher Vorgang hat sich schon damals vollzogen, als die Anwendbarkeit römischen und longobardischen Rechtes durch den Wohnsitz bestimmt wurde. Kann man es noch unter den Begriff der persönlichen Rechte stellen, wenn das römische Recht in Scafati, das longobardische Recht in Bari je für die Einwohner dieser Orte gegolten hat, so verbietet sich das jedenfalls bei Rechtssätzen anderen Ursprungs, die dort zur selben Zeit in Kraft waren; die Geltung des Wohnsitzrechtes war gleichzeitig eine Lösung der Statutenkollision[3], und wenn die Anwendung persönlichen Gebietsrechtes späterhin durch die geänderten Ansichten über Statutenkollision: die Anschauung von der Massgeblichkeit der lex fori, also von der Massgeblichkeit einer räumlichen Anknüpfung, verdrängt wurde, so zeigt das den Abschluss dieser Entwickelung.[4] Ein

---

[1] Consu. Panormitanae c. 43 n. 98.

[2] Consu. Catinae tit. 3 n. 287 f.

[3] Zumal dort, wo sich die Geltung der alten Rechte auf einzelne Punkte zurückgezogen hat, tritt die Bedeutung des Wohnsitzrechtes als einer Lösung der Statutenkollision in den Vordergrund. Ein Fall dieser Art ist im Stadtrecht von Amalfi enthalten — vgl. oben S. 232 Anm. 4 — das anordnet: *mulieres civitatis Amalfiae omnes . . vivunt Romano (iure).*

[4] Dazu oben S. 230 ff. und 257 f.

Beispiel solcher Verwandlung von Stammesrecht in Territorialrecht bringt auch Ursillus[1]: im Königreich gelte im Zweifel römische (longobardische) Lehenfolge, nur in Neapel und Aversa stünden die Lehen unter fränkischem Recht; *sed iuxta haec quaeritur, postquam hic concluditur quod Neapoli et Aversae vivatur iure Francorum in feudis, an haec consuetudo sic vivendi extendatur in feudis existentibus extra Neapolim?* Ein königlicher Rat habe ihm die Frage verneint, weil es sich bei der fränkischen Lehenfolge um eine *consuetudo odiosa* handle, die auf Grundstücke ausserhalb des Gebietes nicht erstreckt werden dürfe, und es spreche dagegen auch der Grundgedanke jener von Lucas und Afflictus gegebenen Entscheidung, nach der longobardische Lehen ihr Recht behalten, auch wenn sie an Personen fränkischen Rechtes gelangen; auf der andern Seite freilich erklären manche die Erstgeburtsfolge auch wieder für eine *consuetudo favorabilis,* und so wolle er die Frage lieber offen lassen.[2]

Vor allem anschaulich aber für die Veränderung, die sich vollzogen hatte, sind zwei Prozesse des 16. und 17. Jahrhunderts, die die Verwandlung des longobardischen Rechts in ein Territorialrecht darthun. Eine Frau hatte an einen Neapler Adeligen ein Grundstück veräussert und ficht diese Veräusserung nun nachträglich an, unter anderem deshalb, weil sie den Vertrag ohne Zuziehung eines Muntwalts geschlossen habe, *prout in partibus illis de necessitate ipsius (mundualdi) requiritur interventus pro validitate contractus,* wie das die Lombarda und die Glosse ergäben. *nec suffragatur dicere contractum fuisse stipulatum in civitate Iserniae, ubi iure Romano et non Longobardo vivitur, nam persona contrahens et non locus considerandus*

[1] Add. zu Afflictus dec. 119 n. 5.

[2] Im 16. Jahrhundert hat man das fränkische und longobardische Lehenrecht Unteritaliens auch als das in Frankreich und der Lombardei geltende Recht hingestellt und darnach ausgeführt: *praeterea si quis decederet relinquens feuda in Gallia, ubi more Francorum vivitur, et similiter in Lombardia, ubi omnes aequaliter vocantur ad successionem . . hoc casu feuda in Gallia existentia ibunt ad primogenitum, cetera vero quae in Lombardia permanent, inter filios aequaliter dividentur.* So I. Th. de Marinis, de gen. feud. tit. 14 n. 17, und ähnlich Capycius, inv. feud. c. Feudorum genera vers. Iure Longobardo.

est, quae sub quocunque coelo nec sexum nec fragilitatem nec iuris Longobardorum legem mutare potest, cum persona sit inhabilis ex se ad contrahendum sine medio, ut notat glossa in l. 8 C. 6, 60. In der That berichtet Grammaticus, der den Fall überliefert[1], dass der königliche Rat zu Neapel zu gunsten der Klägerin entschieden habe. Ganz dieselbe Frage hat dann eine Entscheidung des Neapler höchsten Gerichtshofes im Jahr 1624 hervorgerufen: eine Mutter hat ihrer Tochter Mitgift gegeben und deren Heimfall »an die Mutter oder Tochter« vorbehalten; die Ehe war in La Cava geschlossen worden, an ihrem letzten Wohnsitz, wie es scheint in Neapel, macht die Tochter Testament und weist die Mitgift ihrem Mann zu; die Mutter ficht das Testament als ungültig an, weil ohne Muntwalt errichtet. Den Ehemann vertritt Galeota, und er führt aus[2]: *nec obstat obiectio partis circa nullitatem testamenti ex eo quod in patria huius mulieris testantis vivatur iure Longobardo*; das longobardische Recht verlange die Mitwirkung des Muntwalts zur Errichtung eines Testamentes, erkläre der Gegner, *unde supposito quod si in patria huius mulieris vivatur iure Longobardo, sequitur ut, ubique locorum contrahat, teneatur servare sollemnitatem mundualdi, ut dicit Grammaticus dec. 76 n. 3, ubi in fine dicit iudicatum pro actrice.* Dagegen der Verfasser. *primo enim dicemus non probari in facto hanc mulierem vivere iure Longobardo . . secundo falsum omnino esse motivum Grammatici et contra notam et receptam fere ab omnibus distinctionem, quod aut sumus in respicientibus sollemnitatem, et inspicitur locus ubi fit contractus vel testamentum argumento l. 6 D. 21, 2, aut in respicientibus substantiam sive efficaciam dispositionis, et tunc attenditur patria iuxta theoricam Bartoli in l. 1 in 3. q. princ. C. 1, 1, quam exornant Gomezius ad l. 3 Tauri n. 20, Tullius Fernandez in 2. part. in princ., Barbosa ad l. 65 § fin. n. 93 cum seq. D. 5, 1,* und wenn das Urteil auch zu gunsten des Grammaticus gesprochen worden sei, so folge daraus doch nicht, dass es auch jenen Entscheidungsgrund übernommen

[1] Dec. 76.
[2] Contr. I 12 n. 38 ff.

habe. *ultra quod in casu praesenti non fuit opus de hoc disputare, siquidem . . testatrix, licet fuisset desponsata in civitate Cavae prope Salernum, erat tamen orta Briatrici* (Calabrien), *unde originem habebat.* Auch hier ergeht Urteil zu gunsten des Verfassers. — Das longobardische Recht war örtliches Recht geworden und untersteht damit den Grundsätzen der Statutenkollision wie irgend ein anderes Ortsrecht. Grammaticus wollte die Handlungsfähigkeit der Frau nach ihrem longobardischen Personalstatut bemessen — im übrigen ein schlagender Beweis für die Möglichkeit eines Zusammenhangs von persönlichem Recht und Personalstatut — Galeota erklärt das Erfordernis einer Zustimmung des Muntwalts zunächst für eine Formfrage, die sich nach dem Recht des Errichtungsortes des Testaments zu beurteilen habe, und in Neapel ist eine solche Zustimmung nicht erforderlich; wenn es sich dabei aber wirklich um eine Frage des materiellen Rechtes handle, über die das Personalstatut entscheidet, so bestimme sich das Personalstatut hier jedenfalls nicht nach dem Ort der Eheschliessung, sondern nach der origo der Person, und im römischrechtlichen Calabrien sei die Frau wiederum selbständig handlungsfähig.[1]

In anderen Fällen haben die alten Rechte ihre Verbindlichkeit für den Stamm mit einer solchen für einen anderweit begrenzten Kreis vertauscht, ohne doch ihre Eigenschaft als ausschliessend persönlich geltendes Recht aufzugeben. So ist zumal das fränkische Recht zum adeligen Standesrecht geworden; die fränkische Lehenvormundschaft und die Handlungsfähigkeit lehenbesitzender Frauen, vor allem der mos magnatum, sind dieser Entwickelung unterlegen.[2] Auch das Lehenfolge-

---

[1] Dass vollends dort, wo alte Rechtseinrichtungen von jüngeren Rechtsquellen aufgenommen worden sind, einstmaliges Stammesrecht nach Statutenkollision zur Anwendung gelangt, bedarf kaum der Hervorhebung. So haben die Consuetudines von Amalfi die longobardische Quart übernommen, und ein Annotator des 14. Jahrhunderts (ed. Camera 462[a]) knüpft daran die Frage, *utrum *talis consuetudo *extendatur ad omnia bona, scilicet tam ad bona sita amalfie quam ad bona alibi extra territorium huius civitatis* — eine formale Geltung longobardischen Rechtes kam dabei nicht mehr in Betracht.

[2] Vgl. oben S. 244, 273, 274, 301 ff.

recht ist in seiner Gesamtheit adeliges Standesrecht gewesen; die Frage aber, ob sich ein Lehen longobardisch oder fränkisch vererbe, ist vielfach und zumal dort, wo sich die Folgeordnung auf Observanz gründete, als eine Frage des Hausrechtes der einzelnen Familie aufgefasst worden. So rechnet es Isernia, und seit ihm viele andere, unter die Umstände, aus denen das fränkische Recht eines Lehens erkannt werden kann, *si illi de domo illa sunt in quasipossessione sic vivendi, scilicet iure Francorum*[1], und es werden damit mehrfach grundsätzliche Erörterungen über die Zulässigkeit von Familienobservanz und Hausgesetz verbunden, wie denn auch die Praxis von einer derartigen Beweisführung reichlichen Gebrauch macht.[2] Ein besonders merkwürdiger Fall solchen Hausrechtes hat sich bis zur Gegenwart erhalten — in Gestalt des sog. salischen Thronfolgegesetzes. Zwar ist dieser Ausdruck von den französischen Publizisten des 14. Jahrhunderts unzweifelhaft geprägt worden, um den Ausschluss der Frauen vom Thron zu bezeichnen.[3] Daneben aber hat sich, zunächst in Unteritalien, eine Verbindung zwischen fränkischem Recht und Thronfolgeanspruch des Erstgeborenen vollzogen[4], die bei der völlig allgemein

---

[1] Isernia II Feud. 54 (55) v° praeterea ducatus n. 37 und dazu Liparulus; Afflictus eod. (III 32) n. 10; Capycius, inv. feud. c. Feudorum genera vers. Iure Francorum; I. Th. de Marinis, de gen. feud. tit. 13 n. 9.

[2] Afflictus dec. 248 n. 1 f.; Loffredus cons. 11 n. 22: *..quod patet quia ipse Ioannes tamquam primogenitus successit in omnibus aliis feudis .. immo etiam tota familia horum nobilium de Carrafis hoc iure consuevit in omnibus feudis vivere et sunt in quasipossessione sic vivendi .. et clarum est potuisse inter eos induci hanc consuetudinem seu ordinem succedendi, ut notant Doctores ..*; Galeota contr. II 1 n. 86, 109 f.

[3] Vgl. Guérard, Journal des Savants 1843 570 ff.; Thudichum, sala 78 ff.; Monod, Revue critique d'histoire et de littérature[2] XXXIV 515 ff.; Del Giudice, Rendiconti dell' Istituto Lombardo[2] XXV 428 ff., XXVI 304 ff.; Viollet, Mémoires de l'Institut National de France XXXIV 2, 125 ff.

[4] Martinus Syllimani, super us. feudorum n. 216, wohl im Anschluss an Ioannes Fasolus (+ 1286), der mehrfach nach Unteritalien gekommen ist (Savigny V 512): *idem est in regno, quod non dividatur sed ordine geniturae transferatur ad maiorem ut c. 6 in fine X III 34, sicut est consuetudo Francorum in regno et in quolibet alio*

gewordenen Rezeption des Begriffes fränkischer Lehenfolge[1] — vielleicht auch unterstützt durch einen verwandten Sprachgebrauch im eigenen Lande[2] — dazu geführt hat, in den Begriff der salischen Thronfolgeordnung, auch in Frankreich, das thatsächlich schon sehr lange befolgte Erfordernis der Erstgeburtsfolge aufzunehmen. Und so steht gerade in der italienischen Verfassungsurkunde von 1848, mit Rücksicht auf den Ausschluss der Frauen, und im Hinblick auf den Vorzug der Erstgeburt[3]: *il Trono é ereditario secondo la legge salica.*

Und schliesslich sind die alten Stammesrechte nicht nur die Objekte einer Kollisionsordnung geworden, bei der eine übergeordnete Gewalt ihnen Grenzen anweist, zuweilen wurden sie selbst die Grundlage, von der aus andere Rechte ihren Geltungsbereich zugewiesen erhalten. Man mag es etwa schon hieher rechnen, wenn Afflictus die Beseitigung der persönlichen Rechte Const. Sic. II 17 dazu verwertet, die grundsätz-

---

feudo .. aliud autem feudum secundum ius Italiae ad omnes heredes transit et dividitur. Afflictus, Const. II 17 (16) n. 3: *et istud ius Francorum quod primogenitus solus succedat in feudis, servatur de iure in successione regnorum ut in c. 6 X III 34 et in feudis dignitatum, ut sunt ducatus marchionatus comitatus, quia ista sunt indivisibilia ut in dicto § praeterea ducatus (II Feud. 54) et I Feud. 13 et II Feud. 10, nisi aliud dictaret consuetudo;* vgl. auch II Feud. 54 (III 32) vers. praeterea ducatus n. 8.

[1] S. oben S. 278. — Ueber gelegentliche Vertauschungen der Bezeichnung »fränkisches« und »salisches« Recht vgl. z. B. oben S. 132 Anm. 6.

[2] Albertinus Mussatus, de gestis Henrici VII. (um 1313) lib. 1 c. 2 ed. Muratori script. X 40: *Henricus .. cum tribus reliquis eodem patre natis superstes mansit paternae domus maior ut primogenitus lege Gallica,* und manche Handschriften — Muratori 120 ff. — haben hier sogar *lege Salica* (München clm. 89 liest *lege gallica*). — Dass die Vererbung des Thrones nach Erstgeburtsrecht, und schon vor der Ausbildung jenes Begriffes des salischen Gesetzes, ein bewusst erfasster Satz des französischen Staatsrechtes war, zeigt eine Aeusserung des Petrus Jacobi, practica rubr. 63 n. 62 von 1329, der diese Erstgeburtsfolge in den französischen Thron eine *consuetudo diutius approbata* nennt.

[3] Del Giudice a. a. O. XXV 428; XXVI 318 — und nicht bloss aus Versehen, wie Del Giudice annimmt.

liche Verbindlichkeit der lex fori festzustellen.[1] Dass die Art der Lehenfolge an das persönliche Recht des Grundstückes und nicht seines Inhabers geknüpft wird, benützt oben S. 307 Ursillus, um die Massgeblichkeit der lex rei sitae darzuthun. Und vornehmlich ist es zu einer solchen Umformung in den Gebieten gekommen, in denen das longobardische zum Landesrecht geworden ist. Da stehen sich römisches Landesrecht gegenüber, dem das Corpus Iuris und seine Auslegung die Kollisionsregeln für die Entscheidung von Konflikten liefert, und longobardisches Landesrecht, in dem die einstmals dem System der persönlichen Rechte angehörigen Grundsätze schlecht und recht den Kollisionen territorialer Rechte angepasst werden — nachbarliche Ordnungen für die Kollisionslösung, wie heute das deutsche und das französische internationale Privatrecht.[2] War die Anwendbarkeit der alten Rechte durch die Stammeszugehörigkeit, diese durch Familienmitgliedschaft vermittelt worden, so benützt nun Blasius die Grundsätze von Lomb. II 5 und 7 dazu, den Geltungsbereich eines Ladungsprivilegs festzulegen, das einer bestimmten Familie verliehen ist. Und er bezeichnet — nicht eben zwingend — das Recht des Thatorts als entscheidend in Strafsachen, weil dies aus dem Lomb. II 56 für massgebend erklärten Stammesrecht des Verletzten zu folgern sei. Scharf tritt die doppelte Kollisionsordnung in Erörterungen des Pandus zu Tage: *an in dotario et dotis lucro attendantur leges loci viri vel uxoris? de iure Longobardo est clarum quod uxor vivit legibus viri sui ut in toto titulo in Longobarda*

---

[1] Const. II 17 (16) n. 5: *quarto nota ex eodem textu quod, si in loco iudicii actor habet unam consuetudinem et reus habet aliam contrariam, quod servatur consuetudo loci iudicii, sive sit ad litem ordinandam sive ad decidendam.*

[2] Schon die Voraussetzungen für die Gültigkeit der örtlichen Rechte werden jeweils dem einen oder dem andern Landesrecht entnommen s. Kar. de Tocco II 41, 1 deest; auch Blasius II 40 f. 245b: *item nota quod iure communi et Longobardo tunc recurritur ad consuetudinem, quando lex deest ut D. 1, 3 l. 32 et in Lon. eod. tit. (II 41) l. 1, et in hoc articulo concordant ipsa iura. differunt tamen in alio, quia de iure Longobardo nulla consuetudo est proponenda legi ut dicta l. 1. quod iure Romano non evenit, nam consuetudo et generaliter et specialiter vincit legem.*

Ut uxor vivat legibus viri (II 7). sed de iure Romano non est modica difficultas quae pendet ab intelligentia legis 65 D. 5, 1. Nach longobardischem Recht entscheide somit stets das Recht des Mannes, für das römische Recht aber sei nach richtiger Auslegung das Recht des ersten Ehewohnsitzes massgebend, möglicherweise also auch das Recht der Frau. Haben sich die Eheleute am Wohnsitz des Mannes niedergelassen, so stimmen die Kollisionsregeln des römischen und des longobardischen Rechts überein, auch dann, wenn die Frau den Mann überlebt — *a quodam non ignobili advocato alias fuit allegatum in contingentia facti quod dispositio l. 65 D. 5, 1 non habet locum, ubi vivitur de iure Longobardo, per dictum Baldi in rubr. n. 3 C. 7, 74* (oben S. 177). *ego vero dicebam quod Baldus intelligi debet secundum legem quam allegat. citat Baldus l. 2 in Longobarda II 7, quae probat quod, si Romana nubit Longobardo, effecta vidua absolvitur a iure Longobardo, et hoc fortassis in odium iuris Longobardi, quia si Longobarda nubit Romano, effecta vidua non absolvitur a lege viri eod. in Longobarda l. 1. praeterea advertendum est quod dictum Baldi non procedit in dotario, quia inspicitur tempus matrimonii et non mortis . . et ideo non est in consideratione tempus viduitatis uxoris ut in dicta l. 2.*[1]

Was über den geschichtlichen Zusammenhang der beiden Kollisionssysteme, des Systems der persönlichen Rechte und der Lehre von der räumlich-persönlichen Statutenkollision, zu sagen war, ist damit erschöpft, und es erübrigt, um die Untersuchung über die Beziehungen beider Einrichtungen zu Ende zu führen, nur mehr eine minder umfängliche Aufgabe, die Vergleichung der Grundsätze, wie die Zugehörigkeit zu einem Rechtskreis vermittelt wurde, und welche Beziehung bei einer Mehrheit konkurrierender Rechte den Ausschlag gab.

[1] De dotario pars I q. 11—19. — Daneben mag etwa auch noch auf die sehr allgemeinen Bezugnahmen bei Pandus und schon bei Isernia oben S. 255 hingewiesen werden.

Die gemeinrechtliche Entwickelung des internationalen Privat- und Strafrechts bis Bartolus.

Zweites Stück:
Die gemeinrechtliche Entwickelung
bis zur Mitte des 13. Jahrhunderts.

Von

Dr. Karl Neumeyer,
Universitätsprofessor in München.

Mit Unterstützung der Savignystiftung.

1916
München, Berlin und Leipzig
J. Schweitzer Verlag (Arthur Sellier).

Druck: Dr. F. P. Datterer & Cie. (Inh. Arthur Sellier), München-Freising.

Vorwort.

Am 23. Juli 1914 habe ich diese Arbeit abgeschlossen. Tiefer Friede deckte das Land. Und nach einigen Wochen des Atemholens dachte ich dem Buch sein Geleitwort zu schreiben, das mancherlei auf dem Herzen hatte: den warmen Dank für die Aufnahme, die der erste Teil dieser Arbeit zumal bei den Historikern gefunden hatte; wohl auch eine friedliche Polemik über die Begriffe Personalität und Territorialität, deren Deutung im Sinne des ersten Bandes ich auch heute noch für unangreifbar halten möchte; und vor allem eine Erklärung, warum dies zweite Stück, das hier veröffentlicht wird, so empfindliche Beschränkungen sich auferlegt gegenüber dem ursprünglichen Plane der Untersuchung. Nur das Kernproblem des Gegenstands, die Abgrenzung zwischen örtlichen Rechten, ist hier erörtert, unter Abstellung auf die Lehren der ältesten Legisten und Kanonisten, denen die Praxis ihrer Zeit gegenüberzuhalten war; die Erörterung wurde beschränkt auf die Zeit bis 1250, die die entscheidenden Erkenntnisse einschließt, und nach deren Ablauf sich die Rechtsentwickelung in verhältnismäßig geordneten Bahnen weiterbewegt; und das Buch versagt es sich, die Verknüpfung dieser Lehren mit den sonstigen Rechtsanschauungen der Zeit näher zu verfolgen, besonderen Gestaltungen des Problems nachzugehen, wie sie die Abgrenzung des Rechts personal begrenzter Bevölkerungskreise darbietet, auch, das Bild von der Geltung der Stammesrechte, das der erste Teil des Werkes bringt, durch eine Schilderung zu ergänzen, wie diese Stammesrechte im Konfliktsfall, verschieden nach der Art der Rechtsverhältnisse, zur Geltung berufen waren. Reichlicher Stoff hatte sich für das alles aufgesammelt, und es war dem Verfasser schwer geworden, Arbeiten abzubrechen, denen seine Liebe gehört hat. Aber es schien ihm Pflicht, den drängenden Forderungen der Gegenwart ihr Recht zu lassen. Die Zahl der ernsthaften Arbeiter im Bereich des internationalen Privatrechts ist so verschwindend klein, die Aufgaben, die hier der Bewältigung harren, sind so unabsehbar, daß jeder, der kann, zur Stelle sein muß.

Das und manches mehr sollte dieses Vorwort auseinandersetzen. Und dann grollte es im Osten. Und dann kam der Zusammenbruch — in Schauern sucht eine neue Welt ihre Gestaltung. Wenn in der Wucht der Geschehnisse noch Raum blieb, die nächsten Sorgen zu bedenken, dann mochte dem Freund des internationalen Privatrechts zuweilen wohl bange werden. Im Völkerrecht sank die Hoffnung eines Jahrhunderts zu Boden. Konnte es noch lohnen, sich da mit internationalem Privatrecht zu befassen, die feinsten Grenzscheidungen unter den Völkern auf die Wage zu legen, wo die entfesselten Gewalten Wage und Gewogenes zu zermalmen drohten? In steigendem Maße komme ich zu dem Glauben, daß der Zusammenbruch von Teilen des Völkerrechts, den wir erleben mußten — und nicht von deutscher Seite her erleben mußten, um mich frei von Zweifeln auszudrücken — nur zu einem Geringen auf dem Verschulden der Regierenden beruht. Wir hatten das Mögliche im Kampf um die Macht überschätzt. Aber Gerechtigkeit auf der Bank des Richters ist möglich zu jeder Zeit. Und wenn etwas dem Schreiber dieser Zeilen den Mut gab, an eine Wiederaufrichtung des Rechts unter den Völkern zu glauben, soweit nur der Kampf um das Leben der Staaten ihm Raum läßt, dann war es der Gedanke an die Zeiten, von denen diese Blätter handeln. In Wirrsal und Kämpfen ohne Unterlaß ist damals von Land zu Land eine Ordnung unter den Gesetzen erwachsen, und nichts vermochte seither ihre Weiterbildung aufzuhalten. Als Forderung der Gerechtigkeit wird das internationale Privatrecht auch künftig seinen Anteil verlangen. Und wenn sie allerwärts zur Geltung kommt, dann mag das eine der Brücken werden, auf denen wir uns, nicht ohne Widerstreben zuweilen, aber geführt von einer Notwendigkeit, die nicht nach Empfindungen frägt, wiederum mit den Völkern begegnen werden, die wir heute Feind heißen.

Der k. Akademie der Wissenschaften in Berlin, die dazu verholfen hat, den von der Ungunst der Zeiten gefährdeten Druck dieses Buches zu erleichtern, sei auch hier der geziemende Dank gesagt.

München, den 24. September 1916.

Karl Neumeyer.

Inhalt.

II. Stück.

Die gemeinrechtliche Entwickelung bis zur Mitte des dreizehnten Jahrhunderts.

1. Kapitel.

Die Praxis.

2. Kapitel.

Die Legisten.

3. Kapitel.

Die Kanonisten.

Anhang.

Notizen zur Literaturgeschichte finden sich Seite 59[1] (Azo), 60[1] (Accursius), 63[3] (Jacobus Balduini), 66[1] (Aldricus), 70[3] (Hugolinus), 75[1] (Roffredus), 116[1] und 123[2] (Glossen zum Decretum Gratiani), 123[3] (Vincentius Hispanus).

II. Stück.

Die gemeinrechtliche Entwickelung bis zur Mitte des dreizehnten Jahrhunderts.

---

1. Kapitel.

Die Praxis.

Die Herrschaft der lex fori.

1. Das System der persönlichen Rechte ist in der rechtlichen Entwickelung Italiens eine Episode ohne Folgen geblieben.[1] Und auch zu der Zeit, da das System in voller Kraft stand, hat es nicht den gesamten Rechtsstoff unter seine Regeln gezogen. Stets haben daneben Rechte gegolten, die einheitlich, ohne Rücksicht auf die Herkunft der Bevölkerung, wirksam gewesen sind, neben einem allgemeinen Landesgewohnheitsrecht auch Bestimmungen, die von Ort zu Ort verschieden waren, die Rechte weiter Landschaften, die sich durch die longobardische, die römische Grundlage von einander schieden, die Ordnungen bäuerlicher Nachbarschaften, denen schon Rothari die Befugnis zu selbständiger Satzung eingeräumt hatte. Vor allem aber sind Träger dieser Verschiedenheit die Städte geworden, die im 11. Jahrhundert ihr besonderes Gewohnheitsrecht aufzuzeichnen beginnen, um es seit dem

[1] Über die Berührung des Systems der persönlichen Rechte mit den Lehren von der Abgrenzung der Ortsrechte Stück I §§ 40, 41 und 57, sowie unten im Anhang. Es sei ausdrücklich bemerkt, daß die folgenden Ausführungen ein falsches Bild geben, wenn nicht der vielfach verästelten Fortdauer der alten Stammesrechte neben ihnen Rechnung getragen wird.

Ende des 12. Jahrhunderts in bewußter Gesetzgebung fortzubilden. Bevor in der Mitte des 11. Jahrhunderts die Geister erwachen, um erst zögernd und alsbald in bewunderungswürdigem Aufstieg der Kultur von heute die Grundlagen zu schaffen, da ist wie alles geistige Leben so auch das Recht auf tiefer Stufe gestanden, und die Frage, in welchem Umfange solches Recht gegolten hat, hat die gleiche Antwort erfahren wie allerwärts in primitiven Verhältnissen:[1] sofern der Fremde nicht völlig rechtlos ist, so findet er die Rechtssätze, die seine Angelegenheiten ordnen, da, wo Recht auf ihn angewendet wird. Das mag sich in den Zeiten des Tiefstands zumeist ganz unbewußt vollzogen haben; die Leute wenden ihr eigenes Recht an, ohne nur daran zu denken, daß der Fall von anderen anders beurteilt werden könnte. Und wenn einmal der Gegensatz lebendig wird, dann findet man eine zornige Ablehnung fremder Ordnung, wie in dem Falle des Königs Ratchis, von dessen ehelichem Güterrecht die Chronik berichtet:[2] *accepit Rachisi uxorem de hurbem Roma nomine Tassia et disrupit lex paterna Langobardorum, morgyncaph et mithio, que in suis legibus affixum est, non adimplevit. Fecit autem donationes cartule Romane, sicut ipsi Romani petierunt. Propter hoc Langobardi irritati adversus Rachisi rex, et tractantes cum Astulphus de regno eius.* Solcher vorbehaltslosen Durchführung des eigenen Rechts entspricht es, wenn Otto III. in einer bekannten Formel den Richter der Stadt Rom anweist (die Anweisung gilt freilich dem römischen als kaiserlichem und nicht als örtlichem Recht): *secundum hunc librum iudica Romam et Leonianam orbemque universum.*[3] Und noch spät gehen Kaiserurkunden von der allseitigen Geltung des Ortsrechtes aus, ein Privileg Heinrichs VI., das noch einmal 1226 bestätigt wurde und einem Kloster als

---

[1] Eine nordgermanische Parallele Heimskringla, Inglinga-Saga c. 4 ed. Unger 6.

[2] Benedictus de Monte Soracte, Chronicon c. 16, Monumenta Germaniae historica 2° Scriptores 3, 702.

[3] Mon. Germ. 2° Leges 4, 662.

besondere Vergünstigung gewährt, vor fremden Gerichten nicht nach Ortsrecht gerichtet zu werden,[1] ein anderes Privileg von 1162, mehrfach wiederholt bis 1226, das den Genuesen einräumt, wegen keiner Sache anderswo als in Genua belangt zu werden, und dort *secundum leges nostras romanas et bonas consuetudines eorum.*[2] Vor allem deutlich aber tritt diese Rechtsanschauung hervor, wenn Venetianer Bürger in Venedig unter Stadtrecht sind, auf der Terra ferma sich zu longobardischem Recht bekennen, wenn ähnliches noch 1208 für einen Einwohner der Stadt Mailand zutrifft, der eine Urkunde auf dem Lande errichtet, wenn die Urkunden der Großgräfin Mathilde von Tuscien, wenn Urkunden der Ezzelini verschiedenerlei Recht aufweisen je nach dem Ort, an dem die Urkunde errichtet wurde, wenn die Welfen des 11. und 12. Jahrhunderts in Deutschland unter schwäbischem Recht stehen, in Italien aber unter longobardischem Recht.[3] Die Genueser Konsulatsstatuten von 1143 verlangen, daß Klagen der Genuesen gegen Leute von außerhalb in bestimmter Frist *secundum nostrum sensum* entschieden werden.[4] Und so ist auch im Prolog des Pisaner Stadtrechts 1160 zu lesen: die Stadt habe ihr eigenes Gewohnheitsrecht, Richtern unterstellt, die previsores heißen, *ut..tam civibus quam advenis et peregrinis et omnibus universaliter in consuetudinibus previderent.*[5]

Lex fori in Staatsverträgen.[6]

2. Beträchtlich wichtiger als diese verstreuten Äußerungen ist für die Erkenntnis jener Rechtsanschauung indessen ein anderes geworden. Die Festigung der poli-

[1] Darüber unten § 6.

[2] Historiae patriae monumenta („HPM") 7, 207 n. 236. Bestätigt 1191, 1220 und 1226, eod. 369, 653, 774, n. 385, 561, 629.

[3] Die Nachweise hiefür in Stück I S. 171, 138, 141, 161[4].

[4] Stat. c. 5 HPM 2, 241.

[5] Constitutum Usus prol., ed Bonaini, statuti inediti di Pisa 2, 813. — Eine ähnliche Wendung, auf Herzog Gottfried zurückgeführt, auch in den Assisen von Jerusalem, Haute Cour c. 1, ed. Beugnot, Assises de Jérusalem 1, 22.

[6] Nicht alle Vertragsteile, die solche Vereinbarungen ge-

tischen Zustände Italiens hat alsbald einen starken Verkehr durch das Land erzeugt. Ein schweres Hemmnis war ihm die, wenn vielleicht nicht de jure, so sicher de facto bestehende Rechtlosigkeit der Auswärtigen. Und ihr zu begegnen hat man eine Einrichtung ausgebildet, deren Anfänge in die Karolingerzeit und darüber zurück reichen, den Abschluß von Staatsverträgen, die den Rechtsschutz der beiderseitigen Angehörigen sicherstellen sollen. Träger dieser Bewegung sind die Städte, und wenn im Süden das Aufkommen einer starken Zentralgewalt das Bedürfnis nach solchen Vereinbarungen bald geringer werden läßt, so haben dafür die Städte Ober- und Mittelitaliens das System zu reichster Ausbildung gebracht, gelegentlich auch in Verbindung mit anderen Territorialherren, über die Grenzen Italiens hinausgreifend entlang den Küsten des ganzen Mittelmeeres: man wird die Zahl solcher Verträge, die im 12. und 13. Jahrhundert geschlossen wurden, auf manches Tausend zu veranschlagen haben. Mit den zwanziger Jahren des 12. Jahrhunderts aber beginnen diese Verträge auch Vorschriften über die anwendbare Rechtsordnung aufzunehmen, und in scharfer Gegenüberstellung wird vereinbart: wer in dem Gebiet des anderen Teils klagt, erhält sein Recht nach dortigem Gewohnheitsrecht, und wer von den Angehörigen jenes Teils hier Klage erhebt, der nach den hier geltenden Sätzen.[1] So sichert der älteste dieser Verträge, der über-

schlossen haben, sind „Staaten" im Sinne des modernen Rechts, wie auch die „Städte", von denen im folgenden vielfach die Rede sein muß, die wichtigsten, aber nicht die einzigen Träger des Rechts in Ober- und Mittelitalien darstellen. Das Bedürfnis nach Kürze mag die Ungenauigkeiten rechtfertigen.

[1] Anführungen zu erleichtern, seien Verträge, die solche Klauseln enthalten, hier nach der Zeitfolge zusammengestellt: 1126 Pisa-Amalfi Archivio storico italiano[3] 8 I, 3 (1868). 1129 Gaeta-Neapel Codex diplomaticus Caietanus 2, 242 n. 318 (noch nicht in einem Vertrag von 1029 eod. 1, 306 n. 156). 1132 Genua-Narbonne HPM 7, 39 n. 31. 1136 Venedig-Genua HPM 6, 222 n. 177. 1139 Pisa-Genua HPM 6, 231 n. 184. 1140 oder 1141 Gaeta-Graf von Spigno Codex dipl. Caietanus 2, 269 n. 335. 1140 oder 1141 Venedig-Fano Nuovo archivio veneto[2] 11, 43 (1906). 1145 Venedig-

liefert ist, ein Abkommen zwischen Pisa und Amalfi von 1126, den Amalfitaner Kaufleuten in Pisa Freiheiten zu — es ist nur das Versprechen Pisas erhalten — *et si habent legem cum aliquo, directum inde iudicium habeant secundum nostram consuetudinem.* Der Herzog von Neapel vereinbart 1129 mit Gaeta, es solle bei einer Verletzung seiner oder seiner Untertanen durch Leute von Gaeta nicht zur Selbsthilfe gegriffen werden, *si infra 15 dies proximiores factae reclamationi emendationem habuerimus per iusticiam secundum legem et usum gaietae.* Der nächste der erhaltenen Verträge, das Abkommen zwischen Genua

Pola Minotto, acta et diplomata e r. tabulario veneto regesta 1, 3. 1145 Venedig-Capodistria Fontes rerum austriacarum[2] 12, 105. 1156 Genua mit Mailand und Tortona HPM 7, 193 n. 222. 1166 Genua-Narbonne Devic et Vaissette, histoire générale de Languedoc[3] 8, 263. 1174 Pisa-Corneto Muratori, antiquitates italicae 4, 401. 1174 Genua-Narbonne HPM 7, 294 n. 309. 1175 Privileg des Königs von Sizilien für Venedig Fontes rer. austr.[2] 12, 172. 1175 Venedig-Verona Nuovo archivio veneto 10, 481 (1895). 1176 Genua-Cagliari HPM 10, 249 n. 107 (noch nicht 1174 eod. n. 102). 1179 Pisa-Grasse Muratori, ant. it. 4, 345. 1179 Siena-Grafen Ardengheschi Zdekauer, il constituto del comune di Siena p. XIV. 1180 Pisa-Venedig Gius. Müller, documenti sulle relazioni delle città toscane coll' oriente 20 n. 18. 1182 Lucca-Modena Muratori, ant. it. 2, 887. 1183 Cremona-Parma HPM 21, 156 n. 393. 1188 Parma-Modena Muratori, ant. it. 2, 349. 1191 Genua-Torre HPM 10, 269 n. 135. 1192 Pirano-Spalato Kandler, codice dipl. istriano (n. 182); dazu unten S. 17. 1192 Genua-Arborea HPM 7, 377 n. 389 und 392 n. 397. 1193 Asti-Alba Il regestum communis Albe edd. Gabotto e Eusebio 1, 54 n. 19. 1194 Asti-Vercelli HPM 1, 1010 n. 680. 1198 Lodi-Mailand Codice diplomatico laudense ed. Vignati 2 I, 226 n. 209 und 231 n. 210. 1202 Mantua-Verona D'Arco, nuovi studii intorno alla economia politica di Mantova 230 n. 48; dazu unten S. 17. 1208 Ferrara-Mantua Muratori, ant. it. 2, 873. 1212/21 Pisa-Arles Papon, histoire générale de Provence 2 preuves XXXIX n. XXXVII und Muratori, ant. it. 4, 395. 1214 Pisa-Venedig Gius. Müller a. a. O. 88 n. 57. 1215 Mailand-Vercelli HPM 1, 1203 n. 818 und 1209 n. 819. 1217 Vercelli-Alessandria HPM 1, 1238 n. 834. 1218 Genua-Venedig HPM 7, 609 n. 535. 1225 Modena-Pistoja Muratori, ant. it. 4, 413. 1228 Genua-Venedig HPM 7, 815 n. 656. 1229 Genua-Marseille HPM 7, 851 n. 675. 1232 Siena-Chiusi Archivio storico italiano[3] 4 II, 31 (1866). 1250 Eid des Richters der Venezianer in Ferrara Ghetti, i patti tra Venezia e Ferrara 202.

und Narbonne von 1132, lautet bereits zweiseitig: *si aliquis ianuensis tam pro credentia quam pro manuleuatione alicui narbonensi aliquod debitum dare debuit, de debito illo narbonensis faciat inde reclamationem in ianuensi curia, et ianuensis curia faciat ei iustitiam sicuti si esset ianuensis.. si autem deinceps in antea aliquis narbonensium offenderit aliquem ianuensium, debent.. narbonenses facere emendare secundum morem illius terre.* Die üblichen Formeln, in denen die Anwendung eigenen Rechtes auf den fremden Kläger zugesichert wird, lauten, es solle Recht gewährt werden *secundum nostram consuetudinem, secundum usum nostrum, secundum morem* oder *rationem mee civitatis, nostre terre,* nach einer alten Genueser Formel auch *secundum nostrum sensum.*[1] Häufig wird der Name des Gebiets, dessen Recht entscheiden soll, noch ausdrücklich eingesetzt, der gute Brauch von Modena, die Gewohnheit von Narbonne, das Statut der Stadt Pistoja solle Anwendung finden.[2] Zuweilen ist die anwendbare Rechtsordnung auch in Verbindung mit dem Gericht gebracht, das über den Streit zu urteilen hat; es wird Entscheidung *secundum consuetudinem nostrae curiae* ver-

[1] Pisa-Amalfi 1126. Genua-Narbonne 1132 und 1174. Gaeta-Spigno 1140/41. Venedig-Fano 1140/41. Venedig-Capodistria 1145. Pisa-Corneto 1174. Sizilien-Venedig 1175. Venedig-Verona 1175. Siena-Ardengheschi 1179. Parma-Modena 1188. Genua-Torre 1191. Pirano-Spalato 1192. Genua-Arborea 1192. Venedig-Ferrara 1250. Die Formel *secundum nostrum sensum* Pisa-Genua 1139, Genua-Mailand und Torfona 1156; ebenso die Genueser Konsulatsstatuten von 1143 oben S. 3. Auch der arabische König von Valenza verspricht den Pisanern in einem Vertrag von 1150 Recht *secundum mea lege;* Amari, i diplomi arabi del r. archivio fiorentino 239 s. 2 n. 1 (verstümmelt; im Abdruck HPM 6, 269 n. 228 fehlt die Stelle. Auch der gleichzeitige Vertrag mit Genua HPM 7, 182 n. 167 ergibt keine weiteren Aufschlüsse). Vergl. ferner die unten anzuführenden Verträge Venedig-Fano 1141; Genua-Pisa mit St. Gilles 1143; Genua-Montpellier 1225; Genua-St. Gilles 1232.

[2] Gaeta-Neapel 1129. Venedig-Pola 1145. Genua-Narbonne 1166. Pisa-Grasse 1179. Lucca-Modena 1182. Cremona-Parma 1183. Mantua-Verona 1202. Pisa-Arles 1212/21. Genua-Venedig 1218 und 1228. Modena-Pistoja 1225. Genua-Marseille 1229.

sprochen,[1] oder noch bestimmter in dem Abkommen zwischen Siena und Chiusi von 1232 vereinbart, *ut quicumque de Clusinis voluerit petere ius de aliquo vel ab aliquo senense, veniat Senas petiturus et recepturus et similiter quicumque Senensis voluerit petere ius de aliquo Clusino, veniat Clusium petiturus et recepturus. et petenti observetur ius et constitutum illius terre, in qua petitio fuerit.* Zu dem gleichen Ergebnis führt es aber auch, wenn öfter dem fremdem Kläger Recht „wie dem eigenen Bürger" zugesichert wird.[2] Oder es werden zu besonderer Bekräftigung etwa auch die beiden Formeln verbunden, wie in dem Vertrag von 1179, in dem Siena fremden Klägern *constitutum et usum huius civitatis sicut ipsis civibus* zu wahren verspricht.

Die Zahl solcher Verträge reicht indessen über diese unmittelbaren Zeugnisse wesentlich hinaus. Nicht selten nämlich wird in Vereinbarungen dem fremden Kläger Entscheidung *secundum usum, secundum consuetudinem* schlechtweg zugesichert, ohne daß bezeichnet wäre, welches Recht dies sein soll. Es kann nun sein, daß dabei an ein allgemeines, beiden Teilen gemeinsames Recht gedacht ist.[3] Ganz regelmäßig aber wird damit auf das örtliche Gewohnheitsrecht verwiesen, das in der Stadt des urteilenden

---

[1] Pisa-Venedig 1180 und 1214. Ähnlich das Privileg des Fürsten von Antiochia für Genua unten S. 14.

[2] Genua-Narbonne 1132. Venedig-Genua 1136. Genua-Cagliari 1176. Asti-Alba 1193. Asti-Vercelli 1194. Lodi-Mailand 1198. Ferrara-Mantua 1208. Mailand-Vercelli 1215. Vercelli-Alessandria 1217. Vergl. auch die allgemeine, nicht auf das Recht beschränkte Zusicherung der Städte Parenzo, Umago, Cittanuova 1150, die Venetianer den eigenen Bürgern gleich zu halten; Carli, delle antichità italiche 4 S. 29, 31, 32, app. n. 9, 11, 12.

[3] Hierher etwa Modena Parma 1188 Muratori, ant. it. 4, 347: Streitigkeiten zwischen Modena und Reggio sollen dem Schiedsspruch eines oder zweier Freunde unterstellt werden, die *secundum rationem et bonum usum* entscheiden sollen. Ähnlich formelhaft wohl auch der (stark verdorbene) venetianische Schiedsspruch zwischen Fano und Pesaro 1141, Nuovo archivio veneto[2] 11, 45 (1906).

Richters gilt.[1] Und das muß nicht erst mittelbar aus den Anschauungen der Zeit gefolgert werden. Eine ganze Anzahl von Urkunden zeigen, daß damit eben das Recht des urteilenden Richters vereinbart sein soll, und die nähere Bezeichnung als selbstverständlich weggeblieben ist. Genua und Narbonne versprechen sich 1182 und 1224 wechselseitig Rechtsschutz *secundum leges et bonos usus;* ihre früheren Vereinbarungen von 1132, 1166, 1174 aber hatten ausdrücklich formuliert, es solle den Angehörigen des anderen Teils *sicuti si esset januensis, secundum consuetudinem Narbonensis civitatis* Recht gesprochen werden. Ähnlich der Vertrag Genuas mit Tortona 1197 gegenüber demjenigen von 1156. In einem andern Abkommen von 1191 verspricht Genua dem König von Torre Recht *secundum leges romanas et bonos usus,* das Gegenver-

[1] Beispiele derartiger Verträge: Genua-Pavia 1130 und 1140 HPM 1, 213 n. 168 und 7 col. 68, 69 n. 63, 64. Rom-Pisa 1174 Archivio della società romana di storia patria 25, 460 (1902). Genua-Corneto 1177 eod. 463. Genua-Savona HPM 7, 316 n. 330. Genua-Narbonne 1182 und 1224 eod. 322, 745 n. 337, 613. Genua-Torre 1186 und 1191 eod. 342, 344, 377 n. 359, 361, 389. Pavia, Como, Lodi, Bergamo 1191 Cod. dipl. Laudense 2 I, 183 n. 162. Genua-Tortona 1197 und 1218 HPM 7 col. 413, 599, 603, n. 412, 532, 533. Genua-Noli 1202 eod. 474 n. 445. Verona-Ferrara 1217 Muratori, ant. it. 4, 227: *„secundum consuetudinem regni* (gemeinsam) *et regionis* (örtlich geschieden)." Narbonne-Toulon 1225 A. Blanc, de livre de comptes de Jacme Olivier 2 I, 301. Hierher insbesondere auch die Eide der Richter für Venetianer in Verona 1193 Archivio storico italiano[5] 40, 353 (1907); in Treviso 1198 Minotto a. a. O. 2, 23; in Triest 1233 Minotto 1, 18; in Ferrara 1247 Ghetti a. a. O. 199. Entsprechendes gilt für den Eid der Fremdenrichter in Venedig, der in jüngerer Fassung bei Roberti, le magistrature giudiziare veneziane 2, 105 zu finden ist; die ursprüngliche Form läßt sich erschließen aus den vorerwähnten Zeugnissen in Verbindung mit dem Richtereid des Dogen (promissio 1192 Archivio storico italiano appendice 9, 327 [1853]; promissio 1229 bei Romanin, storia documentata di Venezia 2, 430) und fällt wohl in die Zeit der Errichtung dieses Fremdengerichts als einer festen Behörde (nach 1191 wie der Vertrag Venedigs mit Ferrara von 1191 Ghetti 161 ergeben dürfte, vor 1204, wenn die Erwähnung in einem Ferrareser Vertrag dieses Jahres Ghetti 70 authentisch ist).

sprechen des Königs aber gewährt *bonos usus terre mee.* Und so bestimmt insbesondere auch der Eid des Richters für Venetianer in Ferrara 1247, in Übereinstimmung mit dem Eid des Richters der Venetianer in Verona, Treviso, Triest, in Übereinstimmung auch mit dem Eid der Fremdenrichter in Venedig selbst: *dicent secundum ordinem et pactum .. et ubi ordo ille vel pactum eis defecerit, dicent secundum usum, si usum sciverint, et ubi defezerit eis usus, secundum eorum conscienciam.* Drei Jahre später aber schwört der gleiche Richter in Ferrara, zu richten *secundum usum suum.* Und so darf unbedenklich angenommen werden, daß auch die sehr große Zahl von Verträgen, die Rechtsschutz ohne weiteren Beisatz zusagen, im gleichen Sinne verstanden werden muß.

Anwendungen.

3. Die Rechtsschutzverträge jener Zeit sind regelmäßig nach dem Typus gebaut, und es sind bisher nur solche Verträge ins Auge gefaßt worden: der Fremde, der einen Anspruch zu erheben hat, soll in die Stadt des Beklagten kommen, und dort, am Wohnsitz des Verpflichteten, erhält er Recht, wie es in dieser Stadt vorgesehen. Zuweilen aber ist in diesen Verträgen auch eine Gerichtsgewalt über Angehörige des anderen Teils, über dritte Personen vorgesehen oder vorausgesetzt, und es rückt den Grundsatz von der Geltung der lex fori erst in das Licht,[1] wenn alsdann auch gegenüber einem solchen Beklagten von auswärts die Anwendung des örtlichen Rechtes vereinbart wird.[2] Es geschieht für Strafsachen, bei

---

[1] Zeigt insbesondere auch, daß die Unterwerfung des Fremden unter das örtliche Recht keineswegs als eine besondere Begünstigung aufgefaßt wird.

[2] So 1143 ein Vertrag Genuas und Pisas mit St. Gilles HPM 7, 82 n. 80. 1166 Bologna-Modena Muratori, ant. it. 4, 339. 1174 Genua-Narbonne HPM 7, 294 n. 309. 1191 Genua-Torre HPM 10, 269 n. 135. 1212/21 Pisa-Arles oben S. 5. 1225 Genua-Montpellier HPM 7, 760 und 769 n. 624, 627 (noch nicht in dem Vertrag 1201 Germain, histoire de la commune de M. 2, 422 app.

denen es unseren heutigen Anschauungen ja freilich selbstverständlich erscheint, daß der urteilende Richter nach eigenen Gesetzen straft; nur hat diese Selbstverständlichkeit für die an jene Verträge anschließenden Jahrhunderte durchaus nicht bestanden. Und es wird ebenso vereinbart für privatrechtliche Ansprüche. Bologna verpflichtet sich, geflüchtete Verbrecher aus Modena *similiter ut nostros* zu bestrafen. In Arles soll der Pisaner, der dort *de aliquo negotio* Klage erhebt gegen jemand von Arles oder gegen einen Fremden, der dort gefunden wird, nach Recht und gutem Brauch der Stadt Arles Befriedigung empfangen.

Es mag nur gestreift werden, daß nach den Verträgen auch die heimische Gerichtsbarkeit außer Landes (die heute sogenannte Konsulargerichtsbarkeit) in der Fremde ihr eigenes Recht zur Anwendung bringt.[1] Und gerade die

n. 23). 1229 Genua-Marseille HPM 7, 851 n. 675. 1232 Genua-St. Gilles eod. 902 n. 694. Hierher vielleicht auch das Bündnis der toskanischen Städte und Herren von 1197, Santini, documenti di Firenze 1, 33 n. 21.

[1] Venedig-Fano 1141 Nuovo archivio veneto[2] 11, 47 (1906). Ebenso wohl auch die Pisaner Konsuln auf Sardinien gegenüber genuesischen Klägern 1176 HPM 10, 248 n. 106. Privileg des Fürsten von Antiochia für Venedig 1140, 1153, 1167 Fontes rerum austriacarum[2] 12 S. 102, 103, 148; für Pisa 1154, 1170, 1216, Gius. Müller, doc. a. a. O. 6 n. 4, Muratori ant. it. 2, 907 und 917. Privileg des Königs von Armenien für Genua 1215 HPM 7, 574 n. 514. Privileg des Herrn von Beirut für Venedig 1222, Fontes[2] 13, 232. Vergl. etwa auch Andreas Dandulus, chronicon venetum, Muratori, rer. it. script. 12, 271 zu dem Vertrag Venedig-Jerusalem über Akkon 1123 Fontes[2] 12, 79. (Nicht hierher gehört dagegen ein Bericht des Oldenborg, peregrinatio I 1 und 14 von 1211, ed. Laurent peregrinatores medii aevi 163, 172, über die verschiedenerlei Bewohner von Akkon und Antiochia, *quorum quilibet suas leges observant;* denn *lex* ist dort das Bekenntnis.) Zu dem gleichen Ergebnis führt es aber auch, wenn für die Vertreter außer Landes gleiche Gewalt wie in der eigenen Stadt nicht bloß in Anspruch genommen wird (Genua, breve della compagna 1157 und 1161 HPM 18 c. 10, 9; etwa auch Venedig, promissio maleficii 1232 c. 16, Statuta Veneta 1528 f. 163a), sondern dieser Anspruch auch Anerkennung findet. So schon ein praeceptum Karls III. 883 für Venedig Mon. Germ. 4° Capitularia 2, 142 *(eiusque per omnia debeat obedire preceptis);* insbesondere Vertrag Genua-Arles 1210

Gegenüberstellung solcher auswärtigen mit der örtlichen Gerichtsbarkeit beleuchtet zuweilen die Unbedenklichkeit, mit der man die Gesetze des urteilenden Richters gelten läßt. 1156 erhalten die Pisaner in Tyrus eigene Gerichtsbarkeit in Zivilsachen und über die Mehrzahl der Strafsachen, die dort nach Pisaner Recht abgeurteilt werden; die schwersten Verbrechen aber behält der König dem örtlichen Gericht vor, das darüber *secundum iustitiam et rationes meas* befinden soll. Die Leute von Marseille, die sich in Genua aufhalten, haben nach einem Vertrag

---

HPM 7, 555 n. 501. Bedenken machen hier nur zwei Zeugnisse: 1190 gewährt der König von Jerusalem den Marseillaisern in Akkon einen eigenen Gerichtshof unter einem vicecomes, der schwören soll, *quod secundum terrae consuetudinem curiae vestrae causas iudicabit;* Papon, hist. de Provence 2 preuves n. XXV. Und ganz ähnlich verlangt der Eid des venetianischen Richters in Tyrus, aufgezeichnet 1243 nach einer alten Gewohnheit (Fontes[2] 13, 360), er müsse *secundum consuetudinem terre* Recht sprechen. Unter *terra* aber kann hier unmöglich, insbesondere auch nicht nach dem sonstigen Sprachgebrauch des zweiten Schriftstücks, die Heimatstadt verstanden werden. Sollte das nun Maßgeblichkeit des Landesrechts, der Jerusalemer Assisen und anschließender Quellen bedeuten? Es stünde in unüberbrückbarem Gegensatz zu allem, was sonst über die Übung heimischer Gerichtsbarkeit außer Landes für jene Zeit bezeugt ist. Nun besitzt Marseille damals in Akkon eine eigene Straße, Venedig in Tyrus ein abgegrenztes Dritteil der Stadt zu eigener Hoheit, und man wird *terra* (vergl. Fontes 363 *„terra comunis Venecie")* wohl eben auf diesen Besitz beziehen, unter *consuetudo terre* das „Recht der Kolonie" d. h. eben das heimatliche Recht verstehen müssen. Und so bleibt die Anwendung eigenen Rechtes ungebrochene Regel. Dabei kommt auch unter solchen Umständen die Anwendung dieses Rechts auf Fremde vor, nicht bloß, was prozessual manchmal zulässig, auf fremde Kläger, sondern sogar auf fremde Beklagte. Die oben erwähnte, freilich ganz singuläre Vereinbarung zwischen Venedig und Fano enthält ein Versprechen Fanos an Venedig: *si aliquis extraneus proclamaverit supra aliquem nostrum pro comuni, ille super quem facta fuerit proclamatio ad rationem debeat inde esse in vestra curia* (vor dem venezianischen missus in F.) *ibique distringatur secundum legem et secundum vestrum usum.* Und eine Ausdehnung solcher Gerichtsbarkeit außer Landes auf Schutzgenossen ist schon in jener Zeit — auch z. B. nach dem angeführten Richtereid von Tyrus — ganz gewöhnlich. Näher auf die

von 1229 das Recht, Zivilstreitigkeiten zwischen ihnen vor ein Gericht eigener Landsleute in Genua zu bringen (das nach dem Recht von Marseille entscheidet); *si uero ibi massiliensis non esset, qui inde se vellet intromittere, uel ille de quo lamentatio facta fuerit nollet stare sub examine et iudicio massiliensis, tunc de placito pecuniario nos possimus et teneamur intromittere et pro iuris ordine iudicare et secundum consuetudinem et capitula civitatis ianue.*[1] Nicht minder bezeichnend aber ist in diesem Zusammenhang ein anderes. Es stehen jener Zeit zwei Formen zu Gebote, um den Einheimischen außer Landes besonderen Rechtsschutz sicher zu stellen: die eine ist die eben besprochene Übung eigener Gerichtsbarkeit außer Landes, die zweite die Wahl besonderer Fremdenrichter aus den Bürgern der Stadt, in welcher der Fremde Klage erheben soll. Im ersten Fall aber urteilt der Richter nach dem heimatlichen Recht des Fremden, im zweiten — man vergleiche oben S. 9 — nach Ortsrecht.[2]

Fragen einzugehen, wie sich die Geltung des Rechts bei Übung heimischer Gerichtsbarkeit außer Landes abgrenzt, müssen wir uns versagen. Es handelt sich hier um eine von der normalen abweichende Form des Problems der Rechtsgeltung. Denn entweder wird das am Orte solcher Gerichtsbarkeit geltende Recht getragen durch eine räumliche Ausdehnung der heimatlichen Staatsgewalt auf diesen Ort. Oder es handelt sich nur um eine über Personen geübte Herrschaft, die dann zu einer Geltung des Rechts für einen bestimmten Personenkreis gegenüber dem Recht anderer Personenkreise führt, und die Abgrenzung zwischen diesen verschiedenen Ordnungen vermag nunmehr nur auf Grund persönlicher Beziehungen zu erfolgen, niemals nach räumlichen Rücksichten, die bei den normalen Fragen der Statutenkollision konkurrieren.

[1] Der Vertrag von 1156 bei Gius. Müller 6 n. 5, derjenige von 1229 HPM 7, 851 n. 675. Schon Mawerdi, ein arabischer Schriftsteller des 11. Jahrhunderts, berichtet (Bruns und Sachau, Syrisch-römisches Rechtsbuch 173), die Christen unter arabischer Herrschaft seien befugt, ihre Prozesse vor ihre eigenen Behörden zu bringen; „wenn sie aber den Prozeß vor unserer Behörde führen, so entscheidet diese nach dem Gesetze des Islam".

[2] Allerdings besteht ein Unterschied der beiden Gestaltungen darin, daß die Zuständigkeit des heimatlichen Gerichts außer Landes ganz regelmäßig (von Schutzgenossen abgesehen) einen Ange-

Die Tragweite der Lösung.

4. So lassen die verschiedenartigsten Zeugnisse jene Lehre von der Geltung des Ortsrechts als eine völlig feststehende Rechtsanschauung erscheinen. Um so wichtiger aber wird alsdann die Frage: wie weit reicht die Tragweite dieser Lösung? Und ein Argwohn drängt sich dabei sofort auf: sollten sich nicht alle diese Entscheidungen auf das Prozeßrecht des urteilenden Richters beziehen? Daß gerade das örtliche Prozeßrecht auch auf Fremde angewandt wird, läßt sich sehr früh, von den ersten Zeiten einer Vereinheitlichung des örtlichen Rechts an nachweisen (es wird darauf noch zurückzukommen sein), und es würde jene Klauseln von der Geltung der lex fori ohne weiters dem modernen Rechtsempfinden verständlich machen, wenn sie eben auf diesen Punkt beschränkt werden könnten. Nun liest man in einem Vertrag zwischen Venedig und Pola von 1145: wenn ein Venetianer gegen einen Bürger von Pola Klage erhebt, so soll er dort *iuxta rectam consuetudinem Polisani* Recht empfangen, und eine authentische Auslegung dieses Vertrags von 1319 erklärt, *quod Polenses ius faciant venetis mercatoribus secundum usum Pole prout per pacta tenentur, i d e s t quod si venetus habebit sententiam contra polensem, accipitur pignus a debitore etc.* und es folgt eine genaue Darstellung des Vollstreckungs-

hörigen dieses Staates als Beklagten voraussetzt, während das Fremdengericht nach dem Zeugnis sämtlicher Verträge unseres Zeitabschnitts durch die Ausländereigenschaft des Klägers zuständig wird. Immerhin, als diese Fremdengerichte in den großen Städten eine dauernde Einrichtung wurden, da haben sie auch über auswärtige Beklagte Recht gesprochen. So Genua 1178 HPM 6, 1067 n. 1670. Pisa, Constitutum Usus c. 5, Constitutum Legis c. 31 (Fassung von 1233), Bonaini 2, 839 und 760. Venedig, Capitulare der judices foretaneorum c. 5, Roberti magistrature giud. ven. 2, 105 in jüngerer Fassung; vgl. aber auch schon judices petitionum, Capitulare c. 12 und deren Statuten c. 1 von 1244, Roberti 3, 108 und 116 (anders allerdings die Statuten der Stadt von 1229 c. 11, Nuovo archivio veneto[2] 1, 271).

verfahrens.[1] Vielleicht weist es auch auf den Prozeß, wenn 1169 der Fürst von Antiochia den Genuesen verspricht, bei der Verletzung eines von ihnen *secundum usus et institutiones curie mee* für Buße zu sorgen.[2] Alsbald zu besprechende Verträge zwischen Venedig und Genua von 1218 und 1228 erklären ausdrücklich, daß bei Klagen eines Genuesen in Venedig Ladung und Terminsbestimmung *secundum morem et consuetudinem uenetiarum* erfolgen solle. Und wenn sich die große Mehrzahl der oben zusammengestellten Vereinbarungen, die örtliches Recht vorsehen, in ihrem Inhalt auf Privatrecht oder Strafrecht bezieht, es wäre immer noch möglich, daß die Klausel vom örtlichen Recht dabei eben auf das Verfahren in solchen Angelegenheiten gehen könnte. Daß nun öfter in diesen Verträgen zunächst an die prozessuale Erledigung nach Maßgabe des örtlichen Rechts gedacht ist, wird sich gewiß nicht in Abrede stellen lassen. Aber es ist unmöglich, eine solche Beschränkung grundsätzlich in alle diese Bestimmungen hineinzulesen. In häufiger Zusammenstellung wird dem fremden Kläger Entscheidung *secundum rationem et consuetudinem, secundum iustitiam et bonos usus* ausbedungen: sollte damit wirklich nur gerechter Prozeß und nicht auch gerechte materielle Entscheidung vereinbart sein? Doch es bedarf kaum solcher allgemeiner Überlegungen. In einem Vertrag von 1183 verspricht Parma den Leuten aus Cremona Rechtsschutz „nach dem Gewohnheitsrecht der Stadt Parma"; alsdann folgen vereinbarte

---

[1] Minotto a. a. O. 1, 86. Noch auffälliger ist das Gegenversprechen Venedigs im Vertrag von 1145: der Bürger von Pola, der einen Anspruch gegen einen Venetianer erhebt, soll von diesem *secundum ritum sue curie* Recht empfangen (so die Lesart bei Minotto 1, 3. Kandler cod. dipl. istriano hat „*sec. rectum*"). Denn *ritus curie* ist nach einem jüngeren Sprachgebrauch (etwa in dem Neapel des 14. Jahrhunderts) technisch für Prozeßordnung. Allein die Auslegung von 1319 bringt hier die Aufklärung: *Polenses conveniant venetos secundum ritum sue Curie scilicet Venec. et in civit. Ven.*

[2] HPM 7, 249 n. 276.

Sätze des materiellen Rechts, die bei Ersatzforderungen gelten sollen, bei Ansprüchen aus Delikt, aus Grundbesitz, aus Verträgen, und eine Bestimmung über Familiengüterrecht; *de reliquis vero*, fährt die Stelle fort, *secundum usum et consuetudinem civitatis Parme.* Verträge Genuas mit Montpellier von 1225, mit St. Gilles von 1232 besagen, wer von den Angehörigen der andern Stadt gegen einen Bürger Genuas Mord begehe, *possit ibi conueniri et puniri secundum leges romanas et municipales.* Und wenn mancherlei Zeugnisse, von denen in § 1 die Rede gewesen, die Anwendung örtlichen Rechts dartun völlig außer Zusammenhang mit einem Rechtsstreit, so kann eine Beziehung auf die Prozeßregeln von vornherein nicht in Betracht kommen.

So werden also wohl alle die Vertragsklauseln, welche *de aliquo negotio, de offensa* usw. örtliches Recht vorschreiben, auch auf die materielle Beurteilung dieser Gegenstände nach Ortsrecht bezogen werden müssen, und wir stehen alsdann vor einer Fülle von Zeugnissen, die für das materielle Recht verwertbar sind. Nicht selten wird demgemäß die Geltung der lex fori für Handelssachen besonders bedungen,[1] ein Vertrag Venedigs mit Verona von 1175 läßt die Lösung gelten nicht nur, wenn ein Veronese einem Venetianer „Vermögen anvertraut oder einen Handel mit ihm abschließt", sondern auch für Ansprüche *ex tenore cartularum* (also vor allem für Immobiliarsachen) *aut ex dote mulieris.* Sehr häufig begegnet die Vereinbarung des örtlichen Rechts für Schadensersatz aus Verletzungen, vielfach wird seine Geltung bei Strafsachen vorgesehen, und endlich nach sehr zahlreichen Zeugnissen soll dieses Recht *de universis lamentationibus* zur Anwendung kommen.

---

[1] Genua-Narbonne 1132 (*„credentia"*). Genua-Venedig 1136 und Venedig-Fano 1140/41 (*„negocium"*). Pisa-Arles 1212/21 (*„negotium"*, im vorausgehenden als *„mercationes et ceteri contractus"* bezeichnet). Genua-Marseille. 1229 (*„placitum pecuniarium"*).

Abweichende Lösungen.

5. Abweichungen von diesem allerwärts geübten Grundsatz von der Geltung der lex fori begegnen in der Praxis des hier zu behandelnden Zeitabschnittes nur sehr selten. Alte Vertragsklauseln des 10. Jahrhunderts sprechen zuweilen von der gleichzeitigen Geltung des Rechts der beiden Vertragsteile. Nach einem Abkommen, das Byzanz 945 mit den Russen geschlossen hat,[1] soll der Dieb „nach dem griechischen Gesetz und nach dem Brauch und nach dem russischen Gesetz" bestraft werden, und es soll auch Strandraub abgeurteilt werden „nach dem russischen und griechischen Gesetz". Vielleicht handelt es sich dabei um eine formelhafte Wendung des byzantinischen Rechtskreises. Jedenfalls begegnet sie, was hier unmittelbar interessiert, auch in einem Vertrag zwischen Venedig und Capodistria von 977,[2] in dem venetianischen Klägern Recht versprochen wird *secundum consuetudinem nostram et uestram*. Man wird in solchen Klauseln die Zusage suchen dürfen, der Streit solle gehörig entschieden werden, „wie es bei uns und euch Rechtens ist", in der Annahme, daß die Ordnung beider Teile in seiner Beurteilung übereinstimme.[3] Jedenfalls ist die Lösung für die spätere Entwickelung in Italien völlig ohne Einfluß geblieben — ähnlich klingende Formeln der jüngeren Zeit sind selbständig erwachsen — und gerade die Städte Venedig und

---

[1] Chronique dite de Nestor, traduite par Léger c. 27 p. 36 ff.

[2] Fontes rer. austr.[2] 12, 31. Noch nicht in einem Vertrag derselben Städte von 932 eod. 5.

[3] Darum ist für die Wendung auch im Bereich der persönlichen Rechte Raum, wie ein nahezu gleichzeitiger Fall aus Venedig beweist, von dem Stück I S. 128 die Rede war. Und wenn ich bei einem ähnlich lautenden Vertrag zwischen Benevent und Neapel von 933 (eod. 227, jedoch mit der Wendung *secundum legem Romanorum aut Langobardorum)* mit der Möglichkeit gerechnet hatte, der Kläger dürfe hiernach das ihm günstigere Recht wählen, so ist damit jener Zeit wohl auch noch zuviel zugemutet.

Capodistria zeigt ein Vertrag von 1145[1] durchaus auf dem Boden der herrschenden Lehre.

Es bedeutet nur eine scheinbare Abweichung von der Geltung der lex fori, wenn nach einem Abkommen von 1202 Verona schuldig sein soll, den Mantuanern Recht zu gewähren *secundum leges et statuta et bonum usum civitatis Mantue.* Denn offensichtlich beruht das auf einer Nachlässigkeit des Schreibers, der als Vorlage die entsprechende Verpflichtung der Stadt Mantua vor sich hatte und es versäumt hat, die fraglichen Worte auszuwechseln. Gleichzeitige Verträge beider Städte (Veronas mit Venedig von 1175, Mantuas mit Ferrara von 1208) zeigen, daß auch sie hierin dem allgemeinen Recht folgen. Nichts anderes aber wird auch für einen Vertrag von 1192 gelten können, in dem Pirano den Leuten von Spalato Entscheidung *secundum jus et morem terre vestre* zusichert (der sehr verdorbene Text läßt schon mit der Möglichkeit eines Lesefehlers rechnen). Denn auch der Osten der Adria steht im 12. Jahrhundert unter dem Einfluß der italienischen Vertragsklauseln.[2]

Eine andere Gruppe von Zeugnissen indessen bringt eine eigentümliche Modifikation jener Lehre. In Verwendung des Retorsionsprinzips, das durch das ganze Mittelalter im Recht Italiens seine Rolle gespielt hat, verharrt man zwar bei dem Anspruch, einem jeglichen Rechtsverhältnis selbst die gewünschte Ordnung zu geben; aber es

---

[1] Oben S. 5.

[2] Vergl. über die angeführten Vereinbarungen oben S. 5. — Ohne weiters sind hier Verträge auszuscheiden, in denen dem Gegner zwar Wahrung seiner *consuetudo* versprochen wird, in denen hierunter jedoch — wie so häufig in jener Zeit, auch für *lex, jus, usus* — subjektives Recht verstanden ist. So Avignon-St. Gilles 1208, Papon, hist. de Provence 2 preuves p. XXXV n. XXXIII: Avignon verspricht, *quod homines villae vestrae salvabimus . . et salvis vestris consuetudinibus omnem in civitatem nostram ipsis exhibebimus rationem non exactis ab eis aliquibus expensis praeter illas quas consueverunt facere cives nostri.* Vergl. etwa auch Genua-Venedig 1228 HPM 7, 815 n. 656: *ianuensis uenetum trahat, quocumque iure teneatur uenetus, in curia bauili uenetorum.*

ist nicht immer das eigene Recht, das man dabei anwendet: um auf den Gegner zu drücken, wird manchmal das Recht seines Gebiets für anwendbar erklärt, wenn der eigene Bürger bei einer dort erhobenen Klage Rechtssätzen unterworfen wird, die ihn gegenüber heimatlichen Vorschriften benachteiligen. So wird in Como 1219 verordnet, *ut consules Cumarum iusticie et negociatorum teneantur non aliter facere rationem .. aliquibus personis extraneis, nisi sicut ipse persone extranee et consules .. locorum, burgorum, in quibus domicilium (habent), faciunt .. hominibus cumane civitatis*, und eine Erläuterung von 1281 fügt bei: *Et hoc statutum locum habeat tam in cognoscendo, quam in diffiniendo et executioni mandando.*[1] Ähnlich die Statuten von Lodi, die in der ersten Hälfte des 13. Jahrhunderts aufgezeichnet worden sind: Podestà und Richterkonsuln sollen auf Fremde das Recht anwenden, das jene auf die Leute von Lodi anwenden, *si oppositum fuerit in iuditio;* nur für die Leute von Mailand (für die ein Vertrag von 1198 Geltung der lex fori festsetzt), solle das nicht gelten.[2] Aber auch Pisa hat den Grundsatz in seine Gesetzbücher (Fassung von 1233) aufgenommen: *constituimus ut si quis foretaneus, qui non sit nostri districtus, contra civem vel foretaneum nostri districtus rationem petierit, in potestate civis vel foretanei nostri districtus sit utrum iure quod Pisana civitas tenet, velit causam iudicari, an eo iure quo civitas vel terra unde est foretaneus utitur.*[3] Und noch häufiger begegnen solche Vorschriften für den und jenen Einzelpunkt.[4] Zugleich aber dürfte

[1] Stat. pars prior c. 42 HPM 16, 31.

[2] Stat. vet. n. 49, Cod. dipl. Laudense 2 II, 553.

[3] Constitutum Legis c. 37, Constitutum Usus c. 11 ed. Bonaini 2, 778 und 861. — Vergl. auch die Statuten von Avignon 1243 c. 62 Nouvelle revue historique de droit français et étranger 1, 558 (1877).

[4] Cremona 1183 HPM 21, 156 XII. saec. n. 393 für eheliches Güterrecht. Mailand consuetudines 1216 c. 3 HPM 16, 867 für Freiheit vom Calumnieneid. Parma, Statut vor 1241, vermutlich 1226 Monumenta historica ad provincias Parmensem et Placentinam pertinentia 1 I, 59 (Durchzugserlaubnis). Bologna Statuten 1250 l. 7

damit auch der Schlüssel gegeben sein für bemerkenswerte Vereinbarungen zwischen Venedig und Genua. In einem schon erwähnten Vertrag von 1136 verspricht Genua venetianischen Klägern Gerechtigkeit in der üblichen Weise, „wie einem Genuesen gegenüber einem andern“. *hoc autem*, fährt die Stelle fort, *in potestate illius ianuensis sit, de quo ueneticus proclamacionem fecerit, si testes ianue iurent aut non.* Ich vermag es nicht zweifelsfrei nachzuweisen, aber es ist sehr wahrscheinlich, daß die Bestimmung die Gegenseitigkeit gegenüber einem abweichenden Zeugenrecht Venedigs herstellen sollte.[1] Außer Zweifel aber scheint mir ein Zusammenhang mit diesen Reziprozitätsklauseln, wenn die Verträge von 1218 und 1228[2] für Klagen der Genuesen in Venedig vorsehen: *si aliquis uenetus .. uocatus in iudicio confessus fuerit coram iudicibus nostris se debere debitum aliquod alicui ianuensi .. nos dux .. fieri faciemus solutionem. si uero confessus non fuerit se debitum ipsum debere, nos dux dicto ianuensi .. faciemus inde fieri rationem aut secundum morem et consuetudinem uenetiarum uel secundum morem et consuetudinem ianue civitatis, pro ut nos dux maluerimus.*[3]

---

c. 18 (Selbsthilfeverbot) und 25 (Besteuerung Auswärtiger), l. 8 c. 16 (Erlaubnis der Einfuhr und Ausfuhr) ed. Frati Monumenti istorici pertinenti alle provincie di Romagna[1] 2 p. 32, 35, 203. Über eine weitere Gegenseitigkeitsklausel, die das alte genuesische Recht enthalten soll, unten § 8 a. E.

[1] An den Gegensatz des römischen und des longobardischen Zeugenrechts zu denken (vergl. etwa Kar. de Tocco Lomb. II 56 1 cui malum), verbietet die römische Grundlage, aus der beide Stadtrechte erwachsen sind. Vielleicht kommen dabei gegenüber dem rein römischen Verfahren Genuas (HPM 18, 837 aus jüngerer Zeit; zum Teil auch schon HPM 2, 244) einige Besonderheiten des venetianischen Zeugenrechts in Betracht: der Wegfall der Vereidigung, wenn beide Parteien zustimmen (Statuten von 1242 l. 1 c. 22, 23); die Ablehnung des Zeugnisses nach richterlichem Ermessen (Bertaldus, splendor ven. civ. consuetudinum III E 20 Bibl. jur. medii aevi 3, 152).

[2] Vergl. über sie auch oben S. 14.

[3] In einer Wiederholung von 1251 HPM 7, 1090 n. 817 ist auch die entsprechende Zusage Genuas erhalten. Ein Vertrag Venedig-

Bleibt als sperriges Gut noch ein Vertrag Florenz-Siena von 1237:[1] Zivilstreitigkeiten sollen je vom Richter des Beklagten *secundum iura et bonum usum mercantie utriusquc terre* entschieden werden; handelt es sich aber um Ansprüche gegen die Gemeinde oder um einen größeren Streitwert, so sollen Schiedsrichter aus beiden Städten zusammentreten und den Fall *secundum predictum modum et bonum usum mercantie civitatis utriusque* aburteilen. Täusche ich mich nicht, so zeigt der sehr unklare Text zwei Schichten: in einer älteren ist nur der Richter des Beklagten zur Entscheidung berufen, und es soll dabei das beiderseitige Recht d. h. für jeden Richter sein Recht zur Anwendung kommen. Ein späterer Zusatz unterwirft die wichtigeren Sachen gemeinschaftlicher Entscheidung, und achtlos, ohne die veränderte Bedeutung zu bemerken, ohne die mögliche Undurchführbarkeit der Lösung zu bedenken, hat man die alte Formel auch hierher übernommen.

Alle diese Verschiedenheiten nun aber entbehren der grundsätzlichen Bedeutung. Der Fortschritt kam von anderer Seite. Noch lange war die Herrschaft der lex fori in Geltung, da begann es unter der Oberfläche zu kristallisieren, da haben sich, bestimmt durch die Art der Rechtsverhältnisse, Gesichtspunkte ausgeschieden, nach denen gerade Beziehungen dieser Art der örtlichen Herrschaft unterstellt sein sollten. Noch stand das in Übereinstimmung mit der bedingungslosen Geltung des örtlichen Rechts. Es war bei solchen Anordnungen als selbstverständlich vorausgesetzt, manchmal auch ausdrücklich beigefügt, daß über auftauchende Streitigkeiten der eigene

Genua von 1177, erwähnt von Besta, L'Ateneo veneto 22 I, 177[1], scheint leider nicht gedruckt zu sein. — Äußerlich betrachtet, könnte man die Wendungen der Verträge sogar mit den neuen Lehren von Aldricus und Hugolinus in Verbindung bringen wollen. Allein so wenig deren Einfluß zu jener Zeit sonst in der Praxis wahrnehmbar ist, so einfach läßt sich die Bestimmung in die Abwehrtendenzen des damaligen Rechts einordnen.

[1] Arias, i trattati commerciali della republica Fiorentina 371 n. I.

Richter zu entscheiden haben werde, und so oder so begrenzt, stets bedeutete die Anwendung solcher Anordnungen, vom Standpunkt des Richters besehen, die Anwendung eigenen Rechts. Erst dort sind solche Lösungen mit dem alten Grundsatz der lex fori unvereinbar geworden, wo sie den Richter nötigen, nach Lage des Falles auch eine fremde Rechtsordnung zur Anwendung zu bringen.

Die folgenden Erörterungen sollen jenen Differenzierungen innerhalb der lex fori nachgehen, sie in Verbindung bringen mit den Grenzen, die einer behördlichen Tätigkeit der örtlichen Gewalten gezogen sind, und es wird dabei Gelegenheit sein, auf die spärlichen Rückwirkungen hinzuweisen, die schon in jenem Zeitabschnitt von der vorgeschritteneren Theorie auf die Praxis geübt wurden.

Schranken in der Geltung des örtlichen Rechts.

6. Den ersten Schritt, über die bedingungslose Herrschaft der lex fori hinauszukommen, bedeutete die Einsicht, daß dem örtlichen Recht ein bestimmter Geltungsbereich zukommen müsse. Die Vorstellung eines solchen Geltungsbereichs war zu Zeiten der Bildung der örtlichen Gewohnheitsrechte wohl noch unentwickelt. Gerade die Staatsverträge des 12. und 13. Jahrhunderts aber, die so nachdrücklich betonen: was hier vor Gericht kommt, steht unter dem hier geltenden Recht, und was in der anderen Stadt, unter der Ordnung jener Gemeinschaft — gerade sie mußten diesen Gedanken bewußt werden lassen.

Nicht ohne weiters dürfen freilich unter einen solchen Gesichtspunkt die vielerlei ortsrechtlichen Bestimmungen gebracht werden, die eine Vorschrift für die „Bürger der Stadt“, für die „Einwohner des Gebiets“ und dergleichen geben. Ganz regelmäßig wird dabei an den nächstliegenden Fall gedacht, daß diese Sätze bei einem Einwohner praktisch werden können, ohne irgendeinen Gegensatz damit andeuten zu wollen. Und insbesondere darf aus einer solchen Fassung nicht gefolgert werden, das örtliche Recht wolle oder könne nur für die Angehörigen der Gemeinschaft gelten. Die Statuten von Pistoja beispielsweise[1] bestimmen die Rechtsfolgen, „wenn ein Bürger einen anderen getötet hat“, und doch zeigen die Staatsverträge der Stadt, daß auch fremde Kläger Anspruch auf Geltung des Stadtrechts haben. Ähnliche Formulierungen begegnen etwa in den Genueser Konsulatsstatuten von 1143, und die gleichen Statuten unterstellen den Fremden ausdrücklich den handelspolizeilichen Vorschriften der Stadt.[2]

---

[1] 12. Jahrhundert, ed. Berlan c. 117, vgl. auch c. 21, 89, 101, 102, 120, 129, 142, 161 usw.

[2] HPM 2, 241 c. 31, 33, 34 einerseits, c. 59, 60 andererseits. — Abweichend liegen die Dinge, wo für die Einwohner einer Stadt, eines Gebiets eines der alten Stammesrechte als verbindlich erklärt ist; vgl. besonders Stück I S. 232. Hier kann es durchaus sein, daß damit eine bewußte Abgrenzung vorgenommen werden will, daß jenes Recht gerade für die Einwohner gelten soll, für andere aber unter Umständen ein anderes Recht. Aber das gehört noch dem Bereich der persönlichen Rechte an. Und es wird dabei in Wirklichkeit nicht die Geltung materieller Rechtssätze abgegrenzt, sondern ein Personenkreis bestimmt, für den materielles Recht gelten soll; nicht in welchem Umfang das longobardische Recht zu gelten hat (personal oder territorial), sondern wer zu den Personen longobardischen Rechts gehört, ist Gegenstand der Regelung. — Übrigens mag es bei solchen Bestimmungen auch vorkommen, daß ein stammesrechtlicher Satz formell in das Ortsrecht aufgenommen und im Bewußtsein seiner Herkunft dennoch wie das übrige Stammesrecht personal angewendet wird; Beispiele werden unten S. 47 begegnen. Aber das Ortsrecht als solches hat selbstverständlich nicht an dem System der persönlichen Rechte teilgenommen. — In eigentümlicher Verschlingung erscheinen die Rechtskreise in Bari. Vermutlich hat Bari, als sein Ortsrecht aufgezeichnet wurde, noch an dem System der persönlichen Rechte Anteil genommen; mit der Besonderheit, daß alle Einwohner der Stadt unter longobardischem Recht standen. Insoweit hat das Recht der Stadt nur für deren Einwohner (und für auswärts wohnende Personen longobardischen Rechts), aber nicht für auswärts wohnende Personen anderen Stammesrechts gegolten. Das partikulare Stadtrecht jedoch hat durchaus nicht nur für die Angehörigen der Stadt gegolten; das folgt aus den allgemeinen Anschauungen der Zeit und ergibt sich unmittelbar aus den Consuetudines des Sparanus XXXI 1 (worüber unten S. 30[3] zu vergleichen). Darum kann auch aus den Consuetudines des Andreas II 8 nichts anderes heraus-

Eine Beschränkung des örtlichen Rechts auf die Untertanen — es wäre die Verneinung des Grundsatzes von der Geltung der lex fori gewesen — liegt der Praxis völlig fern. Die Städte als Erben der gräflichen Gewalt haben öffentliche Herrschaft stets auch über Fremde geübt (und die Erzeugung von Recht galt alsbald als ein Ausfluß der „Gerichtsbarkeit"); der Grundstock des örtlichen Rechts, das Gewohnheitsrecht entbehrte, wie eben bemerkt, von vornherein einer bewußten Begrenzung; aber auch wo alle solche unterstützenden Erwägungen mangelten, war die Sachlage die gleiche. Auch Dorfstatuten, wie etwa diejenigen von Val d'Ambra 1208, die der Grundherr erließ,[1] oder die autonomen Satzungen des Dorfes Baldaria von 1221[2] treffen Vorschriften für Fremde. Die Beschränkung des Ortsrechts auf Untertanen war eine Erfindung der Theoretiker, und ich weiß aus dem hier zu behandelnden Zeitabschnitt nur ein Zeugnis, das einen Einfluß dieser Lehre erkennen läßt, und auch dieses ist von bezeichnender Herkunft. In Mailand hatte man die Aufzeichnung des örtlichen Rechts einem Rechtsgelehrten, dem Richter Petrus übertragen, dessen Abhandlung dann mit verschiedenen Ergänzungen und Änderungen 1216 zum Stadtrecht erhoben wurde, und in diesem Stadtrecht liest man nun in der Tat als c. 3:[3] *lite .. incepta absque sacramento calumniae inter subditos iurisdictioni Mediolani causa examinatur .. si vero inter duos extraneos vel inter extraneum et aliquem iurisdictionis Mediolani controversia extiterit, alterutro postulante secundum iuris ordinem sacramentum calumniae praestatur. sic enim visum fuit antiquis sapientibus Mediolani congruum .. ut sacramenta ca-*

---

gelesen werden, wenn dort das örtliche Recht für jedermann verbindlich erklärt wird, der in der Stadt den Wohnsitz nimmt (und eine weitergehende Bemerkung Stück I S. 306 sei insoweit eingeschränkt).

[1] ed. Bonaini, Annali delle università toscane (1851) 2, 133.

[2] ed. Cipolla, Archivio veneto (1887) 33, 133 c. 5 und 7.

[3] HPM 16, 867. (Wegen der Ausgaben des Stadtrechts oben Stück I S. 41[4].)

lumniae cessarent, et nobis placet, cum hac additione videlicet, ut extraneus a nostro non possit sacramentum calumniae exigere, nisi in sua terra fiat. Man wird unbedenklich annehmen dürfen, daß der erste Teil dieser Stelle von Petrus herrührt und einen Niederschlag der gerade eben bei den Legisten aufgekommenen Lehre von der Beschränkung des Stadtrechts auf die Untertanen darstellt. Die Gegenseitigkeitsklausel aber ist augenscheinlich von den städtischen Gesetzgebern beigefügt, und sie beweist zugleich, daß man sich keineswegs gehindert geglaubt hat, auch über Fremde Bestimmung zu treffen.

Demgemäß war die Praxis auch weit davon entfernt, den Fremden etwa für Vorgänge in der Stadt dem gemeinen Recht zu unterstellen. Die erwähnte Bestimmung des Mailänder Rechtsbuches ist auch dafür die einzige Stelle, von der ich weiß. Zwar scheint auch ein Privileg hierher zu gehören, das dem Kloster San Apollinare in Classe von Heinrich VI. verliehen und 1226 bestätigt wurde:[1] wenn Abt und Brüder vor dem Markgrafen von Ancona und anderen Territorialherren der Marken eine Klage erheben, so sollen sie Urteil nach gemeinem Recht erhalten unter Ausschluß allen davon abweichenden Ortsbrauches. Indessen diese Urkunde gehört einem völlig anderen Gedankenkreis an; sie bedeutet einen Vorstoß in dem Kampf um die Exterritorialität der Kirche gegenüber dem örtlichen Recht, der damals mit wechselndem Erfolg geführt wurde. Nicht weil das Kloster in jenen Gebieten fremd, sondern weil es eine kirchliche Person war, wurde es vom Ortsrecht ausgenommen.[2]

Von einer grundsätzlichen Unanwendbarkeit des Ortsrechts auf Fremde also konnte schlechterdings keine Rede sein.

---

[1] Ficker, Forschungen zur Reichs- und Rechtsgeschichte Italiens 4, 348 n. 317.

[2] Darum konnte die Geltung gemeinen Rechts auch für kirchliche Personen der eigenen Stadt in Betracht kommen. Vgl. z. B. einen Prozeß vor dem Podestà von San Gemignano 1230, Zdekauer, Studi Senesi (1892) 9, 145. Statuten von Bologna 1250 VI 19 Mon.

7. Vielfältig sind die Rechtsgebiete, auf denen eine Herrschaft über Fremde aus sachlichen Notwendigkeiten in Anspruch genommen wird, und es beginnt, manchmal deutlicher erfaßt, manchmal mehr im Rechtsgefühl verblieben, der Gedanke sich zu gestalten, daß eine solche Herrschaft darum geübt wird, weil der Fremde an Vorgängen beteiligt ist, die sich im Gebiet abspielen.

Daß die Verwaltung im Gebiet nach eigenem Gutbefinden geführt werde, und daß der Fremde ihren Anordnungen unterstellt ist, gilt als völlig selbstverständlich. *in omni terra nostra uel mari .. salui et securi erunt homines uestri districti cum rebus eorum,* so verspricht Genua in einem Vertrag von 1146 dem Grafen von Barcelona,[1] *saluis nostris vetitis.* Und derartige Verbote hat das früheste Stadtrecht in überaus zahlreichen Fällen ergehen lassen, vor allem für den Bereich der Wirtschaftspolitik. Fast jedes Gebiet hat damals seine Ausfuhrverbote, und sie werden mit aller Unbedenklichkeit auch auf Fremde angewendet, wie manchmal sozusagen zufällig aus den Statuten ersichtlich,[2] und wie das die vielen Staatsverträge zeigen, die solche Beschränkungen bestätigen oder auch Ausnahmen von ihnen zulassen.[3] Ebenso bei Einfuhrverboten[4]

---

di Romagna[1] 1, 480. Auch die Konstitution Friedrichs II. Ad decus von 1220 mußte die gleiche Wirkung haben.

[1] HPM 7, 118 n. 124.

[2] Parma 1243 ed. Ronchini, Monumenta ad prov. Parmensem et Placentinam pertinentia 1 I, 96. Bologna 1250 VIII 16 Mon. di Romagna[1] 2, 203.

[3] Beispiele Parma-Modena 1188 Muratori, antiquitates italicae 4, 347. Reggio-Modena 1188 Affarosi, notizie istoriche della città di Reggio p. XXI n. 17. Parma-Reggio 1188 Tiraboschi, memorie storiche modenesi 3 II, 112 n. 567. Bologna-Ferrara 1193 und 1203 Muratori, ant. it. 4, 447 und 451. Mailand-Lodi 1198 Codice dipl. Laudense 2 I, 226 n. 209. Modena-Mantua 1201 Muratori, ant. it. 4, 377. Modena-Ferrara 1220 eod. 4, 429. Genua-Ancona 1220 HPM 7, 648 n. 559. Narbonne-Toulon 1225 Blanc, livre de comptes de Jacme Olivier 2 I, 301. Genua-Arles 1237 HPM 6, 1399 n. 1835. Montpellier-Arles 1237 Germain, histoire de Montpellier 2, 462 n. 32 usw.

[4] Beispiele Genua Konsulatstatuten 1143 c. 59, 60 HPM 2, 250.

und Handelsverboten,[1] für Verbote der Durchfuhr[2] und des Durchzugs,[3] und wenn sich da und dort eine Einwirkung der Bedenken nachweisen läßt, welche die Literatur damals geltend gemacht hat, so beziehen sich diese Bedenken doch nur auf die Straffolgen, die an eine Zuwiderhandlung geknüpft werden, niemals auf das verwaltungsrechtliche Verbot selbst. Dementsprechend ist jedermann gehalten, sich des örtlichen Maßes und Gewichts zu bedienen,[4] es finden sich sittenpolizeiliche Vorschriften auf Fremde angewendet,[5] im Bereiche der Sicherheitspolizei wird das Verbot des Waffentragens auf Fremde erstreckt, und Formulierungen wie die der Constitutiones Siculae von 1231 betonen dabei zugleich den räumlichen Geltungsbereich solcher Vorschriften: *homines extra regnum postquam regnum intraverint, arma prohibita nullatenus deferre permittimus. quae si scienter detulerint, poenae quam contra delatores armorum qui in regno morantur edidimus,*[6] *subiacebunt. et ut ignorantiam simulare non possint,*

Vercelli 1242 Statuten c. 432 HPM 16, 1256. Bologna Statuten 1250 VIII 16. Vertrag Genua-Ancona 1220 usw.

[1] Beispiele Lodi 1228 Statuten n. 100 Cod. dipl. Laud. 2 II, 572. Piacenza Statuten der Kaufmannschaft c. 384 ed. Bonora, Monumenta ad prov. Parm. et Plac. pertinentia 1 IV, 103. Ravenna-Ferrara 1200 Theiner codex dipl. dominii temporalis S. Sedis 1, 32 n. 41. Genua-Ancona 1220 a. a. O. usw.

[2] Lodi 1228 Statuten n. 101.

[3] Parma Statut vor 1241, wahrscheinlich von 1226 a. a. O. p. 59.

[4] Padua vor 1236 Statuti del Comune di Padova (ed. Gloria) c. 819, 820 p. 269 f. (Die entsprechende Bestimmung für Parma Statuten p. 63 stammt vielleicht erst von 1255.) Eine bemerkenswerte Aufteilung gilt für die Venetianer in Akkon 1123 und auf Euböa 1216, Fontes rerum austriacarum [2] 12, 85 und 13, 180: als Verkäufer benützen sie Venetianer Maß, als Käufer die landesüblichen Maße; doch das beruht auf einer Mitherrschaft Venedigs über diese Gebiete.

[5] Statuten von Val d'Ambra a. a. O. p. 133 eine merkwürdige Vorschrift über die Tracht.

[6] Const. Sic. I 10, „*omnibus regni nostri fidelibus*“ verbindlich.

statim per officiales nostros cum regnum intraverint, ipsis volumus haec exponi.[1]

Wenn das Genueser Gewohnheitsrecht, wie es vor 1056 aufgezeichnet wurde, die Fremden zu Zeiten feindlicher Überfälle zum Wachtdienst verpflichtet,[2] so greift das bereits in das Gebiet öffentlicher Leistungen über, und in der Tat macht auch die Abgabenhoheit vor Fremden nicht Halt. Von der Grundsteuer soll unten § 8 gesprochen werden. Vor allem aber sind indirekte Steuern auch von Auswärtigen mit unbedingter Selbstverständlichkeit erhoben worden, Durchfuhrzölle, Marktabgaben, Beherbergungssteuern, Ausfuhrabgaben und ähnliches mehr.[3] Auch an die Einziehung des erblosen Nachlasses von Fremden[4] mag in diesem Zusammenhang erinnert werden.

Nicht minder haben die Städte und die sonstigen örtlichen Machthaber die Strafgewalt über Fremde geltend gemacht,[5] wie dies schon italienische Kapitularien und die

---

[1] Const. Sic. I 11 ed. Huillard-Bréholles, historia dipl. Friderici Secundi 4, 14. — Vgl. auch das Waffenverbot in Padua vor 1236, Statuten c. 751 mit einem Vorbehalt für Wege von und nach außerpaduanischen Gebieten.

[2] HPM 7, 3.

[3] Es genügt, auf die Darstellung des Abgabenrechts bei Ernst Mayer, Italienische Verfassungsgeschichte 1, 329 ff. zu verweisen. Gerade die Staatsverträge der Zeit bieten massenhaftes Material, das die Abgabenpflicht der Fremden dartut.

[4] Worüber wiederum E. Mayer 1, 140 ff. verglichen sei.

[5] Statutarische Bestimmungen: Genua 1143 c. 60 (oben S. 25[3]) Verletzung eines Einfuhrverbots. Apulien 1179 Del Giudice, codice dipl. del regno di Carlo I. e II. d'Angiò 1 p. XLIII n. 20 Feldfrevel. Montpellier 1205 c. 2, Giraud, essai sur l'histoire du droit français 1, 74 für Strafsachen überhaupt. Val d'Ambra 1208 (oben S. 26[5]) Verstoß gegen eine Kleiderordnung. Baldaria 1221 (oben S. 23[2]) Forstfrevel. Parma 1227 (oben S. 25[1]) p. 278 Tötungsabsicht. Lodi 1228 (oben S. 26[1]) n. 100, 101 Verletzung eines Handels und Durchfuhrverbots. Verona 1228 c. 271 ed. Campagnola 200 Tötung. Constitutiones Siculae 1231 (oben Anm. 1) I 11 Verletzung eines Waffenverbots. Padua vor 1236 (oben S. 26[4]) c. 712 Tötung. Vercelli 1242 (oben S. 25[3]) c. 432 Verletzung eines Einfuhrverbots. Urteil Siena 1225, Archivio stor. italiano[3] 4 II, 43 (1866) Tötung. — Staatsverträge: Genua und Pisa mit St. Gilles 1143 HPM 7, 82 n.

lombardistische Rechtswissenschaft zugelassen hatten.[1] Und es ist ganz regelmäßig nicht bloß die Zuständigkeit zur Bestrafung, die dabei in Anspruch genommen wird, sondern es wird auch das Strafmaß, es wird vor allem das durch die Strafdrohung geschützte Verbot dem örtlichen Recht entnommen. Auch hieran haben die Bedenken der theoretischen Literatur, die das Ortsrecht auf die Untertanen beschränken wollte, nichts geändert, und ihr Einfluß ist nur in bezeichnenden Nebenbestimmungen erkennbar: mit der Frage, ob das örtliche Strafrecht den Fremden binde, ging wenig geschieden die andere einher, inwieweit sich der Fremde auf Rechtsunkenntnis berufen könne, und hier nun enthalten die Constitutiones Siculae die charakteristische Vorschrift (s. oben), das im Königreich bestehende Waffenverbot müsse den Fremden eigens bekannt gegeben werden, sobald sie die Grenze überschreiten, oder es ist im Stadtrecht von Vercelli vorgesehen, daß der Podestà jedesmal bei seinem Amtsantritt in der Stadt und auf den Märkten des Landgebiets bekannt machen lassen müsse, daß es Fremden verboten ist,

---

80 Ehebruch, Mord, Diebstahl. Bologna-Modena 166 Strafsachen überhaupt, 1177 Straßenraub Muratori, ant. it. 4, 339. Genua-Narbonne 1174 HPM 7, 294 n. 309 Kapitalverbrechen (noch nicht in den Verträgen von 1132 und 1166 eod. n. 31 und Devic et Vaissette, histoire gén. de Languedoc[2] 8, 263). Königliches Privileg für die Genuesen in Sizilien 1200 HPM 7, 462 n. 437 Strafsachen überhaupt. Genua-Montpellier 1225 HPM 7, 760 n. 624 Tötung, Raub, Seeraub (vgl. auch unten; noch nicht in den Verträgen von 1143 und 1155 eod. n. 83, 211). Genua-Marseille 1229 HPM 7, 851 n. 675 Strafsachen überhaupt. Genua-St. Gilles 1232 HPM 7, 902 n. 694 Tötung (vgl. auch unten). Mantua-Ferrara 1239 Muratori, ant. it. 4, 443 Plünderung, Raub, Beschädigung und Wegnahme von Personen und Sachen. Dazu zahlreiche Verträge der Seestädte mit den Kreuzfahrerstaaten, in denen die Strafgerichtsbarkeit über die Angehörigen jener Städte dem heimatlichen Richter der Kolonie vorbehalten wird, mit Ausnahme jedoch von Mord, Diebstahl, Raub, Verrat, Falschmünzerei, Notzucht oder eines Teils dieser Verbrechen, deren Bestrafung das örtliche Gericht beansprucht.

[1] L. Pap. Wid. 1. — Kar. de Tocco Lomb. I 13, 1 nam si fecerit.

Wein in das Gebiet einzuführen. War aber die Kenntnis des Fremden auf solche Weise sicher gestellt, so war er auch der Strafsatzung des örtlichen Rechts unterworfen.

Es kam zuweilen vor, daß diese Strafgewalt über Fremde ohne Unterschied des Orts, an dem das Vergehen begangen war, geübt wurde. In einem Vertrag von 1166 verpflichten sich Bologna und Modena, die Übeltäter der einen Stadt, die in die andere geflüchtet sind, wie die eigenen Angehörigen zu bestrafen, und für Raub und Seeraub scheint man öfter eine Zuständigkeit an jedem Ort angenommen zu haben.[1] Im übrigen aber war der römische und fränkisch-lombardische[2] Gedanke von der Strafzuständigkeit des Tatorts auch in die Quellen des 12. und 13. Jahrhunderts übernommen worden,[3] und es ist damit zugleich auch das Recht, von welchem das strafende Gericht ausging, als das Recht des Tatorts zur Geltung gelangt. Der Durchführung dieser Zuständigkeit standen nur insofern Schwierigkeiten entgegen, als die Strafzuständigkeit am Wohnsitz des Täters in den Anschauungen der Zeit tief verwurzelt war. Zahlreiche Staatsverträge zumal der älteren Zeit hatten diese Zuständigkeit denn auch als ausschließlich anerkannt.[4] Und in anderen hat man einen Ausgleich unternommen. Man hat die Zuständigkeit des Tatorts zuweilen auf besonders schwere Verbrechen beschränkt,[5] oder auch dem Tatort nicht jegliche Form der

---

[1] Zeugnisse aus dem hier zu behandelnden Zeitabschnitt: Bologna-Modena 1177. Genua-Montpellier 1225.

[2] L. Pap. Lud. 18 und Wid. 1. — Kar. de Tocco Lomb. I 13, 1 nam si fecerit; II 40 (41), 3 vadat.

[3] Die meisten der oben S. 27[5] zusammengestellten Zeugnisse gewähren eine Strafzuständigkeit über Fremde eben für den Fall, daß das Vergehen im Gebiet verübt wurde, und wo dies nicht zutrifft (Stadtrecht von Montpellier 1205; von Verona 1228; Genua-Narbonne 1174; Genua-Sizilien 1200; Genua-Montpellier 1225) wird die gleiche Beschränkung mindestens zum Teil vorausgesetzt werden dürfen. Vgl. auch Siena 1247 bei Zdekauer, il constituto del comune di Siena p. CIX.

[4] Die meisten der unten S. 42[1] zusammengestellten Verträge solchen Inhalts gelten auch für Strafsachen.

[5] Vgl. über dergleichen Verträge oben S. 27[5].

Strafe, sondern nur Strafmittel von gewisser Art eingeräumt, dies letztere Fälle, die uns noch beschäftigen werden. Aber auch hier finden sich Verträge, in denen der Vorrang des Tatorts zum Durchbruch kommt; das Abkommen Mantua-Ferrara von 1239 hat die Strafzuständigkeit des Tatorts für ausschließlich erklärt.

Daß der Strafprozeß — auch über Fremde — dort durchzuführen ist, wo Zuständigkeit zur Bestrafung besteht, gilt auch jener Zeit zumeist als selbstverständlich,[1] und damit hat auch das örtliche Strafprozeßrecht seine Anwendbarkeit auf Fremde erlangt. Ein Privileg für die Genuesen auf Sizilien von 1200, ein Prozeß in Siena von 1225 bezeugen den Rechtszustand.[2]

Nicht minder mag auch der Zivilprozeß Fremde der Gerichtsgewalt unterstellen. Mit der allgemeinen Anerkennung eines Gerichtsstandes am Wohnsitz des Beklagten war es von vornherein gegeben, daß auch fremde Kläger hier ihr Recht suchen mußten. Über fremde Beklagte mochte am Ort der unerlaubten Handlung (die privatrechtliche Zuständigkeit ging mit der strafrechtlichen stets parallel), in den noch zu erwähnenden Gerichtsständen des Vertrags, der belegenen Sache Urteil gesprochen werden, und auch damit wurde das örtliche Prozeßrecht auf Fremde anwendbar. Von Staatsverträgen entsprechenden Inhalts ist schon oben S. 13 f. gehandelt worden, aus Genua, Bari, Venedig und Lodi ist die Geltung des örtlichen Prozeßrechts für Fremde bezeugt.[3] Es bedeutet

---

[1] Vgl. immerhin den Vertrag Genua-Cypern 1232 HPM 7, 899 n. 693 Verrat, Mord und Raub eines Genuesen auf Cypern sollen im genuesischen Gericht abgeurteilt, vom königlichen Gericht bestraft werden.

[2] Das Privileg oben S. 27[5]. Der Prozeß Archivio stor. italiano[3] 4 II, 43 (1866).

[3] Genua Gewohnheitsrecht vor 1056 HPM 7, 3 für Urkundenbeweis. [Die schwierige Stelle dürfte folgendermaßen zu übersetzen sein. „Und es bestand der Brauch bei Urkunden, die fremden Leuten *(forici*, vgl. den Sprachgebrauch eod. n. 23) als falsch zurückgewiesen wurden: wenn der Notar und die Zeugen noch am Leben und anwesend waren, dann *(*tunc)* leistete der Beweisführer

nur eine scheinbare Verschiedenheit, wenn in einigen Verträgen, von denen oben S. 17 ff. die Rede war, aus Gründen der Retorsion eine Abweichung vom örtlichen Prozeßrecht gegenüber Fremden vorbehalten wurde. Aber eine wirkliche Ausnahme, die grundsätzliche Anschauung, daß das Prozeßrecht der Stadt für Fremde nicht verbindlich sein könne, begegnet in der Tat einmal: es ist die oben S. 23 erörterte Meinung des Mailänders Petrus, die in der Praxis ja freilich völlig vereinzelt geblieben ist.

Aber auch im Bereich des Privatrechts hat sich die Anwendung der lex fori zu differenzieren begonnen. Das gilt zunächst für die privatrechtlichen Folgen unerlaubter Handlungen, die im gleichen Umfang wie deren Bestrafung den Gesetzen des Tatorts unterstellt wurden. Es hat in bemerkenswerter Weise auch für Verträge Geltung erlangt. Eine Herrschaft über Verträge, die in der Stadt geschlossen wurden, war nach der finanzrechtlichen Seite schon der älteren Zeit geläufig; die *curatura* wurde gerade von den Verträgen der Fremden erhoben. Und als mit dem Vordringen des römischen Rechts das forum contractus zur Anerkennung gelangte,[1] da mußte

---

den Eid, daß er keine bösliche Fälschung in den Urkunden begangen habe. Denn bei einem Rechtsstreit in euerer Stadt *(inter vos*, vgl. die spätere Wiederholung des Ausdrucks) verfuhret ihr mit der Urkunde *secundum legem* (L. Pap. Wid. 6). Waren aber Notar und Zeugen abwesend oder tot, so schwur der Beweisführer selbfünft, daß die Urkunde nicht falsch sei. War ein solcher Streit (bezieht sich auf das Vorausgehende im Gegensatz zu späteren Bestimmungen über originären Grunderwerb) zwischen euch und fremden Leuten aber um Grundstücke entstanden, so fand (entgegen L. Pap. Ot. I 1) kein Zweikampf statt, und ihr nahmt darüber keinen andern Beweis (als den angeführten Beweis über die Echtheit der Urkunde) entgegen."] — Bari Anfang des 13. Jahrhunderts, consuet. a Sparano collectae XXXI 1, ed. Petroni, il testo delle consuetudini Baresi 114 für Eideszuschiebung. — Venedig Statuten 1229 c. 13, 14 ed. Besta, Nuovo archivio veneto[2] 1, 272 (1901) Verteilung des Eides. — Urteil Lodi 1243 Cod. dipl. Laudense 2 I, 334 n. 333 Herausgabe von Urkunden.

[1] Beispiele: Vertrag Pisa und Genua-Montpellier 1143, Genua-Montpellier 1155 HPM 7 col. 87, 182 n. 83, 211; Pisa-Grasse 1179

das Recht des Vertragsorts schon als das Recht des entscheidenden Richters zur Anwendung gelangen. In der Tat ein Abkommen zwischen Pisa und Arles von 1212/21[1] bringt die doppelte Bestimmung, daß Handelsgeschäfte und andere Verträge, die zwischen Leuten von Arles und Pisa (man wird wohl annehmen dürfen: in Pisa) geschlossen wurden, vor dem Richter von Pisa und nach dortigem Recht entschieden werden sollen, wie auch entsprechend im umgekehrten Fall. Ein Statut von Parma, wahrscheinlich von 1226,[2] erklärt für Verträge, die ein Fremder mit einem Bürger von Parma in dieser Stadt geschlossen hat, die Gerichte der Stadt für ausschließlich zuständig und knüpft an eine Zuwiderhandlung Verwirkung der Forderung, somit eine materiellrechtliche Verfügung. Aber auch unabhängig von prozessualen Bestimmungen wird eine Herrschaft über Verträge der Fremden in Anspruch genommen. Die Constitutiones Siculae[3] erklären das Zinsverbot *omnibus regni nostri fidelibus et quibuslibet aliis in regno morantibus, etiamsi extra regnum fuerint oriundi,* für verbindlich. Und vor allem die große Stadtrechtskodifikation von Pisa hat diesen Gedanken aufgenommen.

Es ist oben S. 18 die eigentümliche Vorschrift mitgeteilt worden, die bei der Klage eines Fremden gegen einen Einheimischen dem Beklagten die Wahl gibt, ob der Fall nach Pisaner Recht oder nach den heimatlichen Gesetzen des Klägers entschieden werden solle, aber, so erklärt die Fassung beider Gesetzbücher von 1233, *praeterquam in*

Muratori, ant. it. 4, 345; zum Teil auch Genua-Savona 1181 HPM 7, 316 n. 330; Genua-Oneglia 1199 HPM 6, 1197 n. 1598; Genua-Noli 1202 HPM 7, 474 n. 445. Urkunde Bologna 1224 Codice dipl. Barese 1, 170 n. 91. Statuten von Bologna 1250 I 1 Mon. di Romagna[1] 1, 36. Das gleich zu erwähnende Stadtrecht von Parma. Auch die jüngste Lombardistik hat den Gerichtsstand aufgenommen: Kar. de Tocco Lomb. II 40 (41) 3 vadat (für die Expositio Lud. 1, 1 Mon. Germ. 2° Leg. 4, 523 ist der Gerichtsstand noch römisch).

[1] Papon, histoire de Provence 2 p. XXXIX n. XXXVII; Muratori, ant. it. 4, 395.

[2] ed. Ronchini p. 228.

[3] I 6, 2 ed. Huillard-Bréholles p. 10.

contractibus in Pisana civitate vel eius districtu factis. Verträge, die in Pisa geschlossen wurden, sollen schlechtweg unter Pisaner Recht stehen, und wir haben hier eine der interessantesten Einwirkungen der Theorie auf die Stadtrechtsgesetzgebung, eine Abgrenzung privatrechtlicher Herrschaft nach sachlichen Gesichtspunkten, wie sie nirgends in der Praxis unseres Zeitabschnittes schärfer hervorgetreten ist, festzustellen. Es stimmt mit der Herkunft der Klausel überein, daß die Redaktion des Constitutum Usus von 1193/1200[1] den Vorbehalt (wie übrigens auch eine Abstellung auf die Wahl des Beklagten) noch nicht enthält.

Sachen im Gebiet.

8. Die mittelalterliche Erscheinung einer „Verdinglichung" des Rechts läßt sich in mäßigem Umfang auch für Italien feststellen, und wie andere subjektive Rechte und Pflichten, so sind insbesondere auch Abgaben an den Besitz eines Grundstücks als solchen geknüpft worden.[2] Aber das bedeutet nicht etwa, daß diese Abgaben an den Herrn, der am Ort des Grundstücks herrschte, entrichtet werden mußten, und es findet sich in einer Immunitätsurkunde von 962[3] die bemerkenswerte Klausel: *insuper etiam concedimus ut omnes homines infra eandem civitatem* (Parma) *vel praelibatos fines habitantes, ubicunque eorum fuerit haereditas sive adquaestus sive fami-*

[1] Ich verdanke die Vergleichung der vatikanischen Handschrift 6385 der Güte des Herrn Professor Schellhaß vom k. preußischen Historischen Institut in Rom.

[2] Beispiele: Trient 845 Muratori, ant. it. 2, 971. Mailand 1186 eod. 4, 229. Lodi 1207, Crema 1210 Cod. dipl. Laudense 2 I p. 245, 251 n. 222, 228 usw.

[3] Mon. Germ. Diplomata 1, 962; bestätigt 1004 eod. 3, 88; die entsprechende Urkunde von 880 bei Affò, storia di Parma 1, 298 n. 22 ist falsch. — In anderen Immunitätsurkunden jener Zeit ist mir die Klausel allerdings nirgends begegnet; insbesondere gehört die manchmal gewährte Erstreckung der Immunität auf alle Besitzungen der Kirche, gleichviel wo sie belegen sind, nicht hierher.

lia, tam infra comitatum Parmensem quamque in vicinis comitatibus, nullam exinde functionem (Grundsteuer) *alicui nostri regni personae persolvant sive alicuius placitum custodiant nisi Parmensis ecclesiae episcopi qui pro tempore fuerit.* Und wenn noch in den Bologneser Statuten von 1250[1] zu lesen ist: *si qua civitas quae habeat confines cum comuni Bononiae et auferret collectas civi Bononiae pro podere quod haberet in eius districtu, eadem civitas Bononiae auferat collectas civibus illius civitatis pro podere quod haberet in Bononia vel districtu* — so zeigt auch diese Retorsionsbestimmung es als die ursprüngliche Auffassung, daß eine solche Steuer von fremdem Besitz im Land nicht erhoben werden soll. Einer abweichenden Behandlung dieser Steuerfragen wurde indessen von zwei Seiten vorgearbeitet. Jene Verdinglichung des Rechts, von der oben die Rede war, hat sich bisweilen zu dem Gedanken verdichtet, daß der Besitz eines Grundstücks eine persönliche Unterworfenheit vermittle,[2] und es scheint auf

---

[1] VII 25 Mon. di Romagna[1] 2, 35.

[2] So für die grundherrliche Gewalt (Genua) 1168 HPM 7, 232 n. 258; auch Verona liber iuris civilis 1228 c. 47 ed. Campagnola 42 und Brescia consuetudines 1225 c. 41 ed. Lattes, il diritto consuetudinario delle città lombarde 425. Vgl. auch Sohm, Die fränkische Reichs- und Gerichtsverfassung 304 ff. über den Gerichtsstand der belegenen Sache. Entsprechend insbesondere auch innerhalb des Systems der persönlichen Rechte die Unterworfenheit unter ein Stammesrecht vermöge des Besitzes von Erbgut, so daß der Erwerber in allen Angelegenheiten, die auf das Gut Bezug haben, nach dem Recht des Erblassers lebt. Es mag als den gegenwärtigen Zusammenhang berührend noch beigefügt werden, daß dort, wo innerhalb des Systems der persönlichen Rechte jemand nur Erbgut besitzt, persönlich aber einem anderen Stammesrecht untersteht, die Anschauung sich bilden konnte, daß er *de persona* nach einem andern Recht lebe als *de rebus;* vgl. etwa Kar. de Tocco Lomb. II 7, 1 minime componere; II 7, 2 ut mulieres; II 56 super rubrica. Natürlich aber beruht diese Aufteilung nur auf Zufall; entgeltlich erworbener Grundbesitz steht auch in solchem Fall unter dem eigenen Stammesrecht des Erwerbers. Und ebensowenig bedeutet ein durch Grundbesitz vermitteltes Stammesrecht etwa eine räumlich wirksame Rechtsordnung für den Umkreis des Grundstücks. Feldfrevel auf salischem Erbgut werden nicht nach salischem Recht gebüßt.

einer Verwertung dieses Gedankens für das Verhältnis zwischen Stadt und Untertan zu beruhen, wenn in einem Vertrag Bologna-Modena von 1179[1] vereinbart wird, *si aliquis de episcopatu Mutinae .. fuerit civis Bononiae, liceat Mutinensibus constringere eum de bonis, quae habet in episcopatu Mutinensi, sicut quemlibet alium de suo episcopatu.* Ganz ähnlich lauten Vereinbarungen, die Reggio und Modena 1188 mit Parma abgeschlossen haben.[2] Und auch die Bestimmungen sind von verwandter Art, die eine Abgabenpflicht für Grundstücke im Gebiet deshalb in Anspruch nehmen, weil der Fremde sie von einem Bürger erworben hat:[3] es ist eine Art Untertanschaft, in der die Grundstücke des Gebietes dauernd verbleiben. Erst das Stadtrecht von Bologna in seiner Fassung von

---

[1] (Savioli) Annali Bolognesi 2 II, 99 n. 258.

[2] Die erste Tiraboschi, mem. modenesi 3 II, 112 n. 567. Die zweite Muratori, ant. it. 4, 347. In der zweiten dieser Vereinbarungen heißt es: *si quis de episcopatu vel comitatu Mutinensi ⟨vel Parmensi⟩ . . erit civis Parmae, liceat Mutinensibus de bonis, quae habent in suo episcopatu vel comitatu, distringere.* Die Worte *vel Parmensi* beruhen wohl auf einem Schreibversehen. Sollten sie freilich echt sein, so würde die Bestimmung bereits der neueren Entwicklung angehören, die eine Steuergewalt über Grundstücke im Gebiet schlechtweg anerkennt. — Die erste der Urkunden wird durch einen Lesefehler unklar. Es soll offenbar statt *regimini Reginis* heißen, und es wird demgemäß in dem Vertrag den Leuten von Reggio genau wie im Vertrag Parmas mit Modena zugesichert, daß sie die Besitzungen eines ihrer „Angehörigen“, der Bürger von Parma ist, fortdauernd besteuern können, soweit diese Besitzungen im Gebiet von Reggio belegen sind. Und wenn im Fortgang des Vertrags von Parma versprochen wird, Bürger von Reggio nicht höher zu besteuern als die eigenen Bürger, so wird sich das wohl auf den umgekehrten Fall beziehen, daß ein „Angehöriger“ von Parma Bürger von Reggio ist und dabei Vermögen im Gebiet von Parma hat.

[3] So Vercelli Statuten c. 182 von 1207 und c. 328 von 1241 HPM 16, 1164 und 1214. Noch bezeichnender die Statuten von Como pars altera c. 361, 362 eod. 223, das eine der Kapitel vielleicht von 1207: der fremde Erwerber von Grundbesitz im Gebiet haftet für alle Abgaben, welche den veräußernden Bürger oder sein Vermögen getroffen hätten.

1250[1] zeigt den Grundbesitz der Fremden schlechtweg steuerpflichtig, und es mag auf diese Klärung der Anschauungen insbesondere auch die Rechtswissenschaft Einfluß genommen haben, die ja seit geraumer Zeit schon eine Steuerpflicht anerkennt, die eine Sache um ihrer Lage im Gebiet willen trifft.

Eine ähnliche Entwicklung mußten auch die anderen Wirkungen des *districtus*, der öffentlichen Zwangsgewalt, nehmen. Wenn in einer später S. 97 zu besprechenden Entscheidung, die in Bologna um 1237 erging, anerkannt wurde, daß eine zu Piacenza gegen einen Bürger dieser Stadt verhängte Vermögenskonfiskation auch dessen Vermögen in Bologna ergreife, so mochte dieses Urteil immerhin formal auf dem romanisierenden Gutachten des Jacobus Balduini beruhen: es stand jedenfalls in vollem Einklang mit der älteren Anschauung, die das Vermögen einer von der Herrschaft über die Person verschiedenen Rechtsordnung nicht unterstellte. Auf der andern Seite aber hat auch bei Übung der Gerichtsgewalt der Gedanke Wurzel zu fassen begonnen, daß der Besitz von Vermögen im Gebiet zu Maßregeln berechtige, die aus dieser Lage des Vermögens ihr Recht herleiten, und er ist dabei auch auf bewegliches Gut zur Anwendung gelangt. *si aliquis de Montepessulano*, so lautet ein Vertrag zwischen Genua und Montpellier von 1225,[2] . . *qui damnum dedisset (alicui Januensi) inveniretur in Janua* . . *possit conveniri et detineri, et res eius, non tamen persona;* nur Mord solle auch der persönlichen Strafgewalt Genuas unterstehen. Die wörtlich gleiche Vorschrift findet sich in dem Vertrag Genuas mit St. Gilles von 1232.[3] Und es ist bezeichnend, daß in

---

[1] VII 96 Mon. di Romagna[1] 2, 101. Die oben mitgeteilte Retorsionsbestimmung VII 25 muß wohl älteren Ursprungs sein.

[2] HPM 7, 760 n. 624. Die entsprechende Bestimmung für Montpellier eod. 769 n. 627. Die Klausel fehlt noch in dem Vertrag der beiden Städte von 1201, Germain, hist. de Montpellier 2, 422 n. 23.

[3] HPM 7, 902 n. 694 (noch nicht in dem Vertrag von 1143 eod. 82 n. 80). — Vielleicht zeigen die Genueser Konsulatsstatuten von 1143 c. 60 HPM 2, 250 eine Vorstufe zu dieser Anschauung in den Bedenklichkeiten, mit denen sie gegen Verletzung eines

beiden Verträgen nicht einmal angegeben wird, ob ein solcher Zugriff nur bei Vergehen Platz greifen solle, die in Genua begangen wurden.

Ein Gerichtsstand der belegenen Sache für Zivilstreitigkeiten war dem alten longobardischen Recht unbekannt, jegliche Klage mußte am Wohnsitz des Beklagten gestellt werden, und wenn die Kapitularien fränkische Anschauungen und mit ihnen bei Grundstückstreitigkeiten eine wahlweise Zuständigkeit am Ort des Grundstücks auch nach Italien gebracht haben, so hat diese Neuerung geringen Einfluß geübt,[1] ist insbesondere auch von den Lombardisten des 11. Jahrhunderts übersehen worden. Es ist vielmehr das aufkommende römische Recht, das diesem Gerichtsstand Bahn gebrochen hat.[2] Die Praxis hat ihm noch lange widerstrebt, wie die mancherlei Privilegien und die zahlreichen Staatsverträge zeigen, die den Gerichtsstand des Wohnsitzes für ausschließlich erklären.[3] Erst die praktische Rezeption des römischen Rechts hat hier zu einer prozessualen Herrschaft unmittelbar über die Sachen im Gebiet geführt. Für den Bereich der freiwilligen Gerichtsbarkeit aber kam irgendein Übergewicht des Orts eines Grundstücks in der älteren Zeit von vornherein

---

Einfuhrverbots durch einen Fremden vorgehen: bringt der Fremde verbotenes Gut, so muß er schwören, die Waren zurückzuschaffen; schwört er nicht, so verfallen die Waren; sind sie nicht erreichbar, so unterliegt er einer Buße nach Ermessen.

[1] In dem Placitum 1028 Muratori, rerum italicarum scriptores 2 II, 992 (Grundstück in der Marsergrafschaft) mögen bereits römische Einflüsse wirksam sein.

[2] Die Expositio Lud. 1, 1 beschränkt den Gerichtsstand noch auf Personen römischen Stammesrechts. Die 3. Glosse zu Loth. 60 und eben die Expositio Grim. 4, 2 kennen ihn bereits als Gerichtsstand für jedermann (die letztere Stelle sogar als ausschließlichen Gerichtsstand), beziehen ihn aber zunächst nur auf Grundstücke. Ohne jede Beschränkung späterhin Kar. de Tocco Lomb. II 40 (41) 3 vadat.

[3] Sogar ein Schulfall des Martinus legt diesen Rechtszustand noch zugrunde: Quaestiones dominorum Bononiensium, coll. Gratianopolitana n. 7, Bibl. iur. medii aevi 1 a, 212. (Zum Verständnis der Stelle ist etwa Azo, lectura C 3, 1, 14 n. 2 zu vergleichen).

nicht in Betracht. Schon das Kapitulare L. Pap. Lud. 11 erklärt, daß eine Übereignung von Grundbesitz ebensowohl in, wie außerhalb der Grafschaft der belegenen Sache erfolgen könne, und die Praxis zeigt die Zuständigkeit der Notare insoweit ohne jegliche Schranke.[1] Nur die Hofkanzlei läßt im 10. und 11. Jahrhundert eine gewisse Rücksicht auf den Ort des Grundstücks erkennen, insofern die Zuständigkeit der deutschen oder der italienischen Kanzlei des Königs zunächst durch den Ort des beteiligten Grundstücks, hilfsweise durch die Zugehörigkeit des Empfängers der Urkunde bestimmt wurde; organisatorische Änderungen in der königlichen Kanzlei haben in der ersten Hälfte des 12. Jahrhunderts auch dies verschwinden lassen.[2]

Und das Privatrecht? Wo eine privatrechtliche Anordnung mit der Übung der öffentlichen Gewalt in Verbindung trat, findet sich in der Tat auch in unserem Zeitabschnitt

---

[1] HPM 13, 1156 n. 668 von 963: ein Angehöriger der Grafschaft Piacenza veräußert Grundbesitz in der Grafschaft Mantua; die Urkunde wird im Bezirk von Reggio aufgenommen (unter Zuziehung von Zeugen aus Parma und Modena).

[2] Bresslau, Handbuch der Urkundenlehre[2] 1, 463 486 f. 489 f.; Erben, Urkundenlehre 1, 63 f. — Nicht zu übersehen ist in diesem Zusammenhang eine merkwürdige Königsurkunde Frankfurt 1140 bei Ficker, Forschungen zur Reichs- und Rechtsgeschichte Italiens 4, 156 n. 112: Der König schenkt einem Deutschen Grundbesitz in Italien, und die Urkunde fügt bei, *si sibi oppus fuerit, praecipio et concedo secundum usus terrae illius, ut aliud scriptum sibi fiat et tradatur.* Auf die Verschiedenheit der deutschen und der italienischen Kanzlei des Königs kann der Vorbehalt nicht gehen; von anderem abgesehen schon deshalb nicht, weil zur fraglichen Zeit die Kanzlei beider Reiche bereits vereinheitlicht ist. Die in der Urkunde in Aussicht genommenen künftigen Schenkungen an den Empfänger werden den Vorbehalt auch nicht erklären können; sie sind auch tatsächlich (Ficker a. a. O. 157 n. 114) in Form einer deutschen zu Nürnberg ausgestellten Königsurkunde geschehen. Und so weiß ich in Ermangelung einer besseren Lösung nur etwa den im 12. Jahrhundert auch sonst nachweisbaren Brauch beizuziehen, demzufolge Königsurkunden manchmal durch einen italienischen Ortsnotar beurkundet wurden, um dem Empfänger die Möglichkeit zu gewähren, sich leichter Abschriften der Urkunde zu beschaffen; vgl. darüber Ficker, Mitteilungen des Instituts für

Inanspruchnahme unmittelbarer Herrschaft über Sachen im Gebiet, Abstandnahme von einer Maßregel, weil es sich um Sachen außer Landes handelt. Das Stadtrecht von Parma hatte, wie oben S. 32 erwähnt, ausschließliche Zuständigkeit für Klagen beansprucht, die wegen eines in der Stadt geschlossenen Vertrags gegen Bürger erhoben wurden, und für eine Zuwiderhandlung Verlust des behaupteten Rechtes angedroht; die gleiche Vorschrift galt *de re quae sita est in episcopatu Parmae* — also auch hier (unter Beschränkung auf Ansprüche gegen Bürger) Aufstellung eines privatrechtlichen Endigungsgrundes für ein möglicherweise bestehendes Recht an einer Sache in Parma. In Pisa hat das Constitutum Legis von 1233[1] der Stadt ein Erbrecht zu einem Drittel zugesprochen, wenn der Nachlaß eines Pisaners an auswärtige Erben fällt, *non tamen rerum immobilium extra civitatem et districtum positarum, quae iure successionis vel titulo lucrativo per aliquem qui non sit de civitate Pisana vel districtu ei obvenerunt.* Das fremde Grundstück entzieht sich der Beherrschung durch die Stadt, aber freilich noch nicht deshalb, weil es anderwärts liegt, es muß sich auch durch die Herkunft der Rechte des Verstorbenen dieser Herrschaft entziehen.

Wo aber eine solche Verbindung privatrechtlicher Vorschriften mit der Übung öffentlicher Gewalt mangelt, da ist privatrechtliche Herrschaft über eine Sache, deshalb weil sie im Gebiet liegt, in der italienischen Praxis jener Zeit wohl nirgends bewußt in Anspruch genommen worden. Und doch konnte es gar nicht anders sein, als daß vor allem das Agrarrecht sich allezeit nach dem Recht am Ort des Grundstücks bestimmt hatte — unter dem Schutz der Geltung der lex fori, unter der Voraussetzung,

---

österreichische Geschichtsforschung 1884 5, 315 ff.; Bresslau, Urkundenlehre² 1, 662 f. Die Klausel würde somit eine Erlaubnis zu nochmaliger Beurkundung enthalten. Ist die Deutung richtig, so kommt die Urkunde als Zeugnis für eine Herrschaft des Rechts der belegenen Sache freilich nicht weiter in Betracht.

[1] c. 37 Abs. 2 ed. Bonaini 777.

daß entstehende Streitigkeiten am Ort des Grundstücks entschieden würden,[1] hat der Satz, daß die Verhältnisse an ländlichen Grundstücken unter dem Recht am Ort des Grundstücks stehen, schon sehr früh Form gewonnen. Nur dürfen dabei nicht bloß sachenrechtliche Rechtsverhältnisse im romanistischen Sinn ins Auge gefaßt werden; die Beiziehung deliktischer Behandlung von Rechtswidrigkeiten ist unerläßlich. Daß eine Dorfflur dergestalt eigenes Recht haben könne, anerkennen schon die longobardischen Königsgesetze,[2] und es begegnen gelegentlich Veräußerungen, in denen dem Erwerber des Grundstücks das Eigentum mit der Wendung übertragen wird, *et facias iusta consuetudine isius loci quitquit uolueritis.*[3] Besondere Interesse bieten hier zwei tuscische Urkunden von 772: ein Einwohner von Chiusi gibt Grundstücke in dem (beträchtlich entfernten) Roselle in Erbpacht und verpflichtet sich, wenn er von dem Pächter mehr fordere als vereinbart oder ihm den Besitz wegnehme, *cognuscentis dei timentis homenis quodnam fuerit culpa* (es ist wohl das Gericht der Nachbarn gemeint) . . *ut det vobis parte de ris* (res) *movile secundum usu loci istius Rosell.*[4] Dem entsprechend stehen Feld- und Forstfrevel, auch für Fremde, unter dem Recht am Ort des Grundstücks.[5] Und wenn in einem Vertrag zwischen Bologna und Modena 1179[6]

---

[1] Für die kleinen landwirtschaftlichen Händel ist ohnehin das Dorfgericht zuständig.

[2] Roth. 344. Vgl. auch Roth. 346 und Liut. 91 (90).

[3] Zwei Urkunden Basaluzzo (Ligurien) 1009, Atti della Società Ligure di storia patria 2 I, 73 und 74 n. 48, 49.

[4] Troya, codice diplomatico longobardo 5 p. 635, 637 n. 951, 952. Man darf in den Urkunden auch nicht etwa eine vertragsmäßige Unterwerfung unter ein Recht erblicken, das ohne diese Unterwerfung nicht gelten würde. Eine solche Vereinbarung läge dem Recht jener Zeit völlig fern.

[5] (Apulien) 1179, Baldaria 1221 s. oben S. 27[5]. Vgl. auch Siena 1247 (oben S. 29[3]): ein Bürger der Stadt hat einen Römer, den er als Knecht beansprucht, im Gebiet von Siena festgenommen und, als er Widerstand leistet, verwundet und erklärt sich dazu nach den Statuten der Stadt für berechtigt.

[6] Es ist der oben S. 35 erwähnte Vertrag.

vereinbart wird, *de manentibus et ascripticiis et arimannis* (Personen, die gebundenen Grundbesitz verschiedener Art bewirtschaften) *Bononienses consuetudinem suae civitatis Mutinensibus servabunt. pensiones autem emphyteosis debitas in duplum* (die Strafe des Verzugs) *praestare facient secundum morem suae civitatis* — so wird man nach der Natur der Dinge auch hier an Grundstücke im Gebiet von Bologna denken müssen.

Aber auch im Bereich des Mobiliarsachenrechts mochte, wiederum unter der Voraussetzung, daß am gleichen Ort auch über den Fall entschieden würde, auf das Stadtrecht am Ort der Sache abgestellt werden.[1]

Persönliche Herrschaft.

9. Neben alledem kommt es aber auch vor, daß die örtlichen Gewalten in einzelnen Angelegenheiten nicht räumlich über Vorgänge oder Sachen im Gebiet, sondern persönlich über die Untertanen ihre Herrschaft üben, und auch dann, wenn solche Herrschaft Wirkungen außer Landes zeigt. Daß das ältere Steuerrecht zuweilen Untertanen ergreift, die für Besitzungen außer Landes Abgaben bezahlen müssen, ist im vorigen Paragraphen gestreift worden. Auch die Prozeßgewalt der Heimat macht vor der Beurteilung auswärtiger Tatbestände nicht Halt. Und wenn

---

[1] Die Statuten von Nizza aus dem 13. Jahrhundert HPM 2, 48 bestimmen, wer eine Sache öffentlich und in gutem Glauben gekauft hat, brauche sie dem Eigentümer nur gegen Ersatz des dafür bezahlten Kaufpreises zurückzugeben, *et hoc capitulum locum habeat solummodo adversus homines undecunque sint, in cuius civitate . . istud capitulum vel consuetudo observatur.* Die Vorschrift umfaßt also ohne weiteres auch Fremde, stellt aber allerdings in ihrer Fassung mehr auf den Ort des Erwerbs als auf den Ort der Sache ab. Nach Goldschmidt, Universalgeschichte des Handelsrechts 299[3] soll die Stelle aus dem altgenuesischen Recht „fragm. Datta c. 16" (d. h. den Genueser Statuten von 1229) übernommen sein; die Ausgabe des Fragments Atti della Società Ligure 1, 77 hat indessen nur 12 Kapitel und keines, das mit jener Stelle übereinstimmte.

zahlreiche Staatsverträge und Privilegien (zumal solche Genuas) den Gerichtsstand des Wohnsitzes für ausschließlich erklären,[1] so bezeichnet das nicht bloß örtliche Zuständigkeit zwischen Gericht und Gericht, sondern es tritt darin die Zuständigkeit des heimatlichen Staatswesens als solchen hervor. In Strafsachen bedeutet das zugleich materiellrechtlich die Anerkennung der heimatlichen Strafgewalt auch für auswärts begangene Verbrechen.[2] Gründe naheliegender Zweckmäßigkeit haben die Städte aber auch unmittelbar veranlaßt, eine solche persönliche Strafgewalt in Anspruch zu nehmen; nur mangelte der Grund, auch die Verletzung von Fremden in diese Zuständigkeit einzubeziehen, und die Bestimmungen haben sich demgemäß auf die Verbrechen von Bürgern gegen Bürger im Ausland beschränkt. So heißt es in den Paduaner Statuten[3] in bestimmter Gegenüberstellung: *si quis interfecerit aliquem in Padua et Paduano districtu, ultimo supplicio puniatur .. et idem servetur, si aliquis civis Paduanus occiderit aliquem civem Paduanum extra districtum Paduae.* Völlig

---

[1] Genua-Narbonne 1132 HPM 7, 39 n. 31 und 1174 eod. 294 n. 309 (hier unter Vorbehalt der Kapitalverbrechen). Genua und Pisa mit Montpellier 1143 eod. 87 n. 83; Genua-Montpellier 1155 eod. 182 n. 211 (unter Vorbehalt des forum contractus). Venedig-Pola 1145 Minotto 1, 3 (nach der Auslegung von 1319 eod. 86). Genua-Barcelona 1146 eod. 118 n. 124. Für bestimmte Streitfälle Genua-Tortona 1197 und 1218 eod. 413, 599, 603 n. 412, 532, 533. Genua-Oneglia 1199 HPM 6, 1197 n. 1598 und Genua-Noli 1202 HPM 7, 474 n. 445 (mit mehrfachen Vorbehalten). Modena-Pistoja 1225 Muratori, ant. it. 4, 413. Siena-Chiusi 1232 Archivio stor. italiano[3] 4 II, 31 (1866). Genueser Gewohnheitsrecht vor 1056, durch kaiserliches Privileg bestätigt 1162, 1191, 1220, 1226, HPM 7 col. 3, 207, 369, 653, 774, n. 1, 236, 385, 561, 629. Kaiserliches Privileg für Palermo 1233 La Mantia, antiche consuetudini delle città di Sicilia 234. Dazu zahlreiche Verträge der Seestädte mit den Kreuzfahrerstaaten für der ersteren Gerichtsbarkeit über See; auch ein Vertrag Genua-Venedig 1228 für die beiderseitige Gerichtsbarkeit über See HPM 7, 815 n. 656.

[2] Ausdrücklich hervorgehoben Pisa-Byzanz 1112, bestätigt 1192 Zachariae a Lingenthal, jus graeco-romanum 3, 543 und 539.

[3] Statuti c. 751 p. 252, vor 1236.

ausgereift aber ist eine gleichartige Bestimmung in der Venetianer promissio maleficii von 1232 zu lesen:[1] *de maleficiis vero quae extra Venetias in aliqua parte huius mundi Venetus in Veneto et contra Venetum perpetraverit, si de maleficio perpetrato extra Venetias non fuerit punitus malefactor, volumus et statuimus, quod . . per ipsos iudices (nostros) puniatur et iudicetur secundum formam huius promissionis ..*

Aber auch im Zivilrecht drängen die heimischen Vorschriften manchmal hinaus über die Stadt und begleiten den Bürger in die Fremde. Das zeigt sich zunächst in den Rechtsgeschäften. Denn wenn Angehörige der Stadt in der Fremde eine Verfügung trafen, die zu Hause wirken sollte, dann war eine Rücksichtnahme auf das heimische Recht von selbst geboten. So sind insbesondere einige Urkunden von Bürgern Bari's in Palermo überliefert: ein Bürger verspricht seinem Landsmann, Frau und Tochter nach Palermo kommen zu lassen, um ihm dort die Tochter *secundum usum et consuetudinem civitatis Bari* zur Frau zu geben (1154), Testamentsvollstreckung und Freilassung, Emanzipation von der väterlichen Gewalt werden genau nach dem in Bari geltenden Recht geregelt (1146 und 1154).[2] Aber auch Ortsansässigen gegenüber ist unter solchen Umständen das heimische Recht des Fremden manchmal vorbehalten worden; insbesondere bei

---

[1] c. 15 Statuta Veneta ed. 1528 f. 162b. Noch nicht in der promissio von 1181 ed. Teza, carta di promissione del Doge Orio Mastropiero 1863.

[2] Codice diplomatico Barese 5 p. 183, 170, 185, n. 107, 100, 109 und zur Vergleichung Besta, il diritto consuetudinario di Bari 85, 62, 65. Der enge Anschluß an das Recht von Bari, das nach Form und Inhalt weit von dem Recht in Palermo abweicht, legt allerdings den Gedanken nahe, es müßten die Urkunden von einem Notar aus Bari geschrieben sein, und die Vermutung wird durch den Namen des Notars: Petrus protonotarius f. Pizzinaci notarii gesichert. Denn 1130 urkundet in Bari ein Pizzinacus notarius (eod. 136 n. 79), und 1156/66 erscheint wiederum in Bari ein Pizzinacus f. Petri Pizzinaci protonotarii (eod. 300 fr. 19). Es muß also in Palermo eine geschlossene Kolonie von Baresen gewohnt haben, die unter heimatlichen Behörden stand.

Eheverträgen, die doch am Wohnsitz des Mannes zu wirken bestimmt sind, finden sich dergleichen Vorbehalte.[1]

Alsdann aber waren es auch die Stadtrechte selbst, die für den und jenen ihrer Sätze eine Geltung außer Landes in Anspruch nahmen. Die Angelegenheiten des Familien- und Erbrechts kommen ganz regelmäßig am Wohnort der Familie zum Austrag, und wenn ein unerwarteter Tod den Bürger mit seinem Vermögen in der Fremde ereilt, so sorgen stadtrechtliche Bestimmungen[2] und vielfältige Staatsverträge dafür, daß dieses Vermögen ungefährdet in die Heimat verbracht wird. So ist es regelmäßig der heimatliche Richter, der über entstehende Streitigkeiten zu entscheiden hat. Und nimmt man noch hinzu, daß der Bürger auch in der Fremde an zahlreichen Orten unter der Gerichtsbarkeit des heimatlichen dorthin entsandten Richters verbleibt, so kann es nicht Wunder nehmen, wenn die Stadtrechte ihnen nützlich erscheinende Bestimmungen für ihre Bürger ohne Rücksicht auf den Ort des Vorganges treffen. So regelt Genua[3] die Testamentsform für den Genuesen im Ausland: *si .. apud terras Saracenorum vel per alias diversas mundi partes aliquis Januensis mori con-*

---

[1] Gebiet von Pistoja 1213 ed. Zdekauer, Rivista italiana per le scienze giuridiche 26, 71 (1899): der Bräutigam aus Monte Acuto im Bolognesischen wird am Wohnort der Braut im Gebiet von Pistoja getraut und verspricht ihr die Rechte, welche die Frauen von Monte Acuto nach gutem Brauch dieses Ortes zu haben pflegen — *quia noluit facere hanc cartam ad usum Pistorie civitatis*, fügt der Notar bei, *et hec est illius terre consuetudo ut dicunt;* in der Umständlichkeit und Widerwilligkeit, mit der der Vorbehalt aufgenommen wird, zugleich ein hübsches Beispiel, daß man ohne ihn einfach die lex fori für anwendbar gehalten hätte. — London 1235 Mon. Germ. 2⁰ Leg. 2, 308: Kaiser Friedrich II. bestellt einer englischen Braut ein Wittum *secundum regni Sycilie consuetudinem.* Hier mußte schon die Staatsraison zur Berücksichtigung des heimatlichen Rechts führen.

[2] So Venedig Statuten von 1229 c. 20—22 Nuovo archivio veneto[2] 1, 274. Wiederholt in den Statuten von 1242 V 1—3 Statuta Veneta ed. 1528 f. 93a. Pisa 1233 Constitutum Legis c. 22; Const. Usus c. 18 ed. Bonaini 740, 873.

[3] Statuten 1229 c. 8 Atti della Società Ligure 1, 86.

tigerit et ibi dispositionem probatam mi per tres testes masculos fecerit, firmam habebo. Ähnlich nimmt es auch Venedig in Anspruch,[1] die Form für das Testament eines Venetianers im Ausland von sich aus zu bestimmen.[2] In Verona sind die mit einer dos abgefundenen Frauen von der Erbfolge ausgeschlossen; *et haec posta intelligatur et locum habeat etiam in feminis copulatis extra districtum Veronae et in descendentibus ex eis.*[3] Und besonders nach-

[1] Auch eine Vorschrift des Stadtrechts von Montpellier 1204 wird wohl in diesem Sinn aufzufassen sein. Hier ist in c. 55 (Giraud, essai sur l'histoire du droit français au moyen-âge 1 II, 61) verordnet, daß Testamente vor drei Zeugen errichtet werden können; c. 57 aber bestimmt weiter: *si alibi testamentum vel ultima voluntas a patre vel ab extraneo* (einem Nichtverwandten) *fiat, legitime probari debet per 7 vel 5 testes, non requisitis signaculis vel suprascriptionibus.* Das ist die gemeinrechtliche Form des mündlichen Testaments, wie sie damals in Geltung war. Aber dennoch wird der Gedanke nicht der sein, daß das Stadtrecht nur über Testamente verfügen könne, die in der Stadt errichtet werden, während für Testamente, die anderwärts errichtet werden, (an Stelle des dortigen Ortsrechts) gemeines Recht Anwendung finden müsse. Denn nicht nur wäre eine Abstellung auf den Ort der Errichtung für jene Zeit völlig singulär. Die Vorschrift findet ihre einfache Erklärung in dem Gedanken, daß auswärtige Testamente, um glaubwürdig zu sein, nach dem Willen der Stadt einer erhöhten Zeugenzahl bedürfen; auch die Genueser Statuten verlangen für Testamente in Genua zwei, auswärts drei Zeugen. Und es verfügt jene Vorschrift von Montpellier überdies nicht bloß formell über die Zeugenzahl auch bei auswärtigen Testamenten; es wird anscheinend auch eine materielle Abweichung vom römischen Recht verordnet, wenn die angegebene Zeugenzahl (entgegen C 6, 23, 21) selbst bei Testamenten eines Vaters verlangt wird.

[2] Statuten 1204 c. 29 Nuovo arch. veneto[2] 1, 258; wiederholt in den Statuten von 1242 IV 3. Vgl. auch in den Statuten von 1242 IV 20 über die Pflichten des Testamentsvollstreckers, den ein Venetianer im Ausland ernannt hat. — In den Statuten von 1229 c. 15 N. arch. ven.[2] 1, 272 (= Stat. 1242 I 69) heißt es: wenn ein Venetianer einem Fremden eine Schuldurkunde ausstellt, in der er sich und seine Erben verpflichtet, so soll der Sohn für diese Schuld doch nur mit dem ererbten Vermögen haften. Eine örtliche Beschränkung ist in die Bestimmung nicht aufgenommen, und so wird auch dies eine erbrechtliche Vorschrift sein, die dem Venetianer überall zustatten kommen soll.

[3] Stadtrecht 1228 c. 44 ed. Campagnola 40.

drücklich hat eine erbrechtliche Bestimmung in Pisa ihre Begrenzung erhalten: eine früher mitgeteilte Anordnung des Stadtrechts gibt dem Pisaner, gegen den ein Fremder Klage erhebt, die Wahl, ob der Prozeß nach Pisaner Recht oder nach den Gesetzen in der Heimat des Klägers entschieden werden solle; jedoch mit zwei Ausnahmen: *praeterquam in contractibus in Pisana civitate vel eius districtu et in ultimis voluntatibus ubicunque factis.*[1] Von dem fest bestimmten Recht der Verträge wurde bereits gesprochen. Entsprechend soll nun auch für letztwillige Verfügungen — eines Pisaners, wie man wohl ergänzen muß — und zwar ohne Rücksicht auf den Ort der Verfügung ausschließlich Pisaner Recht zur Anwendung kommen; wahrscheinlich ist die Klausel zunächst zur Verteidigung fiskalischer Ansprüche aufgenommen worden.[2] Für die Geschäftsfähigkeit aber erläßt Vercelli 1225 eine bemerkenswerte Bestimmung:[3] *nullus notarius .. qui sit de civitate vel districtu Vercellarum, praesumat facere instrumentum de aliquo contractu alicuius minoris 25 annis qui sit de civitate Vercellarum .. hoc autem intelligatur, si ille minor fuerit civis habitans in civitate. et si contrafactum fuerit, solvat notarius pro qualibet vice pro banno solidos 20 pp. et contractus ipso iure sit nullus . . et si notarius fuerit de aliena iurisdictione, ipso iure nullus sit contractus et nulla fides instrumento.* Die in der Bestimmung getroffene Neuordnung der Volljährigkeitsgrenze verlangt Beachtung auch von fremden Notaren, sonst kann (man

---

[1] Fassung von 1233 Constitutum Legis c. 37, Constitutum Usus c. 11 ed. Bonaini p. 779, 861.

[2] Im Constitutum Legis c. 37 (nicht auch im andern Gesetzbuch) geht der Stelle ein Absatz voraus: *si habitator in civitate Pisana .. existens .. ultimam voluntatem fecerit personis extra civitatem Pisanam .. commorantibus,* so soll die Stadt zu einem Drittel Miterbe sein. Und daß die Personalität des Erbrechts als solche dem Pisaner Erbrecht nicht Grundsatz war, zeigt gerade auch die Ausnahme, der dieses fiskalische Miterbrecht unterworfen wird (vgl. oben S. 39): auf auswärtige Immobilien, die der Erblasser unentgeltlich erworben, soll es sich nicht erstrecken.

[3] Statuten c. 157 HPM 16, 1151.

übersehe die Folge nicht) der Vertrag in der Stadt keine Wirkung üben.

Überall hat hier also ein örtliches Bedürfnis zu der Erstreckung privatrechtlicher Vorschriften auf Untertanen außer Landes geführt. Nach konkreten Notwendigkeiten, nicht aus einem vorweg bestehenden Prinzip heraus sind sie entstanden — zu einer Zeit, da die Theorie weit davon entfernt war, unter den Rechtssätzen des Privatrechts auch persönlich geltende Vorschriften anzuerkennen. Das Stadtrecht konnte auftauchenden Bedürfnissen, die nach dieser Richtung führten, unbedenklich entsprechen: es hatte den Vorzug, nicht verallgemeinern zu müssen.

Aber waren die Ansätze zur Ausbildung eines Personalstatuts schon so weit gediehen, daß nicht nur privatrechtliche Vorschriften für Inländer außer Landes getroffen wurden, sondern daß man sich auch der Kehrseite solcher Abgrenzungen bereits bewußt war, der Unanwendbarkeit dieser Vorschriften auf Ausländer im Inland? Die Erstreckung heimischer Vorschriften auf Inländer im Ausland bewegte sich noch innerhalb des Rahmens der lex fori; es war ja ihre Durchsetzung durch den heimatlichen Richter ins Auge gefaßt, der wie in allen anderen Fällen auch hier eben einfach das in seiner Stadt geltende Recht zugrunde legte. Eine Unanwendbarkeit irgendwelcher privatrechtlicher Vorschriften auf Ausländer im Inland jedoch hieß die Geltung der lex fori durchbrechen. Und in der Tat, man wird nicht ohne Überraschung auch dergleichen Vorschriften antreffen. In Genua ergeht 1143 die Verordnung,[1] *ut nulla femina de Januensi episcopatu dehinc in antea habeat tertiam;* es ist sehr wahrscheinlich, daß diese Verordnung ihre Wirkung bewußt auf Genueser Frauen beschränken, Frauen fremden Wohnsitzes aber von ihrer Verbindlichkeit ausnehmen wollte. Und in dem eben erwähnten Statut von Vercelli heißt es in aller Bestimmtheit: nur wenn es sich um einen Bürger der Stadt handelt, soll der Notar verpflichtet sein, der Volljährig-

---

[1] HPM 7, 81 n. 79.

keitsgrenze des Stadtrechts Rechnung zu tragen. Der Fortschritt scheint beträchtlich — und doch handelt es sich hier nicht um Weiterentwicklung, sondern um Nachwirkungen eines absterbenden Rechtszustandes. In Genua und in Vercelli galt damals in beschränktem Umfang noch das System der persönlichen Rechte, für den Römer war anderes Rechtens als für den Longobarden. Aber immerhin, die Bevölkerung innerhalb des Orts war zur Einheit zusammengeschmolzen, und die örtliche Gesetzgebung konnte dazu vorgehen, eine Vorschrift der Römer einheitlich für alle Einwohner des Orts als verpflichtend zu erklären. Aber auch nur für die Einwohner des Orts. Denn hielt man das System der persönlichen Rechte überhaupt noch aufrecht, so konnte es immer sein, daß in Genua etwa eine Frau aus longobardischem Gebiet ihre Quart geltend machte, daß in Vercelli ein achtzehnjähriger Longobarde aus anderm Gebiet wirksam einen Vertrag schloß. Tatsächlich handelt es sich in jenen Bestimmungen also um Anordnungen innerhalb des Systems der persönlichen Rechte, die besagen: alle Einwohner des Gebiets sind Römer in bezug auf das fragliche Rechtsverhältnis. Aber formell treten sie als Anordnungen des Stadtrechts auf, sie rezipieren die betreffende römische Vorschrift als Stadtrechtssatz (in Genua unter gleichzeitiger Abänderung ihres Inhalts) und kommen so dazu, diesem Satz eine Begrenzung zu geben, die sonst — unter dem Gesichtspunkt des Personalstatuts als einer Teillösung im Bereich der Statutenkollision — erst sehr viel später und ganz außer Zusammenhang mit derlei Bestimmungen wieder erscheint.[1]

---

[1] Der Beweis für diese Behauptungen ergibt sich für Genua aus dem Weistum von 1130 HPM 7, 34 n. 25, wo dem römischen Güterrecht *ad secundum usum et consuetudinem huius terre* die Möglichkeit gegenübergestellt wird, *si aliqua femina se maritaverit secundum legem* d. h. nach longobardischem Recht; die Verordnung von 1143 nimmt dann innerhalb dieses römischen Güterrechts eine Abänderung vor. Vgl. auch über die Fortdauer des Systems der persönlichen Rechte in Genua überhaupt oben Stück I S. 167. Die Bedeutung der Klausel für Vercelli ergibt sich mit aller Sicherheit aus der Entstehungsgeschichte des Statuts. Bis unmittel-

Die rechtliche Herrschaft des Auslands.

10. Daß ein fremdes Land seine rechtlichen Angelegenheiten nach seiner Art regeln könne, und daß diese Regelung anzuerkennen sei, mochte im 12. Jahrhundert innerhalb der Christenheit allgemeine Anschauung sein, und nur unter besonderen Umständen war ein Anlaß, das eigens hervorzuheben; etwa innerhalb der Städte des Lombardenbundes, die sich 1173 dem Kaiser gegenüber ihr örtliches Gewohnheitsrecht wechselseitig garantieren;[1] und vor allem in jenen Staatsverträgen, die vereinbaren, daß der Fremde hier dem örtlichen Recht, der Bürger, der sich bei der Gegenpartei aufhält, aber dem dort geltenden Recht unterworfen sein solle. Aber das bedeutete nur eine Anerkennung fremden Rechts für Wirkungen, die dort zur

---

bar vor Erlaß der Vorschrift standen die Longobarden der Stadt unter einer anderen Volljährigkeitsgrenze als die Römer (vgl. oben Stück I S. 106 f.), und die Vorschrift hat nun für diesen Punkt eine Einheitlichkeit innerhalb der Einwohnerschaft der Stadt hergestellt. Da aber die Statuten im übrigen an der Fortdauer des Systems der persönlichen Rechte festhielten (oben I S. 109 f.; vgl. auch S. 167), wurde für Auswärtige auch die longobardische Volljährigkeitsgrenze vorbehalten. — Wahrscheinlich wird es auch hierher gehören, wenn die Consuetudines von Bari, Andreas XIV 1 (ed. Petroni 56) bestimmen: *mulieri nulli liberae sub civitatis nostrae ditione manenti permittitur sine iudice alienare.* Die Absichtlichkeit der Fassung steht außer Zweifel (vgl. oben Stück I S. 232[4]). Und wenn es immerhin möglich wäre, daß damit für diesen Punkt nur wiederholt werden sollte, was And. II 8 (vgl. oben II S. 22[2]) allgemein ausspricht: Ortsrecht gilt für alle Einwohner (ohne Gegensatz zu Nichteinwohnern) — so ist es doch wahrscheinlicher, daß man gerade hier an einen solchen Gegensatz gedacht hat. Denn der Satz gehört dem longobardischen Recht an; und wenn Rechtsgeschäfte von Frauen des römischen Rechtsgebiets bei der juristisch-geographischen Lage Baris kaum in Betracht kamen — normannische Frauen, die außerhalb Baris wohnten, haben selbständig gehandelt, und mindestens ihnen gegenüber muß damals auch in Bari das System der persönlichen Rechte gegolten haben; vgl. etwa Terlizzi 1184, Codice dipl. Barese 3, 166 n. 143; auch oben I S. 273.

[1] Muratori, ant. it. 4, 271.

Entstehung kamen,[1] es besagte noch in keiner Weise, daß fremdes Recht auch vom inländischen Richter angewendet werden könne. Im System der persönlichen Rechte konnten Stammesrechte, die am System teilnahmen, Anwendung finden, auch wenn sie sonst an diesem Ort nicht vertreten, insofern also fremd waren. Fremde Ortsrechte scheinen in jener Zeit noch nicht zur Anwendung gekommen zu sein. Jedenfalls habe ich in dem umfänglichen Urkundenbestand des Zeitabschnitts kein einziges Zeugnis dieser Art gefunden. Wo die Praxis an der Geltung der lex fori festhielt, war eine solche Anwendung fremden Ortsrechts ja von vornherein ausgeschlossen. Aber auch die wohl fortgeschrittenste Bestimmung des Zeitabschnitts, die Pisaner Vorschrift für Verträge, erklärt, daß Verträge, die in Pisa geschlossen wurden, unter Pisaner Recht stehen sollen, jedoch nicht, daß entsprechendes auch für Verträge außer Landes zu gelten habe. Nur bei dem Abschluß von Rechtsgeschäften, deren Inhalt dem Belieben der Parteien überlassen bleibt, kommen auch Verweisungen auf fremdes Ortsrecht vor.[2]

Die allgemeine und grundsätzliche Anerkennung fremden Rechtswesens bezog sich indessen nicht bloß auf die Rechtsregeln, die anderwärts in Geltung waren, sondern

[1] Und auch dann mag solche Anerkennung noch nicht gegen jede Anfechtung gesichert gewesen sein. In dem oben S. 40[5] erwähnten Fall, in dem sich die Stadt Rom bei Siena beschwert, daß dort ein als Knecht in Anspruch genommener Römer verletzt worden sei, erklärt der Herr des in Anspruch genommenen vorsichtig, daß er nach dem Stadtrecht von Siena und nach gemeinem Recht zu seinem Vorgehen berechtigt gewesen sei.

[2] S. oben S. 43 f. Auch Monopoli 1181, aufgenommen vom Richter der Stadt, Cod. dipl. Barese 1, 111 n. 157: die Tante in Bari hat ihrer Nichte in Monopoli ein Vermächtnis hinterlassen, das dieser bei ihrer Verheiratung als dos *iuxta morem barensium* übergeben werden soll (übrigens wieder ein Zeugnis für die arglose Zugrundelegung der lex fori). Nunmehr heiratet diese einen Einwohner von Monopoli, und der Bräutigam bestellt ihr (anscheinend gezwungen durch die Klausel des Testaments) eine Morgengabe *ut barensis mos est* und räumt ihr *iuxta morem barensium* Rechte an der dos ein.

auch auf die behördlichen Akte, die jene Regeln handhabten.[1] Aber das bedeutete auch hier noch nicht, daß ein behördlicher Akt des Auslands ohne weiters zur Grundlage inländischer Rechtswirkungen dienen mußte. Wenn Bologna einer auswärts verhängten Infamie, Testierunfähigkeit und anderen zivilrechtlichen Verwirkungen die Anerkennung für seine Scholaren versagt,[2] so ist das auch nach heute geltenden Anschauungen rechtmäßig. Aber auch dem Bedürfnis konnte nur durch Vereinbarung genügt werden, daß der in einem Gebiet verhängte Bann anderwärts wirksam wurde. Solche Vereinbarungen sind allerdings in sehr großer Zahl getroffen worden,[3] wohl im Anschluß an die Kapitularien (L. Pap. Kar. M. 48), die hier schon Bekanntgabe des Bannes von Graf zu Graf vorgesehen hatten. Auch ein eigenes Bedürfnis des fremden Gebiets mochte dazu führen, an den Rechtsakt, der anderwärts vorgenommen wurde, Rechtswirkungen zu knüpfen,[4] und

[1] In besonders enge Beziehungen trat — das kann hier nur gestreift werden — manchmal die heimatliche Gerichtsbarkeit über See zu der örtlichen Rechtspflege jenes Gebiets. So finden sich Vereinbarungen, nach denen in erster Instanz die heimatliche Gerichtsbarkeit, in zweiter das Ortsgericht entscheiden sollte (Genua-Arragonien 1233; Genua-Athen 1240 HPM 7, 923 952 n. 707, 757); oder es soll die Untersuchung durch das heimatliche, die Vollstreckung durch das Ortsgericht geschehen (Genua-Cypern 1232 eod. 899 n. 693).

[2] Statuten 1250 VII 12 Mon. di Romagna[1] 2, 25.

[3] Nachweise bei Ficker, Forschungen zur Reichs- und Rechtsgeschichte Italiens 1, 141 f.; 3, 395 f.; auch 4, 423 n. 411. Dazu Bologna-Ferrara 1193 Muratori, ant. it. 2, 891. Asti-Vercelli 1194 HPM 1, 1010 n. 680. Genua-Tortona 1197 und 1218 HPM 7 c. 413, 599, 603 n. 412, 532, 533. Modena-Ferrara 1198 und 1220 Muratori, ant. it. 2, 889; 4, 429. Treviso-Feltri und Belluno 1200 Verci, storia degli Ecelini 3, 138 n. 68. Genua-Ampuria 1225 HPM 7, 765 n. 625. Padua-Vicenza 1230 Verci a. a. O. 225 n. 119 (ausgenommen die Personen, die in der Stadt den Wohnsitz haben). Zuweilen ist auch ein kaiserliches Privileg ergangen, das dem Bann Wirksamkeit über den Bereich des Bannenden hinaus verliehen hat, s. Ficker 3, 396.

[4] So hat die Rücksicht auf die eigene Sicherheit manchmal zu einer Ausweisung der anderwärts Gebannten geführt; doch

es tritt das besonders bemerkenswert in jener venetianischen Vorschrift oben S. 43 zutage, die den Inländer um Auslandsverbrechen bestraft, aber von einer Bestrafung absieht, wenn der Täter bereits am fremden Tatort bestraft worden ist.

Insbesondere gehört in diesen Zusammenhang auch die Anerkennung öffentlicher Urkunden des Auslands. Wenn im einzelnen Fall keine Bedenken bestanden, mochte man die Feststellung einer fremden Behörde als echt und ihren Inhalt als wahr[1] gelten lassen; doch konnte das gewiß keinen Zwang bedeuten.[2] Rechtsgeschäftliche Urkunden anderer Gebiete allerdings sind in den hier vornehmlich interessierenden Jahrhunderten ganz regelmäßig anerkannt worden. Soweit der Notar seine Beurkundungsgewalt vom Kaiser herleitet, folgt das schon aus dem Ursprung dieser Gewalt; aber auch die Urkunde des Stadtnotars findet Anerkennung. Und zwar pflegt dies für die Verpflichtung, die ein Fremder nach Ausweis der Urkunde übernommen hat, ohne weiteres zu gelten. Bei auswärtigen Urkunden jedoch, in denen sich ein Einheimischer verpflichtet, begegnen Beschränkungen. Denn derselbe Gedanke, der manchmal dazu

---

kenne ich sichere Zeugnisse erst aus der Zeit jenseits der hier festgehaltenen Grenze.

[1] Diese Wirkungen des öffentlichen Glaubens sind freilich nicht immer von der inhaltlichen Wirksamkeit einer Urkunde geschieden worden. Die oben S. 46 erwähnten Statuten von Vercelli versagen der Urkunde eines fremden Notars „den Glauben", wenn er bei einem Bürger von Vercelli die Volljährigkeitsgrenze des Stadtrechts nicht beachtet.

[2] Bezeichnend Bologna 1244 Statuten III 20 Mon. di Romagna[1] 1, 368: wer einen fremden Scholaren getötet hat, kann sich nur dann vom Bann lösen, wenn er sich darüber mit den Erben des Verstorbenen abgefunden hat. Diese Abfindung muß bewiesen werden durch gesiegelten Brief des Bischofs am Ort der Erben; durch eine gesiegelte Bestätigung der weltlichen Obrigkeit jenes Gebiets, daß der Prälat hierüber sorgfältige Erkundigung eingezogen habe; die Echtheit dieser Briefe und Siegel ist durch zwei Dominikaner oder Minoriten in Bologna zu bekräftigen und in mündlicher Verhandlung mit den Scholaren aus jenem Gebiet festzustellen.

geführt hat, nur einheimische Zeugen als tauglich zur Überführung eines Einheimischen anzuerkennen, hat es auch veranlaßt, daß Urkunden des Auslands nicht oder nur unter besonderen Vorsichtsmaßregeln gegen den Einheimischen sollten Beweis erbringen können.[1]

Und endlich ist es eine Wirkung der wechselseitigen Anerkennung, wenn die örtlichen Gewalten sich in Ausübung der Rechtspflege Rechtshilfe leisten. Amtliche Ersuchen um Rechtshilfe sind der italienischen Praxis seit alters geläufig. Wird doch die Klage, die der Einheimische vor einem fremden Gericht erhebt, vielfältig von einem Ersuchen der heimischen Behörde um Rechtsschutz begleitet.[2] Eine allgemeine Verpflichtung, Rechtshilfe zu

[1] Bari, consuetudines, Andreas IV 3, Sparanus XIII 1 ed. Petroni 18, 86: fremde Urkunden in Ehesachen machen schlechtweg Beweis, weil Ehesachen zu begünstigen sind, andere auswärtige Urkunden wirken gegen einen Einwohner nur, wenn Notar oder Zeugen aus Bari sind. Insbesondere hat Venedig zahlreiche Verträge über den Gegenstand geschlossen. In dem Abkommen mit Genua 1136 HPM 6, 222 n. 177 kann der in Anspruch genommene nur mit einer Urkunde seiner eigenen Stadt überführt werden. Nach den Verträgen mit Ferrara 1191 (Ghetti, patti tra Venezia e Ferrara 161), Verona 1193 (ed. Cipolla, Nuovo archivio veneto 1898 15 314), Treviso 1198 (Minotto 2, 24), Padua 1209 (ed. Roberti, Nuovo archivio veneto[2] 1908 16, 48) kann der Verpflichtete mit einer Urkunde seiner eigenen Stadt ohne weiters, mit einer Urkunde aus dem Gebiet der Gegenpartei dann überführt werden, wenn die Urkunde durch Unterschrift der dortigen Oberbehörden legalisiert ist. Ob die Verträge mit Cervia 1224 und Bologna 1227 etwas Abweichendes enthalten, läßt sich nach dem Regest bei Minotto 4, 32 und 44 nicht mit ausreichender Sicherheit feststellen. In der Vereinbarung mit Byzanz 1199 (Fontes rerum austriacarum[2] 12, 274) werden die Urkunden beider Teile anerkannt, sofern nur nach Anschauung des urteilenden Gerichts ihre Echtheit ausreichend sicher erscheint. Nach dem Abkommen mit den Franzosen in Konstantinopel von 1207 (eod. 13, 49) gilt wiederum nur die Urkunde des Notars, dessen Nation der Aussteller angehört, und es wird dabei ins Einzelne unterschieden: die übernommene Verpflichtung beweist eine Urkunde des Landes, dem der Verpflichtete angehört, die Quittung kann nur eine Urkunde aus dem Rechtskreis des Empfängers enthalten.

[2] Ausgangspunkt Liut. 26, 27 und entsprechend Verträge mit

leisten, wird freilich nicht anerkannt,[1] und wo ihre Gewährung auf sichere Grundlage gestellt werden sollte, bedurfte es dazu eines Vertrags. Das gilt für Auslieferung in Strafsachen, die seit früher Zeit Beachtung findet, in den neueren Verträgen allerdings im Verhältnis zu deren sehr großer Zahl seltener erwähnt wird.[2] Eine Auslieferung-

---

auswärtigen Gebieten: Benevent-Neapel 836 c. 8 Mon. Germ. 2° Leg. 4, 219 und der auf longobardischer Grundlage beruhende Vertrag des Reiches mit Venedig von 840 c. 19 eod. 4° Cap. 2, 130, alsdann zwölfmal wiederholt bis 1220. Sehr häufig übernommen in die Staatsverträge des 12. und 13. Jahrhunderts. Auch in die Stadtrechte aufgenommen und als Ausgangspunkt für das Repressalienverfahren ausgebildet: Venedig Statuten 1194/95 c. 29 Nuovo archivio veneto[2] 1, 221 (1901); Statuten 1242 I 67; Statuten der curia petitionum 1244 c. 2, 3 ed. Roberti, magistrature giudiziarie veneziane 3, 116. Bologna Statuten 1250 VII 17 Mon. di Romagna[1] 2, 29 und dazu die Formulare des Magister Aegidius unten § 18.

[1] Das Veroneser Stadtrecht von 1228 c. 73 ed. Campagnola 59 bestimmt, daß die Zeugen eines Prozesses, der *extra civitatem vel eius suburbia* anhängig ist, in der Stadt vernommen und ihre Aussagen unter dem Gemeindesiegel dem erkennenden Richter zugeschickt werden sollen. Doch wird dabei wohl nicht an Rechtshilfe gegenüber fremden Städten, sondern an einen Prozeß aus dem Landgebiet von Verona gedacht sein; darauf weist der Mangel jeden Vorbehalts, wie auch die Formulierung gegenüber c. 71 hin, wo die Zeugenpflicht grundsätzlich *in omni causa quae agitabitur in districtu Veronae,* festgesetzt wird.

[2] Ausgangspunkte Roth. 264; Liut. 43 (44); vgl. auch Liut. 91 (92); Kar. M. 101 und die anschließenden Erörterungen der Lombardisten des 11. Jahrhunderts; auch II Feud. 27 § si iudex. Vertrag Benevent-Neapel 836 c. 7, 12 Mon. Germ. 2° Leg. 4, 219. Teilung von Benevent 851 c. 19, 20 eod. 223. Verträge des Königreichs mit Venedig 840 c. 20 Mon. Germ. 4° Cap. 2, 130 und seitdem zwölfmal wiederholt bis 1220. Die sechs Verträge Venedigs mit Ferrara, Verona, Treviso, Padua, Cervia und Bologna 1191 bis 1227 oben S. 53[1]. Venedig-Genua 1218, 1228 HPM 7 c. 609, 815 n. 535, 656. Ferrara-Mantua 1239 Muratori, ant. it. 4, 443. Der Ort des Verbrechens, wegen dessen ausgeliefert werden soll, ist mit Ausnahme des letztgenannten Vertrags in keiner der Quellen erwähnt. Und wenn Liut. 43 und die Expositio hierzu § 3 von einer Auslieferung an den heimatlichen Richter sprechen, ist dabei nicht etwa an einen Gegensatz zu jenem des Tatorts gedacht. Vielmehr

rung freier Untertanen, die sich öffentlichen Lasten entziehen, wird in älterer Zeit zuweilen als Rechtspflicht in Anspruch genommen,[1] Auslieferung entlaufener Knechte manchmal vertragsmäßig gesichert.[2] Auch eine Auslieferung des flüchtigen Schuldners,[3] die Übersendung von Vermögen an den Ort der Zahlungseinstellung[4] wird vereinbart. Und vielfältige Verträge verpflichten, den Nachlaß eines Verstorbenen dem bevollmächtigten Vertreter der Heimatstadt herauszugeben.[5] Dementsprechend steht auch die Vollstreckung fremder Zivilurteile in dem Belieben der beteiligten Stadt. Pisa gewährt sie nur zugunsten eines Pisaners, der gegen einen Fremden ein siegreiches Urteil erstritten hat, sofern der Herr des Gerichtsortes um Vollstreckung ersucht;[6] Venedig hat mit Bologna vereinbart,

---

zeigen der Beneventer Teilungsvertrag und das Abkommen zwischen Ferrara und Mantua auch die Auslieferung eigener Untertanen als möglich, der letztere Vertrag fordert Auslieferung vom Heimatstaat an denjenigen des Tatorts. Über das Verfahren bestimmen Venedig-Genua, daß die Übergabe in Cremona, also auf halbem Wege zu erfolgen habe.

[1] Grafschaft Imola 1005 (Fantuzzi) Monumenti ravennati 5, 268 n. 37. Dazu etwa L. Pap. Kar. M. 99; Loth. 8, 22, 23; Kapitulare von Lambert 898 c. 5 Mon. Germ. 4° Cap. 2, 110.

[2] Die sechs Verträge Venedigs mit Ferrara, Verona, Treviso, Padua, Cervia, Bologna 1191—1227. Vgl. schon Roth. 264; Liut. 43 (44); auch Pip. 9.

[3] So die eben genannten sechs Verträge Venedigs.

[4] Verona-Trient 1204 Verci, storia degli Ecelini 3, 568 n. 302.

[5] Beispiele: Genua-Torre 1191, wiederholt 1216, 1224, 1233 HPM 10 c. 270, 326, 337, 343, s. XII n. 136, s. XIII n. 31, 44, 52. Genua-Marseille 1229 HPM 7, 851 n. 675. Genua-Arles 1229/37 eod. 866 n. 679 und HPM 6, 1399 n. 1835. Genua-St. Gilles 1232 HPM 7, 902 n. 694. Vgl. überhaupt die sämtlichen Verträge, welche die Einsetzung einer heimatlichen Behörde über die Angehörigen in der Fremde zulassen, wobei nur manchmal der Gesichtspunkt der Rechtshilfe zurücktritt, wenn der Konsul ohne Dazwischentreten der örtlichen Behörden den Nachlaß selbst in Verwahrung nimmt.

[6] Constitutum Legis 1233 c. 16 ed. Bonaini 702: *si alicuius sententiae a principe vel legato Italiae vel ab aliquo eorum delegato aut a quolibet rei ordinario iudice laico pro cive nostro contra foretaneum non nostri districtus latae a civitatis rectore*

daß dort auch Urteile, die für einen Venetianer und gegen einen Bolognesen entscheiden, vollstreckt werden sollen.[1]

---

*executio postulabitur, requisito litteris publicis *a domino vel rectore loci cuius iurisdictioni reus subest, ut ipsam in bonis condemnati executioni mandare debeat, nisi iustam causam vel rationem praetenderit vel allegaverit quare ipsam exequi non debeat, quatenus iusta et rite lata erit, in rebus condemnati si de eis in civitate vel districtu invenerit ad postulationem victoris vel eius heredis, nisi iusta causa vel senatus consilio remaneret, ipsam executioni mandare teneatur.* — In Genua begegnet 1223 HPM 7, 700 n. 594 die Eröffnung und Verlesung eines auswärtigen Urteils unter dem Vorbehalt, daß daraus der Gemeinde Genua kein Schaden erwachse. Doch dürfte es sich dabei um ein Urteil aus dem Genueser Landbezirk gehandelt haben.

[1] Vertrag von 1227 (Regest) bei Minotto 4, 44.

2. Kapitel.

Die Legisten.[1]

Lex fori bei den Legisten.

11. Die Schule des römischen Rechts, die in Bologna ihren Mittelpunkt fand, war dem praktischen Rechtsleben ihrer Zeit eng verbunden. Und als im Laufe des 12. Jahrhunderts die örtlichen Gewohnheitsrechte in wachsendem Umfang zur Aufzeichnung gelangten, als insbesondere gegen Ende dieses Jahrhunderts die städtische Gesetzgebung stärker in Fluß kam, da findet dieses neue Recht alsbald sein Spiegelbild in den gelehrten Schriften. Mit der Beachtung der neuen Quellen aber mußte sich auch ihnen das Problem aufdrängen, vor das die Praxis jener Zeit lange gestellt war: welches von mehreren möglicherweise in Betracht kommenden Ortsrechten auf einen Fall anzuwenden sei.[2]

---

[1] Zum folgenden auch Krčmár, Festschrift zur Jahrhundertfeier des allgemeinen bürgerlichen Gesetzbuches (1911) 135 ff.

[2] Es ist vielleicht zweckmäßig, die Handschriften zu nennen, die für das folgende ohne Ergebnis eingesehen wurden: Johannes Bassianus, summa Codicis und summa Institutionum, k. Bibliothek Brüssel, Bibl. de Bourgogne 131—134. Ubertus de Bobio, comm. in Codicem, Paris Bibliothèque Nationale c. lat. 3969. Dissensiones dominorum, Rom Biblioteca Chigi E VII 211. Handschriften mit voraccursischen Glossen: München, Hof- und Staatsbibliothek c. l. m. 22 Codex, 53 und 3509 Institutionen; Bamberg, k. Bibliothek Ms. jur. 20 (D I 3), 21 (D I 2), 22 (D I 5) Codex, 11 (D I 6) Digestum vetus; Berlin, k. Bibliothek lat. fol. 408 Codex; Wien, Hofbibliothek 2267 (ius civ. 15) und 2268 (ius civ. 16) Codex, 2130 (ius civ. 19) und 2142 (ius civ. 25) Institutionen; Paris, Bibl. Nat. c. lat. 4523, 4527, 4528, 4536 Codex, 4458 Digestum vetus, Infortiatum und Digestum novum. Ebensowenig haben nach rückwärts für den hier zu behandelnden Zeit-

Die „vier Doktoren" freilich, das läßt sich mit einiger Sicherheit annehmen, und ebenso die Schulhäupter aus der zweiten Hälfte des 12. Jahrhunderts, die Johannes Bassianus und Placentinus, wohl auch Pillius, sind in ihren Schriften auf die Frage vom anwendbaren Recht noch nicht eingegangen. Aber andere haben schon damals auf das Problem zu achten begonnen, und es kann nicht wundernehmen, daß die Lösung, von der die Praxis der Zeit völlig einmütig ausging, auch in die Juristenschriften Aufnahme gefunden hat. Ein Ableger der Schule, die provenzalische Summa Codicis aus der Mitte des 12. Jahrhunderts, schreibt gelegentlich,[1] der Richter urteile *secundum illam consuetudinem quae semper est observata in illa terra in qua est illud placitum* — zunächst noch, ohne auf einen Gegensatz zu anderen Rechten dabei abzustellen. In aller Schärfe aber finden wir die Lehre wieder zu Beginn des 13. Jahrhunderts, bei Azo. Seine gedruckt überlieferten Schriften freilich geben keine Auskunft, und auch das handschriftliche Material versagt.[2] Und doch lautet das Zeugnis der folgenden und späterer Juristengenerationen so bestimmt, daß kein Zweifel möglich ist.[3] Darnach hat

---

abschnitt Material ergeben Guido de Suzaria, comm. in Codicem und in Digestum vetus, Paris Bibl. Nat. c. lat. 4488 und 4489; Jacobus de Ravanis, repetitiones super Digesto veteri et super Codice, Paris Bibl. Nat. c. lat. 4488; die Glossen des Pisaner Constitutum Legis et Usus, Pisa Archivio di Stato Ms. A 11—18 (die beiden Handschriften H und I Bonaini's hatten sich zunächst in der Nationalbibliothek Florenz befunden; bei meiner Nachfrage, 1898, erhielt ich den Bescheid, sie seien an das Staatsarchiv Florenz, und hier, sie seien an das Staatsarchiv Pisa abgegeben; in Pisa waren sie nicht zu finden).

[1] Lo Codi, Übersetzung des Ricardus Pisanus, vermutlich von 1158 VIII 50 § 3 ed. Fitting p. 323.

[2] Das gilt neben den anderen Handschriften mit voraccursischen Glossen insbesondere auch für Bamberg 21 und 22.

[3] Ich stelle die Materialien zusammen: Jacobus de Ravanis, lectura in Digestum vetus, D 22, 1, 1, Handschrift der Universitätsbibliothek Leiden coll. d'Ablaing n. 2 f. 270 a: *si una consuetudo est in foro rei, alia in foro actoris, quam consuetudinem debet consequi iudex? et licet dominus Azo tetigit, tamen etc.* —

Azo, vielleicht in seinen letzten Lebensjahren,[1] in einer Glosse des Codextitels 8, 52 (53) den Fall erörtert, daß Parteien verschiedener Herkunft ihren Streit dem Richter eines dritten Ortes vorlegen, daß aber an allen drei Orten verschiedenerlei Recht gilt, und er hat sich für das Recht des Richters entschieden, unter Berufung auf die (nicht eben ergiebige) Digestenstelle 4, 8, 21 § 10.

Odofredus, lectura in Digestum vetus D 5, 1, 1 n. 10: *ponamus, sum Bononiensis, tu Mutinensis, placet nobis litigare Ferrariae. una est consuetudo in quaestione illa Bononiae, alia Mutinae, tertia Ferrariae, cuius loci consuetudo spectanda erit? . . scio quod dominus Azo scripsit eam* (quaestionem) *C 8, 52 in rubrica. nescio autem qualiter laboraverit tunc, quando scripsit quaestionem illam, format quaestionem et nihil dicit. dicit, videtur servanda quae est in foro iudicis, et adducit pulcherrimam legem supra 4, 8, 21 § 10.* Derselbe D 22, 1, 1: *si una consuetudo est in fori rei, alia in foro actoris, quam consuetudinem debet sequi iudex? et licet dominus Azo tetigerit istam quaestionem C 8, 52 in rubrica, et non bene tetigit, tamen etc.* — Albertus Galeotti, summula quaestionum, c. 24 n. 29: *sed pone quod actor habet suam consuetudinem et reus *habet suam et iudex habet suam, secundum quam iudicabit? . . alii dicunt quod servabit consuetudinem loci in quo iudicat ut D 22, 5, 3 i. f. et notat Accursius C 8, 52, 1 et C 8, 48, 1 et in hac opinione sunt antiqui doctores.* Derselbe c. 42 n. 9: *quaeritur, si habeat actor suam consuetudinem et reus suam et iudex suam, quae consuetudo sit servanda? et dicunt quidam quod consuetudo loci in quo iudicat servanda est ut D 22, 5, 3 § fin. et X 2, 15 3 et dic, ut notat Azo C 8, 52 in glossa super versiculo controversiarum* (also zu l. 1). — Albericus de Rosate, lectura in Digestum vetus D 5, 1, 1 n. 10: *item quaerit Jacobus* (de Ravanis) *et dicit fuisse quaestionem Azonis, si duo consenserunt in non suum iudicem et diversa sunt statuta vel consuetudines actoris rei et iudicis, quae servabuntur in ista causa?*

[1] Dies legt das gleichmäßige Stillschweigen der größeren Werke, summa und lectura, Apparat zu Codex und Digestum vetus nahe. Das jüngste dieser Werke ist wohl die lectura, die (verglichen mit den Angaben des Odofredus, lectura C 4, 21, 14) frühestens 1213 fällt, während ihre späteste Entstehungszeit durch die Nichterwähnung der Authentiken Friedrichs II. von 1220 (insbesondere C 6, 59 [58] 10) und durch die Unbekanntschaft mit dem 4. Laterankonzil von 1215 (C 5, 4, 19; vgl. auch den Sprachgebrauch C 4, 62, 2) begrenzt wird. Gehört die lectura aber spätestens in das Jahr 1215, so kann aus ihr auch nichts gegen

Insbesondere aber hat sich diese Lehre an der einflußreichsten Stelle Eingang verschafft, die die mittelalterliche Rechtswissenschaft kennt, in der Accursischen Glosse, die (unbeschadet späterer Zusätze) 1228, sicher für den Codex, vielleicht auch für die übrigen Rechtsbücher veröffentlicht worden ist.[1] Eine Bemerkung zu D 50, 4, 3 pr. debent begründet die Steuerpflicht am neu-

---

das sonst glaubwürdig überlieferte Todesjahr des Azo, 1220, entnommen werden, und es würde die oben erörterte Glosse dann in die Zeit zwischen 1213 und 1220 zu setzen sein.

[1] Die Chronologie der Accursischen Glosse ist noch nicht so weit geklärt, daß hier auf nähere Angaben verzichtet werden könnte. Es ergibt sich für sie als terminus a quo: die Jahre 1210/15 nach C 1, 5, 2 levi argumento, als Abfassungszeit der Glosse, die Tancredus zur Compilatio I geschrieben — 1215, das Jahr des 4. Laterankonzils, für Digestum vetus nach D 22, 3, 28 si arbiter; 1216/17 als Abfassungszeit der Compilatio IV für Infortiatum (D 38, 10, 10 § 7 item liberi), Digestum novum (D 42, 1, 15 § 1 Romae dictam), Codex (C 7, 31, 1 § 3 ab initio), Authenticum (coll. VI 11 ex non scripto). (Für die Anführung in Inst. I 10 § 2 sed non tanta gilt besonderes, s. unten) — dieselben Jahre als früheste Abfassungszeit der dissensiones des Hugolinus, die ihrerseits (wie schon Hänel bemerkt hat) C 8, 4, 11 vacuam, vielleicht auch in anderen Glossen des Codex benützt sind — 1220, genannt Auth. coll. V 3 indictionis (schon bei Savigny) — dasselbe Jahr als Abfassungszeit der Authentiken Friedrichs II. (D 5, 1, 1 et consentiant. D 47, 9, 1 praetor. C 1, 2, 12 auth. Cassa; 1, 3, 2 auth. Item nulla usw.; insbesondere auch C 1, 5, 4 auth. Si vero gl. principales: *non legitur haec in scholis*, was auf einen gewissen Zwischenraum zwischen Erlaß und Erläuterung schließen läßt. C 11, 5, 1 pertineat. Auth. coll. II 8 i. f. permitto; III 4 alieni und agricolas usw.) — 1226 als Abfassungszeit der Compilatio V nach D 5, 1, 14 sorte res (vielleicht auch nach C 3, 1, 13 § 1 triennii, doch handelt es sich hier um Dekretalen, die schon 1216/17 gerade nach Bologna ergangen waren) — 1227, genannt C 9, 2, 16 secretarium (schon bei Savigny). — Umgekehrt ergibt sich als terminus ad quem die Zeit um 1240, Abfassungszeit des Aretiner Formelbuchs, das tit. 57 den Verkauf einer Handschrift mit der Glosse des Accursius erwähnt (Bibliotheca iuridica medii aevi 3, 297) — insbesondere aber das Jahr 1234 als die Abfassungszeit der Dekretalensammlung Gregors IX. Denn es werden aus den älteren Compilationen Dekretalen angeführt, die in der Sammlung Gregors fehlen: D 49, 1, 21 § 1 non recte; D 49,

gewählten Wohnsitz mit dem Vers: *terrae ad quam pergis cape mores quos ibi cernis.* Und bestimmt erklärt die Glosse D 1, 3, 32 de quibus causis: *et nota .. quod debet servari consuetudo loci illius ubi agitur.* Ausführlicher noch äußert sich C 8, 48 (49), 1 duumviris: *item nota hic argumentum quod iura et statuta illius loci, ubi agitur iudicium, sunt conservanda, licet actor alicunde sit. sed argumentum contra D 21, 2, 6 et D 22, 1, 1 in princ.* Daß indessen diese Bedenken nicht die eigene Meinung des Verfassers darstellen, beweist alsbald die Erläuterung zu C 8, 52 (53) 1 controversiarum: *sed quid si alia sit*

3, 1 § 1 ab eo; C 5, 4, 26 deo mediante; es begegnet eine Anführung aus der pars decisa D 49, 2, 1 § 4 ab eo provocare; es wird in einer Form zitiert, die nur auf die älteren Sammlungen paßt: D 4, 8, 9 § 2 inve se; D 5, 1, 14 sorte res; D 49, 1, 19 praescriptione; C 1, 3, 25 prohibentur; C 2, 58 (59) 2 remitti; C 3, 1, 16 iudices; C 4, 20, 18 (14) praesto; C 6, 49, 10 legis Falcidiae (dazu unten); Auth. coll. IV 1 licentiam. Vgl. auch Auth. coll. II 4 annorum, wo das „extra"-Zitat als älteres Recht gegenüber einer Dekretale von Innozenz (anscheinend der späteren Stelle X 2, 26, 20 von 1215) bezeichnet wird. Zugleich aber folgt aus alledem mit Notwendigkeit, daß Anführungen des Gesetzbuchs von 1234 oder gar späterer Quellen, wie sie in den Drucken vielfach zu lesen sind, der ursprünglichen Fassung der Glosse nicht angehören können. Zum Teil handelt es sich bei solchen Angaben nur um Verstümmelungen des unverständlich gewordenen ursprünglichen Zitats (so C 3, 1, 16 iudices; C 5, 4, 27 deo mediante), zum Teil um Einschiebungen jüngerer Drucke, die schon ein Vergleich mit den Ausgaben des 15. Jahrhunderts als unecht erweist (D 4, 8, 7 pr. ignominiosus; C 1, 15, 1 scriptis; C 9, 13, 1 exposcere; vgl. auch die Dekretglosse D 1, 3, 17 leges). Immerhin verbleiben auch dann noch einige Stellen, die nach Form oder Inhalt nur aus der Sammlung von 1234 angeführt sein können: D 5, 1, 1 et consentiant; D 44, 3, 7 prohibet; Inst. I 10 § 2 sed non tanta. Es ist möglich, daß hier nachträgliche Zusätze des Accursius vorliegen, wie sie auch an anderen Orten nachweisbar sind. Doch wird die Beweiskraft aller dieser Stellen erschüttert durch die Mitteilung des Johannes Andreae (novella in decretales III 26, 16 n. 3), der für eine andere dieser Glossen C 6, 49, 10 legis Falcidiae bezeugt, sie zitiere eine Dekretale in der eigentümlichen Form der Comp. III, während auch die verlässigen Ausgaben hier eine abweichende Form der Anführung entsprechend dem Gesetzbuch Gregors und zugleich den Hinweis *consuetudo in foro actoris, alia in foro rei, cum terrae sint diversae? quid etiam si iudex habeat suam consuetudinem? respondeo, servabit iudex quam volet secundum h.* (Hugolinum; darüber später) *argumento D 4, 8, 21 § 10. sed potest dici quod locus iudicii sit spectandus ut argumento supra 8, 48 (49) 1.* Und es ist nur eine Anwendung dieser Grundsätze, wenn D 13, 4, 2 utriusque als selbstverständlich angenommen wird, daß jemand, der älter als 18 und jünger als 25 Jahre ist, am einen Ort nach longobardischem Recht als volljährig, an einem andern Ort nach römischem Recht als minderjährig behandelt werden könne.[1]

auf eine weitere nur dieser Sammlung angehörende Dekretale bringen. — Und nun vergleiche man mit diesen Ergebnissen die Stelle einer Florentiner Chronik aus dem 14. Jahrhundert in Baluzii Miscellanea ed. Mansi 4, 99 (eine Stelle, auf die schon Hartwig Zeitschrift für Rechtsgeschichte 1876 12, 316 hingewiesen hat): *In nel 1227 del mese di Luglio Accorso giosoe la penultima L. de accusatoribus C.* (vgl. oben). *In quello medesimo anno compie le chiose del Codice. In nel 1228 le publicò; el seguente anno corresse alcune chiose; lesse con quelle siccome scritto è in ne la Cronica di Ravenna.* Die Nachricht wird durch die oben zusammengestellten Daten zu unanfechtbarer Sicherheit erhoben! — Was aber das zeitliche Verhältnis der einzelnen Teile des Werkes zu einander angeht, so finden sich Rückverweisungen auf die Glossierung anderer Teile: im Digestum vetus auf Infortiatum, Digestum novum, Codex, Authenticum; im Infortiatum auf den Codex; im Digestum novum auf Digestum vetus, Codex, Tres Libri; im Codex auf Digestum vetus, Infortiatum, Digestum novum; in den Institutionen auf Digestum vetus, Infortiatum, Authenticum; im Authenticum auf Digestum vetus, Codex, Institutionen; in den Tres Libri auf Digestum vetus, Digestum novum, Codex, Authenticum. Diese Sachlage läßt nur zwei Erklärungen zu: daß die verschiedenen Rechtsbücher gemeinsam veröffentlicht worden sind; oder daß sie nach ihrer Veröffentlichung allmählich aneinander angeglichen wurden. Doch ist es unwahrscheinlich, daß sich die Glosse noch ein Menschenalter in ständigem Fluß erhalten hätte. Dagegen sprechen buchhändlerische Erwägungen; und auch der Umstand, daß die Folgezeit einzelne additiones des Accursius verzeichnet, setzt eine im übrigen feststehende Form der Glosse voraus.

[1] Ein Gegenstück bringt die Glosse indefense C 4, 18, 2 für die Geltung der Zunftstatuten: die argentarii können Rechtssätze *inter se* aufstellen, und sie gelten *coram suo iudice quem*

So steht die Glosse völlig geschlossen auf dem Boden der lex fori, und es ist nicht abzusehen, welche Hindernisse daraus für die weitere Entwicklung des internationalen Privatrechts hätten erwachsen können — wenn nicht Accursius selbst in einem Zusatz zu dem abgeschlossenen Werk diese ganzen Ausführungen preisgegeben und neuen Anschauungen Raum verschafft hätte. Es ist die berühmt gewordene Glosse Cunctos populos, die diesen Schritt getan hat; nach sicheren Zeugnissen eine nachträglich beigefügte *additio*.[1] Von ihr wird später noch zu handeln sein.

Hat auch Jacobus Balduini, der Zeitgenosse des Accursius,[2] einen solchen Wechsel der Anschauungen durch-

---

habere possunt ut C 3, 13, 7, non coram alio, cum non sit commune ius. — Nicht in den gegenwärtigen Zusammenhang gehört dagegen D 50, 6, 6 § 1 legem quoque, wo nur von der Statthaftigkeit örtlichen Rechts für einen Gegenstand, nicht von dem Gegensatz zu anderen örtlichen Rechten die Rede ist. Keine Abweichung bedeutet die Paraphrase des römischen Textes D 21, 2, 6 gestum; wenn dort bestimmt wird, bei dem Verkauf eines Grundstücks sei Sicherheit entsprechend dem am Vertragsort üblichen zu leisten, so gehört der Rechtssatz, der auf die Übung des Vertragsortes verweist, nicht dem Recht dieses Ortes, sondern dem übergeordneten gemeinen Recht an. Wenn ferner die Authentica Friedrichs II. omnes peregrini C 6, 59 (58), 10 den Fremden Testierfähigkeit zusichert, und es heißt gl. liberam: *dummodo secundum ius testentur commune út supra 3, 28 35 in prin.*, so zeigt schon die Verweisung, daß dabei nicht an eine Befolgung des gemeinen im Gegensatz zum örtlichen Recht gedacht ist, sondern an ein rechtmäßiges Testament im Gegensatz zu einem solchen, das sich über rechtliche Beschränkungen hinwegsetzt.

[1] Cinus (auch sonst ein sorgfältiger Textkritiker der Glosse) commentaria in Codicem C 1, 1, 1 n. 6: *nos habemus hic unam glossam quae fuit additio quae incipit argum. quod si Bononiensis etc.* Ebenso Gulielmus de Cuneo, lectura super Codice C 1, 1, 1 n. 3. Andererseits wird die Urheberschaft des Accursius an dieser Glosse bezeugt durch Guido de Suzaria, lectura in Codicem C 1, 1, 1 Paris Bibl. Nat. ms. lat. 4489 f. 30 a, der die Glosse mit der Sigle des Accursius aufgenommen hat.

[2] Doktor seit 1213. Das überlieferte Todesjahr 1235 ist unvereinbar mit Angaben bei Albericus de Rosate, commentaria

gemacht? Es sind sonst von ihm abweichende Lösungen des Problems bekannt. Jedoch Albericus de Rosate[1] berichtet zu der Frage, welches Recht gelte, wenn Kläger und Beklagter verschiedener Herkunft den Richter eines dritten Ortes anrufen: *dominus Jaco. bal. hic videtur sentire, quod servari debeant statuta et consuetudines iudicis quia illum eligendo videntur eligere statuta et consuetudines suas argumento C 8, 10, 3 et D 22, 5, 3.* Und die Begründung weicht ab von den Gründen, auf die sich Azo und Accursius für ihre Meinung berufen haben.[2]

Das Formularium des Martinus de Fano von 1232 enthält einen Musterbrief für die Delegation eines Berufungsrichters aus anderem Rechtsgebiet, in dem der Podestà von Fano die Berufungssache an einen Rechtsgelehrten in Sinigaglia verweist mit der Bitte, *quatinus, sicut vestri moris est, in hoc facto legaliter secundum iuris et statutorum vestorum ordinem procedatis.*[3] Indessen wird diese Aufforderung, „nach seinem Recht zu verfahren", wohl auf das Prozeßrecht des ersuchten Richters zu beschränken

---

super Digesto novo D 39, 4, 16 § 2 und super statutis pars 3 q. 2 n. 1 (vgl. auch das Gutachten des Ricardus Malumbra bei Besta, Riccardo Malombra 82): die Stellen zeigen Jacobus in Verbindung mit einem Fall, der sich zugetragen hatte, als Raynerius Zenus Podestà von Piacenza war. Raynerius aber hat sein Amt im September 1236 angetreten. — Unverwertbar für die Zeitbestimmung des Jacobus ist dessen Schrift de primo et secundo decreto, Tractatus illustrium iurisconsultorum Venet. 1584 3 II, 1. Die Arbeit paßt in die sonst bekannte Lebenszeit des Jacobus, ist vielleicht schon nach der Form der Dekretalenzitate n. 10, 15 vor 1234 anzusetzen, und die Anführungen späterer, des Hostiensis in n. 10, der Extra-Glosse n. 27, ja sogar des Archidiacon n. 4 müssen auf jüngere Einschiebungen zurückgehen (für deren Vornahme auch sonst Anhaltspunkte vorhanden sind).

[1] D 5, 1, 1 n. 10 im unmittelbaren Anschluß an das oben S. 58[3] über Azo mitgeteilte.

[2] Es mag etwa auch erwähnt sein, daß Jacobus als Podestà von Genua 1229 einen Vertrag mit Marseille schloß, der die lex fori nachdrücklich zur Durchführung bringt; s. oben S. 11 f.

[3] n. 31, ed. Wahrmund 12, in bezeichnendem Unterschied von n. 30, wo ein Gelehrter des eigenen Gebiets ersucht wird, die Berufung *secundum iuris ordinem* zu erledigen.

sein, da ja auch Martinus in der Frage der Statutenkollision sonst anderen Anschauungen folgt. Und dasselbe gilt für Ubertus de Bobio, in dessen cavillationes von 1236 (einer ausschließlich dem Prozeß gewidmeten Schrift) die Stelle vorkommt:[1] *unum dico, actoris advocate, cum Romae sis, romano vivito more; omnis civitas et omne forum habet suum morem.*

Ein später Nachklang der Lehre von der lex fori begegnet noch zu Ende des hier zu behandelnden Zeitabschnittes bei Homobonus. Seien das Recht des Klägers, des Beklagten und des Richters verschieden, heißt es in einem jüngeren Bericht, so binde das Recht des Beklagten den Kläger nicht, der ihm nicht unterworfen ist, und das Recht des Klägers nicht den Beklagten, und deshalb müsse das Recht des Richters Anwendung finden, *et in ista opinione fuit dominus Ho. doctor antiquus et dixit esse casum D 2, 2, 1 § fi.*[2] Jedoch das war zu einer Zeit, wo die Lehre schon geraume Zeit begonnen hatte, neue Wege zu gehen.[3]

---

[1] Mitgeteilt bei Bethmann-Hollweg, Der Zivilprozeß des gemeinen Rechts in geschichtlicher Entwicklung 6 I, 155[33].

[2] Albericus de Rosate super statutis II 8. Und zwar haben die edd. 1477 und 1511 hier *Ho.*, die übliche Sigle des Homobonus. ed. 1529 freilich druckt *Hosti.* Aber es ist nach Form und Inhalt unmöglich, die Stelle auf Hostiensis zu beziehen; vgl. etwa dessen lectura X 1, 4, 1. — In auffälliger Übereinstimmung mit dem oben Mitgeteilten steht aber auch eine Stelle des Gandinus, quaestiones statutorum 15, bibl. jur. medii aevi 3, 162, die von der Statutenkollision handelt: er zitiert die ordentliche Glosse, *et in ista opinione est dominus Hodofredus (et dominus Accursius Reginus) et dicunt quod est casus D 2, 2, 1 in fine.* Es liegt sehr nahe, hier an eine unrichtige Auflösung des „*Ho.*" zu denken. Und die Verwechslung kann nicht auf seiten des Albericus liegen, der die Meinung des Ho. an der bezeichneten Stelle den bekannten Ansichten des Odofredus gerade gegenüberstellt. — Kein Ergebnis boten einige Handschriften, die sonst Glossen des Homobonus enthalten: zum Digestum vetus Paris Bibl. Nat. c. lat. 4458; zum Codex Berlin k. Bibliothek lat. 880, Padua Universitätsbibliothek n. 688, Rom Bibl. Vat. 1428 (letztere beide nur nach Photographien wichtigerer Stellen).

[3] Erwähnt sei auch noch die Meinung der *quidam*, von denen

Abweichende Lösungen.

12. Schon früh, überraschend früh, hat es die Rechtswissenschaft unternommen, dem Problem vom anwendbaren Ortsrecht neue Lösungen zu suchen. Ja, es ist das älteste Zeugnis, das wir für eine bewußte Erfassung der Frage überhaupt besitzen, das sich in einer solchen Beantwortung versucht. Magister Aldricus war ein jüngerer Zeitgenosse der vier Doktoren, als Lehrer wirksam ohne Schriften hinterlassen zu haben, vielfach an richterlichen Geschäften beteiligt, von den Schriftstellern seiner und der nächstfolgenden Zeit mit ungewöhnlichem Respekt genannt, für uns Heutige eine etwas rätselvolle Persönlichkeit.[1] Aldricus aber kann den Ruhm in Anspruch nehmen,

eine unten § 14 zu erwähnende Vatikanische Glosse berichtet, sie unterstellen den Bolognesen, der in Modena Klage erhebt, dem Recht von Modena gemäß D 21, 2, 6; D 22, 1, 1 pr. und D 22, 5, 3 § 6. Wer diese quidam sind, ist nach Zeit und Person ungewiß; die angeführte Begründung zeigt bereits den Einfluß neuerer Gedankengänge.

[1] Seine Zeit wird bestimmt durch die Urkunden bei Savigny, eine nicht unzweifelhafte Angabe von 1154, drei Urkunden 1169 bis 1172; durch eine ebenfalls schon bekannte Stelle des Hugolinus, die ihn unter den *sequaces* des (1154—58 erwähnten) Martinus nennt; durch seine Zusammenstellung mit Pillius (dessen Wirksamkeit nach 1169 beginnt) in der Tres-libri-summa des Rolandus de Lucca (sogen. summa Azonis) C 11, 48 (47) n. 2, die ihn überdies anscheinend als lebend voraussetzt (doch ist hier alles unsicher, die Person des Rolandus, worüber zunächst d'Ablaing, nouvelle revue hist. 12, 361 zu vergleichen, und die Lesart selbst, denn während die eine Gruppe von Ausgaben Lugd. 1557, Basil. 1563, Venet. 1566, Lugd. 1583 hier von Aldricus spricht, haben Venet. 1489, 1498 Pincius und Arrivabene, Mediol. 1513, Lugd. 1530, 1533 4° und 2°, 1540 4° und 2°, alle offenbar nach derselben Handschrift, Albericus). Einen zuverlässigeren Anhaltspunkt für die Zeitbestimmung bildet die Aufnahme seiner Meinungen in die jüngeren Kontroversensammlungen der Zeit. Während noch die Sammlung des Rogerius, die nach einer etwas willkürlichen, aber im wesentlichen wohl zutreffenden Schätzung ihres Herausgebers vor 1162 fallen soll, sich auf eine Erwähnung der vier Doktoren beschränkt, hat die Sammlung des Codex Chisianus (E VII 218) mit den Ansichten zahlreicher anderer Schriftsteller aus der zweiten Hälfte

die wissenschaftliche Lehre vom internationalen Privatrecht begründet zu haben. *sed quaeritur, si homines diversarum provinciarum, quae diversas habent consuetudines, sub uno eodemque iudice litigant, utram earum iudex qui iudicandum suscepit sequi debeat? respondeo eam quae potior et utilior videtur. debet enim iudicare secundum quod melius ei visum fuerit. secundum Aldricum* — so berichtet an dem Schluß eines Abschnittes über Gewohnheitsrecht eine Sammlung von „dissensiones dominorum", die in den Jahrzehnten zwischen 1170 und 1200, schätzungsweise in der Mitte dieses Zeitraums, zusammengestellt worden ist.[1] Vielleicht ist es noch der alte Gegen-

des 12. Jahrhunderts auch diejenigen des Aldricus aufgenommen. Unter den Zeitgenossen, mit denen Aldricus hier zusammengebracht wird, erscheint — nach den wenigen sicheren Daten, über die wir verfügen — als ältester Albericus, der seit 1165 genannt wird; auch Placentinus und Johannes Bassianus haben jedenfalls vor 1166 studiert. Als spätester Zeitpunkt aber ergibt sich die Abfassungszeit der Sammlung selbst, die (darüber gleich unten) etwa in das Jahrzehnt 1180/90 anzusetzen ist. — Sachlich mag in Ergänzung Savignys auf eine Nachricht über die Lehrtätigkeit des Aldricus hingewiesen sein bei Accursius D 5, 1, 2 item si extra: *casum huius § ponit Aldricus* (so edd. Venet. 1482, 1488, 1494; Norimb. 1482 hat zunächst *Al.* und an einer späteren Stelle derselben Glosse *Aldri.;* Venet. 1477 fehlt die erste Erwähnung, an zweiter Stelle steht *Al.).* Für sein besonderes Ansehen legt auch die Institutionensumme des Johannes Bassianus Zeugnis ab, die eine *sententia quam tulit vir magnus et grandis auctoritatis magister Aldricus* erwähnt; vgl. schon d'Ablaing Zeitschrift für Rechtsgeschichte rom. Abt. 9, 39. Wenn zuverlässig, würde die oben erwähnte Stelle des Rolandus auch seine Herkunft aus Bologna dartun. (In außerbolognesischen Urkunden habe ich keine sicheren Spuren finden können. Der Name begegnet ziemlich häufig. Erwähnt sei allenfalls der *„magister" Ardericus*, Kanonikus, später Propst in Lodi 1181—86 Cod. dipl. Laudense Register h. v.).

[1] Codex Chisianus E VII 218 § 46 bei G. Hänel, dissensiones dominorum 153. (Eine Neuausgabe der Sammlung von Rosello 1890 ist nicht über die Anfänge hinausgekommen.) Die Entstehungszeit der Sammlung wird einerseits begrenzt durch ihre Verweisungen auf Pillius, dessen Lehrtätigkeit nach 1169 beginnt, andererseits durch ihre Unbekanntschaft mit Azo, der schon 1191 ein angesehener Jurist war, dessen datierbare Werke allerdings etwas

satz der Gebiete römischen und longobardischen Rechts, der zu der Ausführung veranlaßt hat.[1] Aber nur nach dem Recht der Parteien wird gefragt, der Richter bleibt außer Betracht, und die Lösung verweist auf das richterliche Ermessen, das — so wird man den Text doch wohl verstehen müssen — in Fortsetzung frühmittelalterlicher Anschauungen nicht darauf sieht, ob ein Rechtssatz gilt, sondern ob sein Inhalt gut ist. Nur daß hier eine Ermächtigung zu solchem Vorgehen aus dem römischen Recht selbst hergeleitet wird. Denn die Schlußworte der Stelle sind dem Richtereid der Novelle 8 entnommen, und sie entscheiden eine viel erörterte Streitfrage jener Zeit in dem Sinn, daß der Richter (mit Ausnahme allerdings des städtischen Richters) der Billigkeit den Vorzug vor geschriebenem Recht gewähren dürfe.[2] Diese Ermächtigung

später fallen (die Summen insbesondere zwischen 1208 und 1215; die brocardica sind jünger, der Codexapparat älter; über die lectura oben S. 59[1]). Wird die Rücksicht auf Azo den Zeitpunkt des Werkes von der oben angenommenen Grenze von 1200 wohl einigermaßen abrücken, so wird die Erwähnung von Cyprianus und Otto, zwei Schülern des Placentin, auch gegen eine allzu nahe Ansetzung bei 1170 sprechen. — In der alsbald zu erwähnenden Sammlung des Hugolinus wird die Stelle mit nebensächlichen Abweichungen wörtlich wiederholt. In einer anderen Dissensionensammlung der Bibliothek Chigi Ms. E VII 211 (eine Ausgabe von Scialoja in Studi e documenti di storia e diritto vol. 9 ff. ist, soviel ich sehe, unvollendet geblieben) fehlt der Abschnitt über Gewohnheitsrecht, und dasselbe scheint für eine Turiner Sammlung zu gelten, von der Patetta, Rivista italiana per le scienze giuridiche 9, 389 Nachricht gibt.

[1] Vgl. über den Sprachgebrauch *provincia* Azo lectura C 1, 14, 2 n. 8, während allerdings bei Accursius C 7, 33, 12 idest in una provincia und seither die Provinz dem Stadtgebiet gleichgesetzt wird.

[2] Das Verhältnis von Billigkeit und Recht hat die Glossatoren viel beschäftigt, und es hat dabei insbesondere auch die Auslegung von nov. 8 und 15 ihre Rolle gespielt, deren erste dem Richter Entscheidung nach bestem Ermessen aufträgt, während die zweite den defensor civitatis nach den leges urteilen heißt (der defensor wird dabei der Stadtobrigkeit gleichgesetzt, vgl. Accursius, summa Authenticorum, sogen. summa Azonis III 2 n. 3 und Glosse eod. c. 3 iurisdictione). Manche nun finden

aber, welche das römische Recht gibt, hilft zugleich über ein anderes Bedenken: *consuetudo specialis saltim in eo loco, ubi non est inducta, non est observanda,* so fragt der Verfasser? Sie geht ja nur von dem *populus cuiusque civitatis seu municipii* aus, *cui parere nemo de iure adstringitur.* Und doch mag der Richter auch ein fremdes Recht zur Anwendung bringen. Nicht weil es für ihn gilt, sondern weil das ihm verliehene Ermessen dazu ermächtigt.[1]

---

hierin keinen Widerspruch: der Richter habe stets innerhalb des Rechts nach bestem Ermessen zu urteilen; so Johannes Bassianus, summa Institutionum 4, 17 (Ms. Brüssel f. 61 b); Azo lectura C 3, 1 auth. Hodie; Accursius summa Auth. II 3 und Glosse Auth. II 3 visum; III 2, 2 legem; VI 10, 13 leges; C 3, 1 auth. Hodie gl. iustius. Andere aber (Streitstand bei Accursius a. a. O.) wollen zwar den Defensor an die Gesetze binden, den übrigen Richtern jedoch die Entscheidung freigeben. Das ist augenscheinlich die Meinung des Aldricus (was auch durch die Erwähnung des dem Aldricus folgenden Hugolinus in der Glosse visum bestätigt wird), und es erklärt sich damit vielleicht auch die eigentümliche Wendung von dem *iudex qui iudicandum suscepit* als einem von der ordentlichen städtischen Obrigkeit verschiedenen Richter. — Die Formel der Novelle 8 findet sich auch in der Praxis jener Zeit wieder; auch bei Bezeichnung des auf Fremde anzuwendenden Rechts — ohne daß damit jedoch freie Wahl bezeichnet werden sollte. So Vertrag Florenz-Lucca 1184, Santini documenti di Firenze 1, 20 n. 14: über Beraubungen von Florentinern sollen in Lucca besondere Richter entscheiden *qui faciant ea emendare vel reddere Florentinis civibus . . secundum quod melius videbitur,* offenbar jedoch nach Luccheser Recht. Vertrag Genua-Torre 1191 HPM 10, 269 n. 135: der König verspricht Recht *secundum quod melius michi et racionabilius visum fuerit secundum bonos usus terre mee.* Vertrag Florenz-Siena 1237 (oben S. 20): bei Klagen der Gegenpartei sollen in jeder Stadt Schiedsrichter entscheiden *secundum quod eis visum fuerit secundum iura et bonum usum mercantie utriusque terre.*

[1] Die angeführten lateinischen Sätze gehen in der Chisianer Sammlung und in ihrer Wiederholung bei Hugolinus der Stelle sed quaeritur usw. unmittelbar voraus und stehen mit ihr meines Erachtens in Zusammenhang. Sie tragen allerdings nur bei Hugolinus die Unterschrift Aldri., während die erstere Sammlung die Abkürzung Al. hat, die von dem Herausgeber in Albericus aufgelöst wird. Aber abgesehen von dem Widerspruch mit Hugolinus stehen einer solchen Auflösung auch die sonst bekannten

Was hier Aldricus ausgedacht hatte, ist auch in die folgende Juristengeneration gekommen. Hugolinus, der in der Zeit zwischen 1216 und 1228 eine neue Sammlung von dissensiones dominorum veranstaltete, hat dabei auch jene Stelle der Chisianer Sammlung wörtlich aufgenommen. Er hat sich aber auch unmittelbar in diesem Sinn ausgesprochen. Freilich nicht in der verzerrten Form, die ihm Accursius zuschreibt: der Richter werde die Gewohnheit anwenden, *quam volet.*[1] Wohl aber hat uns eine Prager Handschrift seinen Codexapparat aufbewahrt, der zwischen 1210 und (wahrscheinlich) 1220 fällt und zu C 8, 52 (53), 1 controversiarum ausführt:[2] *quaeritur autem,*

Ansichten des Albericus über örtliches Gewohnheitsrecht entgegen, die, auf privatrechtlicher Grundlage aufgebaut, mit diesen staatsrechtlichen Erwägungen kaum zu vereinigen wären.

[1] Oben S. 62. Vgl. übrigens auch die Glosse visum oben S. 68[2].

[2] Museum Regni Bohemici ms. XVII A 10 f. 221 a. In der Berliner Handschrift lat. fol. 408 und in der Wiener Handschrift 2268 (jus civ. 16) fehlt die Stelle. — Für die Abfassungszeit des Apparats finden sich folgende Anhaltspunkte: C 8, 52 (53), 2 consuetudinis Hinweis auf Distinctionen des Verfassers (die angeführte dist. steht bei Hänel, dissensiones 585); diese Distinctionen aber sind nach dem Zitat bei Savigny 5, 65 f frühestens 1210 geschrieben. C 6, 59, 10 f. 171 a: *hospitalitatis tamen iure quidam de consuetudine sibi vindicant successionem* — was unvereinbar mit der (auch nicht genannten) Authentica Friedrichs II. von 1220. C 8, 52 (53), 2 consuetudinis wird anscheinend Johannes Bassianus noch als lebend vorausgesetzt *(„opinio in qua fuit b. et est Jo.“)*, doch ist das Todesjahr des Johannes unbekannt. Eine bemerkenswerte Urkunde Bologna 1224 bringt der Codice dipl. Barese 1, 170 n. 91: ein Schreiber verpflichtet sich dem Besteller, *glosulare ei codicem suum de apparatu seu comento domini Ugolini presbiteri legum doctoris,* und zwar nach dem Muster des Titels de pactis; aber es bleibt unsicher, ob dies auf den Apparat zu Codex oder Digestum vetus geht. Ob der Hinweis der Accursischen Glosse auf Hugolinus — sie ist 1228 veröffentlicht — gerade die hier erörterte Stelle im Auge hat, erscheint zweifelhaft. Hingegen ist eine datierte Notiz von 1230, die sich in der Prager Handschrift findet, wahrscheinlich nicht schon nach Niederschrift des Codextextes, sondern erst nach Beifügung der Apparate des Hugolinus, Roffredus und Jacobus Balduini aufgezeichnet worden. — Was das Verhältnis des Apparats über den Codex zu den Dissen-

si homines diversarum provinciarum contrarias consuetudines sibi invicem habentium sub aliquo iudice litigant, utra earum sequenda sit? item si iudex ipse sit de loco vel regione aliam consuetudinem habente, an et illa tenenda sit? item an iudicandum sit secundum consuetudinem loci in quo litigantes celebraverunt contractum? et in his quidem puto quod iudex secundum quod ei melius videtur iudicare debet. sed est ad hoc quod notavi supra de novo Codice faciendo;[1] *D 1, 16, 4; D 4, 8, 21 § 10. item ad legem istam D 22, 5, 3 § 6; D 1, 3, 39; C 8, 10, 3. h.*

Es ist durchaus der Standpunkt des Aldricus, der hier übernommen wird, nur daß auch das Recht in der Heimat des Richters besondere Erwähnung findet — die Podestà-Verfassung, die ihre Richter von auswärts in die Stadt bringt, war inzwischen allgemein geworden. Nach zwei Richtungen aber ist die Entwicklung bereits über Aldricus hinausgewachsen. In der Herbeiziehung — wenn auch noch Ablehnung — des Vertragsorts (wovon später zu handeln sein wird). Und vor allem in einer Weiterführung des Gedankens, daß fremdes Recht den Richter an sich nicht verpflichten könne. Denn in einer gleich zu erwähnenden Stelle tritt neben die Feststellung, daß fremdes Recht nicht bindet, der positive Gedanke, daß auch dem eigenen Recht Schranken in der Geltung gezogen sind.

Demselben vorgeschritteneren Gedankenkreis gehört aber auch ein anderer Versuch an, der die Lösung in völlig abweichender Richtung zu finden vermeint: eine Paduaner Handschrift enthält die Glosse eines unbekannten Verfassers, die wohl vor 1215 fällt,[2] und die von der Klage

---

sionen des Hugolinus angeht, so möchte man allerdings den Apparat, der die reichere Entwicklung bringt, für jünger halten. Doch ist der Schluß bei der geringen Sorgfalt, die Hugolinus den Dissensionen zugewendet hat, nicht zwingend.

[1] Hier enthält die Prager Hs. nichts von Interesse.

[2] Handschrift der Universitätsbibliothek Padua 688 (kurz beschrieben von Besta, Archivio giuridico 54 p. 189, 186) zu C 1, 1, 1 v[is] regit imperium. Eine nähere Untersuchung über den Verfasser der Glosse war leider unmöglich, weil die Bibliothek, von der Vaticana abgesehen die einzige unter den vielen, deren Freund-

eines Modenesen handelt, die dieser vor dem Podesta von Bologna gegen einen Bürger der Stadt erhebt: es werden zunächst Gründe erwogen, die das Recht von Bologna gegenüber dem fremden Kläger als unanwendbar erscheinen lassen (sie werden gleich nachher noch zu würdigen sein); *videtur tamen contra, quia cum debeat sequi forum rei, videtur quod totaliter debet eum sequi.*[1]

Der Geltungsbereich der Gesetze.

13. Daß dem örtlichen Recht eine fest umgrenzte Geltung zukomme, ist von den Juristen Bolognas früh festgestellt worden. Es gilt „an dem Ort, wo der Rechtssatz besteht“.[2] Und besonders in dem Streit um die derogierende Kraft des örtlichen Gewohnheitsrechts geht die vorherrschende Ansicht seit Bulgarus dahin, die *consuetudo specialis* gelte *in eo loco ubi est inducta sed alibi non.*[3]

---

lichkeit ich in Anspruch nehmen mußte, die Handschrift nicht versandt hat. Ich war deshalb auf Photographien der wichtigsten Stellen beschränkt, die ich der Liebenswürdigkeit Tamassia's verdanke. Jedenfalls ergibt schon die Photographie, daß die Glosse früher geschrieben ist als eine Bemerkung des Homobonus zu derselben Stelle. Und die Anführung ihres Inhalts in einer gleich zu erwähnenden Glosse des Roffredus macht eine Abfassung vor 1215 wahrscheinlich.

[1] Erwähnt sei etwa auch eine Meinung der *quidam*, von der (1259) Odofredus in der lectura zum Digestum vetus D 1, 3, 12 n. 19 berichtet: es solle nicht das Recht des Richters, sondern das Recht des Klägers entscheiden, *quia ius agendi ex persona actoris metimur ut D 8, 4, 1 § 1 et probatur D 11, 6, 2 § 1*, und es wird ihr dann die Ansicht der *alii* gegenübergestellt, die das Recht des Beklagten für anwendbar halten, *quia actor forum rei sequitur ut C 3, 13, 2 et C 3, 19, 3.* Doch ist über Zeit und Herkunft der ersteren Meinung nichts weiter bekannt.

[2] Azo D 1, 3, 32 Bamberg Ms. jur. 11 f. 7b zum Wort introductum: *scilicet in eo loco. az.* Derselbe, summa C 3, 13 n. 17; Clectura C 8, 53 (52) 2 n. 7.

[3] Vgl. für Bulgarus († 1166) Hugolinus dist. 148 ed. Hänel 585 und C 8, 52 (53), 2 consuetudinis Ms. Prag f. 221 a; Glosse zu Vacarius bei Wenck, magister Vacarius 185. — Johannes Bassianus (Schüler des Bulgarus) C 8, 52 (53) Paris Bibl. Nat. 4536 f. 186b . . *specialis autem consuetudo non ubique, sed ubi*

Die Formel ist freilich noch reichlich unbestimmt; wie mit jeder persönlichen oder räumlichen Abgrenzung ist sie insbesondere auch mit einer Anwendung der lex fori schlechtweg vereinbar und auch äußerlich zuweilen mit ihr zusammengebracht worden.[1]

Festere Grenzen kommen dem örtlichen Recht von einer anderen Seite her. Im Anschluß an die römischen Quellen wird daran festgehalten, daß sich die streitige Gerichtsbarkeit nur auf „Untertanen" erstrecken könne.[2] Und wenn der Schluß von der Gerichtsbarkeit auf das Recht ohnehin im Sinne der Zeit liegt, so werden dem Recht auch ausdrücklich die gleichen Grenzen zugeschrieben. Das ist gelegentlich für Korporationsstatuten zu lesen.[3] Vor allem aber, das römische Recht selbst wird auf seinen Geltungsbereich geprüft und in seiner Verbindlichkeit auf diejenigen beschränkt, die dem Recht „unterworfen" sind.[4] Und da die hervorragendste Stelle im Corpus iuris, das erste Gesetz des Codex, des wichtigsten Rechtsbuches der Zeit, eine äußerliche Anknüpfung bot,[5]

---

est, legi derogat. Dazu zahlreiche Anführungen des Johannes bei späteren. — Pillius (erwähnt 1169/1207) dist. bei Seckel, distinctiones glossatorum 378; vgl. auch Accursius Inst. I 2 § 9 imitantur. — Azo lectura C 8, 52 (53), 2 n. 5. — Hugolinus a. a. O. — Accursius C 8, 52 (53), 2 aut legem; D 1, 3, 32 de quibus causis; D 3, 4, 6 vel perpetua; Inst. I 2 § 9 imitantur und IV 17 moribus. — Über Aldricus oben S. 69.

[1] Accursius D 1, 3, 32 de quibus causis.

[2] Rogerius, summa Codicis (Mitte des 12. Jahrhunderts) III 7 bibl. iur. medii aevi 1, 41. Azo, lectura C 8, 48 (49), 1 und 8, 52 (53), 1. Accursius D 2, 1, 20 non paretur; D 2, 2, 1 putamus. — Vgl. auch die Beschränkung der Korporationsgerichtsbarkeit auf die Korporationsangehörigen Azo, lectura C 3, 13, 7 und Accursius eod. in publicis.

[3] Accursius C 4, 18, 2 indefense.

[4] Vgl. schon die Questiones de iuris subtilitatibus (über sie oben Stück I S. 37) I n. 14 ed. Fitting 56. Accursius auth. coll. VIII 13 c. 4 decorati und II Feud. 53 pr. imperio.

[5] *Cunctos populos quos clementiae nostrae regit imperium* (dies die Lesart der Glossatoren) *in tali religione volumus versari etc.* Die Wendung hat die Aufmerksamkeit frühzeitig auf sich gezogen. So schon eine Musterverordnung des Hugo Bononiensis,

so hat man solche Erörterungen in der Folge mit C 1, 1, 1 verbunden — und damit auch allem internationalen Privatrecht für Jahrhunderte eine Heimstätte geschaffen. *ex ista lege aperte colligitur argumentum*, schreibt Hugolinus zu dieser Stelle,[1] *quod imperator non imponit legem nisi suis subditis. nam extra territorium ius dicenti impune non paretur ut D 2, 1, 20 et D 42, 5.*[2]

Es ist nicht unwahrscheinlich, daß Hugolinus diese Ausführungen eben um des Geltungsbereiches der Stadtrechte willen gemacht hat. Gewiß ist, daß eine solche Übertragung einer annähernd gleichzeitigen Glosse schon so vertraut erscheint,[3] daß sie bereits Bedenken daran anknüpft. Es ist die oben S. 71 erwähnte Paduaner Glosse, die gleichfalls zu C 1, 1, 1 ausführt: *hinc ergo collige, quod leges solos subditos imperatoris ligant. et argumentum hic quod ad quaestionem de facto. si Mutinensis litiget coram potestate Bononiensi, non debet contra eum allegari consuetudo Bononiensis. subditos enim tantum ligat consuetudo cuiusque civitatis.* Aber dann folgen Einwendungen: gelte für den Kläger der Gerichtsstand des Beklagten, so müsse auch dessen Recht für ihn gelten.

---

rationes dictandi prosaice tit. 13, um 1120 geschrieben, ed. Rockinger Briefsteller und Formelbücher des 11. bis 14. Jahrhunderts 77; vgl. auch den Anhang ebenda 92. Und wenn die königliche Kanzlei von einer Verwendung der Formel im allgemeinen absieht, so überschreibt doch auch ein romanisierendes Gesetz Barbarossas von 1177 Mon. Germ. Constitutiones 1, 378 n. 275 *cunctis imperio nostro subiectis*, und im vollen Wortlaut begegnet die Formel in der Konstitution Friedrichs II. Ad decus von 1220 eod. 2, 107 n. 85, die zur Übersendung an die Universität Bologna bestimmt war.

[1] Hs. Prag f. 3b.

[2] Die Äußerung findet ihr Gegenstück in einer anderen Glosse des Hugolinus, die die angeführte Paduaner Handschrift 688 aufbewahrt hat: *valet litera ista ad hoc quod dicunt, quia non debet quis compelli litigare sub iurisdictione aliena, quia sicut imperator noluit ligare nisi illos, qui erant subditi imperio suo, ita non compellitur quis litigare sub iurisdictione aliena. h.*

[3] Auch der Mailänder Richter Petrus, der bald nach 1209 schreibt, macht von der neuen Lehre bereits Gebrauch; s. oben S. 23.

Doch dieses Bedenken ist vereinzelt geblieben, und alsbald hat auch Roffredus die gleichen Schlüsse gezogen, unter Ablehnung der eben bezeichneten Einwendungen. In einer Pariser Handschrift sind Teile seiner Codex-Vorlesung erhalten, die vor 1215 fallen wird, und hier heißt es wiederum zu C 1, 1, 1:[1] *et hic nota quod alios noluit ligare nisi subditos imperio suo. et est argumentum infra 3, 1, 12 (14) et R.*[2] *est autem hoc contra consuetudines civitatum quae etiam alios constringere volunt cum suis statutis. et est argumentum, si litigat Mutinensis contra Bononiensem in hac civitate, quia eius*[3] *statutum non noceat Mutinensi. sed quidam contra. hoc autem dicunt argumento illo, quod Mutinensis hoc forum sequitur conveniendo Bononiensem, unde omnes leges illius fori recipiat.* Nunmehr soll also auch das Stadtrecht nur mehr für die Stadtbürger gelten, andere sollen von ihm nicht betroffen werden! Es kann beigefügt werden, das Roffredus diese Lehre auch in die Praxis übertragen hat. In den libelli civiles werden Fremde von der Verbindlichkeit stadtrechtlicher Verbote wie etwa des Verbots Waffen zu tragen ausgenommen.[4]

Die neue Lehre wirkt gegenüber der hundertjährigen Herrschaft der lex fori umwälzend. Und nun hat sich auch Accursius bereit gefunden, seinem Apparat, der die lex fori so oft vertreten hatte, nachträglich — s. oben S. 63 —

---

[1] Bibl. Nat. ms. lat. 4546 v° clementiae f. 2a. Der Text spricht von Bologna als *haec civitas*, so daß die Arbeit nach den über das Leben des Roffredus bekannten Nachrichten vor 1215 entstanden sein muß.

[2] Die übliche Kürzung für *rubrica.* Doch kann damit nicht wie sonst die Überschrift des Titels gemeint sein, sondern die nächstfolgende „rote" Stelle, nämlich die anschließende auth. Hodie, die auch von späteren in diesem Zusammenhang manchmal angerufen wird.

[3] Lesung unsicher.

[4] de libellis et ordine iudiciorum (1217/43) libelli civiles pars III rubr. si quis ius dicenti non obtemperaverit n. 7: Prozeß in Pistoja, der Beklagte verteidigt sich, *ego sum Pisanus. si hoc confitetur actor, absolvetur reus per l. 20 D 2, 1.*

später als 1228, eine *additio* beizusetzen. Es ist die folgenreich gewordene Glosse zu C 1, 1, 1: *argumentum quod si Bononiensis conveniatur Mutinae, non debet iudicari secundum statuta Mutinae quibus non subest, cum dicat „quos nostrae clementiae"*.[1]

Die Zeitgenossen haben sich diesen veränderten Anschauungen nicht entziehen können. Auch sie gehen jetzt im allgemeinen davon aus, daß Stadtrecht für Fremde nicht gilt — es ist nur etwas mühselig, ein Bild der Meinungen dieser Gruppe von Schriftstellern zu gewinnen: sie scheinen zum Teil selbst noch in ihren Ansichten geschwankt zu haben, und dabei sind ihre eigenen Arbeiten heute zumeist verloren, die Anführungen späterer aus ihnen aber vielfach unklar und widerspruchsvoll. Und doch kommt gerade dieser Gruppe eine besondere Bedeutung zu, denn mehrere von ihnen haben es nicht bloß bei der Ablehnung bewenden lassen; sie nehmen trotz ihres grundsätzlichen Standpunktes Fälle an, in denen ein Recht Fremde verpflichten könne — indessen hier gilt es zunächst nur, diesen grundsätzlichen Standpunkt zu kennzeichnen.

Wenn die oben S. 64 mitgeteilte Nachricht zuverlässig ist, so war auch Jacobus Balduini zunächst auf dem Boden der bis dahin herrschenden Meinung gestanden, und auch er hat in der Folge die Lehre von der bedingungslosen Geltung der lex fori preisgegeben.[2] Jedenfalls liest man bei Durantis:[3] *et sunt haec in argumento quod doctores*

---

[1] Daß die Fortsetzung der Stelle, die sich in jüngeren Drucken findet, und die — Johannes Faber zitiert, nicht von Accursius stammt, sollte wirklich nicht hervorgehoben werden müssen.

[2] Die unmittelbare Überlieferung versagt. Insbesondere bringen nichts einschlägiges die folgenden Handschriften, die sonst Glossen des Jacobus enthalten: zum Codex Bamberg Ms. jur. 21 (D I 2); Berlin lat. 880; Prag Mus. Regni Boh. XVII A 10; Rom Biblioteca Vaticana Ms. lat. 1428 (konnte nur nach Photographien der wichtigsten Stellen benützt werden; die Vaticana leiht nicht aus). Zum Digestum vetus Paris Bibl. Nat. c. lat. 4458. Zu den Institutionen Wien Hofbibl. 2130 (jus civ. 19).

[3] Speculum iuris lib. 4 part. 1 tit. de constitutionibus. Das eingeflochtene Beispiel — daß das Recht von Narbonne dem

et scholares peregrini et advenae non ligantur statutis civitatis in qua sunt, nec doctor iudicabit inter scholares secundum illa, sed secundum ius .. et hoc tenent Jac. Joann. Theu.[1] *et Alber. Pap.* Und völlig übereinstimmend berichtet auch der Archidiakon,[2] das Gesetz binde nur die Untertanen des Gesetzgebers; auch der Kaiser wolle nach C 1, 1, 1 mit seinen Gesetzen nur seine Untertanen verpflichten, *et sic iudicabit doctor inter scholares tantum secundum iura, non secundum statuta et consuetudines loci, et hoc tenent Ja. Bal. et Alb. pap.*

Die angeführten Nachrichten zeigen zugleich Albertus Papiensis[3] als Vertreter derselben Meinungen. Er muß sich auch sonst über die Geltung örtlicher Rechte geäußert haben — eine gleich zu erwähnende Stelle beweist es — doch ist nichts weiter über seine Anschauungen erhalten.

Reichlichere Nachrichten besitzen wir für Ubertus de Bobio.[4] Gandinus[5] streift einmal die Frage, ob die Verjährungsfrist des Statuts von Bergamo auch dem Mailänder schade, der in Bergamo gegen seinen dortigen Schuldner klage; darüber hätten sich Albertus Papiensis zu D 8, 4, 13 § 1 und Ubertus de Bobio zu C 3, 13, 2 geäußert — in welchem Sinn, wird nicht mitgeteilt. Doch helfen andere Angaben weiter. Kann der Fremde in der Form des Ortsrechts testieren, wenn dies nur die Zu-

---

Einwohner von Beziers nicht schade, der in Narbonne mit einem Einwohner dieser Stadt streite — gehört offenbar dem Durantis an.

[1] Der hier noch nicht interessierende Kanonist Johannes Teutonicus.

[2] Guido de Baysio, rosarium, dist. 8 c. 2.

[3] Erwähnt 1211 bis 1240. — Nichts einschlägiges in den Glossen zum Codex, Handschrift Berlin lat. 880, und zum Digestum vetus, Paris Bibl. Nat. c. lat. 4458.

[4] Er wird erwähnt seit 1214 und ist vor 1245 gestorben. — Kein Ergebnis bieten die Handschriften Paris Bibl. Nat. 4458 Digestum vetus; Berlin lat. 880 Codex; insbesondere auch nicht Paris 3969, wo zu C 1, 1, 1 eine nicht uninteressante Äußerung über den Geltungsbereich des römischen Rechts, aber nichts weiter über Statutenkollision ausgeführt wird.

[5] Quaestiones statutorum tit. 116, Bibl. iur. med. aevi 3, 213.

ziehung dreier Zeugen verlangt? Nur in solchen Fällen, erklärt Ubertus nach dem Bericht von Durantis, in denen schon das gemeine Recht eine solche Zeugenzahl für ausreichend ansieht.[1] Kann der Fremde, der in einer Stadt klagt, sich bei einer Widerklage vor diesem Gericht zu seinen Gunsten auf das Stadtrecht berufen? Auch das hat Ubertus nach dem Zeugnis des Albericus de Rosate[2] mit anderen Juristen seiner Zeit verneint. Und selbst für den Fall, daß es sich um Anwendung des Stadtrechts auf einen Vertrag handelt, der in der fremden Stadt geschlossen wurde, hat Ubertus wenigstens als Eventuallösung vorgebracht, *quod statutum debet ita aptari quod extraneus non contineatur, quia in eius praeiudicium non potest aliquid indistincte statui argumento D 2, 2, 1.*[3] Dementsprechend hat Ubertus auch die Geltung von städtischen Einfuhrverboten und Durchfuhrverboten für Fremde abgelehnt — doch das steht im Zusammenhang mit Einschränkungen, die der Satz von der Unanwendbarkeit des Stadtrechts auf Fremde bei Ubertus erfahren hat, von denen erst im folgenden gehandelt werden kann.

Gleich seinen Zeitgenossen ist dann auch Martinus

---

[1] Speculum lib. 2 part. 2 tit. de instrumentorum editione § compendiose n. 16. Man könnte freilich glauben, daß Ubertus wesentlich mehr zu der Frage beigebracht habe. Denn Johannes Andreae, der literaturkundige Annotator des Durantis, bemerkt zu n. 14 des Paragraphen, die Stelle sei mit den beiden folgenden „Absätzen“ wörtlich aus den Cavillationes des Ubertus übernommen. Indessen verwehrt es schon der sonstige Inhalt der n. 16, diese Angabe auf die Gesamtheit der hier gegebenen Ausführungen über internationales Privatrecht auszudehnen. (Keinen Aufschluß, wie weit die eigenen Ausführungen des Ubertus bei Durantis reichen, gibt der Plagiator des Ubertus, Johannes de Deo. Denn in seiner Schrift doctrina advocatorum lib. 5 c. 15 n. 5 benützt er nur Erörterungen des Ubertus, die bei Durantis n. 14 bilden, während der Text des Ubertus unzweifelhaft noch in n. 15 des Durantis hineinreicht.)

[2] super statutis II 9.

[3] So der Bericht des Gandinus, quaest. statutorum a. a. O. tit. 15 S. 162. Ganz anders freilich die primäre Lösung; s. unten § 14.

de Fano[1] grundsätzlich auf dem Standpunkt gestanden, daß örtliches Recht den Fremden nicht bindet. In Città di Castello gab es ein Statut, daß Gegenstände, die öffentlich und gutgläubig gekauft worden waren, nur gegen Ersatz des Kaufpreises sollten vindiziert werden dürfen; zwei Rinder sind in Arezzo gestohlen, in Città di Castello verkauft worden: dem Aretiner bringt diese Vorschrift keinen Schaden.[2] Wie Ubertus hat auch Martinus zu der Frage Stellung genommen, ob sich der Fremde bei einer Widerklage an drittem Ort zu seinen Gunsten auf das dortige Recht berufen dürfe. Auch er verneint die Möglichkeit unter Verweisung auf Inst. 2, 19 § 6 und Nov. 4 c. 2, *et quia non debet petere illud cuius contrarium non esset postulaturus C 8, 42, 24 et 4, 44, 7;*[3] und es wird verallgemeinernd als seine Ansicht berichtet, daß ein Statut den Fremden nicht binde, ihm nicht schaden, aber auch nicht nützen könne.[4] Auch für Strafsachen ist die entsprechende Stellungnahme überliefert (mit einer merkwürdigen Einschränkung freilich, von der im nächsten Paragraphen zu sprechen sein wird). Und es läßt Martinus insbesondere auch ein städtisches Einfuhrverbot für Fremde nicht gelten; wiederum unter Gegenüberstellung gegen andere Vorschriften, die im folgenden eine weitere Erörterung erfordern.

Schließlich mag hier noch an die früher mitgeteilte Ansicht des Homobonus erinnert werden. Wenn dieser

---

[1] Erwähnt bei Lebzeiten des 1220 gestorbenen Azo bis 1272. — Kein Ergebnis bieten die Glossen zum Codex, Hs. Berlin lat. 880.

[2] Gandinus, tract. de maleficiis, rubr. de multis quaestionibus dependentibus a statutis n. 30 in Tractatus diversi super maleficiis Lugd. 1555 p. 293. Die lange Erörterung scheint zum größten Teil aus Dinus geschöpft, einiges von Gandinus beigefügt. Martinus mit den einzelnen Gründen und Gegengründen in Verbindung zu bringen, mangeln Anhaltspunkte.

[3] Albericus de Rosate, super statutis a. a. O.

[4] Gandinus, quaest. statutorum tit. 22 p. 166. Man möchte die Ausführungen bei Gandinus für wörtlich übernommen halten, wenn sie nicht von den ausdrücklichen Angaben des Albericus in den Quellenstellen zu sehr abweichen würden.

Schriftsteller das Recht des mit der Sache befaßten Richters für maßgebend erklärt, so ist das ein Verlegenheitsausweg, geschieht es gerade aus der Erwägung heraus, daß das Recht in der Stadt des Klägers für den Beklagten nicht verbindlich sein könne, und nicht das Recht des Beklagten für den Kläger.

Räumliche Herrschaft.

14. Nun gab es ja freilich für die Legisten eine räumlich wirksame Herrschaft der italienischen Stadtrepubliken zum mindesten nach einer Richtung. Wo die öffentliche Gewalt ihren Zugriff auf das gemeine Recht gründete, da bestand kein Zweifel, daß sie auch über Fremde geübt werden dürfe. Das hat sich vor allem in der Prozeßgewalt und in der Strafgewalt der Städte geäußert. Die römischen Gerichtsstände des Vertrags, der unerlaubten Handlung, der belegenen Sache, auch derjenige der Widerklage werden von den Legisten ohne weiters übernommen. Schon die Gegenüberstellung, daß für alle diese Tatbestände auch eine Klage am Wohnsitz möglich sei, zeigt, daß sie anwendbar sein sollen, wenn der Beklagte seinen Wohnsitz im Ausland hat, und es ist nur Zufall, wenn diese als selbstverständlich betrachtete Folge noch besonders hervorgehoben wird.[1] Entsprechend bei Übung der Strafgewalt. Eine Scheidung strafprozessualer Zuständigkeit und materieller Strafgewalt ist der Zeit fremd. Und damit erlangt das römische forum delicti commissi die Bedeutung, dem Tatort Strafbefugnis gegen jedermann

---

[1] Placentinus († 1192), summa Codicis 3, 1: ein Gerichtsstand der Widerklage besteht auch dann, wenn ich als Fremder Dich, der gleichfalls Fremder ist, wegen eines über See gelegenen Hauses belange. eod. 3, 13: wer an einem Ort ein Delikt verübt oder einen Vertrag schließt, muß dort Recht geben, *etiam in terra aliena*. Rainerius de Perusio, ars notaria (1216) tit. 3 Bibl. iur. med. aevi 2, 29: Fremde können sich am Vertragsort nicht auf Unzuständigkeit berufen. Accursius C 10, 40 (39) 7 allectio: um Vertrag und Grundbesitz kann man an einem Ort belangt werden, an dem man nicht *civis* oder *incola* ist.

zu gewähren. Auch hier zeigt die Gegenüberstellung: Zuständigkeit am Tatort oder am Wohnsitz, daß eine Zuständigkeit der ersteren Art sich nicht auf Einheimische beschränken will; auch hier mangelt es nicht an gelegentlichen Bemerkungen, die eine Übung der Strafgewalt über Fremde gemäß dem gemeinen Recht als selbstverständlich betrachten.[1]

Prozeß und Strafe waren nun allerdings im Lauf der Zeit gleichfalls zu eigenen Angelegenheiten der Städte geworden. Aber die Staatslehre jener Tage hält an dem Gedanken des einen römischen Reiches fest, die Stadt gilt als ein Glied im Organismus des Reiches, und die Ermächtigungen, die das römische Recht den Behörden der Provinzen gibt, kommen ihr damit ohne weiters zustatten. Das alles war anders, wo die städtische Gewalt, auch am Maßstab des römischen Rechts gemessen, selbständig in Erscheinung trat, also vor allem, wo es sich um die Geltung eines von der Stadt erzeugten Partikularrechtssatzes handelte. Die Gegenüberstellung begegnet schon bei Martinus de Fano. Gilt das statutarische Strafrecht auch für Fremde? *quidam antiqui* — so berichtet Cinus[2] — *sic distinguunt: aut iste alienigena alias deliquisset, posito quod non esset statutum aliquod in civitate ista de hoc, aut de iure communi non deliquisset;* (im zweiten Fall, das wird als selbstverständlich weggelassen, kann der Fremde nicht verantwortlich gemacht werden;) *primo casu punitur in loco in quo deliquit et* — und hier folgt allerdings eigentümliche Umbiegung — *punitur secundum formam statuti ut in auth. Qua in provincia* (C 3,

[1] Summa Codicis angeblich von Irnerius 9, 3 ed. Fitting p. 315. Rogerius, summa C 9, 3. Placentinus, summa C 3, 13. Dissensiones dominorum, Bibl. Chigi Ms. VII 211 f. 15b. Hugolinus, diss. dom. § 138. Accursius D 1, 18, 3 extraneos; 1, 18, 13 malis hominibus. Summa Bellinensis (anglo-normannisch) bei Caillemer, le droit civil dans les provinces anglo-normandes au XII e siècle 67[1]. Karolus de Tocco, Glosse zur Lombarda (um 1215) 1, 13, 1 nam si fecerit.

[2] Commentaria in Codicem C 1, 1, 1 n. 7.

15), *ubi dicit: „illic iuri subiaceat". „iuri" exponunt sive communi sive speciali illius terrae sive provinciae. et hoc sentit ibi Mar. de Fa.*[1]

Diese eigentümliche Erstreckung des Stadtrechts kam nur für einen besondern Fall in Betracht. Grundsätzlich stand damals für die Schriftsteller, auch für Martinus, fest, daß das Stadtrecht nur für die Bürger gelten könne. Was aber sollte nunmehr mit den Fremden geschehen?

Da schien sich zunächst ein bequemer Ausweg zu bieten. Die Ortsrechte wurden nur als eine Modifikation des allerwärts und für alle verbindlichen gemeinen Rechts betrachtet. Was lag da näher als auf die Fremden eben dieses gemeine Recht zur Anwendung zu bringen? Die Äußerungen des Jacobus Balduini und des Albertus Papiensis, daß der Doktor seine Sondergerichtsbarkeit über die Scholaren nach gemeinem Recht übe, zeigen die Verwirklichung des Gedankens. Aber es ist doch bezeichnend, daß man ihn gerade unter Verhältnissen verwirklicht hat, die doktrinären Einflüssen stärker ausgesetzt waren. Und die eben erwähnte Ausführung des Martinus de Fano beweist, daß eine Unterstellung der Fremden

---

[1] Petrus de Bellapertica, lectura super Codice C 1, 1, 1 beruft sich für die Unterscheidung — gleichfalls in Strafsachen — auf einen Guichardus. [Zusatz bei der Korrektur: nach Meijers, Bijdrage tot de geschiedenis van het international privaatrecht 87 soll die Verweisung auf Guichardus de Lingoniis, Lehrer des Jacobus de Ravanis, gehen.] — Jedenfalls ist die Scheidung zwischen kaiserlicher und städtischer Gewalt jener Zeit auch auf anderen Gebieten geläufig: der kaiserliche Notar kann überall seines Amtes walten, der städtische Notar nur in der Stadt oder für deren Angehörige, Rainerius de Perusio, ars notaria tit. 39—44 (vgl. auch Formulare instrumentorum necnon ars notariatus Argent. 1516 c. 5 f. 168 a, in der vorliegenden Form weit jünger, doch mag die Stelle — Savigny 5, 639 — aus Salathiel stammen). Der vom Kaiser oder in seinem Auftrag bestellte Vormund kann alles Vermögen verwalten, der vom örtlichen Richter bestellte Vormund nur das Vermögen in dessen Gebiet, Accursius D 27, 1, 10 (12) § 4 dati; C 5, 62, 2 dati estis. Allerdings glaubt man in diesem letzteren Fall die Verschiedenheit schon in den Quellen zu finden.

unter gemeines Recht durchaus nicht als die selbstverständliche Lösung erschien. Immerhin, der Gedanke ist damals und auch später noch zuweilen von den Schriftstellern vertreten worden. Aber er blieb unvereinbar mit den Forderungen der Wirklichkeit. Zahlreiche Bedürfnisse waren neu aufgekommen, für die das römische Recht keinerlei angemessene Regelung bot. Und für die altüberkommenen Notwendigkeiten war das nicht anders. Unmöglich konnte die Stadt eine geordnete Verwaltung führen, wenn der Fremde ihren Anordnungen schlechtweg entzogen blieb. Und so war es der Theorie längst nicht mehr frei gestellt, ob sie eine Geltung städtischer Anordnungen für Fremde überhaupt zulassen wolle — es galt nur, das wirkliche Rechtsleben der Zeit zu erklären und den theoretischen Ausgleich zu finden zwischen jenem neu erarbeiteten Gedanken, daß die Geltung eines Rechtssatzes Herrschaft bedeute, Herrschaft aber nur über Untertanen statthaft sei, und zwischen dem Anerkenntnis, daß dennoch manche Sätze für Fremde gelten müßten. Hier nun liegt das große Verdienst jener Männer, die der Glanz späterer Juristengeschlechter in tiefen Schatten gerückt hat. Sie haben den Gedanken gefunden, daß die Grenzen der Herrschaft nicht überall die gleichen sein müssen, daß es auf die Eigenart des Rechtsverhältnisses ankommt, und eine Gemeinschaft diejenigen Beziehungen unter ihre Ordnung nehmen kann, die nach sachlichen Beziehungen dieser Gemeinschaft zugehören.[1] In den tastenden und unsicheren Versuchen jener Schriftsteller liegen die Ausgangspunkte für alles theoretische Bemühen, das die Gegenwart dem internationalen Privatrecht zuwendet.

Zum erstenmal wurde ein solcher Schritt bei Ver-

[1] Man beachte übrigens schon bei der Erstreckung gemeinrechtlicher Zuständigkeiten auf Fremde bezeichnende Formulierungen. Summa Codicis angeblich von Irnerius 3, 6: *actor rei forum sequi debet. forum rei dicimus tum ratione domicilii tum ratione contractus.* Accursius D 1, 18, 3 extraneos (Strafgewalt über Fremde): *sed et sui dici possunt ratione delicti.*

trägen getan: für Verträge, die an einem Orte geschlossen sind, soll das Recht dieses Ortes gelten ohne Unterschied der Personen, die den Vertrag geschlossen haben. Der Einfluß des gemeinrechtlichen forum contractus, das am Ort des Vertragschlusses, wenn auch in bestrittenem Umfang, für jedermann galt, steht dabei außer Zweifel, und in der Folge haben hauptsächlich zwei Digestenstellen 21, 2, 6 und 22, 1, 1 die neue Regel begründen müssen. Dennoch sind es eigentümlicherweise Kanonisten, bei denen sich jener Satz zum erstenmal findet, und die Legisten, noch im Bann der lex fori, soweit sie ihr nicht durch richterliches Ermessen ausweichen, stehen der Regel, auch wo sie ihnen bekannt ist, zunächst ablehnend gegenüber. Wenn Hugolinus in der oben S. 71 angeführten Stelle sich für die Freiheit des richterlichen Ermessens entscheidet, so versagt er neben anderen Möglichkeiten auch der *consuetudo loci in quo litigantes celebraverunt contractum* die Anerkennung. Und Accursius hat zu C 8, 48, 1 (oben S. 61) die lex fori vertreten, obwohl er die eben genannten Stellen D 21, 2, 6 und 22, 1, 1 als Veranlassung zu abweichender Lösung anführt.[1] Erst Jacobus Balduini und Ubertus de Bobio haben sich für die Geltung der Gesetze des Vertragsorts entschieden. Der erste an einer wichtigen Stelle, von der alsbald zu sprechen sein wird. Von dem zweiten aber wird überliefert:[2] *dominus autem Ubertus de Bobio hic refert, an contractus de quo convenitur Mutinae iste Bononiensis, fuit Mutinae celebratus, et tunc stabitur secundum statutum Mutinae, quia sortitus est forum ratione contractus. si autem contractus factus est Bononiae vel alibi, tunc secus. et hoc dicebat per legem D 22, 1, 1.* Bezeichnend genug aber fügt Ubertus eine Eventuallösung bei, von der oben (S. 78) die Rede war; *vel aliter:* vielleicht will das Recht am Vertragsort in solchem Fall von sich aus gar nicht für Fremde gelten. Erst für das nächste Juristengeschlecht ist der Satz

---

[1] Über die Glosse gestum D 21, 2, 6 ebendort S. 62[1].

[2] Gandinus, quaest. statutorum tit. 15.

sicherer Besitz geworden, um dann sieben Jahrhunderte lang kaum mehr angefochten zu werden.[1]

Noch bedeutsamer aber war eine andere Erkenntnis derselben Zeit. Die Unmöglichkeit, im Prozeß den Fremden anderen Vorschriften zu unterwerfen als den Einheimischen, mußte sich besonders aufdrängen, und in der Tat ist die neuere Praxis von dieser Notwendigkeit nur völlig vereinzelt abgegangen. Dementsprechend war die überkommene Lehre von der Geltung der lex fori gerade für den Prozeß angemessen, und in dieser Richtung bewegen sich auch oben mitgeteilte Äußerungen des Martinus de Fano und des Ubertus de Bobio.[2] Aber wenn das Recht des urteilenden Richters doch nicht mehr schlechtweg maßgebend sein sollte? Es ist zu der grundlegenden Entdeckung gekommen, die den Prozeß von dem zu beurteilenden materiellen Rechtsverhältnis abtrennt, und die den Streitgegenstand unter Umständen einer andern Rechtsordnung zuweist als derjenigen, die für den Prozeß maßgebend ist. Die tiefgreifende Scheidung knüpft sich an den Namen des Jacobus Balduini. Der unmittelbaren Überlieferung ermangeln wir freilich auch hier. Aber zwei seiner Schüler bringen darüber zweifelsfreie Nachrichten — sie mögen bei der Wichtigkeit des Gegen-

---

[1] Es mag dabei auch an die Streitfrage erinnert werden, die damals für den Gerichtsstand des Vertrages bestand: ob als „Ort des Vertragsschlusses" der Ort der Vereinbarung und der Erfüllungsort, oder nur dieser zweite anzusehen sei. Vgl. etwa Johannes Bassianus, ordo iudiciarius § 73. Roffredus, libelli civiles, pars I rubr. qualiter iudicium declinetur n. 1. Accursius D 5, 1, 19 § 4 si in provincia; 13, 5, 5 § 1 denegatur; 42, 5, 3 eo loco; 44, 7, 21 (20) contraxisse. Die Angaben bei Odofredus D 42, 5, 1 n. 2. — Die früheste Spur einer besonderen Behandlung der Vertragsformen finde ich erst bei Dinus.

[2] Unergiebig sind dagegen Bemerkungen wie die des Roffredus, libelli civiles pars I rubr. qualiter iudicium declinetur pr., etwa auch des Accursius C 3, 12, 7 mensibus, daß sich die Gerichtsferien nach der *consuetudo regionis* zu richten hätten. Das folgt den Quellen und denkt noch nicht an einen Gegensatz zu anderen Ordnungen, die für den Fall in Betracht kommen könnten.

standes im Wortlaut folgen. So liest man in einer vatikanischen Handschrift[1] neben der Accursischen Glosse zu C 8, 52, (53), 1: *tu dic secundum Ja. aut consuetudo est ad litis ordinationem aut ad litem decidendam introducta. si ad litis ordinationem, puta ut libellus detur, lis contestetur, qualiter dilationes dentur, qualiter procedatur in causa, et tunc spectatur consuetudo quae est in foro iudicis. aut est introducta ad litem decidendam, puta an venditor teneatur ad duplam, triplam vel quadruplam, et tunc inspicitur consuetudo loci, ubi contractum est ut D 21, 2, 6. Ja. de Ra.*[2] Und derselbe Jacobus de Ravanis berichtet an anderer Stelle, in der lectura zum Digestum vetus:[3] .. *quid ergo dicemus hic .. Ja. respondit: aut tu quaeris de consuetudine quae respicit *litis *ordinationem .. quia consuetudo in uno foro, quod detur libellus, et in alio non, et similia, in isto casu spectatur consuetudo loci in quo est iudex argumento legis D 22, 5, 3 i. f. si. quaeritur de consuetudine quae respicit litis decisionem, considerabitur locus contractus argumento legis D 21, 2, 6.* Noch ausführlicher aber und dabei zum Teil in wörtlicher Übereinstimmung mit der ersteren Stelle äußert sich ein anderer Schüler, Odofredus, in seinen Vorlesungen:[4] *in quaestione illa puta sicut dicebat Jac. est duplex consuetudo. est consuetudo introducta ad litem ordinandam, est consuetudo introducta ad litem decidendam. est consue-*

---

[1] Ms. lat. 1428 f. 263 a. Beschreibung der Handschrift bei Sarti, de claris archigymnasii Bononiensis professoribus 2, 188.

[2] Die Lesung der Sigle war mir nicht zweifellos. Und dabei enthält die Handschrift außer anderen Glossen des Jacobus de Ravanis auch solche des Jacobus Balduini selbst. Doch ist die Glosse nach gütiger Mitteilung des Vorstands der Vaticana, P. Ehrle, in derselben Hand geschrieben wie eine andere Glosse der Handschrift f. 23 b, die unzweifelhaft dem Jacobus de Ravanis angehört, während andererseits eine Glosse des Jacobus Balduini f. 9 b abweichende Schrift zeigt.

[3] Hs. Leiden (oben S. 58[3]) f. 128 b zu D 5, 1, 1.

[4] Gleichfalls zu D 5, 1, 1 im unmittelbaren Anschluß an die oben S. 58[3] mitgeteilten Angaben über die Stellung des Azo zu den gleichen Fragen.

tudo introducta ad litem ordinandam: Brixiae est talis consuetudo, ut non detur libellus, sed datur terminus cuilibet ad probandum; videt actor quod probavit; si probavit, offert petitionem suam. Bononiae est consuetudo, ut primo offeratur libellus, iuretur de calumnia, postea dentur dilationes ad probandum. in aliis locis est alia consuetudo, ut statim lis contestetur. Ferrariae est consuetudo, ut statim detur terminus ad probandum. tunc spectatur consuetudo iudicis infra 22, 5, 3 i. f. est consuetudo quae est introducta ad litem decidendam: verbi gratia Bononiae est consuetudo quod omnis venditor teneatur ad duplum re evicta, Mutinae est consuetudo quod ad triplum, Ferrariae ad quadruplum. tu es Mutinensis, ego Bononiensis, emi a te rem, non promisisti duplum vel triplum, res evicta est a me, placet nobis quod litigemus Ferrariae; iudex Ferrariae debet condemnare ad quadruplum vel ad triplum vel ad duplum? hic dico servandam consuetudinem non loci ubi agitur, sed ubi contractum est. si vendidisti Bononiae, iudex Ferrariae condemnabit te ad duplum. facit infra 21, 2, 6 et 22, 1, 1 pr. Äußere und innere Gründe lassen keinen Zweifel, daß mit diesem Jacobus nur Jac. Balduini gemeint sein kann. Und endlich ein ausdrückliches Zeugnis des gleichen Inhalts, eine Glosse des Odofredus, die sich wiederum der Accursischen Glosse zu C 8, 52 (53), 1 anschließt:[1] *argumentum D 22, 5, 3 in fi. ego tamen cum domino* — eine andere Hand derselben Zeit schreibt dazu *Jacobo Balduino — sic distinguo. aut consuetudo est ad litem ordinandam, et tunc servabit consuetudinem iudicis ut D 22, 5, 3 in fi. aut est consuetudo ad litem decidendam, et tunc servabit consuetudinem loci, ubi est contractum ut D 21, 2, 6. oddo.*

Damit war nun eine grundlegende Scheidung vollzogen — uns Heutigen so selbstverständlich geworden, daß wir die geistige Tat, die in ihr liegt, kaum mehr zu würdigen bereit sind. Als Streitgegenstand wird ein

---

[1] Hs. Berlin lat. 880 (früher fol. 236) f. 227 a.

Schuldverhältnis angenommen, Schadenersatz bei Eviktion eines gekauften Gegenstands,[1] und dies dem Recht des Orts unterworfen, an dem der Vertrag abgeschlossen worden ist. Das Verfahren aber soll sich in jedem Fall nach den Gesetzen des urteilenden Richters bestimmen, ohne Unterschied, wer die Prozeßparteien sind.[2]

Insbesondere die Herrschaft über Sachen des Gebiets.

15. Kaum weniger dringlich als die Handhabung eines einheitlichen Prozeßrechts war die gleichmäßige Anwendung des städtischen Strafrechts (und des hinter ihm stehenden Verwaltungsrechts) auf Einheimische und auf Fremde. Gerade hier freilich hat der Satz, daß die Stadt nur Untertanen verpflichten könne, noch für länger Schwierigkeiten gemacht. Es ist oben (S. 75) eine Äußerung des Roffredus erwähnt worden, der Waffenverbote für Fremde nicht gelten lassen will, und auch die gleich zu erwäh-

---

[1] Anders als in dem römischen Text, an den sich der Fall anschließt — vgl. oben S. 62[1] — ist hier die Verpflichtung zu mehfachem Ersatz nicht mehr üblicher Vertragsinhalt, sondern ein Rechtssatz des örtlichen Rechts geworden.

[2] Die angeführte vatikanische Handschrift enthält f. 3a zu C 1, 1, 1 zwei weitere Glossen, die den gleichen Standpunkt vertreten. Sie mögen beide in das 13. Jahrhundert gehören, vielleicht sogar noch in den hier zu behandelnden Zeitabschnitt fallen, doch ist eine nähere Einordnung zurzeit nicht möglich. Die eine setzt das Vorhandensein der Accursischen Glosse wenigstens in der älteren Form voraus: *imponit hic imperator legem suis, et est argumentum quod statutum civitatis alicuius non praeiudicat forensibus ut supra tit. primo circa finem, D 42, 5, 12 § 1 et 1, 1, 9. sed quid si Bononiensis litigat Mutinae? quidam dicunt Mutinae servandum statutum ut D 21, 2, 6 et 22, 1, 1 pr. et 22, 5, 3 § 6 et videntur haec notari D 13, 4, 2. quod credo verum quantum ad terminationem causae, non quantum ad ius litigatoris.* — Eine andere Bemerkung aber führt im unmittelbaren Anschluß an die Zusatzglosse des Accursius zu C 1, 1, 1 aus: *sed melius D 1, 3, 2 quae est graeca i. f. et argumentum ad idem D 1, 1, 9. et hoc est verum de statuto pertinente ad causae decisionem, secus si ad litis ordinationem pertineat arg. D 22, 5, 3 § 6. et quod dices in statuto, intelligas verum et in consuetudine. N. R.*

nenden Schriftsteller stehen im wesentlichen auf demselben Boden — wenn schon Ubertus einmal, mindestens als eventuelle Lösung, vertreten hat, daß ein Fremder wegen Verletzung eines Ausfuhrverbots ohne weiteres bestraft werden könne; die Auth. Qua in provincia C 3, 15 gebe dem Tatort Strafzuständigkeit, und der Richter habe nach den Gesetzen seines Ortes zu urteilen.[1]

Das war eine Begründung, die darauf abstellte, der Vorgang gehöre dem Inland an und müsse darum dessen Herrschaft unterworfen sein, ähnlich wie man ja auch bei den Verträgen argumentiert hatte. Aber der Fortbau auf dieser Grundlage ist erst später geschehen. Zunächst versuchte man, so gut es ging, auf anderem Wege zu helfen. Und es ist damals der folgenreich gewordene Gedanke in die Erörterung geworfen worden: neben der Herrschaft über die Personen gibt es auch eine Herrschaft über Sachen, die dem Gebiet angehören; die Sachen als solche können einer Rechtsordnung unterworfen sein unabhängig davon, ob die beteiligten Personen Einheimische oder Fremde sind. Der Anstoß geht anscheinend von Ubertus de Bobio und Martinus de Fano aus. Aber freilich ist der Stand der Überlieferung hier so kläglich, daß nur mit annähernder Sicherheit berichtet werden kann.

Die Wirtschaftspolitik der italienischen Städte hat damals großes Gewicht darauf gelegt, den Markt durch Verbote der Einfuhr, Durchfuhr, der Ausfuhr von Lebensmitteln zu beeinflussen; auf Zuwiderhandlungen war manchmal Geldstrafe, regelmäßig Einziehung von Ware und Gerät angedroht. Konnte nicht wenigstens eine solche Einziehung auch gegen Fremde Platz greifen?

Für Ausfuhrverbote hat Ubertus de Bobio die Statthaftigkeit einer „Strafe oder Einziehung" gegenüber Fremden bejaht; zunächst mit der oben mitgeteilten hier nicht

---

[1] Gandinus, quaest. statutorum tit. 17. — Über Anschauungen des Martinus de Fano, die möglicherweise hierher gehören, etwa auch über solche des Jacobus Balduini s. gleich unten.

weiter bezeichnenden Begründung, die Handlung sei im Gebiet begangen, einer Begründung allerdings, der eine andere, die auf die Unterworfenheit der einzuziehenden Sachen unter das Gesetz verwies, vorangegangen sein mag. Für Durchfuhrverbote aber ist die entsprechende Argumentierung des Ubertus sicher: Parma verbietet die Durchfuhr von Getreide und Fleisch bei Meidung der Einziehung, und ein Bürger von Reggio, auf der Fahrt nach Cremona, handelt dem entgegen. *solutio* (und es könnte sich dabei um eine wörtliche Äußerung des Ubertus handeln), *videtur quod non committat in poenam et videtur casus legis expressus C 8, 10, 6, quia non sunt haec res natae in territorio Parmensi, et sic non possunt imponere legem nisi suis rebus.* Und ebenso wird in einer andern Quelle für Übertretung eines Einfuhrverbotes ausgeführt, es gelte für den Fremden nicht, weil dieser dem örtlichen Recht weder nach Person noch nach Sache unterworfen sei; *idem tenet Ubertus de Bobio et allegat D 1, 19, 3.*[1] Vielleicht hat auch Martinus de Fano die Verbindlichkeit eines Ausfuhrverbots, das Einziehung androht, mit der doppelten Erwägung begründet, daß am Ort der Zuwiderhandlung überhaupt Strafzuständigkeit bestehe, und daß es sich dabei um Sachen handle, die der Hoheit der Stadt unterworfen sind. Gewiß ist, daß dieser zweite Gedanke ihm angehört und zu Folgerungen Anlaß

[1] Die beiden ersten Äußerungen bei Gandinus, quaest. stat. 17. Für das Ausfuhrverbot schreibt Gandinus die Meinung, Einziehung sei statthaft, weil die Sachen der Stadt unterworfen, allerdings nur dem jüngeren Guido de Suzaria zu, doch ist nicht unmöglich, daß es sich auch hier zunächst um eine Ansicht des Ubertus handelt. Denn (um von inneren Gründen abzusehen) auch für das Durchfuhrverbot werden Ubertus und Guido zusammen genannt, und zwar mit der Bemerkung, *ut supra notatum est* (eben an der Stelle, wo von dem Ausfuhrverbot die Rede ist). Und auch die Worte *vel aliter*, mit denen die Meinung des Ubertus über Ausfuhrverbote eingeleitet wird, deuten wohl darauf hin, daß (nicht Gandinus, sondern) Ubertus über diese Frage noch eine andere Ansicht gehabt habe. — Die Stelle über Einfuhrverbote aus Albericus de Rosate, super statutis II 1.

gibt, die mit einer allgemeinen Strafzuständigkeit des Tatorts gar nicht mehr vereinbar bleiben. *praedicta vera sunt,* schreibt über Einziehung bei einem Ausfuhrverbot ein späterer Schriftsteller, *quando statutum fit rebus ipsius civitatis statuta condentis. si autem fieret rebus alienis, puta quia statutum est Cremonae, quod nullus vinum forense trahat ibi sub poena amissionis, Ma. de Fano tenet quod tale statutum non valeat quoad poenam, quia tunc nec personae nec res sunt subditae et omnino non possunt ligari per statuta.*[1] Und es ist nicht ausgeschlossen, daß auch Jacobus Balduini ähnliche Meinungen vertreten hat.[2]

---

[1] Die Stelle stammt wiederum aus Albericus, super statutis II 1, und zwar wird hier auf die Ansichten des Martinus zweimal eingegangen. Zuerst in einer längeren Erörterung über die Geltung von Ausfuhrverboten für Fremde, die abschließt *et haec fuit opinio Mar. de Fano.* Es wird hier ausgeführt, Fremde ständen unter der Zuständigkeit des Tatorts und dadurch mittelbar auch unter dessen Statuten; die Stadt könne Recht setzen für ihre Sachen und für die ihrer Untertanen; und überhaupt folge das Recht zur Abschreckung schon aus dem Begriff des „Territoriums" — aber es ist völlig unsicher, was von dieser Argumentation dem Martinus angehört, um so mehr, als sie wiederholt durch fraglos eigene Bemerkungen des Albericus unterbrochen wird. Dann folgt nach einigen Zwischenerörterungen die oben im Wortlaut angeführte Stelle. — Im übrigen berichtet von den Anschauungen des Martinus auch Gandinus, de maleficiis rubr. de rebus non portandis contra devetum n. 7. Hier wird unterschieden zwischen der persönlichen Strafe, die den Zuwiderhandelnden trifft, und zwischen dem Verlust von Waren und Gespann. Doch sollen nach Martinus bei Verletzung eines Ausfuhrverbots auch einen Fremden beide Rechtsfolgen treffen (wenn nur, was hier nicht weiter interessiert, angenommen werden darf, daß der Fremde das Verbot gekannt hat). Die Zulassung persönlicher Strafe gegen den Fremden bringt hier allerdings einen neuen Widerspruch in die Sache. Indessen liegt es nahe, dabei an eine Ungenauigkeit des Gandinus zu glauben, dessen Angaben über den Streitstand in der Frage mit anderen Berichten auch sonst nur teilweise übereinstimmen, und dem wohl auch an anderen Stellen seines Buches Verwechslungen über die Herkunft einer Ansicht nachzuweisen sind.

[2] Nach Durantis tit. de constitutionibus n. 8 hält Jacobus ein Ausfuhrverbot, das Verwirkung von Waren und Gespann androht,

Mit dieser Anerkennung einer selbständigen Herrschaft über Sachen aber war die Grundlage gelegt für die Heraushebung einer Gruppe von „Realstatuten", die mit ihrem Gegenstück, den „Personalstatuten", dann für lange Jahrhunderte im Mittelpunkt aller Erörterungen über internationales Privatrecht gestanden sind. Die Vorstellung einer selbständigen Beherrschung von Sachen ist freilich noch sehr eigentümlich gewendet. Nicht die Lage der Sache im Gebiet führt zu der Anwendung des dortigen Rechts — Gegenstände, welche die Verletzung eines Durchfuhrverbotes in das Gebiet bringt, sind dem Zugriff nicht erreichbar — es braucht eine Art von Bürgerrecht, die Sachen müssen aus dem Gebiet stammen, um der Geltung des Stadtrechts unterworfen zu sein. Und durchweg beziehen sich jene Erörterungen nur auf bewegliches Gut. Den Gedanken einer unmittelbaren staatlichen Beherrschung von Sachen auf Grundstücke anzuwenden, ist den Legisten erst in der nächsten Generation gelungen.[1]

auch bei Fremden für anwendbar — in schwer zu vereinigendem Gegensatz zu der Mitteilung, die wenige Zeilen vorher gemacht wird (s. oben S. 76), Jacobus lasse das Ortsrecht nur für die Untertanen gelten, unterwerfe die Scholaren darum dem gemeinen Recht. Ob eine dieser Angaben etwa auf einer Verwechslung beruht, ob dem Jacobus ein wirklicher Widerspruch zur Last fällt, oder ob die Verschiedenheit durch Erwägungen in der Art des Textes zu lösen ist, darüber läßt sich heute nichts Sicheres mehr sagen.

[1] Die Vorbereitung solcher Auffassung mag man immerhin schon im gegenwärtigen Zeitabschnitt suchen. Es sei daran erinnert, daß gerade die Glossatoren den Begriff des ius in re geschaffen haben. Und wie nachdrücklich man im Sachenrecht eine Beziehung des Berechtigten unmittelbar zu der Sache gesehen hat, kann eine Äußerung des Roffredus zeigen (libelli civiles pars IV rubr. de rei vindicatione n. 6): bei der actio in rem werde unmittelbar die Sache belangt, und wenn sie von Natur aus sprechen könnte, würde sie selbst die Verteidigung übernehmen. — Von einer ausschlaggebenden Einwirkung des Grundbesitzes auf die Grenzen des Rechts ist demgemäß zu jener Zeit in Italien keine Spur zu finden. Und auch das forum rei sitae kam für den Prozeß und die freiwillige Gerichtsbarkeit nur wahlweise in Betracht (vgl. sogar oben S. 37[3]).

Wenigstens für das autonome Privatrecht. In völlig anderm Zusammenhange freilich hatten schon die römischen Quellen von dem gleichen Gedanken Gebrauch gemacht, im Abgabenrecht, wo unter den Vermögensleistungen solche unterschieden werden, die den Eigentümer um einer Sache d. h. vor allem um eines Grundstücks willen treffen, und damit am Ort, an dem die Sache liegt, ohne Rücksicht auf Wohnsitz oder Herkunft des Eigentümers, im Gegensatz zu anderen Leistungen, die den Bürger oder Einwohner als solchen belasten sollen. Die Schriftsteller unserer Zeit haben diese Unterscheidung aufgenommen, ohne indessen — die Herrschaft über die Sachen der Fremden war ja vom gemeinen Recht getragen — Beziehungen zu dem oben erörterten Problem herzustellen.[1]

Tatbestände außer Landes.

16. Aber konnte die örtliche Gewalt auch auf Vorgänge, Zustände außer Landes Einfluß nehmen?

Offenbar nein in den Fällen, in denen man eine Zuständigkeit des Inlands eben darauf aufbaute, daß der Vorgang oder der Zustand im eigenen Land sich verwirkliche. Die Lombarda bedroht den dritten Diebstahl

---

[1] Den Ausgangspunkt bilden D 50, 4, 6 § 5 und 50, 4, 18 §§ 21, 22. Die Schriftsteller sind über Umschreibungen der Texte kaum hinausgekommen. Vgl. etwa Pillius, summa in Tres Libros (sog. Summa Azonis; bald nach 1192) C 10, 42 (41) n. 2 und 4 (Besteuerung der Sachen trifft auch Fremde); 10, 64 (62) n. 1. Rolandus de Luca (sog. Summa Azonis; vgl. oben S. 66[1]) C 11, 58 (57) n. 5 (trifft auch Fremde). Accursius D 50, 4, 3 § 3 iniungantur; 50, 15, 4 § 2 profiteri debet und levari (Vergleich mit dem forum rei sitae); C 10, 16, 2 indictiones (trifft auch Fremde); 10, 40 (39), 4 muneribus; 10, 42 (41) super rubr. und l. 2 ab omnibus (trifft nach beiden Stellen auch Fremde); 10, 64 (62), 1 possident. Die Einteilung in munera personalia und patrimonialia (persönliche Leistungen und solche, die eine Vermögensaufwendung verlangen) beruht auf anderen Gesichtspunkten; die vorstehende Scheidung ist eine solche innerhalb der munera patrimonialia.

mit dem Tode: kann jemand, der in Reggio und Modena und Parma gestohlen, in Parma mit dem Tode bestraft werden? Wenn er auch sonst der Gerichtsbarkeit von Parma nicht untersteht, nein nach Ubertus de Bobio.[1] Und es ist die entsprechende Folgerung insbesondere auch für die Steuergewalt gezogen worden. Trifft eine Abgabe die Sache als solche, so kann sie nicht von Sachen im Ausland erhoben werden. In diesem Sinn wird wohl eine Äußerung des älteren Jacobus († 1178) zu verstehen sein:[2] *Ferrariensis cum vellent civitatem munire, collectam fecerunt et iuraverunt quod unusquisque pro toto patrimonio suo daret collectam quandam. postea unus ex his cum haberet patrimonium Bononiae et aliud Ferrariae, quaeritur, si debeat pro ambobus. Jacobus dicit non posse eum cogi nisi pro ea quantitate quam habet Ferrariae.* Und andere Ausführungen über die Frage gehen ohne weiters nach derselben Richtung.[3]

Dagegen ergibt sich eine Rückwirkung in das Ausland ganz von selbst, wo ein Sachverhalt inländischer Ordnung unterstellt wird, nicht wegen jener Rückwirkung, sondern weil eine andere Beziehung, auf die man Gewicht legt, ihn mit dem Inland verbindet. Das zeigt sich im Prozeß, wo für Verträge, für unerlaubte Handlungen ein Gerichtsstand am inländischen Wohnsitz anerkannt wird, auch wenn der Vertrag im Ausland geschlossen, die unerlaubte Handlung dort begangen wurde. Insbesondere nimmt jene Zeit auch noch keinen Anstoß, eine

---

[1] Bei Gandinus, de maleficiis rubr. de furibus n. 5. Wir würden, da die Vortaten für den dritten Diebstahl nur als Merkmal der Gewerbsmäßigkeit in Betracht kommen, heute anders entscheiden.

[2] Quaestiones dominorum Bononiensium, coll. Parisiensis n. 82, Bibl. iur. med. aevi 1, 184.

[3] Rolandus de Luca, summa in Tres Libros Codicis (sog. summa Azonis) 11, 58 (57) n. 5: *licet enim ego Rolandus Lucanus civis vicos in Pisano foro possideam, tamen non Lucae quae est mea patria, sed Pisis ubi fundum possideo, censum *persolvo.* Vgl. auch Accursius C 10, 64 (62), 1 possident.

Strafzuständigkeit am Wohnsitz gegenüber auswärts verübten Verbrechen gelten zu lassen.[1]

Aber auch Sachen im Ausland können auf solche Weise unter den Einfluß des Inlands gelangen. Auch dies ergibt sich vor allem im Prozeß, der einen Gerichtsstand des Wohnsitzes und die sonst gegebenen fora für dingliche Klagen anerkennt, ohne Unterschied, wo sich die beanspruchte Sache befindet.[2] Immerhin, hier begegnen vereinzelt Einschränkungen und Zweifel, und wenn auch durchweg durch wirkliche oder angebliche Äußerungen der Quellen veranlaßt, haben sie im gegenwärtigen Zusammenhang darum Interesse, weil sich auch in ihnen der Gedanke einer staatlichen Herrschaft über Sachen vorbereitet. Nicht unter diesen Gesichtspunkt gehört die oft getroffene Feststellung, daß eine Zwangsvollstreckung in ausländisches Vermögen nicht möglich sei.[3] Das war im Verhältnis von Provinz zu Provinz schon unter der römischen Ämterordnung so gewesen und konnte unter dem Gesichtspunkt einer noch unklar erfaßten Gebietshoheit ohne weiters rechtens bleiben. Aber anders in anderen Fällen: Ist der Beklagte säumig, so soll der Kläger in das Vermögen des Beklagten eingewiesen werden. Der Beschluß ergeht durch das Prozeßgericht, und

---

[1] Rogerius, summa C 3, 9; Placentinus, summa C 3, 15; Azo, summa C 3, 15 n. 2 und lectura C 3, 15, 1; Hugolinus diss. dom. § 137; Accursius C 3, 15, 1 reperiuntur und 3, 15, 2 degit. Ausdrückliche Hervorhebung, daß die Zuständigkeit des Wohnsitzes auch für auswärts begangene Verbrechen besteht, bei Accursius D 48, 22, 7 § 10 ad rescripti; vgl. auch schon Placentinus, summa C 9, 3 und Kar. de Tocco Lomb. 2, 40 (41), 3 vadat.

[2] Vgl. etwa Placentin oben S. 80[1].

[3] Rogerius, summa C 3, 14. Azo, summa C 3, 20 n. 2. Hugolinus, diss. dom. § 143. Accursius C 3, 1, 13 § 3 ad maiorem; C 3, 19, 3 sed et in locis; C 6, 33, 3 pr. competenti; D 2, 1, 20 non paretur; D 5, 1, 19 § 1 ibi se debebit; D 42, 5, 12, § 1 is qui. Jacobus Balduini, die primo et secundo decreto (s. oben S. 63[2]) n. 17, 82. Vgl. auch die Äußerungen, daß der Richter nur in das Vermögen seines Gebiets „einweisen“ kann, bei Azo, summa C 3, 13 n. 26. Accursius D 48, 22, 7 § 1 praesunt; auth. coll. IX 9 c. 2 comprehendere.

nach der herrschenden Meinung auch dann, wenn sich das Vermögen im Ausland befindet[1] (nur die Vollstreckung bedarf alsdann der Rechtshilfe durch den iudex rei sitae); aber Jacobus Balduini will einen solchen Beschluß auf das Vermögen im Gebiet des Richters beschränkt wissen, über auswärts belegenes Vermögen müsse (nach D 42, 5, 12 § 1) der dortige Richter beschließen.[2] Auch eine Vormundschaft, die der Richter bestellt, soll sich nach der Glosse nur auf das Vermögen im Gebiet des Richters erstrecken können, allerdings entsprechend der Einschränkung, die man unzweideutig in den Quellen zu finden glaubte.[3] Wenn dagegen mehrfache Äußerungen

---

[1] Accursius C 3, 1, 13 § 3 ad maiorem; D 5, 1, 19 § 1 ibi se debebit; D 42, 5, 1, 12 § 1 is qui. Dann (für Besitzeinweisung des Erben) Summa Codicis angeblich von Irnerius 3, 6 n. 9; Placentinus, summa C 3, 20; Azo summa C 3, 20 n. 2; Accursius C 6, 33, 3 pr. competenti, und für Anordnung der Zwangsvollstreckung überhaupt Accursius C 3, 19, 3 res; D 42, 5, 1 venire.

[2] Hostiensis, commentaria in decretalia, decr. Inn. IV. Romana ecclesia n. 12. — Nicht hierher wird dagegen gehören, was eben Jac. Balduini, de primo et secundo decreto n. 82 als Ansicht des Azo berichtet: wenn ein Bologneser von dem Richter in Modena geladen wird und kommt nicht, so weist der Richter den Kläger in die Besitzungen des Beklagten in Modena ein, und wenn dieser dort kein Vermögen hat, so kann der Richter in der Sache überhaupt nichts weiter tun. Vermutlich gehört Azo unter die *„quidam"*, die nach Accursius D 5, 1, 19 § 1 ibi se debebit und D 42, 5, 12 § 1 is qui bei einem Zwischenurteil, wie es hier in Frage, keine Rechtshilfe zulassen (wodurch dann eine Beschlußfassung über das fremde Vermögen von vornherein zwecklos wäre). — Ob Azo, lectura C 3, 20, 1 über die Besitzeinweisung des Erben mehr sagen will, als daß die Einweisung als Vollstreckungshandlung nur am Ort der Erbschaftssachen erfolgen könne, läßt sich bei der Verdorbenheit des Textes nicht mehr entscheiden; die summa eod. läßt jedenfalls eine Beschlußfassung darüber auch am Wohnsitz zu.

[3] Accursius C 5, 32, 1 facultates; C 5, 62, 2 dati estis; D 27, 1, 10 (12) § 4 si a iudice. Anders — immer im Anschluß an die Quellen — wenn die Vormundschaft durch Testament oder im Auftrag des Princeps eingesetzt ist. Jacobus Balduini indessen hat nach den gleich zu erwähnenden Nachrichten möglicherweise Vormündern jeder Art die Verwaltung allen Vermögens zugesprochen.

besagen,[1] eine Erbschaftsklage, die in Bologna angestrengt wird, unterbreche die Verjährung nur für die in Bologna, nicht auch für die in Modena belegenen Sachen, so dürfte das überhaupt nicht in den gegenwärtigen Zusammenhang gehören; es scheint dabei eine Sachlage vorausgesetzt, bei welcher der Beklagte in Bologna Nachlaßgegenstände, aber keinen Wohnsitz hat, und da die Erbschaftsklage als actio in rem gilt,[2] beschränkt sie ihre Wirkung auf die Gegenstände im Bereich des Richters. Beachtung jedoch verdient hier wiederum eine strafrechtliche Frage, die an einen praktisch gewordenen Fall anknüpft: in Piacenza hatte ein Bürger der Stadt Verrat begangen, und es war sein Vermögen entsprechend dem Stadtrecht konfisziert worden; aber hatte diese Konfiskation auch Wirkung für ein Darlehen, das der Verurteilte der Gemeinde Bologna gewährt hatte? Jacobus Balduini ist in der Sache um ein Gutachten angegangen worden, und er hat die Wirksamkeit der Konfiskation bejaht; sie gelte dem gesamten Vermögen und werde ohne Unterschied des Orts wirksam, nicht anders, als nach C 5, 62, 2 die vormundschaftliche Verwaltung das Vermögen ohne Unterschied des Ortes (man vergleiche aber oben) ergreife.[3]

Zugleich aber beleuchtet dieser letzte Fall noch eine andere Auffassung jener Zeiten. Man folgert aus einer Zuständigkeit des Inlands, Strafe überhaupt zu verhängen, arglos auch die Zuständigkeit, jegliches Strafmittel zu ge-

---

[1] Azo, lectura C 7, 40, 3; Hugolinus diss. dom. § 336; Accursius C 7, 40, 3 si ex multis.

[2] Azo, summa und lectura C 3, 20, 1 und besonders Accursius eod. degit.

[3] Mitgeteilt bei Albericus de Rosate, super statutis III 2 und ausführlicher D 39, 4, 16 § 2, sowie in einem Gutachten des Ricardus Malumbra bei Besta, Malombra 82. Eine sehr ausführliche Disputation über den Gegenstand von Nicolaus de Matarellis, die Albericus C 6, 42, 1 aufbewahrt hat, bringt keine Angaben über die Geschichte der Frage. — An der Lösung des Jacobus interessiert übrigens auch, daß als Ort der Forderung ohne weiters der Wohnsitz des Schuldners angenommen wird.

brauchen. Und davon finden sich auch sonst für das Strafrecht Beispiele, auch hier allerdings Entlehnungen aus den Quellen, die sich im römischen Reich auf Teile ein und desselben Staatsgebiets bezogen hatten und dorten staatsrechtlich einwandfrei waren. So soll unter Umständen eine Verbannung, die der zuständige Richter ausgesprochen, auch für fremdes Gebiet wirksam werden.[1] Und ein Berufsverbot, das einen Advokaten wegen einer infamierenden Handlung trifft, soll allerwärts gelten, *quasi infamia ipsum semper concomitetur sicut lepra leprosum.*[2] Aber auch im Zivilprozeß begegnet die gleiche Fragestellung. Kann der Richter die Angehörigen des abwesenden Beklagten, die in einer andern Provinz sind, zur Übernahme der Verteidigung auffordern? Manche haben die Frage in der Tat verneint; denn über jene besitze der Richter keine Gerichtsbarkeit. Indessen hält Jacobus Balduini die Aufforderung für zulässig[3] (und es war ja wohl auch keine Verpflichtung zu erscheinen mit solcher Aufforderung verbunden).

Persönliche Geltung des Rechts.

17. So gewiß das „Personalstatut" der späteren Zeiten konstruktiv von gleicher Art ist wie einstmals die persönliche Geltung der Stammesrechte in Italien, in der dogmengeschichtlichen Entwicklung mangelt der leiseste Zusammenhang zwischen den beiden Erscheinungen, und es braucht nur an eine Äußerung des Accursius (oben S. 62) erinnert zu werden, um zu zeigen, wie völlig fremd der Frühzeit der Lehren von der Statutenkollision der Gedanke eines Personalstatuts war: dieselbe Person, die älter als 18 und jünger als 25 Jahre ist, muß vor dem einen Gericht, das unter römischem Recht steht, als minderjährig, vor einem andern Gericht, für das longobardisches Recht gilt, als volljährig behandelt werden.

---

[1] Accursius D 48, 22, 7 § 10 ad rescripti.
[2] Accursius D 3, 1, 9 non irrogat.
[3] de primo et secundo decreto n. 16—18.

Aber auch dort, wo solche Geltung der lex fori in der Folge dem Satz gewichen ist, die Stadt könne nur über Untertanen Herrschaft üben, die Strafdrohung des Statuts könne nur für Einheimische gelten, auch dort war solche Geltung nicht im Sinn einer auf sachliche Rücksichten gegründeten Lösung gemeint. Es handelte sich zunächst nur um die Negative: Ausländer können nicht verpflichtet werden, die Stadt beschränkt ihre Herrschaft auf die Angelegenheiten der Untertanen. Und nur in diesem eingeschränkten Sinn finden wir in jener Zeit dann auch die Kehrseite des Satzes verwirklicht: auch außerhalb des Stadtgebiets ist eine Herrschaft über Untertanen möglich, wo es sich um Beziehungen zwischen solchen handelt. Die Übung einer Gerichtsbarkeit zwischen Bürgern außer Landes, von der gelegentlich auch ein Reflex in den Juristenschriften sich findet, ist die Folge dieser Anschauung.[1]

Im Sinn einer wirklichen aus sachlichen Gründen entspringenden Begrenzung finden wir eine personal wirksame Herrschaft zu jener Zeit nur, aus dem römischen Recht übernommen, für die Auferlegung der munera personalia und derjenigen munera patrimonialia, welche die Person als solche treffen. Man wiederholt die römischen Unterscheidungen[2] und macht davon gelegentlich Anwen-

---

[1] Questiones in schola Bulgari disputatae n. 34 Bibl. iur. med. aevi 2, 207; Rain. de Perusio an der oben S. 82[1] angeführten Stelle. Es mag auch auf den Staatsbegriff der Glossatoren verwiesen werden, wie er besonders bei Accursius D 7, 4, 21 Carthago zum Ausdruck kommt, der rein persönlich unter Ausscheidung einer Beziehung zum Staatsgebiet gefaßt wird. — Weniger bezeichnend, aber immerhin einer Erwähnung wert ist, daß in zweien der genannten Questiones des Bulgarus (n. 12 und 34) auf Vorgänge zwischen Landsleuten bei den Sarazenen von dem heimatlichen Richter ohne weiters gemeines Recht angewendet wird.

[2] Vgl. über die Scheidung der Lasten, welche die Person, und welche das Vermögen treffen, oben S. 93, und über die Beschränkung der nicht das Vermögen als solches belastenden Leistungen auf die Bürger Pillius, summa C 10, 42 (41) n. 4 mit 2; auch C 10, 64 (62) n. 2, 4; Accursius C 10, 40 (39), 4 muneribus. Auf die Streitfrage, inwieweit dabei Wohnsitz oder Herkunft die Leistungspflicht begründen, kann hier nicht eingegangen werden.

dung auf Personen, die nur dann zur Übernahme einer Vormundschaft, zur Übernahme des Richteramts verpflichtet seien, wenn sie dem Anordnenden untertan sind.[1] Mehr läßt sich für jene Zeit nicht feststellen. Insbesondere mangelt der Strafzuständigkeit des Wohnsitzes noch die Verbindung mit dem Gedanken einer persönlichen Begrenzung der Strafgewalt, die alsdann aber auch den Bürgern über die Grenzen folgt. Erst jenseits des hier behandelten Zeitraumes, bei dem Abbas Antiquus, findet der Geltungsbereich einer *actio personalis* grundsätzliche Erörterung, und auch das war noch weit entfernt von einem Personalstatut im Sinne der Späteren.

Die rechtliche Herrschaft des Auslands.

18. Sich mit der Geltung fremden Rechts zu befassen, bestand zu den Zeiten, da die lex fori schlechtweg herrschte, nur ausnahmsweise Veranlassung. Von einer unmittelbaren Anwendung war das fremde Ortsrecht ohnehin ausgeschlossen, und nur mittelbar, als die Grundlage einer Rechtswirkung, die sich außer Landes vollzogen hatte, mochten solche Bestimmungen etwa von Belang werden. Immerhin, man hat das nicht völlig übersehen, und wir besitzen darüber eine merkwürdige Glosse. Der römische Text erlaubt den städtischen Behörden, auch Auswärtige zu emanzipieren, wenn das Stadtrecht solches

---

[1] Wegen des Vormunds Accursius D 26, 1, 10 etiam municipes; D 26, 2, 32 posse; D 26, 5, 1 § 2 eiusdem provinciae; D 27, 1, 30 (33) § 1 praesidis; Inst. I 20 § 4 creent. Wegen des Richters Accursius C 3, 4, 1 resedissent. Keine Pflicht, ein Amt zu übernehmen, nach Roffredus, libelli civiles pars V rubr. de officio iudicis per quod subv. ill. quib. collecta imp. — Aber auch hier tritt dem Gedanken einer wirklichen Abgrenzung einheimischer Zuständigkeit die Entlehnung aus den römischen Quellen zuweilen in den Weg. Die angeführte Glosse Inst. I 20 § 4 creent beschränkt die Pflicht, eine Vormundschaft zu übernehmen, auf Personen unter der Gerichtsbarkeit der Behörde. Und doch sollen — gemäß D 26, 5, 24 — durch Vermittlung der vorgesetzten Behörde auch andere Personen berufen werden können.

vorsehe, und **Accursius** bemerkt dazu:[1] *sed quomodo consuetudo eius loci praeiudicat omnibus aliorum locorum?* Vielleicht treffe das nur bei der freiwilligen Gerichtsbarkeit zu (deren Übung den römischen Staatsbehörden auch gegen Fremde gestattet ist). *vel dic etiam in contentiosa idem, et non dicetur illius loci consuetudo tantum sed generalis, inspectis eis inter quos fit magis quam *loco ubi fit.* Das Ortsrecht soll also freiwillige und streitige Gerichtsbarkeit über Fremde verleihen können, und es soll eine solche Erstreckung der Zuständigkeit als Grundlage behördlicher Akte auch auswärts anerkannt werden. Aber um Anerkennung des fremden Rechts handelt es sich dabei, nicht etwa um eigene Anwendung im Inland,[2] und es sind Fälle in Frage, bei denen es nach der Meinung der Glosse das gemeine Recht ist, das solche Stadtrechtssatzungen gutheißt.

Aber freilich lange vor Accursius war eine wirkliche Anwendung fremden Ortsrechts schon in Betracht gezogen worden. **Aldricus** hatte die Wahl des anwendbaren Rechts dem richterlichen Ermessen überlassen, und wenn die oben S. 69 gegebene Erklärung richtig ist, so hatte ihn gerade das Bedenken, daß ein örtliches Gewohnheitsrecht „in einem Ort, in dem es nicht eingeführt ist, auch nicht gelten kann", zu den weiteren Ausführungen veranlaßt, daß hier richterliches Ermessen entscheide, und dieses Ermessen vom römischen Recht getragen werde. Jedoch es war nunmehr solches Ermessen, das fremdem Recht zur Berücksichtigung verhalf, nicht etwa eine Geltung, die man dem fremden Recht von sich aus zugeschrieben hätte.

In der Folge aber hatte man begonnen, dem eigenen Recht eines Gebiets nach sachlichen Erwägungen seine

---

[1] C 8, 48 (49), 1 duumviris. Die Wendung „*consuetudo generalis*" spielt auf den oben S. 72 erwähnten Satz an, daß die consuetudo specialis nur an ihrem Orte gelte, die consuetudo generalis aber allerwärts.

[2] Der Text fährt gerade fort: *item nota hic argumentum, quod iura et statuta illius loci, ubi agitur iudicium, sunt conservanda, licet actor aliunde sit.*

Grenze anzuweisen. Man stellt Sätze auf wie den, daß städtisches Recht gelte für Verträge, die in der Stadt geschlossen wurden. Was sollte aber dann geschehen, wenn der Vertrag außer Landes geschlossen war, und wenn die Stadt etwa kraft Wohnsitzes in die Lage kam, über den Vertrag zu entscheiden? So gewiß eine solche Fragestellung schließlich dazu führen mußte, auf fremde Tatbestände fremdes Recht anzuwenden, man wird bei den Schriftstellern jener Zeit noch keinen klaren Standpunkt ihr gegenüber erwarten dürfen. Es ist insbesondere möglich, daß damals bei einer Beurteilung von Vorgängen außer Landes an einer Anwendung des gemeinen Rechts festgehalten wurde, als eine Geltung des gemeinen Rechts für Fremde in der Stadt längst nicht mehr in Frage kam. Immerhin, man liest bereits allgemein lautende Kollisionsnormen: „es entscheidet das Recht des Vertragsorts", und wenn man sie in Gegensatz gestellt sieht zu dem andern Satz, daß für den Prozeß stets die lex fori entscheide, so drängt das zu der Folgerung: also kommt materiellrechtlich das Recht des Vertragsorts auch dann zur Anwendung, wenn es auswärtiges Recht ist. Wenn die oben S. 87 (aus Odofredus) mitgeteilte Stelle auch in ihren Beispielen auf Jacobus Balduini zurückgeht, hätten wir sogar schon in unserem Zeitabschnitt einen Fall ausdrücklicher Anwendung fremden Partikularrechts aufzuweisen.

Festerer Grund ist gegeben, wo nicht die Anwendung fremder Rechtssätze, sondern die Anerkennung behördlicher Akte in Frage kommt, die im Ausland vorgenommen wurden. Denn es ist hier das gemeine Recht, das in weitem Umfang die Grundlage schafft. Die Ämterordnung des römischen Einheitsstaates war auf dem Gedanken aufgebaut gewesen, daß alle Amtshandlungen wechselseitig anzuerkennen seien. Man hat das unbedenklich auf die Glieder des mittelalterlichen Kaiserreichs übertragen — de iure aber galt die ganze Christenheit als das Gebiet dieses Reiches — und die Anerkennung behördlicher Akte erscheint auch jetzt so selbstverständlich, daß sie von den Schriftstellern kaum mehr hervorgehoben wird. So folgt etwa die Anerkennung fremder Zivilurteile schon aus der gleich zu erwähnenden Rechtshilfe, die zu ihrer Vollstreckung geleistet wird. Und es ist bezeichnend, was einmal Accursius über die Beweiskraft öffentlicher Urkunden schreibt: *sed quid si proferatur carta publica et in forma publica et de alia terra, unde non cognoscitur qui scripserit? respondeo ei esse standum, si appareat in publica forma esse facta, non vitiata in aliqua parte sui.* Nur die Echtheit der Urkunde ist dabei ein Gegenstand des Bedenkens.[1]

Insbesondere aber äußert sich die Anerkennung fremder Zuständigkeit auch in der Rechtshilfe, die fremden Gebieten geleistet wird. Der enge Anschluß an die Quellen führt die Schriftsteller freilich gerade hier vielfach weit weg vom wirklichen Rechtsleben, und es bedarf einer genauen Vergleichung mit der Praxis, um dabei Büchergelehrsamkeit und lebendiges Recht zu scheiden. So hört man im Anschluß an die Quellen von der Auslieferung geflüchteter Landarbeiter,[2] von einer Auslieferung der Bürger, die sich aus der Stadt entfernt haben,[3] der städtischen Beamten, die sich dem Dienst entzogen,[4] und es wird von Minderjährigen gesprochen, die an einen zur Vormundschaft zuständigen Ort zurückgeführt werden

---

[1] Summa Authenticorum (sog. summa Azonis) VI 3 n. 2. — Nach Albertus Galeotti, summula quaestionum c. 20 n. 4 hätte sich auch Azo in seiner summa C 4, 21 für die Beweiskraft auswärtiger Urkunden ausgesprochen. Ich kann dort freilich nichts dergleichen finden. Sollte Galeottus etwa das *„instrumentum forense"*, von dessen Glaubwürdigkeit Azo wiederholt spricht (gerichtliche Urkunde, vgl. C 4, 21, 20), für eine „auswärtige Urkunde" gehalten haben? — Über den öffentlichen Glauben gerichtlicher Akten des Auslands übrigens auch gleich unten.

[2] Accursius auth. coll. III 4 c. 19 agricolas.

[3] Accursius D 6, 1, 1 § 2 vindicare posse; D 50, 1, 37 pr. vindicant und ad munera; auth. coll. III 4 c. 19 agricolas. Trotz des modernen Aufputzes verdächtig.

[4] Accursius C 3, 23, 1 a iudice; D 5, 1, 19 § 1 ibi se debebit. Gewiß nicht mehr praktisch.

sollen.[1] Vor allem jedoch kommt solche Unterstützung für den Prozeß in Betracht. Neben Ersuchen um Gewährung rechtlichen Schutzes überhaupt[2] begegnet hier Rechtshilfe für Zustellungen[3] und, in Zivilprozessen, für die Vernehmung auswärts sich aufhaltender Zeugen.[4] In Strafsachen wird Auslieferung gewährt,[5] und man behauptet

[1] Azo summa C 5, 32. Accursius Inst. I 20 § 4 creent. — Vgl. auch die Rechtshilfe zur Erlangung eines tauglichen Vormunds oben S. 100[1].

[2] Musterbrief in der summa des Aegidius 1248/53 n. 6. ed. Wahrmund p. 2. Dazu oben S. 53[2].

[3] Muster eines Ersuchschreibens, dem Angeklagten von der Ladung Kenntnis zu geben, bei Roffredus, libelli canonici pars VII rubr. de forma literarum.

[4] Incerti auctoris ordo iudiciarius (anglonormannisch, Mitte des 12. Jahrhunderts) tit. de testibus ed. Haenel p. 33. Otho, practica ordinis iudiciarii (desgleichen, nach 1181) tit. 12. Pillius, summa de ordine iudiciorum (Ende des 12. Jahrhunderts) III 9 ed. Bergmann p. 68. Karolus de Tocco Lomb. II 21, 28 credatur. Accursius C 4, 21 auth. Apud eloquentissimum gl. apud eloqentissimum; summa auth. VII 2 n. 4. Die Parteien erhalten ein Ersuchschreiben des Prozeßgerichts (Pillius; Karolus), das Protokoll über die Vernehmung geht mit dem Siegel des ersuchten Richters zurück (Otho; Karolus) und genießt öffentlichen Glauben (Incertus Auctor). Musterbriefe in der summa des Aegidius n. 27, 28 (Ersuchen und Antwort) p. 8 f., und besonders interessant bei Boncompagno, rhetorica antiqua (1215) VI 12 ed. Rockinger, Briefsteller und Formelbücher p. 170 ff.: n. 1, 3, 4 Ersuchen um Vernehmung; n. 2 der ersuchte Richter hat die Vernehmung als unzulässig abgelehnt, Ersuchen, einen Rechtsgelehrten zu gemeinsamer Beratung an den Sitz des Prozeßgerichts zu entsenden; n. 5 der Zeuge hat (anscheinend beim Prozeßgericht) das Zeugnis verweigert, Ersuchen gegen ihn Zeugniszwang zu üben.

[5] Summa Codicis angeblich von Irnerius 9, 3. Rogerius, summa C 9, 3. Placentinus, summa C 9, 3. Azo, summa C 3, 13 n. 26; 3, 15 n. 2; 9, 3 n. 2; derselbe, lectura C 3, 15, 1; 3, 21, 2. Hugolinus, dissensiones § 137. Accursius, summa Auth. IX 9 und die Glossen C 3, 15, 1 commissa; eod. auth. Qua in provincia, criminum; D 5, 1, 19 § 1 ibi se debebit; D 42, 1, 15 § 1 in provinciis; D 48, 2, 7 § 5 remitteret; D 48, 3, 11 ex causa und et constituit; D 49, 16, 3 pr. elogio; auth. coll. V 20 c. 1 criminum; IX 9 c. 2 comprehendere. Jacobus Balduini, de primo et secundo decreto n. 82. Durchweg wird davon ausgegangen, daß die Auslieferung für den ersuchten Richter eine Rechtspflicht bedeutet, wie

dasselbe im Anschluß an die Quellen sogar für privatrechtliche Streitigkeiten.[1] Und es sollen auch Zivilurteile und

ja für eine quellenmäßige Behandlung schon im Hinblick auf nov. 134 selbstverständlich war, und wenn in der Glosse D 48, 2, 7 von einer Auslieferung *ex urbanitate* gesprochen wird (ähnlich wie in der gleich zu erwähnenden Glosse zu D 48, 3, 11), so bezieht sich das auf einen Fall, für den eine rechtliche Verpflichtung nicht angenommen wurde; denn nur der flüchtige Verbrecher mußte an den Tatort ausgeliefert werden, nicht auch derjenige, der sich beispielsweise an seinem Wohnsitz befand (vgl. den Anfang der Glosse und etwa Placentin, insbesondere auch die Äußerungen über Auslieferung in Zivilsachen). Ganz regelmäßig ist ferner in den angeführten Stellen von einer Auslieferung an den Tatort die Rede; doch findet sich auch Auslieferung in die Heimat, sogar vom Tatort in die Heimat (Irnerius; Rogerius; Accursius D 49, 16, 3 und besonders D 48, 3, 11 ex causa: außer in Fällen, die — angeblich — die Texte vorschrieben, auch *causa vicinitatis vel consimili).* Zuweilen wird auch von einer Auslieferung lediglich zum Zweck der Bestrafung gesprochen, während das Verfahren an anderem Ort stattfinden kann, vgl. Hugolinus; Accursius C 3, 15, 1 und D 48, 3, 11 et constituit.

[1] Placentinus, summa C 3, 21. Azo, summa C 3, 13 n. 26 und 3, 21. Hugolinus, dissensiones § 143. Accursius C 3, 15, 1 commissa; C 3, 21, 1 rationem; D 2, 5, 1 pro non dato; D 5, 1, 19 § 1 ibi se debebit; auth. coll. V 20 c. 2 decidatur und IX 9 c. 2 comprehendere. Jacobus Balduini, de primo et secundo decreto n. 82. Angaben bei Odofredus, lectura C 3, 15 auth. Qua in provincia; C 3, 21, 1; D 44, 7, 21. Eine Auslieferung wird in Betracht gezogen an den Gerichtsstand des Vertrags, der öffentlichen und privaten Geschäftsführung, vereinzelt auch an den Gerichtsstand der belegenen Sache, doch streitet man, ob diese Gerichtsstände nicht von vornherein nur für den Fall vorgesehen seien, daß der Beklagte am Ort des Gerichts anwesend ist (so daß Auslieferung gegenstandslos wird). Und in jedem Fall soll sie nur dann erfolgen dürfen, wenn der Beklagte sich *latitandi causa* fernhält (Azo, summa C 3, 13; Accursius, auth. coll. IX 9; die abweichende Meinung des Azo bei Jac. Balduini setzt einen Beklagten voraus, der sich an seinem auswärtigen Wohnsitz befindet). Es soll aber nicht vorenthalten bleiben, was Odofredus zu der Authentica C 3, 15 — auch mit Geltung für unsern Zeitabschnitt — schreibt: er wolle nunmehr einige Fragen erörtern, *licet ista aliquando serventur, aliquando non.* Jac. Balduini und die *antiqui* hätten sich bei Verträgen gegen die Auslieferung ausgesprochen, Johannes Bassianus und Azo dafür. Allerdings *de iure nostro in*

Beschlüsse der freiwilligen Gerichtsbarkeit im Weg der Rechtshilfe vollstreckt werden.[1]

---

delictis et quasi, in contractibus et quasi debet fieri remissio, quia secundum iura nostra sub uno iudice sumus id est sub principe. sed hodie non sumus sub principe solo, quia divisa sunt regna et imperium. sed in contractibus nunquam vidi fieri remissionem de loco ad locum. et ita de consuetudine praevalet opinio antiquorum et Jac. Balduini, licet sit de iure verior opinio Johannis et Azonis.

[1] Azo, summa C 3, 20. Hugolinus, dissensiones § 143. Accursius C 3, 1, 13 § 3 ad maiorem; C 3, 19, 3 res; C 6, 33, 3 pr. competenti; D 2, 1, 19 quod generaliter; D 5, 1, 19 § 1 ibi se debebit; D 5, 1, 45 accepit; D 42, 1, 15 § 1 in provinciis; D 42, 5, 12 § 1 is qui. Jacobus Balduini, de primo et secundo decreto n. 82. Bestritten ist nur, ob auch bei Zwischenurteilen (wie der Besitzeinweisung wegen Säumnis des Beklagten) Rechtshilfe begehrt werden kann; vgl. oben S. 96[2]. Strafurteile werden nach Accursius D 42, 1, 15 an anderm Orte nicht vollstreckt, weil hier Auslieferung an das Prozeßgericht möglich ist; s. aber auch oben S. 104[5] über Auslieferung eben zum Zweck der Bestrafung.

3. Kapitel.

Die Kanonisten.

Vorbemerkungen.

19. Eine Untersuchung, welche der Entwickelung des internationalen Privatrechtes folgen will, kann an den Arbeiten über das kirchliche Recht nicht vorübergehen. Zwar in dem Zeitabschnitt, der hier zur Erörterung steht, haben die Vertreter des weltlichen Rechts von kirchenrechtlichen Schriften, wenn überhaupt, so in der Regel nur dürftige Kenntnisse besessen. Aber wenige Jahrzehnte später hat sich das geändert: in breitem Strom fließen die Erkenntnisse der Legisten und der Kanonisten zusammen, und damit wird, was die Kanonisten über die Geltung der Gesetze erarbeitet, auch für das weltliche Recht unmittelbar von Bedeutung.

Die Grenzen der kirchlichen Zuständigkeiten als solche darzustellen, liegt nicht im Plane dieser Arbeit; nur was davon für das weltliche Recht Belang hat, soll hier weiter verfolgt werden. Dabei aber stoßen wir sogleich auf ein reich entfaltetes Partikularrecht der einzelnen Bistümer, welchem nur eben erst ein langsam erstarkendes gemeines Recht der Kirche übergeordnet worden war, gestützt vom gemeinen römischen Recht, dem auch die Kirche hilfsweise Geltung zuerkannte. Dieses örtliche Recht der einzelnen Kirchen aber wird dem Partikularrecht der Städte ausdrücklich gleichgesetzt,[1] und so war in aller Gleichartigkeit auch hier das Problem gestellt: wie weit

[1] Johannes Teutonicus dist. 1 c. 8 v° civitas.

reicht die Herrschaft des einzelnen Ortsrechts? Aber nicht bloß Rechte von kirchlicher Herkunft kamen hier in Betracht. In gewaltiger Ausdehnung hatte sich gerade damals die kirchliche Gerichtsbarkeit erweitert, es gab kaum irgendeinen Vorgang, den die Kirche nicht unter dem einen oder andern Gesichtspunkt vor ihre Gerichtsbarkeit ziehen konnte: die Erzeugung des materiellen Rechts vermochte mit dieser Ausdehnung der Gerichtsbarkeit nicht Schritt zu halten, und so kam es, daß weltliche Dinge in Ermangelung kirchlicher Rechtssätze auch vor dem geistlichen Forum unter weltlichem Recht blieben, unter dem Ortsrecht, das auch der weltliche Richter angewendet hätte, und das zwar einer kirchlichen Nachprüfung unterstellt blieb, mit seiner Approbation aber zur kirchlich anerkannten Rechtsquelle geworden war. Damit war jenes Problem vom Geltungsbereich auch unmittelbar für die weltlichen Ortsrechte gegeben. Und es kam dazu, daß die Kanonisten auch vergleichsweise nicht selten auf weltliches Recht eingingen, um aus diesem Vergleich Folgerungen für das kirchliche Recht zu ziehen. Erwägt man dann weiter, daß die Beziehungen der kirchlichen Orts**behörden** zueinander jenen der weltlichen Stellen (der Glieder des einen römischen Reiches) in vielem gleichartig waren, so ergeben sich weite Fragenkreise, in denen die Stellungnahme der Kanonisten auch für das weltliche Recht Wichtigkeit haben mußte.

Was aber die Kanonisten auf diesem Gebiet tatsächlich geleistet haben, das steht den Ergebnissen der Legisten zum mindesten ebenbürtig gegenüber. Ja, wesentlich früher als dort bringen weitere Kreise diesen Fragen Beachtung entgegen, wesentlich reicher an Gesichtspunkten verläuft die Diskussion, wenngleich nicht frei von Umwegen, die den Legisten vermöge eines anders gearteten Rechtszustands erspart blieben, und man wird nicht ohne Überraschung feststellen, daß eine Anzahl grundlegender Lösungen — wenngleich auf dem Boden des römischen Rechts erwachsen — von Kanonisten früher gefunden wurden als von den eigenen Vertretern dieses

Rechtsgebiets. Zugleich aber gestattet eine wohlerhaltene Überlieferung, die neuen Gedanken nahezu Schritt für Schritt von ihrem ersten Auftreten an weiter zu verfolgen.

Die einschlägigen Erörterungen schließen sich vornehmlich dem ersten und zunächst einzigen Teil der kanonischen Rechtsbücher, dem Decretum Gratiani an, das, Mitte des 12. Jahrhunderts geschrieben, aus alten Quellen neues Recht begründet hatte. Mancherlei Stellen handelten hier von der Aufrechterhaltung des örtlichen Gewohnheitsrechts in der Kirche, und man knüpft unter ihnen insbesondere an dist. 12 c. 3 und 4 an, um den Geltungsbereich des Ortsrechtes festzustellen. Die Sammlungen neuer Rechtsquellen hingegen, die seit dem Ende des Jahrhunderts entstanden, die fünf Compilationes Antiquae gaben ihren Bearbeitern nur vereinzelt Anlaß, auf solche Fragen einzugehen; und als aus diesen Sammlungen im Liber Extra 1234 ein neues Gesetzbuch erwuchs, das alsbald die ganze literarische Tätigkeit auf sich zog, da haben die Erläuterer zunächst aus der Literatur jener Compilationes geschöpft, und für das internationale Privatrecht war darin nur wenig zu finden. So folgt nun eine Zeit des Stillstands, und erst gegen Ende des hier zu behandelnden Abschnitts erwacht erneuter Anteil an diesen Fragen, um freilich alsbald zu Compostellanus zu führen, dessen Erörterungen zu den großen Leistungen der Rechtswissenschaft zählen.

Anders als im vorigen Kapitel wird es bei den Kanonisten erforderlich sein, der Darstellung der Leitgedanken eine Zusammenstellung wenigstens derjenigen Äußerungen vorauszuschicken, die das maßgebende Recht durch allgemeine Regeln feststellen wollen: es handelt sich zu einem erheblichen Teil um handschriftliches Material, das eine Mitteilung im Wortlaut nötig macht, und nur die wörtliche Mitteilung ermöglicht, die Verschlingungen zu übersehen, in denen die Fragen bei den Kanonisten auftreten.

Die Quellen.[1]

20. 1) Apparate vor Johannes Teutonicus, die einschlägige Glossen aufweisen, enthalten die Handschriften: h. Bibliothek Wolfenbüttel Helmst. 33, zusammengestellt 1179/87; Stadtbibliothek Trier 906, Glossen dreier Schichten, älteste Schicht Anfang des 13. Jahrhunderts geschrieben; Hof- und Staatsbibliothek München c. l. m. 10244;[2] k. Bibliothek Bamberg Ms. can. 13 (P I 16), Glossen bis Johannes Teutonicus; Prag Museum Regni Bohemici XVII A 12 (I B I), Glossen des 12. und 13. Jahrhunderts in fortlaufender Ergänzung.

a) dist. 12 c. 11 v⁰ veneris Hs. Prag: *argumentum quod viatores tenentur sequi consuetudinem loci ad quem veniunt ut hic et supra dist. 8 c. 2. argumentum contra D 5, 1, 19.* Hierauf folgt von einer anderen Hand: *solutio, haec loquitur de consuetudine, illa de foro. c.* (Cardinalis, Apparat vom Anfang der sechziger Jahre des 12. Jahrhunderts.)[3]

b) Aus einer Distinktion zu Dist. 11 pr. Handschriften München f. 4a und Trier f. 12b: *consuetudo particularis . . habuit originem — a ratione certa. haec servanda est . . apud eos apud quos introducta est, quoad omnes alios indifferens est . . — ab incerto eventu. haec servari potest prout cuique visum fuerit secundum mores cum quibus conversantur*[4] *ut infra eadem dist. c. 8 i. f. et dist. 12 c. 11.*

c) dist. 12 c. 4 v⁰ consuetudine Wolfenbüttel f. 4b: *ex his capitulis* (c. 3 und 4) *argue *secundum litigantium*

---

[1] Die literaturgeschichtlichen Grundlagen gibt J. F. v. Schulte, die Geschichte der Quellen und Literatur des kanonischen Rechts, nebst zahlreichen Sonderschriften desselben Verfassers. Dazu einige Ergänzungen Späterer.

[2] Gillmann, Archiv für katholisches Kirchenrecht 92, 201 und 93, 448: enthält Laurentius und die Ordinaria.

[3] Die Selbständigkeit des ersten Stücks der mitgeteilten Ausführungen ergibt sich auch daraus, daß dieser Teil als eigene Glosse in den Apparat des Johannes Teutonicus (unten 7) Aufnahme gefunden hat.

[4] Trier: *quis versatur.*

consuetudinem iudicandum esse, licet iudices quibus causa delegata fuerit, aliis utantur consuetudinibus. Steht fast wörtlich gleichlautend[1] auch München f. 4b und Bamberg f. 5b zu dist. 12 c. 3, und Bamberg fährt noch weiter fort: *infra dist. eadem c. 11 argumentum contra. Jo.*, was auf den 1190 gestorbenen Johannes Faventinus geht.[2]

d) dist. 12 c. 4 v⁰ illud München f. 4b, und fast ganz gleichlautend Bamberg f. 5b (gleiche Hand wie vor): *refert utrum sponte se alieno foro et iurisdictioni subiiciunt, an inviti scilicet per delegationem transferantur. cum delegantur, tunc iudex, quia alterius iudicis vicem gerens, non suas, sed delegantis vel litigatorum consuetudines sequitur, quasi in alieno foro resideret. cum autem sponte se subiiciunt, tunc non alterius vicem gerens secundum sui fori *consuetudines *iudicet, (et si contra litigantium consuetudines iudicatum fuerit,) sibi imputent, quia eum elegerunt. si vero secundum litigantium consuetudines iudicandum est, quia actor forum rei sequitur, rei consuetudines attendant.*[3]

---

[1] Schluß: *licet iudici aliis consuetudinibus utenti causa delegata sit.*

[2] Daß nicht Johannes Teutonicus gemeint sein kann, zeigt — ganz abgesehen von den inhaltlichen Abweichungen seiner einschlägigen Ausführungen — schon die Benützung der vorstehenden Glosse in der anonymen Summa unten 2; und sie wird wohl auch von Johannes Hispanus (unten 3) in bezug genommen.

[3] Text nach Hs. München, die eingeklammerten Worte aus Hs. Bamberg. — Man könnte zweifeln, ob hier eine selbständige Glosse vorliegt; denn die beiden Handschriften enthalten auch mancherlei Auszüge aus Huguccio, und in der Tat, auch dort (s. unten 4) finden sich ähnliche Ausführungen wie diejenigen des Textes. Indessen die vorgetragene Lehre stammt jedenfalls nicht von Huguccio, er schließt sich darin vielmehr ausdrücklich der Meinung von *„alii"* an. Und die reichere Entwicklung, welche der Gegenstand bei H. erfahren hat, weist darauf hin, daß die Bemerkungen des Textes die Vorlage, nicht eine Nachschrift aus dessen Summa darstellen. — Über das zeitliche Verhältnis der vorstehenden Glosse zu der Summa unter 2 vgl. unten § 23 die erste Anmerkung.

2) Anonyme summa Decreti 1179/87, vermutlich aus Bologna, Hs. der k. Bibliothek Bamberg Ms. can. 17 (P I 11) f. 75b, zu dist. 12 c. 3: *quod secundum consuetudinem regionis iudicandum sit, si canon non obviat, hic colligitur. si ergo delegatus fuerit aliquis, secundum litigantis consuetudinem debet iudicare. contraria tamen ratio invenitur infra dist. eadem c. 11.*[1] *ex his videtur nasci quaedam contrarietas et confusio. ad eius elisionem tali utimur distinctione, asserentes multum referre, an causa sit alicui delegata, an utraque parte praesente et consentiente in aliquem sit compromissum, quia hoc ultimo casu, quia videtur uterque foro suo renuntiare, secundum consuetudinem iudicis causa est terminanda. sed mihi videtur ista divisio insufficiens esse. quid enim dicemus, si diversae sunt consuetudines actoris* (et) *rei? in hoc forte casu dici potest quod, si consuetudo* (rei) *pro reo faciat, secundum eam causa decidenda est. si autem contra, secundum consuetudinem actoris. favorabilior enim semper esse debet causa rei quam actoris, nisi *aliud *casus indicat. videtur tamen *sine causa,*[2] *quod ex hoc capitulo colligitur, an sit iudicandum secundum consuetudinem litigantis vel non. nil enim hic aliud continetur, nisi quod pro loco et tempore diversae consuetudines sunt observandae, si illis non resistit auctoritas canonica. videtur ergo quod illi rationi standum sit, quae contrarium inducit ut infra dist. eadem c. 11.*

3) Johannes Hispanus, summa Decreti (sog. Summa Lipsiensis) von 1186, Universitätsbibliothek Leipzig. c. ms. 986 f. 9a und b, zu dist. 12 c. 3: *nota, si deficiant canones et leges et iudicandum sit consuetudine, si fuerint iudices ordinarii, tunc, quia eadem est consuetudo litigantium et *iudicum, secundum eorum consuetudinem debet *iudicari. item si fuerint iudices compromissarii, secundum eorum consuetudinem est iudicandum, quia videntur partes foro suo renuntiasse. item si fuerint delegati, tunc*

---

[1] Bis hierher nach Johannes Faventinus, s. oben 1 c.

[2] Hs. hat: *non sine causa.*

secundum consuetudinem duorum litigantium est iudicandum. alii[1] *tamen contradicunt. item in hoc ultimo casu, si fuerint contraria consuetudo actoris* (et) *consuetudo rei, quia favorabiliores sunt rei quam actores, secundum rei consuetudinem debet iudicari.*

4) Huguccio, summa Decreti 1188/90 mit späteren Zusätzen, Hof- und Staatsbibliothek München c. l. m. 10247.

dist. 8 c. 2 v° peregrini f. 7b: *argumentum quod peregrini et scholares debent vivere et iudicari secundum consuetudinem civitatis in qua inveniuntur. quod verum est, si volunt habitare vel *ut *vitetur scandalum argumento dist. 12 c. 11 et dist. 41 c. 1.*

dist. 12 c. 4 v° contrario f. 11a: *hic videtur colligi quod secundum consuetudines litigantium sit iudicandum, licet causa sit delegata iudici aliis consuetudinibus utunti. et quidem sive sit iudex delegatus sive alius, iudicare debet secundum ius commune. si vero deficiat ius commune ita quod oporteat eum iudicare secundum *consuetudinem, videtur quod debeat iudicare secundum suam consuetudinem argumento infra eodem c. 11, nisi expressum sit quod debeat iudicare secundum consuetudinem litigantium vel alterius eorum.*[2] *alii*[3] *aliter distinguunt: si litigatores sponte se subiiciunt foro alieni iudicis, sive debeat ille residere tamquam arbiter sive tamquam ordinarius, debebit iudicare secundum suas consuetudines, et si fuerit iudicatum contra consuetudinem litigantium vel alterius eorum, sibi imputent, quia talem elegerunt. idem dicunt in legato in quem sponte consentiunt. si vero non sponte, sed inviti ei subiiciuntur, tunc ille debebit iudicare secundum consuetudines delegantis vel litigatorum. quid si circa articulum, de quo agitur, diversae sunt consuetudines actoris vel rei? sequitur tunc consuetudinem rei, quia reus favorabilior est actore, et quia actor forum rei sequi debet ut C. 11 q. 1 c. 15. sequitur, dico, nisi in duobus casibus,*

---

[1] Gemeint ist wohl Johannes Faventinus, oben 1 c.

[2] Vgl. die Glosse oben 1 c.

[3] Vgl. die Glosse oben 1 d.

scilicet si consuetudo actoris magis videtur consona veritati, vel si magis inducit absolutionem quam condemnationem. tunc enim debemus inspicere quod magis consonat veritati negotii ut C. 3 q. 7 c. 4 et C. 4 q. 3 c. 3, et proniores debemus esse ad absolvendum quam ad condemnandum ut C. 35 q. 9 c. 5 et de poen. dist. 1 c. 73.

dist. 12 c. 11 vis pro eorum inter quos vivunt f. 11b: *et est argumentum quod aliquis debet vivere secundum eos inter quos habitat argumento dist. 8 c. 2 et dist. 41 c. 1.*

5) Bernardus Papiensis, summa Decretalium 1191/98 lib. 1 tit. 3 § 5 ed. Laspeyres (1860) p. 6: *quid ergo, ubi consuetudo consuetudini contradicit? distinguo .. si tamen alia consuetudo sit in patria iudicis, alia in patria litigantium, distinguitur, utrum sit habitus inter litigantes contractus in patria iudicis an in patria eorum. porro si in patria iudicis, secundum consuetudinem iudicis est iudicandum ut argumentum dist. 8 c. 2. si vero in patria litigantium est habitus contractus *et *alibi*[1] *causa tractatur, secundum consuetudinem litigantium est iudicandum argumento C. 11 q. 3 c. 60 et dist. 12 c. 4 et 11 i. f. interlocutoriae vero sententiae in hoc casu secundum arbitrium iudicis meo iudicio sunt ferendae.*

6) Summa Decreti Bambergensis 1200/10, k. Bibliothek Bamberg Ms. can. 42 (P II 15).

dist. 8 c. 2 v⁰ peregrini f. 101b: *quia peregrini vivere debent secundum consuetudinem loci ad quem deveniunt D 21, 2, 6. ibi dicitur quod cavendum est de evictione per consuetudinem loci in quo contrahitur.*

dist. 12 c. 4 f. 103a: *argumentum quod iudex debet iudicare secundum consuetudinem litigantium, et hoc potest probari. esto enim quod iudex debeat iudicare secundum suam consuetudinem, et sic iudicet, et appelletur ab eo, et item iudex superior iudicabit secundum suam consuetudinem, quae forte contraria consuetudini inferioris iudicis: ponatur ita, ergo retractabit sententiam iuste latam*

---

[1] Herausgeber liest *et ibi*, jedoch in Abweichung von sämtlichen Handschriften, die er beigezogen hatte. Von diesen haben 2 *vel ubi*, 2 *vel ibi*, 2 *ibi*.

a priori iudice, quod absurdum est. restat ergo quod non debet iudicare secundum suam consuetudinem, sed secundum consuetudinem litigantium, quod concessimus.[1] *et si appelletur ab eo, iudex superior similiter iudicabit secundum consuetudinem litigantium, et ita secundum nos nulla est obiectio. tamen quidam*[2] *distinguunt, dicentes quod, si aliqui subiiciant se iurisdictioni eius, videtur similiter, quod iuri eius et legibus. et maxime de arbitro videtur quod secundum suam consuetudinem debeat iudicare, quia stare oportet sententiae arbitri sive iusta sive iniqua sit D 4, 8, 27 § 2. item dicunt in delegato a domino papa, dummodo sit electus a partibus, scilicet quod secundum suam consuetudinem debet iudicare. alii*[3] *dicunt quod delegatus debet iudicare secundum consuetudinem delegantis, quia vice illius fungitur Comp.I 1, 21, 16. nos autem dicimus quod quilibet iudex et etiam arbiter debet iudicare secundum consuetudinem partium, quia arbiter iudex imaginarius est et hodie arbitria sunt redacta ad instar iudiciorum D 4, 8, 1; igitur in arbitrio eodem modo iudicandum est sicut in iudicio. sed de iudice constat quod debet iudicare secundum consuetudinem partium, sicut probatum est. et sciendum quod, si arbiter iudicat secundum suam consuetudinem, peccat quidem, sed sententiae eius sive aequa sive iniqua sit* (standum est), *et ita intelligo legem illam D 4, 8, 27 § 2. imputent enim sibi qui talem elegerunt. posset tamen dici quod, si etiam arbiter iudicet contra ius, non valet ipso iure. — si autem diversae sunt consuetudines litigantium, iudex debet iudicare secundum consuetudinem rei, quia actor forum rei debet sequi C. 11 q. 1 c. 13 et 15, ergo ut videtur et ius rei debet sequi. praeterea reus convenitur et habet leges, quae ligant eum, secundum quas contraxit, nec ligant eum leges iudicis vel actoris. ergo faciendo secundum leges, quae eum ligant, scilicet secundum suas, bene facit, ergo non est puniendus.*

---

[1] Cod. ɔ?.

[2] Vgl. Huguccio oben 5. Doch muß daneben noch eine weitere Vorlage vorhanden gewesen sein.

[3] Vgl. — allerdings nur als Alternativlösung — die Glosse 1 d.

non ergo cogendus est subire alias leges quae eum non ligant. similiter de contractu iudicandum est secundum consuetudinem patriae in qua contrahitur D 21, 2, 6, cavendum est de evictione secundum consuetudinem loci in quo contrahitur. similiter quando aliquis obligatur ex maleficio, debet iudicari et puniri secundum consuetudinem loci in quo commisit C. 3 q. 6 pr. et C 3, 15 auth. Qua in provincia.

7) Johannes Teutonicus, Apparat zum Dekret, 1212 mit Nachträgen, zusammen mit den Ergänzungen des Bartholomaeus Brixiensis (s. unten 8) die glossa ordinaria.[1]

dist. 1 c. 5 v^is^ cum deficit lex: *hic videtur quod tunc demum recurrendum est ad consuetudinem, cum lex deficit .. sed ad quam consuetudinem dicis recurrendum, an ad consuetudinem terrae an ad Romanam consuetudinem an ad consuetudinem loci, ubi contractum fuit, an ad consuetudinem vicinarum provinciarum? videtur quod ad consuettudinem Romanam ut infra dist. 11 c. ult.; Inst. IV 11 § ult. econtra videtur quod ad consuetudinem loci ut dist. 12 c. 11 et C 8, 10, 3, et iura praeallegata* (dist. 32 c. 13; Comp. III 2, 8, 2; Comp. I 4, 11, 3; Comp. I 3, 22, 7; Comp. III 1, 25, 1; Comp. III 1, 3, 1) *ad hoc inducas. ad hoc dico quod iudex maxime delegatus primo secundum canones iudicabit, deficientibus canonibus iudicet secundum leges .. deficiente omni iure procedat ad generalem consuetudinem vel etiam particularem, cum defuerit generalis ..*

dist. 8 c. 2 v^is^ aut peregrini: *numquid ergo peregrini et scholares tenentur sequi consuetudinem eorum, inter quos commorantur? videtur hic quod sic, et dist. 12 c. 11 et dist. 41 c. 1. argumentum contra, quia viatores non sortiuntur forum illius loci, per quem transierunt ut D 5, 1, 19 § 2, et est argumentum, quod solum perpetuo habitantes obligantur lege civitatis ut D 20, 1, 32.*

---

[1] Kontrolliert nach c. l. m. 14024 der Hof- und Staatsbibliothek München.

dist. 12 c. 4 vis contrario more: *ex his duobus capitulis videtur quod iudex delegatus iudicabit secundum consuetudinem loci*[1] *ut infra dist. 12 c. 11 et supra dist. 8 c. 2, ubi dicit „nulla civis vel peregrini", et Comp. I 3, 5, 7 et 3, 22, 7 et optime Comp. III 2, 8, 2 et C 8, 10, 3, ubi dicitur, quod iudex servabit ea, quae in oppido frequenter servata sunt. et legatus servabit consuetudinem provinciae. nam magnum existimant provinciales sibi servari consuetudines suas D 1, 16, 4. item lex praecipit quod iudex servet consuetudinem provinciae D 22, 5, 3 i. f. — econtra probatur quod iudicabit secundum ius Romanum ut supra dist. 11 c. 11 et 4, et in satisdatione dicit lex servandam consuetudinem urbis Romanae ut Inst. IV 11 § ult., et Comp. III 2, 18, 9 et Comp. I 2, 19, 10 et C. 25 q. 2 c. 6 i. f. item quia delegatus non sua, sed legantis vice fungitur ut dist. 93 c. ult.; Comp. I 1, 21, 16; D 1, 21, 1 et 3. item magnum sequeretur inconveniens, si secundum consuetudinem loci iudicaretur, quia, si illa loca haberent diversas consuetudines, in quibus iudicat, iam sequetur, quod eadem causa regeretur secundum consuetudines contrarias*[2]*. item videtur quod secundum consuetudinem rei sit iudicandum, tum quia actor semper sequitur forum rei ut C. 11 q. 1 c. 15, tum quia favorabiliores sunt rei. — ad hoc dicunt quidam*[3] *quod, si aliqui sponte se subiiciant iudicio alicuius vel sponte petant iudices delegatos, quod semper secun-*

[1] Gemeint ist, wie das Folgende ergibt (und auch die entsprechende Stelle bei Compostellanus zeigt), die consuetudo loci in quo iudicatur. Und zwar wird als Ort des Verfahrens dabei wohl der Ort des delegierten Richters gedacht. Vgl. den zweiten Gegengrund. Die Rechtsverschiedenheit, von der im dritten Gegengrund gesprochen wird, dürfte sich alsdann im Anschluß an die Summa Bambergensis auf den Fall einer Berufung beziehen (von dem am Schluß der Glosse auch bei Johannes selbst die Rede ist).

[2] Das in den Drucken hier folgende, nicht passende Zitat erweist sich bei Vergleichung mit Ms. München als späteres Einschiebsel.

[3] Vgl. die *„quidam"* der Summa Bambergensis. Doch ist die Wiedergabe des Streitstands hier und im Vorausgehenden offensichtlich ungenau.

dum consuetudinem delegantis iudicandum sit. si autem invitis datus est iudex, tunc iudicabitur secundum consuetudinem litigantium et potius secundum consuetudinem rei quam actoris. — melius potest distingui: aut appellatur ad papam aut non. si propter appellationem obtinetur iudex, tunc dico delegatum debere sequi consuetudines illius iudicis, a quo appellatum est, quia iudex appellationis tenetur sequi legem prioris sententiae ut in auth. coll. VIII 12 c. 1. argumentum ad hoc Comp. III 2, 18, 13, ubi iudex appellationis sequitur consuetudinem loci, a quo fuit appellatum. sed si sine appellatione impetretur iudex, tunc tenetur sequi consuetudinem delegantis. argumentum ad hoc D 35, 1, 39 i. f.

dist. 12 c. 11 v⁰ societate: *argumentum quod quilibet tenetur vivere secundum consuetudinem illorum, inter quos versatur ut supra dist. 8 c. 2 et dist. 41 c. 1.*[1]

dist. 12 c. 11 v⁰ veneris: *argumentum quod viatores tenentur sequi consuetudinem loci, ad quem veniunt ut hic et supra dist. 8 c. 2. argumentum contra D 5, 1, 19.*[2]

dist. 41 c. 1 v⁰ vivit: *nota quod quilibet se conformabit sociis suis in cibo et moribus ut dist. 8 c. 2 et dist. 12 c. 11.*

8) Bartholomaeus Brixiensis, Zusätze zur Glosse des Johannes Teutonicus 1238/45, Teil der Glossa Ordinaria.

dist. 12 c. 4 im unmittelbaren Anschluß an die mitgeteilte Glosse des Johannes: *ego credo quod iudex iudicabit secundum consuetudinem rei, cum actor forum rei sequatur ut X 2, 2, 8, nisi ratione contractus vel maleficii factus sit de foro alterius, quia tunc servabitur con-*

---

[1] In neueren Ausgaben trägt die Glosse die Unterschrift *B.* Doch zeigt c. l. m. 14024 München die Urheberschaft des Johannes. Übrigens mangelt jene Sigle auch schon in den älteren Drucken.

[2] Spätere Ausgaben der Glosse fahren fort: *solutio ut in dicto c. 2, quia refert, an sint moraturi vel cito recessuri, vel an sit consuetudo apparens vel latens.* Doch zeigt ein Vergleich mit Frühdrucken und Handschriften, daß diese solutio weder von Johannes noch von Bartholomaeus herrührt.

suetudo loci, ubi contraxit vel deliquit ut dist. 8 c. 2 et X 2, 2, 20.

9) Innocentius Quartus, apparatus in quinque libros Decretalium, 1245 oder wenig später, mehrfach gedruckt.

tit. 1, 4 super rubrica n. 5—8: *sed quid, si extraneus contra consuetudinem faciat, numquid teneatur? argumentum quod sic, quia „nullius peregrini *libidine" etc. dist. 8 c. 1 et 2, dist. 12 c. 4, argumentum D 5, 1, 19 § 1. contra, quia nescivit nec scire debuit, cum in aliena consuetudine probabilis sit error sicut in facto alieno D 41, 10, 5. dicunt quidam, quia monitus vel sciens debuit servare, si vero nescivit, non tenetur, quia non est in culpa; supra 1, 2, 2; argumenta D 19, 1, 13; dist. 82 c. 2; immo debet imputari ei qui potuit expressius legem dicere D 2, 14, 39; et *„deceptis" etc. ut D 16, 1, 2 § 3. si autem nec civis esset in culpa, quia credebat *consuetudinem esse ius commune — erat alias simplex — nec etiam peregrinus, qui consuetudinem ignorabat, tunc posset dici contractum non tenere, quia ambo errabant, et nihil potest esse tam contrarium consensui quam error D 2, 1, 15, et sine consensu contractus non tenebat D 44, 7, 2; C 4, 10, 5. — hoc non placet. sed dic melius, quod in praedictis casibus tenet contractus, et tenetur stare consuetudini loci, ubi contractus celebratus est. tamen si enormiter laederetur, ex generali clausula restitueretur in integrum D 4, 6, 1. — sed iudex appellationis quid faciet, servabit ius commune vel consuetudinem suam vel litigantium? et dicimus consuetudinem litigantium, infra 2, 15, 3; auth. coll. VIII 12 c. 1 . . . — illud tamen nota, quod consuetudo loci, ubi contractus celebratus est, servari debet D 22, 2, 1 pr., et loci, ubi maleficium perpetratur, argumento D 47, 11, 9 et 10. — idem etiam credimus, si in principali quaestione alia consuetudo iudicis, alia sit litigantium, quia consuetudinem litigantium observabit argumento infra 2, 15, 3; C 8, 52 (53), 1; C 8, 10, 3.*

tit. 3, 26 c. 16 n. 3: *nota iudicem appellationis sequi*

consuetudinem partium ut notatur supra 1, 4 c. 1. — Ähnlich n. 5.

Andere Stellen aus Innocenz im folgenden.

10) Bernardus Compostellanus iunior, lectura in primum librum Decretalium 1245/54, gedruckt.[1]

tit. 1, 4 super rubrica: *item quaeritur, an extraneus astringatur consuetudine loci, ubi contraxit vel deliquit? respondeo sic D 21, 2, 6; dist. 8 c. 2. tamen si enormiter laederetur extraneus, restitueretur ex clausula generali D 4, 6, 1. — item quaeritur, quid, si alia sit iudicis, alia litigantium occasione fori vel loci, an iudex suam vel litigantium potius servabit consuetudinem? respondeo, dic* (vorläufig!) *litigantium, infra 2, 15, 3; auth. coll. VIII 12 c. 1..*[2] *— item quaeritur de iudice appellationis, cuius fori vel loci servabit consuetudinem? respondeo, in istis certa regula dari non protest. nam* (1.) *aliquando servabit consuetudinem iudicis, a quo appellatum est, ut si iudex, a quo appellatum fuit, aliquid statuit vel fecit ratione consuetudinis fori sui vel loci. hoc iudex appellationis etiam praetextu suae specialis consuetudinis non revocabit, sed potius *iudicis, a quo appellatum est, consuetudinem sequetur, infra 3, 26, 16; 2, 15, 3 et argumenta in auth. coll. VIII 12 c. 1 et dist. 8 c. 2.* (2.) *aliquando iudex appellationis consuetudinem sui fori sequetur, ut si est consuetudo sui fori, quod testes, qui in causa appellationis producendi sunt, in aliam civitatem causa ferendi testimonii evocentur. tunc certe consuetudinem sui fori sequetur D 22, 5, 3 i. f. et idem crederem in alia consuetudine, ut si sit consuetudo ibi, quod libellus in causa appellationis citra certam quantitatem non detur, et similibus, de quibus idem iudicium est habendum, infra 1, 6, 54.* (3.) *aliquando vero sequetur consuetudinem loci, ubi contractum est D 21, 2, 6. — et eodem modo iudex causae principalis sequi debet consuetudinem sui fori et*

---

[1] Von Schulte irrtümlich als ungedruckt bezeichnet. Ich habe Paris 1516 Rembolt auf der k. Hof- und Staatsbibliothek München benützt.

[2] Bis hierher im Anschluß an Innocenz.

loci, ubi contractum est, si coram eo fuerit allegata, infra 1, 41, 8 et in iuribus quae allegantur. unde quantum ad consuetudinis observationem parvam aut nullam differentiam video inter iudicem appellationis et iudicem principalis causae, nisi in hoc quod dixi. quod si iudex causae principalis secundum sui fori vel loci consuetudinem iudicavit, iudex appellationis non revocabit etiam praetextu suae consuetudinis vel iuris communis, et ista consuetudo iudicis causae principalis consuetudini iudicis appellationis praefertur in hoc casu. et sic potest intelligi dist. 12 c. 4 et ibi de hoc notatur per Jo(hannem) *et B*(artholomaeum). *— sed quid de iudice delegato, quam consuetudinem sequatur? respondeo, quidam*[1] *dicunt quod procedet secundum consuetudinem loci, ubi iudicavit, dist. 8 c. 2 et praedicta lege 3 D 22, 5. alii dicunt quod procedet secundum constitutionem principis qui causam delegavit, dist. 11 c. ult. item delegatus non sua sed delegantis vice fungitur ut D 1, 21, 3. alii dicunt quod procedet secundum consuetudinem rei, cum actor forum rei sequatur, infra 2, 2, 8, et quia reus favorabilior est quam actor D 44, 7, 47. alii dicunt quod, si partes sponte iurisdictioni alicuius se subiiciant et sponte petant iudices delegatos, quod tunc procedendum sit secundum consuetudinem delegantis argumento C. 32 q. 5 c. 17. si vero invitis datus est iudex, tunc procedendum secundum ordinem litigantium, et rei praecipue. sed certe si bene attendas, modica vel nulla est differentia quantum ad observationem consuetudinis inter delegatum et ordinarium. dic ergo, ut de ordinario supra dixi, similiter delegatus aliquando servabit consuetudinem loci, ubi aliquid gestum est, ut praedicta l. 6 D 21, 2. aliquando servabit consuetudinem loci, ubi iudicat ut in lege 3 D 22, 5. aliquando sequetur consuetudinem iudicis, a quo appellatum est, si causa appellationis sibi fuerit delegata, ut supra dixi. nec obstat, quod dictum est, quod delegatus fungatur vice delegantis, quia illud est verum quoad auctoritatem, non quoad consuetu-*

[1] Der Streitstand wird hier und im folgenden durchweg aus Johannes Teutonicus entnommen.

dinem. nam et delegans non suam, sed delegati vel loci, ubi contractum est, mandat servari consuetudinem ut praeallegato c. 3 X 2, 15 et infra 1, 41, 8. — item quod quidam dicunt litigantium et maxime rei consuetudinem observandam, quoad multum iuri non est consonum. nam aut loquitur de consuetudine, quae attenditur circa ius privatum aliquorum, ut quod electioni interfuit aut per fundum vicini aquam ducant ut C 3, 34, 2, et tunc inter reum et actorem non est differentia, quia utriusque ius sive consuetudinem quicumque iudex servabit. aut loquitur de ea, quae communiter attenditur circa gesta hominum alicuius civitatis, castri vel terrae, utpote quod certo modo caveatur de evictione ut in lege 6 D 21, 2 vel in fundo alieno lapides caedantur ut D 8, 4, 13 § 1, et tunc nihil est dicere, quod servet consuetudinem litigantium, quia haec consuetudo non est litigantium, sed loci vel terrae vel hominum ibi habitantium, nec in hoc casu consuetudo rei magis servatur quam actoris. aut loquitur de consuetudine quae attenditur circa factum iudicis vel processum, et tunc ista consuetudo non dicitur litigantium, sed fori et iudicis ut in exemplo praedictae legis 3 D 22, 5.

11) Mitteilungen bei Guido de Baysio (Archidiaconus), rosarium (1300). Zusätze zur ordentlichen Glosse dist. 12 c. 4 v⁰ consuetudinem: *adde, dicunt H*(uguccio) *et Lau*(rentius) *quod, si circa articulum, de quo quaeritur, sint diversae consuetudines actoris et rei, sequatur rei consuetudines, ut hic dicit glossa, nisi in duobus casibus, cum consuetudo actoris est magis iuri consona et veritati, vel si magis inducit absolutionem quam condemnationem. tunc enim magis debet sequi, quod consonat veritati negotii C. 3 q. 7 c. 4, et promptiores debemus esse ad absolvendum quam ad condemnandum C. 35 q. 9 c. 5. Lau. et Hu.* Über Huguccio oben. Der Apparat des Laurentius ist zwischen 1210 und 1212 abgefaßt, selbständig jedoch nicht erhalten.[1]

[1] In den Handschriften habe ich keine einschlägige Äußerung des Laurentius gefunden, insbesondere auch nicht in dem Ms. Prag (oben unter 1).

v⁰ alterius: *adde ratione contractus seu delicti sortitur quisque forum, ut notatur C. 3q.6 in summa*[1]. *alias dicendum est secundum Jo*(hannem) *de F*(aventia), *quod consuetudo loci contractus servatur. ad hoc D 22, 1, 1; D 21, 2, 6.*[2]

Die Geltung des Ortsrechts für Fremde.

21. Die neue Grundlage, die Gratian in seinem Decretum dem kirchlichen Recht bereitet hatte, ließ örtlichen Bräuchen noch weiten Spielraum. Und nicht bloß Zeugnisse darüber, daß solcher Brauch weiter gelten solle, waren in den alten Quellen zu lesen. Da und dort finden sich Aussprüche, die auch von dem Fremden verlangten, er müsse sich derartigen Bräuchen fügen, und auch sie

[1] Nämlich des Huguccio. Hier f. 120 b über den Gerichtsstand des Vertrags, im gegenwärtigen Zusammenhang ohne weiteres Interesse.

[2] Ohne Ergebnis wurden (außer den nicht aufgeführten gedruckten Werken) folgende Handschriften eingesehen: alte Apparate zum Dekret, München Hof- und Staatsbibliothek c. l. m. 4505 und 14024 (Schulte unbekannt). Summa Decreti Parisiensis, Bamberg k. Bibliothek Ms. can. 36 (P II 26). (Über die Summa Coloniensis gleich unten.) Johannes Faventinus, summa Decreti, München Hof- und Staatsbibliothek c. l. m. 3873 (seither in Löwen verbrannt). Simon de Bisiniano, summa Decreti, Bamberg k. Bibliothek Ms. can. 38 (D II 20). Sicardus, summa Decreti, München Hof- und Staatsbibliothek c. l. m. 4555 und 8013. — Glossen zur Comp. I und III mit Einschluß der Ordinaria Bamberg k. Bibliothek Ms. can. 19 (P II 6). Ricardus Anglicus, casus Decretalium München Hof- und Staatsbibliothek c. l. m. 16083. Damasus, summa Decretalium, Wien Hofbibliothek 2080. Derselbe, quaestiones, Bamberg k. Bibliothek Ms. can. 42 (P II 15). — Naso, lectura in Decretales, Wien Hofbibliothek 2083. Johannes Hispanus de Petesella, summa Decretalium, Leipzig Universitätsbibliothek c. ms. 1009. Vincentius Hispanus, casus Decretalium (Schulte unbekannt), Paris Bibl. Nat. c. l. 3969. Eine Handschrift der Universitätsbibliothek Leipzig c. ms. 966, die nach Schulte den apparatus Decretalium des Vincentius Hispanus enthalten soll (aber freilich nach dem sorgfältigen Katalog vom Helssig, und verschiedene Stichproben stimmen damit überein, die Ordinaria des Bernardus Parmensis bringt). — Für den hier behandelten Zeitraum ergebnislos auch Petrus de Sampsone, lectura Decretalium, Basel Universitätsbibliothek Mscr. C I 29. Abbas Antiquus, lectura super Decretalibus Gregorii IX. et Innocentii IV., München Hof- und Staatsbibliothek c. l. m. 6349.

haben in das Decretum Aufnahme gefunden. Da erscheint als dist. 8 c. 2 eine Stelle des heiligen Augustinus (die freilich in ihrem Endziel auf ganz anderes absieht): was nach Ortsbrauch als schimpflich gelte, müsse von Bürgern und Fremden vermieden werden. Und es ist vor allem ein Brief desselben Kirchenvaters, dist. 12 c. 11, der sich hierüber ausspricht: örtlicher Brauch einer Kirche sei entsprechend der Gesellschaft, in der man lebe, zu beachten; seine Mutter habe in Mailand Gewissensbedenken empfunden, weil man dort Samstags nicht faste, und der heilige Ambrosius, den sie um Rat angegangen, habe sie beruhigt, wenn er sich in Rom aufhalte, faste er Samstags, wenn in Mailand, aber nicht; und so sei der Brauch der Kirche zu beachten, zu der man komme, um Ärgernis zu vermeiden. Auch in dist. 41 c. 1 wird nochmals eine Stelle aus Augustinus aufgenommen, die anweist, sich in vergänglichen Dingen an den Brauch derer zu halten, mit denen man zusammenlebt.

Die kirchlichen Gesichtspunkte aber, die den Fremden zur Einhaltung der örtlichen Gewohnheiten verpflichteten, trafen damals, in der Mitte des 12. Jahrhunderts, zusammen mit der völlig feststehenden Regel des weltlichen Rechts, die den Fremden der Rechtsordnung des Aufenthaltsortes unterwarf, und so kann es nicht wundernehmen, daß auch die älteste Kanonistik, die überdies in demselben Bologna wurzelt wie die weltliche Rechtsgelehrsamkeit, von der gleichen Grundlage ausgeht. Die systematischen Arbeiten jener Frühzeit allerdings schenken dem Problem noch keine Aufmerksamkeit, und wenn wirklich Äußerungen über den Gegenstand begegnen, wie in der Summa Decreti Coloniensis[1] oder der Rhetorica ecclesiastica,[2] so beschränken sie sich auf Wiederholungen jener Stellen, die das Dekret darbot. Auch die Distinktion, von der oben 1 b Bruchstücke mitgeteilt sind, entlehnt ihre Wendungen aus ihnen.

---

[1] Deutsch, um 1170. k. Bibliothek Bamberg Ms. can. 39 (D II 17) p. 31.

[2] Vermutlich französisch, 1160/80. ed. Wahrmund p. 38.

Sehr früh hingegen und in aller Selbständigkeit erscheint die Frage unter den Glossen des Decretum. Schon dem Cardinalis hat (oben 1a) eine solche Glosse vorgelegen, und sie beginnt bereits mit Zweifeln: aus den bekannten Stellen, dist. 12, 11 und 8, 2, folgt, daß der Wanderer dem Gewohnheitsrecht des Orts unterworfen ist, an den er kommt; aber das römische Recht steht entgegen, wenn D 5, 1, 19 den durchreisenden Kaufmann vom Gerichtsstand befreit? Cardinalis hält trotzdem an der Verbindlichkeit des Ortsrechts fest, für das materielle Recht gelte anderes als für den Gerichtsstand. Jedoch alsbald hat diese Einheitlichkeit in der Anwendung des örtlichen Rechts bei den Kanonisten unter anderem Gesichtspunkt abzubröckeln begonnen, und schon die nächsten Schriftsteller bringen wesentliche Einschränkungen. Huguccio verlangt (dist. 12, 11), man müsse nach der Art derer leben, bei denen man „wohnt“. Und zu dist. 8, 2 wird ausdrücklich beigefügt, Fremde und Scholaren müßten nach dem Gewohnheitsrecht der Stadt beurteilt werden, in der man sie findet; aber nur wenn sie dort wohnen wollen, oder (ein rein kirchlicher Gesichtspunkt) damit kein Ärgernis entstehe. Wenn die Summa Bambergensis dist. 8, 2 die Fremden dem Gewohnheitsrecht ihres Aufenthaltsorts unterwirft, so zeigt die Begründung: D 21, 2, 6, daß zunächst wenigstens nur an den Fall gedacht ist, daß ein Fremder dort einen Vertrag schließt. Und die mehrfachen Äußerungen des Johannes Teutonicus wollen im Zusammenhang gelesen sein: heißt es dist. 41, 1, jemand müsse sich seinen Genossen in Speise und Brauch anpassen, und 12, 11, man müsse nach der Gewohnheit derer leben, bei denen man verweile, so wiederholt gleich die nächste Erläuterung im selben Kapitel jene alte Glosse, die für den Durchreisenden Zweifel aus dem römischen Recht herleitet; und zu 8, 2 werden nicht nur diese Zweifel vorgebracht, sondern wird bestimmt formuliert: nur die *perpetuo habitantes* werden vom Stadtrecht verpflichtet. Wenn vollends bei Innocenz oder Compostellanus von einer Geltung des örtlichen Rechts für Fremde gesprochen wird, so geschieht das von vornherein nur für bestimmte Tatbestände, die um ihrer Besonderheit willen auch den Fremden dem Ortsrecht unterstellen.

Das Recht des Richters.

22. Der Kampfplatz, auf dem die Grenzen des örtlichen Rechts erstritten werden, ist für die Kanonistik der ersten hundert Jahre indessen überhaupt auf anderem Boden gelegen. Wie weit das Recht des Richters den Ausschlag gebe, steht im Mittelpunkt der Erörterungen, und da begegnete ein Sachverhalt, welcher der Praxis der Legisten fremd war.

Es war die Zeit einer nachdrücklichen Verstärkung der päpstlichen Allgewalt. Eben — in der zweiten Hälfte des 12. Jahrhunderts — war der Satz zur Verwirklichung gelangt, daß der Papst konkurrierende Gerichtsbarkeit erster Instanz in allen kirchlichen Angelegenheiten üben könne; seine Zuständigkeit als Berufungsinstanz stand gleichfalls fest, und so gab es eine Fülle von Rechtssachen, die an den Papst gingen, und die dieser zumeist durch Bestellung eines iudex delegatus zum Austrag brachte. Es handelte sich etwa um einen Erbschaftsstreit in Bologna, und es wurde der Bischof von Parma vom Papst zum Richter bestellt. Wenn aber solche päpstliche Delegation bei weitem im Vordergrund stand, so galt doch der Satz, daß jeder iudex ordinarius delegieren dürfe, und so mochten auch Delegationen anderer kirchlicher Würdenträger gelegentlich in Betracht kommen. Die alte Lehre war, daß jeder Richter sein eigenes Recht zur Anwendung bringen müsse. Indessen gerade bei der Delegation einer Streitsache, bei der Parteien und Streitgegenstand demselben Ort angehörten, mußte es schon ein wenig entwickeltes Rechtsgefühl befremden, wenn der bestellte Richter an anderem Orte war und auch dann sein eigenes Recht auf den Fall anwendete. Und so setzt für die Kanonisten hier der Hebel ein für Erörterungen, welches von mehreren Rechten auf einen Fall anwendbar sei.

Gleich die erste der überlieferten Äußerungen, die darauf eingehen (oben 1 c), eine Glosse, die vor Johannes Faventinus fällt, erklärt sich für das Recht der Parteien. Doch die starre Durchführung der lex fori hat auch hier noch für einige Zeit Vertreter gefunden. Eben Johannes Faventinus wendet ein, nach dist. 12, 11 müsse das Recht des Richters entscheiden. Und die anonyme Summa von 1179/87 erklärt sich nach umständlicher Erörterung anderer Möglichkeiten (wenn ich den nicht ganz zweifelsfreien Sinn recht erfasse) wiederum für die gleiche Lösung. In der Folge begegnet diese Meinung nur mehr unter den fremden Ansichten, die gelegentlich angeführt werden,[1] und Johannes Teutonicus hält ihr entgegen, daß der Delegierte im Namen seines Auftraggebers Recht spreche, und (eine Anleihe aus der Summa Bambergensis) wenn ein Verfahren an mehreren Orten stattfinde — gemeint ist wohl: in verschiedenen Instanzen —, so könnte es zu widersprechenden Entscheidungen kommen, wollte jeder Richter sein Recht anwenden.

Der erste dieser Gegengründe hat eine andere Lösung nahegelegt: mußte darnach nicht das Recht der delegierenden Stelle den Ausschlag geben? In der Tat, wenigstens wahlweise findet sich eine solche Antwort eben mit dieser Begründung schon in der alten Glosse oben 1 d, auch bei Huguccio, und sie ist in einer Ansicht, welche die Summa Bambergensis anführt, sogar zur grundsätzlichen Lösung erhoben worden. In dieser Form kehrt sie insbesondere auch bei Johannes Teutonicus wieder: aber freilich nur für die erste Instanz; denn der Berufungsrichter müsse, auch wenn delegiert, das Recht der ersten Instanz anwenden. Die folgenden Juristen sind über die Rechtsordnung des Deleganten stillschweigend hinweggegangen, und Compostellanus, dessen hervorragende Ausführungen auch hier den Abschluß der Irrwege bedeuten, erklärt: der delegierte Richter vertrete freilich seinen Auftrag-

---

[1] Bei Johannes Hispanus; Huguccio (mit dem Hinweis, daß der Delegant immerhin das Gegenteil anordnen könne); Johannes Teutonicus; Compostellanus.

geber; aber es liege im Willen des Auftraggebers selbst, daß die Entscheidung nach Ortsrecht erfolge. In der Tat hat auch der Papst unbeschadet seines Gesetzgebungsrechts, das Abweichungen anordnen konnte, jederzeit das örtliche Recht seinen Entscheidungen zugrunde gelegt; mancherlei Urkunden, zahlreiche Stellen der Rechtsbücher lassen darüber keinen Zweifel.

Und so bot sich von selbst eine dritte Lösung: wenn nicht das Recht des delegierten Richters, nicht das Recht seines Auftraggebers entschied, so mußte das Recht der Parteien zur Anwendung kommen. Und das haben die Glossen unter 1c und d, Johannes Hispanus, Huguccio vertreten.[1] Indessen, bevor diese Entscheidung weiter verfolgt werden kann, bedarf es eines Blickes auf andere Formen richterlicher Betätigung; denn die Fragestellung war inzwischen erweitert worden.

Schon die unter 1d verzeichnete Glosse stellt dem delegierten Richter denjenigen gegenüber, dessen Urteil sich die Parteien freiwillig unterworfen haben; und wenn der Delegat dem Recht des Deleganten oder der Parteien folgen müsse, bei einer freiwilligen Unterwerfung sei das anders; haben die Parteien einen Richter anderen Rechts gewählt, so haben sie es sich selbst zuzuschreiben, wenn dessen Recht auf sie angewendet wird. So hat die Lehre von der lex fori eine neue Zuflucht erhalten; und schon die Summa von 1179/87 bezeichnet diese Unterscheidung als gebräuchlich *(„utimur")*. Sie wird von Johannes Hispanus aufgenommen und auf den Schiedsrichter angewandt, da ja die Parteien auf ihren „Gerichtsstand" verzichtet hätten. Sie kehrt bei Huguccio wieder, für den Richter, dem sich die Parteien „als Schiedsrichter oder Ordinarius" unterworfen haben, für den Legaten, bei dem Entsprechendes zutrifft, und in der Summa Bambergensis begegnet eine fremde Meinung, die den Satz für den Schiedsrichter des näheren begründet, ihn auch auf einen

[1] Als fremde Meinung auch in der anonymen Summa von 1179/87, bei Johannes Teutonicus und Compostellanus angeführt.

delegierten Richter ausdehnt, den die Parteien selbst in Vorschlag gebracht haben.[1] Indessen gerade die letztgenannte Summa erhebt hier Widerspruch: der Schiedsrichter habe wie ein Richter zu entscheiden, Zugrundelegung seines eigenen Rechts sei rechtswidrig, und es könne nur zweifelhaft sein, ob eine Zuwiderhandlung das Urteil nichtig mache; jeglicher Richter habe vielmehr nach dem Recht der Parteien zu entscheiden — doch auch davon gleich nachher.

Was aber sollte für den gewöhnlichen Richter erster Instanz gelten, für den alle diese Besonderheiten nicht zutrafen? Johannes Hispanus meint, er entscheide nach seinen eigenen Gesetzen, da er ja ohnehin gleiches Recht mit den Parteien habe. Die sonstige Literatur des 12. Jahrhunderts schweigt über den Punkt. In der Summa Bambergensis aber erscheinen hier bemerkenswerte Ausführungen: wie kann der Richter sein eigenes Recht anwenden dürfen! das müßte für die zweite Instanz so gut gelten wie für die erste, und es könnte sein, daß eine richtige Entscheidung des Erstrichters aufgehoben werden müßte, weil für den zweiten Richter abweichendes Recht gilt; doch nicht der Richter bestimmt das Recht, sondern die Parteien. Der Schluß war zwingend. Bartholomaeus und Innocenz haben sich — vorbehaltlich gewisser Einschränkungen — auf diesen Boden gestellt. Und jedenfalls der Satz gilt seitdem unbestritten: daß der Berufungsrichter den Streitgegenstand nach den Gesetzen des ersten Richters beurteilen müsse. Gleich Johannes Teutonicus hat das eingeräumt, Innocenz und Compostellanus den Satz bestätigt.

Das Recht der Parteien.

23. So münden die verschiedensten Lösungen in die Lehre: der Richter hat nicht sein Recht, sondern dasjenige der Parteien anzuwenden. Was dann aber, wenn die Parteien selbst Gebieten verschiedenen Rechts angehören?

[1] Die Ansicht wird auch noch einmal erwähnt bei Johannes Teutonicus und Compostellanus.

Die anonyme Summa von 1179/87 nimmt für sich in Anspruch, zuerst auf diese Schwierigkeit hingewiesen zu haben,[1] und nun ist es — mit den verschiedenartigsten Variationen und Modifikationen — das Recht des Beklagten, das für ein halbes Jahrhundert zur Herrschaft berufen wird. Jene Glosse, die unter 1 d mitgeteilt wurde, und Johannes Hispanus, Huguccio und die Summa Bambergensis und Laurentius (s. unter 11) und noch Bartholomaeus Brixiensis haben diese Meinung vertreten.[2] Die Summa von 1179/87 beruft sich für ihre Entscheidung auf den Satz der Digesten, daß die Rolle des Beklagten günstiger sein müsse, und der Spanier Johannes, Huguccio, Laurentius sind ihr darin gefolgt. Die alte Glosse aber stützt sich auf die Regel, daß der Kläger dem Gerichtsstand des Beklagten folgt, und auch sie hat Nachfolge gefunden, bei Huguccio und Laurentius neben der ersten Begründung, in der Summa Bambergensis und bei Bartholomaeus — wobei die letztgenannte Summa noch weitere Gründe herbeizieht: das Recht des Beklagten müsse schon als das Recht des Vertragsorts oder des Deliktsorts zur Geltung kommen. (Nur freilich der Vertrag, das Delikt konnte doch auch an anderem Ort als dem Wohnsitz des Beklagten geschlossen und verübt worden sein?)

Wie in den Gründen, so stimmen diese Ansichten aber auch in den Folgerungen, die aus den Gründen hergeleitet werden, nicht völlig überein. Für die Schriftsteller, die lediglich von dem Satz *actor sequitur forum rei* ausgehen, ist die einfache Folge die, daß nunmehr

[1] Wenn der Anspruch berechtigt ist, wäre die Glosse unter 1 d, die die Frage gleichfalls behandelt, in der vorliegenden Form jünger als die Summa. Aber sie müßte alsdann einen Vorgänger gehabt haben, der älter als die Summa ist, und aus dem der erste Teil der Glosse geschöpft hat; denn die Scheidung zwischen freiwilliger und unfreiwilliger Unterwerfung unter einen Richter, von der dort gehandelt wird, ist für die Summa bereits eine „gebräuchliche" Unterscheidung.

[2] Sie erscheint als fremde Ansicht auch bei Johannes Teutonicus.

eben das Recht des Beklagten zur Anwendung kommt; und auch Johannes hat sich dem angeschlossen. Aus der Lehre von dem Vorzug des Beklagten aber ließ sich noch anderes entnehmen. Schon die Summa von 1179/87 entscheidet: Recht des Beklagten, wenn aber das Recht des Klägers dem Beklagten günstiger ist, dann Recht des Klägers; auch Huguccio und Laurentius haben sich in diesem Sinn ausgesprochen. Und dazu tritt noch ein allgemeiner Vorbehalt, den die genannte Summa andeutet, und den Huguccio und Laurentius bestimmt formulieren: wenn die „Wahrheit" eher im Recht des Klägers zu finden ist als im Recht des Beklagten, dann soll das Recht des Klägers gelten — die Gleichartigkeit des Vorbehalts mit der Lösung, die bei den Legisten Aldricus gegeben hatte, ist bezeichnend, wenngleich eine unmittelbare Beziehung zwischen beiden Äußerungen wenig wahrscheinlich ist.

Indessen, ob Recht des Klägers oder Recht des Beklagten, die ganze Art der Lösung, die an äußerliche Merkmale wie die Parteistellung anknüpfte, mußte hinfällig werden, als man zur Einsicht kam, daß es sachliche Rücksichten sind, die zur Anwendung einer Rechtsordnung führen. Und einer solchen Erkenntnis haben sich auch die Kanonisten nicht verschlossen. Den Übergang zeigt etwa Bartholomaeus Brixiensis: es soll das Recht des Beklagten entscheiden, aber bei Vertrag und Delikt muß das Recht am Ort der Handlung den Ausschlag geben. Und den Abschluß bietet auch hier die hervorragende Erörterung Bernhards von Compostella: auf das Recht der Parteien und des Beklagten im besondern könne es überhaupt nicht ankommen; denn entweder handle es sich um einen Streitgegenstand, der für beide Parteien notwendig unter demselben Recht stehen müsse, wie eine Wahlberechtigung oder die Führung einer Wasserleitung über ein Grundstück (das war eine schwache Stelle in der Beweisführung); oder es komme auf den Brauch an, der in einem bestimmten Gebiet bestehe, wie bei Ersatzpflichten, die aus einem Kaufvertrag folgen, oder dem Recht des Eigentümers, Benützung eines Steinbruchs zu verbieten, alsdann aber „ist gar nichts damit gesagt, wenn es heißt, man müsse das Recht der Parteien anwenden, denn nicht das Recht der Parteien, sondern das Recht des Orts, des Gebiets, der Leute, die da wohnen, wird angewendet, und es wird auf das Recht des Beklagten dabei so wenig Rücksicht genommen wie auf das Recht des Klägers"; oder endlich es handle sich um Vorschriften über das Verfahren, und dann „ist überhaupt nicht ein Recht der Parteien in Frage, sondern das Recht des Gerichts und des Richters". Doch das ist bereits der Endpunkt einer Entwickelung, auf deren Erwachsen nunmehr näher einzugehen ist.

Das Herrschaftsgebiet der Gesetze.

24. Der Gedanke einer geordneten Aufteilung der Zuständigkeiten mußte den kirchlichen Juristen besonders nahe liegen. Nach örtlichen Beziehungen gegliedert, war ein wohlgefügter Organismus nebengeordneter Behörden zur Ausbildung gelangt, in Gericht und Verwaltung an einen bestimmten Herrschaftsbereich gebunden, und so konnte es nicht ausbleiben, daß auch dem Partikularrecht solcher Bezirke ein fester Geltungsbereich gesucht wurde. Ähnlich den Legisten haben auch die Kanonisten frühzeitig betont, die *consuetudo particularis* gelte *apud eos, a quibus introducta est, quoad omnes alios indifferens est.*[1] Und sehr früh ist es von da aus zu der Vorstellung von der Verbindlichkeit eines Gesetzes für einen bestimmten Kreis gekommen. Schon die Summa Bambergensis führt den Gedanken in die Lehre von der Statutenkollision ein (wenn eine Anwendung auch unbeholfen genug bleibt): es komme auf das Recht des Beklagten an; denn seine Gesetze binden ihn, und die Gesetze des Richters und des Klägers binden ihn nicht.

Wie die Übung von Gerichtsbarkeit und Verwaltung,[2] ist alsdann auch hier die Rechtsbildung zu einer Herr-

---

[1] Johannes Hispanus dist. 11 pr. Hs. Leipzig f. 8b. Ebenso die Distinktion oben 1b.

[2] Vgl. etwa die Dekretale von 1159/81 X 5, 38, 4.

schaft über die „Untertanen“ geworden. Die Entwickelung, die in § 21 geschildert wurde, läuft gerade darauf hinaus, die Geltung des örtlichen Rechts einzuschränken auf die Personen, die dauernd an einem Ort wohnen. Und mit aller Bestimmtheit zeigt diesen Fortgang schon eine Dekretale von 1193 (später unter 5, 39, 21 in den Liber Extra aufgenommen): *a nobis fuit ex parte tua quaesitum, utrum, si quis ita pronuntiaverit „quisquis furtum fecerit, excommunicatus sit“, haec generalis clausula ad ipsius excommunicatoris subditos referatur, an generaliter extendatur ad omnes, qui non sunt de iurisdictione illius. ad quod dicimus quod hac sententia non nisi subditi obligantur.*

So wurde hier ein Gesichtspunkt geltend gemacht, zu dem die Vertreter des römischen Rechts erst wesentlich später vorgedrungen sind. Aber anders als dort hat diese Einschränkung in der Weiterbildung der Lehre von der Statutenkollision bei den Kanonisten keine größere Rolle gespielt. Das hatte mehrfache Ursachen. Auf der einen Seite genoß damals die Lehre Gunst, daß das Recht des Beklagten entscheide, und da die Klage, soweit sie nicht an den Papst ging, in der großen Mehrzahl der Streitsachen am Wohnsitz des Beklagten angebracht werden mußte (nach der Meinung der Kanonisten in noch ausgedehnterem Maße als nach derjenigen der Legisten), so war in solchem Fall das anzuwendende Recht ohnehin das Recht des „Untertanen“. Wenn aber in der Folge Bedenken gegen die Richtigkeit dieser Lösung entstanden, so waren sie gegen das Recht des Beklagten, nicht gegen das Recht des Untertanen gewendet. Auf der andern Seite waren die kirchlichen Behörden, im Auftrag der Gesamtkirche handelnd, stets in der Lage, in Gericht und Verwaltung Herrschaft auch nach räumlichen Gesichtspunkten, über Fremde auszuüben[1] — man hat das nicht selten in die

---

[1] Die Ordnung der Gerichtsgewalt, der Strafgewalt, der Steuergewalt ergibt das ohne weiters, und es ist auch hier nur Zufall, wenn ein Schriftsteller besonders hervorhebt, daß eine solche Gewalt auch über Fremde geübt werden könne. Vgl. etwa Incerti

bezeichnende Form gekleidet, daß der Fremde durch solche Zuständigkeit zum „Untertanen“ werde.[1] Und gerade auch für die Sätze des objektiven Rechts hat die Einsicht, daß den Gesetzen eine Herrschaft nach sachlichen Rücksichten zukomme — weil etwa der Vertrag im Inland geschlossen, das Delikt hier begangen wurde —, bei den Kanonisten so früh eingesetzt, daß sie fast gleichzeitig mit jener Lehre von der Herrschaft über Untertanen zur Entwicklung kommt und einer mißverständlichen Verwertung dieses Satzes von vornherein die Spitze abbiegt.

Dem entspricht es denn auch, daß der Gedanke, auf Fremde gemeines Recht anzuwenden, bei den Kanonisten der Zeit nirgends Erwähnung gefunden hat.[2]

---

auctoris ordo iudiciarius (Paris, um 1170) I 10 §§ 3, 4 ed. Gross p. 111. Ordo iudiciarius Bambergensis (vermutlich englisch, 1181/85) tit. 17 ed. Schulte, Sitzungsberichte der Wiener Akademie phil. hist. Kl. 70, 315. Wilhelmus de Longo Campo, practica legum et decretorum (normannisch 1181/89) n. 34 ff. ed. Caillemer (oben S. 81[1]) p. 67 f. Johannes Teutonicus C. 9 q. 2 c. 1 iudicare. Tancredus, ordo iudiciarius (um 1216) II 1 § 3 ed. Bergmann p. 128 ff.

[1] Tancredus Glosse zu Comp. II 5, 18, 10 unten S. 139. Derselbe ordo iud. a. a. O.: wiewohl im allgemeinen das Urteil des *non suus iudex* nicht verbindlich ist, so liegt das für den Beklagten in gewissen näher bezeichneten Fällen (darunter Gerichtsstand des Vertrags, des Delikts, der belegenen Sache) anders, *quia per factum suum factus est ille de eius iurisdictione.* Goffredus, summa Decretalium (1241/43) 5, 39 n. 11: *potest autem praelatus excommunicare subditos suos . . subditos intelligo ratione domicilii, rei, contractus et delicti.*

[2] Wenn Huguccio dist. 12, 4 den Richter, der anderes Recht hat als die Parteien, auf das römische Recht verweist, so geschieht das aus der Auffassung heraus, daß örtliches Recht überhaupt nur soweit Geltung haben könne, als gemeinrechtliche Bestimmungen über den Fall nicht vorhanden sind. Dafür, daß der delegierte Richter nicht nach römischem Recht urteilen darf, s. die Dekretale von 1200 X 2, 15, 3; auch Johannes Teutonicus dist. 12, 4. Dafür, daß der Appellationsrichter nicht gemeines Recht zugrunde legen darf, Innocenz und Compostellanus a. a. O. Und endlich die Nachricht des Durantis (s. oben S. 77), die dem Johannes Teutonicus die Ansicht zuschreibt, daß fremde Scholaren nach gemeinem Recht zu beurteilen seien, ist ungenau; denn an der Stelle, die Durantis offenbar meint, dist. 8, 2 ist nur negativ von der Beschränkung des

Herrschaft nach sachlichen Erwägungen. Verträge.

25. Es ist erstaunlich, zu sehen, wie frühzeitig bei den Kanonisten der Gedanke auftritt, daß sachliche Beziehungen einen Fall der Rechtsordnung eines Gebiets unterstellen können. Auch hier sind es die Verträge, die solche Folgerungen zuerst auslösen, und wenn die Nachricht zuverlässig ist, so hat schon Johannes Faventinus — noch im vorletzten Jahrzehnt des 12. Jahrhunderts — Verträge dem Recht des Vertragsorts unterworfen. Wir wissen das freilich nur aus einer Mitteilung des Archidiakon (oben § 20 Z. 11); die Summa des Johannes[1] und alle bekannten Handschriften, die Glossen des Johannes bringen,[2] entbehren einer solchen Äußerung, ja die einzige unmittelbar überlieferte Glosse, die Einschlägiges enthält, spricht sich (oben S. 127) für die Geltung der lex fori aus. Dennoch möchte ich es nicht für unwahrscheinlich halten, daß Johannes in seinen letzten Lebensjahren eine solche Glosse wirklich geschrieben hat; allgemein lautende Lösungen, wie Geltung der lex fori, durch Abweichungen für bestimmte Tatbestände zu ergänzen, war ein Vorgehen, das in jener Zeit mannigfache Gegenstücke hat, und der Archidiakon, der auch sonst vielfach aus Johannes schöpft, ist ein sorgfältiger Berichterstatter. Jedenfalls aber ist die gleiche Lösung für die unmittelbar folgenden Jahre sicher bestätigt: auch Bernardus Papiensis (oben § 20 Z. 5) unterwirft Verträge dem Recht am Ort des Vertragsschlusses. Daß die Ansicht auf römischrechtlichem Boden erwachsen ist, scheint mir nicht zweifelhaft,[3] und wenn sie Bernardus

---

Ortsrechts auf die Einwohner die Rede, und auch der genau berichtende Archidiakon a. a. O. nennt Johannes nicht unter den Vertretern jener Ansicht.

[1] Hof- und Staatsbibliothek München c. l. m. 3873. Übrigens ein Frühwerk des Johannes, von 1171.

[2] Die fünf oben S. 110 genannten Handschriften in Wolfenbüttel, Trier, München, Bamberg und Prag.

[3] Wenn der Archidiakon a. a. O. im unmittelbaren Anschluß an die Mitteilung, daß Faventinus das Recht des Vertragsorts ent-

mit (recht wenig ergiebigen) kanonistischen Zitaten ausstattet, so will das gewiß nur besagen, daß diese Ansicht auch aus dem kanonischen Recht begründet werden kann. Ob sie freilich von einem unbekannt gebliebenen Zivilisten unmittelbar übernommen ist (es könnte nur ein Jurist der zweiten Linie in Betracht kommen), das wird sich bei dem heute vorliegenden Material nicht entscheiden lassen. Das Gefühl sträubt sich gegen die Annahme, daß solche Argumentationen römischrechtlichen Inhalts bei den Kanonisten originär entstanden sein könnten. Und doch haben diese Männer eine zum Teil ansehnliche Bildung im römischen Recht besessen. Und doch begegnen uns bei den Kanonisten jener Zeit auch sonst Einsichten im Bereich der Statutenkollision, die, gleichfalls aus dem römischen Recht begründet, ihre Ausbildung abermals merklich früher empfangen haben als bei den Legisten. Die größere Unbefangenheit, mit der die Kanonisten dem örtlichen Recht gegenüberstanden, könnte eine solche Priorität vielleicht doch erklärlich machen.

Die Ausführungen des Bernardus Papiensis über die Wahl des Rechts unterscheiden sich nach Anlage und Ausdrucksweise auffällig von den Schriften anderer Kanonisten seiner Zeit. Und sie haben auch nicht Schule gemacht. Ist doch die merkwürdige Tatsache zu verzeichnen, daß Damasus, der wie andere Teile der Dekretalensumme des Bernardus, so auch den hier fraglichen Titel über Gewohnheitsrecht getreulich ausschreibt, vor unserer Frage Halt macht und die Erörterungen über das Recht des Vertragsorts nicht aufnimmt.[1] Aber auch bei den Schriftstellern der nächstfolgenden Zeit, die darauf eingehen, sind eher Rückschritte in der Behandlung festzustellen. Die Summa Bambergensis (oben § 20 Z. 6) kommt zwar wiederholt, zu dist. 8, 2 und zu dist. 12, 4, auf das

---

scheiden lasse, die beiden typischen Stellen D 22, 1, 1 und 21, 2, 6 nennt, so bleibt doch sehr zweifelhaft, ob er auch diese Begründung dem Faventinus zuschreiben will.

[1] Summa Decretalium 1210/15 Hs. der Hofbibliothek Wien 2080 f. 97a.

Recht des Vertragsorts zu sprechen, fügt auch die römischrechtliche Begründung, den Hinweis auf D 21, 2, 6 bei; aber von einer klaren Gegenüberstellung der Rechtsordnung des Vertragsorts zu dem Recht anderer Orte ist keine Rede, sie fließt bald mit dem Recht des Aufenthaltsorts, bald mit demjenigen am Ort des Beklagten zusammen. Und auch Johannes Teutonicus dist. 1, 5 streift die Lehre, ohne weiter auf sie einzugehen. Erst bei Bartholomaeus Brixiensis findet sie wieder den alten Platz, kanonistisch begründet, in etwas unbestimmte Verbindung gebracht mit dem Gerichtsstand des Vertrags. Und dann bleibt sie geltendes Recht, bei Innocenz, der wiederum auf die Digesten verweist, und vor allem in den reifen Ausführungen des Compostellanus, der die Maßgeblichkeit der Gesetze des Vertragsorts als eine selbständige, gerade diesem Tatbestand angemessene Lösung erfaßt, sie der Behandlung anderer Tatbestände entsprechend deren Eigenart gegenüberstellt und die räumliche Verbindung mit der anzuwendenden Rechtsordnung, um die es sich hier handelt, klar heraushebt.

Dabei mag auch eines merkwürdigen Versuches grundsätzlicher Art, von dem Innocenz berichtet, Erwähnung geschehen. Zur Erörterung steht anscheinend das Schulbeispiel der Zeit: dem Käufer wird die gekaufte Sache evinziert; den Verkäufer trifft eine Ersatzpflicht (die manche Rechte auf ein Vielfaches des Werts der Sache festsetzen). Und nun wollen „*quidam*" das Recht des Vertragsorts nicht schlechtweg zur Anwendung bringen, sondern nur dann, wenn der fremde Verkäufer dieses Recht gekannt hat; zum Teil, weil ihn ohne solche Kenntnis kein Verschulden treffe, zum Teil, weil es ohne sie gar nicht zu einer Willensübereinstimmung gekommen sei. Wenn auch die zivilistischen Vorbilder, die von der Verbindlichkeit der Strafgesetze für Fremde handeln, unverkennbar sind, die Nutzanwendung, die daraus gezogen wird, ist entschieden originell! Innocenz hat sich mit einer einfachen Ablehnung der Meinung zufrieden gegeben.

Aber auch das ist eine Entscheidung von allgemeinerer

Tragweite, wenn Innocenz und Compostellanus das Recht des Vertragsorts zwar vorbehaltslos zur Anwendung bringen, wenn sie aber bei einer schweren Schädigung, die für den Fremden aus solcher Anwendung erwächst, eine Wiedereinsetzung in den vorigen Stand entsprechend der Generalklausel des römischen Rechtes für solche Wiedereinsetzungen zulassen wollen.

Vergehen.

26. Die Gleichstellung von Vertrag und Delikt ist formelhaft gewesen, und wie die Verträge, so sind auch die Vergehen dem Recht am Ort der Handlung unterstellt worden. Bei den Legisten ist diese Anschauung in dem hier zu erörterndem Zeitabschnitt über dürftige Ansätze nicht hinausgelangt. Und wiederum sind es die Kanonisten, bei denen eine solche Lösung seit dem Beginn des 13. Jahrhunderts in gleichmäßiger Folge begegnet. Die Summa Bambergensis, Bartholomaeus von Brescia, Innocenz 1, 4, 2, Compostellanus, sie alle erklären — die Bamberger Summa noch unsicher, die späteren in voller Selbständigkeit — auf Vergehen im Gebiet das örtliche Recht des Tatorts für anwendbar. Und zwar ist es nicht die privatrechtliche Ersatzpflicht des Täters, für die der Satz aufgestellt wird, sondern die Bestrafung — wobei man freilich die Möglichkeit, das Verfahren könne in einem anderen Gerichtsstand als dem Gericht des Tatorts stattfinden, gewiß nicht ins Auge gefaßt hat. Die Gründe werden wiederum sowohl dem römischen wie dem kanonischen Recht entnommen, und sie laufen neben einer Verwertung von dist. 8, 2, einer Bestimmung, der man einen solchen Gedanken zur Not wirklich entnehmen konnte, neben einem Hinweis auf Digestenstellen, die nur besagen, daß es örtlich verbotene Straftaten überhaupt geben könne, darauf hinaus, daß am Tatort eine prozessuale Zuständigkeit gegeben sei.

Aber freilich bei der Durchführung dieses Satzes ist es nicht ohne Schwierigkeiten abgegangen — die oben

S. 133 mitgeteilte Dekretale von 1193 stand im Wege; die Exkommunikation, die ein Bischof gegen Diebstahl gedroht hatte, sollte doch nur für die „Untertanen" verbindlich sein? Man hat die merkwürdigsten Umdeutungen der Vorschrift versucht. Aber jedenfalls zwei Dinge sind dabei festgehalten worden: Eine grundsätzliche Beschränkung der Anordnung auf Untertanen wurde nirgends vertreten. Aber auch eine Beeinträchtigung des Satzes, daß Delikte unter den Gesetzen des Tatorts stehen, ist aus der Dekretale nicht hergeleitet worden; man scheint, durch die Bezeichnung *sententia excommunicationis* irregeführt, die Gleichartigkeit jener Strafdrohung mit anderen allgemeinen Strafsatzungen nicht erkannt zu haben. So schreibt (1212/15) Tancredus zu der erwähnten Dekretale,[1] *resistitur: ratione delicti efficitur quis subditus et parochianus alterius ut C. 6 q. 3 c. 4; C. 3 q. 6 c. 1; C 3, 15 auth. Qua in provincia; C 3, 24, 1; ergo universi ligantur, cum sint eius subditi. respondeo: si generaliter protulit verbum „quisquis furtum fecerit ubicunque", tunc solummodo subditi ligantur, sicut hic dicitur, quod alibi quam in eius provincia furtum fecerunt. in quo casu intelligo quod hic dicitur. si vero dixerit „si quis furtum fecerit in parochia mea", tunc ratione delicti omnes, qui ibi delinquunt, ligantur illa sententia ratione prius dicta. t.* Eine andere Glosse zur selben Stelle[2] bemerkt .. *quidam: si hac sententia lata aliquis de alio territorio hic furtum fecerit, numquid ligabitur ex sententia? notaverunt hic quidam quod sic. quod ego non credo. immo necesse est aliam ferri contra eum. quid autem si, sic lata ista sententia, aliquis, qui modo est de iurisdictione huius, alio transferat domicilium et ita efficiatur de foro alterius et post furtum committit, numquid ligatur illa sententia? sic, argumento C 7, 2, 13.* Von dem persönlichen Geltungsbereich solcher Straf-

---

[1] Ordentliche Glosse zur Compilatio II, k. Bibliothek Bamberg Ms. can. 19 (P II 6) f. 115a und Ms. can. 20 (P II 7) f. 97a 5, 18, 10 v⁰ subditi.

[2] Bamberg Ms. can. 19 a. a. O., anonym; in Ms. can. 20 nicht enthalten. Jedenfalls vor 1234 abgefaßt.

drohungen soll erst unten gesprochen werden; die Hindernisse, die einer Erstreckung auf Fremde entgegengesetzt werden, sind jedenfalls nur formal. In der Folge hat dann auch Innocenz die Dekretale erläutert.[1] Er wiederholt zunächst die Unterscheidungen des Tancredus und meint, eine bessere Lösung geben zu können — gerade im Hinblick auf die Verbindlichkeit örtlicher Strafgesetze: *posset tamen dici non male, quia aliud est legem facere, quae etiam ligat non subditos dist. 8 c. 2, dummodo talis sit lex qualem iura praecipiunt dist. 4 c. 2. unde si aliquis archiepiscopus faceret legem, quod quicunque archiepiscopus ferret crucem in provincia sua, esset excommunicatus, lex non valeret, quia non est generalis et quia non comprehendit subditos .. si autem patriarcha esset, qui haberet archiepiscopos suffraganeos, ille hanc legem bene posset facere, quia in subditis. item aliud est sententiam ferre, quae fertur causa cognita, quod quilibet potest ratione delicti iam commissi in dioecesi, ut in auth. Qua in provincia. sed ratione committendi delicti ferre non potest, puta „excommunico te de aliena provincia, si hoc egeris", vel etiam si dicat „excommunico omnes, qui hoc egerunt".* Wenn ich die krausen Erörterungen recht verstehe, so hält Innocenz an der grundsätzlichen Verbindlichkeit örtlicher Strafgesetze für Fremde auch hier fest (in dem angeführten Beispiel vom Erzbischof fehle der Strafdrohung vielmehr ein Erfordernis jeglichen Gesetzes: die Allgemeinverbindlichkeit; denn Untertanen, auf die das Gesetz gleichfalls anwendbar sei, könne es unter solchen Umständen nicht geben); aber in dem Fall der Dekretale handle es sich gar nicht um ein „Gesetz", sondern um ein „Urteil", und wenn zwar nach gemeinem Recht ein Urteil über vergangene Dinge auch gegenüber Fremden möglich sei, so doch nicht wie hier ein Urteil über künftige Verfehlungen.

---

[1] Commentaria X 5, 39, 21.

Sachen im Gebiet.

27. Entsprechend den Abgabenformen des römischen Rechts kennt auch die Kirche in den *decimae praediales* Leistungen, welche dem Grundbesitz auferlegt sind, im Gegensatz zu den *decimae personales*, welche den persönlichen Erwerb treffen und unter Umständen einem andern Empfänger geschuldet sind;[1] eine Herrschaft also, welche über die Sachen als solche geübt wird.

Das forum rei sitae hat die Kirche gleichfalls aus dem römischen Recht übernommen. Aber auch bei anderen Gerichtsständen drängt sich der Gedanke einer Beherrschung von Sachen in bemerkenswerter Weise hervor. Bei den Legisten war Streit, ob das forum contractus auch bei Abwesenheit des Beklagten in vollem Umfang gegeben sein solle; und wenn nein, so gewährte man in diesem Gerichtsstand für den Fall der Kontumaz zwar eine Besitzeinweisung in das Vermögen des Beklagten, aber andere prozessuale Zwangsmittel wie Auslieferung an das Gericht wurden nicht für zulässig gehalten. Eine Dekretale von 1245 hat sich für die beschränkte Wirksamkeit des Gerichtsstands erklärt, und Innocenz, ihr erster Erläuterer, spitzt nun jene Unterscheidung der Legisten zu:[2] das kanonische Recht kennt als Zwangsmittel gegen den säumigen Beklagten die erwähnte Besitzeinweisung und außer-

---

[1] Vgl. die Gegenüberstellung in Dekretalen von 1181/85, später X 3, 30, 20; von 1198, später X 3, 29, 5. Aus der Literatur vor allem Roffredus, libelli canonici pars IV rubr. de divisione decimarum; Goffredus, summa X 3, 30 n. 2, 3; 3, 29 n. 3; auch Raymundus de Pennaforte, summa casuum conscientiae (um 1235) I 15 § 4. Dazu etwa Johannes Teutonicus C. 13 q. 1 dict. Grat. pr. gl. quod priori und dict. Grat. post c. 1 gl. pascit; Innocentius X 3, 29, 5; die Kasuistik in den anderen Rubriken und Paragraphen des Roffredus und Raymundus; die Angaben bei Bernardus Parmensis X 3, 29, 5 v° habitatores und besonders bei Guido de Baysio C. 13 q. 1 zur Glosse quod priori v^is sunt sita. Bezeichnend Roffredus a. a. O. rubr. quibus et a quibus: der Jude zahlt keinen Personalzehnt, aber Prädialzehnt.

[2] Commentaria X 2, 2, 20 n. 1. — Die genannte Dekretale ist die spätere Stelle in VI° 2, 2, 1 § 3.

dem Exkommunikation; wenn aber jemand außerhalb seines Wohnsitzes belangt werde (auch in Strafsachen), ohne sich dort aufzuhalten, *potest procedi in res eius ad missionem in possessionem rerum quas ibi habet, sed non contra personam ad excommunicationem;* denn in bezug auf die Person sei keine Kontumaz vorhanden, und das sei nicht anders, als wenn jemand im Gerichtsstand der belegenen Sache Klage erhebe, *quia ibi in re habet iurisdictionem et ideo in ea potest dicere ius missionis in possessionem .. sed in personam non potest ius dicere.*[1]

Der Schritt von da war nicht mehr weit, um auch Rechtssätzen des örtlichen Rechts eine Herrschaft über Sachen zuzuschreiben, und in der Tat, Innocenz hat hier den Begriff des „Realstatuts" bereits in voller Reinheit zur Geltung gebracht. Es handelt sich anscheinend um das Delikt eines Fremden, das im Gebiet begangen ist, für dessen persönliche Verfolgung aber bei der Abwesenheit des Täters (s. oben) keine Zuständigkeit besteht, und nun wird ausgeführt:[2] *si autem aliquis habet possessionem in iurisdictione alicuius domini, sed non habet ibi domicilium, et offendat dominum vel aliquem subditum eiusdem domini, ipse per se non potest facere vindictam etiam in possessionibus, quas habet in suo districtu, sed iudicem ubi habet domicilium adire debet .. sed si posessiones deberent aliqua munera realia .. bene eum per occupationem possessionum quas habet in iurisdictione sua distringeret C 1, 2, 5 et 10. sed ad respondendum coram se in iudicio *non coget eum, nec hoc potest induci consuetudine vel statuto — quae non valet nisi super personis suae iurisdictionis, quale non est hic — quod ille,*

---

[1] Offenbar ist der Gedanke der, daß hier gegen die Sache als solche Prozeß geführt wird. Dazu will es freilich nicht passen, wenn die erwähnte Dekretale (wenn auch nur für den Fall einer Verheimlichung des Aufenthalts, den auch die Legisten besonders behandeln?) zuläßt, daß auch auswärtiges Vermögen im Weg der Rechtshilfe der Einweisung unterstellt werde. — Einweisung in das auswärtige Vermögen auch schon bei Goffredus, summa X 2, 2 n. 3.

[2] Commentaria X 2, 2, 14 n. 1.

*qui non habet sub eo domicilium, coram eo respondeat. sed hic forte posset statui, quod bona cuiuscunque, qui committeret talem offensam, confiscarentur vel *offenso applicarentur, quia in rebus valet statutum vel consuetudo, quia sunt de eius iurisdictione argumento C 1, 2, 10 nec debet talis consuetudo rumpi per extraneos dist. 8 c. 2. tamen et in hoc casu videtur, quod ante occupationem bonorum debet per suum iudicem condemnari? sed in hoc casu cum agit in rem, coram iudice rei de qua agitur convenietur C 3, 16, 1; C 3, 17, 1; D 5, 1, 38 ..*

Demgemäß unterstellt Innocenz auch die gesetzliche Erbfolge der Herrschaft der belegenen Sache;[1] zugleich allerdings unter Umständen, die zu einer beträchtlichen Überspannung des Gedankens von der Herrschaft dieser Rechtsordnung führen. Man liest: *et nota quod legitimatus, restitutus famae etc. .. omnia ea facere potest, super quibus habuit potestatem, qui legitimavit vel famae restituit vel dispensavit .. nisi sint talia, quae sint in alterius praeiudicium, verbi gratia: nam legitimatus ab uno principe vel civitate vel primate non obtinebit ab intestato bona hereditaria in terra, quae non sit subdita legitimanti, quia sic auferuntur bona consanguineis defuncti vel fisco qui debet succedere ab intestato.* Noch ermangelt die Einsicht, daß in solchem Fall die Ehelichkeit eine Vorfrage für die Erbberechtigung bildet, die ihrer eigenen rechtlichen Ordnung untersteht, und daß der Verwaltungsakt, der auf sie Einfluß einnimmt, etwa wegen mangelnder Zuständigkeit oder dergleichen von der Anerkennung ausgeschlossen sein könnte, wenn aber anerkannt, in vollem Umfang wirksam werden müßte. Die Ehelichkeit wird als ein Stück der Erbrechtsordnung behandelt und mit ihr der Regelung am Ort der Sachen unterworfen.

Schließlich noch eine Bemerkung des Compostellanus gegen Ende seiner früher mitgeteilten Ausführungen: ob der Eigentümer verpflichtet ist, die Ausbeutung eines Steinbruchs Dritten gegen Entschädigung zu überlassen, be-

---

[1] Commentaria X 4, 17, 13 n. 2.

stimmt nicht das Recht der beteiligten Personen, sondern (gemäß D 8, 4, 13 § 1) das Recht am Ort des Steinbruchs. Zugleich bedeutet das einen fraglosen Fall, in dem das Recht der belegenen Sache auf Immobilien Anwendung findet.

Der Prozeß.

28. Wie für das materielle Recht, so ist nun aber auch für den Prozeß die sachlich angemessene Rechtsordnung aufgesucht worden, und auch hier fällt alsbald die Entscheidung zugunsten der Gesetze des Richters, vor dem der Prozeß anhängig ist. Ein erster Ansatz, das für den Prozeß geltende Recht von der Ordnung zu unterscheiden, die für das Streitverhältnis gilt, begegnet außerordentlich früh. Schon Bernardus Papiensis (oben § 20 Z. 5) weist den Richter an, Verträge nach dem Recht des Vertragsorts zu beurteilen, während *interlocutoriae sententiae* (und man wird dabei an Entscheidungen prozessualen Inhalts zu denken haben) in solchem Fall „nach freiem Ermessen des Richters“ erlassen werden können.

Inzwischen aber hatten sich die Legisten den Gegensatz des Rechts, das für den Prozeß gilt, und des Rechts, das für den zu beurteilenden Sachverhalt maßgebend ist, zu bewußter Erkenntnis gebracht. Und Innocenz (ein Schüler des Jacobus Balduini) behandelt es als eine Selbstverständlichkeit, wenn er an der einen Stelle Verträge und Delikte den Gesetzen des Vertragsorts und Tatorts, Sachen den Gesetzen am Ort der Sache unterwirft, und an einer andern Stelle das für den Prozeß maßgebende Recht davon unabhängig erörtert. Für den Prozeß aber hat er einen lehrreichen Fall berichtet,[1] der zeigt, daß auch das Recht der Parteien hier hinter dem Recht des Richters zurücktreten muß: Stift und Bischof von Rochester haben einen Streit vor den Papst gebracht, der die Untersuchung des Falls einem beauftragten Richter überträgt, die Entscheidung aber dem päpstlichen Stuhl vorbehält; der be-

---

[1] Commentaria X 2, 9, 5 n. 2 ff.

auftragte Richter hat den Termin zu dieser Entscheidung in Rom auf Mitte August angesetzt; das Stift ist im Termin vertreten, der Bischof bleibt aus und wird in die Kosten verurteilt. Im Oktober erscheint ein Bevollmächtigter des Bischofs in Rom mit der Bitte, das Urteil aufzuheben, denn Mitte August sind in England Ernteferien, und im September habe er den Antrag nicht stellen können, weil zu dieser Zeit Ferien im päpstlichen Gericht sind; *item cum feriae plus inductae sunt in favorem litigantium, ne tunc abstineatur a re rustica, quam in favorem iudicis, potius sunt attendendae feriae litigatorum quam iudicis.* Die Gegenpartei erklärt, daß es auf die Ferien des päpstlichen Gerichts ankomme; den Grund der Ferien bilde nicht die Rücksicht auf die landwirtschaftlichen Arbeiten, sondern die Sommerhitze. *papa autem sententiam tulit pro conventu, dicens quod in assignatione termini non sunt attendendae feriae nisi iudicis, coram quo agi debet;* und wenn es auf die Ferien des Richters ankomme, könne man nicht auch diejenigen der Parteien beobachten, weil das zu einer unzulässigen Erweiterung der gesetzlichen Ferien führen würde.

Für das Prozeßrecht des Richters hat sich wenig später auch Johannes de Deo ausgesprochen:[1] eine Klagschrift in Strafsachen sei nicht überall Landesbrauch. *et sic instruo advocatum actoris, ut, cum fuerit Romae, Romano vivat more et sic ubique teneat, quia oportet nos sequi mores et leges municipales in quocunque loco dist. 8 c. 2, dist. 12 c. 11.* Die letzte Äußerung klingt sogar ganz allgemein; doch zeigt schon die Vorlage, die er ausgeschrieben hat, Ubertus de Bobio (oben S. 65), daß die Bemerkung nur dem Prozeß gelten kann.

Und endlich bilden auch für diesen Gegenstand den würdigen Abschluß die Erörterungen des Compostellanus: keine allgemeine Formel entscheidet über das anwendbare Recht, nicht das Recht des Richters, nicht das Recht der Parteien; aber auch nach der Art des Richters be-

---

[1] Cavillationes (1246) lib. 2 c. 12.

stehen keine Unterschiede, weder für den Berufungsrichter, noch für den delegierten Richter; überall vielmehr kann es sich um materielles Recht und um prozessuale Vorschriften handeln; die prozessualen Vorschriften aber, Bestimmungen über Zeugenvernehmung oder über die Berufungsschrift, stehen gemäß D 22, 5, 3 unter den Gesetzen des beteiligten Richters — wobei für die Berufungsinstanz bald das eigene Recht, aber auch, wenn es sich um die Beurteilung prozessualer Vorgänge vor dem Erstrichter handelt, die *„lex fori"* des Erstrichters in Betracht gezogen werden muß.

Persönliche Geltung des Rechts. Rechtliche Herrschaft des Auslands.

29. Ein „Personalstatut“ in privatrechtlichen Dingen, wie es die Folgezeit ausgebildet hat, ist auch den Kanonisten des hier behandelten Zeitabschnitts unbekannt. Man braucht nur die Ausführungen des Innocenz oben S. 143 über Legitimation und Erbrecht zu lesen, um sich davon zu überzeugen. In Angelegenheiten hingegen, die (nach staatlichem Maßstab) dem öffentlichen Recht angehören, war der Gedanke einer Herrschaft über Sachen so bestimmt ausgeprägt worden, daß auch ihr Gegenstück, eine Herrschaft über Personen, sich aufdrängen mußte. So stehen den „Prädialzehnten“ ohne weiteres „Personalzehnten“ gegenüber, und die Erörterungen des Innocenz (§ 27) über prozessuale Zwangsmittel und über Strafen, die eine Sache im Gebiet zum Gegenstand haben, können jedenfalls der Negative nicht entraten, daß eine Herrschaft über die Person in jenen Fällen nicht begründet sei.

In Strafsachen aber ist man über diese Negative noch hinausgekommen. Die Äußerungen des Tancredus oben S. 139 zeigen eine Herrschaft über die Person auch mit der Wirkung, daß Verbrechen des Untertanen außer Landes der heimatlichen Strafgewalt unterstellt bleiben — zum erstenmal, und beträchtlich früher als bei den Legisten, läßt sich hier das aktive Personalprinzip in bewußter Anwendung nachweisen; die Zuschleifung, in der die Meinung des Tancred bei Innocenz X 5, 39, 21 wiedergegeben wird,[1] läßt diese Seite noch deutlicher hervortreten. Auch der unbekannte Glossator, dessen Bemerkungen im Anschluß an Tancred mitgeteilt wurden, steht auf dem gleichen Boden. Die seltsame Meinung, daß die Strafdrohung binde, wenn der Täter bei Erlaß der Strafdrohung Untertan war, bei Verübung des Verbrechens aber nicht mehr, erklärt sich offenbar aus dem dort erörterten Fall, bei dem man die Strafdrohung für ein „Urteil" angesehen hatte.[2]

Auswärtigem Ortsrecht haben die Kanonisten volle Anerkennung entgegengebracht. War es Recht von kirchlicher Herkunft, so hat die enge Gemeinschaft, welche die Glieder der einen Kirche umspannte, solche Anerkennung gewährleistet; aber auch weltliches Recht durfte mit der kirchlichen Gutheißung die gleichen Ansprüche erheben. Und so kann es nicht wundernehmen, daß alle die zahlreichen Erörterungen über Statutenkollision sich nicht darauf beschränken, dem Recht eines Gebietes die Grenzen seiner Wirksamkeit anzuweisen, sondern daß sie auch auswärtiges Recht ganz unbedenklich zur Anwendung bringen. Gleich eine der ältesten Glossen, die wir über den Gegenstand haben (oben § 20 Z. 1c), erklärt, daß der Richter das Recht der Parteien anwenden müsse, auch wenn er selbst ein anderes Recht habe, und Bernardus Papiensis (Z. 5) verweist auf das Recht des Vertragsorts, auch wenn der Vertrag an anderem Ort als jenem des Richters geschlossen sei.

Eines eigentümlichen Versuchs, die Anwendung fremden Zivilrechtes von der Kenntnis der Parteien abhängig

---

[1] *secus si dixisset „quicunque in dioecesi mea" . . et tunc si subditus suus fecerit furtum extra dioecesim, non ligatur. secus si ferat sententiam secundum verba decretalis indeterminate, quia tunc, ubicunque subditus suus furetur, ligatur.*

[2] Nicht hierher dürfte dagegen die Glosse des Johannes Teutonicus C. 9 q. 2 c. 7 ordinandum gehören; sie setzt wohl einen Sachverhalt voraus, bei dem nicht der Täter, sondern der Richter sich außerhalb des Gebiets befindet.

zu machen, ist in § 25 gedacht worden. Und dort war auch von dem bemerkenswerten Vorbehalt die Rede, bei einer schweren Verletzung, die aus der Wahl des Rechtes folgt, Wiedereinsetzung in den vorigen Stand zu gewähren. Der Gedanke entspringt in den Billigkeitserwägungen, die dem Recht jener Zeit eigen waren und auch sonst bei der Entscheidung über das maßgebende Recht zur Geltung kamen, und er mündet letzten Endes in die moderne „Vorbehaltsklausel".

Wie das Recht anderer Gebiete, so konnte alsdann auch die Tätigkeit der dortigen Behörden auf Anerkennung rechnen. Für die kirchlichen Behörden ergab sich das wiederum aus der Einheit der Kirche mit Notwendigkeit, und für die weltlichen Behörden wurde auch hier die Einheit des römischen Reiches wirksam. Eine empfindliche Durchbrechung dieser Rechtslage zeigen freilich jene Ausführungen des Innocenz (§ 27), die eine Legitimation oder Rehabilitation in ihrer Wirkung auf das Gebiet der gewährenden Obrigkeit beschränken; aber dies geschah (wie dorten bemerkt) nicht, weil der behördliche Akt nicht anerkannt worden wäre, sondern aus anderen Gründen. Und wo solche Schwierigkeiten nicht im Wege waren, da haben auch die Kanonisten den behördlichen Akten des Auslands Rechnung getragen. So zeigen insbesondere Erörterungen des Johannes de Deo[1] die Beweiskraft auswärtiger öffentlicher Urkunden.

Und der Anerkennung behördlicher Tätigkeit im Ausland entsprach auch hier die Rechtshilfe, die geleistet wurde. Auch die Kanonisten kennen Ersuchen um Zeugenvernehmung in Zivilsachen.[2] Und selbst eine Auslieferung in Zivilsachen hatte man als Stück der Lehre von den Gerichtsständen von den Legisten übernommen.[3] Aus-

---

[1] Cavillationes l. 5 c. 20.

[2] Tancredus, ordo iudiciarius III 8 § 2. Der ersuchte Richter schickt das Protokoll unter seinem Siegel verschlossen zurück.

[3] Goffredus, summa X 2, 2 n. 2. Die Dekretale von 1245 (oben S. 141) hat mit ihrem Eingriff in die Lehre von den Gerichts-

lieferung in Strafsachen wird mehrfach erwähnt.[1] Und auch hier wird die Vollstreckung auswärtiger Entscheidungen zugelassen.[2]

ständen diese Möglichkeit stark beeinträchtigt, aber nicht aufgehoben; s. Innocenz X 2, 2, 17 n. 2.

[1] Johannes Teutonicus C. 3 q. 6 c. 1 ibi semper: Auslieferung an den Tatort, und nicht bloß, wie *quidam* meinen, zur Bestrafung, sondern auch zur Aburteilung; doch soll (nach D 48, 3, 11) auch Auslieferung in die Heimat zum Zweck des Strafvollzugs statthaft sein. Innocenz X 2, 2, 17 und 5, 17, 1.

[2] Für Zivilurteile Ricardus Anglicus, summa de ordine iudiciario (1196) tit. XXXV ed. Wahrmund p. 77. Für persönliche Säumnisstrafen Damasus, summa de ordine iudiciario (1210/15) tit. 11 ed. Wunderlich, anecdota quae processum civilem spectant p. 59. Für Besitzeinweisung als Säumnisfolge Goffredus, summa X 2, 2 n. 3; Dekretale 1245, später in VI° 2, 2, 1 § 3. Vgl. auch die vorausgehende Anmerkung für Strafurteile.

Anhang.

Nachträge zu Stück I § 41.

Seit Abschluß der vorstehenden Erörterungen hat Patetta zwei bemerkenswerte Urkunden veröffentlicht.[1] Ein Bürger von Asti hatte sich in Frankreich niedergelassen, war gestorben, die Witwe hat alsbald wieder geheiratet und droht, mit einer Klage vor dem Gericht des Klosters St. Denis sich eines Teils des Vermögens der Kinder zu bemächtigen. Nun schreibt 1254 zunächst der Podestà von Asti an den Abt: Man habe erfahren, die Mutter beabsichtige, ihre Kinder *secundum consuetudinem sive usum Francie* auf Herausgabe der Hälfte des väterlichen Nachlasses zu belangen, *quod facere non potest secundum ius romanum quod in Italia et maxime in civitate astensi servatur ac ipsa, prout dicitur ac si necesse fuerit plane probabitur, professa fuerit coram vobis quod volebat vivere iure lombardo et non iure Franchorum*, der Abt möge darum die genannten Bürger von Asti gegen die Klage schützen. Auch fordere die Mutter ein Viertel des Nachlasses einer seither verstorbenen Tochter, ein Anspruch, der gleichfalls „nach dem in der Stadt Asti geltenden Gewohnheitsrecht" nicht begründet sei; man möge auch hiewegen den Kindern gegen die Mutter beistehen, *que professa est se velle vivere lege lombarda . . sibi obstante predicta lege sive consuetudine lombarda.* Und ebensowenig möge man die Mutter zur Vormundschaft über die Kinder zulassen, *cum hoc esset contra ius romanum et consuetudinem Lombardie.* Auch der Bischof von Asti hat sich alsdann in einem Brief desselben Jahres der Angelegenheit angenommen: er höre, daß die Mutter „nach dem Gewohnheitsrecht oder Brauch von Frankreich" von den Kindern die Hälfte des väterlichen Nachlasses und ein Viertel von dem Nachlaß der Tochter verlange, und wolle mitteilen, *quod obtineat de iure vel consuetudine in hiis casibus in civitate astensi;* nämlich im ersten Fall gelte hier römisches Recht, das nur die Kinder zur Erbfolge berufe, im zweiten Fall abweichend vom römi-

[1] Scritti giuridici dedicati ed offerti a G. Chironi (1915) 3, 139 ff.

schen ein altes Gewohnheitsrecht, das der Mutter gleichfalls einen Erbteil versage.

Die Briefe interessieren nach seiten der Statutenkollision, und sie zeigen auffällige Formeln, wie sie dem System der persönlichen Rechte eigentümlich sind. Jene erste Seite, welche die Urkunden bieten, kann entsprechend der in den vorausgehenden Erörterungen festgehaltenen Zeitgrenze von 1250 hier allerdings nicht weiter verfolgt werden (vgl. übrigens oben § 9). Wohl aber bedarf das Verhältnis zwischen Statutenkollision auf territorialer Grundlage und System der persönlichen Rechte, das ihnen zugrunde liegt, einer Aufklärung; um so mehr als die tatsächlichen Unterlagen für eine solche Beurteilung nicht erschöpfend überliefert sind. Gewiß nun scheint mir, daß jene Wendungen des ersten Briefes, die aus dem Wortschatz des Systems der persönlichen Rechte stammen, nicht von einem nordfranzösischen Juristen verfaßt sein können, sondern auf italienischen Ursprung hinweisen. Will man nicht annehmen, daß sie vom Podestà frei gewählt worden sind (und das ist sehr unwahrscheinlich), so bleibt nur ihre Herübernahme aus einer italienischen Urkunde möglich, die früher einmal auch dem Kloster gegenüber *(coram vobis)* geltend gemacht worden sein muß, und es ist ziemlich wahrscheinlich, daß es sich dabei um eine Erklärung des verstorbenen Mannes im Ehevertrag gehandelt hat. Darf man aber von solchen Voraussetzungen ausgehen, so fügen sich die Wendungen in wohlbekannte Formen. Das 13. Jahrhundert bedeutet für zahlreiche Landstriche des vormals longobardischen Ober- und Mittelitaliens die Zeit des Absterbens des Systems der persönlichen Rechte. Mancherorts haben sich damals Übergangsbildungen erhalten, die einzelne Rechtseinrichtungen in der überkommenen Form, römisch oder longobardisch, den Beteiligten zur Wahl stellten, nicht mehr, weil es die alten Stammesrechte so wollten, sondern weil es die Stadt für gut findet, und die Notare haben dies — es ist davon oben Stück I S. 158 gesprochen worden — öfter in die Wendung gekleidet, daß die Parteien insoweit nach dem einen oder andern Recht „leben wollen". Ein solches Formular hatte offenbar auch der Verfasser der hier erörterten Urkunde vor Augen. Doch ist in ihr der Zusammenhang mit dem System der persönlichen Rechte noch weiter gelockert: man benützt die alten Wendungen vom longobardischen und sogar vom fränkischen Recht; aber man meint mit ihnen nicht mehr die einstmaligen Stammesrechte, sondern (schon Patetta hat darauf hingewiesen) das in Frankreich geltende, das in der Lombardei geltende Landes- und Ortsrecht, wie man wohl auch sonst in Italien manchmal (s. oben I S. 168 f.) die Geltung einer örtlich verbindlichen Rechtsordnung unter völlig veränderten Bedingungen mit den alten Formeln bezeichnet hat. Und so zeigen jene Schreiben zwar formale Erinnerungen an das System der persönlichen Rechte, stehen aber inhaltlich ausschließlich auf dem Boden einer territorial aufgebauten Kollisionsordnung.

Die Gelegenheit sei benützt, auch eine Äußerung des Albericus de Rosate nachzutragen, welche die beiden Systeme in äußerlicher Berührung zeigt. C 6, 23, 31 wird die Frage besprochen, ob ein Veroneser Kaufmann in Venedig nach Venetianer Recht testieren kann: *quaestio tamen praedicta de iure lombardo potest decidi per ti. qualiter *homines diversarum legum vivere debeant l. 1 et 2.* Der angezogene Titel Lomb. II 56 aber ist die Hauptstelle, an der das Gesetzbuch das System der persönlichen Rechte erörtert. Indessen setzt die Verweisung jenes System nicht etwa als fortdauernd in Geltung voraus, auch nicht in den Landesteilen, für welche die Lombarda eine Quelle materiellen Rechts verblieben war. Nur eine entsprechende Übertragung der Bestimmungen auf den behandelten Fall ist gemeint, auch diese Erörterung bewegt sich ausschließlich auf territorialer Grundlage, und sie reiht sich gleichartig den Zeugnissen ein, die oben I S. 177 zusammengestellt wurden. Nach ihrem Inhalt bietet die Äußerung Interesse, insofern sie augenscheinlich persönlich geltendes Stadtrecht mit der persönlichen Geltung der alten Stammesrechte in Vergleich setzt; doch wird hinsichtlich des Stadtrechts dabei nicht an einen Unterschied von personal und von räumlich geltenden Sätzen gedacht, so daß etwa eine Verbindung zwischen dem neueren „Personalstatut“ und dem alten System der persönlichen Rechte hergestellt würde.

FSC
www.fsc.org
MIX
Papier | Fördert gute Waldnutzung
FSC® C083411

Kolibri 360 GmbH
Ferdinand-Jühlke-Straße 7
99095 Erfurt, Deutschland
produktsicherheit@kolibri360.de